대의각미록

대의각미록

大義覺迷錄

옹정제

이형준 · 최동철 · 박윤미 · 김준현 옮김

도서출판 b

| 일러두기 |

1. 『대의각미록』의 한문 원문은 "http://ctext.org/zh"의 "書名檢索"에서 '大義覺迷錄'을 검색하여 확인해 볼 수 있다. '共'으로 표시된 부분의 링크를 누르면 디지털화된 한문 원문을, '像'에 해당하는 링크에서는 원래 텍스트의 이미지를 볼 수 있다.
2. 대의각미록 1권은 이형준, 2권은 최동철, 3권은 이형준과 김준현, 4권은 박윤미가 책임 번역을 맡았고 역자들의 교차 교정과정을 거쳤다.
3. 대의각미록에 대한 <해제>에서 표시된 일자는 모두 양력으로 환산된 것이다. 반면 원문 번역에서는 원문에 기재된 음력 일자를 그대로 사용했다.
4. [ ] 안에 들어간 한자(漢字)는 '원문'에 등장하는 한자이다. [ ]에 들어간 한글은 의미맥락을 정확히 밝히기 위해서 역자들이 추가한 보완 내용이다. 번역문에 '한자(漢字)'로 표기된 것은 의미를 명확히 하기 위해 한자를 병기한 것이다. 번역문에 원문을 그대로 사용한 경우이거나 번역된 표현일지라도 한자병기가 필요했던 경우이다.

| 차 례 |

제4권

| 해제 |

유교국가의 정통성과 『대의각미록』

I. 두 주인공: 사건의 배경

1. 증정 : 사회의 주변부

옹정擁正 6년(1728) 세상이 무엇인가 잘못되었다는 분노와 원한에 사로잡혀 있는, 그리고 기회가 주어진다면 청 왕조를 전복시키는 데 큰 역할을 할 수 있으리라는 망상과 포부로 가득 찬 서생이 있었다. 그가 평생을 살았던 호남성湖南省 내 침주郴州 영흥현永興縣 보담浦潭 마을은 성도省都인 장사長沙까지 가는 데만도 도보로 70시간 거리에 있는 산간벽지로, 정치의 중심지 북경과는 1,765km 가량 떨어진 가난한 동네였다. 80%가 산지인 호남성은 당시 경제와 교육·문화의 중심지였던 양자강 하류의 강남지역(절강성, 강소성, 안휘성)의 도회적이고 화려한 공간에 비하면 문화적 변두리였다. 그런 정치적·문화적 변방에서도 그는 아웃사이더에 속했다.

유력한 조상도 변변한 농지도 없는 한미한 집안의 태생인데다, 그가 어렸을 때 아버지가 일찍 돌아가시면서 집안 형편은 계속 나빠졌다. 유일한 희망, 젊은 시절 학문을 통해 입신하겠다는 꿈조차 쉰 살이 되어가는 그에게는 이제 아득해져 있었다.

최근 그의 상황은 악화되어 가기만 했다. 땅값은 치솟아 어떻게 해도 변변한 농지를 마련하기는 어려워 보였고, 옹정 원년과 2년에 호남 지역을 강타한 홍수는 상황을 더욱 악화시켰다. 그의 형은 가난 때문에 형수를 재가시켜야 할 처지에 몰려 있었다. 그의 생계도 불투명했다. 그의 자부심은 어렸을 때부터 학문에 뜻을 두어, 대부분이 농사를 짓고 지내는 산골 동네에서 드물게 현학縣學에 입학해 생원 학위를 지니고 있다는 사실이었다. 현학 입학시험을 치를 때 그가 쓴 답안은 동네 사람들로부터 "호남 제일"이라는 과분한 평판을 얻었고, 덕분에 그는 자신을 큰 인물이라 여기는 옆 동네 장희張熙와 료이廖易라는 두 제자를 거느릴 수 있었다. 옹정 3년의 시기는 이 서생에게 가혹했다. 어려워지는 상황에서도 꾸준히 학문에 힘써왔지만, 3년에 한 번 있는 세시歲試 평가시험에서 과락을 맞고 생원 직위마저 박탈당하고 말았다. 생원 자격 다음 단계 시험인 향시鄕試를 통해 거인擧人 자격이라도 취득해 번듯한 관직을 얻을 수도 있을 거라는 일확천금의 정신적 방황도 잔인한 현실을 마주해야 했다. 희망은 완전히 사라졌고, 쉰 살이 다 되어가는 나이에 생원 자격마저 다시 찾을 수 있을지 모르는 일이 되어버렸다. 중년의 경제적·정신적 고통이 그의 영혼을 잠식하면서, 그는 자신의 고통스런 감정의 원인을 찾아내는 데 몰두했다. 그 시기 그에게 정신적 지침을 제공해준 것이 여유량呂留良(1629~1683)이라는 학자였다. 그는 과거를 준비하면서, 과거를 준비하는 독서인에게 필수 지침서인 여유량의 사서四書 주석을 열독해 왔다. 고통 속에서 그에게 익숙했던 책의 내용이 다르게 눈에 들어오기 시작했다. 여유량이 봉건제와 정전제를 실행한 고대적 이상에 대한 신념을 고백하고 있는 부분을 다시 읽으면서, 세속 국가가 지닌 문제점이 비로소 눈에 들어왔다. 자신은 잘못된 제도가 만든 희생자였다. 현재 자신의 경제적 곤궁은 불공평한 토지제도로 부자들이 토지를 독점해 부익부 빈익빈이 심화되기 때문이었다. 또한 과거를 통한 국가의 인재 등용 방식은 인재의 충군애민의 도덕성을 고려하지 못한 채 문장을 짓는 기술의 계량적 평가를 통해 이루어질 뿐이라 생각했다. 그는 명리名利를 탐하는 비천하고 구차한 자들이 부끄러움을 모르고 득세하게 만드는 과거제를 비난하게 되었다. 세상을 말세로 진단하고 거부하는 정신 승리가 모든 일에서 내리막을 걷는 중년에게 자존감을 유지시켜줄 수 있는 마지막 방법이었을지 모른다.

바로 이 시기에 그는 제자들을 이끌고 사천四川으로 이주할 계획을 세웠다. 명말청초의 혼란기에 전장이 되었던 사천 지역은 살아남은 이가 거의 없다고 할 정도로 인구가 급감하자, 중앙정부에서는 적극적인 이민 정책을 펼쳤는데 이주민의 절대다수는 경제 상황이 좋지 못한 호남과 호북 사람들이었다. 그의 처가 인물들도 일부 사천에 이주해 있었고, 그의 아버지도 사천으로 이주할 생각을 했었다. 농지 가격이 상대적으로 저렴했기에, 그는 제자를 이끌고 이주해 농사를 지으면서 공부를 계속할 요량으로, 옹정 3년 9월 1일 사천으로 길을 떠났다. 그는 그때 처음으로 고향인 침주 밖으로 나갔다. 배를 타고 호남성의 성도인 장사에 도착한 그들은 중도에 계획을 변경해 장사 일대를 유람하고 10월 8일 귀가했다. 장사에서 그는 "오성五星이 구슬을 꿴 듯 나란하고 해와 달이 하나로 합쳐지는" 현상을 목격했기 때문이다. 그는 이 현상을 좋은 세상이 도래해 정전법과 봉건제가 회복될 징조라고 해석했다. 정전법과 봉건제가 다시 시행된다면 어느 곳에서든 경제적 곤궁에 시달리지 않을 수 있고, 도덕을 갖춘 인재를 구할 것이니, 식구를 이끌고 굳이 사천으로 떠날 필요가 없다고 생각했던 것이다. 그는 세상이 바뀌었을 때, "옛 오吳나라, 초楚나라 변방 땅에서 인재를 구한다면, 내가 아니라면 누구겠는가!"라고 생각했다. 그의 고통과 좌절은 역설적으로 그의 자부심을 강화시켰다. 그는 검증하고 통제할 수 있는 경험과 무관한 내면의 상상력을 풀어헤치기 시작했다. 그를 "세운世運을 만난다면 삼대三代를 회복시킬" "총명"과 "성위聖位"를 타고난 인물로 평가하는 두 제자와 만든 폐쇄적 공동체가 그런 관념성을 부추겼고, 그에게 가중된 고통은 망상으로 구축된 새로운 세계상을 만들어내기 시작했다.

문제의 '그', 증정曾靜(1679~1735)이 모든 개인적·사회적 문제의 원인을 오랑캐 왕조에서 발견하고 당시 군 실권자 중 하나인 섬서陝西 총독 악종기岳鍾琪(1686~1754)에게 역모를 권하는 편지를 쓰게 되는 과정에는 분명 극적인 부분이 있다. 강희제가 죽었을 때, 증정은 동네에서 미친 듯이 통곡하며 상복을 입었을 정도로 이민족이 주축이 된 새 왕조에 대해 아무런 반감이 없었고, 오히려 조정으로부터 인정받을 수 있기를 갈구했던 인물이었기 때문이다. 강희제 사후 불과 5~6년 사이에 그가 역모라는 생각으로 치닫기 위해서는 몇 가지 조건이 좀 더 논리적인 체계—설사 그것이 망상일지라도—를 갖출 수 있어야 했다. 정전과 봉건이라는 고대적 이상을 통해 현존 질서를 부정하고, 천문 현상에서 새로운 세상의 개벽을 보았던 것 자체에 이미 반역의 씨앗이 내포되어 있던 것이긴 하지만, 실제로 그가 반청反淸을 내세우기까지 몇 단계가 더 필요했다.

계시를 보고 고향으로 돌아온 후, 생계는 더 어려워지고 있었다. 2년간 농작물 수확은 좋지 못했고, 이전 수해의 여파로 쌀과 곡식은 품귀현상을 빚었다. 그 시기에 황실과 중앙정부의 권력다툼에 관한 풍문이 그의 귀에 꽂히기 시작했다. 옹정 4~5년 사이에 호남·호북·광동 지역의 인민들이 사천으로 대량 이주해 갔는데 이주를 위해 오가는 유민들로부터 그는 황제가 사천에서 쌀을 사서 강남 소주에 내다 팔아 치부하고 있다거나, 서쪽 변경에 악비의 후손 악공岳公이 있는데 민심을 얻어 변경의 인민들이 그를 최고로 생각한다는 소문을 들었다. 옹정 5년 여름에는 형주를 지나 유배를 가는 전직 관원이 황제가 원래 태자였던 둘째 형의 비빈을 취했다고 사람들에게 말해주었다는 소문을 들었고, 겨울에는 친분 있던 생원들에게서 악공은 바로 악종기인데, 한족 장군인 그와 황제 사이에 알력이 심하다는 말을 듣게 되었다. 과거(옹정 원년) 옹정이 쫓아낸 황자들과 어울렸다는 왕수王澍라는 미지의 인물로부터 황자 간의 왕위 다툼 등에 대한 얘기를 듣고도 대수롭지 않게 여겼지만, 이제 권력의 중심부와 관계된 이 모든 소문은 한인漢人을 억압하는 탐욕스러운 만주족 지배자들의 음모를 증명하는 사실로 들리기 시작했다. 자신의 고통과 현실 문제의 원인은 만주족 지배자에게로 돌려졌다. 이전 왕조를 옹호하며 싸웠던 일부 한족漢族 세대들의 기억의 전승이나 한족들이 만주족에게 느끼는 종족적·문화적 이질감에 더해, 벼락출세자처럼 등장한 이민족 지배 세력은 현실에서의 모든 좌절을 투영시키기에 적합한 대상이었다.

이런 생각을 이론적으로 뒷받침한 것은 그가 존경해 마지않았던 여유량의 반청 논설이었다. 명나라 멸망에 대한 기억을 뚜렷하게 지니고 있던 여유량은 『논어』에 대한 주석에서, 공자께서 관중이 모시던 주군을 배신하고 제환공을 섬겼던 일에 대해 인仁하다는 최고의 찬사를 보낸 이유는 관중이 군신 사이 작은 의리를 넘어서 오랑캐로부터 중원을 지켜냈기 때문이라 해석했다. 여유량은 암중에 관중을 통해, 군신君臣 사이에 성립하는 의리보다 중원이라는 지역적·종족적 질서에 대한 옹호가 우선해야 할 대의大義라고 주장했던 것이다. 과거 고시를 준비하면서 대수롭지 않게 생각하며 읽어갔던 이런 구절이 여러 소문과 어우러지면서 증정에게 의미심장한 주문이 되었다.

옹정 6년, 호남에서 구할 수 없는 책(『주자어류』와 『주자문집』 등)을 구하기 위해 강남지역으로 보냈던 장희가 돌아온다. 그때 장희는 절강성의 여유량의 가문에 들러 여유량이 쓴 몇몇 저작을 비롯해 「전묘송가錢墓松

歌」 및 「제여차강산도題如此江山圖」를 필사해 왔다. 뒤의 두 문건은 송宋의 멸망에 대한 비탄과 이민족 왕조 원元에 대한 원한을 기술한 것이었지만, 의미하는 바는 명확했다. 역사를 되풀이하지 말라. 청 왕조에 저항하라!

이 시기, 적어도 증정의 두뇌 속에서는 자신의 고통을 통해 체감하는 모든 사회 문제에 대한 퍼즐이 맞추어졌다. 이념적 대의도 뚜렷해졌다. 호남에 잇따른 재해나 다른 지역에서 벌어진 재해에 대한 소식(사실상 헛소문이 뒤섞인)은 이민족 지배자의 타락 때문인데, 황실과 권력 암투에 대한 소문은 그것을 증명하는 것이다. 그런 생각의 원인이자 결과로서, 그의 정신적 스승 여유량의 메시지는 아주 구체적인 것이 되었다. 현실의 어둠은 이민족 왕조의 지배 때문이며, '존양'의 대의를 위해서는 현실의 군신 관계를 타도해야 한다. 장사로 갔을 때 보았던 오성이 모여든 징조는 이민족 왕조의 몰락과 새로운 세상의 등장을 의미하는 것이다. 봉건·정전이라는 고대의 이상은 중화를 도둑질한 이민족 왕조를 축출할 때에만 가능해질 수 있다. 송宋을 이적夷狄의 침략으로부터 수호했던 명장 악비의 후손, 악종기라는 희망이 있지 않은가!

악종기에게 역모를 권유하는 서신을 쓰면서, 증정은 어쩌면 여유량의 저작물에 담긴 미언대의微言大義를 깨쳤다고 생각했을지도 모르겠다. 그리고 장희가 여유량의 글과 함께 가져왔을 『주자어류』 어느 한 귀퉁이에서 "원숭이의 경우 형상은 사람과 비슷하고 다른 동물에 비해서 가장 영명하지만 말을 할 수 없다. 이적의 경우, 사람과 금수(원숭이) 사이에 있기에 끝내 개선될 수 없다至於獼猴, 形狀類人, 便最靈於他物, 只不會說話而已. 到得夷狄, 便在人與禽獸之間, 所以終難改"(4권, 「性理1」)는 주희의 발언을 읽고 모든 이념적 조각이 완성된 듯 생각했을 수도 있겠다.

증정은 주자학의 레토릭을 한껏 다듬어 악종기에게 다음과 같은 구절을 써서 편지를 보낼 때, 분명 득의양양했을 것이다.

> 하늘이 사람과 동물을 낳을 때, 천리天理에서는 하나이지만 기질氣質에 따라 구별이 있게 하였다. 중토中土에서 태어나 올바름을 얻고 음양陰陽의 덕德이 합해지면 사람이 되고, 사방의 변경에서 태어나 마음이 치우치고 음험하며 비뚤어지고 올바르지 않으면 이적夷狄이 되는 것이다. 이적 아래는 금수다. (『대의각미록』, 제1권)

옹정 6년(1728) 10월 28일 정오, 증정의 명을 받고 악종기에게 역모를 권하는 서신을 전달한 제자 장희가 현장에서 체포되었다.

2. 옹정제 : 권력의 중심

옹정제雍正帝(1678~1735)는 청조 5대 황제지만, 중원의 공식적 지배자가 된 이후로는 3대에 해당하는 황제다. 중국 역사상 각 왕조의 3대 황제가 왕조의 성패를 가늠했다는 통념과 관련지어 말하자면, 옹정제는 분명 향후 청조가 안정적으로 유지될 수 있는 기반을 완성시킨 인물이라고 할 만하다. 중국사 상에 가장 빛나는 시기를 창출한 군주라 해도 과언은 아닐 것이다. 옹정제 이전까지 청조清朝는 다소 불안정한 면을 많이 지니고 있었다. 단적으로 그의 조부인 순치제順治帝(1638~1661)와 아버지 강희제康熙帝(1654~1722) 모두 어린 나이에 즉위해 섭정을 맡은 실권자를 숙청한 이후에야 황권을 온전히 발휘할 수 있었고, 강희제 때에 이르러서야 중원지역에 대한 확고한 지배권을 확보하게 되었다. 강희제가 유례없는 긴 치세를 통해 잇따른 원정의 승리 및 내란의 평정(명의 잔존 세력에 대한 완전한 소탕, 오삼계 등의 삼번의 난 진압)과 국정 안정으로 청의 기반을 확립했다고 볼 수도 있겠지만, 강희제의 황자들 간의 제위를 둘러싼 투쟁이 보여주듯 지배 블록 내부 알력은 여전히 극심했다. 강희제 치세 하의 극심한 후계자 경쟁은 한편으로 '인仁황제'라는 시호를 얻게 한 그의 관대한 성격적 일면이 여러 정파를 배후로 이루어진 자식들의 경쟁을 엄격하게 근절시키지 않았던 때문이기도 하지만, 다른 한편으로 이는 만주 귀족의 붕당 간의 주도권 다툼과 이들에 연계된 한인 관료들 분파들의 각개 경쟁을 황제가 완전히 제압할 수 없었던 현실을 반영하는 것이었다. 강희제는 그들 간의 균형을 노련하게 조절하면서 국정을 운영할 수밖에 없었다.

모계 쪽 출신도 다른 황자에 비해 가장 낮은 쪽이었고, 제위 경쟁에서 황제의 총애로 두각을 나타내거나 대귀족의 지지를 얻지 못했던 애신각라 윤진愛新覺羅胤禛이 제위 계승 전쟁에서 최종 승리하게 된 사건은 그 즉위 합법성에 대한 많은 의혹을 낳았고, 즉위 이후에도 그에 대한 도전을 만들었다. 그러나 분명한 점은 그가 경쟁 과정에서 매우 현명하게 처신했다는 사실이다. 여러 유력 황자들이 선명한 기치를 내걸고 후계 경쟁에 나서면서 정국의 소용돌이에 휩쓸려 있었다면, 윤진은 끝없이 자중하고 경계하며 어떤 경쟁자에 대한 비평도 삼가면서 자기 실력을 키우고 황자에게 주어진 임무를 정확히 처리하는 데 힘썼다. 그것이 태자였다가 폐출된 둘째 형 윤잉과는 완전히 다르다는 인상을 강희제에게 심어줬을 것이다. 이런 지혜와 절제력이 어떤 면에서 그의 제2의 천성이었고, '만기친람萬機親覽', '소의한식宵衣旰食'이라고 황제에게 으레 붙는 수사를 중국사의 황제 중 유례없는 엄청난 업무량을 통해 문자 그대로 실천할 수 있게 한 동력이었다.

또한 40대 중반까지 치렀던 황위 경쟁에서 4황자 윤진의 생존을 위한 이해관계는 처음부터 대귀족의 세력 분파나 그들이 올라타고 있는 관료제 시스템에 적대적인 것이었다. 이는 집권 후 적 혹은 가상의 적에 대한 엄청난 적개심과 공격으로 나타났다. 그것은 공적으로는 황권의 절대보편성의 확립이라는 목적에 따라 국정을 운용하려는 강력한 의지로도 표출되는데, 이는 당시 국가 운영 시스템을 체계화해야 했던 청 왕조의 대의와도 일치했다.

옹정제는 집권 이후, 황권 안정을 위해 여러 차례 무자비한 숙청을 단행했다. 황위 경쟁을 했던 형제들과 그들의 세력이 첫 대상이었다. 옹정제 즉위에 결정적인 공로를 세웠던 외삼촌 융과다隆科多(?~1728)와 측근 연갱요年羹堯(1679~1726)도 그의 칼날을 피할 수 없었다. 심지어 자신의 셋째 아들 홍시弘時(1704~1727)마저, 후계자로 점찍은 넷째 홍력弘曆(1711~1799)을 위해, 8황자의 양자로 주었다가 8황자를 숙청하면서 함께 황실 족보에서 제거해 버렸다. 이는 단순히 극심한 제위 경쟁의 고통스러운 경험에서 비롯된 의심 많은 개인적 성격에서 비롯된 것이 아니었다. 또한 가장 표피적인 의미의 정치투쟁 결과로만 평가할 수도 없다. 옹정제의 조치는 팔기八旗를 중심으로 각자 자율적 세력을 구축하고 한족 관료들을 그들 정파의 도당으로 동원해왔던 만주 대귀족 세력들을 황제를 중심으로 한 공식적 통치기구 안으로 흡수하는 절차의 또 다른 단면이었다.

당시까지 팔기는 만주족 내 주요 종족의 군사·행정·경제 공동체의 연합이라는 형태에서 완전히 벗어나지 못했다. 통일된 규정이 없었고, 각 기주旗主의 의향에 따라 좌우되는 경향이 강희제의 시대까지 계속되었다. 공무를 처리하는 장소도 없이 '도통都統'의 집안에서 사무를 처리했으며 문서 행정 처리 절차도 없었다. 자의적 권력 행사와 도당 이해의 근원이 되었던 것이다. 더욱이 입관 이후 3세대가 지나, 만주인은 급격히 한화漢化되면서 팔기의 결집력은 쇠퇴하고 있었고, 팔기에 의존하며 그 밖의 생업 종사가 금지된 팔기 소속 만주족의 생활도 인구증가와 생활의 사치로 개혁을 요구받고 있었다. 그들은 고리대에 의존해 무기 등 물품을 저당 잡히고 그런 난관을 횡령과 부패로 모면했다.

옹정제의 해법은 팔기체제를 공적 기구로 제도화·합리화하는 것이었다. 팔기의 공식 업무 장소를 규정하고 팔기의 운용방식을 공식적인 관료기구의 체제로 개편했다. 예컨대 팔기의 기본 단위인 '좌령佐領'의 세습직을 축소하고 비세습직인 공중좌령公中佐領을 확장하는 식으로 개편해, 팔기 중 5기는 공중좌령을 중심으로 운용하고 3기는 황제의 직접적 관할 하에 두었으며, 정正·부副 도통이 공식적 채널을 통해 공무를 담당하고 그들을 감사하는 절차를 만듦으로써 여러 세습 귀족의 팔기 내의 역량을 축소시켰다.

그런데 이러한 옹정제의 체제개혁은 상당히 모순적인 이중의 목표를 동시에 겨냥해야 했다. 즉 만주족 팔기가 지녔던 봉건성과 자의성을 유교적 관료제 내부로 흡수해 제도화·합리화시키면서도—이 조치는 만주족 지배 연합을 약화시키는 것이었다—한인 관료를 중심으로 운영되는 중국식 관료제를 황권 아래에서 통제할 수 있어야 했던 것이다. 청이 중원을 차지한 후 한화 혹은 문화적 적응은 불가피했다. 황실 자체가 그러했다. 6살에 불과했던 조부 순치제를 섭정했던 다이곤多爾袞이 1644년 팔기군을 이끌고 북경에 들어와 자신들이 천명을 받은 지배자이며 명조를 이어 정통적 지배체제를 유지할 것임을 선포한 이래, 권력의 중심을 구성한 황실은 만주어나 기마와 활쏘기 같은 자신들의 전통을 잊지 않으면서도, 중국의 유교적 교양과 그에 따른 정치·사회 질서 운용원리를 철저히 내면화해왔다. 강희제는 그의 황자들에게 최고의 만주족·한족 관원을 스승으로 삼게 하고 매우 엄격한 교육을 이행하도록 했다. 입관入關한 지 3세대에 해당하는 옹정제에게는 분명 한족의 문화가 더 익숙했다. 그는 무술 학습에 흥미를 느끼지 못했고 전대의 황제처럼 전렵이나 친정親征에 나서지도 않았다. 물론 대제국의 황제—이전 명의 황제가 주로 한족 문화권 안에 그 영역이 국한되어 있었다면, 청은 그 영역을 원元 이후 최대로 개척하여 다양한 종족과 문화를 포괄한 명실상부한 제국이 되었다—로서 그의 교양이나 의식세계는 상당히 다채로운 편이었지만, 기본적 통치 이념과 질서는 유교儒教에 근거했다. 유교적 관료제

질서는 소수의 만주족이 그 주요 통치지역인 중국의 한족을 효율적으로 지배하기 위해서는 필수불가결한 것이었다.

문제는 관료제에 의존하기 시작할 때, 유교적 관료제에 대한 의존이 황권의 지배력을 잠식해버리는 상황이었다. 옹정제의 과제는 유교적 관료제가 갖는 효율성을 십분 활용하면서, 관료제 위에서 그것을 지배하는 황권의 절대보편성을 확립하는 것이었다. 이는 주접奏摺제도와 군기처軍機處의 확립으로 나타났다.

명청 시기 관료제의 공식적 보고형식은 통상 '제본題本'이었다. 그것은 관리가 업무 진행 문제나 지방 현안에 대해 상소와 보고서를 올리면 이를 내각에서 처리해 황제에게 전하는 형식이었다. 반면 '주접'은 관료가 직접 황제에게 올리는 기밀 형식의 문서였다. 옹정제는 강희제가 지방의 심복 관료들과 주고받았던 사신私信을 관료사회와 황제를 연결하는 공적 행정 교신체계로 변화시켰다. 예컨대 증정사건에 관계된 모든 문제는 관료가 보고를 올리면 그에 대해 황제가 하달 사항이나 의문, 요구를 주비硃批 — 붉은 먹물로 해당 보고에 주석을 다는 것 — 형태로 작성하여 처리된 것이었다. 이는 관료사회 내부의 중론이나 정보에 전적으로 의존하여 황제가 지역 실정을 파악하고 인사나 정책을 실행해야 했던 상황을 황제 중심으로 전환시킨 것이었다. 옹정제는 매일 50~60건 이상의 주접을 받고 주비를 달아 지시하는 초인적인 업무량을 통해 황제의 정보력과 권한을 극도로 강화시켰다.

관료들의 정보나 전문지식이 그들의 권력 지위의 기초가 되면서 통치자가 전문 관료에게 권력을 양보해야 하는 상황을 만드는 것이 관료제의 일반적 특성이었다. 그리고 통치자가 대응하는 방식이란 기존 관료기구를 통해 걸러질 수 있는 정보와 실정을 주접과 같은 방식으로 확보하거나, 관료(전문가)들의 의견을 검증할 수 있는 또 하나의 친위 관료들을 두고 통치자가 결정권을 발휘하는 것이었다. 그런 의미에서 옹정제의 주접정치가 다음 단계로 전쟁 비상기구였던 군기처를 정책 최고 의결기관으로 공식화시키는 형태로 확장된 것은 당연한 귀결이었다. 이는 황제에게 전국에 걸친 정보망을 확보하게 하고 전통적 관료제 정치조직에서 내각內閣과 언관言官이 가진 권한을 제약할 수 있게 하였다.

물론 그런 조치가 성공하려면 이를 운용할 수 있는 주체가 결정적인 것인데, 옹정제에게는 확실히 그럴 능력과 의지가 있었다. 제위기간 동안 집요하게 그런 의지를 격무로 이행했던 과정이 그의 수명을 앞당겼겠지만, 그의 치세 13년은 아시아적 전제군주 혹은 계몽군주로서의 정점을 보여주는 것이었다. 결과적으로 옹정제의 군권 강화를 핵심에 둔 체제개혁은 국가 전체의 대의大義와도 성공적으로 부합했던 것으로 보인다. 황제가 지닌 권위의 절대·보편성에 대한 강조는 관료조직을 효율적으로 견제하고 지역 세력의 발호를 성공적으로 막아냄으로써 부민이나 지방관의 민중에 대한 수탈을 억제했다. 옹정제는 지역세력가 혹은 관료의 전단에 의해 인민이 법의 보호를 받지 못하는 상황을 군권에 대한 침해로 인식했다. 예컨대 천민 해방은 황제 이하로는 모두가 동등한 인민이라는 논리로 진행되었다. 지정은제地丁銀制의 통일은 지세와 인두세를 지세 중심으로 통합시킴으로써, 인두세 부담이 많은 소농들에 대한 수탈을 줄였다. 그것을 안착시킨 것은 옹정제의 성실이었다. 옹정제는 하늘을 대리한 천자로서 천하만민을 공평히 돌본다는 유교이념으로 군권의 절대성을 정당화했다.

1728년 11월 초순부터 잇달아 악종기로부터 증정사건에 대한 보고를 받으면서, 옹정제는 증정의 역모를 중대한 문제로 받아들였다. 외부인이 알기 어려운 황실 내부의 암투를 교묘하게 자기에게 불리한 쪽으로 각색한 비방은 축출된 정적들의 음해와 연결된 것처럼 보였고, 경전에 근거해 만주족을 오랑캐[夷] 혹은 금수로 칭하며 군신 관계보다 만주족의 축출을 앞세우는 한인의 화이華夷사상은 유교이념에 따라 대일통의 노력을 해온 청조의 정통성 자체를 부정한 것이었다. 자신의 그간 노력도 송두리째 부정당한 느낌이었다.

II. 『대의각미록』의 편찬 경위

1. 증정사건에 대한 초기 대응과 『대의각미록』 구상의 구체화

1728년 11월 첫째 주 악종기로부터 자신에게 역모 서신을 전한 자를 체포했다는 소식과 그 대체적 내용에 대해 첫 보고를 받은 옹정제는 대수롭지 않게 생각했다. 그러나 계속된 보고를 통해 주범인 증정과 장희 등이 절강성 학자들과 연관되어 있다는 사실과 그 역서에 담긴 정권과 자신에 대한 비난이 알려지지 않은 자료에 근거한다는 사실을 깨닫고 사태에 엄중히 대응하기 시작한다.

절강성은 경제 규모는 물론이고 문화적·학술적 중심지였기에 그 학풍이 전국적인 영향력을 가진 곳이었다. 역모자들이 사상적 근거로 삼았던 여유량은 그런 절강의 상징성을 보여주는 인물이라 할 만했는데, 당시 과거를 준비하던 유생들의 필독서와 같았던 책의 저자였다. 더군다나 청조에서 절강성은 요주의 대상이었다. 그곳은 명말시기 반청운동이 가장 격렬하고 지속적이었던 곳이었고, 청조의 집권 이후에도 반청적인 언설로 큰 논란을 일으킨 반청의 온상이었기 때문이다. 옹정제 즉위 이후에도 옹정제의 최측근 실세로 무소불위의 권력을 누리다 얼마 전 92개 죄목으로 자결을 강요받은 연갱요年羹堯의 당여이자 막료인 절강 사람 왕경기汪景祺(1672~1726)는 만주족 정권을 비난하고 같은 한족 연갱요를 그런 문제를 해결할 위인으로 예찬했던 것이 발각되어 참수당했고, 강서성에서 향시鄕試 담당관으로 일하던 절강 출신 사사정查嗣庭(?~1727)은 출제 문제의 불경성과 황제 모욕의 이유로 옥사했다. 이런 일련의 사건으로 옹정제는 이례적으로 절강 출신자에게 향시와 회시會試 응시자격을 1년간 박탈하는 등 강경한 조치를 취했었다. 이러한 상황에서 옹정제에게 무명의 호남인, 증정·장희 사건은 절강학자들의 청조 '정통성'에 대한 도전에서 비롯된 문제로 인식되었다. 악종기에게 접근하려 한 증정의 시도는 청조의 한인 권력자와 한인 유생의 결합이란 점에서 연갱요–왕경기 사건의 반복이었고, 더욱이 이번 사안은 화이 구분에 대한 이념적(경전적) 해석에 근거한 도전이었다. 또한 황실의 가족관계에 근거한 현 황제의 집권 정당성에 대한 비난(예컨대 선황 강희제를 시해했다는 등)은 그간 민간에 횡행했던 청조에 대한 여러 막연한 유언비어와는 성격이 달랐다. 황실 내부의 구체적인 상황을 근거로 만들어진 이런 풍문은 옹정제에게는 강희제의 장기 치세 동안 황자들 사이에서 벌어졌던 살벌한 황위투쟁의 부산물로, 얼마 전 죽은 8황자와 9황자 등이 남긴 불씨가 살아 있는 것처럼 보였기 때문이다.

1728년 11월 11일, 옹정제는 문제를 조정에서 공론화하면서 장희가 언급한 13인의 관련자들에 대한 체포와 조사에 관한 지시를 내렸다. 강소성에서 장희가 접촉했던 인물들과 절강성의 여유량 가문과 여유량의 제자 엄홍규嚴鴻逵 등에 대한 조사가 개시되었고, 주범의 근거지인 호남성에는 특사인 부도통副都統 해란海蘭이 파견되어 증정과 그 일가, 장희의 일가, 관련자들을 체포했다. 11월 28일 악종기로부터 증정의 편지 원문을 입수한 황제는 그에 대한 반박문을 작성하기 시작하며, 12월 3일 증정사건의 근원을 밝혀내기 위해 가장 뛰어난 수사 전문가인 형부시랑 항혁록杭奕祿을 호남성에 파견했다.

12월 3일 절강총독 이위李衛의 상주문에 대한 주비를 달면서 옹정제는 절강의 사사정과 왕경기 등의 역범이 여유량의 당류일 것이라 추정했다. 그는 이위에게 여유량 족당의 체포를 명하면서 여유량의 화이사상에 대한 반박을 전개해 후세를 위해 공포하겠다는 구상을 밝힌다. 당일 황제는 증정의 서신에 담긴 자신에 대한 무고를 해명하는 상유(『대의각미록』 제1권의 두 번째 상유의 초안)를 12월 11일 조정 대신에게 반포했다. 이는 문제의 핵심이 어디에 있는지를 보여준다. 한인의 화이관 해석에 대한 이데올로기 전쟁을 통해 왕조의 정통성을 확립하고, 민간에 퍼진 황실에 대한 소문을 논박해 옹정제 집권의 정당성을 드러내는 것이 중요한 문제였던 것이다. 향후 『대의각미록』에 대한 구상은 이 시점에 예기된 것이며, 1729년 구체화된다.

1729년 초 몇 달간, 옹정제는 이미 경사로 압송되어 온 절강성 여유량 일가와 그 관련자들, 같이 압수되어 온 여유량의 저작 내용에 관심을 기울였다. 1729년 초 대질신문을 위해 호남성 장사長沙에 집결된 강소성·호남성의 사건 관련자들이 4월 7일 모두 경사로 압송되기 시작하자, 옹정제는 4월 중순부터 증정사건 자체의 세부적인 전말에 주의를 기울이면서 증정이 평상시 일기처럼 기록해 놓은 『지기록知幾錄』과 『지신록知新錄』을 검토했다. 4월 21일 황제는 증정의 역모 편지에 대한 반박과 제위 계승 분쟁의 전말에 대해 해명한 상유(1728년 증정의 편지 원본을 입수한 이후 작성을 시작해 12월 11일 조정 대신 앞에서 반포한 상유의 확장·완성본이다. 『대의각미록』 제1권의 두 번째 상유로 수록되었다)를 전국 각지에 반포할 것을 명한다. 이렇게 일체의 문제에 대한 공론화가 시작되면서, 『대의각미록』을 향한 구상은 좀 더 구체화된 셈이다. 1729년 5월 12일 옹정제는 가장 총애하는 신하인 운귀총독雲貴總督 악이태鄂爾泰(1677~1745)의 글에 주비를 달면서, 한인들의 화이사상과 자신에 대한 악평에 몸소 대결해 천하에 공포하겠다는 입장을 거듭 분명히 했다. 황제는 이 사건을 "한번 기묘하게 처리해보겠다一番奇料理"고 말했다. 옹정제는 경사에서 항혁록이 주관하는 신문에 상유의 형태로 관여했다. 황제와 죄인 사이의 유례없는 대화 기록이 본격적으로 취합되고 만들어지기 시작했다.

2. 처리 방식이 던지는 의문

확실히 증정의 역모사건이 건드리고 있는 사안은 중대한 것이었다. 그러나 옹정제의 대응은 다른 의미에서 기묘했다. 옹정제가 역모사건의 실제 내막을 대강 확인했을 때, 그것은 불우한 한인 서생이 만든 해프닝에 지나지 않는다고 충분히 판단할 수 있었기 때문이다.

증정은 악종기에게 보낸 서신에서 악종기가 결단하면 '여섯 성省에서 봉기할 것이다'라고 썼다. 하지만 실제 증정에게는 그를 '호남 제일'이라 믿는 어리숙한 제자 외에는 그를 뒷받침할 실체를 가진 어떤 세력과의 연계도 발견되지 않았다. 그들의 공모자로 언급되었던 인물들은 역모에 대해서는 생각조차 해본 적 없는 보통의 유생들이었고, 증정이나 장희와 친분도 깊지 않았다. 종종 그들을 우스꽝스럽게 여겼던 사람마저 그들의 진술로 사건에 연루되었다. 이들은 악종기가 장희의 실토를 받기 위해 역모에 참여할 것처럼 거짓 맹세를 했을 때, 장희가 허풍으로 언급했던(또는 증정이 장희에게 누군가 도와줄 것이라고 허풍처럼 암시했던) 사람들에 불과했다. 증정이 악종기에게 편지를 보내겠다는 망상을 정말로 느닷없이 실행하기까지 역모를 위한 어떠한 실제적인 일을 했던 것도 아니었다. 상황이 이렇다 보니, 호남에 파견된 심문관들이 증정의 역모사건의 내역을 조목조목 취조했을 때 증정으로부터 무슨 소리인지 모를 모호한 중언부언만 들을 수 있었을 뿐이다. 증정이 역모에 대한 사상을 품게 만든 고통스런 현실을 제외한다면, 증정은 피해의식과 과대망상을 오가며 약간의 지식과 여러 부정확한 정보를 결합해 현실과 동떨어진 세계를 그려낸 자에 불과했다.

그렇다면 신속히 불경한 시도를 일벌백계하고 종결하면 간단한 일이었다. 그럼에도 불구하고, 증정사건은 1728년 10월 28일 장희의 현장 체포에서부터 1729년 12월의 증정과 장희에 대한 사면령에 이르기까지(혹은 『대의각미록』에 실릴 자료의 완성을 위해 증정이 경사에서 황제의 물음에 답하고 있었던 1730년 2월까지) 1년 이상을 끌었다. 주범 증정의 사상적 배경으로 지목된 여유량에 관련된 최종처분이 1733년 1월 27일에 내려졌다는 점을 고려하면, 증정사건은 무려 4년 이상 지속되었던 셈이다. 더군다나 옹정제는 이 사건과 관련된 일체 문제에 대해, 자신이 상유를 내려 하나하나 신문하고 때로 논박하며 죄인의 생각을 듣는 과정을 국가 전체에 낱낱이 공개하는 방식을 취했다. 그 최종 결과물이 『대의각미록』이었다.

정사正史에 사건 발생과 처리 사실에 관해 불과 한두 줄의 기사로 남았을 사안이 황제와 역모 죄인 사이에 벌어진 미증유의 신문 기록으로 남겨진 데에는 분명 우연 — 순전히 개인의 개성적인 요소로 돌릴 수 있는 역사적 우연 — 이 작용했다. 우선 증정의 역모는 당시 만주족 정권에 불만을 지닌 일부 한인 지식인 사회의 분위기를 반영한 것일 테지만, 그가 역모를 위한 어떠한 실제적인 노력도 없이 부정확한 정보들에 대한 순진한 낙관만으로 정말 역모를 실행에 옮겼다는 점은 개인의 심리 문제로 남길 수밖에 없는 미스테리다. 또한 옹정제라는 전제군주가 강박증 내지 편집증적 경향을 지니고 있었다는 점도 고려해야 할 것이다. 모든 이를 의심해야 했던 황위투쟁 과정은 그의 자리를 위협하는 가상의 적들에 대한 의심과 불신을 강화시켰다. 그것은 공적으로는 황제 재임 시기 만사를 자기가 완벽히 통제하려는 성향으로 나타났다. 더군다나 그는 '유교' 전제군주였다. 주접을 통해 관료들의 모든 정책에까지 하나하나 세세하게 개입하며 논쟁하길 즐겼던 옹정제는 언제나 자신의 행위와 처결이 모두 천하 공론公論의 도덕적 지지를 얻을 수 있길 바랐다. 유교적 성군상에 집착했던 것이다. 허술하기 짝이 없었던 증정의 역모사건이었지만, 아버지를 죽이고 어머니를 자살로 몰고 갔으며 형제를 죽인 패륜아로 자신이 묘사된 상황을 황제는 견디지 못했다. 옹정제는 사건 자체에 대한 종결로만 만족할 수 없는 종류의 인간이었다. 그에게는 증정사건을 유발한 최종 실체가 명확해져야만 했고, 그는 이를 통해 자신에게 가해진 모욕을 완전히 벗겨내려 했다. 옹정제는 증정사건을 계기로 자신에 대한 악평의 출처를 악독한 형제들의 세력에게 돌림으로써 자신의 결백과 유덕함을 선전하고자 하는 의도를 지녔다는 인상을 준다.[1] 증정사건에 대한 심리와 결론은 이미 정해진 틀에 따라 짜맞추어진 것이었을 수도 있다. 황제를 둘러싼 모든 소문은 쫓겨난 무도한 황자 세력들의 음모에서 비롯된 것이 됨으로써 황제는 모든 문제에 대해 결백한 것으로 나타나야만 했고, 여유량과 같은 한인 학자의 사상에 동조했던 생원 증정은 황제의 교화를 통해 뉘우치고 황제의 가르침을 정통으로 받아들임으로써 청조를 부정하는 사상을 이단으로 밝히는 증인이 되어야만 했다.

이는 확실히 기묘한 처결로 나타났다. 역모의 주범인 증정과 장희는 살아남았고, 그들의 행위의 간접적 배경이 된 인물들만 극형에 처해졌다. 역모사건 자체와 실질적으로 무관하나, 증정–장희와 한 번이라도 접촉한 적이 있는, 여유량과 연루된 학자들이 엄단되었다. 여유량 일가, 여유량의

• • •

1. 예컨대 한창 수사가 진행되던 상황에서 악이태는 황제에게 주본을 올리면서 황제에 대한 악평의 출처를 8, 9황자의 세력에게 돌리고 있고 옹정제 역시 그에 공감하는 태도를 보였는데, 실제로 사건의 조각은 그런 방향으로 맞추어졌다. 예컨대 애초 악종기와 관련된 소문을 증정에게 최초로 전달한 인물로 지목되었던 진제석은 『대의각미록』에서 어느 순간 황실 내부에 대한 유언비어를 퍼트린 황자들의 관원에 대한 증인으로 등장한다. 또한 황제가 원하는 대답에 대한 암시를 통해 증정의 진술이 이루어진다는 인상을 받게 하는 부분들이 적지 않다. 예를 들어, 『대의각미록』 제4권의 첫 번째 상유에 이어지는 증정의 진술은 황상이 원하는 대답을 죄인이 고스란히 증명하는 방식으로 이루어져 있다.

제자 엄홍규, 그리고 엄홍규와 가까운 학자들이 주요 대상이 되었다. 또 다른 경우로 황상에 대한 헛소문의 유포자로 지목된, 이미 유배된 8, 9황자 등의 환관들이 처단의 대상이었다.

이상과 같은 점만 보면, 1728년의 사건과 그 절차, 그 결과물로서의 『대의각미록』은 피해망상에 시달렸던 서생 — 그는 현실과 괴리된 행위 근거와 자기의 실제 경험과 무관한 신념에 의지했기 때문에 원하는 대로 통제하기 아주 손쉬운 대상이었다 — 의 공상적인 현실 인식의 기반이 된 여러 소문들을, 편집증적 황제가 다른 체계의 내용물로 대체해 놓는 심리극 연출처럼 보인다.

조너선 스펜서는 옹정제가 자신을 둘러싼 소문을 공론화했던 방식, 그리고 이후 즉위한 건륭제가 전국에 배포된 『대의각미록』을 회수하여 금서로 지정한 처분에 대해 다음과 같이 지적한다.

> 황제 두 사람이 모두 실수했다고 할 수 있다. 첫 번째 황제는 자신을 둘러싼 모든 부정적인 요소를 공중으로 흩날려 보내면 나쁜 소문을 말끔히 정리할 수 있을 것으로 생각했다. 후손들이 자기에게 경의를 표하리라고 믿었다. 그러나 그의 의도와는 정반대로 백성들은, 유언비어는 두고두고 기억하고 그가 해명했던 말들은 잊어버렸다. 두 번째 황제는 『대의각미록』을 없애 아버지의 혼백을 편안히 해드리겠다고 생각했다. 그러나 백성들은 책의 내용이 대부분 진실이기 때문에 황제가 책을 없애버렸다고 생각했다.[2]

2. 조너선 스펜서, 이준갑 옮김, 『반역의 책: 옹정제와 사상통제』, 이산, 2004, 316쪽.

Ⅲ. 『대의각미록』은 왜 만들어졌는가?
— 두 개의 정통론, 두 개의 화이관

그러나 어용 문헌인 『대의각미록』이 설사 그런 측면을 지닌다 할지라도, 옹정제의 '기묘한 처결'과 『대의각미록』에서의 그의 논변은 유교국가 교체의 본질을 고스란히 드러내고 있다는 점에서 더욱 중요하다. 역자는 옹정제 개인을 둘러싼 문제 이외의 다른 주제 — 화이관 및 유학자 도통론에 대한 반박 — 가 더 중요하다고 생각하며, 결과적으로 그 시도는 꽤 성공적이었다고 본다. 이하는 이를 설명하기 위한 논문 형태의 글이다.

글은 다음과 같이 전개된다. (1) 송대에 정립되어 명청으로 계승된 과거제에 대해 설명한다. 『대의각미록』의 증정사건을 이해하는 데에 주요 배경일 뿐만 아니라, 이하의 해제에서 한인 지식층이 국가와 맺었던 정신적·물질적 관계를 파악할 때 빼놓고 생각할 수 없는 요소이기 때문이다. (2) 이후, 본론에서 유교국가의 정통성과 화이관의 문제를 논한다. ① 먼저 정통론이 상정하는 유교국가 모델의 모습을 개관한다. 유교국가에서의 정교일치(L=O)의 형태의 원형을 그려내고, 과거제·학교라는 제도와의 관계 속에서 증정사건의 의미를 밝힌다. ② 남송과 명말의 시대정신 속에서 정통론이 사대부 도통론으로 변형되는 상황, 그리고 그것이 배타적 화이관과 함께 이민족 왕조에 대한 저항의 논리로 나타나는 측면을 살핀다. ③ 청조의 안정 속에서 한인 사대부의 저항이 봉착하게 되는 난관을 밝히고, 그들의 저항이 실패할 수밖에 없었던 이유를 유교적 정통론의 문제 속에서 규명한다. ④ 옹정제가 『대의각미록』을 통해 한인 사인층의 배타적 화이관을 논박하는 논리를 개관하고, 사대부 도통론을 다시 황권 중심의 정통론으로 대체하는 방식을 살핀다. ⑤ 만주 황제의 시도가 거둔 성과를 평가하고, 정통론의 두 체계와 연관되는 화이관의 문제를 근대 민족주의의 원형처럼 이해하기 힘든 이유를 제시한다.

1. 과거제

증정이라는 시골 서생이 역모를 꿈꾸게 된 원인, 그리고 그의 불만이 정권의 관심으로 부상할 수 있게 되었던 가장 일반적인 배경은 바로 '과거제'였다고 할 수 있다. 과거제 시스템 내에서의 소외와 불만이 증정이 역모에 대해 생각하게 된 일차적인 원인이었다고 볼 수 있으며, 정권 차원에서 증정사건에 주목하게 된 근본적인 이유 역시 국가기구의 이념적 근간이라 할 수 있는 학교–과거 시스템 내부에서 청 왕조를 정면으로 부정하는 시도가 나왔기 때문이었다.

대략적으로 말해, 명을 계승한 청의 과거제는 크게 네 단계로 이루어져 있었다. 1단계가 거주 지역인 부府·주州·현縣 단위에서 이루어지는 시험인 동시童試로 합격자는 생원生員의 지위를 부여받고 지역 관학에서 공부하면서, 서민과 구분되는 복장과 요역 면제 등의 각종 혜택을 누릴 수 있었다. 그들이 속한 지역 관학 내에서 탁월한 학문 역량을 보인 자는 북경 최고 교육기관인 국자감國子監에서 감생監生 자격으로 수학할 수 있는 특전을 얻었다. (이후에 감생에는 연납捐納을 통해 자격을 얻은 이들이 다수 포함되었다) 국자감에서의 교육과정을 통해 2단계 시험인 향시에 응시할 자격을 부여받았고, 때로 곧바로 관직을 얻기도 했다. 하지만 대체로 생원들은 지역 관학에서 3년에 한 번 실시하는 세시歲試라는 능력평가 시험에서 우수한 성적을 얻고, 이어 과시科試에서 좋은 성적을 받아야만 성省 단위에서 3년에 한 번 치르는 2단계 시험인 향시에 응시할 자격을 얻을 수 있었다(앞서 말한 대로, 증정은 세시에서 낙제해 생원 자격을 박탈당했다). 향시 합격을 통해 거인擧人 자격을 취득하고서야 비로소 지역 명사로 우대받으며 지방관과 동등하게 교류하거나 지방행정에 관료로서 직접 참여할 기회를 가질 수 있었다. 생원 중 선별된 소수들은 최소 100:1 이상의 경쟁을 통과해 거인으로 선발되었다. 그리고 거인들은 중앙 관료로서의 엘리트 코스를 밟으려면 예부禮部가 수도에서 개최하는 3단계 시험인 회시會試를 통과해 공사貢士의 자격을 얻어야 했다. 거인은 3년마다 전국에서 1,000~1,300명 정도 배출되었고, 그 이전 거인 취득자도 회시會試 응시 자격을 갖고 있었으므로, 청대 150~449명 사이로 선발된 회시 합격자들은 다시 수십 대 일의 경쟁을 통과한 인재였다. 공사는 합격 1개월 후 예부상서가 주관하고 황제가 참관하는 마지막 단계 시험인 전시殿試를 치른 후 모두 진사進士가 되어 석차에 따라 중앙 관료로서의 엘리트 코스를 시작했다. 관료시스템은 최하층 실무 서리들을 제외하면, 중간층을 감생·거인이 점하고, 진사 출신들이 최상층을 구성하는 형태로 이루어졌다.

국가가 과거제를 통해 합격자에게 관료로서의 정치적 권력, 사회적 지위와 명예, 경제적 재부를 분배하고 이를 철저히 보증했던 방식은 송대 이후로 여러 왕조를 거치면서 이미 600여 년간 검증된 전통이었다. 더군다나 범죄자나 소수의 천인과 조상의 죄로 관노가 된 자들을 제외하면, 거의 모든 계층에게 열려 있었던 가장 확실한 상승 기회였던 만큼, 과거를 통해 국가 관료가 된다는 것은 세속적 욕망의 충족에 있어서나 어떤 대의를 구현한다는 이상 실현을 위해서나 가장 현실적인 선택이었다. 물론 과거가 모든 서민에게 열려 있는 기회였을지라도, 실제로 과거 준비에 나설 수 있는 사람은 수험기간 동안 생업의 속박에서 잠시라도 벗어날 기회를 얻은 10% 정도의 인구에 지나지 않았다. 더군다나 최종 관문 통과자는 그들 중에서도 극소수에 불과했고, 절대다수는 중앙 관료로 임용되지 못한 채, 출생지 인근에서 일생을 마칠 운명이었다. 그럼에도 불구하고, 기층민들은 과거제에 열렬하게 반응했다. 생원 단계에서부터

주어지는 개인에 대한 공식적 특혜들에 국한된 문제만은 아니었다. 그런 인재를 키우기 위해 크고 작은 지역·혈연 공동체의 관심이 집중되었다. 그들의 장기간 지원으로 만들어진 관료에게 가문이나 지역사회는 확실한 응분의 보답을 기대할 수 있었으며, 중앙·지방의 관료로 진출할 진사나 거인을 배출하지 못할지라도 강학 모임, 사립학교나 관학에서의 교육과정에서 동학과 사제관계로 형성된 인적 네트워크가 바로 지역에서 실리를 얻고 권력을 행사할 수 있게 하는 물적 네트워크의 근간이었기 때문이다. 따라서 가문과 지역사회는 친족 및 지역 인재에 대한 교육 투자에 적극적이었다. 다른 한편으로 지역사회의 학제와 연동된 과거제도의 전 과정은 중앙에서 파견한 지방장관의 관할로 이루어졌기 때문에, 국가는 현학 등의 지역 관학을 매개로 지역 엘리트를 교화·통제함으로써 국가 행정기구 밖에 놓인 지역사회를 중앙정부에 효율적으로 통합시킬 수 있었다. 어려서부터 문자에 대한 교양과 함께 국가가 공인한 표준화된 커리큘럼에 따라 유학 경전의 의미를 내면화하면서 성장하는 관료 예비군은 유교국가의 가장 강력한 지지세력이 되었다.

이러한 이중적 의미에서 중앙의 과거제를 중심에 두고 지역사회가 조직되었다고 해도 과언은 아니었다. 유교적 문치 국가는 광범위한 인구가 정부에서의 입신을 열망하도록 만들고 그 욕망을 국가를 향해 순치시키는 방식으로 운영되었다. 가족·종족이 근간이 되는 광범위한 지역사회 위에 곧바로 국가 관료제의 피라미드가 치솟아 있고, 그 접점에서 신사紳士 계층은 혈연과 지연의 다양한 염원을 담은 대표자이자 유교국가의 이념과 제도를 하부로 침투시키는 네트워크로서 기능했다. 관과 민에 걸쳐 있는 존재들이 광대한 기층 지역사회를 맡은 하부통치 엘리트였고, 유교국가의 제도적인 틀을 이루는 사회적 통합력이었다. 그들은 제도적으로 관료가 지닌 행정 권력을 소유하지 못했지만, 관官에 직간접적으로 영향력을 행사하고 받으면서, 민간 기층에 대한 교육·교화를 떠맡아 여론 형성을 주도했고 지역 질서를 담당했다.

요컨대, 국가가 주도하는 학교 교육체계를 관료 임용시험과 직접적으로 연동시킨 이 시스템이 중요한 이유는 그것이 중앙정부와 지역사회를 유기적으로 연결·통합시키는 핵심 고리였다는 데에 있다. 그 시스템은 중앙 관료를 목표로 한 시험 준비와 수험 과정을 통해 관료 예비군 — 특히 국가로부터 특혜를 받는 생원 이상의 독서인 층, 즉 사대부 또는 신사라고 불리는 전현직 관료와 학자 계층 — 을 확대 재생산하면서, 그들이 기층 사회로부터 나오고 다시 그 속에 스며들어 관료제와 지역사회를 소통시키는 매개적 존재로 기능할 수 있게 만들었다.

그리고 여기서 문제는 바로 이 지배 지식층이 대체로 국가기구 내부의 일원(관료)이거나 관학을 통해 국가의 특혜를 입는 준準관료로, 국가기구와의 직간접적인 관계 속에 놓일 수밖에 없다는 점이다. 그 의미는 다음에서 유교국가의 정통성이 성립되는 방식과 연관해 보면 더 선명하게 눈에 들어올 것이다. 바로 그 지점에서부터 우리는 증정-여유량의 저항이 갖는 함의나, 그에 대한 옹정제의 반론이 지닌 설득력에 대해 생각해볼 수 있다.

2. 유교국가의 정통성

(1) 정교일치의 이념형Ideal-Type과 증정 역모의 의미

루소는 『사회계약론』에서 종교가 국가체제의 정신 기반을 제공해주었던 역사를 지적하면서, 유럽적 전통 내에서 정政·교敎가 분리된 채 기독교가 국가의 세속 질서와 대립하는 측면에 주목했다.[3] 물론 전통 시대

3. 이에 대해서는 장 자크 루소, 『사회계약론』 중 4부의 「시민종교에 관하여」라는 부분을

모든 정치체제의 합법성은 물리적 지배를 통해서만 유지될 수 없기 때문에 언제나 사상적 정초를 요구했으며, 서양의 정치체 역시 기독교가 제공하는 '정통'을 통해 뒷받침되었다. 하지만 로마제국의 기독교 공인에 이르기까지 교회측의 체제에 대한 저항, 종교개혁을 둘러싼 문제가 구체제 전체를 재편했던 상황 등은 루소가 기독교가 지닌 현세 부정의 논리가 세속적 법질서에 적대적인 원심력으로 작동했다고 진단했던 일면, 다시 말해 서양에서의 정치체제의 합법성legitimacy과 정신적·사상적 교리orthodoxy의 근원적 분리를 가리키고 있다. 두 차원은 별개의 영역 — 국가기구 vs 국가기구 외부의 교회 — 을 진원지로 하면서 교착되었다. 서양에서 '신 앞에서' 이루어지는 정통에 대한 사상적 논쟁은 국가기구 외부(순전한 '민간')에서 촉발되어 일단락된 후, 체제 안으로 들어와 정치적 합법성을 두고 투쟁을 만들었거나 현실 정체政體로부터 일탈하는 힘으로 작동했다. 현실의 비윤리성에 대한 자각에서 성립한 세속초월적 종교는 독자적인 영역을 지니며, 현실정치와 관계했다.

후지타 쇼조가 'O정통Orthodoxy'과 'L정통Legitimacy'으로 불렀던 구분을 빌리자면,[4] 동아시아 유교 국가의 특성은 O정통과 L정통의 근원적 일치로 규정할 수 있다. 정치질서의 합법성은 언제나 종교적 윤리가 표상하는 사상적 정통성이란 문제와 하나로 통합되어 있었다는 의미에서 그렇다.

황제의 지배 정당성은 '천명天命'을 받은 하늘의 대리인이라는 점에 근거했다. 하늘이 만민을 낳았고, 그들을 돌보기 위해 하늘이 대덕大德을 갖춘 자에게 명을 내려 천자로 삼았다는 천명사상은 천하를 통일한 세속 국가의 황제가 동시에 신성한 덕을 갖춘 천리天理의 체현자임 — 혹은 체현자가 되어야만 함 — 을 의미한다. 이렇게 정치와 종교를 일치

참조할 것.

4. 후지타 쇼조, 윤인로 옮김, 『이단은 어떻게 정통에 맞서왔는가』, 삼인, 2018.

시킨 사고는 종교를 세속초월적인 것이 아니라 세속 정치에 교의적 근간이 되는 규범으로 내재화시켰다. 이를테면 천명의 전제조건으로서의 지도자의 '덕德'이란, 수기修己의 완전성과 그에 입각해 민심의 귀의(천하의 통일)를 이끌어내는 치인治人의 역량을 의미했다. 이와 반대로 정치제도와 그 안에서의 일련의 결정들에서 도덕에 입각한 통합적 역량을 유지하지 못하고, 자의적인 권력 행사로 왕조를 위기와 분열로 몰아넣는 폭정暴政은 곧 천명의 교체, 즉 왕조 교체를 정당화시킬 수 있었다. 정치적 합법성은 천명의 교리가 표상하는 종교윤리의 정통성에 근거한 것이어야 하며, 종교적 정통성은 정치적 합법성의 유지, 즉 천하의 통일로 입증되어야만 했다. 다시 말해, 유교적 군주=국가의 모델은 종교적·윤리적 신성과 정치적·폭력적 역량을 하나로 체현한 성왕聖王에 의한 정·교 일치를 이상으로 하는 것이었다. 유교는 이런 맥락에서 보자면 정치종교라 할 만한 것이었다. 정교일치에서, 종교는 정치를 통해 세속화되고, 세속화된 종교적 윤리규범이 국정을 이끄는 원리로 정치화되기 때문이다.

이상의 특성은 어떤 사상적·종교적 교의 해석상의 논쟁이 곧바로 국가권력의 이해관계와 직결되는 양상을 띠게 하였다. 기독교 사회에서라면 사상·종교 담론은 우선 교회 같은 국가기구 외부에서 정통과 이단을 가르는 격렬한 논쟁에 휩싸이게 될 것이다. 그리고 그 사상적 교리가 정치영역의 규범과 충돌하기 시작할 때에야 두 영역 사이의 역동을 만들게 된다. 하지만 유교국가에서는 사상적 담론 자체가 정치적인 것과 표리를 이루었다. 유교·유학의 'O담론'이 왕조의 합법성의 근거로 기능하면서 정치제의 지향성을 규정하는 규범으로 일체화되어 있다는 사실, 바로 그것이 정통으로 공인된 교의에 대한 이단을 국가에 대한 반역으로, 그리고 체제에 대한 도전을 사상적 이단의 문제로 파악하게 하였다.

정교일치의 예시가 되는 현실 제도 중 하나가 바로 앞서 언급한 과거제 및 그와 연동된 학교 시스템이다. 국가가 신민들에게 '정통'의 기준을 유교 경전의 커리큘럼으로 제시하고, 그에 대한 평가를 통해 통치에 동참할 만한 신민을 확인하는 그 절차와 제도는 정치적 합법성과 사상적 정통성을 독점하고 그에 부합하는 인재들에게 정신적·물질적 자원 — 국가기구에 참여할 자격·지위와 생존의 물적 기반 — 을 분배하는 국가 존재에 대한 긍정을 전제한 것이었다. 그런 의미에서 국정에 참여하거나 학문적 교양을 통해 지역사회를 이끄는 독서인 계층은 국가종교의 사제와도 같았다.

이런 맥락을 고려해야, 어째서 증정사건이 반역 자체에 대한 엄단으로 그치지 않고, 정통과 이단을 가르는 사상 문제(문자옥)로 확장되었는지를 이해할 수 있다. 증정사건은 국가와 지역사회를 통합하는 이데올로기 장치의 문제를 드러냈다. 증정의 역모 시도는 현실에 대한 아무 고려 없이 신념에 대한 낙관만으로 이루어진 황당한 것에 지나지 않았지만, 증정은 그런 고지식함 그리고 과거제 교육 덕분에 명明의 멸망 이후 한인 지식층 사회에 잠재되어 있던 청조에 대한 부정논리의 핵심을 노골적으로 드러낼 수 있었다. 옹정제는 증정의 역모 서신과 그의 기록으로부터, 국가기구에 핵심 인재를 제공하는 학교·과거제 시스템을 사이에 두고, 스스로 '정통'을 자처하는 또 다른 구심점 — 여유량으로 상징되는 강남의 일급 유교 지식인 사회의 반향 — 이 존재한다는 사실을 예민하게 자각했다. 옹정제에게 보다 중요했던 것은 '이단'에 빠진 증정을 황제의 성덕聖德을 통해 교화시켜 제자리로 돌려놓는 장면을 통해, 진정한 'O정통'이 어디에 있는지를 분명하게 선언하는 것이었다.

(2) 현실 왕조에서 정통성을 둘러싼 문제

옹정제가 반박한 여유량과 증정의 관점을 좀 더 분명히 이해하기 위해서는 우선 남송 시기 정통성에 관한 논리체계가 어떻게 이루어져 있는지를 확인할 필요가 있다. 남송 시기에 성립된 정통성에 대한 독특한 사고와 화이관이 명말 지식층의 의식세계를 이해하는 데에 있어 결정적이기 때문이다. 우선 남송 시대 정립된 성리학 체계가 이후 왕조들의 공식적 이념이 되었다는 의미에서 그렇고, 북방 왕조에게 밀려 존망의 위기에 놓였다가 결국 왕조 멸망으로 귀결되는 상황이라는 측면에서도 남송과 명말의 상황이 흡사하기 때문이다. 명말 한인 유생들이 청조에 대항하면서 내세웠던 정통론·화이관은 그 기원에 놓인 남송의 정통론·화이관의 반복이라고 보아도 좋다.

① 남송대 도통론과 화이관

앞서 'L정통'과 'O정통'의 일치로 정리한 유교국가 모델의 모습은 역대 왕조에서 이전 왕조에 대한 정통성 평가 기준으로 사용한 '正·統'이란 개념에 대응한다. 북송 시대 구양수歐陽脩(1007~1072)는 '정통'에 대해 다음과 같은 고전적인 정의를 내리고 있다. 유학자마다 특정 왕조에 대한 평가에서 견해가 달라지고, 또 다른 기준을 추가하기도 하지만, 구양수의 정의는 기본 틀을 잘 보여주고 있다.

> 『춘추공양전』에서 "군자는 '정正'을 준수하는 것을 위대하게 여긴다"라고 했고, 또 "왕이 된 자는 하나로 통합하는 것一統을 중시한다"라고 하였다. '정正'이란 천하의 올바르지 못함을 바로잡는 것이요, '통統'이란 천하가 하나되지 못한 것을 규합시키는 것이다. (…) 요와 순이 왕위를 전할 때와 삼대의 왕조(하·은·주)가 교체될 때에는 지극히 공정했고 대의에 입각했기 때문에, 모두 천하의 정正을 획득함으로써 하나로 천하를 규합했던 것이다. 이 때문에 군자들은 논란을 벌이지 않았던 것이니, 그들이 제왕이 된 이치가 마땅했고, 처음과 끝이 분명했기 때문이다. (傳曰君子大居正, 又曰王者大一統. 正者所以正天下之不正也, 統者所以合天下之不一也. (…) 堯舜之相傳, 三代之相代, 或以至公, 或以大義, 皆得天下之正, 合天下於一. 是以君子不論也, 其帝王之理得而始終之分明故也. ―구양수歐陽脩, 「정통론正統論」)

'도의道義'(正), 그리고 천하天下에 대한 '실효적 지배·통일'(統)이라는 두 가지 조건을 동시에 충족시킬 때 왕조의 정통성이 성립한다는 것이다. 물론 그것은 유교국가의 이념형ideal type, 또는 규범적 모델에 대한 이론적 설명일 뿐이다. 현실 역사에서 그런 이상과 거리가 먼 사건과 장면들이 얼마나 많이 연출되었는지 당대인들도 잘 알고 있었다.

현실정치에서 왕조 개창자가 정말 온전한 덕을 소유했거나, 왕조 교체의 충분한 대의명분을 확보한 완전무결한 성왕聖王일 수는 없었다. 그들은 보통 찬탈자나 군벌, 그도 아니면 협객과 무뢰한 사이에 놓인 존재에서 그 이력을 시작했으며, 폭력이라는 악마적 수단에 올라타서 집권했다. 설령 그들에게 거사와 세력 규합의 명분이 있었고, 그들의 집권이 천하의 안정을 이끌며 정국을 정상화했다 할지라도, 삼대三代의 치세로 규범화된 이상에 비했을 때, 현실의 한계는 언제나 명확했다.

이런 현실 때문에 구양수는 현실 왕조의 정통을 논했을 때, "처음 그 정正을 지니지 못했을지라도 끝내 천하를 하나로 규합할 수 있다. [그러나] 천하를 통일하고서 정正을 따른다면 천하의 군주인 것이다. 그렇다면 정통이라고 말해도 좋다始雖不得其正, 卒能合天下於一. 夫一天下而居正則是天下之君矣. 斯謂之正統, 可矣"라는 현실주의적 입장을 취할 수밖에 없었다. 중원의 분열과 혼란을 종식시킨 공적을 이루고, 사후라도 유교적 도의에 합당한 정치를 펼치면 정통일 수 있다는 것이다.

그런데 이러한 북송대의 현실주의적 의식은 송 왕조가 중원지역에 대한 지배력을 완전히 상실하고 강남으로 밀려나게 되면서 전혀 다른 양상으로 변화하게 된다. 만약 구양수의 기준에 따라 정통을 이해하고 역사를 기술하게 되면, 그것은 북방 왕조에 의한 통일이 정당화될 뿐만 아니라, 남쪽으로 밀려난 송 왕조의 정통성 결여마저 인정할 수밖에 없기 때문이다. 남송 시기 협소한 지역에서 일시 명멸하고 말았던 유비劉備의 촉한蜀漢을 '정통'으로 해석하는 관점이 등장한 것도 이런 맥락이었다.

'정통正統' 이해에서 천하통일보다 '도의성'이 핵심 기준으로 강조되었던 것이다. 이 관념 전환은 보다 직접적으로는 요·순, 삼대의 성왕의 도를 계승해 현실에서 이상적 치세를 구현한다는 남송 사대부의 문화·정치운동에서 기인한 것인데, 그 과정에서 정통의 문제를 규정하는 독특한 두 가지 개념, '도통道統'과 '화이관華夷觀'이 등장했다.

'도통'은 당대唐代의 한유韓愈(768~824)에서 기원한 개념이나, 남송 시대에 이르러서 다수의 지식층에게 주요한 사상적 논점으로 부각되어 논의되기 시작한다. '도통道統'은 '치통治統'에 짝하는 개념으로 사용되었다. 즉, 치통이 천하에 대한 실효적 지배력을 지닌 왕조의 계보를 말한다면, 도통은 사상적·도덕적 정통성의 계보를 뜻한다. 즉 구양수의 '정통'에서 '정'에 상응하는 것이 도통이라면, '통'에 상응하는 것이 치통이라 보면 된다. 그런데 구양수가 '정통正統'을 논했을 때, '정正'이라는 사상적·도덕적 정당성과 '통統'이라는 천하에 대한 실효적 지배의 문제는 국가기구를 대표하는 천자라는 존재에게 수렴되는 것이었다. 구양수가 치통과 도통이라는 개념을 사용한 바 없지만, 구양수와 같은 사고에서 치통·도통은 천자를 통해 구현되어야 하는 것이다. 정교의 일치를 이념으로 하는 유교국가를 생각하면 구양수의 사고가 더 일반적인 발상이라고 할 수 있다. 그런데, 남송 시기 전형화된 '도통' 개념의 특이성은 그것이 현실 천자로부터 분리된 '별도의 권위'를 상정한다는 데에 있다. 대표적인 하나의 전형이 주희朱熹(1130~1200)가 「중용장구서中庸章句序」에서 '요堯→순舜→우禹→탕湯→문왕文王→무왕武王→주공周公→공자孔子→안연顏淵→증자曾子→자사子思→맹자孟子→정호程顥·정이程頤'로 이어지는 계보를 도통으로 정리하고, 자신이 그 계승자임을 주장한 것이다. 물론 그런 계보는 당시 주희 계열 학파의 것이고, 남송 시대에 번성했던 '도학道學'이라는 새로운 사상 조류 속에서 여러 유학 유파의 종사宗師들은 서로가 도통을 계승한다는 기치를 내세우면서 경쟁했다. 예컨대 육구연陸九淵

(1139~1192)은 자신이 맹자 이후를 계승했다고 자부했다.

'도통'의 계보가 어떻게 그려지든, 전설적 성왕聖王들 이후, 도통이 현실 통치자로부터 분리되어 주공·공자·맹자 등 문文을 상징하는 인물들에게 이어졌다는 인식 자체가 중요하다. 이런 인식은 두 가지 중요한 의미를 내포하고 있다.

첫째, '도통'의 설정은 기존 역사에 대한 전면 재해석으로 이어진다. '삼대' 이후로는 학자에게 도통이 전수되었다는 공통 인식은 춘추시대 이후 역대 왕조가 정통을 결여했다는 역사해석을 전제한 것이다. 또한 이는 하나의 역사철학을 전제한다. 유교의 도통을 계승하는 새로운 학문과 정치를 남송에서 구현함으로써 천하에 대한 지배력을 회복한다는 이념이 그것이다. 당시 신흥 사대부의 학문이 도통을 계승하고 구현한다는 의미의 '도학'이라 칭해졌던 것도 이 때문이었다.

둘째, '도통' 개념의 등장은 새로운 유형의 유학자들이 이 시기에 비로소 권력을 근거 짓는 정신적 권위의 담지자, 제왕을 인도하는 주체로서 스스로를 주장하기 시작했다는 것을 의미한다. 그들이 치통을 소유한 군주를 인도하고 보좌함으로써 삼대의 이상을 '함께' 구현한다는 발상이 들어서게 되는 것이다.

이렇게 보면, 도통론의 대두에는 사상과 역사 등 이데올로기 영역의 변화만이 아니라 권력구조의 개편이 깔려 있는 것인데, 그 변화를 주도한 '사대부' 세력은 당송 교체기 이후 사회구성체 변형의 산물이었다. 귀족·토호 중심의 장원 경제가 해체되고, 광범위한 자영농(소농), 중소지주층을 근간으로 하는 경제체제가 출현한 것이 변화의 주요 추동력이었다. 그것이 '과거제'의 본격적인 시행과 맞물리면서 광범위한 중소지주들을 유교 경전에 대한 학문적 소양을 갖춘 지식층으로 변모시켰고, 그들을 국가 관료제의 중심부와 그 주변으로 빨아들임으로써 국가·사회의 중심세력으로 부상시켰던 것이다. 특히 송의 남하 이후, 강남개발이 본격화되고 문화·경제면에서 북송 이상의 번영을 구가하면서, 사대부는 지역사회와 중앙 관계의 중심세력으로 자리 잡아 갔고, 국가와 지역사회의 재구축을 위한 발언권을 강화시킬 수 있었다. 이들은 유학의 근본정신으로의 회귀를 내세운 학풍(도학)과 유교 예제禮制에 입각한 국가·사회의 재건을 내세웠는데, 도통론은 그 결과였다.

'도학'으로 불리는 유교 원리주의는 북송 시대부터 주요한 이념체계의 하나로 기능하면서 정립되어 갔던 것이고, 이를 표방했던 학자들 역시 지역사회의 엘리트로서 끊임없이 중앙 관계에 진출해왔지만, 도통론이 국가의 공식 이데올로기로 채용되기까지에는 수많은 난관을 거쳐야 했다. 도학파 내부의 경쟁은 물론이고, 전통적 관료 세력과의 대결 과정에서 부침을 거듭했던 것이다. 예컨대 대표적 도학자인 주희는 말년에 국시國是에 따라 위학僞學으로 탄핵당한 상태였다. 그의 학파=정파가 표방한 도통론에 대한 공인은 주희 사후 40여 년이나 지난 1241년에서야 이루어졌다. 도학이라는 학문과 그에 입각한 정치가 등장했던 시기와 그 영향력을 생각하면, 굉장히 늦은 시기에야 공인된 셈이다. 사대부 도통론이 현실 권력의 '정'의 결여라는 문제를 비판하고 있고, 도학파를 국정의 한 주체로 설정하는 문제가 국가권력에 의해 쉽게 수용되기 어려웠다는 점도 고려해야 할 것이다.

그럼에도 불구하고 도통론은 공인 이전부터 지속적인 영향력을 발휘했다. 그 담론이 정권 차원에서 묵인 가능한, 그리고 필요에 따라서는 적극 포용하고 이용할 수 있는 특성을 띠었기 때문이다. 거기에는 남송의 특수 상황이 중요하게 작용했다. 우선 남송은 전쟁 여파와 지속적 방위비 지출로 지방 질서에 대한 통제 기능이 완전치 못했던 상황이었기 때문에, 지역사회에서 사대부의 역할이 중요했다. 국가 통제력 강화를 위해서는 지역 사대부를 적극적으로 포용할 필요가 있었다. 또한, 도통론은 남송의 치통 위기를 사상적·관념적으로 보완하는 방식으로 기능할 수 있었다. 천명의 정당성의 원천이 되는 '정正'(즉, 도통)이 남송으로 전수되었다는 사고는 북방 왕조에 대한 정통성 우위를 주장할 명분이 될 수 있었기 때문이다. 더욱이 도학파의 학문체계는 자기 황제의 치세를 통해 유목민 왕조에 당한 치욕을 갚고 천하를 수복하기 위한 국가 개혁의 내용을 제공했다.

이런 측면에서 '정통' 개념의 재구성이 배타적 화이관과 결합되는 것은 당연한 귀결이었다. 도통이 유교가 표상하는 도덕과 예의를 규정하는 근본정신이며 그 구현을 위해 치통을 인도한다는 점, 도통의 주체가 결국 한인 사대부라는 관점에서 보자면, 화이관은 도통론에서 파생되어 그것을 보완하는 하위 논리였다. 화이에 대한 구분이 결국 유교적 문화와 질서에 대한 참여 자격의 제한이라는 점에서 한인 사대부의 도통 독점권을 강화하는 수단이 되기 때문이다. 당시 도학자에게 일반화된 배타적 화이관 — 사문斯文은 '중中'이라는 출생지, '화華'라는 종족적 특질을 지닌 이들을 통해서만 계승될 수 있고, 외이外夷는 사문을 통해 교화될 수 없는 존재이며, 그 정수를 결코 이해할 수도 없으리라는 것 — 은 정통을 남송에 둔 정치·문화 주체의 정체성과 결집을 뒷받침했다.

도통론을 제기한 도학파 학문의 구체적인 성격은 '학파=정파'마다 상이했지만, 그들의 인간 이해에 근간이 되는 인성론에서 화이 구분의 양상은 일치한다. 예컨대 만물에는 천리天理가 내재하고 있으며 그중에서도 영명하고 우수한 기질을 부여받은 인간만이 천리로 부여된 선을 온전히 발현할 가능성을 지닌다는 인간학은, 동물과 인간의 근원적인 차이를 설명하는 논리일 뿐만 아니라, 더 중요하게는 중국에서 태어난 사람과 그 외부에서 태어난 이적의 근원적인 차이를 구분하는 논리였다. 앞서 증정에 대한 소개에서 인용한 주희의 발언이 그런 것이며, 육구연 또한 중국은 천지에서 가장 중정하고 조화로운 기질[氣]을 물려받아 중국만이 예의禮義를 보존할 수 있다고 보았다(『陸九淵集』, 권 3). 명말 여유량의 영향을 받은 증정이 "중토中土에서 태어나 올바름을 얻고 음양陰陽의 덕德이

합해지면 사람이 되고, 사방의 변경에서 태어나 마음이 치우치고 음험하며 비뚤어지고 올바르지 않으면 이적夷狄이 된다"고 말했던 것은 남송대 도학체계의 공식을 반복한 것일 뿐이었다. 『춘추』에 관한 역사해석이 성행하고, '존왕양이尊王攘夷'가 대의로 부각되었던 것도 바로 이 시기였다.

이쯤에서 미리 한 가지를 강조하고자 한다. '화이관'은 정통론의 규정방식에 따라 그 속성이 변화되며, 따라서 양자 관계의 '선택적 친화성elective affinity'을 상정해볼 수 있다는 점이다.

북송대 구양수는 「정통론」에서 남북조로 분열되었던 시기의 역사에 대해 논평하면서, 남조를 정통으로 주장하는 이가 북방을 '노虜'라고 욕하고, 북조를 정통이라 주장하는 이가 남방을 '이夷'라고 비난한다고 하면서, 다음과 같이 주장했다. "예로부터 왕의 흥기는 반드시 완전한 덕을 통해 천명을 받아야만 하는 것이기에, 그 공적과 은택이 백성에게 미치거나, 세대를 걸쳐 덕을 쌓아 왕업을 이루어야 하는 것이다. 어찌 하나의 덕에 대해 편협하게 [정통을] 명명할 수 있겠는가自古王者之興, 必有盛德以受天命, 或其功澤, 被于生民, 或累世積漸而成王業. 豈偏名於一德哉!" 종족과 지역에 따른 화이 구분을 부차적인 것으로 이해하고 있는 구양수의 관점은 '통치자'의 덕과 대일통을 강조하는 정통론과 연결되어 있다. 그에게 성왕과 공맹의 '정'을 왕이 따르는 것이 중시되지만, 화이는 통치자가 일통한 예교禮敎와 문화의 질서를 받아들이느냐의 문제일 뿐이지, 남송대와 같은 엄격한 화이관의 색채를 찾아보기 힘들다. 그것은 적어도 중원에 대한 지배력을 유지하고 있던 한인 왕조의 상황을 반영한 것으로, 정통론이 한 왕조의 정치적·군사적 지배력의 위상에 따라 얼마나 다르게 조합될 수 있는 것인지, 그리고 정통론에 따라 화이관 역시 얼마나 달라질 수 있는 것인지를 보여주고 있다. 화이를 대일통 하에서 동질적으로 파악하는 담론이 이적에 대한 적극적 포용 내지는 지배의 논리적 기초가 되고, 이적을 금수로 차등화하여 중화와 단절시키는 담론이 이적과의 관계에 대한

회피 내지는 포기로 연결되어 내부를 결집하는 논리가 되는 상황은 이 때문이다.[5]

이상의 논의를 통해 다음과 같은 잠정적 결론을 얻을 수 있다. 첫째, 남송대 도통론과 화이관은 남송의 대외 관계와 내부 개혁 문제를 반영하고 정당화하는 이념으로 대두했다. 둘째, 도통론은 사회·경제 구조의 질적 변화를 상부구조의 권력 구성에 반영하는 과정을 통해 만들어졌으며, 새로운 주체들에 의한 국정 노선을 천명한 것이다. 셋째, 종족·지역에 따른 구분을 절대화하는 화이관의 대두는 남송의 현실 상황에서 기인한 측면이 크며, 사대부의 도통론을 뒷받침해주는 기능을 한다.

② 명말청초의 도통론과 화이관: 남송의 반복

북송과 남송이 보여주는 정통성 인식과 그에 따른 화이관의 차이는 명이 원을 몰아내고 중원을 차지했던 때의 언설과 이후 명이 다시 이민족 왕조에게 수세에 몰리기 시작한 시점의 언설 사이의 변화에서도 반복된다. 다만 다른 점이라면, 남송 이후 주자학이 국가 학문의 정통 지위를 차지하게 됨으로써 엄격한 화이 구분이 강조되고, 유학자 관료들이 스스로 '도통=O정통'을 자임하는 경향이 명확해졌다는 것이다.

명이 원을 몰아내고 다시 중원의 패권을 장악하게 되자 명태조 주원장은 다음과 같이 말했다. "송의 국운이 기울어 변동하자, 원은 북적北狄이면서 중국으로 들어와 주인이 되었다. 사해의 안팎에서 신하로 복종하지 않는 이가 없었으니, 이것이 어찌 인력으로 가능한 일이겠는가? 실로 하늘이 명을 내린 것이다自宋祚傾移, 元以北狄入主中國. 四海內外罔不臣服, 此豈人力? 實乃天授."(「유중원격諭中原檄」) 원이 천명을 받아 중국 왕조의 정통을 계승한

5. 화이 관계에서의 동질론이 이적에 대한 포용 내지는 신속 지배의 논리가 되고, 이적을 금수로 차등화하는 논리가 이적과의 관계 회피 내지는 포기로 연결된다는 관점에 대해서는 이성규, 「중화사상과 민족주의」, 『철학』 37집, 1992. 참고.

점을 인정하는 일면은 천하에 대한 실효적 지배(대일통)와 안정을 '정통'의 1차 요소로 파악하는 관점이며, 또한 그것이 천하에 새로운 주인이 된 명 왕조의 가장 확실한 증거였던 것이다.

하지만, 명이 다시 북방 왕조의 침입으로 위기에 빠져들자, 여지없이 도통이 전면화된다. 예컨대 서분붕徐奮鵬(1560~1642)은 다음과 같이 주장했다. "내가 생각하기에, 고금에 거론되는 국가 중 꼭 '정正'하다고 할 수 없는 경우는 진秦·수隋·원元이다. 정正을 갖추었지만 '통統'을 이뤘다고 할 수 없는 경우는 서촉의 한과 남하한 송이다. 정을 취하고 통을 버려, 서촉과 남송을 받들지언정 진·수·원은 배척하겠다予竊思之, 古今之統而未必正者, 秦也隋也元也. 正而未必統者, 西蜀之漢也, 南渡之宋也. 取其正不取其統, 吾寧尊西蜀 · 南宋而黜 秦 · 隋 · 元也."(「고금정통변古今正統辨」) 그의 관점은 '정통'의 문제를 전적으로 '정'에 달린 것으로 논점을 전환시킨다. 남송의 도통론에 근거한 것이다.

다음의 인용에서, 명말에 '도통=정'이 다시 화이관과 결합하는 양상에 대한 몇 가지 예시를 확인할 수 있다. 예컨대, 황종희黃宗羲(1610~1695)는 「유서留書」에서 송말원초의 대유학자인 허형許衡(1209~1281)과 오징吳澄(1249~1333)이 원에서 관직을 맡고 중국의 풍속을 포기했으면서도 도통을 자처한 사실, 그리고 원에 출사한 사인士人이 그 둘을 모범으로 삼았던 사실을 개탄했다. 진정한 도통은 오직 한인 왕조 안에서만 이루어질 수 있다는 사대부의 자기의식은 중화와 외이를 구분 짓는 다음과 같은 발언으로 곧장 이어진다.

> 중국은 이적과 내외로 구별된다. 중국이 중국을 다스리고 이적이 이적을 다스리는 것은 인간이 금수와 뒤섞일 수 없고, 금수는 인간과 뒤섞이지 못하는 것과 마찬가지다. 이 때문에 중국의 도적이 중국을 다스리는 것이 차라리 중국의 인간에게 해가 되지 않을 것이다. (中國之與夷狄, 內外之辨也. 以中國治中國, 以夷狄治夷狄, 猶人不可雜之於獸, 獸不可雜之於人也. 是故即以

中國之盜賊治中國, 尚不失中國之人也. ―황종희黃宗羲, 「유서留書」)

양명학 계열의 학자였던 황종희가 도통론과 화이관에서 보인 이런 태도는 양명학 계열 학풍에 대한 비판자인 왕부지王夫之(1619~1692)에게서도 동일하게 나타났다.

부패한 부류의 유자가 이적인 도적에게 도통을 팔아넘겨 훔치게 한다 할지라도, 그들이 어찌 선왕의 지극한 교화를 훔칠 수 있겠는가? 선왕의 교화에 담긴 정수에 어두워, 핵심은 빠트린 채 그저 궁실과 기물, 행동거지의 모양새에서 자질구레한 예법을 만들고는 선왕이 정치를 안정시키고 공적을 성취했던 위대한 아름다움이 그것에 있다고 여긴다. 사심에 따라 천착하면서 탁월하다고 뽐내지만 조리에 맞지 않는다. (雖然敗類之儒, 鬻道統於夷狄盜賊而使竊者, 豈其能竊先王之至教乎? 昧其精意, 遺其大綱, 但於宮室器物登降進止之容, 造作纖曲之法, 以為先王治定功成之大美在是. 私心穿鑿, 矜異而不成章. ―왕부지王夫之, 『독통감론讀通鑑論』)

왕부지에게 진정한 도통은 결코 외이의 왕조를 통해서는 그 정신이 계승될 수 없는 것이며, 외이 왕조에 부역하면서 '도통'을 운운하는 사대부는 "부패한 부류의 유자"에 지나지 않는다. 이런 한인 사대부의 공통 논점이 결국 새로운 왕조와의 타협을 거부하고 저항을 계속해 나가려는 다음과 같은 의식으로 이어지는 것이다.

군신의 구분은 자기 한 몸에 관한 것이지만, 화이의 경계는 천하에 관계된 것이다. 그러므로 공자께서는 관중에 대해 그가 [주군인] 자규를 위해 죽지 않은 죄를 따지지 않으시고, 그가 천하를 바로잡기 위해 제후들을 아홉 차례 규합했던 공로를 취하셨던 것이다. 아마 대의와 소의 사이에서 가늠하면서 천하를 마음에 두었기 때문일 것이다. 군신의 구분조차 화이의 경계에 필적할 수 없었던 것이 『춘추』의 취지라는 것을 알 수 있다.
(君臣之分, 所關者在一身, 夷夏之防, 所繫者在天下. 故夫子之於管仲, 略其不死子糾之罪, 而取其一匡九合之功. 蓋權衡於大小之間, 而以天下為心也. 夫以君臣之分猶不敵夷夏之防, 『春秋』 之志可知矣. —고염무顧炎武, 『일지록日知錄』)

명말 유학자의 정신세계를 이루는 주요한 특징은 실효적 지배자로 천하를 일통하고 도통을 계승한다는 왕조가 나타날지라도, 그들이 이적인 이상 결코 도통의 정수는 그런 왕조에 계승될 수 없으므로, 도통에 입각해 외이의 현실 권력(君臣之分)에 저항해야 한다는 이념에 있었다. 여유량이 견지했던 것이 바로 위와 동일한 신념이었다. 증정은 그런 의식을 상당히 무모한 방식으로 감행함으로써 청 왕조의 정통성을 부정하는 당시 한인 신사층의 의식을 노골적으로 드러냈을 뿐이다.

(3) 한인 지식층의 딜레마

① 저항의 이상과 현실

도통론과 배타적 화이관의 결합은 명말청초 사대부 혹은 신사紳士로 불리는 계층이 청에 대해 강력한 저항을 주도할 수 있게 한 동력으로 기능했다. 그들은 도통을 자임하면서, 그리고 화이관을 통해 도통을 한인 사인층의 것으로 전유하면서 저항을 지속했다. 도통론은 사인 공동체가 국가권력에 독립성을 유지하는 역량의 원천이었는지도 모른다.

천자의 지위를 치통이라 하며, 성인의 가르침을 도통이라 한다. 유자의 도통은 제왕의 치통과 천하에 함께 행해지며 서로를 흥하고 쇠하게 한다. 그 둘이 합치하면 천하는 도에 따라 다스려지고, 도는 천자를 통해 분명해진다. 결합이 쇠퇴하게 되면, 제왕의 치통은 단절되고, 유자가 계속 그 도를 보존하여 홀로 행하게 되어 의지할 바가 없게 되지만, 사람을 통해 도를 보존하니 도는 사라질 수 없다. (…) 천하(국가)에서는 자연히 정통이 사라지게 되지만, 유자는 도통을 갖추고 있다. 도는 사람에게 존재하지만, 사람이 쉽게 얻을 수는 없으니, [도를 찾으려는] 마음을 지닌 자가 매우 비통해하는 것이다. 그렇지만 이 도는 하늘에 걸려 있고 대지에 드리워져 사라질 수 없는 것이니, 걱정하지 말라. (天子之位也, 是謂治統. 聖人之教也, 是謂道統. 儒者之統, 與帝王之統 "K行於天下, 而互為興替. 其合也, 天下以道而治, 道以天子而明. 及其衰, 而帝王之統絕, 儒者猶保其道以孤行而無所待, 以人存道, 而道可不亡. (…) 是故儒者之統, 孤行而無待者也. 天下自無統, 而儒者有統. 道存乎人, 而人不可以多得, 有心者所重悲也. 雖然, 斯道" 天垂地而不可亡者也, 勿憂也. —왕부지王夫之, 『독통감론讀通鑑論』)

대표적인 한인 사상가 왕부지의 저항은 위와 같이 나타난다. 그러나 냉정히 말해, 그것은 명의 멸망을 더 이상 돌이킬 수 없게 된 뒤, 이전 왕조와의 의리를 지키기 위해 세속과의 단절과 은거라는 최후의 선택지를 택하는 충신의 고독한 목소리였다.

만약 중화의식이 민족주의와 유사한 것이었다면, 왕부지와 같은 명말의 우국지사들은 한인들 자체에서 동력을 얻어 반청 진지를 구축하고 게릴라라도 이끌 수 있었을 것이다. 하지만 실제에서는 도통을 함께 구현해줄 한인 왕조라는 구심점이 완전히 사라지자, 화이관과 결합한 도통은 기존 왕조에 대한 기억에 의존한 순전한 정신으로 남겨질 수밖에 없었다. '의지할 바 없는' 왕부지의 고립감은 거기에서 비롯된 것이다. 도통론과 화이관이 이전 왕조의 정통성을 옹호하는 논리, 사인계층을 이전 왕조에 대한 충성으로 결집하는 논리가 될 수는 있었지만, 그것이 민족주의적 동원력일 수 없다는 점은, 이전 왕조의 치통을 계승할 수 있는 무장 세력이 소멸하는 순간, 순국이 아니라면 은거를 택할 수밖에 없었던 그들의 처지에서 드러난다.

청조에 무력으로 맞설 수 있는 또 다른 치통을 표방하는 중심권력(무력)이 없는 한, 도통에 대한 주장은 무기력한 것이었다. 남송이 존속했을 때, 학자들의 도통론은 국가의 정신을 뒷받침하면서 저항의 동력을 만들 수 있었지만, 남송의 왕족과 신료가 최후의 저항에서 바다에 수몰되어버리자, 저항은 곧바로 동력을 상실했다. 명말의 상황도 마찬가지였다. 명을 계승했던 남명南明정권이 1662년 결국 붕괴하자, 이들 대다수는 머리를 깎고 중이 되거나 은거를 택했다. 이후 여유량처럼 일부는 그 이후 오삼계吳三桂(1612~1678)의 청조에 대한 반란이 성공하길 갈구하며, 거기에 직간접적으로 관여하기도 했다. 그러나 그마저 실패로 돌아가자, 여유량 역시 한동안 중이 되었다. 이 시기가 저항 가능성이 완전히 소멸한 시점이었다. 오삼계가 본래 청조와 연합하여 명 왕조를 무너뜨린 청의 일등 공신이었음을 생각한다면, 여유량과 같은 사고는 꽤나 이율배반적이다. 차라리 중국의 도적인 오삼계가 중국의 천자가 되는 것이 이적보다는 낫다는 생각이었을지 모른다.

그러나 '삼번의 난三藩之亂(1673~1681)'을 평정할 때, 청조의 주력군은 이미 한인이었고, 수십 년간 지속된 명말의 혼란 속에서 민심은 청을 인정하는 쪽으로 돌아섰다. 청은 치통을 주장할 수 있었고, 청조가 혼란을 복구하면서 재건한 과거제와 학교에는 다시 한인 지식층으로 가득 찼다. 도통을 자임하는 새로운 세대의 학자=관료들은 바로 거기에 있었다.

② 한인 지식층의 이론적 곤경

이런 문제를 분석하기 위해, 국가 정통성을 '도통'으로 뒷받침했던 학자-관료들이 현실정치와 맺었던 관계가 무엇이었는지 생각해볼 필요가 있다. 그들은 현실정치에 참여할 때 두 가지 전략이 가능했다. 도통을 자임하며 현실 권력에 종교적·도덕적 원리를 부여해 정통성을 뒷받침하고 권력을 합리화하면서 (1) 황권과 결탁해 그것을 강화시키거나, (2) 황권을 견제하고 옥죄면서 신권을 강화시키는 형태였다. 전통 시대 왕조 역사를 이루는 군권과 신권 사이의 결합·분열, 신료들의 붕당(학파=정파)이란 대체로 그런 것이었다. 그런데 여기서 결정적인 점은 어떤 경우에서든 L정통(치통)과 O정통(도통)이라는 두 축이 모두 국가기구 내부에서 결합되어야만 한다는 것이다.

앞서 동아시아 유교국가의 모델이 'L=O'의 구조 속에 놓여 있다고 지적했는데, 남송 이후로는 치통(L)과 도통(O)의 담당 주체가 분할되었기 때문에 L≠O처럼 보일지 모른다. 일례로 피터 볼과 같은 학자는 도통과 치통의 병립 문제를 중국의 전통적 국가형태에서 '후기 제국모델'에 상응하는 것으로 평가하면서, 도통의 주체인 사대부의 독립성을 강조한다.[6] 그러나 그렇게 보면 도통을 앞세운 이들의 저항이 치통의 복원 가능성 소멸과 함께 사라진 이유나 이 당시 지식층의 딜레마를 설명하기 어렵다. 사실 그들을 국정 운영의 주체로 만들어준 과거제는 다른 측면에서 보자면, 사대부의 학위와 관직, 명예나 생활 조건의 문제를 국가와의 관계 속에 유기적으로 구성한 것이기도 하다. 그들이 과거제와 학교를 통해 국가로부터 부여받은 자격이 유교식 정교正教에 참여할 수 있는 참정권의 일종이 되기 때문이다. 따라서 도통과 치통의 병립 역시 결국 L=O 구조의 변형일 뿐이라는 것이 이런 문제를 해명하기 위해 역자가 제시해볼 수 있는 한 가지 대답이다.

'도통'이 결국 사문斯文—도덕과 문물 전장의 일체—의 제작을 맡은 치통을 인도하는 정신원리에 해당한다는 의미부터 상기할 필요가 있다. 이를 도통과 치통의 분리라는 맥락에 적용시키자면, 이런 얘기가 된다.

6. 피터 K. 볼, 김영민 옮김, 『역사 속의 성리학』, 예문서원, 2010. 특히 4장 참조할 것.

도통을 계승하고 보존하는 도학자 사대부는 자신들이 연구하는 도통의 정신이 현실에 구현될 수 있도록 '국가', '군주'에 결합하여 분투해야만 하며, 그러지 못할 때 도통의 자격은 없다. 한편 군주의 치통 역시 도통에 입각해 국정을 운용할 의무가 있다. 그렇지 못하다면 정통을 결여한 것이다.[7]

도통론은 국가권력 기구로부터의 자립을 표방하는 것이라기보다는, 통치자와 '함께' 삼대의 이상을 실현하는 것을 목표로 한다. L과 O의 주체가 분할될 수 있다 해도, L=O를 이상으로 하는 것이다. 따라서 유교국가에서 사대부 혹은 신사층은 도통을 계승한다는 의미에서도, 학자나 관료로서 지역사회 혹은 중앙에서의 정교正教에 참여할 수 있어야 했고, 이를 위해서는 국가가 관리하는 과거제 및 학교를 통해 언제나 직간접적인 관계를 맺어야 했다. 이 관계를 다음과 같은 하나의 명제로 요약할 수 있다: 도통 없는 치통이 맹목적 폭력에 불과한 것이라면, 치통 없는 도통은 공허한 망상에 지나지 않는다.

세속초월적인 신을 상정한 기독교 사회라면, 정통과 이단은 신을 자기 내면을 통해 대면할 수 있는 사제(가톨릭) 혹은 개인(프로테스탄트)과의 관계 속에서 구성되며, 그들의 투쟁을 통해 국가기구 외부에서 정통Orthodoxy이 성립하므로 그 정신적 교리는 원리상 국가에 대항해 자립해 있는 것이 가능하다. 그러나 유교에서 도통Orthodoxy은 세속국가의 인도원리로 기능할 수 없다면 완전한 무의미로 떨어지고 만다. 그에 대한 우화적인 예시를 단적으로 보여주는 것이 『맹자』다. 맹자의 방벌론放伐論은

7. 여영시余英時가 『주희의 역사세계』에서 그들의 도통론 속에서 현실정치와의 직접적인 연결을 읽었던 것도 그 때문이다. 도학, 도통의 개념에 대해 설명하고, 그것을 정치의식과 연관 짓는 방식에 대해서는, 余英時, 『朱熹的历史世界 — 宋代士大夫政治文化的研究』, 三联書店, 2004. 「緒說」 중 "道学, 道统与 "政治文化"을 참조(번역으로는 여영시, 이원석 옮김, 『주희의 역사세계』, 글항아리, 2015).

걸桀·주紂 같은 무도한 군주(O 없는 L)는 '일부一夫'에 지나지 않으므로 주살할 수 있다고 주장한 것으로 유명한데, 맹자는 그 정반대도 거부하는 유교사회의 논리를 보여준다. 그의 관점에서, 오직 자신의 신념을 위해 모든 것을 포기한 진중자陳仲子는 세속국가 안의 군신 관계와 세속사회 내의 친족 관계를 거부하는 '이단'에 불과했다. 맹자에 따르면, 그는 무부無父·무군無君의 존재이고, 따라서 인간 실격이다. L 없는 O 역시 성립할 수 없는 것이다. 도학자들이 불교를 이단으로 비판하는 이유가 그들이 내면의 깨달음에 몰두할 뿐, 속세와의 관계 속에서 인륜을 실현할 줄 모르는 자들이라는 데에 있는 것도 같은 맥락이다.

화이관과 결합된 당대의 도통론이 이전 왕조에 대한 충성과 이적의 왕조인 청조에 대한 저항을 일정 기간 지탱할 수는 있었다. 그러나 치통을 복원할 일말의 기대조차 사멸한 상태에서, 명의 유민遺民을 자처하던 지식 계층의 명예로운 선택지가 세속과의 절연밖에 없었다는 데에 문제가 있다. 그런데 그런 거부는 세속 질서와 규범의 수호자라는 정체성 자체를 사실상 포기한다는 것을 의미했고, 현실적으로는 좀 더 나은 삶을 위하여 평생을 투자했던 독서와 교양 일체를 무無로 돌린다는 것, 때로는 친족 관계의 의무마저 완전히 저버린다는 것을 의미했다. 인간에 대한 물적·정신적 가치평가가 가족에 대한 의무, 학교와 관직을 중심으로 이루어져 왔던 세계 안에서, 그런 결정은 당연히 극히 어려운 일이었다.

시간이 흐를수록 지조를 지킨다는 것은 어려운 일이 되어갔다. 가족에 대한 천륜의 의무를 저버리게 되는 곤란은 물론이고, 화이관을 앞세운 군신 관계를 부정하는 이념 투쟁 역시, 청조가 명말 분열의 정치적 악몽을 대일통大一統을 통해 급속히 안정시키면서 인민의 지지를 얻어낼수록 명분을 잃어갔다. 왕부지처럼 변함없이 천지에 드리워져 있는 "도를 보존하여 홀로 행한다"는 태도와 신념은 분명 고결하고 경탄할 만한 것이었지만, 유교의 가치체계 안에서 세속과의 단절은 점차 무부·무군의

'이단'의 위치로 떨어졌다. 이단인 불교 승려와 다를 바 없는 위치에 놓이기 때문이다. 후속 세대 사대부는 천명을 얻은 새 왕조에게로 끌려 들어갈 수밖에 없었다. 전통적으로나 현실적으로 과거제를 통해 관직이나 거인 이상의 학위를 얻는 길이 유교 지식층이 지역사회에서나 중앙정부의 엘리트로서의 지위를 얻거나 재생산할 수 있는 유일하게 가치 있고 합리적인 일로 여겨졌다는 사실 역시, 어떤 식으로든 청 왕조와의 직간접적인 관계를 피할 수 없게 압박했다.

고염무(1613~1682), 왕부지(1619~1692)는 세속 국가와의 완전한 단절과 은거를 택했다. 하지만 황종희(1610~1695)조차 끝까지 청조와의 단절을 고수할 수는 없었다. 더구나 황종희의 연배와 20여 년의 차이를 갖는 여유량(1629~1683)의 세대가 그런 단절을 과감히 택할 수 있는 처지는 아니었다.

옹정제는 다음과 같이 비난했다.

> 여유량이 몸소 본조의 제생으로 산 것이 십여 년의 긴 시간인데, 그러고 나서 갑자기 생각을 바꿔 돌연히 명의 유민이라고 하니, 천고에 패역하고 반역한 사람 중 이처럼 터무니없고 파렴치하여 비웃을 만하고 천하게 여길 만한 자가 있을까? (呂留良身爲本朝諸生, 十餘年之久矣, 乃始幡然易慮, 忽號爲明之遺民, 千古悖逆反覆之人, 有如是之怪誕無恥, 可嗤可鄙者乎? -『대의각미록』, 제4권)

물론, 여유량은 주변의 기대를 위해 청조에서 생원의 직위를 획득한 것을 자기의 실책으로 평생 후회했다. 그러나 어떻든 옹정제의 저 비난은, 당시까지 그가 살아 있었다면, 가슴에 아프게 박혔을 것이다. 명말의 기억을 뚜렷하게 지니고 있으면서도, 현실과의 타협을 택할 수밖에 없었던 대다수 한인 지식층 세대는 그런 죄책감에 시달렸다.

여유량이 죽었을 때 4살이었던 증정(1679~1735)은, 여유량에게 감화되어 『지신록』에서 도통을 이은 최고의 지성이 왕의 치통을 지녀야 하는데, 역대 왕조는 무력만 가진 실력자들에 의해 좌우되었다고 역사 전체를 부정했다. 선진 시대 왕은 공자와 맹자가 되어야 했고, 송대의 왕은 주희, 명대의 왕은 여유량이 되어야 했다는 것, 성인의 도통을 이은 자들이 치통을 함께 가졌어야 한다는 말이다(『대의각미록』, 권 2, 15번째 신문). 그러나 그런 주장은 도통의 이념을 근거로 청조를 부정하려다 보니, 역대 왕조 일체에 대한 전면 부정으로 치달을 수밖에 없었던 무기력을 드러낼 뿐이다. 증정 자신이 그 자신의 역사인식과 모순되게, 현실 권력을 뒤엎을 만한 무력(악종기의 군사력)과의 결탁을 시도했다는 역설은 도통 역시 반드시 치통을 통해 정당화되어야만 한다는, 그렇지 않다면 공허한 것에 지나지 않는다는 유교국가 모델의 강력함을 증명할 뿐이다. 그리고 왕통을 도통의 계승을 통해 정당화하면서 유교 규범의 수호를 선언한 청 왕조에 대해, 후속 세대 유교 지식인들이, 그 왕조에서 녹을 받아가면서, 기분이 아니라 '논리'로 부정한다는 것은 새로운 왕조가 등장하지 않는 이상 불가능한 일이었다.

옹정제는 바로 그 점을 파고들기 시작했다. 이 점을 염두에 두고, 『대의각미록』 제1권의 첫 번째, 두 번째 상유를 읽어야 한다. 그 부분에서 청조가 정통성을 주장하며 화이일가華夷一家의 대일통을 논하는 기본적 방식을 읽을 수 있다.

(4) 옹정제의 반박: 청조 황제들이 만든 새로운 정통성

옹정제에게 『대의각미록』은 한인 지식층에게 자신이 얼마나 유교 경전에 해박한 군주이며 그것을 충실히 체화하고 있는지를 전시할 기회였다. 옹정제는 철저히 경전을 근거로, 배타적 화이관에 따라 군신 관계를 부정하는 한인 사대부의 태도가 갖는 모순을 입증하고자 했다. 청 왕조를 부정하는 여유량–증정의 논리에 옹정제는 크게 네 갈래로 대응했다.

① 유교적 보편주의에 입각한 천명에 대한 해석과 화이관 반박

옹정제는 "황천皇天께서는 친애하는 자가 따로 없다. 오직 덕이 있는 자만을 보호하신다皇天無親, 惟德是輔"(『서書』, 「채중지명蔡仲之命」)라는 구절을 통해 포문을 연다. 천명을 받았다고 자임한 모든 왕조의 왕자王者가 내세웠던 경전의 구절이 그것이었다. 천명은 일가一家·일성一姓에 독점될 수 있는 것이 아니며, 천하 만성을 대표하는 보편적인 덕을 구현할 때에만 천명을 받고 그것을 유지하는 것이 가능하다는 의미를 담고 있는 것이었다. 옹정제는 이 구절을 왕통은 종족·지역과 무관하게 오직 유교가 내세우는 보편적 덕의 유무에 달린 것이며, 청조는 그런 자격을 지녔음을 강조하는 맥락에서 활용한다. 그에 따라 그는 "천지는 인애에 마음을 써서, [만물을] 덮고 떠받침에 무사無私하게 헤아리니, 덕이 가까이 안쪽(중원)에 있다면 대통大統은 가까운 안쪽에서 이루어지고, 덕이 먼 바깥쪽(중원 밖)에 있다면 대통은 먼 바깥쪽에서 이루어지게 되는 것이다夫天地以仁愛爲心, 以覆載無私爲量. 是爲德在內近者, 則大統集於內近, 德在外遠者, 則大統集於外遠"(『대의각미록』 제1권, 첫번째 상유)라고 말한다. 이러한 보편주의적 견지는 만물을 양육하는 천지天地를 대리하고 보완하는 천자의 치세에서 중국과 이적의 구분은 성립할 수 없고, 인간과 금수의 구분은 중화와 이적의 구분에 적용될 수 있는 것이 아니라, 윤상倫常, 즉 유교가 표상하는 윤리와 문화의 여부에 달린 문제로 해석된다. 사실 한족 왕족의 세력이 강성했을 때 내세운 논리와 크게 다르지 않다.

② 화이 구분에 대한 역사주의적 비판

옹정제는 화·이의 종족적 구분과 중·외의 지역적 구분이 지닌 역사적 상대성을 지적한다. 『맹자』에 따르면, 성왕으로 칭해지는 순舜은 동이東夷,

문왕文王은 서이西夷 출신이다. 한족 지식층은 『춘추』에서의 '존왕양이尊王攘夷'를 근거로 지역적·종족적 차별을 주장하지만, 초楚·월越 등 『춘추』에서 이적이라 칭해졌던 나라들도 현재 중국의 일부가 되었다. 더욱이 『춘추』에서 그들을 '이적'으로 칭했던 것도 그들이 바뀔 수 없는 오랑캐라는 종족 구분에서 비롯된 것이 아니라, 천명을 받은 천자의 일통에 귀의하지 않았던 점을 기준으로 삼았을 뿐이다. 그렇기에 중국이 통일 왕조를 이루고 있을 때, 그에 반항한 지금의 중국 일부인, 호남·호북·산서도 당시 이적이 되었다는 것이다. 옹정제는 청이 이미 화·이, 중·외를 일통한 가운데, 외이外夷에 대한 구분이 성립하는지를 묻는다. 또한 옹정제는 '화이 구분' 자체가 위진남북조 시기 일부 영토만을 차지했던 고만고만한 왕조 통치자들이 덕을 자처하면서 정통성을 경쟁하던 상황에서 비롯된 개념이라 지적한다.(이는 구양수와 동일한 논거다) 그에 따르면, 화이가 일가를 이룬 청조의 대일통의 치세에서 화이 구분은 적절할 수 없다. 대일통을 이룬 왕조에 대한 부정은 군신지의君臣之義라는 '천리', 유교적 문명을 부정하는 것에 불과하다.

③ 청의 집권의 정당성

명의 건국은 원의 신하였던 이들이 왕조를 전복시킨 것이지만, 청은 명에 대해 이웃 국가였다는 점에서 군신 관계를 뒤엎는 반란을 꾀한 것이 아니라는 점이 강조된다. 또한 명의 멸망 역시 청의 정복에 의한 것이 아니었고, 이자성李自成(1606~1645)의 난에 의한 것이었다. 그런 면에서 청조가 중원을 차지한 것은 "성탕成湯이 걸桀을 내쫓고 주나라 무왕武王이 주紂를 정벌했던 일보다 도, 명분[名]은 정당했고 논리[言]는 이치에 부합"(『대의각미록』 제1권, 2번째 상유)한다. 옹정제의 관점에서, 청은 유적流賊인 이자성에 의해 야기된 중원의 대혼란을 평정해 명 왕조의 원수를 갚아주는 은덕을 펼친 것이다. 그렇기에 당시 명의 신민과 달인達人·지사智

士들은 잠자코 마음으로 복종하며 성심을 다해 귀화했다. 더욱이 청조의 중원에 대한 100여 년의 지배는 인민을 도탄에서 구해 안정적 치세를 만들었으며, 인민을 적자赤子처럼 대하는 유교의 도리를 온전히 추구하고 있다. 또한 청조가 성취한 대일통의 위업은 역대 모든 왕조를 뛰어넘는 강역을 천자의 치세로 포괄함으로써 화이일가華夷一家를 완성시켰다. 옹정제는 명말의 혼란과 청조의 태평을 비교할 때, 과연 무슨 논리로 군신관계를 부정할 수 있는지 반문한다.

④ 사대부 도통론과의 대결

이상의 세 가지 논리에서 '정통'이란 조건 중, '통統', 즉 '대일통大一統'의 요소를 청 왕조가 역대 어느 왕조보다 완전한 형태로 갖추었다는 것은 분명 눈과 귀가 있다면 부인할 수 없는 사실이었다. 또한 청조의 통치자들이 유교의 사상적 정통성, 즉 도통을 충실히 계승한 정책을 펴고 있고 성공했다는 사실 역시 과거 수험장과 학교를 메우며 그에 대한 혜택을 받은 한인 신사층의 입장에서는 부인하기 어려운 현실이었다. 유교 윤리에 대한 충실은『대의각미록』곳곳에서 옹정제가 자신의 여러 행위와 처분이 유교이념에 근거한 것임을 끊임없이 강조하는 장면에서 쉽게 엿볼 수 있는 것이기도 하다. 그것을 현실 권력자의 위선으로 폄하할 수도 있겠지만, 그런 위선조차 유교적 '선'이 표상하는 가치의 절대 우위성을 청조 지배자가 긍정하고 있다는 점을 보여주는 단면이 될 수 있다.

그런데 청조에서는 도통의 문제를 다루면서, 이전 한인 왕조와는 다른 매우 특이한 장면이 연출되었다. 그것이『대의각미록』에서 옹정제가 보여주는 네 번째 대응 방식이다. 이 문제는 옹정제가 정치체제 개혁을 위해서 취했던 현실적 조치와 하나로 맞물려 있다. 앞서 옹정제가 만주족을 유교적 관료제 속으로 합리화시키는 동시에 관료제를 통제하기 위해 주접제도나 군기처 등을 통해 황권의 지배력을 강화시키는 개혁조치에 관해 언급하였다. 사상적인 차원에서도 그와 비슷한 시도가 병행되었다. 결론부터 말하자면, 그것은 도통을 황제가 다시 환수해오는 조치였다. 옹정제는 증정사건의 근원을 사대부 도통론에서 발견했다.

도통을 신사 계층이 담지한 권위로 남겨두는 것은 증정사건이 보여주듯, 한인의 사상적 저항을 불러올 화근이 될 가능성이 충분했고, 그렇지 않더라도 관료나 학자의 도통 경쟁에서 만들어진 권위가 군주의 '치통'을 포위하는 상황을 연출시킬 여지를 남겨두는 일이었다. 그런 의미에서 청대 강희제-옹정제-건륭제로 이어졌던 '문자옥文字獄' — 그것은 '붕당척결', 곧 신권 억제를 위한 캐치프레이즈와 동시에 진행되었다 — 이라는 사상 탄압은 다른 것이 아니라, 한인 유학자의 도통을 다시 황제 쪽으로 흡수해가는 과정·방법의 일부였다고 평할 수도 있을 것이다.

여유량의 사고로부터 증정이 매우 순진하게 급진화시킨 주장 중, 특이한 것이 기존의 왕조 역사를 폭력적 지배자의 승리로 서술하고, 도통을 지닌 성인이 곧 치통을 지닌 왕이 되어야 한다는 논리였다. 남송 이후 사대부 도통론을 급진화시킨 주장이다. 그에 대해 옹정제는 다음과 같이 응답한다.

> 공자와 맹자가 대성大聖·대현大賢이 된 이유는 윤리강상을 세우고 교육을 확립하여 만세의 인심을 바로 잡고 천고의 대의를 밝혔기 때문이다. 어찌 공자와 맹자가 황제를 해야 하는 이치가 있는가? 공자는 "예를 다해 군주를 섬긴다事君盡禮"(『논어』, 「팔일」)라고 했고, 또 "신하는 충심으로 군주를 모신다臣事君以忠"(『논어』, 「팔일」)고 했으며, "군주와 신하, 아버지와 아들이 각자 자신의 역할을 다한다君君臣臣, 父父子子"(『논어』, 「안연」)라고 했다. 『논어』「향당」 전편을 보면 공자는 군주나 부모 앞에서 공경과 조심스런 마음을 지극히 갖추었다. 맹자는 "신하 노릇을 하고자 한다면 신하의 도리를 다해야 한다欲爲臣, 盡臣道"(『맹자』, 「이루 상」)고 했고, 또 "제齊나라

사람 중 나보다 군주를 공경하는 이가 없다齊人莫如我敬王者'(『맹자』, 「공손추 하」)라고도 했다. 가령 공자와 맹자가 당시에 지위를 얻어 자신의 이상을 펼치게 되었다면 그 신하로서의 올바른 도리를 스스로 다했을 것이니, 어찌 평범한 유생을 거느리고 스스로 황제가 되려고 할 리가 있겠는가? (孔孟之所以爲大聖大賢者, 以其明倫立教, 正萬世之人心, 明千古之大義. 豈有孔子·孟子要做皇帝之理乎? 孔子云, "事君盡禮." 又云, "臣事君以忠." 又云, "君君臣臣, 父父子子." 看『鄕黨』一篇, 孔子於君父之前, 備極敬畏小心. 孟子云, "欲爲臣, 盡臣道." 又云, "齊人莫如我敬王者." 使孔孟當日得位行道, 惟自盡其臣子之常經, 豈有以韋布儒生, 要自做皇帝之理? —『대의각미록』 제2권, 4번째 신문)

이어 옹정제는 황제들을 모두 무뢰배와 같은 존재로 치부한 증정의 논리가 한인 왕조까지 모독하는 것임을 일깨운 뒤, 증정의 입에서 자신이 원했던 대답을 이끌어내는 것 같다. 증정은 다음과 같이 변명했다.

하늘이 인민을 내리시고 군주를 세우고 스승을 세우셨으니, 군주는 직위職位로 말한 것이고, 스승은 도덕道德으로 말한 것입니다. 반드시 도덕이 천하에 지극히 이른 연후에야 직위로 천하의 존귀함에 거하는 것이니, 사실 군주와 스승은 원래 한 사람이 되며, 군주 이외에 별도로 어떤 한 분야의 도덕이 천하에 우뚝한 자를 스승으로 삼은 것입니다. 이제二帝와 삼왕三王의 시대에는 요堯·순舜·우禹·탕湯·문文·무武 모두가 도덕과 학문에 정심精深함이 지극하여 당시 천하에 이를 능가할 수 있는 이가 없었기 때문에 군주로 삼았던 것입니다. (…) 생각건대, 오늘날 황상께서 천하를 잘 돌보시고 온 사방을 일통한 것은, 신명神明을 하늘이 마음껏 부여하셨고 지혜와 본성이 완성되셨기 때문입니다. 덕을 천성적으로 타고나시어 아무런 불편 없이 행하여 성인의 영역에 넉넉히 들어갔으니, 기실 덕과 법도의 세미함이 모두 정심한 학문에 체득되어 있고, 모두 지극한 '중中'과 '화和'에 투영되어 천지의 위치가 바로 서고 만물이 양육된 것입니다. 이와 같다면 어찌 성인께서 학문에 정심하시어 천하의 위에 존귀함으로 거하시며, 요·순·우·탕·문·무의 군주들과 천 년 세월 흘러 부합하는 것이 아니겠습니까! (蓋天降下民, 作之君, 作之師, 君以職位言, 師以道德言. 必道德極天下之至, 然後職位居天下之尊, 其實君師原是一人做的, 君之外, 另有一種道德高出天下者'師. 所以二帝三王之世, 堯·舜·禹·湯·文·武之君, 皆是深於道德之至, 精於學問之極, 當時天下莫得而尚之, 所以爲君. (…) 伏惟今日皇上撫臨天下, 統一六合, 神明天縱, 睿智性成. 性焉安焉, 優入聖域, 其實道德之微, 無不經曆學問之精, 無不透過中和幷致, 方得天地位而萬物育. 如是豈不是聖人而精於學問, 方得尊居天下之上, 與堯·舜·禹·湯·文·武千載符合! —『대의각미록』 제2권, 4번째 신문과 진술)

증정이 근본적으로 '화이관+도통'을 통해 한인 지식층의 저항을 정당화했던 것을 상기해보면, 증정의 위와 같은 변명은 그 자신의 사고체계로부터 나올 수 없다. 옹정제의 사고를 반영했다고 보아야 적절하다. 증정의 발언은 "요 → 순 → 우 → 탕 → 문왕 → 무왕"의 성왕의 계보에서 볼 수 있듯, 도통과 치통을 일치시켰던 것이 본래 유교국가의 방식이었고, 오늘날 청조에서야 군주가 그 모두를 체현하는 것이 가능해졌다고 말하고 있다. 그리고 역대 왕조 중 유례없는 대일통을 완수한 청조의 황제는 『대의각미록』 제4권의 증정의 「귀인설」에서는 삼대의 이상을 재현한 존재로 노골적으로 격상되기에 이르는 것이다.

이런 관점이 건륭제에게서는 다음과 같이 나타난다. "하늘의 명으로 [천자가] 군君·사師가 되는데, 백성의 감정을 절제시키고 인성의 선함을 회복할 수 있게 하여 그 도를 행한다. 고로 '도를 닦는 것을 교라고 한다'고 말했던 것이다. 도(=치통+도통) 이외에 별도로 교(=도통)라고 부를 만한 것이 없다上天眷命, 作之君師, 使有以節民之情而復性之善以行其道. 故曰'修道之謂教', 非道之外別有所謂教也."(「修道之謂教論」, 『清高宗御製詩文全集』) 여기서 건륭제는 군주君와 스승師의 지위, 즉 치통과 도통의 근거를 모두 현실 천자에게 귀속시키고 있다. 이는 옹정제 이후의 청대 황제들이 도통과 치통을 겸한 유일한 존재로 황권을 정당화하기 시작하는 장면을 보여주고 있는 것이다.

만주족 황제들은 유교가 내세우는 사상적 이념을 누구보다도 철저히 내면화시키고 과시하면서, 삼대三代의 '성왕聖王=성인聖人'의 고대적 이상을 표방했다. 청대의 안정이 사대부 도통론을 누르고, 군왕 중심으로 모든 권위를 집중시키는 양상으로 나타난 것이다. 조선 왕조에서 붕당일소를 주장하며, 정조(1752~1800)가 '군君·사師'를 일체화한 논리가 그와 유사한 것이었다. 그렇게 보면 이때 치통과 도통 사이의 관계 설정 문제는, 만주족 정권과 한족 사이의 독특한 문제라기보다는, 유교적 국가모델 안에서의 신권와 군권 사이에 사상적 정통성을 둔 대결로 일반화할 수도 있다. 또한, 황제가 도통의 권위를 빼앗아오는 커다란 흐름을 전제할 때, 청대에 융성한 고대로의 회귀를 내건 고증학 학풍은 도통에 대한 해석권을 빼앗긴 신사층의 무기력이란 의미에 더해, 권력에 의해 창출된 측면도 지닌다고 하겠다.

(5) 『대의각미록』의 의의: 정통론, 화이관, 민족주의

『대의각미록』 편찬을 통해 불거진 한인 유교 지식층과 황제 사이의 사상적 정통성 대결은 황제의 승리로 일단락되었다. 유명한 한인 사상가에게 홀려 있었던 증정을 황상이 직접 교화시키는 장면을 공론의 무대 위에 올림으로써, O정통(도통)은 여유량 같은 사대부에게 있는 것이 아니라, 황제에게 있다는 사실을 옹정제는 분명히 했다. 증정과 여유량 일가에 대한 처결 방식에서, 절강성의 여론이 분분했고 여유량을 변호하려는 적지 않은 반발이 있었음에도 불구하고, 자신만만한 옹정제의 논리에 맞서 그 누구도 청조를 부정하는 데에까지 나아가지 못했고, 황제의 도통 주장을 직격하는 언설을 내세우지 못했다.[8] 민두기의 지적대로,

『대의각미록』에서의 청조의 정통성 주장은 한인 신사층에게 자신들의 청조에의 참여를 정당화해주고 죄책감을 덜어주는 역할을 했을지도 모르겠다.[9]

장기적으로도 강희제–옹정제–건륭제에 걸친 왕조측의 사상적 정통성을 둔 투쟁은 왕조 정통성을 공고히 하는 데에서 충분히 성공적이었다. 청조가 서구열강에 의해 야기된 내외의 위기에 빠져들자, 증국번曾國藩과 강유위康有爲 등의 한인 신사층들은 예의와 문명의 도통을 청조에 두고 결집했다. 그들은 '멸만흥한滅滿興漢'을 기치로 내건 태평천국운동을 진압했고, 호한민胡漢民 등 근대적 민족주의 관념에 근거해 배만排滿을 내세운 혁명파에 맞서 청조를 중심에 둔 화이일통華夷一統의 논리로 입헌을 내세웠으며, 양이洋夷에 대해서 양이攘夷를 내걸었다.

화이관이 청조에 대한 부정에서 긍정으로 전도되는 장면은 전통 시대 중화라는 관념이 근대적 민족 관념과는 질적으로 전혀 다른 차원에서 구성된 것임을 알려준다.

『대의각미록』에 담긴 유교 보편주의 — 화이일가華夷一家와 대일통大一統 — 입각한 청 제국의 논리는 현대 중국에서 사상적 자원으로 다시 주목받고 있다. 한족 중심의 다민족 국가체계를 '중화민족'이라는 인민 정체성 개념으로 재구성하기 위한 것이다. 현대 한국인의 민족주의 시각에서는 꽤나 아이러니해 보일 풍경이다. 하지만, 배타적 화이관의 형태이든, 대일통 속에 화이를 융합시키는 형태의 중화이든 간에 전통 시대 왕조국가의 논리와 현대 중국의 민족주의적 통합 논리 사이에는 엄청난 시차時差/視差가 놓여 있다는 점을 명확히 해둘 필요가 있다. 화이관에 내포된 국가

---

8. 증정사건 전후로 한인 신사층의 각종 반응과 논란에 대해서는 王汎森, 「第7章 從曾靜案看十八世紀前期的社會心態」, 『权力的毛细管作用: 清代的思想·學術與心態』, 北京大学出版社, 2013을 참고할 것.
9. 민두기, 「『大義覺迷錄』에 대하여」, 진단학보(25), 1964, 283쪽.

정체성 이념이 정치 주체를 구성하는 방식과 근대적 민족주의가 국민을 만드는 방식 사이에는 통약불가능한incommensurable 차이가 놓여 있다.

자국을 중화의 문명으로 주장하는 문화적 정체성 구분방식이 '화'와 '이'라는 종족적 구분과 잇닿아 있고, 그 분할이 근대 민족국가의 영토와 민족(국민)의 외연과 거의 흡사하다는 점 때문에, 무의식적으로 전통시대 타국(타종족)에 대해 자국을 '중화'로 표상했던 방식을 민족 관념의 원형처럼 연상하는 경향이 있다. 그러나 화이관은 문화·풍습·언어·외모·혈연 등의 종족적 특성을 공유하는 공동체 계층 전체에 배타적으로 전유되는 공동체 의식, 내면의 '일체감' 같은 것은 아니다. 베네딕트 앤더슨의 지적대로, 민족주의nationalism는 한 국가 공동체에 보편화되어 있는 실질적 불평등과 수탈에도 불구하고 일정한 영토 내의 공동체 구성원을 수평적 동료의식, 형제애를 통해 상상할 수 있게 만든다. 반면 화이관에 내포된 '중화'에 대한 의식이란 중심지향적이고 위계적인 형태로 구성된다. 그렇기에 근대 민족의 주요 지표가 각 국민국가의 문학과 신문 등 음성문자 매체를 통해 광범위한 대중이 공유하는 기억과 정서라면, 중화를 가늠하는 기준은 유교 정치·문화의 정수를 담고 있는 경전에 대한 엘리트의 해석 및 그 가치체계에 대한 수용 여부일 뿐인 것이다. 경전의 언어(한문)에 접근할 수 있고, 그 근본정신인 도통을 도덕과 문화·제도로 현세에서 구현해낼 수 있으며, 그를 통해 천명을 받은 왕조에 참여할 자격을 갖춘 존재, 즉 지식 지배층의 자기의식이 '중화'라는 자부심을 구성하는 핵심이다.

이 글에서 대략 개관한 북송 구양수, 남송과 명말의 사대부 혹은 신사층, 그리고 만주족 통치자의 관점에서 볼 수 있듯, 화이관을 구성하는 가장 결정적인 요소는 정치와 문화영역의 유교 '정통'을 어떤 방식으로 이해하는지의 여부였다. '정통'이 표상하는 가치체계의 기준이 중화와 외이의 구분을 가늠한 것이다. 따라서 극단적인 사대부 도통론에서의 화이 구분이, 도통의 담지자인 사대부와 지역·종족을 공유하는지 여부에 따른다면, 반대 극단에 놓여 있는 만주 군주의 정통론에서는 황제가 표방하는 치세와 교화를 수용하는지의 여부만이 중화와 외이를 구분하는 기준이 된다.

이를 고려해야 유교국가 조선의 맥락에서 전개된 화이관이나, 중국에서 화이관이 청의 이데올로기로 변형되는 맥락을 하나의 흐름 속에서 고찰할 수 있다. 그런 의미에서 정통론이 중요한 것이고, 『대의각미록』은 양극단의 정통론에 얽힌 화이관을 보여줌과 동시에 그것이 민족주의와 근본적으로 다르다는 점을 드러낸다는 점에서 의의가 있다.

Ⅳ. 『대의각미록』의 구성에 관하여

『대의각미록』은 1729년 증정 사안에 관한 황제의 상유와 항혁록을 통해 증정을 신문하는 데 이용했던 문서, 그리고 증정의 진술들로 이루어져 있다. 1729년 말부터 1730년 봄까지 원고가 취합되어 내부內府로 넘어갔고, 1730년 4월 4일 간행을 위한 목판 준비가 완료되었다. 총 4권이고 판각본으로 509쪽에 달하는 분량으로 출간되었다. 1차로 500부가 인쇄되어 경사京師의 관료들에게 배포되었다. 2차 인쇄분은 총독과 순무 등 지방 대신에게 배포되었다. 이어 각 성省의 인쇄기구에서 100부씩 인쇄해 하급 지방 아문과 현학의 교유教諭에게 배포했고, 하급 지방관은 관할 구역 학교 내의 학생 수와 책의 수요를 파악했는데, 인쇄 비용과 목판 제작 비용은 해당 지방의 신사들과 지주들이 부담했다. 배포 속도는 상당히 빨랐다. 첫 판각 이후 2주일 뒤, 통정사사通政使司의 관원과 병부

소속 파발꾼의 도움으로 전국 배포가 시작되었다. 서안西安에 주둔하고 있던 악종기는 5월 5일 책 두 부를 수령했고, 1730년 11월 말에 이르면 막 청조에 복속된 타이완의 관원들까지도 수령하게 되었다. 각 지역에 배포된 이후에는 『대의각미록』 제1권에 담긴 첫 번째 상유의 지시대로 지역 관학에서 정기적으로 선강選講이 이루어졌다. 1736년(건륭 원년) 건륭제의 명으로 1월 말 증정과 장희가 능지처사에 처해지고, 『대의각미록』이 금서로 지정되어 회수되기 전까지 『대의각미록』은 전국의 학자들에게 읽혔다.

『대의각미록』에 담긴 주요한 주제는 (1) 청 왕조의 정통성 문제, (2) 화이 구분이 지닌 문제, (3) 여유량의 사상이 지닌 영향력에 관한 신문, (4) 옹정제에 대한 유언비어의 출처에 대한 신문, (5) 빈부 불균형과 과거제의 병폐, (6) 봉건제와 정전제의 한계, (7) 천재지변과 청조의 치세와의 관계 등이다.

구성 내용과 시기

제1권

전체 서문의 역할을 하는 첫 번째 상유는 1729년 11월 2일 반포된 상유의 내용을 수록한 것으로, 증정과 관련된 신문과 교화가 어느 정도 마무리된 이후 작성된 것이다. 종족적, 지역적 차별을 담은 화이관의 부조리를 지적하고, 여유량이 상징하는 한인의 사상을 반박하는 데 초점을 맞춘 것으로 책 전체의 총론에 해당한다. 두 번째 상유는 1728년 12월 11일 조정에서 반포된 후, 보완되어 1729년 4월 21일 전국에 배포되었던 상유를 수록한 것이다. 옹정제가 증정의 역모 편지에 담긴 자신을 둘러싼 소문을 반박하고 제위 계승 분쟁의 전말을 해명하면서, 청조의 정통성을 밝히는 내용이다.

이후 황상의 성지에 따라 신문하고 증정이 답한 13건의 진술이 담겨 있다. 증정이 악종기에게 보냈던 역모 서신에 관한 신문과 답변이 주를 이루고 있다.

제2권

증정은 1728년 12월 4일 체포되어, 호남성 성도인 장사長沙에서 12월 14일부터 항혁록 등에게 신문을 받기 시작했고, 1729년 4월 중순 이후 경사로 압송되어 왔다. 이 점을 고려하면, 황상의 유지를 통해 진행되는 『대의각미록』 제1권(13건)과 제2권(24건)의 증정에 대한 신문과 진술 기록은 대체로 4월 중순 이후 작성했다고 보아도 무방할 것 같다. 물론 그 신문 기록 중 호남성 장사에서 항혁록이 신문을 진행했을 때의 기록이 포함되었을 가능성도 있다. 하지만 제1권의 첫 번째 신문에서부터 증정이 경사로 이송되면서 견문이 넓어졌다고 자백하고 있는 내용이나, 제1권의 여러 신문에서 증정이 경사에서 진술하고 있다는 것을 알려주는 내용이 빈번한 것으로 보아 총 37건의 신문 내용은 1729년 4월 중순 이후에 작성되었다고 보아도 큰 오류는 없을 것이다. 더욱이 제2권은 옹정제가 증정의 『지신록』, 『지기록』 등에 기반해 질문을 주로 하고 있는데, 옹정제가 증정이 경사로 압송되어 오기 직전인 4월 중순부터 증정의 그 글을 읽었다는 점을 고려하면, 확실히 4월 중순 이후에 취합된 신문 기록으로 추정할 수 있다.

공묘孔廟에 상서가 나타났다는 보고가 1730년 1월 31일에 있었던 일이므로, 그 내용을 담고 있는 제2권의 마지막 신문은 증정이 사면을 확정받은 1729년 12월 5일 이후에도 경사에 남아 있었다는 사실을 알려준다. 1730년 2월 셋째 주 증정이 귀향하기 시작하므로, 사면 이후에 증정은 경사에서 제4권의 「귀인설」을 작성하고 있었을 것이라 추정할 수 있다. 신문과 진술, 그리고 『대의각미록』의 전체 내용은 대체로 1729년 4월 중순 이후에서 1730년 2월까지의 기록이라고 보면 되겠다.

제3권

제3권은 크게 ① 형부시랑 항혁록과 부도통 해란이 증정에게 옹정제와 관련된 유언비어의 출처를 추가 신문하는 내용, ② 황제의 교화 과정, ③ 증정에 대한 처결을 내각에 묻고, 옹정제가 사면을 관철시키는 과정이라는 세 가지 주제로 구성되어 있다.

①의 내용은 1729년 6월 중순 무렵에 이루어진 것으로 보인다. 그 중 「옹정제가 살인을 좋아한다는 오해에 대한 신문과 진술」에서 황제가 사형수를 처리한 방식을 증정에게 읽히고 그에 대한 생각을 묻는 방식에서 보듯, 옹정제는 이 무렵부터 황제가 실제 국정을 처리한 방식 등을 보여줌으로써, 증정이 막연히 생각해왔던 것들이 전혀 근거 없는 것이라는 점을 깨닫게 하는 데 초점을 맞추었다.

②의 황제의 교화는 옹정제가 악종기에게 주비했던 내용, 옹정제가 부모의 상에서 효성을 보였던 내용, 지방 독무와 관원의 주접에 옹정제가 주비한 내용을 읽히고, 증정에게 그에 대한 소감을 말하도록 하는 방식으로 이루어져 있다. 「옹정 7년 6월 2일 내각에서 받든 상유」(1729년 6월 27일)에서 악종기에게 주비한 것을 증정에게 읽히라는 지시를 내리므로, 이후 내용들은 대체로 1729년 6월 27일 이후 작성된 내용으로 볼 수 있다. 옹정제가 소문과는 달리 악종기와 돈독한 군신 사이이며, 지극한 효성으로 부모를 대한 군주였으며, 정사에 한없이 엄밀한 사람이라는 근거를 증정에게 확인시켜주고, 증정이 감화된 바를 기록으로 남기도록 하는 데 목적이 있었다. 풍문과는 다른 황제의 실상을 선전하는 내용이다. 특히 여기서 군주의 효성이라는 문제가 눈길을 끈다. 증정이 황상의 효를 선전하는 내용을 통해, 당대 이상적인 효가 어떻게 이해되었

으며, 효가 통치자에 대한 평가를 가늠하는 데 얼마나 중대한 기준으로 작용하는지를 살펴볼 수 있다. 아버지를 시해했고, 어머니를 자살로 몰고 갔다는 소문은 황제의 제위 정당성에 가장 민감한 문제였다. 이는 『대의각미록』에서 강희제에 대한 옹정제의 발언에서 강조되는 요소이기도 하다.

증정에 대한 처결과 관련해, 황제가 항혁록과 해란이 받아낸 증정의 진술의 진위를 재확인하도록 내각에 지시한 것은 1729년 11월 19일이었고, 대신들은 11월 26일 증정의 사형을 주청하는 주본을 올렸다. 옹정제는 11월 28일 제위를 찬탈했다는 소문을 해명하면서 증정을 사면하는 이유를 밝히는 상유를 내렸고, 며칠 사이 잇따라 형제와의 불화에 관한 경위를 해명하는 상유를 내린다. 여러 왕과 대신들이 증정을 죽이도록 재차 소청하는 제본이 12월 5일 올라왔고, 옹정제는 바로 사면을 관철시키고 이를 확정하는 상유를 내렸다.

제4권

제4권은 크게 여유량의 사상에 대한 비판과 증정의 회개라는 두 부분으로 이루어져 있다. 먼저 여유량의 사상에 대한 비판은 ① 옹정제의 여유량에 대한 직접적 비판(1729년 7월경), ② 증정과 그 관련자들이 여유량을 비판하는 내용(1729년 6월 17일), ③ 여유량의 제자 엄홍규에 대한 옹정제의 비판(1729년 7월 8일)으로 이루어져 있다. 증정이 회개하는 부분은 「귀인설歸仁說」과 그에 덧붙여진 상유로 이루어져 있다. 증정의 「귀인설」은 자신의 잘못된 생각을 버리고 청조의 정통성을 예찬하는 내용, 자신의 이력, 여유량의 저작과 헛소문에 미혹되기까지의 과정, 황상의 덕에 대한 예찬, 황상의 교화와 은혜에 대한 감사, 한족 사인士人에 대한 권고 등으로 이루어져 있다. 옹정제는 「귀인설」을 받은 뒤, 그것을 첨부하는 이유를 밝히는 짤막한 상유를 앞에 덧붙인다. 「귀인설」은 사면 확정후, 아니면 옹정제가 사면을 결정하기로 마음먹은 순간부터, 증정이 귀향하는 2월 셋째 주 전까지 작성된 내용일 것이다.

여유량이 한인 사대부의 도통을 대변한다고 믿었던 후속 세대 한인 유생이 천자의 교화를 통해 진정한 도통은 대일통을 이룬 황제에게 있다는 대의大義를 깨닫고 미망에서 벗어난다는 전체적인 그림이 완성된다.

이형준

대의각미록 제1권

大義覺迷錄 卷一

상유: 청 왕조의 정통성과 정당성의 근거에 관하여
— 지역 및 종족에 따른 화華·이夷, 중中·외外 구분의 부당성과 『대의각미록』의 편찬 이유

상유上諭

예로부터 천하를 소유한 제왕들은 만민을 위무하고 보호하며 은혜를 사해四海에 베풀지 않음이 없었다. 상천上天의 돌보심과 명을 받고, 억조億兆 백성들의 환심을 한데 모음으로써, 환구寰區를 통일시키고 대대로 복을 드리울 수 있었다. 인민을 생육하는 도道란 덕德 있는 자가 천하의 군주가 되는 데에 있을 뿐이다. 이것이 천하를 일가一家로 만물을 일체로 만드는, 예부터 지금까지 만세토록 바뀜이 없는 항구적인 법칙[常經]이니, 끼리끼리 모이고 나뉘는 평범한 이들이 동향이나 국토에 대한 삿된 마음과 얕은 식견으로 멋대로 찬성한다 반대한다 할 수 있는 것이 아니다.

『서書』에서는 "황천皇天께서는 친애하는 자가 따로 없다. 오직 덕이 있는 자만을 보호한다皇天無親, 惟德是輔"(「채중지명蔡仲之命」)고 하였다. 덕이 천하를 아우르는 군주 되기에 족하다면, 하늘께서 그에게 은혜를 내리고 보우하사 천하의 군주로 삼으시니, 덕으로 감동시키고 믿음을 얻지 못하는데도, 단지 그가 어떤 땅에서 태어난 사람인지를 골라서 보우했다는 이치는 들어본 적이 없다. 또한 "나를 어루만지는 이는 군주요, 나를 학대하는 이는 원수다撫我則后, 虐我則仇"(「태서하泰誓下」)라고 하였다. 이것이 민심民心 향배의 지극한 실정이니, 억조의 인민이 마음을 귀의하는데, 덕을 따지지 않고 출신 지역을 선택할 뿐이라는 이치는 들어본 적이 없다. 또한 "하늘을 따르는 자는 번성할 것이요, 하늘을 거스르는 자는 패망하리라"[1]고 하였다. 오직 덕이 있는 자라야 하늘을 따를 수 있어 [군주로서의 명을] 하늘이 내려주신 것인데, 또 어찌 어떤 지역 사람인지에 따라서 차별하는 바가 있으리오!

우리 국가는 동토東土에서 창건하였고, 열성列聖께서는 대를 이어가면서 만방萬邦을 보호하였다. 하늘이 굳게 보우하사, 도덕과 교화를 널리 펼치고 은혜는 먼 곳까지 두루 미쳐 편안한 자리[衽席]에 생민生民을 올려놓았으니, 모든 중외中外의 인민으로부터 존경과 친애를 받은 지 백 년 이상 되었다. 우리 왕조가 천명天命을 우러러 받들어 중외의 신민臣民의 군주가 되었는데, [우리 왕조의] 양육과 보호를 받는 자들에 대해 어찌 화華·이夷를 가지고 다시 차별하겠는가? 그리고 중외의 신민이 이미 우리 왕조를 받들어 군주로 삼았으니, 성의를 다하고 충순을 바쳐서 신민의 도리를 다하는 자들이라면 더더욱 화·이를 가지고 딴마음을 품을 수 없다. 이로써 천도天道를 헤아리고 인리人理를 검증하자면, 사해의 끝과 해가 뜨는 곳까지, 온 천하의 군중 가운데, 대일통大一統이 우리 왕조에게 있음을 모르는 자가 없다. 모든 자식과 모든 신하는 감히 제멋대로 굴지 말라.

역적 여유량呂留良[2]은 흉악하고 완패頑悖하며 화란禍亂을 즐겨 이륜彛倫[3]을

● ● ●

1. 『孟子』「離婁上」의 내용이다. 원문은 '順天者存, 逆天者亡'이다. '順天者昌'으로 인용하였다.
2. 여유량呂留良(1629~1683). 명말청초의 대표적 주자학자 중 한 사람으로 절강 숭덕현崇德縣 출신이다. 생원이 되었던 시절까지 광륜光綸이라는 이름을 썼고, 자는 용회用晦·장생莊生,

어지럽혔다. 사사로이 저술하면서, “덕우德祐[4] 이후, 천지天地의 일대 변화는 예로부터 경험하지 못했던 것인데, 오늘날 다시 나타났다”고 멋대로 지껄였다. 그러자 역도逆徒 엄홍규嚴鴻逵 등이 함께 부화附和하여 완전히

• • •

호는 만촌晩村이다. 그의 청년기 여씨 가문은 재산을 털어 남명南明 정권의 반청 항쟁을 원조하고 적극 참여했다. 남명의 장수 오역吳易의 항전에 참여하는 과정에서, 1645년 여유량보다 네 살 많은 조카 여선충呂宣忠이 관군에 잡혀 죽임을 당했으며, 여유량 역시 왼쪽 다리에 화살을 맞아 평생 관절통을 앓았다. 여유량은 여선충이 자기 대신 죽고 자신은 구차하게 살아남았다는 죄책감에 시달렸다. 순치 10년(1653) 광륜이라는 이름으로 과거에 응시하여 제생諸生이 되었다. 여씨 가문에 대한 주변의 공격, 시험에 응시하지 않으면 가족에게 화가 미칠지 모른다는 걱정 때문이었다고 하는데, 이 경력은 그에게 평생 죄의식을 더해준 사안 중 하나였다. 강희 5년(1655)까지 제생(생원)의 직위를 유지하다 그만두었다. 이후 의원이 된 적도 있고, 서화나 도장을 팔아 생계를 도모하기도 하였다. 시문時文(과거 답안)을 평선評選하는 일로 유명세를 얻었고, 전국적 상업유통망을 갖춘 ‘천개루’라는 서점을 열고 친히 경영하며 집안을 꾸려갔다. 강희 17년(1678) 조정에서 한인 명사들을 회유하기 위해 박학홍사과博學鴻詞科를 열어 출사를 종용했지만 병을 이유로 거부했고, 강희 19년(1680) 산림 은거의 고명한 사인을 추천했을 때 가흥군수嘉興郡守가 다시 여유량을 추천했지만 거부하고 중이 되었다. 『대의각미록』 제4권에 보이듯, 여유량이 오삼계 등의 삼번의 난에 대해 품었던 복명復明의 희망이 완전히 좌절된 것도 바로 이 시점이었다.

여유량이 시문時文 비평에 몰두한 일은 여러 논란을 일으켰다. 그 자신은 도를 드러내는 방법의 하나라고 정당화했지만, 그와 친분을 가졌던 선배들인 황종희黃宗羲와 장이상張履祥에게는, 사람들에게 출세 방법을 가르치며 이득을 취하는, 절개를 잃은 행위로 인식되었다. 과거제를 통한 출사를 비판하면서 과거용 수험서를 만드는 이 역설에 대해, 나중에는 여유량 자신조차 회의감을 가졌다. 40대 중반 여유량은 시문 비평에 관한 글이 단지 이익과 명예를 얻기 위한 방식으로 여겨지는 것에 곤혹스러움을 표했다. 여러 논란에도 불구하고, 그의 글이 한인 신사층에게 깊은 감명을 주었던 것은 분명하다. 여유량 사후 그는 강남의 사인들에게 유학의 도통을 지킨 대유大儒로 기억되었다. 여유량 일가에 대한 옹정제의 가혹한 처분을 반대한 절강성 사인들은 그의 학문에 감화되었던 이들이었다. 증정사건은 어떤 면에서 여유량이 남긴 이념의 성공이 만든 결과였는데, 바로 그런 영향력 때문에 여유량은 옹정 10년(1732) 부관참시에 처해졌고, 그 집안은 거의 멸문에 이르렀다. 여유량과 그 시대 상황에 대해서는 양녠췬의 『강남은 어디인가』(명청문화연구회 옮김, 글항아리, 2015)의 3장에 상세하게 참고해 볼 만하다.

3. 사람이라면 지켜야 할 도리.

4. 남송南宋 공종恭宗의 연호다. 공종은 당시 북쪽을 지배하던 몽고군에 붙잡혀 갔다. 이민족에 의해 한족漢族의 군주가 화를 입는 사건을 묘사할 때 자주 사용된다.

미친 듯이 날뛰었다. 증정曾靜에게까지 여파가 미치니, 허황되고 괴이한 망상에 빠져 함부로 비방하고 중상하면서 "팔십여 년 이래, 천지는 어둡고, 일월은 빛을 잃었다"고 말하기에 이르렀다. 역적들의 생각에 따르면, 본조本朝[5]는 만주滿洲의 군주로 중국에 들어와 주인이 된 것에 지나지 않는다. 이곳과 저곳의 사사로운 경계를 마음대로 긋고 급기야 고의로 중상하고 조롱하는 논설을 지어냈던 것이다. [저들은] 본조가 만주인이라는 것이 중국인들이 적관籍貫을 갖는 것과 같다는 점을 모른다. 순舜이 동이東夷 사람이고, 문왕文王이 서이西夷 사람이라 하여, 어찌 그들의 성덕聖德을 훼손할 수 있겠는가! 『시詩』에서 "융적戎狄을 막고, 초나라와 서나라를 응징하네"라고 말한 이유는 그들이 왕王을 참칭하고 하夏를 침범하여 군신 사이의 대의大義를 무시했기 때문이다. 그 때문에 그 죄를 성토하고 징벌했던 것이지, 그들이 융적이라서 배척했던 것은 아니었다. 융적이라는 점만을 가지고 말하면, 공자孔子가 세상을 주유할 때 초나라 땅에 이르러 소왕昭王의 초빙에 응했던 것은 부당한 일이 된다. 게다가 진秦 목공穆公이 서융西戎의 패자霸者였는데, 공자가 『서』를 산정刪定할 때 「진서秦誓」편을 「주서周書」의 뒷부분에 나열해서도 안 됐다.

아마 종래 화·이 구분에 관한 학설은 진晉과 송宋 등 여섯 왕조가 [남북으로] 일부 영토만을 차지하고 있던 시대에 비로소 생겨난 것으로, [당시 육조는] 피차 땅의 크기와 덕德이 비슷하여 서로를 넘어설 수 없었다. 이 때문에 북방인은 남방을 도이島夷(섬나라 오랑캐)라고 비난하였고, 남방인은 북방을 삭로索虜(변발한 오랑캐)라고 질책했는데, 당시 사람들은 덕을 닦고 인仁을 행하는 데 힘쓰지 않고 입만 가지고 서로를 헐뜯기를 일삼으면서 지극히 비루한 견해를 만들어냈던 것이다. 지금 역적 무리는

• • •

5. 옛날에는 조정朝廷을 국가의 근본이라 여겼기에 조정을 뜻하는 말로 쓰였다. 자신이 직책을 맡고 있는 왕조를 칭하거나, 자신이 살아가는 특정 왕조를 '본조'라고 일컫는다.

천하가 일통되고 화·이가 일가一家를 이루게 된 시대임에도, 함부로 중·외를 구분하고 사리에 맞지 않는 분노를 조장했다. 천리天理를 거역하며 아버지도 없고 군주도 없으니, 벌과 개미만도 못한 금수들[異類]이 아니겠는가! 게다가 천지의 기수氣數를 근거로 말하자면, 명대明代 가정嘉靖[6] 이후로 군주와 신하가 덕을 잃어 도적 떼가 사방에서 일었고, 생민은 도탄에 빠졌으며, 변경은 편안할 날이 없었는데, 당시 천지간에 기수가 꽉 막혀 있지 않았다고 말할 수 있는가! 본조가 건립된 이래, 도적 떼를 쓸어내어 환우寰宇[7]가 평안하고, 정치와 교화[政教]가 구축되어 문명文明은 날로 성대해지고 만민萬民은 즐겁게 생업에 종사하며, 중외가 안락하여 어린아이에서 백발노인이 되기까지 일생토록 전쟁을 겪지 않았다. 오늘날 천지의 청명하고 평안함과 만백성이 은택을 입는 바가 명대를 초월함은 삼척동자라도 모두 분명히 알 것인데, 아직도 "[천지가] 어둡다"고 할 수 있는가?

천지는 인애에 마음을 써서, [만물을] 덮고 떠받침에 무사無私하게 헤아리니, 덕德이 가까이 안쪽(중원)에 있다면 대통大統[8]은 가까운 안쪽에서 이루어지고, 덕이 먼 바깥쪽(중원 밖)에 있다면 대통은 먼 바깥쪽에서 이루어지게 되는 것이다. 공자는 "위대한 덕을 갖춘 이는 반드시 천명을 받는다故大德者必受命"(『중용』)고 했으니, [중국에] 제왕帝王이 존재했던 이래로 그 기준은 한결같다. 지금 역적의 무리는 우매하고 완고한데다 광포하고 방자한 마음을 품고는, 천심天心의 선택과 정치의 득실을 따지지 않으며, 인민과 만물의 안위나 강역疆域의 대소도 따지지 않는다. 한낱 자질구레한 촌구석을 근거로 사심에 치우쳐서 보잘것없는 지역 경계를 가지고 노여워하고 공공연히 비난함으로써, 그 몽매함이 이륜을 버리고 인기人紀[9]를

6. 명나라 가정제嘉靖帝, 즉 세종世宗의 연호로 1522~1566년까지의 기간이다.
7. 천하를 뜻함. 천자가 다스리는 영역 전체, 즉 전 세계를 가리킴.
8. 제왕의 업적 혹은 제위帝位.
9. 인간 됨의 규율, 처세에서의 도덕규범을 뜻함.

파멸시키는 역의逆意로 귀결되었다. 미친개 짖는 소리가 절정에 이르러, 끝내는 천지가 어두워졌다고 감히 손가락질해대니, 위대하신 상천上天이 밝게 비추어 본 바가 오히려 역적 무리의 지식만도 못하다는 것인가?

더욱이 역적 여유량 등은 이적을 금수에 비유하였다. 상천께서 내지內地에 덕 있는 자가 없음을 미워하시어, 바야흐로 우리 외이外夷를 돌보고 명하시어 내지의 군주로 삼으셨다는 것을 아직도 모르는 것이다. 역적들의 논의에 따른다면, 중국에 사는 사람은 모두 금수만도 못하겠구나. 그럼에도 무슨 배짱으로 중국中國이 안이고 이적夷狄은 밖이라 하는가! 스스로를 욕하는 것인가? 남을 욕하는 것인가?

또한 고대에 중국이 일통되어 있었던 때에는 영토가 광대하지 못했는데도, 그 영역 안에서 귀순해 복종하지 않은 자가 있으면 배척하고 이적夷狄으로 여겼다. 예를 들면 삼대三代[10] 이전에 유묘有苗·형초荊楚·윤犹은 바로 지금의 호남湖南·호북湖北·산서山西 지역이었다. 그런데 오늘날에 [그 지역 사람을] 이적으로 간주한다면 타당하겠는가? 한漢·당唐·송宋이 가장 강성했던 시절에 이르러서도, 서융西戎은 대대로 변방의 우환이었고 지금까지도 신하로 복종하지 않은 채 그 지역을 차지하고 있다. 이 때문에 양쪽의 경계 구분이 있는 것이다. 우리 왕조가 중토中土에 들어와 주인이 된 이래 천하에 군림하면서 몽고 등 지극히 변방의 부락들까지도 모두 판도版圖에 귀속되었다. 이는 중국의 강토를 드넓게 개척하여, 바로 중국의 신민에게 크나큰 행운이 된 것이다. 어찌 아직도 화이와 중외를 나누어 논할 수 있는가!

본래 군상君上의 도道는 인민을 갓난아이처럼 보아야 마땅한 것이고, 신하臣下의 도는 군주를 부모처럼 받들어야 마땅한 것이다. 자식된 자라면 그의 부모가 자애롭지 않게 대할지라도 원망하거나 거역해서는 안 된다.

10. 하夏·상商·주周의 세 왕조를 가리킨다.

하물며 우리 왕조는 군주 됨에 있어, 진실로 인민에게 부모가 되는 도리를 다하여 끝까지 갓난아이 돌보는 마음을 참되게 추구했다. 그런데도 역적들은 도리어 모질고도 방자하게 헐뜯고 비방해대니, 군주 된 자가 어떻게 해야 좋다는 것인지 모르겠다.

이전 강희康熙 연간 각처에서 간악한 무리들이 은밀히 준동함에 걸핏하면 주삼태자朱三太子[11]를 명분으로 삼았고, 일념화상一念和尚[12]·주일귀朱一貴[13]와 같은 자들은 손가락으로 헤아릴 수 없다. 최근에도 산동山東 사람 장옥張玉이 거짓으로 성을 주朱라 칭하며 명의 후예라 가탁하고, 별점을 치는 점쟁이에게 제왕의 운명이 있다는 예언을 얻어, 이를 근거로 우매한 인민을 선동하고 미혹시키기를 기도하였다가 지금 보군통령아문步軍統領衙門[14]에 체포되어 신문을 받고 있다.

예로부터 다른 성姓들이 앞뒤로 왕통을 이어왔다. 이전 왕조의 종성宗姓[15]은 후대 왕조에서는 신하로 복종했던 경우가 대부분이었고, 그렇지 않은 경우에는 성명姓名을 감추고 초야草野에 은거하였다. 여태껏 본조의 간민奸民

● ● ●

11. 명의 마지막 황제인 숭정제崇禎帝의 다섯째 아들 주자환朱慈煥(1633~1637)에 대해 민간에서 부른 호칭이다. 사실 셋째 아들은 주자형朱慈炯이지만, 민간에서는 태자인 주자랑朱慈烺은 도황제悼皇帝라 불렀고, 둘째 아들 주자훤朱慈烜은 태어나자마자 요절하여 호칭이 없으며, 셋째 주자형은 주태자朱太子로, 넷째 주자소朱慈炤는 주이태자朱二太子로, 다섯째 주자환은 주삼태자로 불렀다. 청초에 많은 사람들이 주삼태자로 자칭하며 반란을 일으켰다.
12. 일념화상(?~1708). 청나라 때 강소江蘇 소주蘇州 사람이다. 강희 연간 반청복명反淸復明을 내세우며, 청의 침략에 저항하는 활동을 하였다. 제위를 위임받았다는 서신을 배포하면서, 대명천덕大明天德을 연호로 삼았다.
13. 주일귀朱一貴(1690~1722). 강희 52년(1713년) 이민 물결을 타고 대만으로 이민을 떠났다. 멸망한 명나라 종실宗室이라 자칭하고 군대를 일으켜 반청에 나선 첫 번째 인물이다. 이후 실패하여 포로가 되어 살해당했다.
14. 청대 수도에 대한 군사 방어 및 성내 순찰·출입 통제·범인 체포 등의 치안 관련 업무를 수행하던 기구다. 현대의 군대로서의 기능과 경찰로서의 기능을 통합적으로 관장했다.
15. '이전 왕조의 종성[前朝之宗姓]'은 이전 왕조의 황제 일가를 말한다.

처럼, 거짓으로 주성朱姓을 칭하면서 인심을 미혹하고 동요시키는 일이 이렇게 많았던 적은 없었다. 이와 비슷한 일이 만연하여 그치지 않는다면, 중국 인군人君의 자손들이 새로 왕통을 계승한 군주를 마주하게 되면, 기필코 단 하나도 살아남는 자가 없게 되고야 말 것이다. 그렇게 되도록 간민이 재촉하는 게 아니겠는가?

하물며 명은 원元을 계승해 천하를 얻었고, 명 태조太祖는 바로 원의 자민子民이었다. 강상윤기綱常倫紀에 따라 말한다면, 찬탈의 죄를 어찌 피할 수 있겠는가! 우리 왕조의 명에 대한 관계를 살피자면, 이웃 국가였을 뿐이다. 더구나 명의 천하는 유적流賊[16]의 손에 빼앗긴 것이다. 이때 변경에서 환란이 거침없이 일었고, 왜구倭寇가 [연해에서] 소란을 일으켰다. 유적 가운데 이름이 알려진 자는 헤아릴 수 없을 정도여서, 각 촌락과 도회지[村邑]의 무뢰배들은 기회를 틈타 약탈과 살인을 일삼았다. 불법을 자행하는 무관[將弁]과 병졸[兵丁] 등도 또한 [무뢰배들을] 토벌한다는 명분을 빌어, 제멋대로 행동하고 소요를 일으켜 해를 끼쳤으니, 양민을 살육해 [죽인 양민으로] 사냥한 도적의 수를 부풀림으로써 포상을 청했다. [이런 상황에서] 중국의 인민 가운데 절반 이상이 죽었으니, 즉 사천四川 사람의 경우, 끝내 살아남은 이가 거의 없다고 탄식하는 지경에까지 이르고야 말았다. 요행히 살아남은 자가 있더라도, 지체가 온전치 못하거나 귀나 코가 훼손되었다. 이상은 천하 사람 모두가 알고 있는 사실이다.

강희 45년에도 당시 정황을 목격한 부로父老가 살아 있어 눈물을 흘리면서 상황을 진술하였는데, 우리 왕조가 만방萬方을 통일해 여러 도적 떼를 평정하고 바다 안팎의 인민을 극심한 고난[湯火之中]으로부터 구해내어 편안한 자리[衽席]에 올려놓은 점을 경사스럽고 다행한 일로 여기지 않음이

● ● ●

16. 곳곳을 전전하는 도적 떼. 명말明末의 이자성李自成·장헌충張獻忠 등이 영도한 농민군을 경멸해 일컫는 말로 흔히 사용되었다.

없었다. 우리 왕조가 중국에서 성취한 바는 위대하며 지극하다! 명대의 전례典禮를 우대한 점에 있어서는 사서史書로 다 기록하지 못할 정도다. 명나라 번왕藩王의 후예들은 진짜 명의 자손이라면, 특별히 은혜를 베풀어 후작侯爵으로 봉했다. 이 또한 이전 왕조에서는 찾아볼 수 없는 관대한 제도였다. 그런데도 흉중에 역심逆心을 품은 간민은 걸핏하면 주성을 사칭하여 역모를 꾸몄다. 여유량 일당은 더구나 명대를 빙자해 말을 꾸며대면서, 방자하게 화이를 나누는 사설邪說로 그 반역의 뜻을 이루고자 하였다. 이들은 본조에 대해 역적일 뿐만 아니라, 실제로는 명대에 대해서도 원수인 것이다.

중국 사람이 외국에서 들어와 대통大統을 계승한 것을 업신여긴다면, 그런 폐해는 함부로 중상과 조롱을 일삼는 미혹된 비류匪類 한둘에 그칠 뿐이지, 원래 시비是非의 공정함과 윤상倫常[17]의 위대함을 훼손시키지 못한다.

가령 외국外國의 군주가 중국에 들어와 대통을 계승했는데 중국의 인민을 적자赤子로 여기지 않으면, 중국의 인민은 그 어디에 생명을 의탁하겠는가? 하물며 그들을 보살펴주면 군주, 학대한다면 원수인 것이 인정人情인데, 보살펴주는데도 군주라 생각하지 않는다면, 필시 하늘을 따라 도리에 부합하는 인정이 아니다.

군주가 된 자가 인정에 부합하지 않는 일을 아래에 강요한다면, 아랫사람이 그것을 감당할 수 있을까? 군주가 된 자여도 인정에 어긋난 일을 아래에 강요해서는 안 되는데, 어째서 아랫사람이 오히려 이런 짓을 윗사람에게 하는 것인가?

공자는 "군자는 이 나라에 머물면서, 그 대부를 비난하지 않는다"고 말하였다. 하물며 군주에 대해서랴! 또한 공자는 "이적에게는 군주가

● ● ●

17. 사람과 사람이 서로를 대하는 일정한 도리. 군신·부자·부부·형제·붕우의 다섯 가지 관계, 즉 오륜을 뜻함.

있으니 중원 여러 나라에 군주가 없는 것과는 다르다夷狄之有君, 不如諸夏之亡也" (『논어』, 「팔일八佾」)라고 말하였다.

춘추시대에는 100리의 나라에 대해서도, 그곳의 대부조차 비난할 수 없었다. 우리 왕조는 봉천승운奉天承運[18]한 대일통大一統의 태평성세를 성취했는데, 군상을 되려 헐뜯어서야 되겠는가? 또한 성인(공자)께서 중원의 여러 나라에 머무실 때, 오히려 이적의 나라에 군주가 있다고 하셨거늘, 하물며 우리 왕조의 인민이 되어 몸소 교화와 은택을 입고 있고, 그 덕택으로 밭 갈고 살면서도, 무부무군無父無君의 논의를 일삼아서야 되겠는가?

한유韓愈는 "중국에 살더라도, 이적과 같은 짓을 하면 이적이다. 이적이라도 중국과같이 한다면, 중국이다"라고 말하였다. 여러 세대를 거치면서 지금까지의 왕조 중에, 원元과 같은 경우, 천하[區宇]를 통일했고 건국 이후 백여 년 동안 그 영토가 극히 광대하였으며 그 정치의 규모規模에서 꽤나 미덕美德이 많았는데도 불구하고, 후세에 그것을 예찬한 자는 아주 드물었다. 그 시대를 살았던 명신名臣과 학사學士들이 칭송하고 찬양하는 글을 썼고, 당시의 아름다움을 기록해 역사서에 실린 것 또한 찬연히 갖추어졌는데도, 후세인들은 고의로 폄하하는 말을 지어대며, 기록할 만한 인물도 공적도 없다고 개탄하였던 것이다. 이는 오직 사심私心을 품은 비루한 식견을 가진 인간들이 외래 군주를 찬미하느니, 그 업적을 폄하하고 감추기를 원했기 때문이다.

[저들은] 문장저술에 관한 일은 당대에 믿는 것을 후대에 전하는 것이기 때문에, 서적에 권계勸戒를 쓸 때에는 평정한 마음으로 정도正道에 따라 논해야 한다는 것을 몰랐던 것이다. 외국에서 들어와 대통을 계승한

18. '봉천승운奉天承運'이란 천명天命을 받들고 제운帝運을 이었다는 뜻이다. 명나라 태조 초에 조회를 행하는 정전正殿을 봉천전奉天殿이라 칭했고, 황제가 쥐는 대규大圭 위에 '봉천법조奉天法祖'라는 네 글자를 새겨 넣었는데, 신하에게 칙명을 내릴 때, 머리말에는 반드시 '奉天承運皇帝'라고 칭하였다. 후대 황제가 칙명을 내릴 때의 상투어로 사용되었다.

군주에 대해서는, 그 선악을 더욱 공정에 입각해 써야만 하며 크고 작은 것을 빠뜨림이 없어야 한다. 중국 출신의 군주가 그것을 보고 외국의 군주조차도 명철明哲하고 인애仁愛함이 이와 같다고 여기고 스스로 분발하는 마음이 생기도록 하고, 반대로 외국 출신의 군주는 옳고 그름에는 틀림이 없다는 것을 보고 올바른 도리가 언제나 존재함을 믿게 되어, 또한 기필코 선을 행하는 데에 더욱 과감해지고 악행을 깊이 경계하도록 하려는 것이다. 이렇게 문예文藝의 효용은 치국의 도[治道]가 어떠해야만 하는지를 보완해주는 데에 있다. 만약 고의로 폄하하고 감추면서, 그 선善을 생략해 전하지 않거나 그 악惡을 무고誣告해 싣는다면 장차 중국 출신의 군주로 하여금, 중국에서 태어난 이상 저절로 훌륭한 명성을 향유할 것이니 덕행을 닦고 인仁을 행함으로써 치세의 번영을 실현할 필요가 없다고 여기도록 만들 것이다. 그리고 외국에서 들어와 대통을 계승한 군주는 설령 밤낮으로 정력을 다하고 근면히 통치하고자 해봐야 끝내 전적典籍에서의 예찬을 기대할 수 없으리라 생각할진대, 선을 행하려는 마음이 이로 인해 저절로 나태해진다면 내지內地의 창생蒼生에게 그 고통은 끝이 없으리라. 그런 왜곡된 기록이 인심人心과 세도世道[19]에 미치는 해로움을 이루 다 말할 수 있으리오!

더욱이 역적 여유량 등은 우리 왕조의 선정善政과 선교善教, 근본원칙과 법규[大經大法]를 젖혀둔 채 언급하지 않았을 뿐만 아니라, 터무니없는 글을 써대면서 허구에 의지해 멋대로 논했고 허황된 이야기를 혹세무민의 도구로 삼았다. 시비是非를 전도顚倒시키고 흑백을 뒤섞고, 있는 것을 없는 것으로 없는 것을 있는 것으로 날조했다. 이렇게 거짓과 망상을 떠벌려 다른 사람들이 듣는 바를 기만했으니, 참으로 천고千古의 죄인이다. '사납

19. 인간 세상의 도로라는 뜻으로, 떠들썩하게 변화하는 인간 세상의 상태 혹은 그런 속세간을 형용하는 말이다.

고 완고해 죽음을 두려워하지 않는 이를 모든 백성이 미워하지 않음이 없다愍不畏死, 凡民罔不憝’[20]고 말했던, 가르칠 필요도 없이 주살해야 할 자들인 것이다.

단지 우리 국가에 죄를 지었기 때문만이 아니다. 이 음험하고 간사한 인간들은 반란을 꾀하는 마음을 가슴에 품고, 가망 없는 일에 망령되이 요행을 기대했으니, 여태 고금의 대세大勢를 통관通觀하지 못한 것이다. 앞장서 반란을 이끈 인간은, 모두 그 몸뚱이는 도끼에 잘렸고[斧鑕][21] 만년토록 악취를 남겼다. 저 천하국가天下國家의 공고함을, 어떻게 오합烏合의 쥐새끼 같은 도적 떼가 경솔한 말로 동요시키겠는가?

세운世運[22]이 쇠퇴했던 시대를 마주해, 그 반란을 이끈 사람을 사책史冊에서 하나하나 살펴보자면, 지금까지 어떤 인간도 [정권을 탈취한] 대사大事를 성취했던 적이 없었다. 예컨대 진말秦末의 진섭陳涉·항량項梁·장이張耳·진여陳餘 등에서부터 원말元末의 유복통劉福通·한림아韓林兒·진우량陳友諒·장사성張士誠 등에 이르기까지, 일시적으로 발호했다 할지라도, 결국 오래지 않아 잿더미가 되었다. 또한 당·송 중엽의 시기에는 좀도둑 무리들이 잇따라 그치지 않았지만, 역시나 모조리 박멸되었다. 요컨대, 이들 간민은 군신의 대의를 깨닫지 못하고 천명이 보살피는 바를 알지 못한 채, 헛되이 주륙당하기를 자초해 만고의 죄인이 되었을 뿐이다.

무릇 사람이 사람 되어 금수와 구분되는 까닭은 이 윤상의 이치가 있기 때문이다. 그러므로 오륜五輪을 인륜人倫이라 하니, 하나라도 결여되면 사람이라고 할 수 없는 것이다. 군신의 관계는 오륜 가운데 으뜸이다.

● ● ●

20. 『書』「康誥」의 내용으로, 원래 문장은 ‘暋不畏死, 罔弗憝’이며, 이를 『孟子』「萬章下」에서는 「康誥」를 ‘閔不畏死, 凡民罔不譈’와 같은 형태로 인용하고 있다.

21. 부질斧鑕의 ‘斧’는 도끼, ‘鑕’은 쇠로 된 도마이다. 고대에 중죄를 지은 자를 처벌할 때 쓰던 형벌 기구로, 죄인을 ‘鑕’ 위에 놓고, 그 몸을 도끼로 내려쳐 처단했다.

22. 시대의 성쇠와 치란의 기운.

천하에 군주가 없는 사람이 있어도, 그를 사람이라 일컬을 수 있겠는가? 사람이면서 무군無君의 마음을 품는데도 금수라고 말하지 않으려는가? 인륜을 다해야 사람이라 하고 천리를 멸하면 금수라 하니, 화이를 근거로 사람과 금수를 구별한다는 것은 가당치 않다.

더욱이 하늘이 명하여 군주로 삼았는데 도리어 하늘을 거스르는 생각을 품는다면, 어떻게 하늘의 주살[誅殛]을 피할 수 있으리오! 짐이 생각건대, 이륜彝倫을 지키고 덕을 좋아하는 성향은 인심이 공유한 바이고, 천하의 억만 신민 모두가 천량天良[23]을 갖추고 있어서, 자연히 군주를 존경하고 윗사람을 친애하려는 생각에 절실하므로 거듭 상세하게 선유宣諭[24]를 드러낼 필요는 없다.

하지만 험사險邪하고 혼란昏亂한 소인들, 여유량 등과 같이 반역하려는 마음을 품은 자들이 온 하늘 아래 이 몇몇의 역적에 그친다고 말할 수 없다. 이 조서詔書를 반포하고 특별히 훈유訓諭를 더하노니, 만약 평상시에 조금이라도 이러한 마음을 품었던 자라면 하늘에 묻고 마음을 살펴 각기 천량을 발휘함으로써 상세히 제 스스로 살펴야 마땅하리라. 짐이 상세하고도 빠짐없이 낱낱이 드러내는 이유는 논변을 좋아해서가 아니다.

태고에는 인심이 순박했다. 이 때문에 요순의 시대에는 모두가 '예나 아니오'[25]로 표현했을 뿐이니 그 언사가 매우 간략하였다. 은殷·주周의 치세에 이르게 되면서, 인심이 점차 예전만 못하게 되었다. 고로 『서』의 「은반殷盤」과 「주고周誥」편[26]에서는 신민에 권고하고 경계시킬 바를 거듭

23. 하늘로부터 부여받은 선한 마음, 양심.

24. 군주의 훈유訓諭를 백성에게 공포하는 것. 군주의 명령을 밝히거나 명령하는 것.

25. 원문에 '都俞吁咈'이라 되어 있다. 모두 감탄사로, 도都·유俞는 찬성의 의미를, 우吁·불咈'은 반대의 의미를 표시한다. 『書』의 「요전堯典」에서 군신이 정치를 논할 때 사용된 어휘로, 이후 의미가 확장되어 군신 간에 조화롭고 화목하게 정사를 논하는 모습을 형용하는 데에 쓰였다.

26. 은반은 『서』 중 은나라의 정사를 기록한 「반경盤庚」편을 뜻하며, 주고는 주나라의

해서 면밀, 진중, 간절하게 말하고서야, 비로소 그들의 답답한 고집을 제거하고, 우매함을 깨우칠 수 있었다. 이는 고금의 시세時勢가 그러하지 않을 수 없었기 때문이다.

매번 음험한 소인들을 관찰해보면, 대의에 의해 좌절당하고 이치에 맞지 않아 말문이 막히게 되면, 성인의 말씀을 빌어다가 교묘히 비방을 일삼으면서, "이 때문에 말재간 있는 자를 싫어한다是故惡夫佞者"(『논어』, 「선진先進」)고 지껄인다. 공자가 자로를 말재간 있는 자라 한 것은, "어찌 반드시 글을 읽은 다음에야 학문을 하는 것이겠습니까何必讀書, 然後爲學"라는 자로의 말로 인해 촉발된 것임을 모르는 소치이다.

대개 무리한 논리로 남에게 억지로 이기고자 하는 것을 말재간[佞]이라 하니, 이른바 "약삭빠른 구변으로 남의 말을 막는다禦人以口給"(『논어』, 「公冶長」)는 뜻이다. 만약 여유량·엄홍규·증정 등 천리를 거역하고 혹세무민하는 역적을 마주친다면, 천경지의天經地義27와 강상윤기綱常倫紀의 대도大道를 명백히 밝혀서, 우매하고 무지해 평상시 사설邪說에 빠지게 된 인민들이 활연히 깨달을 수 있게 하여 하늘의 징벌[天譴]을 당하거나 국법國法에 걸리지 않도록 해주어야 한다.

이것이야말로 세도와 인심을 위한 계책인데, 어찌 말재간이라 말할 수 있는가! 천하와 후세에 자연히 공론公論이 존재하게 될 것이다.

여유량·엄홍규·증정 등의 패역悖逆의 말과 짐의 유지諭旨28를 드러내어, [그것들을] 빠짐없이 [서술해] 간행하고, 천하의 각 부府·주州·현縣 및 외딴 농촌과 궁벽한 지역에 이르기까지 널리 반포하여, 각지 독서인들은

정사와 관련된 「대고大誥」, 「강고康誥」, 「주고酒誥」, 「소고召誥」, 「낙고洛誥」등의 편을 가리킨다.

27. 천지간에 당연한 이치이자 변할 수 없는 법도라는 뜻으로, 삼강오상三綱五常과 같은 예禮를 말한다. 『춘추좌전春秋左傳』 소공昭公 25년에 "대저 예라는 것은 하늘의 경經이요 땅의 의이며 사람의 길[行]이다夫禮, 天之經也, 地之義也, 民之行也"라고 한 데서 온 말이다.

28. 황제의 조서를 뜻한다.

물론이고 촌구석의 소민小民들까지 모두가 알 수 있게 하라. 아울러 모든 학궁學宮마다 한 부씩 비치해 두고, 장래 후학後學과 신진新進의 사士 모두가 열람하고 훤히 알 수 있게 하라. 만일 이 책을 보지 않았거나 짐의 뜻을 알지 못하는 자가 발각되면, 짐이 수시로 결과를 살펴보고, 반드시 해당 성省의 학정學政 및 해당 현縣의 교관敎官을 종중從重해 치죄治罪하리라.[29] 특별히 지시하노라.

29. '從重治罪'란 두 가지 이상의 죄상이 있을 때, 그 죄들의 경중을 가늠해, 무거운 죄에 따라서 처벌하는 것을 말한다.

상유: 증정의 역서逆書에 담긴 황제와 황실을 둘러싼 각종 유언비어 및 이민족 왕조의 정통성을 부정하는 논리에 대한 옹정제의 응답

상유

짐은 상천의 돌보심과 도움을 입어, 성조인황제聖祖仁皇帝[30]께서 맡기신 중임을 받아 천하에 군림하게 되었다. 즉위[御極] 이래로, 밤낮으로 힘쓰며 근면히 통치하고자 하였다. 옛날의 성군과 철후哲后에 감히 비할 바는 못 되지만, 백성을 아끼고 보살피는 마음에 자나 깨나 한시라도 절실하지 않은 적이 없었고, 한 가지 일도 그 주도면밀함을 다하지 않은 적이 없었다. [백성을] 보살펴 기르는 데 마치 갓난아이 돌보는 것처럼 진심을 다하기를 추구했기에, 일신을 고달프게 해서라도 천하의 인민을 평안케 할 수 있다면 아깝지 않았고, 마음을 다하여 백성의 염원을 위로하는 데 아낌이 없었으며, 기어이 [모든 백성을] 편안한 자리에 올려놓아 단

30. 청의 4대 황제 강희제康熙帝로, 옹정제의 아버지이다. '성조'는 강희제의 묘호이고, '인황제'는 시호이다.

한 명 사내도 제자리를 얻지 못하는 일이 없기를 기약하였다. 소한宵旰[31]하며 [정무에] 고심하고 힘써서, 먹고 잘 겨를조차 없었지만, 마음속으로 천하의 인민이 아마 짐의 마음을 알아주고 짐의 수고를 생각하고 짐의 고통을 헤아려줄 것이니, 각자 생업에 안분하며 함께 돈독히 실행한다면, 인심은 차차 선량함에 이르게 되고 풍속은 모두 순후醇厚해질 것이라고 생각하였다. 짐은 지극히 힘들고 고통스러웠지만, 이런 생각이 커다란 위안이었다.

역적 증정이 자신의 문도 장희張熙를 시켜 총독總督 악종기岳鐘琪[32]에게 투서를 하여 모반을 권하면서, 짐에 대해 중상하고 비방하는 말을 멋대로 지어내, 우리 왕조에 패역의 말을 퍼부을 것이라 어찌 생각이나 했겠는가! 조정의 신하 가운데 [그 서신을] 본 자들은 모두 극도로 상심하고 애통해하며, 불공대천不共戴天의 원한을 품었다. 이처럼 완전 터무니없는 일이라

• • •

31. '宵衣旰食'의 준말로, '날이 밝기 전에 옷을 입고 해가 져서야 밥을 먹는다'는 뜻이다. 군주가 아침 일찍부터 저녁 늦게까지 정사에 골몰함을 표현하는 관용어로 쓰인다.

32. 악종기(1686~1754). 사천 성도成都 출신. 자는 동미東美, 호는 용재容齋이다. 북송北宋 말기의 전설적인 무장 악비岳飛 장군의 21세손이다. 강희 50년(1711년) 25세에 연납捐納(돈이나 곡식으로 벼슬을 얻는 일)으로 유격遊擊(종 3품의 무관)에 임명되었다가, 32세에 부장部將으로 발탁되었고, 서장西藏의 반란을 진압한 공으로 사천총독四川總督이 되었다. 옹정 원년(1723년)에는 연갱요의 군사軍事로 청해青海에서 몽고의 반란을 진압했고, 연갱요가 역모를 이유로 좌천된 뒤, 옹정 3년 천섬총독川陝總督으로 임명되었다. 바로 이 시기에 증정의 제자인 장희가 그에게 악비의 후손으로서 송과 명의 원수를 갚으라는 편지를 전달했다. 악종기가 증정의 기대와는 달리 바로 수사에 착수하면서, 일련의 소동이 시작된다. 『대의각미록』은 그 소동을 매듭짓는 결과물인 셈이다. (일련의 소동과 사건의 진행에 대한 상세한 기록은 조너선 스펜서, 『반역의 책』, 이준갑 옮김, 2004. 이산.)

한편 악종기는 이후 옹정 7년(1729년)에는 영원대장군寧遠大將軍으로 갈이단噶爾丹을 토벌했고, 병권이 점차 커지자 견제 세력이 늘어나, 결국 옹정 10년(1732) 악이태鄂爾泰 등의 탄핵을 받아 북경으로 소환되어 투옥되었다. 건륭제 즉위 후 죄를 용서받아 건륭 13년(1748년) 사천총독으로 재기하여 대금천大金川의 반란을 진압해 공작公爵에 봉해졌다. 건륭제는 '삼조무신거벽三朝武臣巨擘'(강희–옹정–건륭의 세 조정의 무신 가운데 으뜸)이라고 칭하며, '양근襄勤'이라는 시호를 내렸다.

니, 짐이 자다가 꿈을 꿀 때도 이렇게 허황된 경우란 없었다. 실로 개나 이리가 울부짖는 소리와 같으니, 어찌 더불어 변론할 가치가 있었겠는가! [하지만] 얼마 지나 다시 생각해보니, 역적이 말한 것에 대해 짐의 심중에 조금이라도 부끄러움이 있을 때에만, 회피하고 감내하면서 그런 일을 은밀히 덮어두는 것이 합당했다. 지금 전혀 터무니없는 얘기가 짐에게 가해지고 있으나, 짐의 마음은 상천에 대질해도 좋고, 황고皇考(선친)에 대질해도 좋으며, 천하의 억만 신민에게 모조리 알려도 좋은 것이다.

그런데 역적이 대담하게 멋대로 비방하는 까닭은 필시 그 외에 대단히 간악한 무리가 있어 뜬소문[流言]을 날조해 대중의 마음과 귀를 동요시키고 미혹시키기 때문이다. 만일 그 역적이 말한 바에 관해 밝은 눈으로 담대하게 드러내어 공포하지 않는다면, 이매망량魑魅魍魎[33]이 공공연히 광천화일光天化日[34] 아래에서 미쳐 날뛰지 않겠는가?

예를 들어 역서逆書[35]에서는 짐에게 아버지를 모해謀害했다는 누명을 씌우고 있다. 짐은 어려서부터 황고의 자애와 교육을 받았고, 40여 년 동안 아버지의 뜻을 봉양하여 기뻐하시도록 모셨으며, 정성과 공경을 지극히 하여 여러 차례 황고의 은유恩諭를 입었으니, 여러 형제들 중 유독 짐에게 효성孝誠스럽다 하셨다. 이는 짐의 형제는 물론이고 대소大小 신료와 관리들이 모두 알고 있는 사실이다. 짐은 번왕藩王 시절에 황고의

● ● ●

33. '이매'는 산속에 사는 요괴, '망량'은 수중에 사는 괴물이다. '이매망량'은 전설 속의 귀신이나 요괴를 가리키는데, 후대에는 각양각색의 불한당을 가리키는 데에 사용되었다.

34. '광천'은 말 그대로 맑고 밝게 빛나는 하늘을, '화일'은 태양의 빛, 대낮을 가리킨다. '광천화일'은 태평성대를 형용하는 의미로 쓰이거나, 백주대낮이나 대명천지란 표현처럼 대중이 모인 공개적인 장소 혹은 맑고 밝게 빛나는 장소, 사람들이 모두 분명하게 볼 수 있는 때나 상황을 의미하는 데 사용된다.

35. '역서'는 단독으로 쓰일 때, 거의 대부분 증정이 장희를 통해 악종기에게 보내 역모를 부추긴 서신을 말한다. 즉, 반역의 서신, 역모 편지라 하겠다. 예외적인 부분은 증정을 심문하는 과정에서 '逆書『知新錄』'의 형태로 증정의 저작 『知新錄』을 지칭하는 데 쓰인 것이다.

은총과 보호에 의탁해 편안하고 부유하였으며 존귀하고 영예로웠음에도, 도리에 순응하며 직분을 지켜서 한 사람과도 사사로이 교제하지 않았고 어떤 사건에도 연루되지 않았다. 안부를 여쭙고 음식을 살피는 일[問安視膳]36 외에는, 명예를 탐하고 망령되이 기대하는 마음이 조금도 없었다. 이 또한 짐의 형제와 대소 신료 및 관리들 모두가 알고 있는 것이다.

강희 61년 11월 동지冬至가 되기 전까지, 짐은 황고의 명을 받들어 남교南郊에 대신 제사 지냈는데, 이때 황고의 성궁聖躬37이 편치 않으셔서, 창춘원暢春園에서 정섭靜攝38하셨다. 짐이 곁에서 모실 것을 청하였지만, 황고께서 남교에서의 중대한 전례典禮를 따라서 재소齋所39에서 경건하고 성실히 재계해야만 한다 하시어, 짐은 명을 따라 재소에서 치재致齋40하였다. 13일이 지나서, 황고께서 재소에 있는 짐을 불러들이셨는데, 짐이 창춘원에 도착하기 전에, 황고께서는 성친왕誠親王 윤지允祉41·순친왕淳親王

● ● ●

36. '문안시선'은 『예기禮記』 「문왕세자文王世子」에 실린 고사에서 연유한 말이다. 대략 소개하자면 다음과 같은 내용이다: "문왕이 세자가 되어서 [부친] 왕계를 하루에 세 번 알현하였다. 닭이 처음 울면 의복을 차려입고 침문 밖에 이르러 당직을 서는 내수內豎에게 '오늘 안부가 어떠하신가'라고 물었다. 내수가 '편안하십니다'라는 대답을 듣고서야 문왕은 기뻐하였다. (…) 식사를 올릴 때에는 음식의 차고 더운 정도를 반드시 살펴보았고, 식사를 치울 때는 음식이 괜찮으신지 여쭈었다."(文王之爲世子, 朝於王季日三, 雞初鳴而衣服, 至於寢門外, 問內豎之御者曰: '今日安否何如?' 內豎曰: '安.' 文王乃喜. 及日中又至, 亦如之. (…) 食上, 必在視寒暖之節, 食下, 問所膳.) 본래 부모의 안부를 묻고 식사를 올리는 것을 가리켰는데, 이후 '문안시선'은 자녀가 부모를 봉양하는 효도의 예법 일반을 가리키게 되었다.

37. 신하가 군주의 신체를 부를 때의 존칭. 황제를 가리키기도 함.

38. 몸과 마음을 휴양하는 일.

39. 제사 전 재계하고 예를 익히는 장소.

40. 통상 제사 지낼 때, 상순 기일에 제사를 지내고자 한다면 전달 하순 기일에 점을 친다. 점을 친 날부터 3일 동안 산재散齋를 하고, 7일 동안 치재致齋를 한 후, 11일째 되는 날에 제사를 지낸다. '산재'는 제사 전 몸가짐을 조심하는 것으로 바깥으로 드러나는 행동을 경계하는 과정을 뜻한다. '치재'는 제사 전 마음을 집중해 정결히 하는 과정으로 제사 대상에 대한 생각에 정신을 집중함으로써 실제 제사 지낼 때에 제사 대상을 볼 수 있게 하는 것이다.

윤우允祐[42]·아기나阿其那[43]·새사흑塞思黑[44]·윤아允䄉[45]·공公인 윤도允祹[46]·이친왕怡親王 윤상允祥[47]과 이번원理藩院[48] 상서尙書를 역임했던 융과다隆科多[49] 등에

● ● ●

41. 강희제의 세째 아들(1677~1732). 영비榮妃 마가씨馬佳氏 소생. 원래 황권에는 별다른 관심이 없고, 단지 『고금도서집성古今圖書集成』을 편찬을 주관했다. 옹정제 즉위 후 '원래부터 황태자와 친했다'는 이유로 강희의 능인 경릉景陵을 지키라는 명을 받았다. 이에 대한 불만을 토로한 것이 옹정의 귀에 들어가서 군왕으로 작위가 격하되었다. 옹정 10년, 사망하자 복권되었다.

42. 강희제의 일곱째 아들.

43. 강희제의 여덟째 아들, 염친왕廉親王이었던 윤사允禩(1681~1726)이다. 양비良妃 위씨衛氏 소생이다. 강희제의 아들 중 가장 능력이 뛰어났다고 평해지기도 한다. 황태자였던 둘째 윤잉이 폐위된 이후 노골적으로 황권을 노리다, 강희제의 노여움을 샀다. 1726년 역모에 연루되어 평민으로 강등되었고, 아기나(아키나) — 개 또는 얼음 속에서 얼어 죽은 물고기를 뜻하는 만주어 — 라는 이름을 받았다. 1726년 정체불명의 병으로 사망했다. 사람들은 그가 독살당했다고 믿었다.

44. 사스헤. 돼지를 뜻하는 만주어로, 역모에 연루되어 평민으로 강등당한 뒤 받은 이름이다. 강희제의 아홉째 아들, 혁군왕奕郡王이었던 윤당允禟(1683~1726)이다. 의비宜妃 곽락라씨郭絡羅氏 소생으로, 후계자 경쟁에서 윤사를 지지하는 8황자당의 핵심이었다. 여덟째와 함께 역모에 연루되어 평민으로 강등되었다. 북경의 동남쪽으로 몇 리 떨어진 도시에 유폐되었다. 그는 그곳에서 손발이 쇠사슬에 묶인 채 질식할 듯이 답답한 벽돌 상자 같은 오두막 안에서 벽 위의 도르래로 내려 보내주는 음식과 물을 받아 먹으며 연명하다 이질로 인한 고열로 사망했다.

45. 강희제의 열째 아들, 돈군왕敦郡王 윤아允䄉(1683~1731)로 온희귀비溫喜貴妃 유호록씨鈕祜錄氏 소생이다. 여덟째 윤사允禩(아기나)의 모반에 연루되었다가, 작위를 박탈당하고 구금당했다. 건륭제 2년 석방되어 보국공輔國公에 봉해졌다.

46. 강희제의 열두째 아들.

47. 이친왕 윤상(1686~1730)은 강희제의 열셋째 아들. 경민황귀비敬敏皇貴妃 장가씨章佳氏 소생으로 어렸을 때부터 형제들로부터 따돌림을 당했다고 전해지나, 넷째 황자였던 윤진(옹정제)과는 돈독한 관계였다. 황자 시절 옹정제가 되는 윤진과 함께 호부의 일을 담당하여 국채 환수에 기여했고, 옹정제의 즉위를 도왔다고 알려져 있다. 옹정제 즉위 이후, 가장 존중받았던 형제였고, 그의 후손은 여원히 작위가 세습되는 '철모자왕'으로 대대로 권세를 누렸다.

48. 현재 중국의 국가민족사무위원회国家民族事务委员会(중국 내 소수민족 권익 보호를 목적으로 하는 국가위원회)에 상응하는 관료기구다. 청나라 2대 황제인 숭덕제崇德帝 원년 몽고아문蒙古衙門을 설치하였는데, 이후 이번원理藩院으로 바꾸고 禮部에 배속된다. 원래 몽고만을 관리하는 기구였다가 청 왕조가 전국 정권을 확립하게 되면서 서장, 신강 등의 소수민족

게 어탑御榻[50] 앞에 모이도록 명하고, "황사자皇四子는 인품이 고귀하고 존엄하여, 짐 자신과 매우 닮았으니 틀림없이 능히 대통大統을 계승할 만하다"라고 어명을 내리셔서, 짐에게 계승하여 황제로 즉위시킨다는 뜻을 드러내셨다. 이때 항친왕恒親王 윤기允祺[51]만이, 동지에 효동릉孝東陵[52]에 가서 제례를 행할 것을 명 받았기 때문에, 경사京師에 없었고, 장친왕莊親王 윤록允祿[53]·과친왕果親王 윤례允禮[54]·패륵貝勒[55] 윤우允禑[56]·패자貝子[57] 윤위允禕[58]는 모두 침궁寢宮, 군주의 궁실 밖에서 시중을 들고 있었다.

● ● ●

지역에 관련된 사무를 총괄하는 중앙기구로 정립된다.

49. 융과다(?~1728)는 만주양황기滿洲鑲黃旗 출신으로, 동가씨佟佳氏 일족이다. 그의 아버지 동국유佟國維는 강희제의 생모인 효강장황후孝康章皇后의 동생이며, 그는 강희제의 부인 효의인왕후孝懿仁皇后의 동생이기도 하다(동국유와 효강장황후는 모두 동국강佟國綱의 동생인데, 동국강의 장자인 악륜대鄂倫岱와는 사촌 간으로, 악륜대는 8황자의 측근이었다). 강희제 만년 황자들 사이의 복잡한 권력 암투 과정 중에서 4황자였던 옹정의 측근으로 특별한 위치를 차지했던 인물로, 연갱요와 함께 옹정제의 즉위에 큰 역할을 했다. 옹정제의 즉위와 함께 대학사大學士 마제馬齊와 함께 사무를 총괄했고, 이부상서吏部尚書에 올랐으며, 청 왕조에서 거의 유일하게 황제(옹정제)에게 공개적으로 '舅舅'(구구, 모친의 형제에 대한 칭호)로 칭해졌다. 얼마간 대단한 권세를 누렸지만, 연갱요와 함께 숙청당한다. 1728년 구금 상태에서 죽는다.
50. 군주가 앉거나 눕는 가구.
51. 강희제의 다섯째 아들.
52. 청의 3대 황제 순치제順治帝의 두 번째 황후였던 孝惠章皇后의 릉이다. 하북성河北省 준화현遵化縣 서북쪽의 창서산昌瑞山에 있다.
53. 강희제의 열여섯째 아들.
54. 강희제의 열일곱째 아들(1697~1738). 황권 다툼에서 옹정제 편에 섰다. 옹정제에게 13째 이친왕 윤상 다음으로 총애를 받았던 형제다. 서법書法과 시사詩詞에 능했다. 저서로 『춘화당집春和堂集』, 『봉사기행시집奉使紀行詩集』 등이 있다.
55. 만주어 beile의 음역이다. 본래 부락의 우두머리라는 뜻으로, 청대 만주와 몽고 출신 귀족의 작위 명칭으로 쓰였다. 종실 작위의 다섯 번째 등급이다. 작위 등급은 친왕親王·군왕郡王·패륵·패자貝子·진국공鎭國公·보국공輔國公의 순서이다.
56. 강희제의 열다섯째 아들.
57. 만주어 beise의 음역으로, 초기 만주족 사회에서 '천생天生'의 귀족을 뜻했다.
58. 강희제의 스무째 아들.

짐이 황급히 도착하여 안부를 여쭙자, 황고께서 병증이 날로 심해지는 사정을 알려주시니, 짐은 눈물을 머금고 위로해드렸다. 그날 밤 무시戌時에 용어상빈龍馭上賓[59]하시니, 짐은 애통히 목놓아 울었고 실로 살고 싶지 않았다. 융과다가 곧 황고의 유조遺詔[60]를 전하였는데, 짐은 듣고서 놀랍고도 비통하여 땅바닥에 까무러쳤다. 성친왕 등이 짐을 향해 이마를 땅에 조아리고 절하면서 슬픔을 절제할 것을 권하였다. 짐은 비로소 억지로 일어나 대사大事를 처리할 수 있었다. 이것이 당일의 상황이니, 짐의 여러 형제들 및 궁인·내시 그리고 궁중[內廷]을 오고 갔던 대소 신료와 관리들이 함께 확인하고 보았던 바이다.

짐의 형제 가운데, 아기나·새사흑 등은 오랫동안 사악한 음모를 꾸미며 저위儲位(태자의 지위)를 바라왔었다. [황위를] 주고받을 때, 황고께서 짐에게 [왕업의] 위대한 토대[鴻基]를 맡기겠다고 한 유조를 이들이 직접 받들지 않았다면, 어찌 순순히 수긍하면서 한마디 말도 없이 짐 앞에서 머리를 조아리며 신하로 복종하였겠는가? 그런데도 역적은 뜬금없이 짐에게 아버지를 모해했다는 누명을 씌웠다. 이는 짐이, 사람들의 무고와 비방이 여기까지 이르리라 꿈에서도 생각지 못했던 일이었다.

또한 역서에서는 짐에게 어미를 핍박했다는 누명을 씌우고 있다. 삼가 생각건대, 모후母后의 성품이 인후仁厚하고 자상慈祥하였음은 궁중 노인이든 어린이든 모두가 잘 안다. 짐은 [모후로부터] 양육과 큰 은혜를 받았고, 40여 년 동안 효성을 다해 극진히 봉양하여, 모후의 기쁨을 듬뿍 받았으니, 짐이 정말 성심을 다해 잘 봉양한다고 하셨다. 그리하여 궁중의 여러 비빈妃嬪들도 모두 모후께서 이런 효순한 자식을 둔 것을 칭송하고 모후께 축하를 드렸다. 이는 현재 궁 안의 내인內人들이 다 아는 사실이다.

59. '용어'는 황제의 수레를 '상빈'은 천제天帝의 처소에 빈객이 됨을 뜻한다. 즉, 천자가 붕어한 것을 말한다. 황제黃帝가 용을 타고서 하늘에 올랐다는 고사에서 비롯된 말이다.
60. 황제의 임종시 발표하는 조서.

황고가 승하하시던 날, 모후께서 지극히 애통해하셔서 따라 죽을 마음을 품으시고는 먹지도 마시지도 않으셨다. 짐은 땅에 이마를 대고 통곡하면서 아뢰기를 "황고께서 대사를 충인沖人[61]에게 맡기셨는데, 지금 어머니께서 이처럼 마음먹으시면, 신臣이 다시 누구를 바라보고 의지할 수 있으며, 장차 어떻게 천하의 신민을 대하겠습니까. 저 또한 [어머니를] 뒤따를 수밖에 없습니다"라고 하였다. 거듭 애타게 간청하자, 모후께서 비로소 물과 미음을 입에 대시려 애쓰셨다. 이 이후로, 매일 밤 오경五更이 되면, 반드시 친히 소인전昭仁殿에 가서 내감內監에게 상세히 물어 모후께서 편안히 잠자리에 드신 것을 확인하고서야, 짐은 상을 치르는 자리로 돌아왔다.

짐은 즉위 이후, 조정의 일을 처리할 때에는, 매일 반드시 모후께 아뢰었는데, 모후께서는 정사政事에 관여하고 싶지 않다고 하셨다. 짐은 아뢰었다. "신은 정무에 대해 아직 능숙하지 못합니다. 지금 정사에 대해 아뢰는 까닭은 처리한 바가 합당치 못하다면 가르침을 얻을 수 있고, 제가 처리한 바가 합당하다면 어머니 마음을 위로해드릴 수 있기 때문이니, 결코 정사에 간여하시는 것은 아닙니다." 이후로 짐이 매번 정사에 관한 일을 아뢸 때마다 모후께서는 항상 기뻐하시며, 황고께서 [대업을] 적임자[得人][62]에게 맡길 수 있었으니, 너를 낳은 것이 헛되지 않았다라고 하셨으니, [짐은] 어머니의 가르침에 힘쓰며 태만하지 않았다.

모후께서는 평소 담질痰疾을 앓으셨던 데다, 황고의 대사로 인해 비통함이 가슴에 응어리져서, 계묘癸卯년 5월에 지병이 도지게 되었다. 짐은 탕약 시중을 들면서 쾌유하시기를 바랐다. 끝내 병세가 위중해지리라 생각지 못했다. 짐은 본래 더위를 타는 질병을 갖고 있었는데, 애통함에

---

61. '沖'은 어리다는 뜻이다. '충인'은 어린 사람이라는 말로 제왕이 스스로를 자칭하는 겸사로 사용되었다.

62. '적임자'로 번역한 '得人'은 덕과 재능을 겸비한 인물을 가리키거나, 인재 등용에서 정당함을 얻었음을 뜻하는 말이다.

가슴을 치고 발을 구르다, 수차례에 걸쳐 혼절했다. 수개월 사이에 대사를 두 번이나 겪다 보니, 오장이 손상되어 거의 몸을 지탱할 수 없었던 것이다. 이는 궁정 사람들이 모두 알고 있는 사실이다.

짐은 황고와 모후의 대사를 치르면서, 33개월을 하루처럼 소복을 입고 재계하면서 별도의 장소에서 거처하였다. 제사에 관한 중요한 전례와 정무를 처리하는 일을 제하면, 거주하는 곳이 다섯 칸을 넘지 않았고, 음악을 듣지 않았고 유람하지 않으면서 삼 년간의 양음諒陰[63]의 예禮를 진실로 극진하게 하였다. 이 사실 또한 내외의 신하와 관리들 모두가 알고 있는 바이다.

현재 궁중에서 여러 모비母妃[64] 앞에서의 짐에 관해 말하자면, 예를 다해서 모시지 않음이 없기에, 지금 여러 모비 또한 짐의 대접에 대해 깊이 감동하고 있거늘, 모후께서는 나를 낳으셨는데 어머니를 그리워하는 짐의 마음에 어찌 일각一刻이라도 나태함이 있었겠는가? 더구나 짐은 천하를 가지고 효심을 다해 봉양하는데, 맛있는 음식을 빠뜨리며 자애로운 어머니께 인색하게 구는 일이 있었겠는가? 역적은 짐에게 어머니를 핍박했다는 누명을 씌웠는데, 이 또한 사람들의 무고와 비방이 여기까지 미칠 줄, 짐이 꿈에서조차 생각지 못했던 바이다.

또한 역서는 짐에게 형을 시해했다는 누명을 씌우고 있다. 과거 큰 형[65]은 잔인하고 포학했으며 방자하여, 암중에 요사스러운 술법으로 [둘

• • •

63. 거상居喪할 때 머무는 여막을 뜻한다. 여기서 파생되어 거상 과정 자체를 뜻하기도 하는데, 이 단어는 흔히 군주에게 사용된다. 『논어』에는 '諒陰', 『예기』에는 '諒闇', 『한서』「오행지」에는 '凉陰', 『상서대전』에는 '梁闇'으로 되어 있다. 정현鄭玄에 따르면 '諒'은 '梁' 즉 들보이고, '陰=闇'은 여막[廬]을 뜻한다.

64. 아버지 강희제의 비빈들.

65. 윤시允禔(1627~1735)를 말한다. 어머니는 혜비惠妃 납라씨納喇氏이다. 맏아들이기에 처음 강희제의 총애와 신임을 받았다. 강희제의 준가르 정벌 때, 그를 부장군에 임명했고, 태자 이외의 여러 황자 중 유일하게 왕작王爵의 직위였다. 애초 황태자였던 둘째를 저주했고, 둘째 윤잉이 연금되었을 때는 강희제에게 둘째를 죽이자고 건의했으며,

째형[66]을] 저주하면서 태자의 자리를 찬탈하고자 하였으며, 둘째형은 혼란昏亂하여 덕을 잃었다.

황고께서는 종묘사직을 위한 고려에서, 두 사람을 금고禁錮에 처하셨는데, 이때 주필朱筆로 유지諭旨를 내리시기를, "짐이 세상을 떠나거든 두 사람을 절대 남겨둬서는 안 된다"라고 하셨다. 이는 여러 왕과 대신을 널리 소집하여 특별히 내리신 유지로, 지금도 종인부宗人府[67]에 남아 있다. 짐이 즉위했을 때, 수족의 정[68]을 생각하자니 마음에서 진정 [황고의 명을] 따를 수 없었다.

다만 여러 동생 중 아기나 등은 속마음을 예측할 수 없는 데다, 당파를 결집하고는 걸핏하면 트집을 잡고 말썽을 일으켜서 인심을 선동하고 현혹했기 때문에, 짐은 이들 무리를 서서히 교화하고 개도하여 망령된 야심을 제거해 조용히 법을 지키도록 만들고자 하였다. 그렇게만 된다면, [이전 태자였던 둘째형을 구실로 반란을 도모할 수 있는 가능성이 사라져] 장래 둘째형을 금고에서 풀어줄 수 있고, 봉록과 은사를 후하게 내려 짐의 세외世外의 형제로 삼을 수 있기 때문이다. 이것이 짐의 평소 뜻이었다.

● ● ●

윤잉이 폐위되자 황태자 자리를 노리면서, 강희제의 노여움을 사 구금에 처해졌다. 황태자가 될 가망성이 없어지자 여덟째를 지지하였다.

66. 윤잉允礽(1647~1725)을 말한다. 인효황후仁孝皇后(孝誠仁皇后)인 혁사리씨赫舍里氏 소생이다. 인효황후 소생 동복 형인 승호承祜가 어린 나이에 죽어 실질적인 적장자였기에, 일찍이 황태자로 책봉되었다. 사실상 그가 중국 역사상에서 그리고 청 왕조에 있어 공개적인 책봉을 통해 황태자가 되었던 마지막 인물이다. 어려서부터 총명하고 학문을 좋아하여 문무를 겸비한 인재로 평가받았고, 강희제 35년(1696년) 강희제가 갈이단 정벌에 나섰을 때에는, 국정을 대리할 정도로 확실한 후계자였다. 그러나 도덕적 타락과 모반 혐의로 강희제 47년(1708년) 9월 함안궁咸安宮에 유폐되었고, 그해 11월 석방되었으며, 다음해 3월 황태자로 복귀했다. 그러나 강희제 51년(1712년) 다시 죄를 지어 폐출되어 함안궁에 유폐된다. 이후 수차례 그의 복위에 대한 건의가 있었으나, 강희제는 다시 그를 태자로 복위시키지 않았다.

67. 황실 종족宗族에 관련된 업무를 담당한 부서.

68. 手足之情: 형제간의 정.

몇 년 동안 때때로 사람을 보내어 의복과 음식 등의 용품을 주면서도 모든 경우에 그것을 어사御賜[69]라고 칭하지 못하게 하였는데, 군신의 예를 행하기를 바라지 않았기 때문이었다. 둘째형은 항상 묻기를 "이것은 황상이 내리신 것이 아닌가? 나는 감사를 표하면서 받아야 마땅하다"라고 하였는데도 내시內侍는 짐의 뜻을 따라 줄곧 그 출처를 말하지 않았다. 옹정 2년 겨울, 둘째형에게 병이 생기자, 짐은 함안궁咸安宮[70]을 수호하는 대신 등에게 명하여, 태의원太醫院에서 훌륭한 의원[良醫]을 몇 명 선발하고 둘째형이 알아서 의원을 선택해 진찰을 받을 수 있게 하라고 하였다. 둘째형은 평소에 의학의 이치에 밝아 직접 의술가와 논의해 처방과 약물을 결정했기 때문이다. 병세가 점차 위중해지자, 짐은 대신을 파견해 돌보도록 하였다. 둘째형은 짐의 깊은 은혜에 감동하여 눈물을 흘리면서 사의를 표하기를 "나는 본래 죄인인데도 천수를 누리고 죽음을 맞을 수 있는 것은 모두 황상께서 보전해주신 은혜 덕분이다"라고 하였다. 또한 그 아들 홍석弘晳에게는 "나는 황상의 깊은 은혜를 받았는데도 이번 생에서 보답해드리지 못하니, 너는 마땅히 몸과 마음을 다하여 내가 다 갚지 못한 뜻을 계승하도록 하라"라고 일렀다. 둘째형의 병이 더욱 위독해지자, 짐은 의위儀衛[71]를 채비시켜 오룡정五龍亭으로 거처를 옮기도록 명했다. 그들은 황여黃輿[72]를 보고 짐의 은혜에 감격하여 손을 이마에 대고는 불호佛號를 읊조렸다. 이상의 사정은 함안궁의 궁인宮人과 내감內監 백여 명이 함께 목도한 것이다.

병으로 작고한 후, 친왕親王으로 추봉追封하고 일체의 예의禮儀를 격상시

69. 황제가 내리는 하사품.
70. 둘째형인 윤잉이 금고되어 있던 곳이다.
71. 의식을 장엄하게 하기 위해 의식을 행할 때 대열에 참여하는 호위병.
72. 군주가 타는 높고 커다란 수레이다. 왕조 혹은 군주를 가리키기도 한다. 이 문맥에서는 둘째 형의 병이 위독해지자, 옹정제가 수레를 보내 오룡정으로 옮길 수 있도록 도와준 것을 말한다.

켜주었으며, 게다가 친히 빈소에 가서 곡을 하면서 비통함을 표했다. 장례를 치르는 비용에 대해서는, 고탕庫帑[73]을 사용하여 모든 것을 넉넉하고 후하게 하였으며, 대신 등에게 마음을 다해 상사喪事를 처리하도록 명하였다. 둘째형의 두 자식을 왕공王公의 작위에 봉하였고, 하사품을 특별히 더하여주었다. 지금 역적은 짐에게 형을 시해했다는 누명을 씌우니, 사람들의 무고와 비방이 여기까지 이르리라고는 짐이 꿈에서도 생각지 못했던 일이었다.

또한, 역적은 짐에게 동생을 죽였다는 누명을 씌웠다. 당시 아기나는 둘째형이 죄를 지어 [태자의 지위에서] 폐출廢黜되자, 망령되이 분수에 맞지 않는 것을 희구하여 화심禍心을 품고는 새사흑·윤아·윤제允禵[74]와 죽음을 함께 하는 당파[死黨]을 결성하였는데, 아기나는 음험하고 궤휼詭譎하여 실로 죄인들의 괴수였으며, 새사흑은 교사狡詐하고 간완奸頑하니 또한 그에 못지않았다.

윤제는 광패狂悖하고 호도糊塗했고, 윤아는 비오卑汚하고 용악庸惡해서 모두 그 둘에게 농락당하여, 단단히 묶여 벗어날 수 없는 지경에 이르고 말았다. 이에 비류들과 교제하고 인심을 현혹하니, 위험한 짓을 하면서 요행을 바라는 무리들이 모두 기꺼이 쓰임을 받고자 하여, 사사로이 서로를 추대하며 끝내 군신의 대의를 망각함으로써, 황고의 우분憂憤과 진노震怒를 자초하였다. 성궁이 당시 편찮으셨는데, 아기나를 준엄하게

73. 관청의 곳간에 저장한 재물, 국고의 비용.

74. 강희제의 열넷째 아들인 순군왕恂郡王 윤제. 효공인황후孝恭仁皇后 소생으로 옹정제와 동복형제이나, 제위 승계 다툼에서 옹정제와 대립했던 것이다. 서정대장군으로 출정하였다가 강희제 사망 후 북경으로 돌아오려 했지만 옹정제는 그를 북경성 안으로 들어오지 못하도록 하였다. 이후 준화에 머물며 강희제의 무덤을 지키도록 명하였고, 나중에는 패륵으로 작위를 격하시키고 연금하였다. 건륭제 즉위 후에야 비로소 석방되어 중용된다. 강희제에게 총애를 받은 아들 중 하나이기에, 원래 윤제에게 돌아갈 황제의 자리였지만 윤진이 강희제의 유조遺詔(유언장)를 고쳐서 빼앗았다는 헛소문도 있었다. 윤진이 융과다와 결탁해 '傳位十四皇子'를 '傳位于四皇子'로 고쳤다는 것이다.

질책하시며 "부자간의 정은 이미 끊어졌다"는 뜻을 밝히셨다. 그밖에 격노에 찬 말씀은 모두 신자臣子로서 차마 들을 수 없는 것이었다. 군부君父[75]께서 고령이신데다 근심이 응어리졌기 때문에, 짐은 온갖 방법으로 그들에 대해 중재하고 해명하면서 성심聖心을 위로해 풀어드렸다. 그런 일은 일일이 열거할 수 없을 정도이다.

황고께서 승하하시던 날 짐이 애통해하고 있을 때에는, 새사흑이 불쑥 짐 앞에 와서 다리를 벌리고 마주 앉아 오만무례하였으니, 그 의도를 도무지 헤아릴 수 없었다. 만약 짐이 진정하고 참지 않았다면, 틀림없이 격렬한 분란이 생겼을 것이다.

짐이 즉위한 이후, 그들의 죄악을 모두 너그러이 용서했고 때때로 교도하고 훈계하여 그들이 이전의 과실을 뉘우치고 고치기를 바랐다. 또한, 특별한 은혜를 더해주며 아기나를 친왕親王에 봉하였고 국정을 보좌하도록 하면서 중용하였다.[76] 대체로 그들은 평상시 아기나를 추종해 왔기 때문에, 아기나가 감회憾悔의 마음을 지니게 되면 여러 소인들은 자연히 해산되었을 것이다.

아기나의 역의逆意가 확고해지고, 이루지 못한 평소의 대망大望으로 인해 분노와 원한이 더욱 심해질 것이라 어찌 짐작했겠는가? 그뿐만 아니라 이전의 행실과 황고께 죄를 지었던 일이 절대로 사면될 수 없는 것이라는 이치를 스스로 잘 알고 있었기 때문에, 악독하고 잔인한 마음을 품고 멋대로 난폭한 행위를 하면서 국정을 어지럽히고 기강을 뒤엎었으며, 심지어는 대정大庭[77]의 여러 사람 앞에서 짐과 종사宗社를 저주하였다. 이는

75. 군주의 자식의 그 부왕을 부를 때의 호칭.

76. 옹정제는 즉위하자, 여덟째 윤사允禩(아기나)를 화석겸친왕和碩廉親王으로 봉했고, 공부工部의 사무를 관장하면서 이리원理藩院 상서尙書를 겸하게 하였다. 옹정제 4년(1726년) 옹정제의 기반이 안정된 이후에야, 각종 이유로 왕의 작위를 박탈당하고 구금된다. 이때, '아기나'로 개명 당했다.

77. 궁중에서 대신들과 군주가 대면해 일상적 정무를 처리하던 조정(즉, 치조治朝) 앞에

조정의 신료들이 모두 보았던 일로, 머리칼이 곤두서지 않은 사람이 없었다.

이전에 짐이 새사흑을 서대동西大同[78]으로 파견한 까닭은, 그들의 당파를 해산시켜 한곳에 모여 있지 못하도록 한다면 그가 개과천선할 수 있지 않을까 하고 바랐기 때문이었다. 그가 악행을 고집하며 고치지 않은 채 과거와 마찬가지로 반란을 꾀하여, 외지에서 윤아에게 서신을 보내서 "기회를 놓치고 후회해도 소용없다"라는 등의 말을 공공연하게 늘어놓을 줄 어찌 알았겠는가? 또한, 그 [새사흑은] 자식과 교묘하게 격식을 짜고, 별도로 글자 모양을 만들어서는 경중京中(수도)의 소식을 보내도록 했고, [서신을] 노새를 모는 사람의 옷과 양말 안에 꿰매어 넣었다. 교활한 계책과 음모는 적국敵國의 첩자[奸細]보다도 악랄했던 것이다. 간민인 영호사의令狐士儀가 그의 처소로 보낸 편지는 모두 반역을 꾀하는 말이었는데도, 그는 그것을 숨겨주었다. 그 밖에도 법을 어긴 경우는 너무 많아서 이루 헤아릴 수 없다.

윤제는 타고난 성정이 오만하고 우매하였다. 아기나와 매우 친밀하여, 그의 지시를 따랐다. 과거 아기나가 동궁東宮[79]을 찬탈하려 했던 사안 때문에, 황고께서 아기나의 죄를 다스리고자 했던 적이 있다. 윤제와 새사흑이 황고 앞에서 [아기나를] 두둔하고 억지로 변호해, 황고의 노여움을 자극하자, [황고께서는] 손수 윤제를 죽이려 하셨다. 당시 항친왕 윤기가 [황고를] 부둥켜안고 설득하고서야 그치셨다. 황고께서 고령이셨는데도, 윤제의 우매하고 패역한 성미는, 경사京師에 머물게 놔두면 반드시 함부로 난을 일으켜 분란을 조장할 것이라는 점을 아시고, 나중에 서쪽 변경에서 전쟁이 일어나자 특별히 그를 파견해 앞장서 힘을 다하게 함으로써 그를 멀리하셨다. 그는 전장에서도 탐욕스럽고 음란하고 방종

• • •

뜰이 되는 공간이 '대정'이다.

78. 산서성山西省 북쪽 대동大同 분지盆地의 중심지이다.

79. 태자가 거주하는 궁, 태자를 가리킴.

하여, 갖가지 악한 행적을 남겼다. 짐이 즉위하게 되자, 교지를 내려 그를 [경사로] 돌아오게 하였다. 그가 짐 앞에서도 오만방자하게 예의와 직분을 어겼음에도, 짐은 모든 것을 용서해주고 변함없이 경릉景陵[80]에서 제사를 받들도록 명했다. 놀랍게도 간민 채회새蔡懷璽가 그의 집에 투서投書를 하여 대역大逆의 말을 지어냈는데, 윤제를 황제라 칭했고, 새사흑의 어머니를 태후라 칭했다. 윤제는 서신을 보고서도, 대역의 말을 잘라낸 뒤 서신을 은닉했고, 그 사건을 관장하는 총병總兵[81]에게는 "이는 반역사건이 아니니, 적당히 끝맺는 것이 좋겠다"고 말했다. 이러했으니, 반란을 꾀했던 그 마음을 언제 회개했겠는가!

윤아는 지각없고 부끄러움을 몰랐다. 우매하고 범용한 데다 탐욕스럽고 비열했다. 그는 사당邪黨에 의존했기에 경사에 머물러 있는 것은 적합하지 않았다. 그래서 택복존단파호토극도澤卜尊丹巴胡土克圖, Jebtsundamba Khutughtu[82]에게 보내어 장가구張家口 이북 땅으로 나가게 하였다. 그는 장가구 밖에 이르자 병을 핑계로 가지 않으면서, 사사로이 양도禳禱[83]를 행하면서 고문告文[84]에 '옹정신군雍正新君'이라 연명聯名하여 [불태웠으니], [짐을] 원망하고 업신여긴 것이다. 여러 왕과 대신 등이 대불경大不敬[85]의 죄목으로 탄핵했지만, 짐은 모든 것에 대해 관용을 베풀었다. 다만, 구속 없이 외부에 놔두도록 처결한다면, 법령 시행을 불안정하게 만들 것임에 틀림없었다. 이 때문에 그를 금고함으로써 보호한 것이다. 그는 금고에 처해진

80. 청의 聖祖(강희제)의 능묘.
81. 청대 녹영綠營(한인漢人으로 이루어진 군대)의 고급 무관으로 제독提督의 통제를 받아, 각 성의 군무를 담당하였다.
82. 외몽골 지역 티베트 불교 겔룩파의 생불로 추앙받는 영적 지도자를 일컫는 명칭이다.
83. 신에게 제사하여 재앙을 쫓고 복을 구하는 것.
84. 제문祭文을 뜻한다. 제사나 영전이나 묘 앞에서 제사 지낼 때 애도와 복에 대해 기원을 표시하는 문장이다.
85. 황제에 대한 불경을 뜻하며, 전통적인 왕조체제 하에서 중죄의 항목 중 하나이다.

장소에서도 감히 요사한 사술로 저주를 행했다. 그를 따르는 태감을 검거해 신문을 가해보니 증거가 명백했다. 윤아 역시 고개를 숙이며 자인했고 한마디 변명조차 못 했다.

이전에 여러 왕과 대신이 아기나의 대죄大罪 40개 항목, 새사흑의 대죄 28개 항목, 윤제의 대죄 14개 항목을 나열하고, 아울러 윤아가 요사한 주술로 저주를 한 죄를 특별히 첨가하여, 그들을 처벌해 전형典刑[86]을 바로 세우고 국헌國憲[87]을 밝게 드러낼 것을 간청했었다. 짐은 거듭 주저하며, 실로 차마 형을 집행할 수 없었다. 잠시 아기나를 구금해 두고, 외성外省[88]의 봉강대신封疆大臣[89]에게 정황을 묻고 의견을 구하여, 그들이 회신한 상소를 기다린 다음에야, 최종 결정을 내리고자 하였다. 이에, 태감 몇 명으로 하여금 아기나가 시키는 바를 받들도록 명했고, 일체의 필요한 음식을 비롯해 그가 요구하는 바를 따르도록 명했던 것이다. 이때 아기나가 저승의 처단을 받게 될 줄은 몰랐다.[90] 새사흑은 서녕西寧에서 보정保定으로 이주시켜, 직예총독直隸總督[91] 이불李紱의 감시를 받도록 하였는데, 역시 저승의 처단을 받게 되었다. 황고께서는 지극히 성명聖明하고 지극히 자애로운 군부이셨지만, 아기나와 새사흑 등에 대해서는 이를 갈며 마음 아파하셨으니, 그들이 불충·불효의 죄를 짓고도 어찌 천벌[天譴]을 피할

86. 법에 따라 정해져 있는 형법, 즉 상형常刑을 뜻한다.
87. 국가의 법제와 예의禮儀를 뜻함.
88. 수도 이외의 지방의 각 성.
89. 총독總督과 순무巡撫 등 한 성의 업무를 관장하거나 군정의 대권을 쥐고 있는 신하를 말한다. 고대 분봉 제후와 유사하므로 이렇게 명명하였다.
90. '저승의 처단을 받다'는 원문의 '伏冥誅'를 번역한 것이다. '명주冥誅'란 陰間에서 처벌을 받는 것을 말하며, '陰間'은 민간 신앙에서 인간이 죽은 뒤 혼령이 이를 곳, 즉 저승을 뜻한다. 『大義覺迷錄』에서 아기나와 새사흑에 대해 언급할 때, 자주 등장하는 표현 가운데 하나다. 옹정제가 자기 형제를 직접 처형해 주살한 것이 아니라, 귀신이 알아서 잡아가서 그들의 흉악함에 천벌을 내렸다는 정도의 의미로 받아들이면 되겠다.
91. 청대 총독 가운데 가장 중요한 직위로, 산동·산서 및 하남의 3성을 관리하였다.

수 있었겠는가!

짐은 번저藩邸에 머무를 때부터,[92] 광명정대光明正大하고 공직무사公直無私했으니, 여러 형제의 재능과 식견은 실로 짐에 미치지 못하였다. 그들을 응대할 때, 짐은 공경恭敬과 예禮를 다했을 뿐만 아니라, 우위를 다투는 말은 한마디도 하지 않았고, 시기하거나 원한을 품는 일도 전혀 없었다. 만주의 신하들과 여러 왕의 문하 사람 가운데 모르는 이가 없다. 지금 대위大位에 올라, 흉중에 울분을 가지고 원한을 갚고 분풀이를 하려는 생각은 추호도 없다.

다만, 짐은 열조列祖[93]와 황고의 기업基業[94]을 계승하여 책임이 막중하니, 종묘사직의 대계大計에 관련되고 인심과 세도에 대해 깊은 근심이 되는 일이 있을 때, 짐이 자잘하게 제 한 몸의 혐의를 피하고자 소불인小不忍[95]한 견해를 지닌다면, 열조와 황고께 짐이 죄를 짓는 바가 클 것이다. 고대인은 대의멸친大義滅親[96]하였으니, 주공周公이 관숙管叔과 채숙蔡叔을 주살했던 근거였다.[97] [아기나와 새사흑] 두 사람이 죽지 않았다면, 그다음에라도

• • •

92. 번저는 번왕藩王의 저택을 뜻한다. '번저에 머무를 때'란 말은 황위의 계승자로 공인되지 못했고, 그럴 가능성도 불확실했던 "번왕이었던 시절"을 뜻한다.

93. 청의 역대 황제.

94. 토대가 되는 사업. 국가 정권을 뜻함.

95. 『논어』「위령공衛靈公」의 "교묘한 말은 덕을 망치고, 작은 것을 이겨내지 못하면 큰 계책을 망친다巧言亂德, 小不忍則亂大謀"는 말에서 유래한다. 주희는 『사서집주』에서 '小不忍'의 예로 아녀자의 애정과 필부의 용맹을 들고 있다. 주관적이고 사사로운 감정에 집착해 보편적 대의를 망각하는 것이 '小不忍'이다.

96. 『춘추좌전春秋左傳』「隱公 4년」에 나오는 성어이다. 『춘추좌전』에서는 춘추시대 위衛나라 대부大夫 석작이, 자신의 아들 석후가 공자公子 주우州吁와 결탁해 환공을 시해하는 모반에 가담하자 자식을 죽였던 상황을 '대의멸친'이라 표현했다. 친속에 대한 사사로운 정에 얽매이지 않는, 공정과 대의에 입각한 판단과 행위를 가리킨다. 물론 이 말은 주공이 관숙과 채숙을 정벌했던 이후의 사건에 관한 것이나, 반역한 친족을 처단한 주공의 행위 역시도 대의멸친의 원칙을 드러낸 것으로 해석한 것이다.

97. 관숙과 채숙은 모두 周나라 무왕武王의 동생이다. 무왕이 죽은 후, 형제인 주공周公이 섭정이 되자, 관숙과 채숙은 같은 형제인 곽숙霍叔 및 상商의 유민을 이끌던 무경武庚과

전형을 분명하게 바로잡아야만 했을 일이었다. 다만 두 사람의 죽음이 참으로 저승의 처단이라는 것은 여러 사람들이 다 알고 함께 보았던 바이다. 짐이 처벌해 죽인 것이 아니다.

짐이 공도公道에 따라 법을 집행하고 간악한 자를 뿌리 뽑아야 한다는 점에서 보자면, 본래 두 사람을 처벌해 죽이는 것은 꺼릴 만한 일이 아니었다. 만약 짐의 마음에서 이를 꺼림칙하다고 여겼다면, 수년 안에 몰래 독약을 내리거나 사람을 보내 해침으로써, 언제 어디서든지 그 목숨을 빼앗을 수 있었으리라. 구태여 내외의 신하들에게 의견을 구하고, 다수의 의견이 일치하는데도 짐의 마음에서 계속 처결을 미루면서, 그들로 하여금 머리를 보존한 채 죽을 수 있게 할 필요가 있었겠는가!

윤아, 윤제가 장래에 어떤 귀결을 맺을지에 대해서는, 본인들이 자초한 바를 살펴야 하리라. 짐 역시 미리 결정할 수 없으며, 눈앞에 두 사람은 살아 있다. 짐의 형제가 여럿인데, 아기나 등은 당파를 만들 때, 천성[秉性]이 총명하고 조금이라도 담력과 식견이 있는 형제라면, 온갖 계략으로 농락하여 그 비당匪黨[98]에 가입시켰으며, 어리석고 나약하며 무능한 형제에 대해서는 협박하거나 유혹하여 성세聲勢에 의존하게 했다. 이 때문에 여러 형제 중, 미혹되어 깨닫지 못한 채, 그들의 술수에 떨어진 이들이 많았다. 짐이 즉위한 이후에도 딴마음을 품고 있는 자가 적지 않았지만, 짐은 이들 모두를 내버려 둔 채 문제 삼지 않았다. 평소 짐의 바람은 처음부터 그들의 완고함을 교화하고 개도하여, 함께 선으로 돌아가고자 하는 것이었다. 조정에서는 함께 군신의 도의道義를 지킬 수 있게 하고, 궁정宮廷 안에서는 짐에게 형제로서의 정을 느끼게 해주었다면, 짐에게는 아무런 부족함도 없었으리니, 어찌 지극한 바람이 아니었겠는가! 유감스

● ● ●

합세해 반란을 일으켰다.

98. 재물의 강탈이나 반란을 일삼거나 치안을 파괴하는 무리.

럽게도 그들이 악행으로 일관한 바가 절정에 이르러 상천과 황고께 죄를 지었고, 스스로 저승의 처단을 재촉하는 지경에 이르렀기에, 짐의 처음의 일념을 이룰 수 없었다. 이것은 짐의 큰 불행이니 천하의 신서臣庶(신민臣民)는 짐의 위국爲國·위민爲民을 향한 고심苦心을 함께 헤아려주어야만 하리라. 지금 역적은 도리어 짐에게 동생을 살해했다는 누명을 씌우는데, 바로 이 일에 대해서는 천하와 후세에 자연히 공론이 있으리니, 짐은 변명치 않을 것이며 [이런 무고를] 받아들이지도 않겠다.

역서에서는 짐이 재물을 탐한다고 한다. 짐은 황고께서 60여 년 동안 일군 태평太平의 기업을 계승했으니, 부는 사해四海를 소유하며 부고府庫[99]는 풍족하다. 이 때문에 몇 년에 걸쳐 크게 은택을 베풀어, 바닷가의 여서黎庶까지도 균평하게 은혜를 입도록 하였다. 예를 들어, 각 성이 과거에 빚졌던 전량錢糧에 대해 거의 천만 냥을 면제해주었다. 강남江南·강서江西·절강浙江의 부량浮糧[100]에 대해서는 매년 정해진 부세賦稅에서 육십여만 냥을 감면해주었다. 지방의 가뭄이나 수해에 관한 소식을 듣게 되면, 재빨리 유지諭旨를 내려 국고를 동원하고 관리를 파견해 다방면으로 진휼賑恤하였으며, 재난으로 인한 손실을 검토한 이후, 비율에 따라 [부세를] 면제하거나 특별히 전액 면제해주었다. 올해에는 다시 유지를 내려, 재해를 당한 곳에 감면 비율을 6/10에서 7/10까지 더해주었다. 남북을 잇는 황하黃河와 운하에 대한 하천공사와 제방공사, 수리水利사업, 논에 대한 개척과 파종, 아울러 각 성의 건축공사, 군수軍需 물자 마련, 은사恩賜·상뢰賞賚 등에 이르기까지, 소요되는 비용만 수백만 냥인데, 모두 국고의 재정으로 지출하도록 명하여 조금도 백성을 수탈하지 못하도록 하였다. 정해진 액수에 따라 부세를 징수하고, 황궁의 부고 재정으로 [부세를] 감면해주거나 [여러 사업에]

● ● ●

99. 국가의 재물과 무기 등을 저장해 두는 장소.

100. 정해진 액수 이외의 전錢·량糧으로 걷는 세금. 여기서는 돈으로도 곡식으로도 납부하는 전부田賦(토지에 부과하는 조세)를 뜻함.

지급해주는 바가 이처럼 많아, 추호의 인색함도 없는데, 짐이 재물을 탐한다고 말하면 이치에 맞겠는가!

단지 종전대로 탐관오리가 국가를 좀먹고 인민에게 화를 미칠 때 엄중한 법령에 따라 처단하는 것만으로는 역시 그 죄에 대한 심판으로 부족했다. 다만 교화하지 않고 죽이는 짓은, 짐의 마음에서 차마 실행할 수 없는 것이었다. 따라서 죽어 마땅한 죄를 너그러이 용서해준 것은 호탕浩蕩한 은혜에 해당하는 것이었지만, 만약 무분별한 탐욕으로 가로챈 재물로 본인과 가정을 살찌우고 자손을 기르는 것까지도 용인해준다면, 국법이 어찌 존재하겠으며 인심에 어떻게 경계를 보이겠는가? 더구나 법을 범한 사람에 대해서는 본래 가산을 몰수하는 관례가 존재한다. 이에 따라 매우 탐욕스럽고 극히 가혹한 관원을 관례에 비추어 가산을 몰수함으로써 헌전憲典을 드러내어 탐오貪汚를 징계했다. 아울러 이후 관직을 맡는 자들로 하여금 횡령하여 착복한 재물은 가질 수 없으며 무익하고 해로울 뿐이라는 점을 깨닫게 하여, 감히 과거의 행적을 반복하지 말고 청렴한 관리가 되는 데 힘쓰게 했던 것이다. 이것이 짐이 백성을 평안하게 하고, 관리의 기풍을 가지런히 바로잡았던 마음이었다. 지금 재물을 탐한다는 무고를 받고 있다. 짐은 수천 수백만 냥의 국고의 돈에 대해서도 [백성을 위해 사용하는 데에] 미련이 없는데 되레 이런 보잘것없는 장물贓物을 탐했겠는가?

소속 관원이 전량錢糧[101]에서 결손을 내는 경우, 책임을 물어 상사上司에게 일부분을 배상하도록 명한 까닭은 상사가 속리屬吏와 결탁하여 침식하는 폐단이나 서로 사정私情을 봐주며 두둔하는 풍조가 있기 때문이다. 만약 그의 책임[責成]을 엄중하게 추궁하지 않는다면, 상사는 속리를 감독하는 도리를 다하려 하지 않을 것이고, [공금을] 강탈하고 도적질하는 악습을

101. 전부田賦, 즉 조세로 거두어들인 것.

막을 방법이 없게 된다. 이 때문에 이런 징계에 관련된 법을 세워, 경계하고 삼가게 하였다. 장래에 상관 모두가 속리를 잘 감독하여 하급 관리들이 봉공奉公을 깨닫기를 기다리는 것이, 짐이 본래 문제 해결을 위해 취한 방도였다. 만약 이를 가지고 재물을 탐하는 것이라 비방한다면, 이는 우물 안의 개구리와 같은 견해일 것이다. 어떻게 정치의 대체大體를 알겠는가!

역서에서는 짐이 살인을 좋아한다고 한다. 짐은 성품이 아주 자애로워, 단 한 사람이라도 멋대로 처벌하려 들지 않았을 뿐만 아니라, 걸어갈 때도 초목이나 작은 미물을 밟아 해치려 들지 않았다.

즉위 이래, 시시각각 상형祥刑[102]을 염두에 두었다. 각 성의 원서爰書[103] 및 법사法司[104]에서 죄상을 판정한 문건을, 짐은 두세 번에 걸쳐 반복해 열람하였다. 중죄를 범한 사안을 볼 때마다 만약 살릴 수 있는 실낱같은 길을 찾게 되면 마음이 즐거웠고, 만약 조금이라도 의심할 만한 곳이 있다면 반드시 대신 등과 함께 실정을 상세히 규명하고 논의하여서 [재판이] 공평하고 합당하기를 기필했다. [즉위] 육 년 동안, 추심秋審[105]에서 네 차례 집행을 정지시켰고, 조정에서 완결緩決[106]을 심의하다가도

• • •

102. 형벌을 적절하게 사용하거나 신중하게 적용하는 방도.

103. 죄인의 죄상을 기록한 판결문.

104. 사법司法과 형옥刑獄(형벌)을 담당한 관청 혹은 그 관리.

105. 청나라 재판 제도 중 하나로 가을에 거행하므로, '추심'이라 명했다. 각 성에서 매년 4월 사형 판결을 받았지만, 아직 집행되지 않은 범인에 대해 다시 심의를 진행해, 정실情實(집행 대상), 완결緩決(사형집행 연기), 가긍可矜(감면 대상), 가의可疑(재판 재심사 대상), 유영留養(부모 봉양을 위한 사형 면제)으로 분류하여 형부刑部로 보낸다. 가을 8월이 되면 형부는 대리시大理寺(형옥을 담당하는 관서)·도찰원都察院(관리를 감찰, 탄핵하고 중대한 안건 심리에 참여하는 관서)과 회동하여 사형으로 판결된 안건에 대해 집중적으로 심사하고 의견을 제출하며, 최종적으로 황제에게 주청하여 최종 결정에 이른다. 그해 추심에서 사형집행을 면하게 되면 다음 해에 다시 추심을 하게 된다. 몇 번 집행을 면하게 되면 감형을 받는 것이 통례였다. 이후 세 개의 주요 형법기관에서 진행되던 심의는 구경九卿, 첨사詹事, 과도科道 등 관리의 공동 평의로 바뀌었다.

짐은 다시 교지를 내려, 그 죄의 실정을 검토해 조금이라도 가벼운 경우라면 불쌍히 여겨 사면해주도록 명했다. 법대로 사형에 처했거나 [심의를 통해] 원래의 판결대로 결정된 범인은 모두 대역·대악의 죄인으로 결코 법으로 용서할 수 없는 자들이었다.

천지의 도는 봄에 소생하고 가을에 쇠락해 떨어지며[春生秋殺], 요순의 정치는 형벌을 밝혀서 교화를 보완한다. 짐은 천하를 다스릴 때, 본래 아녀자 같은 애정[婦人之仁]을 근거로 삼척三尺의 법[107]을 느슨히 하기를 원치 않았다. 다만 죄가 의심스러울 때는 처벌을 가볍게 하는 쪽을 선택해야 하니,[108] 짐의 마음은 그 점을 삼가고 또 삼가면서 잠시라도 소홀하여 조금이라도 억울한 사정이 생기지 않을까에 대해서만 걱정했다. 중벽重辟[109]에 대해 그랬을 뿐만 아니라, 태장笞杖의 형벌 역시 무죄인 자에게 가해지기를 원치 않았기에, 매일 성실히 법사法司 및 각 성의 관리 등을 경계시킴으로써, [형을 심리해 실행할 때에] 신중히 삼가고 [죄인을] 불쌍히 여기며, [형의 처결은] 공평하고 합당할 것을 최우선으로 삼게 했다. 지금 역적은 짐이 살인을 좋아한다고 하는데, 그런 비방은 짐이 마음에 두고 정치를 행하는 방식과 얼마나 동떨어져 있는 것인가!

또한 역서는 짐이 과도하게 술을 마신다고 한다. 술상을 차리는 일은 성현聖賢께서도 폐지하지 않았다. 고대에 요는 천 잔, 순은 백 잔을 마셨다 하였고,[110] 『논어』에서는 공자를 "술을 마실 때 한도가 없었다惟酒無量"(「鄉

106. 사형집행을 연기한 대상. 앞의 주 105를 참고할 것.

107. 고대에 법률의 조문이 3척 길이의 죽간 위에 쓰여 있었기에, 법률을 보통 '三尺之法', '三尺法'이라 말한다.

108. 원문의 '罪疑惟輕'은 『서』 「대우모大禹謨」의 구절을 인용한 표현이다.

109. 극형, 사형에 해당하는 중죄를 뜻함.

110. 이 얘기의 출전은 『공총자孔叢子』 「儒服」의 '昔有遺諺, 堯舜千鐘, 孔子百觚. 子路嗑嗑, 尚飮百榼. 古之賢聖, 無不能飮也.'란 구절로, 원문의 '堯千鐘, 舜百榼'과는 다르다. '鐘', '榼'도 모두 술잔인데, 어떻든 인용이 다르지만 요점은 성왕도 주량이 엄청났고 음주를

黨」)고 하였다. 음주는 원래 성덕을 손상시키는 것이 아니니, 반드시 금기시해야 할 말[諱言]은 아니다. 다만 짐이 술을 즐기지 않음은 천성에서 비롯되었지 결코 억지로 마시지 않게 되었던 것은 아니다. 그런데 작년 제독提督 노진양路振揚이 경사에 와서 짐을 알현하였는데, 하루는 갑자기 아뢰기를, "신이 경사에 머문 지 꽤 오래되었습니다. 매일 조정에 나아가 뵈면서 천자의 용안을 우러러뵈었는데, 전혀 술을 마시지 않으시는 것 같습니다. 어찌하여 신이 외지에서 부임하고 있을 때, 황상께서 음주하신다는 얘기를 전해 들었던 것입니까?"라고 하였다. 짐은 노진양의 상주上奏로 인해, 비로소 바깥소문 중에 이렇게 근거 없는 얘기가 떠돈다는 것을 알고 웃어넘겼다. 술주정을 한다는 역적의 비방이 바로 이런 종류의 헛소문이다.

또한 역서에서 짐이 미색을 탐닉한다고 한다. 짐은 번왕 시절, 마음을 맑게 하고 욕망을 절제하였으며, 어려서부터의 성정性情이 색욕을 즐기지 않았다. 즉위 이후에도 궁인宮人[111]은 매우 적었다. 짐은 항상 천하사람 중에서 색을 밝히지 않는 데에 짐만 한 사람은 없다고 말해왔다. "원색遠色"이라는 두 글자에 있어, 짐은 진정 자신할 수 있으며, 여러 왕과 대신, 측근 시종들 또한 그 점을 모두 알고 있다. 지금 어이없이 색을 밝힌다고 비방하는데, 짐이 좋아하는 것이 무슨 색色이며, 짐에게 총애를 받는 자는 누구인지 모르겠다. 역적은 뜬소문을 날조하면서, 눈과 귀는 어디다 빠뜨리고 입이 가는 대로만 비웃고 헐뜯는 것인가!

또한, 역서는 짐이 의심을 품고 충신을 주살하였다고 한다. 짐은 사람을 대할 때, 어떤 일에서도 성의를 다해 공정함을 드러내지 않은 적이 없었고, 어떤 교제에서도 진심을 다하여 상대를 먼저 배려하지 않은 적이 없었다.

즐겨 하였다는 것으로 동일하다. 흔히 이 고사는 사람의 주량이 엄청나다는 것에 대한 비유로 사용된다.

111. 비빈과 궁녀의 통칭.

가슴 속에 하고 싶은 말이 있다면 반드시 모두 토로하고 나서야 통쾌하였기에, 남이 속일까 의심하거나 남이 나를 믿지 않을 것이라 억측하는 일이 없었다.[112] 대신을 대할 때에는, 진실로 [대신들이] 심장과 척추·팔과 다리가 되어 [짐과] 한 몸을 이룬다고 보고, 날마다 지성至誠으로 모든 신하와 관리를 가르치고 인도하였다. 지금 여러 신하 또한 모두가 짐의 마음속에 [그들을] 감복시켜 믿음을 얻으려는 뜻이 있다는 것 잘 알고 있다.

연갱요年羹堯[113]·악륜대鄂倫岱[114]·아이송아阿爾松阿[115]는 짐이 주륙한 자들이다. 연갱요는 황고와 짐의 큰 은혜를 입고서도 끝내 배반하여, 흉중에 법도를 벗어난 생각을 품고 반역叛逆을 꾀했다. 그의 탐욕스럽고 잔혹하며 광포하고 방자한 죄는 대신들이 적발해 고발한 92개 조목에 걸려 있으니, 국법에 따라 헤아리면 극형에 처해야 마땅했다. 그러나 짐은 오히려 그의 서장西藏과 청해青海에서의 공적을 고려해, 너그러이 자진을 명했던

● ● ●

112. 『논어』「憲問」의 "공자께서 말했다. 남이 나를 속일까 넘겨짚지 않고, 남이 나를 믿지 않을 것이라 억측하지 않는다子曰 不逆詐, 不億不信"는 말에서 유래한 표현이다.

113. 연갱요(1679~1726). 강희제와 옹정제 때의 문인. 한군양황기漢軍鑲黃旗 출신으로, 융과다와 함께 황자 시절부터 옹정제의 최측근의 역할을 하였다. 사천총독四川總督과 천섬총독川陝總督, 무원대장군撫遠大將軍 등을 역임했다. 서장西藏에서의 반란과 청해青海를 평정한 공을 세웠다. 옹정 2년(1724)에 入京하여 옹정제의 환대를 받았다. 당시 최고의 실세로 인식되었다. 그러나 옹정 3년, 황제 앞에서의 태도의 교만함, 부정 축재, 사사로이 붕당 결성 등, 92개 조목으로 탄핵되었다. 다음 해 1725년 12월 삭탈관작을 당하였고, 황명으로 자진하였다.

114. 악륜대(?~1726). 동가씨佟佳氏의 일족으로, 만주양황기滿洲鑲黃旗출신이다. 강희제의 생모 효강장황후孝康章皇后의 오빠인 동국강佟國綱의 큰아들이다. 강희제 때 갈이단 정벌과 서장 원정에 참여한 무관으로, 영시위대신領侍衛內大臣(황제 경호 책임자), 정람기한군도통正藍旗漢軍都統 등을 역임했다. '8황자당'의 핵심 인물로 옹정제의 정치적 적대자였다.

115. 아이송아(1692~1726). 만주양황기 출신으로, 뉴호록씨鈕祜祿氏 일족이다. 개국공신인 도액도額亦都의 증손, 보정대신輔政大臣 갈필융遏必隆, 내대신內大臣 아령아의 아들이다. 강희제 56년 영시위내대신領侍衛內大臣의 직위와 함께 火器營(화기를 다루는 군대)을 관장하는 일을 맡았고, 옹정 2년에는 형부상서刑部尚書를 제수받았다. 그러나 옹정 2년 아버지 아령아와 함께 8째 황자인 윤사의 일당이었다는 구실로 관직을 박탈당하고 성경盛京으로 유배되어 옹정제 4년 참수당했다.

것이다. 그 부형은 모두 처분하지 않았으며, 그의 자식을 먼 곳으로 유배 보냈던 것도 지금 이미 은사恩赦[116]를 베풀어 돌아오도록 하였다.

악륜대·아령아阿靈阿[117]는 실로 간당奸黨의 우두머리[渠魁]였다. 이들의 생각에서는 결국 동궁東宮을 폐하고 옹립하는 권한이란 자신들에 의해 좌우될 수 있는 것과 같았다. 아기나의 악적惡蹟이 발각되었을 때, 황고께서 그의 태감太監[118]을 신문하셨는데, 악륜대·아령아가 [아기나와] 악행을 공모했던 상대임을 낱낱이 자백했지만, 황고의 관대한 은혜를 입어 죽임을 당하지 않았다. 그러나 이들은 전혀 감대感戴, 회과悔過하지 않았다. 일말의 두려움도 없이 더욱 친밀히 지냈던 것이다. 악륜대는 계속 횡포하고 오만하게 굴며, 고의로 황고의 노여움을 촉범觸犯하였다. 성궁이 고령으로 요양하실 때, 이에 분개하고 원통해 하셨으니 신하와 관리 가운데 이를 갈지 않는 이가 없었다. 아령아는 죄악이 지극히 커서, 일찌감치 저승의 처단을 받았다. 그의 자식 아이송아는 그 부친의 행적을 본받아 더욱 교활했다. 짐은 그럼에도 그가 훈척勳戚[119]의 후예임을 고려해, 자신의 사심과 잡념을 씻어내기를 바랐으므로, 이전의 허물을 덮어주고 특별히 신임해 중용하면서 형부刑部의 사무를 관리하도록 명했다. 그런데도 그의 역심은 고쳐지지 않았다. 과거의 모략이 다시 싹텄고, 시비를 뒤엎고 법률을 문란하게 하였다. 하루는 형사안건[刑名]을 심리하다 [시비를 가리지 않고] 원고와 피고인에게 삼목三木[120]을 각기 한쪽 다리에 끼워놓았는데,

116. 제왕의 특별한 은혜로 죄인의 신분에서 사면하는 것.

117. 아령아(1670~1716). 아이송아의 부친으로, 강희제 47년에 8번째 황자 윤사를 황태자로 추천한 적이 있다. 강희제 55년, 세상을 떠났다. 옹정 2년, 8황자 세력에 대한 숙청이 대대적으로 이루어지면서 자식 아이송아는 참수당하며, 아령아 역시 8황자의 일당으로 사후 단죄된다. 그의 묘비명은 다음과 같이 고쳐졌다. "신하답지 못하고 형제에 공손하지 못했던, 포악하고 탐욕스러우며 우둔했던 아령아의 묘[不臣不弟暴悍贪庸阿灵阿之墓]."

118. 특정인을 모시는 환관 중 우두머리.

119. 공훈을 세운 황제의 가솔과 친척.

[이 사건을] 들었던 사람들은 모두 놀라 괴이하게 여겼다. 또한, 악륜대와 함께 건청문乾清門[121]에 있을 때에는, 짐이 내린 유지를 땅에 내팽개쳤다. 그밖에 광패망란狂悖妄亂한 점은 이루 다 말할 수 없다. 짐은 그래도 차마 주살할 수는 없어서, 특별히 명하여 봉천으로 유배 보내 살게 했으니, 그의 당우黨羽를 해산시키면서도 [목숨을] 보전할 수 있게 완곡히 처분했던 것이다. 어찌 두 사람이 그렇게 전혀 회오悔悟하려는 생각 없이 단지 원망하는 마음만 품고서 경성의 사당邪黨과 여전히 굳게 뭉쳐 있어 깨뜨릴 수 없는 지경에 이르렀는지 짐작이나 했겠는가! 짐은 거듭거듭 헤아렸지만, 이러한 거악巨惡은 천리와 국전國典에 따르면 결단코 사면할 수 없는 것이었다. 이에 비로소 두 사람을 사형에 처했다.

소노蘇努[122]로 말하자면, 아주 간사한 커다란 좀벌레였다. 죄악은 하늘에까지 차올랐으니, 실로 역당逆黨의 원흉이었다. 융과다는 군상을 기망한 죄목과 자취가 매우 명백했다. 두 사람은 모두 저승의 처단을 받았지, 국법에 따라 처형을 당하지는 않았다.

역서에서 의심을 품고 충신을 주살했다고 말하는 바에 관해 짐이 낱낱이 따져보건대, 짐은 연갱요·악륜대·아이송아 등 세 사람 이외에 결코 충성스럽고 선량한 대신을 주륙한 적이 없다. 역적인 연갱요·악륜

● ● ●

120. 옛날에 범인의 목과 손, 다리를 속박하는 데 사용하던 형구刑具.

121. 자금성의 내정內廷에 있는 정궁正宮(황제와 황후의 정침正寢이 되는 궁전宮殿이 있는 곳)의 정문. 매일 새벽, 황제와 문무백관이 이곳에 이르러 조회를 진행하면서 조정회의 및 정사에 관한 일을 처리하였다.

122. 소노(1648~1724). 청 왕조의 종친(愛新覺羅씨의 일원). 청태조 누르하치의 4대손. 처음 진국공鎮國公을 세습하였고, 패륵이 되었다. 강희제의 총신으로, 종인부宗人府의 좌종정左宗正, 영고탑장군寧古塔將軍, 봉천장군奉天將軍, 양홍기만주도통鑲紅旗滿洲都統, 옥첩관총재玉牒館總裁, 양홍기몽고도통鑲紅旗蒙古都統, 종인부좌종인宗人府左宗人 등을 역임하였다. 옹정 2년(1724년) 5월, 그는 염친왕 윤사(8황자)와 붕당을 이룬 혐의로 죄를 받아, 관위가 삭제되고, 종실로서의 자격을 박탈당했다. 11월에 죽었고, 1726년 부관참시된다. 그와 그의 가족들은 모두 천주교를 믿었고, 그의 자식 하나가 윤사를 옹립하는 데 참여했는데, 이런 이유로 모든 식솔은 유배에 처해졌다.

대·아이송아·소노·융과다 등을 충성스럽고 선량하다고 상상하는가! 천하에 자연히 공론이 있을 것이다.

또한, 역서는 짐이 아부를 좋아해 아첨꾼을 기용했다고 말한다. 짐은 번왕의 저택에서 머문 40여 년 동안, 인정人情과 물리物理에 대해 상세히 파악했고 두루 알았다. 중상하거나 아첨하며 면전에서 알랑거리는 습속에 대해, 일찍부터 그 진정과 허위를 통찰했으며 그 너절함을 혐오하고 멸시했다. 나이 어린 군주가 경력經歷을 갖추지 못한 것과는 다르다. 이 때문에 즉위 이래, 공덕功德을 찬양하는 일체의 수사를 폐기해 버렸다. 신하들의 표문表文과 관원의 이력履歷에서만 옛 문장 격식을 답습하여, 군주의 성덕을 기리는 문구를 짓고 끼워 맞춰 문장을 완성했을 뿐이며, 짐은 한번 보면 지나치고 다시 유념치 않았다. 날마다 대소 신료와 관리들에게 훈유訓諭하기를, 내 허물에 대해서 직언하고 정사의 잘못에 대해서 상세히 진술하라 하였으니, 충직을 우선에 두고 영합을 경계했다. 이 때문에 내외의 여러 신하는 모두 감히 허황되고 과장된 찬미나 축복의 문구를 말과 상소에서 표현할 수 없었는데, 짐에게 무시당할까 두려웠기 때문이다. 역적이 [짐이] 아첨을 좋아해 아첨꾼을 기용했다고 주장한다면, 하나라도 근거를 들어 실증할 수 있어야 하지 않는가?

이상 [역서의] 여러 조목은 실로 터무니없고, 몽상으로도 떠올릴 수 없는 일이지만, 역적이 양심을 멸절한 채 멋대로 중상을 일삼는 까닭은 필시 국가에 대해 깊고도 오래된 원한을 품게 된 사람이 있어, 이런 말을 날조해 청중을 혹란惑亂시켰기 때문이다. 예를 들면, 아기나, 새사흑 등의 간당은 짐에게 징벌을 받고 구금된 채 뜻을 펼칠 수 없게 되자 원한을 품었다. 어쩌면 탐관오리, 비류, 무뢰배들도 짐이 법을 집행하는데 사사로움이 없는 것을 원망했을 것이다. 그러므로 대역의 말을 조작해 그 사사로운 원한을 푼 것이다.

더욱이 아기나와 새사흑은 이전에도 간당을 조직해 멋대로 악행을 저지르며 저위를 찬탈할 것을 꾀했을 뿐만 아니라, 황고에 대해서조차 때때로 불효·불충한 마음을 품었다. 둘째형에 대해서는 소란을 일으켜 음해하려는 술수를 모조리 동원하였다. 그리하여 동기同氣(형제자매)를 질투하고 현량賢良을 배제했다. 자기 간당에 가담한 자는 끌어다 복심腹心으로 삼고, 간당을 멀리하는 자는 원수로 보았던 것이다.

다시 예를 들자면, 아기나는 염결廉潔하다는 명성을 도둑질하고자, 새사흑·윤아·윤제에게 탐장貪贓과 범법을 명하였으니, 불의한 재물을 횡령하여 자신의 시은고예市恩沽譽[123]의 용도로 바치게 하였던 것이다. 즉 윤제는 외지에 출병했을 때, 군자금 가운데 은 수십만 냥을 빼돌리고는, 수차례에 걸쳐 사람을 파견해 사사로이 아기나에게 송금하여, 그가 멋대로 탕진하도록 맡겼다. 이전에 윤제의 아들이 자백했고, 아기나 역시 자인하며 감추지 않았던 일이다.

다시 예를 들자면, 아기나는 잔인함이 습성이 되었고 날마다 만취하였다. 짐이 절실히 훈계했을 때에도 고칠 줄을 몰랐다. 그는 호군護軍[124] 구십육九十六이 직언으로 자신을 노하게 하자, 즉시 곤장을 때려 죽였다. 장사長史[125] 호십탄胡什呑 역시 직언을 한 죄로, 사납게 매질해 물속에 밀어 넣어 초주검이 되게 했다.

윤제 역시 평소 성품이 술을 좋아해 자주 아기나와 술독에 빠져 목숨을 가벼이 여겼다. 윤제는 거기다 여색을 지나치게 탐하고 공공연히 음란한 짓을 하며 자제할 줄을 몰랐다. 병마를 통솔할 중임을 맡고도, 청해의 태길台吉[126]의 딸과 몽고 여자 여러 명을 취했다. 멋대로 음탕하였다는

123. '市恩'은 은혜를 거래하는 것, 사사로운 은혜를 베풀어 타인에게 환심을 얻는다는 뜻이다. '沽譽'는 명예를 산다는 뜻이다. 즉 市恩沽譽란 말은 '환심을 얻어 명예를 사들이다'는 의미다.

124. 청대 궁성을 지키던 팔기병을 '호군'이라 한다.

125. 친왕親王 및 공주公主 등의 부중府中에 설치한 관직으로, 각 친왕부親王府 등에서 정령政令을 관장했다.

사실을 전장에 있던 사람 가운데 누가 모르겠는가?

지금 역서에서 비방하는 말은 모두 짐이 항상 이들을 훈계했던 내용이다. 이들은 양심의 가책으로 괴로워하면서도 한편으로는 짐에게 원한을 품고 있기 때문에, 바로 이것을 가지고 비방의 실마리로 삼은 것이니, 이는 귀역鬼蜮의 수법이다.[127]

더욱이 이들의 노예인 태감은 평상시 이들의 잔학한 짓을 도운 자들로, 대다수가 광주廣州와 귀주貴州의 변방인 인장烟瘴[128] 지역으로 유배되었기 때문에, 그들이 지나갔던 지역에 뜬소문이 퍼지게 되었다. 그리하여 역적 증정 등은 평소 신하의 도리에 어긋난 마음을 품었던 데다, 한번 헛소문을 전해 듣자 마침내 그 소문을 인심을 미혹시키는 도구로 이용했다.

이전에는 저위가 정해지지 않았기에, 간악한 도적들[姦宄] 모두에게 분分에 맞지 않는 것을 넘보려는 욕심이 생겨났다. 이 때문에 황고께서 승하하신 뒤, 먼 지방에 살던 사람들조차 장차 화란禍亂의 단서[亂階]가 자라나리라 생각하면서 몰래 기회를 엿보았다. 짐이 대통을 계승하고 선왕의 유지遺志를 준수해 대업을 이어가게 되면서 수년 동안 다행히 실정이 없었으니 천인天人이 조화롭고 상하가 서로를 신뢰하게 되었다. 그리하여 흉악한 반란의

---

126. 청대의 몽고 귀족에 대한 봉작명封爵名. 지위는 보국공輔國公에 해당하며 1등 태길부터 4등 태길까지 4등급으로 나뉘었다.

127. '귀역'은 『詩』 「何人斯」에 "귀신이거나 물여우라면, 포착할 수 없지만 / 볼 수 있는 얼굴과 눈을 가졌으니, 사람을 살피는 데에는 끝이 없네 / 이 좋은 노래를 지어 [네가] 뒤집혀 있다는 것(부정직함)을 다 밝히리라爲鬼爲蜮, 則不可得 / 有靦面目, 視人罔極 / 作此好歌, 以極反側" 라는 구절에서 나온 말이다. 정현의 주석에 따르면, 역蜮은 형체를 볼 수 없는 물여우로, 그것이 모래를 머금었다가 물에 비친 사람 그림자에 모래를 뿜으면 그 사람은 병에 든다고 한다. 귀역은 음험하게 보이지 않는 곳에서 타인을 해치는 소인을 비유하는 관용어이다. 또한 '鬼蜮伎倆'이란 성어는 몰래 다른 사람을 해치는 비열한 수단을 비유하는 데 쓴다.

128. 산림지대에서 발생하는 열병인 장기瘴氣, 즉 악성 말라리아를 뜻한다. 또는 그것이 발생하는 중국 서남부 산림지대를 뜻하는 말로 사용되기도 하는데, 중대한 범죄를 저지른 사람들이 유배되는 장소이기도 하였다.

무리는 기회를 틈타 거사를 일으킬 수 없었다. 역모의 뜻은 절박하나, 스스로 목적을 이룰 기약이 없다는 것을 깨닫고, 마침내 [궁지에 몰려 자포자기한 채] 험한 곳으로 내리 치달았다. 멸족滅族의 죄를 감행하면서, 목숨을 내놓고 인민의 이목을 미혹시키는 행동을 하기를 원하였다. 실제로 짐에게 아무런 위해가 될 수 없음을 결코 몰랐던 것이다.

또한, 역서에서는 "명나라 군주가 덕을 잃어 중원이 함락되었고, 이적이 빈틈을 타고 우리 중국에 들어와 부당한 방법으로 신기神器[129]를 점거했다"는 등의 말을 하고 있다. 우리 왕조의 발상發祥이 시작된 것은 하늘이 성인을 낳으시자 장백산에서 흥기하여 덕과 공적을 쌓은 데에 있다. 태조고황제太祖高皇帝[130]에 이르러, 하늘께서 신명神明한 무덕武德을 내려주시어, 계책은 세상을 덮었고 법령제도는 규모가 광대하고도 심원하였다. 이로 인해 여러 국가를 통일했고 멀고 가까운 곳에서 진심으로 귀순하여 제업帝業을 개창하게 되었다. 태종문황제太宗文皇帝[131]께서 왕위를 계승해 즉위하기에 이르자 덕망德望이 더욱 융성하여 삼한三韓의 땅을 모두 점유했고 몽고를 안정시켰으니, 여러 국가가 함께 받드는 종주宗主가 되었다.

본조의 명과의 관계는 보복報復의 의리로 논하자면 적국이었지만, 교류의 예로 논하자면 이웃국가[與國]였다. 본조가 천하를 얻어 마땅함은, 성탕成湯이 걸桀을 내쫓고 주나라 무왕武王이 주紂를 정벌했던 일보다도 명분[名]은 정당했고 논리[言]는 이치에 부합했기 때문인 것이다.[132] 더구나 본조는

● ● ●

129. 옥쇄나 세발솥寶鼎과 같이 국가의 정권을 상징하는 물건을 '신기'라 한다. 제위帝位나 정권을 상징한다.

130. 누르하치(1559~1626). 묘호는 太祖, 시호는 무황제武皇帝·고황제高皇帝이다. 1613년 여진의 대부분을 통일하고, 1616년 한汗의 지위에 올라 국호를 후금後金, 연호를 천명天命으로 정했다. 명과의 전쟁 중 병사했다. 여진문자를 발명하고 팔기제도八旗制度를 창설했다.

131. 홍타이지(1592~1643). 내몽골까지 평정, 대원전국大元傳國의 옥새를 얻고 국호를 대청大淸으로, 연호를 숭덕崇德으로 고쳤다. 1636년 조선을 침략 굴복시킨다. 문관文館·육부六部를 설치하는 등 국가조직 정비에 힘썼다.

132. 원문의 '名正而言順'이란 말을 '명분[名]은 정당했고 논리[言]는 이치에 부합했다'로

결코 명으로부터 천하를 빼앗지 않았다. 숭정崇禎[133]이 순국殉國했을 때, 명의 국운[明祚]은 이미 끝난 것이었다. 이자성李自成[134]이 북경에서 황제라 참칭하자 중원은 도탄에 빠져, 모두가 진정한 군주를 얻어 백성을 위해 잔학한 자들을 제거해주기를 기대했다. 태종문황제께서는 만백성이 물불 속에서 헤어나지 못하는 것을 차마 견딜 수 없어, 장수를 임명하고 군사를 일으켜 화란禍亂을 평정하셨다. 창과 방패가 향하는 곳마다 유적流賊은 기세만 보고도 도주했다. 이자성은 추격하는 군대에 의해 주살되었고, 잔당은 해산되었다. 세조장황제世祖章皇帝[135]의 어가가 경사京師에 입성하여 기보畿輔[136]를 안정시키니, 억만창생億萬蒼生이 모두 재생再生의 행운을 획득

풀었다. 원문의 표현은 『論語』 「子路」편에서의 "이름이 바르게 되지 않으면 말이 순조롭지 못하고, 말이 순조롭지 못하면 일은 성취될 수 없다[名不正, 則言不順, 言不順, 則事不成]"는 구절에 근거하고 있다. 자로가 공자에게 정치를 함에 무엇을 우선해야 하는가 묻자, 공자는 "반드시 이름을 바로 잡아야만 한다[必也正名乎]"고 얘기하면서, 이상의 말을 한다. '名正言順'은 명분이 정당하여 말하는 바가 조리 있고 도리에도 부합함을 의미하는 성어로 쓰인다.

여기서 옹정제는 정당한 왕조 교체의 사례로 언급되는 대표적인 두 가지 사례보다도 명과 청의 교체가 정당한 것이었음을 강조하고 있다. 은나라 성탕이 하나라 걸을 내쫓고, 주나라 무왕이 은나라 주를 정벌한 사건이 근본적으로 군신 관계 사이에서 일어난 것인데 비해, 청이 명을 대체한 것은 어떤 군신 관계도 없는 상황에서의 일이므로 명분에서도 보다 정당하다는 것이다.

133. 명나라의 제16대 마지막 황제인 의종毅宗 숭정제崇禎帝 주유검朱由檢의 연호.

134. 이자성(1606~1645). 명말 농민 반란 지도자. 1644년 북경을 점령해 명을 멸망시켰고, 대순大順을 세웠다. 오삼계와 청 연합군에 의해 패배하고, 호북성湖北省 통산通山까지 퇴각하였다가 구궁산九宮山에서 명조에 충성하는 현지 무장세력에게 살해당했다.

135. 애신각라복림愛新覺羅福臨(1638~1661). 연호를 '순치'로 정하여, 순치제順治帝라고도 한다. 홍타이지의 9째 아들로, 5살의 나이에 즉위했다. 그래서 한동안 1대 고황제의 14째 아들이자 삼촌인 도르곤이 섭정을 하였는데, 그 시기 북경에 입성, 중국 대륙의 지배가 시작되었다. 1653년 도르곤이 사망하자 친정을 시작하는데 이때 14살이었다. 황권 강화정책이 취해지며, 이 시기에 명나라 잔존 세력이 거의 완전히 소탕된다. 명나라 정치체제와 지배이념을 계승하고 한인을 등용하는 정책이 본격화되었다.

136. '기'는 '京畿', 즉 경사京師(=國都) 및 그 행정관서가 관할하는 지역을 뜻한다. '보'는 '삼보三輔'이다. 한대漢代에 경기 지역을 다스리는 세 개의 관직인 경조윤京兆尹·좌풍익左馮

했고, 숭정황제도 비로소 예에 따라 장례를 치를 수 있었다. 이는 본조가 명나라를 위해 원수를 갚고 치욕을 씻어줌으로써 명나라에 큰 은덕을 베푼 것이다. 이 때문에 당시의 명의 신민과 달인達人·지사智士들은 잠자코 마음으로 복종하며 성심을 다해 귀화하지 않음이 없었다.

지금 신민 가운데 만약 선대가 명에서 높은 작위와 후한 녹봉을 받아서 명의 은덕을 잊지 못하는 자가 있다면, 본조가 명을 위해 원수를 갚아준 크나큰 은혜를 감격해 받드는 것이 정당하지, 다시 이설異說을 내세워서는 안 된다. 하물며 갑신년부터 지금까지 벌써 팔십여 년이 되었고, 조부부터 자신까지 대청大淸의 토지를 걷고 있고 대청의 곡식을 먹고 있으면서도, 기어이 반역하려는 마음을 키워 광패한 주장을 제창하려는가!

역서에서는 "이적은 이류異類"라고 하면서, 금수와 같다고 매도한다. 무릇 인간이 금수와 다른 바는 거의 없어, 그 마음을 보존하는 데 달려 있는 것이다. 군자는 인에 따라 마음을 보존하고, 의에 따라 마음을 보존한다. 만약 외딴곳, 깊은 산속, 광야에 사는 이적과 번묘番苗[137]가 강유綱維[138]를 이해하지 못하고 예법禮法을 모르며 굼뜨고 멍하다면, 금수와 다름없는 명칭을 붙여도 좋을 것이다. 오늘날의 몽고의 48기旗[139]와 할하부[喀而喀](Khalkha)[140] 등에 대해 말하자면, 군주를 존경하고 윗사람을 친애하며 법도를 신중히 지켜서, 도적이 일어나지 못하고 살인사건[命案]도 거의

● ● ●

翊·우부풍右扶風을 가리키는 말로, 그들이 관할하는 지역도 삼보라 칭했다. 후대에 경사 부근의 지역을 가리키는 말로 사용되었다. 따라서 '기보'는 경사와 그 부근의 지역을 의미하는 말로 이해하면 된다.

137. '번'은 중국 서남부 민족의 통칭, '묘'는 귀주貴州·호남湖南·운남雲南 등지의 소수민족에 대한 명칭.

138. 유학에서 인간의 도덕의 중심축으로 이해하는 삼강三綱과 사유四維를 가리킨다. 삼강은 군신, 부자, 부부 사이의 관계에서의 기강. 사유는 禮·義·廉·恥이다.

139. 여기서 '旗'는 청대 몽고의 자치 행정구역으로 중국의 '현'에 상응하는 개념이다.

140. 중국 명나라 이후에 나타난 몽골의 부족명 중 하나.

볼 수 없다. 간사함, 허위, 절도, 사기의 악습이 없고, 화목하고 평화롭고 고요한 기풍만 있는데, 이를 어찌 금수라 지목할 수 있는가!

본조에 관해 말하자면, 관외關外[141]에서 창업한 이래, 인의의 마음을 보존하고 인의의 정치를 행하였으니, 과거의 현명하고 훌륭한 군주라 해도 우리 왕조에 필적할 만한 이가 드물다. 더구나 중국에 들어온 지, 이미 80여 년이 되었다. 도와 교화를 널리 펼쳐 예악禮樂은 융성해나가고 있고, 정사와 문학文學의 성대함이 찬연히 갖추어져 실행되고 있는데도 불구하고, 이류인 금수라 말할 수 있는가? 공자는 "이적에게는 군주가 있으니 중원의 여러 나라에 군주가 없는 것과는 다르다夷狄之有君, 不如諸夏之亡也"(『論語』, 「八佾」)고 하였다. 이적에게 군주가 있었다면 성현의 지류일 것이며, 중원의 여러 나라에 군주가 없었다면 금수의 부류가 되리라. 어찌 지역의 내외에 달려 있겠는가!

『서』에서는 "황천께서는 친애하는 자가 따로 없다. 오직 덕이 있는 자만을 보호하신다皇天無親, 惟德是輔"(「채중지명蔡仲之命」)고 하였다. 본조가 천하를 얻은 것은 단지 병력을 양성해서가 아니다. 태조고황제의 개창 초기, 갑옷 입은 병사는 겨우 13명에 불과했지만, 이후에 아홉 성姓의 군대를 규합하여 사로四路의 명나라 병력을 물리쳤다. 세조장황제께서 경사에 들어오셨을 때, 군사는 10만을 넘지 못했다. 10만의 병력을 가지고 15성의 천하를 복종시켰으니, 인력으로 강제할 수 있는 일이었겠는가! 진실로 도덕으로 감동시키고 믿음을 얻어서, 황천이 돌보고 민심이 순종하게 되었고 하늘이 명을 내리고 인민이 귀의한 것이다. 이리하여 경사에 이르자, 명의 신민이 모두 우리 왕조를 위하여 온 힘을 다해 뛰어다녔다. 그 당시 군사를 통솔했던 것은 바로 명의 무관이었고, 갑옷을 걸치고 무기를 쥐었던 자는 바로 명의 군사였다. 이들 모두는 천명과 시세에

141. 산해관山海關 밖의 동북 지역.

순응해 대의를 훤히 깨닫고, 본조가 일통태평一統太平의 대업을 완성하는 것을 보좌했다. 그리하여 그 사람들 또한 죽백竹帛[142]에 이름을 기록했고, 정이鼎彝[143]에 공훈을 새겼으니, 어찌 어질다 하지 않겠는가? 그런데도 금수라고 지목할 수 있는가?

오삼계吳三桂[144]가 반란을 일으켰을 때, 지방의 독무督撫[145]와 제진提鎮[146]부터 현령縣令과 무관武官에 이르기까지 성을 공격해 적을 물리치고 군량을 운송했던 자는 태반이 한인漢人이었다. 게다가 전쟁에 나가 국가를 위해 목숨을 바치고 강토를 지키며 충절을 다해 순국했던 자들을 국사國史에 모두 기록할 수는 없을지라도 하나하나 분명히 헤아려야 한다. 또한 세 차례의 삭막朔漠[147]에 출정했을 때, 군대에서 온 힘을 다해 탕평蕩平을

142. 죽간竹簡과 하얀 비단을 말한다. 고대에는 종이가 없었기 때문에 그 위에 문자를 기록했다. 후대에 그 의미가 확대되어 서적이나 역사서를 뜻했다.

143. 정과 이 모두 종묘宗廟에서 사용하던 제기祭器의 일종이다. 그 윗면에 국가에 공을 세운 인물을 새겼다.

144. 오삼계(1612~1678). 명말 요동총병遼東總兵을 역임하며 산해관에서 청나라의 중원 진출을 막는 임무를 수행했다. 이자성이 난을 일으킨 뒤 항복을 권유하자, 이를 거부하고 청의 군대에 길을 터주고 중원으로 들어오게 하고, 청의 군대와 함께 이자성의 세력을 제거했다. 그 공로로 청 정부에 의해 평서왕平西王으로 봉해졌다. 이후 명의 잔여 세력을 제거하는 일을 주관, 1662년 남명南明의 영력제永曆帝를 제거하고 운남지역에서 번왕으로 세력을 구축했다. 1673년 강희제가 철수 명령을 내리자 '삼번三藩'의 난을 일으켜 1678년 국호를 주周라 하고 스스로 황위에 오르지만, 반년 만에 병사한다. 대를 이은 손자가 1681년 곤명昆明에서 청군에 포위되어 자살함으로써 오삼계가 남긴 정치적 유산도 모두 사라지게 되었다.

145. 총독總督과 순무巡撫를 뜻한다. 총독과 순무는 모두 특정 지역의 군정과 민정, 형옥에 관한 일을 총괄하는 최고위직 지방관으로 황제 직속이기에 중앙정부 관료의 지휘를 받지 않았다. 순무가 1개 성, 총독은 1~3개의 성을 관할했다.

146. 제독提督과 총병總兵을 뜻한다. 군사적으로 주요한 성에 제독을 두었다. 제독은 성의 군정을 주관하고 여러 진鎮을 총괄하는 지방 무관 중 최고위직이다. 때로 무관직 이외의 관원이 임명되기도 했다. 총병은 제독의 지휘를 받았다. 제독 관할의 진을 책임지고 있는 무관이 총관이다. 따라서 총진總鎮이라고도 부른다.

147. 중국 북방의 사막지대.

도운 공훈자 또한 참으로 적지 않다. 어찌 충성스러운 데다 의롭다고 말하지 않을 수 있는가? 그런데도 금수라 지목할 수 있는가? 악종기와 같은 이는 대대로 국은國恩을 받았는데, 충성을 다하고 의용義勇을 떨쳐 서장西藏을 되찾고 청해를 평정하고 수차례 큰 공적을 세웠으며 한결같은 마음으로 군주를 섬겼다. 어찌 국가의 동량棟梁이자 조정의 주석柱石이 아니겠는가? 역적 증정과 같은 자야말로 한인 가운데 금수인 것이다. 존친尊親의 대의를 지각하고, 상하의 정해진 직분을 알아야 인간이라 말할 수 있다. 만약 천상天常[148]을 잃고, 인기人紀[149]를 절멸한다면, 금수라 하겠다. 이러한 이치는 매우 뚜렷한 것이다.

더욱이 이적이라는 명칭을 본조는 부끄러워하지 않는다. 맹자는 순舜은 동이東夷 사람이었고, 문왕文王은 서이西夷 사람이었다고 하였다.(『맹자』, 「이루하離婁下」) [맹자가] 그 태어난 곳을 가지고 말한 바는 지금 사람들의 적관籍貫(조상이 살았던 곳)과 같은 것을 뜻할 뿐이다. 하물며 만주인滿洲人은 모두 한인의 대열에 가져다 붙이는 것을 수치로 여겼으니, 준가르[準噶爾][150]가 [한인의 일부인 것처럼] 만주를 만자蠻子[151]라고 부르자 만주인이 듣고 원통해 하지 않는 이가 없었다.[152] 그런데 역적은 이적을 비웃는 말로 여기니, 참으로 취생몽사醉生夢死[153]의 금수로다.

● ● ●

148. 유학에서는 군신·부자·부부·형제·붕우 등의 인륜을 하늘이 낳은 불변의 법칙으로 보고 '천상'이라 칭한다.

149. 인간의 법도. 입신처세立身處世의 도덕 규범.

150. 중앙아시아 서북부의 몽고족과 그들이 만든 국가를 이르는 명칭이다. 청의 전신인 후금에 귀순했다 알력을 연출하기도 했던 세력이다. 청 왕조의 성립 후 지속적인 갈등 관계에 놓여 있었고, 1755년과 1758년 청의 공격으로 멸망하였다.

151. 선진 시대 제하諸夏의 국가들이 남방을 오랑캐라 비하해 부르던 말이다. 이후 중국의 북방인이 남방인을 비하하는 호칭으로도 사용되었다.

152. 아마도 만주인(청의 여진족)의 입장에서는, 자기 북쪽에 있는 준가르가 자신을 '만자'라고 부르는 것이 마치 자신을 한인漢人과 같은 계열로 취급하는 것에 모욕을 느꼈다는 의미인 것 같다. 역으로 夷狄이라는 자기 종족 정체성에 대해 자부심을 느낀다는 뜻.

본조가 건립된[定鼎] 이래, 세조께서는 18년의 재위 동안 건극개기建極開基[154]하였고, 성조께서는 61년의 재위 동안 인애와 은택恩澤을 깊고도 두텁게 하였다. 짐은 즉위 이후 밤낮으로 근심하며 애썼고, 한시도 민간의 삶을 걱정하지 않은 적이 없다. 이 때문에 상천이 돌보고 보우하사, 우雨·양暘[155]이 계절마다 조화롭고 간귀奸宄가 발호하지 못하였으니, 환우寰宇는 태평太平의 복을 향유했다. 과거 한·당·송에서 치세가 절정에 이르렀던 시기라고 해봐야 태평성세가 지속된 20~30년에 지나지 않아, 오늘날과 같이 장기간 태평했던 적은 없었다. 백성은 젖니를 갈 때부터 백발이 될 때까지 전쟁을 겪지 않고, 부모와 처자식이 한데 모여 산다. 이는 조정이 청명하고 여러 공적이 모두 빛나서 이루어진 바가 아닌가? 더욱이 한·당·송·명 시대에는 강역이 넓지 못했고, 서북의 여러 곳이 모두

153. 죽는 날까지, 살면서 취한 듯 꿈꾸는 듯 흐리멍덩히 산다는 뜻이다. 본래 송대 성리학자 정자程子의 말이다. 즉 "간사하고 허황되며 요망하고 괴이한 말이 다투어 일어나서 생민의 귀와 눈을 가리고 천하를 더럽고 혼탁한 데에 빠뜨리므로, 아무리 고명한 재지를 지닌 사람일지라도 보고 들은 데에 얽매여 취생몽사의 지경이 되어 스스로 깨닫지 못한다邪誕妖異之說競起 塗生民之耳目 溺天下於汚濁 雖高才明智 膠於見聞 醉生夢死 不自覺也"고 한 데서 온 말이다. 이후 술에나 취해 무의미하게 일생을 보내는 것을 말하기도 한다. 여기서는 한족이 망국의 현실에 대한 분간도 없이 자종족 중심주의에 취해 있다는 것을 이렇게 표현한 것으로 보인다.

154. '건극建極'은 두 가지 의미로 풀 수 있다. ① 極을 표준의 의미로 보고, '中正한 道를 세우는 것'으로 해석하는 것 ② 極을 군주의 지위로 보고, '군주의 位를 세우는 것'으로 해석하는 것. 실상 군주의 자리는 지배 영역의 북극성처럼 변하지 않는 자리, 일체의 도리의 기준을 제시하는 자리이기도 하다는 점에서 보면, ①과 ②는 서로 통할 수 있는 것이다. 한편, '開基'는 開國, 국가의 토대를 개창開創하는 것을 뜻한다.

청의 3대 지배자인 세조가 처음으로 북경으로 입성해 공식적으로 중원의 지배자가 되었다는 맥락과 연관해서 생각해보면, 세조가 '군주의 자리 혹은 중정한 도를 세움으로써 새로운 국가를 개창했다'라는 의미라고 이해할 수 있다.

155. '雨'는 비오는 날, '暘'은 맑고 화창한 날을 의미한다. 해가 비추어야 할 때와 비가 내려야 할 때, 적절히 조화를 이루어, 가뭄이나 수해가 일어나지 않고 살기에 좋은 조건이 이어지는 것을 '雨暘時若'라 하였다. '時若'은 계절마다 조화를 이루는 것을 뜻한다.

강력한 적이어서 변경의 급박한 소식이 수시로 들려왔으니, 봉화 연기가 그칠 줄 몰랐다. 중원 인민은 모두 군대에 동원되어 분주하게 명령을 따르는 데 지쳤을 뿐만 아니라, 위태롭고도 고통스러웠다. 지금 본조의 강토는 광대하고, 중외가 신하로 복종하고 있다. 이 때문에 일월이 내리비치는 곳에서 혈기를 가진 모든 존재 가운데 양손을 들고 이마를 조아리면서 축하하고 태평성세를 찬양하지 않는 이가 없다. 그런데도 역적은 건乾·곤坤이 뒤집히고 암흑이 빛을 몰아냈다고 말한다. 이 또한 미친개나 올빼미의 울부짖음이니, 금수 가운데에서도 최악의 것이리라.

혹여 역적의 선조가 명대의 훈척이라서 명에 연연하는 것인가? 지금 창평昌平에 있는 여러 명나라 황릉에서 땔나무를 장만하는 것을 금지시켰고, 거주자를 두어 감시하고 관리하도록 하고 있으며, 매년 관리를 파견해 제사를 지내고 있다. 성조聖祖께서는 수차례 남순南巡[156]하셨는데, 그때마다 효릉孝陵[157]을 친히 참배하시고 제주祭酒를 올리셨으니 참으로 과거 이래 전례 없는 성대한 은전을 베풀었던 것이다. 짐 또한 성지聖志를 계승하여 명나라의 후손을 후작에 봉하였고, 그들이 명대의 능묘에 제사를 지내는 것을 허락하였다. 하·은·주에서 멸망 당한 나라의 후손을 처분한 방식이라 할지라도, 이보다 관대할 수는 없다. 만약 역적이 과연 마음 깊이 이전의 명나라를 그리워한다면, 폐부肺腑로부터 깊이 감동해야 마땅하고, 꿈을 꿀 때조차 오직 본조를 존경하고 떠받들어야 할 것인데, 도리어 내지[內]는 중국이고 변경[外]은 이적이라고 말하는 것인가? 이 역적은 본조에 있어서 한인 가운데 금수일 뿐만 아니라, 명대에 있어서도 마찬가지로 금수다. 더욱이 그 의도에서 단지 본조를 금수에 비견하는 데에 그칠 뿐만이 아니라 명대 역시 전혀 상관없는 것으로 간주하는 금수인 것이다.

● ● ●

156. 천자가 남쪽 지역을 순행하는 것.

157. 명효릉明孝陵이라고도 한다. 현재 남경시南京市에 있으며, 명나라 시조인 태조 주원장과 그 황후를 합장한 묘이다.

또한, [역서에서는] "5~6년 동안 추위와 더위의 순서가 뒤바뀌었고, 오곡의 수확이 줄었다. 계속 비가 내리거나 가물어, 형주荊州·양양襄陽·낙양岳陽·상덕常德 등의 군郡에서는 해마다 홍수가 하늘까지 넘쳤고, 오吳·초楚·촉蜀·월粵 등의 지방에서는 가뭄과 물난리 소식이 때마다 전해졌다. 산이 무너지고 하천은 말랐으며, 땅은 어둡고 하늘은 혼미하다"라고 말한다. 무릇 천시天時에서의 수재水災와 한재旱災는 자연 운행의 변화[氣數]에 관련된 것이라 그것을 완전히 없앤다고 보장할 수 없으며, 인력에 의지하여 구제할 수 있을 뿐이다. 예컨대 요의 시절에는 9년에 걸친 홍수가 있었고, 탕의 시절에는 7년의 가뭄이 있었지만, [그런 재해가] 제왕의 현성賢聖한 명성을 지금껏 조금도 손상시키지 못했다. 단 짐이 제위를 이은 이래로 천지와 조종祖宗[158]의 은총과 보호에 힘입어, 음양이 조화로우며 순조로웠고 풍우는 계절마다 알맞았기에, 오곡을 풍족하게 수확하고 농민들은 즐겁게 본업에 종사하고 있다. 각 성 내에서 간혹 몇몇 주와 현에 수재나 한재가 생기면, 곧바로 국고를 지출해 구제하도록 명하여 인민이 안전을 확보할 수 있게 하였다. 호광湖廣 지역[159]에서 작년 장강長江이 범람해 농작물 피해가 발생하자, 즉각 국고 지출을 특별히 명하여 제방을 축조하고 홍수를 방지했다. 이는 천하의 신민이 모두 다 알고 있는 사실이다. 다행히 [짐의 재위] 6년 동안, 각 성 가운데 농작물 수확이 좋지 않았던 곳은 몇몇 주와 현에 그쳤을 뿐이었다.

만약 커다란 수재와 한재가 있었더라면, 재난을 반기는 어떤 이야기를 다시 지어냈을지 모를 일이다. 오늘날 천하에서는 식견을 가진 사람에서부터 초목과 곤충에 이르기까지 모두가 높은 하늘을 받들고 풍요로운 땅을 딛는 가운데 살아가고 있는데 "땅은 어둡고 하늘은 혼미하다"라고

158. 제왕의 선조들을 가리킴.

159. 호북성湖北省과 호남성湖南省을 뜻한다. 원대에는 광동廣東·광서廣西가 포함되었으나, 명대에 광동·광서를 분리했으며, 명칭은 그대로 '湖廣'이라고 하였다.

말하니, 아마 역적의 마음이 혼미하고 어두워서 귀도鬼道[160]에 빠져 천지를 분간하지 못하기 때문임에 틀림없다.

[역서에서] "공묘孔廟가 훼손되었고, 주자朱子의 사당이 다시 불탔다"고 하는데, 공묘의 화재를 막지 못한 일은 당·송 때에도 있었다. 명나라 홍치弘治[161] 시절에 입은 재해는 더욱 심했는데, 홍치제는 명나라의 현군이 아니었던가? 만약 이런 일을 인군이 부덕한 탓이라고 여긴다면, 앞으로 반역의 무리는 반드시 이런 일을 빌미로 인심을 선동할 것이니, 심지어 일부러 불을 질러 훼손하는 일이 각 부·주·현의 문묘에까지 미칠 것이다. 역적이 동노東魯[162]의 고지식한 유자[腐儒]라고 자칭하면서도, 성인의 고향[桑梓]을 빌미로 모질게 이런 말을 날조하는가? 주자의 사당에서 발생했다는 화재가 과연 사실인지 모르겠지만, 주자의 사당[祠宇]은 천하에 널려 있는데 우연히 한 곳이 불탔다고 곧바로 군주의 덕과 연관 짓는다면, 여러 유자儒者의 사당이 무수한데 어느 한 곳에서도 회록回祿의 재앙[回祿之災][163]이 일어나지 않을 것이라고 어떻게 보장할 수 있는가?

[역서에서는] "오성五星[164]이 모여들고 황하가 맑아져서 음기가 다하고 양기가 생성되고 있으니, 혼란이 극에 달하고 치세로 전환되려는 징조다"라고 말하는데, 정말로 혼란이 극에 달한 시대가 되어 이러한 상서로운 징조가 나타났다고 한다면, 그런 말을 억지로 부회附會할 수도 있을 것이다. [그러나] 지금 천하의 관리가 행하는 다스림은 감히 지극히 선하다고는

160. 사문邪門의 법술法術.

161. 명나라 9대 황제 孝宗의 연호. 이 시기 법률체계와 토지제도 등의 정치개혁으로 홍치중흥弘治中興이라는 부흥기를 맞았다.

162. 춘추시대의 노魯나라를 뜻한다. 이후 노나라가 있었던 산동성 지역을 뜻하는 말로도 쓰였다.

163. 회록回祿은 불의 신이다. '回祿之災' 자체가 화재를 뜻한다.

164. 태백太白·세성歲星·진성辰星·영혹熒惑·진성鎭星을 '5성'이라 하였는데, 오늘날 금성, 목성, 수성, 화성, 토성의 다섯 개의 행성을 말한다.

할 수 없을지라도, 대신은 법도를 따르며 소신小臣은 청렴하다.[165] 민생은 감히 평안하다고 말할 수는 없을지라도, 의식은 그런대로 충분하다. 사방에 전란이 없고 백성은 안락하고 호구는 증가했고 전야는 나날이 개간되어 진정 만국이 모두 평안한 때인데, 도리어 "혼란이 극에 달했다"라고 하는가? 더구나 풀뿌리나 나무껍질로 연명하는 자가 누구인지, 시체가 쌓여 있는 곳이 어떤 지역인지, 역적은 정확히 가리킬 수 있는가? 양심을 속이고 천리[理]를 잃고서는, 결코 머리를 들고 하늘을 올려다보지 못한다.

푸른 하늘[昊蒼]이 은혜로 본조를 돌보아주신 바는 역대 왕조 중에 이처럼 후하고 분명했던 적이 없을 정도이다. 짐이 즉위한 첫해에 효릉에서는 시초蓍草가 무성하게 자라났다. 6년 가을에는 경릉景陵[166]이 있는 보성산寶城山 기슭에서 영지靈芝가 나왔고, [한 줄기에] 두 갈래 이삭이 패어 있는 오행의 빼어난 기운을 지닌 가화嘉禾[167]가 났고, 이삭이 아홉 개 달린 한 자 남짓 되는 상서로운 곡식이 나오기에 이르렀다. 오성이 규벽奎璧[168]에 모여들었고, 여섯 성에서 황하黃河가 맑아졌고, 한 꼭지에 두 개의 열매가 나무들에 잇따라 열리는 감응이 생겼고, 경운卿雲[169]과 감로甘露[170]의 상서祥瑞가 나타났다. 짐이 상서로운 징조[禎符]에 대해 말하려 하지 않았지

● ● ●

165. 원문의 '大法小廉'은 현대 중국어에서도 대신은 충성을 다하고, 소신은 직책을 다하는 것을 뜻하는 말로 사용된다. 『禮記』 「禮運」에서 "대신은 법도를 따르며 소신은 청렴하다大臣法, 小臣廉"라는 말에서 나온 것으로, 진호陳澔는 『禮記集說』에서 '大臣法'을 신하의 도리[臣道]를 다하는 것, '小臣廉'을 지켜야 할 바를 어지럽히지 않는 것이라고 설명했다.

166. 청나라 성조聖祖(강희제)의 묘이다.

167. 기이하게 생장한 벼로, 상서로운 징조로 여겨졌다.

168. 28수宿 가운데 규수奎宿와 벽수壁宿를 가리킨다. 규수와 벽수는 모두 문운文運을 주관하는 별로 이것이 밝으면 천하가 태평해진다고 한다.

169. '慶雲'이라고도 한다. 일종의 채운彩雲(여러 빛깔로 아롱진 구름)으로, 옛날 사람들은 상서로운 징조로 보았다.

170. 말 그대로 단맛이 나는 이슬로, 옛사람은 천하가 태평할 때 하늘에서 내려주는 것이라 믿었다.

만, 고대 이래로 사서史書에서 아름답다고 격찬하였으나 보기 드물었던 징조가 거듭 나타나 갖추어지지 않은 것이 없다. 그런데도 역서에서는 "산이 무너지고 하천이 말랐다"고 하니, 근래 수년 이래 어떤 산이 붕괴되었고, 어떤 하천이 말랐는지 물어보면, 한두 가지 증거라도 제시할 수 있겠는가?

무릇 재이災異에 관한 일이란, 고대 제왕들이 항상 말하기 꺼려했던 것이 아니었다. 이런 현상이야말로 상천이 징조를 드러내어 경계를 보여주는 것이기 때문이다. 재이를 마주하고 두려워하며 자신을 수양해 반성할 수 있다면, 재난은 복福으로 바뀔 수 있다. 상서를 마주했다고 혹여 사치하고 제멋대로 굴며 교만하게 자부한다면 복은 기어코 재난으로 바뀌기에 이른다. 짐은 이런 이치를 매우 분명하게 깨달아 매우 독실하게 믿고 있다. 따라서 상천께서 복을 내려주시어 상서를 드러내시는 것을 볼 때마다, 밤낮으로 더욱더 강건히 노력하고[乾] 경계하였으며[惕],[171] 아울러 내외의 신하와 관리들을 경계시켜 모두 깊이 공경하며 삼가기를 심연과 살얼음을 지나가는 듯이 하라고 명하였다. [이를 위해] 유지를 반포한 일이 수십 차례 있었는데, 짐이 어찌 감히 하늘을 기만하면서 충심衷心에서 말미암지 않은 말을 하였겠는가!

수십 년 동안 우리 왕조에 대적해 난처하게 했던 자들 가운데 위로 하늘의 견책을 불러들여서 이내 완전히 멸망하지 않은 이가 없었다. 예컨대 내지內地의 세 역적[172]과 외번外藩[173]인 찰합이察哈爾(차하르/chakhar)·갈

● ● ●

171. '乾惕'은 『易』의 「乾卦」 九三에 "군자가 종일토록 부지런히 힘써 저녁에도 삼가고 두려워하면, 위태롭더라도 허물은 없으리라君子終日乾乾 夕惕若 厲無咎"라는 말에서 나온 말이다. '乾'은 자강불식自强不息하는 모습을 뜻하며, '惕'은 삼가며 두려워하는 것이다.

172. 여기서 '三逆'은 오삼계·경정충耿精忠·상지신尚之信을 가리킨다. 모두 당시의 번왕藩王으로, 청나라 초기 삼번三藩의 난의 주축이다. 중국이 청나라에 의해 평정된 뒤, 청은 그에 협력한 한인 세력의 주요 대표자를 번왕으로 봉하였다. 오삼계는 운남雲南의 평서왕平西王, 상가희尚可喜는 광동廣東의 평남왕平南王, 경계무耿繼茂는 푸젠福建의 정남왕靖南

이단噶爾丹(갈단/Galdan)·청해·서장 등은 방자하게 발호하자마자 잿더미가 되었다. 또한, 하찮은 불량배들인 왕경기汪景祺[174]·사사정查嗣庭[175]·채회새蔡懷璽[176]·곽윤진郭允進[177] 등은 모두 스스로 법망으로 뛰어들었으니, 마치 귀신이 그렇게 시킨 것과 같았다.

지금 역적 증정이 다시 또 스스로 죄악을 인정하고 자백했다. 역적이 거리낌 없이 문을 걸어 잠그고 저술하면서 멋대로 광패하여 장희를 시켜 악종기에게 투서하게 시키지 않았다면, 그 대역부도大逆不道한 죄를

• • •

王이 되어, 군사 재정권을 갖는 독립 정권으로 자리 잡았다. 이들이 청에 위협이 되자 강희제는 각 번의 해체를 명하였는데, 이때 오삼계를 비롯해, 상가희·경계무를 계승한 자식들이 청에 반란을 일으켰다. 1673년에 시작된 반란은 1681년 완전히 평정된다.

173. 본토 외곽의 속국.

174. 왕경기(1672~1726). 반역 혐의로 연갱요의 항주의 저택을 몰수할 때, 왕경기가 지은 『西征隨筆』이 발견되었다. 이 책은 만주인 황제를 한문에 능통하지 못한 전쟁광, 각종 위선자를 관료로 임명해 정치 혼란을 야기한 원인이라 조롱하고, 연갱요를 우주 제일의 위인으로 찬양한 내용이 담겨 있었다. 옹정제는 왕경기를 참수하고, 열여섯 살이 넘는 자식들도 모두 죽이라는 명을 내렸으며, 왕경기의 집안 여자들과 어린 아들은 변방으로 추방해 노비로 삼게 했다. 연갱요가 처벌될 때, 왕경기의 저작을 보고하지 않은 점이, 92개의 죄목 중 가장 무거운 다섯 가지 반역죄 항목 중 하나였다.

175. 사사정(?~1727). 청조의 대신으로, 당시 권신인 융과다의 당인黨人이었다. 옹정 4년(1726년) 강서성의 향시를 담당하는 정고관正考官이었는데, 그가 제출한 시험문제가 옹정제를 비방하는 것이라는 혐의를 받았다. 향시에서 그가 출제한 문제는 『大學』 3장의 첫 번째 구 '백성이 머무는 곳惟民所止'에 주석을 달라는 것이었다. 이를 조사했던 저장성 순무였던 이위李衛는 그 구절 네 글자 가운데 첫 번째 '惟'와 마지막 글자 '止'를 붙여서 보면, '옹정雍正'에서 각 글자의 위 획을 떨어져 나간 것으로, 수험생으로 하여금 황제의 목이 잘린 것을 연상하도록 유도했다는 점을 지적하며, 옹정제에게 상소했다. 아울러 사사정의 집안에 대한 압수수색에서 북경의 국자감에서 관료로 진출하기 위해 공부하는 유학자들의 한심함과 아부 근성을 비꼬는 말이나 요란한 관직명을 비웃는 일기가 발견되었는데, 그것은 황제를 모독한 물증으로 해석되었다. 사사정은 체포되어 옥사했는데, 시체의 목은 효수되었고 전 가족은 변방으로 유배되거나 노비로 전락했다.

176. 앞에 나온 투서 사건의 인물. 14황자인 윤제에게 서신을 보내 그를 황제로 칭하였음.

177. 군대와 백성들이 새로운 군주를 원망한다는 노래를 지어 유포시켰던 인물. 참형을 당했다.

누가 조사했겠는가? 자취를 감추고 법망을 빠져나가지 않았겠는가? 그러나 천지가 용납할 수 없어서, 스스로 무너지도록 하였던 것이다. 짐은 그것을 참으로 행운이라 여긴다.

과거 명의 가정嘉靖·만력萬曆의 시기에는, 패관야사稗官野史[178]가운데 그 군주를 무고하고 비방하는 것이 아주 많았다. 예컨대 『우의의록憂疑議錄』·『탄원잡지彈園雜志』·『서산일기西山日記』를 비롯한 여러 서적은 모두 조정을 헐뜯고 비방하여 무고가 궁중에서 쓰는 술병에까지 미쳤는데도, 당시 전혀 발각되지 않았기 때문에 오늘날에 이르기까지 전해져 사람들의 이목을 미혹시키고 있다. [그러나] 오늘날에는 흉악하고 완고한 비류들이 한번 패역의 마음을 품으면 반드시 그 상세한 정황이 폭로되니, 스스로 그 죄를 재촉하여 일각도 지체되지 않고 있다. 상천께서 우리 왕조에 두터운 은혜를 베푸는 분명한 징조가 아니겠는가!

또한, [역서에서는] "숭정崇禎 갑신년 이후로 오늘날에 이르기까지의 시대는 덕우德祐에서 홍무洪武에 이르렀던 시대와 더불어, 중간에서 세계世界[179]를 앞뒤로 나누었다.[180] 모든 제도가 황폐해지고 무너졌고, 만물은 사라지고 자취를 감추었으니, 당세當世의 공적으로 논하기에 충분한 일이 없고, 당대當代의 인물로 기술할 만한 자도 없다"라고 한다.

178. 시중에 떠도는 자질구레한 일화나 소문을 적은 글.

179. 현대에 일반적으로 사용하는 어휘와는 의미상의 차이가 있다. 본래 불교의 용어로, '宇宙'와 같은 말이다. 세世는 시간을, 계界는 공간을 뜻한다.

180. 덕우는 남송南宋 공종恭宗의 연호이다. 1276년 원元의 군대에 의해 임안臨安(남송의 수도)이 공략당해 점령되자 투항하였으며, 몽고군에 의해 북으로 압송되었다. 이후 남송의 잔여 세력이 3년가량 새로 황제를 옹립해 항전하지만, 실제적으로는 임안 점령으로 공종이 포로가 되면서, 원에 의한 중원 전역에 대한 지배가 공식화되었다. 홍무, 즉 주원장이 명을 세워 몽고元를 몰아내고서야 다시 한족의 지배가 시작된다. 숭정 갑신년은 명나라가 멸망한 시기로 이후 이민족인 청 왕조가 지배했다. 여기서 말하는 두 시기는 중원 전역에 대한 지배가 이민족 왕조에 의해 이루어졌던 시기이다. 이 구절과 이후 내용은 이민족 왕조가 중원을 지배했을 때, 중화의 정치와 문화가 타락하고 쇠퇴했다는 한족 중심의 사고를 문제 삼고 있다.

본조를 어찌 원元과 동일하게 논하는 것이 가可한가! 원은 세조世祖[181]가 대통을 정립한 이후로, 조상을 계승한 군주들은 국가의 정사를 진흥시키지 못하였다. 안은 궁위宮闈[182]에서 결정되었고 밖은 재집宰執[183]에 위임되었으니, 강기綱紀는 부패하고 해이해졌다. 그 이후의 여러 황제가 때로 제도를 창시하고 법제를 확립하고자 하였지만 하늘은 [원의] 수명을 더해주시지 않았으니, 원의 시대가 끝난 이유는 위대하게 행한 군주가 없었기 때문이다.

본조는 태조·태종·세조 이래로 성군聖君과 성군이 계승하고 있다. 성조는 재위 62년간, 인애하고 관대하며 예의 바르고 검약하시면서, 정사에 힘쓰고 인민을 아끼셨다. 건강乾綱[184]을 수중에 두고 만기萬機[185]를 모두 장악했고, 문덕文德과 무공武功에서 삼대三代를 넘어서고[186] 역수曆數[187]를 장구하게 이어갔던 일은 고대 이래로 전례가 없다. 짐은 왕업의 위대한 토대[鴻基]를 물려받아, 하늘을 받들고 선조를 본받는 것을 바람으로 삼아 왔고, 인재를 등용하고 정사를 시행하면서 한 가지 일이라도 지성至誠에 근본하지 않았던 적이 없었다. 6년 동안 아침저녁으로 경계하고 삼가는 마음으로, 진정 [짐의 재위 6년을] 하루처럼 보냈다. 짐에게는 덕이 부족하지만 조종을 본받으려고 온 힘을 다했고, 감히 조금도 나태하지 않았다. 이를 어찌 원나라의 정치에 견줄 수 있는가!

더구나, [청에 비해 불완전했던] 원 왕조에서조차 제작制作[188] 및 충효절

• • •

181. 징기스칸의 손자 쿠빌라이를 말한다.

182. 황후와 비빈들이 거주하는 장소.

183. 재상 등 국가 정사를 담당한 중신重臣.

184. 하늘의 법도이다. 또는 조정의 법도, 즉 군권君權을 뜻한다.

185. '기幾'는 상황이 처음 발생할 때로, '萬機'는 군주가 다스리는 갖가지 정무를 뜻한다.

186. 삼대란 고대의 세 왕조, 하·상·주를 뜻한다. 문맥상 증조, 조부, 아버지의 삼대를 뜻한다고 해석할 수 있는 여지도 있다. 그때 성조(강희제)가 앞에 나온 태조·태종·세조의 삼대보다도 문덕과 무공을 확장했다, 넘어섰다는 식으로 해석할 수 있다.

187. 제왕이 하늘을 대신하여 인민을 다스리는 순서.

188. 예악 등의 방면에서의 전장제도나 문물, 저술의 창작 등을 말한다.

의忠孝節義[189]했던 인물은 사서史書에 다 기록할 수 없을 정도다. 『원사元史』는 명의 홍무 시기에 편집된 것이 아니던가! 거기서는 [원의] 태조太祖를 예찬하면서, "깊은 곳에 위대한 계획을 품었고, 용병에서 신과 같았다深沉有大略, 用兵如神"고 하였다. 세조世祖를 예찬하면서는 "도량이 드넓었고, 인재를 알아보고 합당하게 임명하였다. 유술儒術을 믿고 채용함으로써 원리를 확립하고 기강을 펼쳤다度量弘廣, 知人善任. 信用儒術, 立經陳紀"라고 기록했다.[190] 명에서 원의 황제에 대해 찬미한 바가 이와 같았는데, "당세의 공적으로 논하기에 충분한 일이 없다"라고 하는가!

또한, 『원사』에는 전전專傳 이외에도 유학儒學·순량循良·충의忠義·효우孝友에 관한 여러 전傳[191]에 기록되어 나열된 인물이 매우 많은데, "당대의 인물로 기술할 만한 사람이 없다"고 하는 것인가! 『원사』는 명 태조가 편찬한 것인데 역적이 이렇게 말한다면 명 태조를 아주 모독하는 일이 된다. 그러고도 명을 위해 원수를 갚고자 한다고 주장하는가?

하늘께서는 제왕의 덕을 돌보시어 보호하고 안정시켜주신다. 짐은

189. 국가에 대해 충을 다하고, 부모에게 효를 다하고, 남편과 아내에 대해 절節을 다하고, 붕우에 대해 의를 다하는 것.

190. 여기서 태조는 몽골제국을 건국한 칭기스칸(1162~1227), 세조는 5대 쿠빌라이 칸을 가리킨다. 1271년 쿠빌라이에 의해 국호가 元으로 개명되었고, 1279년 남송을 완전히 멸망시켜 병합시킴으로써, 중국 전체를 지배하는 최초의 이민족 왕조이자 명실상부한 세계제국이 성립하게 된다.

191. 사마천의 『史記』는 각 왕조의 공식 역사서인 正史의 모델이 된 기전체 형식을 제공했다. 기전체란 제왕의 정치와 행적 중심의 연대순 서술로서의 '기紀', 역사의 주요 흐름을 연표로 간략히 나타낸 '표表', 제례·천문·경제·법률 등 문물전장 일체에 관련된 내용을 항목별로 정리한 '지志', 각 시대의 주요한 여러 인물에 관한 전기 기록인 '전傳'(혹은 열전)으로 이루어져 있다.

이 원문에서 '전전'이라고 말한 것은 한 사람의 전기를 단독 항목으로 기술해놓은 傳(전기)의 한 형식을 말한다. 그리고 원문에서 '유학·순량·충의·효우에 관한 여러 전傳'이라고 한 것은 類傳(혹은 雜傳, 彙傳)의 형태를 가리킨다. 사마천의 자객열전처럼 비슷한 부류의 인물들을 하나의 카테고리 안에서 묶어 비슷한 비중으로 다룬 傳의 한 형식으로 이해하면 된다.

삼가고 두려워하면서 밤낮으로 천명[命]을 다졌기에, 스스로 상천의 강복降福과 보우를 입어 몇 대에 걸쳐서 길이 태평을 향유하고 있으며, 내외일가一家의 주인이 되었다. 어찌 한두 마리 금수의 울부짖음이 인심을 미혹시키고 공론을 어지럽힐 수 있으리오! 사람이 천지간에 태어나서 가장 중시해야 할 것으로 윤상만 한 것이 없는데, 군신은 오륜 가운데 으뜸이 되어 부자 관계보다도 중요하다. 천하에는 부모가 있다는 것을 모르는 자가 없으니, 군주가 있다는 것을 모르는 자도 없으리라. 하물며 짐은 만민을 내려다보면서, 진정으로 나의 적자처럼 여겨왔다. 짐은 고요한 밤에 마음을 어루만지며 반성해보면서도, 절대 비방을 받게 될 리 없다고 자신하였다. 그런데 역적이 제멋대로 헐뜯고 비방하니 도대체 어디에서 비롯된 것인가?

유언비어[蜚語]를 날조하고 거짓으로 중상하는 말을 꾸며내어 동등한 사람을 모욕하여도 죄가 되어 마땅한 일이거늘, 지금 공공연하게 군상을 모욕하다니 이런 이치가 있는가? 어떻게 차마 그럴 수 있는가? 짐은 생각하기를, 타고난 양심은 사람 모두가 갖추고 있으니 우주의 억만 신민 가운데 군주를 존경하고 윗사람을 친애하는 마음을 지니지 않은 이가 없다고 여겨왔다. 그런데 역적들은 유독 괴려乖戾한 기질을 고집해서, 하늘이 덮어주고 땅이 지탱해주는 곳 밖으로 스스로를 떨어뜨리고, 강상윤기 안에서 스스로를 단절시켰다. 원통하고도 슬프도다. 역적이 비방하고 헐뜯는 내용은 모두 금수조차 하지 않는 짓인데, 잔인한 마음으로 짐을 모독하는구나. 짐은 나의 적자 가운데 이들처럼 천량을 모두 상실한 사람이 있으리라고는 참으로 생각조차 못 하였다.

온 천하의 신민은 [역적이 짐을 중상한 내용 중] 만에 하나에 대해서도 결코 현혹되지 않을 것이다. 그러나 천지간에 이런 황당하고 괴이한 일이 벌어지게 되면, 천하의 인정은 상식적 이치에 따라 헤아리지 못하거나, 아니면 백천 억만의 사람 가운데 여전히 도리를 알지 못하는 한두 사람이 있어서, 이런 근거 없는 말을 듣고 조금이라도 호응하게 되는 의혹이 생겨날 수 있다. 이 때문에 특별히 역서를 외부에 공개해 알리고, 아울러 궁정에 있었던 일에 관해 대강의 사정을 드러내어 대중이 알 수 있게 하노라. 만약 짐에게 조금이라도 자문自問할 수 없는 부분이 있으면서 이렇게 포고하는 글을 지어냈다면, 또 무슨 얼굴로 내외의 신하와 관리 그리고 만방의 백성을 대하겠는가! 이를 통해 하늘을 기만하겠는가, 다른 사람을 기만하겠는가, 아니면 스스로를 기만하겠는가? 짐은 역적의 글을 보고도, 심중은 담담해 전혀 분노하지 않았을 뿐만 아니라, 오히려 그들의 패역의 말을 근거로 분명히 타일러 깨닫도록 하고자 한다. 짐이 수년 동안 먹고 잘 여유조차 없이 종사와 창생을 위해 근심하고 힘쓰며 경계하고 삼갔던 마음을 천하와 후세에 알릴 수 있게 하는 것 또한 짐에게는 불행 중 크게 다행스러운 일이다. 특별히 지시하노라.

성지聖旨를 받들어 신문하고 증정이 진술한 13건

1. 청 왕조의 천명天命에 대한 정당성 문제

증정에 대한 신문

성지聖旨에 따라 너에게 묻노라. 악종기에게 보낸 서신에서 "도의道義를 갖춘 이를 인민이 따르지 않은 적이 없고, 민심民心이 귀속되는 이에 하늘이 어긋난 적이 없다. 예로부터 제왕 가운데 위대한 공적을 성취하고 대업大業을 건립함으로써 천지天地에 참여하여 만세萬世에 모범이 되었던 자라면, 어찌 사심私心과 편견이 그 흉중에 개재되어 있었겠는가!" 등의 말을 했다.

우리 왕조는 덕德과 공功을 누적해왔다. 태조고황제에 이르러 신무神武가 세상을 덮었으니, 여러 나라를 통일하여 국가를 창건하는 공을 성취하였다. 태종문황제께서는 제통帝統의 대업을 계승해 확장시켰고, 세조장황제께서는 중정한 법도를 확립해 질서를 안정시키고[建極綏猷],[192] 중외에 군림해 통치하였다. 이는 바로 천명天命에 순응하고 민심을 따라 위대한 공적을 성취하고 대업을 건립하여, 천지에 참여함으로써 만세의 모범이 되었던 지극한 도리[至道]다.

너는 본조에서 태어나고도, 열조에게 천명과 민심이 귀의하게 되었다는 것을 무시한 채, "도의를 갖춘 이를 인민이 따르지 않은 적이 없고, 민심이 귀속되는 이에 하늘이 어긋난 적이 없다"고 지껄였다. 이 말은 무슨 뜻인가?

증정의 진술

하늘을 뒤덮는 중죄를 범한 저의 이런 얘기는 예로부터 제왕의 흥기와 제왕의 재위在位는 모두 천명에 순응해 민심을 얻었기 때문이라는 점을 개괄해 설명한 것입니다. 천명에 순응해 민심이 따르니 흥기하여 제위帝位를 차지하는 것은 바로 도의의 당연當然입니다.

하늘을 뒤덮는 중죄를 범한 저는 호남湖南 변두리의 산골짜기에서 태어나고 자랐습니다. 고향 현지와 인근 지방에는 조정에 있었던 어떠한 달인이나 명사名士도 없었고, 거주한 곳은 도회지[城市]로부터도 가장 멀었기 때문에, 성조盛朝[193]의 공적에 대해 전해 듣지 못하였습니다. 작년에야

● ● ●

192. '건극수유建極綏猷'는 현재 자금성 태화전太和殿의 편액에도 걸려 있는 말이다. 본래 건륭제가 써서 그곳에 내걸었다고 알려져 있는데, 현재 쓰여 있는 것은 복원본이고 원본은 청말 원세개袁世凱가 칭제稱帝할 때 사라졌다. '극極'은 중中의 뜻으로 통상 치국의 중정한 원칙 또는 그러한 표준을 만드는 황제의 위치를 가리킨다. '수綏'는 본래 수레를 끌 때 쥐는 끈을 뜻하는데, 그로부터 의미가 확장되어 '편안히 하다, 위로하다, 순응하다'는 의미를 지닌다. '추猷'는 도道와 법칙法則을 뜻한다. 전체적으로 '하늘의 뜻을 받들어 백성을 다스리는 천자는 반드시 하늘을 받들어 법칙을 확립해야 할 뿐만 아니라 백성을 안정시키고 대도大道에 순응해야 한다'는 정도의 메시지를 담고 있다. 모두 『書』에 그 근거를 가진 말로, '建極'은 「홍범」편에서 "군주는 그 중정한 법칙을 세운다皇建其有極"는 말에서, '綏猷'는 「탕고湯誥」편에 "위대한 상제께서 지상의 백성에게 중정함을 부여하셨으니, 고유한 본성을 따라서 그 도를 편안히 할 수 있게 하는 것이 군주의 일이다惟皇上帝, 降衷于下民, 若有恒性, 克綏厥猷, 惟后"라는 말에서 비롯되었다.

193. 본조本朝와 같은 말. 본조를 예찬하는 표현.

성성省城[194]에 도착했고, 성성에서 제기帝畿[195]에 이르면서 견문이 점차 넓어지고 나서야, 동해東海에서 용이 비상했고,[196] 열조와 열성께서 잇따라 계승했으니, [본조는] 한漢·당唐·송宋·명明이 미칠 수 있는 바가 아닐 뿐만 아니라, 삼대三代[197]와 성주成周[198]의 융성마저 넘어선다는 것을 깨달았습니다.

천지의 정영精英[199]은 날마다 변화하며 날마다 개발되는 것입니다. 상세上世[200]에는 [인민이] 우매하고 순박하여, 인문人文이 개발되지 못했지만, 온축되어 성주成周에 이르자, 태화太和[201]가 조화롭게 융합되고 문명文明은 찬란히 드러났습니다. 하지만, 하늘께서 성인을 도탑게 낳으시어 통치를 개시하게 했을 때, 주周에서조차 오직 문文·무武 두 성왕聖王만이 지극한 모범[極]이 되었던 셈입니다. 어찌 본조에서 [성왕들이] 겹겹이 이어가며 날마다 원대해지고 오래될수록 빛나는 것만 하겠습니까! 태조고황제께서 신무로 세상을 뒤덮어 왕업의 기틀을 개창하신 이래로, 태종문황제께서는 제위를 계승해 대업을 확장하셔서 여러 나라를 통일하셨으며, 세조장황제께서는 중정한 법도를 확립해 질서를 안정시키고 중외에 군림해 통치하셨습니다. 성조인황제께서는 깊은 인애와 두터운 은택을 사해에 이르기까지 널리 베푸셨으며, 우리 황상皇上에 대해 말하자면, 천성[天亶]이 총명하셔서 선왕들의 업적을 드높여 확장하셨으며, 예악을 극명히 밝히셨고, 바다는 잔잔하고 황하는 맑아지도록[海晏河清][202] 예비하셨습니다.

194. 성省의 행정기관 소재지.
195. '경기京畿', 즉 군주가 거하는 수도 혹은 수도 및 그 주변 지역을 뜻한다.
196. 王者의 흥기, 왕조의 개창을 비유하는 말.
197. 고대의 성왕들이 다스린 하夏·상商·주周를 말함.
198. 周公이 성왕成王을 보필했던 주周가 흥성했던 시기를 뜻함.
199. 정화精華와 같은 말이다. 사물 가운데 가장 정수가 되며, 가장 빼어난 것을 가리킨다.
200. 아주 오래된 고대를 뜻함.
201. 천지간의 담백하고 온화한 기운으로, 인간의 정신과 원기를 뜻하기도 함.

이런 것이야말로 천명과 민심이 귀의하는 바이며 바로 도의의 당연이기에, 천지에 참여해 만세의 모범이 되시고, 천운天運과 문명이 융성하게 모였던 것입니다.

이전에 하늘을 뒤덮는 중죄를 범한 저는 참으로 무지에 빠져 있었는데, 무엇인가를 하겠다고 작정해서가 아니라 스스로 성세聖世에서 벗어나 있었기 때문입니다.

2. 종족 · 지역에 따른 화華 · 이夷 구분의 타당성 문제

증정에 대한 신문

성지에 따라 너에게 묻노라. 너는 서신에서 "하늘이 사람과 동물을 낳을 때, 천리에서는 하나지만 [기질氣質에 따라] 구별이 있게 하였다. 중토中土[203]에서 태어나 올바름을 얻고서 음양의 덕이 합해지면 사람이 되고, 사방의 변경에서 태어나 마음이 치우치고 음험하며[傾險] 비뚤어지고 올바르지 않으면[邪僻] 이적이 되는 것이다. 이적 아래는 금수다"라는 등의 말을 하였다.

금수라고 명명하는 이유는 거주하는 곳이 아주 멀기 때문이고 언어와 문자가 중토와 상통하지 않기 때문에 이적이라고 부르지만, 중국에서 태어났다고 사람이 되고 외지에서 태어났다고 사람이 될 수 없는 것은 아니다. 사람과 금수는 모두 천지 가운데에서 존재하여 똑같이 음양의 기운을 부여받는데, 그중에 영명하고 빼어난 것을 얻으면 사람이 되며, 그중에 이외의 다른 것을 얻으면 금수가 된다. 그러므로 사람의 마음은

---

202. 천하를 태평太平하게 한다는 관용적 표현이다.
203. 중원中原, 즉 중국을 뜻한다.

인의仁義를 알지만, 금수에게는 윤리倫理가 없는 것이다. 어찌 태어난 지역이 중토인지 외지인지를 근거로 사람과 금수의 차이를 구분하는가?

만일 네 말대로라면, 중국은 음양이 화합하는 땅이라 오직 인간이라는 한 부류만 낳아야 할 것이며, 다시 금수가 존재해서도 그 공간에 금수를 키워서도 안 될 일이다. 어째서 중국의 땅 전체에 걸쳐서 사람이 금수와 뒤섞여 함께 거주하며, 금수의 무리가 인류보다도 훨씬 많은가? 더구나 인류의 중토라면서, 도리어 너처럼 반역이나 일삼고 광패하여 천량을 상실하고 인간의 도리[人理]를 절멸시킨 금수만도 못한 물건을 낳았던 것인가? 너는 어떻게 대답하겠는가?

증정의 진술

하늘이 사람과 동물을 낳을 때, 천리에서는 하나지만 [기질氣質에 따라] 구별이 있게 하였습니다. 그 구별의 원인은 실제로는 천리의 치우침[여부] 때문이지, 결코 거주하는 곳의 내외에 있지 않습니다. 하늘을 뒤덮는 중죄를 범한 저는 독서가 보잘것없어 의리를 보는 데 투철하지 못했기에, 멋대로 지역의 원근에 따라 화이가 나뉜다고 생각했습니다. 애초 사람의 선악에 따라 화이가 나뉜다는 것을 몰랐다가, 지금에서야 황상의 유지에서 "네가 말하는 바대로라면 중국은 오직 인간이라는 한 부류만 낳아야 할 것이고, 다시 금수가 존재해서도 그 공간에 금수를 키워서도 안 될 일이다"라고 말씀하신 것을 삼가 읽게 되었습니다. 의미를 더욱 정밀하고 참되게 하시고, 이치를 더욱 선명히 드러내주시니, 비록 단단한 돌덩이처럼 지각이 없었을지라도 감동하지 않을 수 없었습니다.

더구나 본조가 흥기한 이래 여러 성왕께서 차례로 계승하셨으니, 예로부터 없던 일입니다. 만국萬國이 모두 평안한 것도 역대로 보기 드문 일입니다. 게다가 개척된 강토는 광활하고, 명성과 교화는 사해에까지 이르렀습니다. 생민이 존재한 이래 오늘날에 이르러 가장 융성한 것입니다. 또한 성조황제께서는 하늘의 돈후篤厚한 돌보심을 받으셔서 오래도록 통치하셨는데,[204] 삼대三代 이래로 없던 일이었습니다. 더구나 수많은 선정과 선교를 베풀고 천지를 경위하여[緯地經天][205] 만세를 위한 커다란 토대를 여셨고 모든 군주를 위한 대법大法을 확립하셨습니다. 이른바 "삼왕[206]에 비추어 보아도 틀림이 없고, 천지에 세워도 어긋나지 않고, 귀신에게 검증해도 의문이 없으며, 백세 이후에 성인을 기다린다 하여도 미혹되지 않는다考諸三王而不謬, 建諸天地而不悖, 質諸鬼神而無疑, 百世以俟聖人而不惑"(『중용中庸』, 29장)라는 것을, 바로 현재에서 목도했던 것입니다.

그렇기에 성조황제께서 하늘의 빈객이 되었다는[賓天][207] 조서가 이르자, 깊은 산골짜기에서조차 바삐 뛰어다니며 슬피 통곡하지 않는 이가 없어, 부모의 상을 치르는 듯했던 것입니다. 하늘을 뒤덮는 중죄를 범한 제가 우매하고 완고한데다 무지하였을지라도, 이때에 이르러서는 식음을 전폐하고 통곡하고 울부짖으며 눈물을 흘렸으며, 깊은 산에서 소복을 입고 예제禮制를 다하여 상을 치렀습니다. 그러나 당시 모든 일은 마음이 지각하지 못하는 사이에 일어났고 감정을 어쩌지 못했기에 발현된 것이지, 의도하는 바가 있어서 그랬던 것은 아닙니다. 만일 성덕이 높고도 두텁고 황은皇恩이 드넓지 않았더라면, 어떻게 인민이 이 지경에 이르도록 했겠습니까! 지금 하늘에 계신 성조 황제의 영령도 훤히 굽어보고 계실 것입니다.

● ● ●

204. 강희제(1662~1722)는 8세에 즉위하여 61년간 제위에 머물렀다.

205. '緯地經天' 혹은 '經天緯地'로 쓴다. 『國語』「周語下」에 "하늘에 여섯 가지 기운과 땅에 다섯 가지 물질이 있는 것은, 天地의 불변하는 數이다. 하늘의 여섯 기운으로 經(날줄)을 삼고 땅의 五行으로 緯(씨줄)를 삼아 經緯가 어긋나지 않는 것이 문덕文德의 형상이다天六地五, 數之常也. 經之以天, 緯之以地. 經緯不爽, 文之象也"라는 말에서 비롯되었다. 본래 천지를 원리, 법도로 삼는다는 의미였다가, 이후 천하를 운영하고 국정을 다스리는 행위를 뜻하는 말, 또는 정치적 재능이 탁월함을 뜻하는 말로 사용되었다.

206. '삼왕'은 고대 세 왕조를 대표하는 왕으로 하의 우禹, 상의 탕湯, 주의 무왕武王을 가리킨다. 무왕 대신 문왕을 집어넣기도 한다.

207. 천자의 죽음을 완곡히 이르는 말.

다만 이전에 『춘추春秋』에 화이의 구별이 있다는 것을 보고, 경전의 요지를 잘못 이해하였기 때문에 황당하고도 막돼먹은 소리를 내뱉었던 것이고, 실제로는 지금에서야 [『춘추』의] 경문에서 설명한 의미를 비로소 깨닫게 되었습니다. 단지 초楚나라가 [주周나라] 왕을 존중하지 않았기 때문에, [이적으로] 배척했던 것이며, 본조의 흥기와 경문이 뜻하는 바의 차이는 하늘과 땅만큼 현격합니다.

하늘을 뒤덮는 중죄를 범한 저는 이로 인해, 천지 내에 기氣가 통하지 않는 곳이 없고 리理가 이르지 않는 곳이 없으므로, 화이에 관한 구별은 참으로 지역을 근거로 말할 수 없다고 생각했습니다. 설사 지역을 가지고 말한다 해도, [지역에] 일정한 한도는 없습니다. 천지의 정영精英이 되는 기는 날마다 발산하여 나날이 멀리 퍼져나갈 뿐만 아니라, 순환에서도 일정치 않기 때문입니다. 오늘날 음양과 오행의 정화精華는 모두 동토東土로 모여들었고, 제하諸夏에서는 마멸되어 휑하니 비어버렸다는 것이 실화實話이자 실상[實理]입니다. 더구나 이적이란 본래 사람으로서 논하자면 역시 선악과 오성五性[208]이 완전히 갖추어져 있어 조금의 흠결도 없는 사람이지만, 오성이 혼탁하게 뒤섞여서 불충·불신할 때 이적이 되는 것입니다. 맹자는 위대한 순과 문왕이 동이와 서이 지역에서 태어났다고 말했을 뿐만 아니라 양주楊朱와 묵적墨翟의 무부무군을 꾸짖어 금수라 여겼으니, 중국에 어찌 이적이 없겠으며, 요황要荒[209]이라고 어찌 성인이 없겠습니까? 명의 치세에 관해 말하자면, [춘추시대 중원의] 노魯·위衛·제齊·진晉과 같은 옛 제후국만도 못했지만, 본조의 흥기는 성주成周의 궤적을 곧장

208. 인간이 타고나는 다섯 가지 천성으로, 여기서는 인·의·예·지·신을 가리킨다.

209. 『書』「益稷」에는 왕기王畿(국가의 수도) 이외의 지역을 각 경계에서 5백 리 거리를 기준으로 구분하였다. 가까운 곳에서 먼 곳으로 나가면서 각 지역을 후복侯服·순복甸服·수복綏服·요복要服·황복荒服이라 칭했다. 여기서 '要荒'이란 바로 요복要服과 황복荒服의 합칭으로, 중원에서 가장 먼 변방 지역을 의미하는 개념으로 쓰인 것이다.

넘어서는 것임은 두말할 나위도 없습니다.

하늘을 뒤덮는 중죄를 범한 저는 식견이 보잘것없고 직접 경험하지 못한 데다, 이런 무지한 뜬소문들이 마음속을 혼잡하게 만들었기에, 이렇게 망언하였습니다. 죄를 뉘우친대도 돌이킬 길이 없습니다. 하늘을 뒤덮는 중죄를 범한 저는 앞서 두 차례 직접 자백한 것을 기억하고 있습니다. 앞의 진술에서는 사람에 관해 논하였는데, 천지의 정영한 기는 발산될수록 멀리 나아가며 순환에서도 일정치 않아서 지역을 근거로 한정되지 않는다는 것입니다. 그리고 이후의 진술에서는, 명의 치세는 노·위·제·진과 같은 옛 제후국만도 못했지만 본조의 흥기는 성주의 궤적을 곧장 넘어선다는 점을 지적하였습니다. 지금 돌이켜보자면, 깨달을수록 의심이 없어졌다 자신하지만, 죄를 뉘우친대도 돌이킬 길이 없습니다. 하늘을 뒤덮는 중죄를 범한 저는 비록 과거에 금수와 같았지만, 지금 금단金丹의 점화點化[210]를 입어 다행히 인간으로 탈바꿈되었습니다.

3. 청조의 치세에 대한 평가

중정에 대한 신문

성지에 따라 너에게 묻노라. 너는 서신에서 "총명聰明과 예지睿智를 갖추고, 인仁으로 만물萬物을 기를 수 있고, 의義로 만사萬事를 바로잡을 수 있고, 예禮로 만화萬化, 온갖 교화를 펼치고, 지智로 만류萬類를 살필 수 있고,

210. '금단'은 과거 도교의 방사方士가 금석金石을 제련해 만든 단약으로 그것을 복용하면 장생불로하는 신선이 된다는 영약이며, '점화'는 도교에서 보잘것없는 물체를 금으로, 범인을 신선으로 바꾸는 등 기존 상태를 질적으로 완전히 탈바꿈시키는 것을 가리키는 용어다. 여기의 맥락에서는 황상의 교화를 받아 중죄를 지은 금수 같은 존재에서 비로소 사람이 될 수 있었다는 은유로 쓰이고 있다.

신信으로 만방에 믿음을 얻을 수 있는 자라야, 천하가 존경하고 친애할 수 있다. 원통하게도 이전 명조에서 군주는 그 덕을 잃고 신하는 그 지켜야 하는 바에 소홀하여 중원이 함락되었다. 이적이 빈틈을 타고 부당한 방법으로 신기神器를 점거했으니 건·곤이 뒤집혀 하늘이 무너지고 땅이 꺼졌다. [청조가 중원을 차지한] 80여 년 동안, 천운은 쇠락하고 천지는 진노하였으며 귀신은 곡하며 울부짖었다"는 등의 말을 하였다.

본래 황천께서는 친애하는 자가 따로 없고, 오직 덕 있는 자만을 보호하신다. 우리의 태조太祖·태종太宗·세조世祖께서는 성군으로서 성군에게 제위를 물려주고 물려받았다. 성조께서는 재위 62년 동안 깊은 인애와 두터운 은택이 [인민의] 피부와 골수에까지 두루 스며들게 하였으니, 바로 "총명과 예지를 갖추고, 인으로 만물을 기를 수 있고, 의로 만사를 바로잡을 수 있고, 예로 만화를 펼치고, 지로 만류를 살필 수 있고, 신으로 만방에 믿음을 얻을 수 있는 분"이셨다. 하늘이 명命을 주시고 인민이 귀의하는 데도 힘써 대덕을 밝히시니, 혈기를 지닌 모든 존재가 존경하며 친애하였다. 열조께서 지극한 덕으로 [인민을] 감동시켜 믿음을 얻고 천도를 받들고 따르시는 데에 자고이래 지극히 성대했기 때문에, 황천께서 보우하사 우리 왕조에 거듭 두터운 은혜를 명하시는 데에서도 자고이래 지극히 극진했던 것이다.

[서신에서는] 마치 건곤이 뒤집혀 하늘이 무너지고 땅이 꺼진 것처럼 말하고 있는데, 우리 왕조는 80여 년 동안 계속 태평성대를 이어가는 복을 향유하고 있다. 모든 반역의 무리에 대해서는, 조금이라도 간특한 싹을 보이면 발길을 돌릴 겨를도 없이 곧장 절멸시켰다. 천지가 진노하거나 귀신이 곡하며 울부짖는 것은 모두 어찌할 도리가 없는 일인데, [본조의] 인력人力만으로 끝내 하늘을 이길 수 있었겠는가? 네 말은 감히 우리 왕조를 모독하는 것이 아니라, 감히 상천을 모독하는 것이다. 증정, 너는 어떻게 대답할 것이냐?

증정의 진술

하늘을 뒤덮는 중죄를 범한 제가 말했던 바는, 반드시 총명과 예지를 지니고 아울러 오성의 완전한 덕을 갖춰야만 존귀한 천자의 지위에 합당하다는 이야기였습니다. 지금 보니, 열조와 열성께서는 총명과 예지를 갖추고 인·의·예·지·신을 사해의 안팎까지 베풀어, 참으로 성신聖神[211]의 극치가 되심을 이미 모두에게 증명하셨던 것입니다. 우리 황상께서 즉위하신[御極] 이래로, 성덕과 신공은 위로 열조를 계승하셔서, 특히 터럭만큼도 민심에 부합하지 않는 일이 없었습니다.

오직 하늘을 뒤덮는 중죄를 범한 저만이 헛소문에 미혹되어, 급기야는 하늘을 이고 살면서도 하늘이 높은 줄을 몰랐고 땅을 디디면서도 땅의 두터움을 몰랐으며, 일과 휴식을 오가면서 끝내 제왕의 은덕[帝力]이 어떠한지를 망각했습니다. 이로 인해 대악을 빚어냈고, 스스로를 난적亂賊으로 떨어뜨렸습니다.

지난해 겨울에서야, 흠차대인欽差大人[212]이 성덕의 위대함은 우주를 함양한다고 선전하는 것을 들었고, 또한 삼가 성유聖諭의 간절하고 자상하신 가르침을 읽게 되었는데 그 빛이 사표四表[213]까지 덮으시니, 비로소 심신心神이 탁 트이는 것을 자각하였고 홀가분하게 이전의 잘못을 깨달을 수 있었습니다. 그러나 귀로는 성덕을 들었고 마음으로는 성교聖教에 감복하였지만, 눈으로 도가 행해지는 성세盛世의 광경을 직접 본 적이 정말 없었습니다.

● ● ●

211. 제왕을 칭송할 때 쓰이는 관용 표현으로 황제를 가리킨다. 고대의 성인聖人을 가리킬 때도 사용한다.

212. 흠차는 황제가 임명하였다는 뜻이고, 대인은 고관高官에 대한 존칭으로 대개 4품 이상의 관원에게 이 말을 사용한다.

213. 사방의 극히 먼 지역을 뜻한다. 천하 전체를 뜻할 때 쓰이는 말이다.

며칠 전 경사로 압송해 오라는 명을 받들어, 호남에서 호북을 거쳐 하남河南에 다다르고, 하남에서 직예直隸[214]를 거쳐 경성京城에 이르기까지 지나쳤던 도읍都邑·성·군이나, 교외에서 도시까지 오면서 지나쳤던 사람과 지역이 얼마나 많았는지 모릅니다. [그런데] 오직 인민의 생활이 안락하고 물산이 풍부하며 풍경이 평화로운 것을 보았을 뿐입니다. 그 가운데에 사는 자들은 모두 기상氣象이 고아古雅하고 아름다웠고, 습성은 순박하고 돈독하였습니다. 정치와 교화가 아름답고 청명하여 태화太和가 조화롭게 융합되니, 절로 모두가 태평성세를 찬양했습니다.

황상께서는 총명과 예지를 갖추어 인으로 만물을 기르고, 의로 만사를 바로잡고, 예로 만화를 펼치고, 지로 만류를 살피고, 신으로 만방에 믿음을 얻으셨으며, 백성의 휴식과 양육을 돌보는 데에 정력을 다하여 지칠 줄 모르셨으니, 고대 이래로 존재한 적이 없던 분이십니다. 그렇지 않았다면 어찌 민심이 경애하고 받들 것이며, 상서로운 징조[休徵]가 일제히 나타났겠으며, 하늘의 돌보심이 이토록 융성하고 두터웠겠습니까? 이런 생각에 이르자, 이전 잘못은 죄가 커서 하늘을 뒤덮는 것임을 더 분명히 깨닫게 되었고, 부끄러워 쥐구멍에라도 들어가고 싶은 심정으로, 날마다 스스로 통렬히 후회하며 통곡하고 있을 뿐입니다.

[서신에서] "중원이 함락되었다" 등등의 말과 같은 것은, 모두 헛소문을 듣고 경전의 뜻을 잘못 해석했기 때문입니다. 병의 뿌리 하나가 하나의 길을 끝까지 줄곧 어긋나게 하였습니다. 지금 만 번 죽고 만 번 사지가 찢긴대도 마땅한 일인데, 다시 어찌 주둥이 하나라도 보태겠습니까?

214. 천자가 사는 수도 근방의 요충지를 '직예'라 한다. 수도에 직접 부속되는 지역을 칭하는 말이다. 송나라 때 주영현州領縣을 직예로 삼은 것이 기원이다.

4. 빈부 차이의 원인이 청조의 군왕 탓인지의 여부

증정에 대한 신문

성지에 따라 너에게 묻노라. 너는 서신에서 "토지를 모조리 부잣집에서 사들이니 부자는 날마다 부유해지고 빈자는 날마다 가난해진다"는 등의 말을 하였다.

예로부터 빈부의 차이는 만물의 실정이다. 평범한 사람이 능히 근검절약하고 저축하여 집안을 일으켜 세운다면, 빈자도 부유해질 수 있다. 만약 빈둥거리고 놀면서 무절제하게 사치하고 낭비하며 본업을 망친다면, 부자 역시 가난해진다. 부잣집에서 토지재산을 사들여 겸병하게 된 것은 실제로는 빈민이 스스로 궁핍을 자초하여 그 재산을 부잣집에 팔았던 데에서 비롯되었다. 지금 네가 토지를 부잣집들이 획득하게 되었다고 말하는 것은, 과연 옹정 원년 이후에 부자들이 인민의 토지를 사들이기 시작했다는 것이냐, 아니면 강희 연간에 부자들이 이미 인민의 토지를 사들였다는 것이냐? 과연 본조 이전, 이를테면 명과 송 그리고 한·당 왕조 때에 민간에서는 모두 빈부가 균등하였다는 것이냐, 아니면 예로부터 민간에서 부자가 되려면 인민의 토지를 사들였다는 것이냐? 너는 부자는 날마다 부유해지고, 빈자는 날마다 가난해지는 것을 모조리 군상의 탓으로 돌리는데, 무슨 이치에 근거한 말이냐?

증정의 진술

이는 태평이 오래 지속되어 민간에서 부침이 반복되고 누적됨으로써 폐단을 만든 것이니, 확실히 자연의 형세 탓이지 군상의 업무와 무관하며, 또한 한·당 이래의 공통된 폐단이지 본조에서 시작된 일이 아닙니다. 단, 본조는 차례로 성군들이 계승하여 태평성세가 오래도록 계속되었으니, 고대 이래로 견줄 만한 왕조가 드뭅니다. 게다가 황상께서 즉위하신

이래 덕은 성대하여 인민이 교화되었고, 기풍은 청명하여 폐단이 근절되었으니, 민간에서는 조금의 분란조차 없었습니다.

그런데 오로지 농지 문제에서, 부잣집은 남아돌아 편안하고 빈민은 항상 부족하여 고통스러운 것은 부침이 반복되어 만들어진 폐단인데, 토지 가운데 상당 부분을 부잣집에서 사들였기 때문입니다. 이때 바로 재성보상裁成輔相[215]해야만 할 듯하여 곧 망령되이 말하기를 '백성들이 군상을 우러러보는 까닭은 가득한 것을 가늠하여 비어 있는 것을 맞추어 주고, 많은 곳을 감하여 부족한 곳에 더해주기 때문이니, 성인은 그 능력을 발휘함에 당연히 차마 물정物情이 저절로 흘러가는 바대로 맡겨둘 수는 없다'라고 하였습니다.

이는 하늘을 뒤덮는 중죄를 범한 저의 보잘것없는 거친 견해이자, 세상일에 어두웠던 우매한 주장이었습니다. 어찌 빈곤은 방탕하고 나태하여 초래된 것이고, 부유함은 근검을 통해 획득한 것임을 알았겠습니까? 이러한 빈부의 차이는 하늘이 인민을 내려주신 이래로 그러했던 것이니, 본래 인력으로 통제할 수 있는 바가 아닙니다. 대체로 하늘이 만물을 낳을 때 가지런하지 않은 것은 오기五氣가 [사람마다 다르게] 뒤섞여 똑같아질 수 없기 때문으로, 사람마다 어리석음과 명석함, 정교함과 졸렬함의 자질이 다른 것이 바로 자연의 조화입니다. 설사 하늘이라도 어찌할 수 없는 것입니다. 인간의 빈부에 대해서는 작위作爲하여 처리한 것을 살펴보아야 하고, 작위하여 처리한 것은 다시 재능의 정교함과 졸렬함, 어리석음과 명석함을 살펴보아야 합니다. 이것이 자연의 사리이자 형세입니다. 더구나 천도의 복선화음福善禍淫이란 더욱 깊고도 아득해

215. 裁成輔相은 財成輔相이라고도 한다. 『周易』「泰卦·象」에서 "하늘과 땅이 교통하는 것이 태泰이다. 군주는 천지의 도를 재단해 완성시켜, 천지의 합당함을 도움으로써 인민을 보좌한다天地交, 泰. 后以財成天地之道, 輔相天地之宜, 以左右民"라고 한 말에서 유래한 성어이다. 일반적으로 과도한 것을 억제해 모자란 것을 보완한다는 의미로 쓰인다.

예측할 수 없습니다. 곤궁한 자는 하늘이 고통스럽게 한 것이 아닌지 어찌 알 것이며, 풍족하고 안락한 자는 하늘이 도운 것이 아닌지 어찌 알겠습니까? 황상께서는 돌보고 기르는 마음으로 온 세상을 흠뻑 적셔주시는데, 어찌 빈부의 차이가 나날이 극심해지기를 원하셨겠습니까! 성상聖上의 가르침을 받아 탈바꿈되면서, 더욱 분명히 깨달았습니다.

5. 청조의 치세가 인민의 원망을 만들었는지의 여부

증정에 대한 신문

성지에 따라 너에게 묻노라. 너는 서신에서 "도처에서 울부짖고 원망하며, 간절하게 해[日]가 사라져서 함께 죽기를 바란다"[216]는 등의 말을 하였다. 이 울부짖고 원망하는 이는 정확히 어떤 사람인가? 정확히 어떤 지역인가? 정말 학대당한 사실이 있었는가? 정확히 어떻게 해서 사라져 버리기를 원하는 심정이 생긴 것인가? 반드시 하나하나 사실대로 자백하라.

증정의 진술

이러한 울부짖음은 바로 동정호洞庭湖 가에서 우연히 수재를 당해 생업을 유지할 수 없게 된 인민의 것입니다. 대체로 사람이 태어나 질병과 고통, 굶주림과 추위, 고생과 피로를 견딜 수 없으면 대부분 하늘과 부모를 부르는데, 이런 인정은 [그들] 스스로 억제할 수 없는 것입니다. 게다가 소민小民은 태평한 날이 계속되어 평소 풍요로움을 누리다가, 우연히

● ● ●

216. '해가 사라져 함께 죽기를[日喪偕亡]'이란 말은 『맹자』 「양혜왕상梁惠王上」에 인용된 「탕서湯誓」의 구절에 근거한 표현이다. 거기에 인용된 구절은 다음과 같다. "「탕서」에서는 '이 해가 언제 없어질까? 나는 너와 함께 망하겠다'라 하였다(「湯誓」曰 '時日害喪? 予及女偕亡')."

수재를 당하게 되면 너무나 고통스러워 살아갈 수 없기에, 어째서 [자신들의 처지가] 다른 군읍郡邑에서 사람들이 풍년을 노래하는 것과 다른지 비교하게 되는 것입니다.

황상께서 고통받는 백성을 아끼고 보살펴 국고를 풀어 구휼하심에, 남아 있었던 자들은 은혜를 입었지만, 흩어져 떠돌아다니며 이리저리 전전하는 자들은 아마도 멀리 떨어져 있어 두루 은혜가 미치지 못하였으리니, 그 은혜 밖으로 벗어나 있는 자들이 때때로 울부짖는 것입니다.

하늘을 뒤덮는 중죄를 범한 저는 널리 보고 멀리 생각하지 못하였기에, 이런 말을 하였습니다. 실제로 추위와 더위를 원망하고 탄식한다 해서, 어찌 천지의 위대함을 훼손하겠습니까! 더구나 오래도록 많은 자가 은혜를 입었고, 잠시 소수만이 아직 은혜를 입지 못하였으니, 생업에 안정을 얻지 못한 자는 호남을 기준으로 계산해보면 백분의 일에 불과하고, 온 천하를 기준으로 계산하자면 억만분의 일조차 안 됩니다. 이런 사정을 지금에서야 파악했습니다.

6. 청조에 대한 충성을 정절을 잃은 것으로 보는 관점, 그리고 악종기에게 투서한 이유에 관한 질의

증정에 대한 신문

성지에 따라 너에게 묻노라. 너는 서신에서 "황조皇祖의 원수를 추대해 군주로 삼았을 뿐만 아니라, 그 앞에서 목숨을 걸고 절개를 다한다"라고 했고, 또한 "머리를 조아리며 절개를 굽힌 채, 도적에게 충성을 다한다"는 등의 말을 하였다. 증정이 악종기의 먼 조상인 무목왕武穆王[217]을 황조[218]라

217. 남송 시대의 명장인 악비岳飛(1103~1141)를 뜻한다. 호북湖北 일대에서 금나라 군대를

고 칭한 것은 악종기를 받들어 군주로 삼고 자기는 그 신하가 되려는 것이었다.

또한, 증정은 황당하고 방자한 말로 춘추대의春秋大義를 자임하였다. 그 역서에서는 "신해[人臣]가 군주를 택하는 것은 여자가 지아비를 따르는 것과 같으니, 신하된 자가 자기 군주가 아닌 이를 섬겨 절개를 잃는 것은 여자가 시집갔다가 다시 혼인하는 것과 같은 짓이다"라는 등의 말을 하였다. [그러나] 악종기가 만약 증정의 말에 따라 본조를 배반하였다면, 악종기는 목숨을 걸고 절개를 다하지 못한 채 다시 혼인한 자가 되었을 것이다. 그리고 증정 또한 신하로서 악종기를 섬기게 되니 정절을 잃고 다시 시집간 여자가 되는 것이다. 증정은 악종기가 신하로서 본조를 섬기는 것을 절개를 굽혀 비류에게 충성을 다하는 것이라 여겼으니, 증정이 [비류에 충성을 다하는] 악종기를 추대해 군주로 삼기를 원하는 것이야말로 비류 중에서도 비류가 아니겠는가? 더구나 역서 안에서 악종기를 악비岳飛의 후손이라 부르며 그 공덕을 칭송하다가, 곧 흠차欽差[219]가 그를 신문할 때는 다시 본조의 은택과 훈업勳業에 대해 온갖 말을 다 늘어놓으니 증정의 마음을 모르겠다.

여전히 신하로서 악종기를 섬기고자 하는 것인가? 아니면 신하로서 본조를 섬기기를 원하는 것인가? 만약 신하로서 본조를 섬기기를 원한다면 증정 역시 비류에게 절개를 굽힌 것이 아닌가? 악종기가 증정의 부추김에 현혹되었다면, 증정은 이때 악종기가 옳다고 여겼을지, 아니면 비류라고 생각했을지 모르겠다. 하나하나 신문하여 그가 한 조목도 빠짐

● ● ●

방어했다. 주전파였던 악비는 금과의 화평론을 주장하던 당시 재상 진회秦檜의 무고로 옥사하였다. 효종孝宗 때 복관되고 무목이란 시호를 받았고, 영종寧宗 때 악왕鄂王으로 추봉되곤 충무忠武로 시호를 바꾸었다.

218. 통상 군주의 조상을 뜻한다.

219. 황제의 특별 명령을 받고 나가 중대 업무를 처리하는 관원.

없이 자백하도록 시켜야 마땅하다.

증정의 진술

하늘을 뒤덮는 중죄를 범한 저는 본래 이러한 일을 하려는 의도가 추호도 없었습니다. 단지 뜬소문을 잘못 듣고 경전의 뜻을 번잡하게 해석했기 때문에 일체의 대의명분이 모두 뒤죽박죽되기에 이른 데다가 협애한 견문을 보탠 것이었으며, 본조가 대대로 쌓은 공덕의 융성으로 정통을 획득하였고 심후한 인애와 은택을 오랫동안 널리 베풀었다는 점을 몰랐습니다. 그리하여 악종기에게 서신을 올렸던 것인데, 여러모로 사리에 어긋나고 터무니없는 짓이었으니 통렬히 뉘우친대도 돌이킬 길이 없습니다.

대체로 신하가 군주를 택하는 일은 여자가 지아비를 따르는 것과 아주 비슷합니다. 지금 악종기는 문무의 재능을 모두 겸비했고 성신聖神[220]의 치세에 은총을 받고 태어나 성신한 군주를 섬기고 있으니, 정결한 여인이 재덕을 갖춘 지아비[賢夫]를 따르는 것과 같을 뿐만 아니라, 정확히는 고기皐夔[221]가 요순을 섬기고 이주伊周[222]가 탕무를 섬기는 것과 같아, 확실히 배신할 만한 명분이 만무했고 배반할까 하는 마음조차 전혀 없었습니다.

그런데 하늘을 뒤덮는 중죄를 범한 저는 뜬소문을 잘못 듣고 결국 무모하게 서신을 올렸습니다. 군신의 대의에 저 자신이 어두웠을 뿐만

---

220. 지혜와 덕성이 두드러져 통하지 않는 곳이 없고, 영묘靈妙하고 불가사의한 것. 제왕을 칭송하는 말로 쓰이니 많은 경우 천자天子를 가리킨다.

221. 고요皐陶와 기夔를 합쳐서 부르는 말이다. 전설 중에 고요는 우순虞舜 때의 사법司法을 담당한 관리였고, 기는 요에게 기용되어 순의 시대에까지 음악을 관장했던 관리로, 고기는 후대에 훌륭한 신하를 가리키는 대명사로 사용되었다.

222. 상商나라 탕湯을 섬긴 이윤伊尹과 주周나라 주공周公 단旦을 가리킨다. 조정을 맡는 대신을 의미하는 말로 흔히 쓰인다.

아니라, 타인에게 불충을 권유하기까지 했던 것입니다. 벌과 개미와 같은 미미한 것도 군신이 존재함을 알며, 뱀과 호랑이 같은 독한 것도 은혜에 보답할 것을 잊지 않는데, 멀쩡히 사람 얼굴을 하고서 한낱 비류만도 못했던 것입니다.

지난겨울 흠차대인의 신문을 받게 되었을 때 성덕을 선전해주어, 고대 이래 성세의 제왕들도 더불어 필적할 수 없다는 것을 깨달았습니다. 그뿐만 아니라, 본조가 기원하여 공덕을 성취했던 일을 상세히 알려주었는데, 매사에 인의를 지극히 다하여 정통을 얻었으니, 모두 하늘이 명을 내리시어 인민이 귀의했던 것입니다.

본조가 [중원에] 와서 만국을 어루만지기 시작했을 때, 명의 민제愍帝[223]는 국난 중에 이미 순국하였고 이적李賊[224]이 미친 듯이 날뛰니 중원은 도탄에 빠져 해독害毒이 홍수와 화염보다도 심했습니다. 세조장황제께서는 병사 하나 번거롭게 하지 않고 화살 하나 낭비하지 않았으니, 천하가 감복하여 받들며 갓난아기[赤子]가 부모를 의지하는 것처럼 순종하였습니다. 탕·무가 과거 하나라와 은나라의 제후였었기에, 하·은을 정벌해야 할 때에 직면하자 전쟁을 피할 수 없었던 사실과 비교하자면, [청에 의한 왕조 교체가] 명분과 논리에서 훨씬 더 정당하고 조리 있는 것이었는데도 신무를 사용해 살인하지 않았던 것입니다.[225] 하늘을 뒤덮는 중죄를

● ● ●

223. 명나라의 16대 마지막 황제인 숭정제 주유검朱由檢(1611~1644, 재위 1628~1644)을 가리킨다. 이자성에 의해 북경이 함락되자 처첩과 딸을 죽이고 자결하였다. 청나라가 북경을 점령한 후, 숭정제에게 장렬민황제莊烈愍皇帝라는 시호諡號를 내리고 묘호廟號를 회종懷宗이라고 하였다.

224. 이자성과 그의 농민 반란군을 뜻함.

225. 탕왕湯王은 하夏를 멸망시키고 은殷을 건국했고, 무왕武王은 은을 멸망시키고 주周를 건국했는데, 모두 신하의 신분에서 왕조를 바꾸는 역성혁명을 일으켰다. 탕왕과 무왕은 성왕으로 추앙받는 이들이지만, 그들이 신하의 신분에서 왕조를 전복하면서 전쟁을 피할 수 없었던 상황과 비교했을 때, 청 왕조는 명 왕조에 신하의 위치가 아니었던 데다 전쟁으로 정권을 탈취한 것도 아니므로 청 왕조의 정통성은 두 성왕이

범한 저는 이러한 의리義理를 듣고서야 심연深淵에 빠진 것 같아 통곡하고 뉘우쳤으나, 만 번 죽더라도 속죄할 길이 없습니다.

이후, 대인이 우러러 따르는 황상의 높고도 두터운 심은深恩을 입어, 줄곧 보살핌과 동정을 받으면서 경사에 도착하였습니다. 그런데 하늘을 뒤덮는 중죄를 범한 제가 장사長沙[226]에서부터 경사에 이르기까지, 길가에서 눈으로 보았던 바는 성세聖世[227]의 융성한 광경이 전부였고, 귀로 들은 바는 성덕의 어짊에 대한 칭송 아닌 것이 없었습니다. 게다가 저 자신이 직접 은혜를 입음에, 수많은 파격적인 은전恩典이 주어져 경사에 도착하자 영어囹圄에서 나와 넓고 큰 집에 머무르면서 음식과 의복을 하사받았던 것입니다.

하늘을 뒤덮는 중죄를 범한 저는 두메산골에서 태어나고 자랐기 때문에, 성덕을 갖추신 천자께서 인민의 괴로움을 간절히 근심하시고, 인민의 어려움을 굽어살피시며, 인민의 말 못 할 고통조차 가엾게 여기셔서, 마침내 극악한 중죄수와 만 번 죽여도 용서할 수 없는 무리에 대해서조차 늘 이렇게 대하신다는 것을 알지 못했습니다.

하늘을 뒤덮는 중죄를 범한 저는 초목에 지각이 없고 돌덩이에 정신이 없는 것과 다를 바 없었지만, 또한 불현듯 감화感化를 받게 되었습니다. 그러므로 당시 악종기가 다행히 화내며 꾸짖어주었기에, 난적의 오명을 피할 수 있었던 것입니다. 만에 하나 [저의] 잘못된 견해를 따랐더라면, 하늘을 뒤덮는 중죄를 범한 저는 만세의 난적의 죄괴罪魁가 되었을 뿐만

• • •

왕조를 개창한 것보다도 더 확고하다는 말이다.

226. 증정의 고향인 영흥현永興縣 보담浦潭마을이 소속된 호남성湖南省의 성도省都(행정기관 소재지)이다. 고향에서 체포되어 처음 장사로 압송되어 1차 신문을 받게 되었고, 이후 3,600리 이상 떨어진 북경으로 압송되어 신문을 받게 된다.

227. 성군이 다스리는 시대라는 뜻이다. 전통 시대 자신이 처한 시대를 아름답게 칭하는 말이다. 이런 종류의 말은 단순히 아첨하는 수식에 불과할 때도 많다. 물론 옹정제 시대가 중국에서 드문 전성기이기도 했다.

아니라 악종기 역시 만세의 난적의 거악巨惡이 됨을 면치 못했을 것입니다. 악종기는 정도를 지켜서 참으로 그가 성세의 양신良臣이라는 점을 더욱 분명히 드러냈으나, 하늘을 뒤덮는 중죄를 범한 제가 이 지경에 이르고서 도리어 다른 의도가 있었다고 변명할 수 있겠습니까? 다만 뜬소문으로 타인을 해치고, 결국에는 자신을 대악에 빠뜨리고도 깨닫지 못했던 점이 원통할 따름입니다.

그러나 다행히 지금이라도 천자의 가르침과 꾸짖음을 접하고 깨우쳐서 자신을 돌이켜보게 되었습니다. 비록 구차하게 형을 면하고 요행히 살아나 성세의 인민이 되기를 감히 바랄 수야 없습니다만, 대의를 듣고 이 이전의 잘못을 알았으니 성세의 망령이 된다 해도 달갑게 여기는 바입니다.

악종기를 추대해 군주로 삼고서 자신은 그의 신자臣子가 되려 했다는 혐의에 대해 말하자면, 하늘을 뒤덮는 중죄를 범한 제게는 애초 이런 마음이 없었습니다. 그의 먼 조상을 황조라고 칭한 이유는 바로 예경禮經에서 제후諸侯 이하에게도 대개 황고皇考·황백부皇伯父라는 칭호를 사용한 데에서 알 수 있습니다. 따라서 삼대 이전의 관습에 따라 부르려 하다가 주제넘은 짓을 하였던 것일 뿐입니다. 당시 단지 방관하던 사람으로서 의견을 올렸을 뿐, 정조를 잃고 귀순하지는 않았습니다. 결론적으로 말하면, 대의에서 이미 어긋났고 죄는 극악하여 줄곧 모든 일이 잘못되었는데, 무엇을 근거로 변명할 수 있겠습니까? 다만 천만인이 머리를 조아리며 은덕의 융성함에 감격하고 있는데, 성세의 인민이 되고 싶지만 될 수 없다는 것을 스스로 한탄할 뿐입니다. 신하로서 본조를 섬기는 일이란 바로 천경지의의 당연인데, 또 어찌 스스로 비류에게 영합하였겠습니까!

7. 명조 멸망의 원인과 청조의 중원 지배의 정당성

증정에 대한 신문

성지에 따라 너에게 묻노라. 너는 서신에서 "명의 망국에 대한 원한明亡之恨"이라는 말 따위를 하였다.

이전 명 왕조가 멸망했던 것은 유구流寇[228] 이자성의 손에 의해 망한 것이지, 우리 왕조와는 조금도 관계가 없다. 본래 명의 말기부터 정교正教는 정비되지 않았고 강기綱紀는 해이하여 무너져버렸다. 안으로는 도적이 곳곳에서 일어났으니 이자성 등이 난을 일으켜 잔학하였으며 경사를 함락하기에 이르렀고, 밖으로는 변경의 위급한 소식이 수시로 들려왔으며 각지의 몽고 외번外藩 모두가 강력한 적이 되었다. 중국을 유린하여 명의 원기元氣를 소모시킨 것은 오직 본조만이 아니었던 것이다. 더구나 우리 태조께서는 창업 이후 명의 천하를 취하려는 마음이 전혀 없으셨다. 태종 황제께서는 군대를 통솔해 산해관山海關 안으로 들어와 각 지역을 복종시켰고, 곧장 산동山東의 임청臨清에 이르러서 경성京城을 면밀히 살피셨으며, 남원南苑[229]에서 마음껏 사냥하시다 며칠이 지나서야 돌아오셨는데, 명 왕조는 화살 하나 쏘아 보낼 수조차 없었다.[230] 그때 명의 천하를 취하고자 하였다면, 손바닥 뒤집는 것만큼이나 쉬운 일이 아니었겠는가? 우리 조종과 열성께서는 오로지 전쟁이 그치고 인민이 평안하기를 바라셨

---

228. 고정된 거점 없이 도처를 이동해 다니는 도적 떼를 이르는 말.

229. 원대와 명대에서 황제의 사냥터로 사용되었던 동산으로 북경 영정문永定門 밖에 있다. 청이 들어서서도 마찬가지로 황가의 사냥터로 사용되었다.

230. '一矢加遺'는 『春秋左傳』「成公 12년」에 "만일 하늘의 복으로 진晉나라와 초楚나라 군주가 만난다 해도 오직 화살 하나를 쏘아 보낼 때뿐이니 어찌 음악을 사용하겠습니까如天之福, 兩君相見, 無亦唯是一矢以相加遺, 焉用樂?"라는 구절에서 차용한 표현이다. 『左傳』의 이 구절은 양쪽 군주가 오직 전쟁할 때나 만나게 된다는 뜻이다. 즉 一矢加遺는 화살 하나를 상대 쪽에 보탠다는 것, 전쟁한다는 의미라 하겠다.

고, 원한을 풀고 분노를 해소하려 여러 차례 명조와 화해하기를 원했지만, 명의 군신은 늘 [그러한 문제를] 젖혀두고 거들떠보지도 않았다.

이자성이 북경을 함락한 뒤, 명의 민제가 순국하여 죽고 명의 국운이 단절되고 명의 제위가 바뀌게 되고 나서야, 우리 왕조에게 군대를 보내 구난寇亂[231]을 제거해주기를 요청하였다. 태종 황제께서 장수를 임명하고 군사를 일으키시니, 군대는 산해관에 이르러 한바탕의 결전에서 승리하였다. 이자성의 20만의 군대가 [우리 군대의] 기세만 보고서도 도망쳐 달아나니, [우리의 군대는] 머나먼 길을 내달려 석권席捲해 나갔다. 이에 따라 우리 세조황제께서는 만방에 군림하시어, 도적 떼를 숙청해 억만의 신민을 물불 속에서 구해내셨으며, 명조를 위해 원수를 갚고 치욕을 씻어주셨다. 우리 왕조가 이전 명 왕조에 깊이 덕을 베푼 것은 명명백백하여 만세에 알릴 만한 일이었다. 우리 왕조가 국권을 획득한 것은, 탕무湯武의 방벌放伐과 비교할지라도 훨씬 더 명분은 정당하고 논리는 이치에 부합하는 일인데, 어찌하여 명이 멸망한 것에 한을 품는 것인가?

이자성이 중원에서 횡행하여, 그들이 지나가는 곳마다 훼손되고 파괴당했는데도, 명조는 군비로 백만을 소모했지만 그 예봉을 조금이라도 막아냈던 적조차 없었다. 적병은 [경사의] 성 밑에 이르자마자 거침없이 쳐들어갔으니, 이자성은 손바닥에 침을 뱉듯 명의 천하를 차지했다. 명의 병력이 완전히 유구만도 못했다는 점은 매우 분명했던 것이다. 이자성이 경사를 함락하고 난 뒤, 그의 포부는 한창 강성해졌는데, 정예精銳의 예봉이 조금도 꺾인 적이 없었던 데다, 명을 배반한 신하와 항복한 군사들이 더해져서 그 세력을 도왔기 때문이다. 그러나 우리 왕조 군대의 위세가 이르자마자, [그들의 세력은] 마치 마른 풀이 꺾이고 썩은 나무가

231. 전쟁이 외부에서 일어난 것을 '寇', 내부에서 생겨난 것을 '亂'이라 하여, 외환과 내란을 일컫는 말이다.

부러지듯 하였다. 단지 산해관에서의 일전一戰을 거치자마자 유적은 바로 혼비백산해 도주했고 궤멸되었다. 이를 근거로 논하자면, 우리 왕조의 병력과 위세를 명에 견줄 때, 하늘과 땅의 현격함에 그치겠는가? 명의 천하를 취하려고 했다면 일찌감치 취했을 것인데, 유적이 쇠잔해지기를 기다렸겠는가? 오로지 인의를 마음에 두었기에, 그 국가를 대체하기를 원하지 않았던 것뿐이다.

본조의 광명정대함이 이와 같은데도, 지금 너는 반역하려는 마음을 품었다. 명조에서였다면, 바로 유구 이자성과 같은 놈이다. 그런데도 명의 멸망이 한이 되었다는 것을 구실로 삼고 있으니, 아직도 마음을 돌이켜서 자문하지 않았느냐? 너는 아직도 할 말이 있느냐?

증정의 진술

이러한 사정의 발단을, 하늘을 뒤덮는 중죄를 범한 저는 이전에는 전혀 몰랐습니다. 아마도 아주 일찍 아버지를 여읜 채 산골의 궁벽하고 누추한 곳에서 산 지 이미 수십여 년 가까이 되었기 때문일 것입니다. 부근에는 빌려서 검토해 볼 만한 역사 서적이 없었을 뿐만 아니라, 고향 이웃 사람 가운데 사정에 밝은 어른에게 전해 듣지조차 못했습니다. 단지 본조가 명을 대신해 천하를 차지했다는 것을 알았을 뿐, 애초 명의 천하를 일찌감치 유구의 손에 잃었다는 사실을 몰랐습니다. 작년 겨울에 대인의 설명을 들은 후, 이어 성유를 받들어 읽을 수 있게 되고 나서야, 본조는 전적으로 인의에 기반해 흥기했으며 천고에 걸쳐 비견할 만한 상대가 없다는 것을 알게 되었습니다. 그 크나큰 공덕과 위대한 업적이 당세에 존재함에, 명의 군신은 그 은혜에 감복하여 그 힘을 받들었을 뿐만 아니라, 당시 초목까지도 그 은덕을 입지 않은 것이 없었습니다.

명의 말기에는 상하가 태만하고 정교는 완전히 무너져 행해지지 않았으며, 강기는 무기력하게 퇴락해 정비되지 않았습니다. 안으로는 환관이 국정을 장악하도록 방임했고, 밖으로는 여러 번에서 민력民力을 수탈하도록 방관했습니다. 황음荒淫하고 제멋대로 방종하면서 예교와 학문을 없애 급기야 백성들이 편안히 살아갈 수 없게 되자, [백성들은] 반란의 무리에게 가담하여 사방에서 봉기해 적이 되었습니다. 밖에 있는 관병官兵은 상대의 기세만 보고도 무너졌기 때문에, 역적은 거침없이 내달려 곧바로 경사에 이르렀습니다. 이때 생민은 사방을 떠돌며 고통받았습니다. 잔혹하게 살해되고 무자비하게 약탈당하며, 참으로 물불 가운데에서 살려달라고 외칠 뿐이었습니다.

태종 황제께서 동해에서 흥기하여 정치를 행하고 교화를 정비하심에, 인하다는 명성이 바닷가의 안팎에까지 퍼져나갔지만, 천하를 취하려는 마음은 조금도 싹트지 않았습니다. 일찍이 군대를 이끌고 산해관 안으로 들어와 남원에서 마음껏 사냥하시면서, 명나라가 원한을 풀고 전쟁을 중지하여 백성을 평안하게 하기를 희망하셨습니다. 그러나 명의 군신은 끝내 [그런 바람을] 젖혀두고 거들떠보지도 않았으니, 이로 말미암아 군대를 정비해 동쪽으로 귀향하셨던 것입니다. 당시 털끝만큼이라도 천하를 이롭게 하려는 마음을 품으셨다면, 명을 취하는 일은 단지 손바닥을 뒤집는 것만큼이나 쉬웠을 것입니다. 또한 어찌 도적 떼가 경성을 함락하고, 민제가 국난 중에 순국하여 명의 국운이 단절되고 명의 제위가 바뀌게 되어, 도적 떼를 제거해 난리를 평정해줄 것을 요청받기를 기다린 다음에야, 군대를 일으키고 장수를 임명하셨겠습니까? 바로 이런 하나의 행위는 무왕武王이 맹진孟津에서 병력을 과시함으로써 주왕紂王이 악을 후회하고 고치기를 바랐던 것보다 마음 씀이 더욱 광명정대하고 결과 속에 유감이 없는 것이었습니다.

하물며, 산해관에 들어서서 한 번의 전쟁으로 이자성의 20만 군대를 무찌르자, 유구는 혼비백산하여 궤멸당해 사방으로 흩어져 달아났는데, 그들을 소탕하고 숙청하자 당시 천하의 군중은 마치 심연에서 벗어난 듯했고 [청 왕조를] 부모처럼 여겼습니다. 세조 황제께서는 이에 따라 정령을 발포해 인정을 펼쳤고 천하를 어루만지며 군림하셔서, 물불 가운데에서 억만의 생명이 겪는 고통을 구제하셨습니다. 그렇기에 천하가 감복하여 받든 까닭은 단지 명의 군신이 [청이] 치욕을 씻어주고 원수를 갚아준 은혜에 옥환을 물어다 주고 풀을 엮어서도[232] 보답할 수 없었기 때문만이 아니라, 억만의 생명을 죽음에서 구해 삶을 지탱해주신 그 위대한 덕이 바로 천지와 동류同流였기 때문이었습니다. 이러한 점들을 기준으로 보자면, 탕무는 인에 기반하여 흥기하였지만, 군신이라는 하나의 인륜에 대해서는 오히려 아무런 유감없이 홀가분할 수 없었습니다. 따라서 당시 성탕成湯은 덕에서 부끄러움을 느끼지 않을 수 없었고,[233] 무경武庚은 은殷을 근거로 [주周에] 반란을 일으키지 않을 수 없었던 것입니다.[234] [탕무의 방벌이라도] 어찌 본조가 천하를 유적의 수중에서 얻어

232. 원문의 '함결啣結'은 '함환결초銜環結草'라는 표현의 축약이다. 은덕에 감사하고 그에 보답하는 일은 죽어서도 잊을 수 없는 것임을 비유하는 말로 쓰인다. 두 개의 고사가 여기에 관계된다. '結草'는 춘추시대 진晉의 위과魏顆가 아버지 위무자魏武子가 죽은 후에 아버지 첩을 순장시키지 않고 개가시켰는데, 진秦과 전쟁할 때 그 첩의 아버지의 혼령이 풀을 묶어 적장 두회杜回를 걸려 넘어지게 하여 사로잡았다는 고사와 관계된 것이다. 『춘추좌전』 「선공宣公 15년」에 나온다. '銜環'은 후한後漢 양보楊寶가 어릴 적에 산에 가서 솔개가 덮쳐 땅에 떨어진 참새 새끼를 오랫동안 키워서 날려 보냈는데, 꿈에 황색 옷을 입은 어린애가 나타나 '나는 서왕모西王母의 사자使者인데 그대의 도움으로 살아났으니 고맙다' 하고 백환白環 4개와 보물을 주면서 장차 자손이 현달할 것이라고 했다는 고사에서 나온다. 『속제해기續齊諧記』에 실려 있다.

233. 탕왕湯王은 하夏의 걸桀을 정벌하고, 은殷을 건국한다. 어떻게 평가하든 결국 신하의 위치에서 무력으로 왕위를 차지했던 것이다. 이에 대해 탕왕이 죄책감을 느꼈다는 점을 보여주는 기록은 『서』 「중훼지고仲虺之誥」에 나온다. "성탕은 걸을 남소에서 쫓아내고 덕에서 부끄러움을 느꼈다成湯放桀于南巢, 惟有慚德."

234. 무경武庚은 은殷의 마지막 왕인 주紂의 아들이다. 무왕武王이 은을 정벌한 이후, 그를 은후殷侯로 봉하였는데, 무왕이 죽자 관숙·채숙·곽숙과 반란을 일으켰고, 주공周公이 그들을 진압한다. 무왕도 결국 신하로서 왕위를 찬탈한 것이기에 군신 관계에서 흠결이 있었고, 그로 인해 무경이 반란을 일으키게 되었다는 관점에서 이렇게 말한 것이다.

명분이 올바르고 말이 사리에 일치하는 것에 비하겠으며, 명나라의 신하와 한인 모두가 깊고도 절실하게 감격하여 기꺼이 힘을 다해 목숨을 바치는 것에 미치겠습니까!

하늘을 뒤덮는 중죄를 범한 저는 이전에 무지無知에 빠져 있었습니다. 억측에 따라서 망령되이 도리를 어그러뜨리고, 멋대로 『춘추』를 인용하여 스스로 오류에 빠졌기에, "명의 망국에 대한 원한[明亡之恨]" 따위의 말을 했습니다. 지금에서야 사정을 알게 되었으니, 통렬한 후회에 눈물이 흘러 살고 싶지 않을 정도입니다. 그뿐만 아니라, [황상의] 은혜를 입은 바가 높고도 두터우니, 더욱 몸 둘 바가 없음을 깨달았습니다. 다시 무슨 말을 덧붙이겠습니까!

8. 증정이 역서의 근거로 삼았던 여유량의 춘추대의春秋大義 해석에 대한 평가

증정에 대한 신문

성지에 따라 너에게 묻노라. 너는 서신에서 "춘추대의는 이전 시대 유자儒者에 의해 해석되고 논의된 적이 없으니, 명의 300여 년 동안 한 사람도 그 본원을 다 알지 못하였다. 다행히 동해부자東海夫子[235]께서 그 버팀목[撑柱]을 견지하고 있는 것을 얻을 수 있었다"는 등의 말을 하였다.

공자께서 『춘추』를 지으신 것은, 원래 군신부자君臣父子의 대륜大倫으로 강상綱常[236]을 바로 세우고 명분名分을 분별하여 확정하기 위해서이다. 그러므로 "공자께서 『춘추』를 완성하자 난신적자亂臣賊子들이 두려워하였다"

235. 여유량을 가리킨다.

236. 삼강三綱과 오상五常으로 사람이 지켜야 할 도리.

(『孟子』, 「滕文公下」)라고 했던 것이다.

지금 증정은 난신적자의 마음을 갖고 『춘추』에 의탁해 주장했는데, 공자의 경문經文과는 확연히 배치되므로, 명의 300여 년 동안 한 사람도 해석할 수 없었다는 것이 이상한 일은 아니다. 원·명의 인물뿐만 아니라, 한·당·송 이래의 유학자조차도 능히 해석할 수 있는 사람이 없다. 오로지 역적 여유량만이 흉악凶惡·패역함이 습성이 되어서 무지막지하여 거리낌이 없고, 증정과 함께 난적의 습성을 공유하고 난적의 견해를 공유하므로 그 해석이 대체로 동일할 뿐이다.

증정의 간악奸惡한 역란逆亂의 대죄는 짐을 방자하게 헐뜯은 것으로, 예로부터 난신적자였던 이들 중에서도 보기 드문 것이다. 그리고 여유량은 미친개 짖는 소리를 늘어놓아 성조께 죄를 지었으니 그 죄를 만 번 죽어도 속죄할 수 없는데, 아마도 증정은 [여유량의 생각을] 가슴에 새기고 경도되어 천고의 탁견[卓識]이라고 여긴 듯하다.

증정을 신문해 마땅하리니, 여유량이 주장했던 춘추대의를 어떻게 천하에 명백히 알리고자 했는가? 여유량은 국중國中 제일의 의인인가, 아니면 국중 제일의 반역자인가? 그가 사실대로 자백하게 하라.

증정의 진술

하늘을 뒤덮는 중죄를 범한 저는 외딴 산골에 살아 경성에서 아주 멀리 떨어져 있었고, 주변 고향 사람 가운데 독서한 학자가 없었습니다. 좋은 스승과 유익한 벗이 정도正道로 나아가게 하여 주성州城[237][의 과거시험]에 응시하였는데, 여유량이 본조의 정묵程墨[238] 및 크고 작은 논제에 관한 방서房書[239]를 논평한 것들을 볼 수 있었습니다. 여유량의 논제論題의

237. 주 소재지의 성읍.

238. 관찬官撰이나 사인士人이 과거 합격 답안을 범례로 만든 문장을 간행한 것.

239. 과거 볼 때 팔고문八股文 선집으로 그중에 대다수는 진사進士의 작품이다.

이치를 보자면, 경전 주석을 근본으로 하고, 문법文法은 이전 대가大家를 규칙으로 하였는데, 마침내 [하늘을 뒤덮는 중죄를 범한 저는 여유량의] 괴벽한 습성을 가슴에 새기고 망령되이 이 사람이 본조의 첫째가는 인물이라 여겼으며, 모든 일체의 논의에서 당연히 그를 종주宗主[240]로 삼았습니다.

실제로 당시 그의 사람됨과 행실이 어떠한지에 대해 미처 깨닫지 못하였습니다. 그리고 중국에서는 관중이 아홉 차례 제후를 회합하여 바로잡았다는 것을 논해왔는데,[241] 다른 사람들은 모두 [관중의] 인은 단지 병거兵車를 사용하지 않은 데에 있다고 생각했지만, 여유량은 대체적인 의미를 평가하면서 홀로 인은 존양尊攘[242]에 있다고 하였습니다. 하늘을 뒤덮는 중죄를 범한 저는 급기야 『춘추』 한 권[의 요지]도 존주양이尊周攘夷[243]일 뿐이라고 유추하였습니다. 오히려 『논어』에서 말한 "양攘(물리치다)"이란, 단지 초국楚國을 가리켜 말한 것으로, [초나라가] 왕을 참칭하고 옷깃을 왼쪽으로 하며 대륜을 무시하고 문장文章(예악제도)과 교화敎化를

● ● ●

240. 여기서 원문의 宗을 '종주'로 번역했는데, 여러 의미 가운데 이때의 '종주'는 대중이 따르고 우러러보는 인물이라는 뜻이다. 즉 특정한 방면을 대표하며 그에 관해 권위를 가진 인물이란 뜻이다. 이하도 같다.

241. 이와 관련된 것은 『論語』「憲問」의 다음과 같은 구절이다. "자로가 말했다. '환공이 공자 규를 살해하자 소홀은 죽었지만, 관중은 죽지 않았습니다. 인仁하지 않은 것입니까?' 공자가 말했다. '환공이 아홉 차례 제후를 회합함에 병거(무력)를 사용하지 않은 것은 관중의 힘이었다. 그는 인한 것과 같다! 그는 인한 것과 같아!' 子路曰 '桓公殺公子糾, 召忽死之, 管仲不死. 曰 未仁乎.' 子曰 '桓公九合諸侯, 不以兵車, 管仲之力也. 如其仁! 如其仁!'" 공자 규는 원래 관중의 주군이었는데, 관중이 구차하게 목숨을 구했으니, 자로는 그가 인하지 못한 사람이라고 평한 것이다. 반면 공자는 주군에 대한 사소한 충성보다는 관중이 중국을 위해 행한 위대한 업적을 근거로 그의 행위는 인함과 다름없다고 인정하고 있다. 여기서 타인의 일반적인 해석과 여유량의 해석의 차이는 관중의 인함의 근거는 무엇인가에 관한 것이다.

242. '존왕양이尊王攘夷'의 줄임말이다. 왕을 받들어 이적을 물리친다는 뜻이므로, 중화와 이적을 구분 짓는 논리라 하겠다.

243. '주나라를 받들어 이적을 물리친다'는 뜻.

익히지 않는 것을 뜻한다는 사실을 몰랐습니다. 게다가 『춘추』에서 배척했던 것 또한, 오와 초가 왕을 참칭했던 것을 가리켰던 것이지, 그 지역이 멀다는 점을 근거로 배척했던 것은 아니었습니다. 만약 지역을 기준으로 논한다면, 진량陳良[244]은 호걸이 될 수 없으며 주자周子[245]는 도통을 계승할 수 없으리니, 『춘추』의 의리에 따라 그들까지도 배척해야 되겠습니까? 더구나 순은 동이 사람이고, 문왕은 서이 사람인데, 그에 대한 설명은 『맹자』에 기재되어 있어, 더욱 명백히 드러나 있는 것입니다.

이를 통해 보자면, 당시 여유량은 참으로 터무니없음의 극치였으며, 하늘을 뒤덮는 중죄를 범한 저는 그를 믿고서 종주로 삼았으니, 잘못은 더욱 돌이킬 수 없을 만큼 커지게 되었습니다. 다만, 여유량의 논의 가운데, 하늘을 뒤덮는 중죄를 범한 제가 보았던 것은 이상에 지나지 않았으며, 그 나머지 글과 저작을 보았던 적은 없었습니다.

옹정 5년이 되고서야, [저의] 학생이었던 장희가 절강浙江에 책을 사러 갔다가, 여씨 집안에 가서 여유량이 쓴 「여차강산도如此江山圖」와 「전묘송가錢墓松歌」라는 시[246]를 필사해 얻을 수 있었습니다. 그때 그 내용을 듣고

244. 『孟子』 「滕文公 上」에 등장하는 인물. 초나라 출신으로 주공과 공자의 도를 좋아한 나머지 북으로 유학 와서 중원夏의 도를 통해 이적에서 변화된 사례로 언급되며, 북방의 학자보다 훌륭하여, 맹자는 그를 '호걸지사豪傑之士'로 칭했다.

245. 북송 시대 주돈이周敦頤(1017~1073)를 말한다. 호는 염계濂溪. 호남성湖南省 도현道縣 출신. 신유학 혹은 성리학의 성립기에 활동한 인물로, 정호程顥·정이程頤·소옹邵雍·장재張載와 함께 '북송오자北宋五子'로 불린다. 정호와 정이의 스승이기도 한데, 그는 자신의 저서 『태극도설太極圖說』과 『통서通書』 등에서 무극無極과 태극太極·이기理氣·심성명心性命 등 향후 성리학의 기본적 개념범주를 제시했다.

246. 이 두 편의 시의 공통 소재는 이민족 왕조 원元에 의해 멸망한 송宋이다. 이 두 시는, 증정의 사건에서 실질적으로 사상적 배경으로 지목받은 인물인, 여유량이 그 소재를 통해 명 왕조의 멸망에 대한 슬픔과 그리움, 그리고 반청 의식을 담아낸 것으로 해석되었다. 이와 관련된 간단한 내용 소개는 조너선 스펜서, 『반역의 책』 126~128쪽을 참고할 것. 그리고 <한국고전번역원>의 '한국고전종합DB'에서 두 시의 원문 내용을 검색해 볼 수도 있다.

저도 모르게 놀라며 의심쩍어하였고, 감히 옳다고 믿을 수는 없었지만 거듭해서 헛소문을 듣고 첩첩이 미혹됨에 따라, 결국 그의 말이 진실일 것이라 착각했을 뿐만 아니라, 저 자신이 대의를 일찍 깨닫지 못했다고 망령되이 후회하기까지 했습니다. 지금 [관원들이] 황상의 교지를 받들어, 여유량의 가문에서 보관 중인 과거에 쓴 일기를 편찬한 것 1권, 시집 1권, 일기의 초본 네 묶음, 필사본 문집 4권, 흩어져 있던 시 원고 한 묶음을 보여주었습니다. 그 가운데 『춘추』를 잘못 파악한 점은 죄가 하늘을 뒤덮는 중죄를 범한 저와 같은데, 심지어는 성조황제를 조롱하고 비방한 곳도 있습니다.

성조황제께서는 재위 60여 년 동안, 깊은 인애와 관대한 은택을 사해에 이르기까지 널리 베푸셨습니다. 하늘을 뒤덮는 중죄를 범한 저는 산간벽지에서 생장하였을지라도 감복할 줄 아는데, 하물며 여유량은 절강의 대지大地에 살았고, 학교들에서 이름을 열거하는 학자인데다, [청의] 왕토에서 난 곡물을 먹고 왕토를 밟으며 산 지 이미 수십 년이 되었는데, 어찌하여 본심을 잃고 발광하여 결국 이 지경에 이른 것인지요!

하늘을 뒤덮는 중죄를 범한 저는 이전에 무지하여, 『춘추』에 관한 의설義說[247]이 비록 여씨呂氏로부터 나왔지만, 요지는 실로 공자에게서 발원한 것이라고 멋대로 믿지 않을 수 없었습니다. 지금에서야 공자는 이러한 의설과 같지 않다는 점을 이해하였습니다. 또한, 본조가 정통을 얻은 것은 모두가 하늘이 명을 내려주고 인민이 귀의했기 때문이며, 성왕들이 잇따라 계승하여 도와 덕이 모두 성대히 갖추어졌다는 점을 깊이 깨닫게 되었습니다. 그리고 여유량이 이처럼 말한 것을 통해, 그가 흉악·패역함을 습성으로 삼았다는 것을 지금에서야 확실히 간파하게 되었습니다. 뻔뻔하게도 거리낌 없이 미친개 짖는 소리를 늘어놓아, 성조聖祖에게 죄를

247. 경전에 주석을 달아 그 뜻을 해명하는 것.

지어 만 번 죽더라도 속죄할 길이 없으니, 참으로 성조盛朝에 대한 반역자 가운데 죄괴罪魁인 것입니다. 그럼에도 하늘을 뒤덮는 중죄를 범한 저는 비루하고 무지하여 자기의 대의에 대해 우매한 상태에 머무른 채, 멋대로 맹신하고 부화뇌동하였습니다. 만 번 죽더라도 그 죄를 감당하기에 부족합니다. 지금 무지하여 그릇되이 믿었던 것을 매우 원통해 하며 여유량의 학설이 사람을 해친 것을 이를 갈며 증오해보지만, 모든 탄식으로도 돌이킬 수는 없습니다. 따로 어떤 말을 하겠습니까.

다만 여유량의 학설이 세간에 유행한 지 오래되었으니, 하늘을 뒤덮는 중죄를 범한 저처럼 미혹된 자를 헤아리면 또한 적지 않을 것입니다. 지금 다행스럽게도 하늘을 뒤덮는 중죄를 범한 저로 인해 패악이 폭로되었습니다. 역대 성왕의 덕이 높기에 황천이 우리 왕조를 돈독히 보우해주시지 않음이 없는 것입니다. 그러므로 [겨울에] 수위가 낮아지면 돌이 드러나듯, 단번에 이렇게 [진상이 밝혀지게] 되었던 것입니다. 이것이 어찌 인력으로 가능한 일이겠습니까? 하늘을 뒤덮는 중죄를 범한 제가 지금 비록 법망에 걸려 있지만, 이로 인하여 천하의 사람들은 모두 여유량의 반역을 알게 되었고, 그의 학설에 미혹되지 않으리니, 하늘을 뒤덮는 중죄를 범한 저는 죽음도 달갑게 여기는 바입니다.

9. 증정의 개심이 지닌 진실성

증정에 대한 신문

성지에 따라 너에게 묻노라. 너는 서신에서 "영예로울 수도 욕될 수도, 살 수도 죽을 수도 있지만, 이 의리를 결코 실추시켜서는 안 된다"라는 등의 말을 하였다.

지금 흠차가 신문을 할 때, 증정이 직접 쓴 자백은 완전히 뒤바뀌어,

연민을 구걸하며 지나치리만큼 [본조를] 칭송하고 있다. 증정은 영예롭다고 여기는가, 욕되다 여기는가? 또한, 증정의 마음을 모르겠는데, 이 순간 살기를 원하는가, 아니면 죽기를 원하는가? 그 논변에서 대의를 지키던 자는 어디로 갔는가? 그가 사실대로 자백하게 하라.

증정의 진술

하늘을 뒤덮는 중죄를 범한 저는 이전에 영욕·사생死生과 무관하게 대의를 결코 잃을 수 없다고 하였습니다. 단지 『춘추』를 잘못 해석하고 헛소문을 잘못 들었기 때문입니다. 실제로 하늘을 뒤덮는 중죄를 범한 저는 원래부터 황상의 적자였으니, 이전 명에서 대대로 공을 세우고 작위를 받아서 [명 왕조를] 잊을 수 없었던 것도 아니며, 평상시에 반역하여 신하의 도리를 어기려는 마음을 품었던 것도 아닙니다. 지금 발각되어 구속되어 있는 것은 단지 헛소문에 미혹되고 경전의 의미를 잘못 해석함으로써, 마침내 이처럼 광패하였기 때문입니다. 과거 광패했고 어리석었던 마음속을 [지금의] 이 마음으로 자문해 보아도 조금도 특별한 일이 없으니, 모든 것이 지식과 견문 상의 잘못에서 비롯된 것입니다. 지금에 이르러서야 경전의 의리와는 조금도 관계가 없다는 것을 이해하게 되었고, 전해 들었던 소문은 근거 없는 말로 헐뜯고 중상하는 것임을 깨닫게 되었습니다. 하늘을 뒤덮는 중죄를 범한 저는 땅강아지나 개미 같은 소민으로, 실로 진심으로 기뻐하며 참되게 복종하고 있습니다. 이곳에 이르러 오로지 통곡하고 눈물을 흘리면서 자신이 대의로 삼았던 바를 스스로 원망하며, 법칙에 순종하는 인민이 될 수 없었던 점을 스스로 후회하고 있습니다.

연민을 구걸하는 것이 바로 하늘을 뒤덮는 중죄를 범한 제가 지금 자기 정의正義로 삼아야 할 일입니다. 다만 구걸하는 정성이 지극하지 못해, 눈앞의 죄에 대해 속죄해 갚지 못할까 걱정할 따름입니다. 황은을 입는 바가 넓고도 끝없다 할지라도, 법에 따르면 살 수 없다는 것을 스스로 헤아리고 있습니다.

게다가 [본조의] 공덕을 칭송하는 것 역시 하늘을 뒤덮는 중죄를 범한 제가 신민의 본분으로 삼아야 마땅한 일인데, 여전히 과거처럼 무지함에 빠져서 방자하게 헐뜯고 중상할 수 있겠습니까. 오로지 걱정하는 바는 식견과 학문이 보잘것없어, 용덕龍德[248]이 중정中正을 갖추신 것을 우러러 헤아리지 못한 채, 칭송이 미치지 못한 곳이 있을까 하는 것입니다. 이렇게 죽는다면 죽어도 눈을 감지 못할 것입니다.

무릇 군주의 존엄은 하늘과 같고, 군주의 사랑은 아버지와 같습니다. 백성이 하늘을 찬양하고 자식이 아버지를 기리는 것이 어찌 허물이 될 수 있겠습니까! 더군다나 오륜五倫은 하늘에서 내려준 것으로 곤충과 초목에도 준칙이 되어, 모두에게 존재하는 것이며, 군신이라는 하나의 인륜은 특히 오륜의 으뜸인 것입니다. 하늘을 뒤덮는 중죄를 범한 저는 과거에 뜬소문을 귀담아듣고 경전의 의리를 잘못 해석했기 때문에, 자신을 금수로 떨어뜨렸습니다. 스스로 책망하니, 살아도 죽은 것과 같습니다. 지금 본조가 흥기한 일은 평범한 왕조와는 완전히 다르다는 것을 훤히 깨달았을 뿐만 아니라, 제가 직접 성덕을 입은 바도 높고 두터워 과거 이래로 없었던 일이었습니다. 이런 때라면, 죽어도 산 것과 같고, 욕될지라도 영예로울 것입니다.

10. 증정의 이율배반적 행위의 이유, 황제를 비방한 소문의 유래

증정에 대한 신문

248. 천자의 덕을 뜻한다.

성지에 따라 너에게 묻노라. 너는 서신에서 "살면서 오늘을 마주하고 지금 세상을 조우하면서, 당세當世의 이익과 관작에 뜻을 두어 스스로를 더럽히지 말라"라는 등의 말을 하였다. 증정이 과연 당세에 뜻이 없었다면, 일찌감치 고상하게 처신했어야 마땅하다. 어째서 학교 입학시험에 응시하여 몸소 청금青衿[249]의 대열에 끼었는가? 고시에서 5등급을 받고 난 연후에야[250] 궁핍한 처지에 분개하여 방자하게 거리낌 없이 행동하고서도, 이익과 관작에 뜻이 없었다고 말할 수 있는가?

또한, 서신에서 "한두 명의 동지同志와 함께 인적없는 산속에서 은거하여, 닭을 키우고 과일을 심었다"는 등의 말을 하였다. 증정의 서신을 보니, 보고 들은 바가 매우 많고, 근거로 인용하는 것이 매우 광범위하다. 인적 없는 산속에서 은거했었다면, 비어蜚語와 와언訛言이 어떻게 그의 귀에 들어갈 수 있었는가? 이는 증정과 뜻을 같이하는 인물이 결코 한둘이 아니기 때문이다. 사실대로 실토하게 하라. 만약 어떤 사람이 전해준 얘기라 자백한다면, 증정은 전해 들은 소문을 잘못 받아들인 것이므로, 죄는 오히려 용서할 수 있을 것이다. [그러나] 몸소 대역의 죄를 범하여 끝내 목숨을 내걸고 모호하게 사안을 처리해, 기꺼이 여러 사람을 비호하고 숨겨주려 들어서는 안 될 것이다. 황상의 은지恩旨[251]이니, 너는 사실대로 경위를 자백하도록 하라. 너는 서신에서 말한 것에 대해, 어떤 사람에게서 들었는지, 아니면 어떤 곳에서 전해 들었는지, 하나도

● ● ●

249. 명청 시기 과거를 준비하는 서생들의 일상복으로 옷깃 둘레가 청색으로 되어 있는 긴 적삼 형태의 옷이다. 독서인, 서생을 뜻하는 대명사로 쓰인다.

250. 증정은 생원 학위를 취득한 바 있지만, 세시歲試(3년마다 각 성의 학정이 생원 자격자에 대해 시험을 치러 등급을 나누고, 성적 우수자에 대해 상급 학교에 진학시켜주거나 낙제시켜 자격을 박탈하는 시험)에서 낙제 등급인 5등급을 받아 생원 학위를 박탈당했다.

251. 두 가지 의미가 있다. ① 군주가 내려주는 은전恩典(시혜, 특전), ② 청나라 형법에서 사면에 관한 법률赦典 가운데 하나로써, 사형에 해당하는 죄 이하에 대해 감면해주는 특사를 뜻한다.

빠짐없이 사실대로 자백해야만 할 것이다.

증정의 진술

하늘을 뒤덮는 중죄를 범한 저의 서신은 천부당만부당하여, 한 글자도 실제에 부합하는 바가 없습니다. 모조리 뜬소문을 잘못 듣고 경전의 의미를 잘못 해석했기 때문에, 대악을 양성했던 것입니다. 지금에 와서 변명할 수조차 없습니다.

지금 성덕은 밝고도 정결하여 조금의 하자도 없으며, 황은은 넓고도 끝이 없어 말로 표현할 수조차 없습니다. 하늘을 뒤덮는 중죄를 범한 제가 이렇게 큰 죄를 범하였는데도, 오히려 이처럼 관대하게 대우해주셔서, 별도로 조용하고 한적하며 깨끗하고 탁 트인 장소에 머물게 하셨고, 게다가 담당 부서에 음식과 의복을 제공하도록 명하셨습니다. 이는 진정으로 천고에 유례없는 대단한 은전으로, 요순께서도 다다를 수 없는 특별한 은혜입니다. 바로 이 한 가지 일에 대해서조차, 하늘을 뒤덮는 중죄를 범한 제가 몸이 가루가 되고 뼈가 부서지게 힘쓴다 할지라도 황은에 만분의 일조차 보답할 수 없는 것입니다. 이때 이 순간에, 만약 뜬소문을 날조한 주범을 알아낸다면, 바로 그의 피부를 벗겨 이불 삼고 그의 육신을 먹어 치우고 싶습니다. 다시 어찌 타인의 간특함을 비호하고 숨겨서 황은을 저버리겠나이까?

당시 장사에서 대인이 거듭 신문하였을 때 감히 말하지 못한 까닭은, 실로 누가 정말 뜬소문을 처음 날조한 사람인지 내심 알 수 없었기 때문입니다. 그리고 말을 전해준 사람 또한 정말 충후忠厚하고 법도를 잘 지켜 날조된 말을 꺼릴 뿐만 아니라, 허튼소리를 즐기지 않는 사람이었습니다. 게다가 스스로 죄와 과실이 크고도 깊음을 헤아리고는, 결코 살아날 수 없으리라 짐작했습니다. 비록 대인이 거듭 알려주기를, 황상께서는 지려智慮가 신기神奇하고 총명함을 타고나셔서, 일을 처리함에 일반적인 법으로 규정될 수 있는 분이 아니시고, 또한 일반적인 인정으로 가늠할 수 있는 분이 아니시니, 하늘을 뒤덮는 중죄를 범한 저의 생사는 결코 사전에 확정될 수 있는 바는 아니라 하셨지만, 하늘을 뒤덮는 중죄를 범한 저 자신의 깜냥에서는, 요행히 살아날 수 있으리라 확신하기에는 너무나 어려웠습니다. 죽음을 앞에 두고 다시 타인을 연루시키느니, 차라리 자기 하나 죽는 것을 편히 받아들이는 편이 더 낫다고 여겼던 것입니다.

지금 황은이 이처럼 높고 두터움에 감격하였고, 더욱이 [대인이] 황상의 뜻을 받들어 신문하시니, 자기 하나 죽는 것이 어찌 대수로운 일이겠는가 여러모로 고민했습니다. 죽더라도 자신의 심사心事를 명백히 밝히고자 합니다. 갓난아이는 부모에게 잘못을 저지르면 부모의 커다란 노여움을 마주할지라도, 앞에서 울면서도 잘못을 명백히 말해야만 합니다. 하물며 지금 지의旨意[252]는 너무나 분명하게 하늘을 뒤덮는 중죄를 범한 제가 관련자를 이실직고하도록 허여해주셨습니다! 이를 자기 본분에서 고려해 보아도, 관련자를 자백해야 하는 것이 마땅합니다.

이에 흐르는 물은 필경 원천이 있기에 흐르니 그 원천을 찾을 수 있으리라는 점을 생각할 때, 가끔 말을 전해주었던 두 사람이 마음속에서 기억납니다. 한 명은 안인현安仁縣의 생원生員인데, 성은 하何이고 이름은 립충立忠입니다. 이전에 그는 다릉주荼陵州에 사는 성은 진陳이고 자字는 제석帝錫인 사람에게 들었다고 말하면서, 조정에서 어떤 사람이 황상의 여러 문제에 관해 상서를 올려 논했는데, 그 대강은 이러이러한 것이었다는 말을 전해주었습니다.

또한, 영흥현永興縣 십팔도十八都에 사는 한 의생醫生이 기억나는데, 성은 진陳이고 자字는 상후象侯입니다. 그 또한 말하기를, 그가 어떤 집에서

• • •

252. 취지 혹은 의도를 뜻하기도 하나, 여기서는 제왕의 명령과 의향을 의미한다.

진료할 때 사람들이 얘기하는 것을 들었는데, 다릉주에 사는 감여堪輿[253]인 성은 진이고 자는 제석이라는 사람이 말해주기를, 어떤 본장本章[254]에서 황상의 이러이러한 좋지 못한 점을 간언했는데 그 본장을 올린 신하가 악종기라 했다고 합니다.

하늘을 뒤덮는 중죄를 범한 저는 두 사람의 말이 일치하는 것을 듣고, 마침내 이것이 사실일 것이라 점차 의심하게 되었습니다. 실제로 처음 헛소문을 날조한 사람이 바로 그 진제석인지 아니면 진제석 이전에 또 소문을 퍼뜨렸던 어떤 사람이 있었는지는 모르겠습니다. 더구나 진제석을 하늘을 뒤덮는 중죄를 범한 저는 여태껏 만난 적이 없어서, 그 사람의 용모가 어떤지 알지 못합니다. 제석이란 두 글자를 자로 쓴다고 했지만, 이 두 글자가 자인지조차 모르겠습니다. 하립충에게 물으면 바로 알 것입니다. 이 사람(진제석)이 풍수를 볼 줄 알고 2년 전에 안인현에서 학관學官을 세웠다고 들었으며, 하립충은 안인현의 수재秀才[255]이니, 아마도 그의 이름과 자를 잘 알 것입니다.

실로 지금 우러러 생각건대, 황상께서는 천지와 같으신데 어찌 비방할 수 있겠습니까! 하늘이 구름으로 가려진대도 어찌 하늘을 훼손하겠습니까? 구름으로 가려짐으로 인해 거꾸로 하늘의 높음이 드러나는 것입니다. 땅이 파헤쳐진대도 어찌 땅을 훼손하겠습니까? 파헤쳐짐으로 인해 거꾸로 땅의 두터움이 드러나는 것입니다.

지금 황상의 행적은 해와 달이 하늘을 운행하는 것과 같으셔서, 호수와 산봉우리들로 막혀 있는 만 리 밖에서도 함께 보고 듣지 못하는 바가 없습니다. 하늘을 뒤덮는 중죄를 범한 저는 지금이라도 장님이 볼 수 있게 된 것처럼, 다시 천지와 일월을 보게 되어 다행입니다.

253. 풍수지리를 보는 사람.
254. 주장奏章, 즉 신하가 군주에게 아뢰는 문서를 뜻한다.
255. 명청 시대 현학縣學에 입학한 생원을 지칭하는 말.

11. 재이災異에 관한 소문의 출처

증정에 대한 신문

성지에 따라 너에게 묻노라. 호남에 있을 때 신문에 답하면서, 너는 "'산이 무너지고 하천이 말라붙었다'라고 한 것은 태산泰山 40리가 무너졌다고 들었기 때문이다. 하천에 대해서는, 전혀 말라붙지 않았지만 붓끝을 삼가지 못했기 때문에 문장을 꾸미다 과장하게 되었다"는 등의 말을 하였다.

태산 40리가 무너졌다는 이런 말은 전혀 터무니없는 것이니, 네가 전해 들은 말을 서신에 적은 것이 이미 극히 패역한 짓이었다. 더구나 하천이 말라붙은 일은 전해 들은 말조차 없으면서, 결국 같은 종류의 일로 뭉뚱그려 이렇게 "산이 무너지고 하천이 말라붙었다"고 말하는 데에까지 이르렀다. 이것이 어떤 일이라고 기어이 붓끝을 함부로 놀렸는가? 게다가 단지 "삼가지 못했다[不謹]"는 두 글자의 경솔하며 장난 같은 문구를 가지고 이 죄를 덮으려 드니, 어떻게 해줬으면 하는가? 들은 얘기라면 반드시 출처가 있을 터이니, 너는 사실대로 자백해야만 할 것이다.

증정의 진술

"산이 무너졌다"라는 주장은 전해 들은 얘기였지만, 하늘을 뒤덮는 중죄를 범한 제가 오늘 만 번 죽어야 한다 해도, [소문을 전한 사람이] 누구였는지 기억나지 않습니다. "하천이 말라붙었다"라고 거짓을 말했으니, 하늘을 뒤덮는 중죄를 범한 저는 오늘 정말 죽어도 마땅합니다.

언제나 말할 때에는, 평범한 말조차 삼가야 하는 법입니다. 한 걸음이 진실하지 못하면 도리를 해칠 뿐만 아니라 마음에서도 부끄러움이 없을 수 없기 때문입니다. 게다가 다른 사람에게 가혹하게 질책받는 상황에 마주해야 하는 것도 경시할 수 없습니다.

이러한 일이 얼마나 중대한 사안인데, 어떻게 가볍게 스쳐 지나가겠습니까! 더욱이 천한 서인이자 소민으로서 국가의 실정을 논한다면, 확실한 증거가 있다 해도 지위를 벗어나 무례를 범한 죄를 피할 수 없는 것입니다. 하물며 이미 참람된 데다 다시 망령되이 거짓 안에 거짓을 더했으니, 이 한 가지 죄목만으로도 족히 뼈가 가루가 된다 할지라도 속죄할 수 없게 되어버렸습니다. 또한 이전에 자백하면서 고작 '붓끝을 삼가지 못하였다'라는 말로 잘못을 덮으려 했으니, 이는 자신이 죄에 빠지고도 끝내 그 죄의 대소와 경중을 스스로 깨닫지 못한 것입니다. 오늘에서야 깨달았으니, 만 번 죽는대도 무슨 변명을 하겠습니까!

12. 『지신록知新錄』에 기록된 징조를 통해 증정이 품었던 포부: 정전제의 문제

증정에 대한 신문

성지에 따라 너에게 묻노라. 저술한 역서逆書 『지신록知新錄』에서 너는 "중대한 사건으로 보자니, 오성五星이 모여들고 황하黃河가 맑아졌다. 나는 이러한 때를 만나 어떻게 죽어야 하는가? 하늘이 치세를 열고자 하지 않는다면 그만이나, 하늘이 치세를 열고자 한다면 내가 이 기회를 만난 것이다. 결국 숨겨진 뜻을 헤아릴 때, 오吳·초楚의 동남쪽 변방에서 인재를 하나 구한다면, 내가 아니라면 누구겠는가?"라는 등의 말을 하였다.

예로부터 치란治亂의 이치에 따르면, 반드시 위에는 걸주桀紂 같은 군주가 있고, 아래에는 생민의 세상에 도탄塗炭의 재앙이 생길 때라야, 대란이라고 말할 수 있는 것이다. 증정은 우리 왕조를 이적이요, 비류라고 여겼다. 그렇다면 반드시 군주된 자는 실제로 혼덕昏德[256]을 갖고 있고, 기강과 법도法度는 일체가 망가지고 해이해져서, 바야흐로 비극否極[257]의 때여야만 한다.

오늘날을 보자면, 해우海宇[258]가 태평하며, 만민은 즐겁게 생업에 종사하고 있다. 조정의 정사를 가지고 논하자면 감히 최고의 성세라고 할 수는 없지만, 인심에 지각이란 것이 있다면 단연코 혼란이 극에 달하여 치세를 기다리는 시대라고 비방할 수는 없는 것이다. 더구나 [천지가] 개벽한 이래로, 증정 같은 금수만도 못한 인간이 없었으니, "오성이 모이고, 황하가 맑아졌다"는 것을 근거로 "내가 아니라면 누구겠는가?"라고 지껄이고 있다. 또한 "이 기회를 만난 것이다"라고 했는데, 이른바 '기회'라고 하는 것이 무엇을 가리키는가? 사실대로 자백하라.

증정의 진술

하늘을 뒤덮는 중죄를 범한 저는 온몸이 찢겨 죽어 마땅한 허다한 말에 대해, 지금 거듭하여 반성하고 있습니다. 화근이 된 것이 있다면, 어려서부터 경서經書를 강독하고 해석해왔는데, 『맹자』의 「등문공이 나라를 다스리는 것을 물었다滕文公問爲國」라는 장章[259]에서 저 정전井田의 법제를 설명하는 것을 강독하기에 이르러 마음속에서 희열을 느끼고는 홀로 속으로 생각하기를, 오늘날 마땅히 행해져야 할 것이라고 여겼던 것입니다. 이로 말미암아 여러 차례 사람들에게 물었으나 아무도 지금 실현할 수 있다고 말하지 않았습니다. 사람들이 [정전제는] 실현될 수 없다고 말하는 것을 들으면서 마음은 매우 언짢아졌습니다.

● ● ●

256. 혼란하여 인덕仁德을 결여한 것. 악덕惡德을 뜻함.
257. '否'는 주역의 64괘 중 하나이다. 곤괘가 아래에 있고 건괘가 위에 있어 천지가 어우러지지 않고 상하가 단절되어, 막히고 소통되지 않는 모습을 표시한다. '비극'이란 그러한 나쁜 운이 정점에 달했다는 의미다.
258. 사해四海 안, 천하를 뜻함.
259. 『孟子』「滕文公下」의 3장을 가리킨다.

훗날 여유량이 이 장에 관해 논평한 글에서 드디어 [정전제가] 실행될 수 있다고 여긴 것을 보았습니다. 게다가 그는 천하를 다스리려면 정전과 봉건封建이 필요하며, 정전제와 봉건제를 부활시킨 연후에야 치국평천하[治平]의 실현을 기대할 수 있다고 말했습니다. 마침내 저도 모르게 기쁜 마음으로 뜻을 같이했고, 이때부터 결국 여유량의 말을 철저히 믿었을 뿐 아니라, 이 고루한 방법(정전제)에 집착해 마음에 두었습니다. 이로 인해 한·당·송·명의 치세가 삼대三代에 크게 미치지 못한다고 무시하면서, 정전제를 다시 시행하지 않아 빈부가 불평등하므로 그 이외의 것으로 정치를 말하는 것은 모두 지극한 도가 아니라고 제멋대로 생각했습니다. 이에 외람되이 자기 주제를 모르고, 감히 경세제민[經濟]의 포부가 보통 사람을 초월한다고 자부했던 것입니다.

"오성이 모여들고, 황하가 맑아졌다"는 소문을 듣자, 곧 이는 필시 문명의 치세를 여는 기회일지 모른다고 생각했습니다. 문명의 치세를 여는 기회를 마주했다면 반드시 정전제를 시행하여 삼대를 복원해야만 하고, 정전제를 시행하고 삼대를 복원하고자 한다면 저 자신을 생각해보건대, 노둔한 말과 같은 재능이나마 다 바치면 잠시라도 견마犬馬의 쓸모라도 족히 갖출 수 있으리라 여겼습니다. 이로 인해 "내가 아니라면 누구겠는가"라는 말을 했던 것입니다. 즉 "이 기회를 만난 것이다"라고 말한 까닭 또한 윗사람이 저를 등용해주기를 희망했기 때문입니다. 따라서 "오·초의 동남쪽 변방에서 인재를 구한다면"이라고 말했던 것이지, 하늘을 뒤덮는 중죄를 범한 제가 이 기회를 마주해서 따로 다른 꿍꿍이가 생겼다고 말한 것은 아닙니다. 오직 뜬소문만 매일 듣고 급기야 황상의 덕이 완전하지 못하다고 의심하였기 때문에 광패하여 이런 행동을 하게 되었던 것입니다.

이전에 호남에서 길을 따라 경사에 도착할 때, 지나간 지역이 수천 리였는데 집마다 사람마다 풍족하지 않음이 없었고, 사해 안팎에 교화가 행해지지 않거나 풍속이 아름답지 않은 곳이 없었습니다. 도덕과 정교는 상세하고도 분명하게 시행되니, 삼대의 정전正田과 학교學校에 비해 한층 시대에 맞게 [제도를] 더하고 덜어내면서 이미 정교한 것이 더욱 정교해진 것입니다. 정명正明한 예악은 지극히 갖추어졌고, 하늘은 문명의 성대함을 열어주셨습니다.

이처럼 도는 융성해 덕이 지극하고, 치治가 뚜렷해 공功이 완성된 이 때에도, 우리 황상께서는 여전히 치세를 추구하려는 일념으로 쉴 새 없이 근면하시며, 일시일각一時一刻 조금도 태만하려고 하지 않으십니다. 삼가 유지를 읽어보니, [황상께서는] 오히려 "감히 최고의 성세라고 할 수는 없다"고 말씀하십니다. 덕이 그득한 마음이시라, 성인[聖]이면서도 스스로 성인이라 여기지 않은 것입니다. 이러한 경지에 이르셨으니, 이것이 하늘과 인민을 감동시키고 믿음을 얻어 상서로운 징조가 나타나게 된 이유입니다. "오성이 모이고, 황하가 맑아지는" 현상은 바로 황상의 도덕이 완전하여 천고千古를 초월했고, 본조의 정치·교화가 아름답고도 청명하여 삼대를 넘어 번성했기 때문에 나타난 것이니, 위대한 성인이 흥기하여 제위에 있을 때의 조짐입니다.

하물며 정전井田의 경계는 진秦 이후로 파괴된 지 이미 2,000년이 되었고, 밭을 나눈 도랑[封洫]이나 관개를 위한 물길[溝渠] 등은 모두 고증할 수 없습니다. 게다가 오늘날 태평성세가 오래도록 지속되고 있으니, 평원에서든 황무지에서든 구업舊業(정전제)을 이룬다는 것은, 이치와 추세를 근거로 논해보아도 전혀 가능하지 않습니다. 또한, 천하의 인문人文이 왕성히 일어나 몇천몇만의 현량賢良[260]이 있는지 모르니, 재지才智는 치국의 원칙[治體]과 치국의 방법[治法]에 정통精通한 자들을 이루 다 쓸 수 없을 정도입니다. 그런데도 하늘을 뒤덮는 중죄를 범한 저는 비루하고 무지하

● ● ●

260. 덕성과 재능을 겸비한 인재.

여 금수만도 못하면서, 도리어 "내가 아니라면 누구겠는가!"라고 말했습니다. 제 주제를 스스로 파악하지 못해 이 지경까지 이르렀으니, 방자하게 멋대로 행동한 죄로 만 번 죽는다 해도 어찌 피하겠습니까!

13. 증정이 스승으로 삼은 여유량과의 관계 및 그에 관한 평가

증정에 대한 신문

성지에 따라 너에게 묻노라. 저술한 역서 『지신록』에서 너는 "근세近世의 만촌晩村 선생은 학문이 완전하고 재능[本領]이 탁월하여 크게 쓰일 것이다. 또한 살아서 때를 만나지 못했지만, 지금 그 기회를 만난 것 같다"라는 등의 말을 하였다.

이 여유량은 스스로 그의 조상을 이전 명 왕조의 의빈儀賓[261]으로 여기고 고국故國을 잊지 않았다지만, 본조에서 [과거에] 응시하여 생원이 되었었고, 십여 년 이후 고시에서 5등급을 받고 나서야[262] 홀연히 삭발하고 제생諸生[263]의 지위를 버렸다. 천개루天蓋樓[264]를 통해 시문時文[265]을 선별해 간행했는데, 본조가 실시한 과거科擧 가운데에서 유명했던 인물들의 묵권墨卷[266]과 문고文稿[267]를 출간해 이익을 추구함으로써 치부致富한 것이 헤아릴

• • •

261. 명대 황가의 종실인 친왕親王과 군왕郡王의 사위에 대한 호칭.

262. 생원 지위 소지자를 대상으로 3년마다 시험을 실시해 등급을 매기는 시험을 세시歲試라 하는데, 거기서 5등급이란 생원 직위를 박탈당하는 성적이다.

263. 명청 시대 관학官學에 입학한 생원.

264. 여유량이 은거하면서 연 상설 서점의 이름이다.

265. 과거에 응시할 때 사용하는 문체의 통칭.

266. 명청 시대 鄕試(3년에 한 번 각 성의 소재지에서 거행하는 시험으로 합격자는 거인擧人이 되었다. 다음 단계 시험인 회시會試에 합격하지 못해도 지원 과科에 따라 관료로 선발될 수 있었다)와 회시(각 성의 거인이 경성京城에서 치르는 시험)에 응시한 자들이 묵필로 작성한 시험 답안.

수 없을 정도다. 그런데도 화심禍心을 품고 멋대로 행동하며 거리낌이 없었다. 실로 무뢰를 거듭하는 너절하고 광패한 한 명의 반역자일 뿐이니, 천지간에 용납될 곳이 없다.

지금 너는 도리어 그를 받들어 스승으로 본받고 진심으로 기뻐하고 복종하면서, 공자와 맹자께서 다시 부활한 것이라 여긴다. 네가 말한 여유량의 학문과 재능을 어디에서 볼 수 있는가? 여유량이 크게 쓰일 것이라는 점은 무엇을 근거로 알 수 있는가? 너는 여유량과 필시 이전에 직접 대면해 친히 지도를 받았기 때문에 믿고 존경하며 복종하여 이 지경에 이른 것이리라.

또한 "지금 그 기회를 만난 것 같다"고 하였는데, 이를 어떻게 해석해야 하는가? 사실에 따라 자백해야 마땅하리라.

중정의 진술

성인께서는 "다른 사람이 자기를 알아주지 못함을 걱정하지 말고 다른 사람을 알아보지 못하는 것을 걱정하라不患人之不己知, 患不知人也"(『논어』, 「학이」)라고 하셨고, 또한 "다른 사람을 알아보지 못한다면, 시비와 사정邪正을 판별할 수 없다"[268]라고 하셨습니다. 하늘을 뒤덮는 중죄를 범한 제가 지금 광패하여 시종일관 잘못을 저지른 까닭은 전부 제가 외딴 산골에 살면서 시야와 견문이 협소한 데다 품은 생각도 비루했기에 사람을 알아보지 못했던 탓입니다.

그와 같은 말들을 늘어놓았던 것은 모두 제게 식견이 없었기 때문입니다. 타인에게 가르침을 청함에 그 실상을 살피지 못한 채, 급기야 멋대로

● ● ●

267. 문장 또는 공문公文의 원고.

268. 사실 이는 공자의 말이 아니라, 주희의 『論語集注』에서 공자의 "不患人之不己知, 患不知人也"라는 말에 대한 주석으로 등장하는 구절이다. "윤씨왈尹氏曰"로 주희가 인용했는데, 여기서 '윤씨'는 정이천程伊川의 제자인 윤돈尹焞이다.

넘겨짚으면서 진심으로 기뻐하고 복종하여 스승으로 받들었습니다. 스승으로 삼았을 뿐만 아니라, 그를 일세의 호걸이라고까지 여겼습니다.

사실 당시 여유량의 행적에 크게 훌륭하지 못한 부분이 있다는 것을 어떻게 알았겠습니까! 그의 문장과 의견에서 저의 괴벽한 성질과 합치하는 부분을 발견했고, 저도 모르게 아주 좋아하게 되고 말았을 뿐입니다. 너무나 좋아해서 결국 저도 모르게 독실히 믿게 되었습니다. 당시 "학문"·"재능"이라고 말한 이유는 그의 논리가 분명하고 문장에 대한 평론이 정밀하다고 제멋대로 평가했기 때문입니다. 그가 "크게 쓰일 것이다"라고 말했던 이유는 그의 견해가 채용되면 정전을 시행할 수 있고 삼대를 복원할 수 있으리라고 기대했기 때문입니다. 과거 터무니없고도 망령되이 그를 믿었던 바가 이상과 같습니다.

지금 성은과 개도開導를 받아 탈바꿈되어[點化], 비로소 그의 행위와 사람됨이 도처에서 잘못되었다는 것을 알게 되었습니다. 그는 자기 대의에서 부조리할 뿐만이 아닙니다. 이제 돌이켜보면, 이전에 그를 믿고 따랐던 것이 어찌 진상陳相이 허행許行을 기쁜 마음으로 추종했던 일에 그칠 뿐이겠으며,[269] 통렬히 뉘우친들 어찌 돌이킬 수 있는 것이겠습니까?

"[여유량에게] 친히 지도를 받았다"라고 말씀하셨는데, 정말로 그런 적은 없습니다. 여유량은 절강에서 태어났고, 하늘을 뒤덮는 중죄를 범한 저는 호남에서 태어나 근처의 광동의 경계까지도 수천 리 떨어져 있습니다. 게다가 하늘을 뒤덮는 중죄를 범한 저는 강희 18년에 태어났습

• • •

269. 진상은 초나라 출신 진량陳良의 제자로, 허행을 추종하여 그에 따라 등나라의 국정 개혁 방안을 제시했다는 일화가 『맹자』 「등문공상滕文公上」에 나온다. 허행은 군주를 포함한 모든 사람이 직접 농사지으며 자기 노동으로 삶을 꾸릴 것을 주장한 농가農家의 인물이다. 맹자는 신분적 분업의 논리로 그 입장의 비현실성을 지적했다. 유학적 정통의 관점에서 허행과 진상은 이단이다. 여기서는 정전제를 통한 빈부 차이의 극복이라는 여유량의 이상을 증정 자신이 믿었던 상황을 진상과 허행의 관계에 유비시키고 있는 것이다.

니다. 여유량은 강희 21년에 죽었는데, [당시] 하늘을 뒤덮는 중죄를 범한 저는 겨우 4살에 지나지 않았으니, 정말 그와 대면한 적은 없습니다.

"이 기회를 만난 것이다"라는 등의 말을 했던 사정은 다음과 같습니다. 하늘을 뒤덮는 중죄를 범한 저의 마음속에 먼저 여유량이 후세를 우습게 여겼던 마음이 일부 자리를 차지했고, 또한 그가 『춘추』를 잘못 해석했던 사고가 일부 자리를 차지한 데다, 옹정 원년에 비류의 낭설이 귀에 더해졌고,[270] 게다가 마침 영흥현에서 2년에 걸쳐 큰비가 내려 수개월 동안 그치지 않는 상황을 마주하다 보니, 마침내 세도世道에 좋지 않은 점이 있다고 생각하게 되었던 것입니다. 이는 모조리 비루하고 무지한 식견이었습니다.

체포해 장사로 데려오라는 명을 작년까지 받들었다가, 올해에 다시 장사에서 경성京城으로 오면서, 한 해 수확이 풍성하고 계절이 조화로우며 교화가 시행되고 풍속이 아름다워, 태평의 도가 온 천하에 행해지는 것을 목격하고서야, 성인께서 제위에 계시기에 정치와 교화[政教]가 널리 시행되고 예악이 분명히 갖추어져 참으로 천고의 성세라는 것을 알게 되었고, 이전에 마음에 가득했던 의혹 덩어리가 비로소 단번에 씻겨나갔습니다. 그리고 여유량은 세상을 기만해 명예를 도적질했으며 대역부도하여 인심을 미혹시켰기 때문에 천지간에 용납될 수 없다는 것을, 하늘을 뒤덮는 중죄를 범한 저 역시 명백히 알게 되었습니다.

● ● ●

270. 원문의 "원년 비류의 낭설[元年匪類之說]"에서 '비류'란 아마 증정이 옹정 원년에 고향의 향숙에서 황실에 대한 소문을 들었다고 자백했던 인물인 왕수王澍를 가리키는 듯하다. 그는 스스로 주장하길 진사 학위자로, 14황자의 글 친구였으며, 자기 아들은 서남지방에 주둔하는 장군이라고 주장하며 다녔던 인물이다. 증정에게 황실에 관련된 여러 소문(특히, 제위계승 분쟁)을 유포시킨 장본인으로, 사기꾼이었던 것 같다. 그에 대해서는 『반역의 책』을 참고할 것.

대의각미록 제2권

大義覺迷錄 卷二

성지를 받들어 신문하고 증정이 진술한 24건

1. 증정의 문도와 규합한 역도逆徒에 관한 신문과 진술

증정에 대한 신문

성지聖旨에 따라 너에게 묻노라. 네가 지은 역서逆書『지신록』에서 "경경敬卿·경숙景叔과 서쪽으로 길을 떠나고자 하는데 또한 수월하지 않을 것이다. 올해 2월 초2일 오성五星은 구슬을 꿴 듯 [나란했고], 해와 달은 하나로 합쳐졌다. 우리들은 7월 초에 길을 떠났는데, 하늘이 이 상서로운 징조[朕兆]에 감응하지 않는다면 그만이나 만약 이 일에 감응한다면 반드시 우리들의 손에서 이루어질 것이다. 설령 내 손에서 이룰 수 없다면 또한 반드시 우리 문도인 경경·경숙의 손에서는 이루어질 것이다"라는 등의 말을 했다.

'경경'은 '장희張熙'일 것인데, '경숙'이라 한 자는 또 누구인가? 너의 지난번 진술에 따르자면 "마음에는 본래 확실한 생각이 없었고, 다만 헛소문을 전해 듣고 망령되이 의혹이 생겨서 문도를 보내 서신을 올렸다"

는 등의 말을 했다. 지금 서신에 근거하자면 당년 7월에 길을 떠난 것이다. 너는 옹정 3년 이미 장희 등에게 각처를 왕래하며 역도들을 규합하라고 했고, 옹정 6년에 악종기가 있는 곳에 서신을 올렸다. 너는 평소 '오성은 구슬이 꿰어진 듯 [나란했고] 해와 달은 하나로 합쳐졌다'는 상서祥瑞에 부응할 수 있는 적임자라고 자부했으며, 또 이 일은 반드시 우리 무리들의 손에서 이루어질 것이라 했으니, 이는 모반하려는 생각을 오랫동안 품고 속으로 반역을 꾀하고자 골몰한 것이다. 너는 옹정 3년 7월 이후 장희 등을 파견해 어디를 왕래하며 누구를 규합하도록 시킨 것이며, 아울러 '우리 문도'란 모두 얼마나 되는가? 경숙은 이름이 무엇이며, 또 어디에 가 있는가? 하나도 빠짐없이 사실대로 자백하라.

증정의 진술

서쪽으로 길을 떠났다는 말은 곧 옹정 3년의 일로 당시 특별한 의도는 전혀 없었습니다. 하늘을 뒤덮는 중죄를 범한 제가 살던 곳은 매우 외진 산골에 자리하고 있어, 모두가 산에서 밭농사를 짓고 살며 아울러 글공부를 하는 식자들과 교류하는 일도 전혀 없었습니다. 하늘을 뒤덮는 중죄를 범한 저의 아비가 살아 계실 때 일찍이 이사하려는 마음을 먹었으나 실행하지 못했고, 또 근래 사람들이 많아져 밭의 가격은 오르고 집안 형편도 기울어 옮겨가지 못했습니다. 이후 학도인 장희·료이廖易를 거두어 문하에 두고 왕래했으나 머무는 것이 편치 못했고 장희·료이의 집안 형편도 좋지 못하였는데, 사천四川에서 온 사람들이 전해온 말을 통해 사천 지역의 밭 가격이 저렴함을 알게 되었습니다. 마침내 장희·료이와 상의해 사천으로 가 안착할 곳을 찾게 되면 이사해서 편안히 농사나 지을 계획을 했고, 또한 장희·료이도 함께 가서 다 같이 글공부를 하려는 뜻도 이루고자 했습니다. 이에 사천으로 떠날 준비를 해 7월 25일에 떠나 배를 타고 장사長沙 지역에 도착해 장사성長沙城에 이르러 잠시 둘러보았습니다.

하늘을 뒤덮는 중죄를 범한 저는 이제껏 집을 떠나본 적이 없었고, 시험 때문에 침주郴州 지방을 들러봤을 뿐이라 여타 지역은 가본 적이 없었습니다. 뜻밖에도 장사에 들렀다가 결국 어떤 고시告示를[1] 보게 되었는데, 앞에서 말한 '오성은 구슬이 꿰어진 듯 [나란했고] 해와 달은 하나로 합쳐졌다'는 내용이었습니다. 그 당시 매우 기뻐했는데, 좋은 세상이 도래해 반드시 정전법井田法과 봉건제가 회복되고, 정전법과 봉건제가 회복되면 반드시 인재가 필요하게 되며, 나라에서 인재를 임용할 때면 우리들의 진퇴[行藏]가 어찌 될지는 예측하기 어려울 것이라고 [이를 풀이했기 때문입니다.] 또 정전법이 시행된다면 이르는 곳마다 몸을 의탁할 수 있을 것이니 또 어찌 반드시 식구들과 권속들을 이끌고 사천으로 갈 것이겠습니까? 이에 사천으로 떠나려는 뜻을 접고 즉시 발걸음을 돌리고자 했습니다.

그 당시 별다른 뜻은 일절 없었고 마음속에는 경성京城에 상서上書하여 헌책獻策하고자 하는 생각만 있었으나 거듭해서 결정하지 못한 것은, 갑자기 비류匪類들이 지어낸 한 편의 뜬소문이 마음속에 의심으로 자리 잡았기 때문입니다. 이에 발걸음을 돌려 장사 악록산嶽麓山에 이르러 한번 구경을 했고, 이후 상담湘潭[2]에 갔다가 함께 돌아왔으며 아울러 다른 사람들을 만나거나 한 구절의 이화異話도 발설함 없이 9월 3일에 귀가했습니다.

돌아온 지 2년쯤 되었는데 이 2년간의 수확이 좋지 못했고, 몇 년에 걸친 수재로 쌀과 곡식들은 품귀현상을 겪게 되었으니, 백성들은 삶이 고단하여 수재를 피하듯이 기근으로 살던 곳을 버리는 경우가 많았습니

1. 고시란 국가기관이 결정한 사항 등을 일반인에게 널리 알리는 공고 형식이다. 증정은 이 고시를 인용하여 『지신록』에 자신이 목도한 '상서로운 징조'라고 기록했던 것으로 보인다.
2. 호남성의 현 이름으로, 한때 장사군長沙郡에 속해 있기도 했다. 여기에서 장사에 도착한 이후 증정의 행적을 추측할 수 있는 말은 '장사성', '악록산', '상담'이 있는데 모두 장사를 벗어나지 않았다는 것에 초점을 맞춰 말하고 있다.

다. 이에 도리어 '오성은 구슬이 꿰어진 듯 [나란했고], 해와 달은 하나로 합쳐졌다'는 조짐兆朕은 다른 일에 상응하는 것이라 여기게 되었고, 더해서 전해지는 소문도 날로 많아졌는데, 모두 앞서 비류들의 말과 맞아떨어졌기에 분별없이 광패狂悖한 말을 한 것입니다. 이는 옹정 5년 겨울 무렵의 이야기로, 옹정 3년의 일을 돌이켜 생각하다 앞뒷면처럼 하나로 합쳐진 것이니, 전날에 먹었던 마음과 훗날에 가졌던 견해는 크게 다릅니다. 기실 다른 곳에 가서 사람들을 모았던 일은 전혀 없었습니다. 이른바 "서쪽으로 길을 떠났다"고 한 것 역시 사천 서촉西蜀으로 가려 했다는 것을 명명했던 것입니다. 경숙은 지금 본 사건으로 인해 호송된 료이를 말합니다. 이른바 '문도'란 장희·료이를 말할 뿐 이밖에 다른 사람은 절대로 없습니다.

종합해보자면 하늘을 뒤덮는 중죄를 범한 저의 방자한 거동과 속마음은 털끝 하나까지도 모두 『지기록』과 『지신록』에 실려 있습니다. 이 두 권의 책은 비록 각각 책명을 가지고 있으나 확실히 뜻을 세우고 지은 책이 아닌 겉만 화려하게 꾸민 말들입니다. 『지신록』은 장횡거張橫渠 선생의 "마음속에 깨우치는 것이 있으면 곧 기록해야 한다"는 가르침을 따라 해본 것입니다. 매일의 깨닫고 본 것을 따라 정조精粗와 시비是非를 막론하고 여기에 베껴 두고서 편의에 따라 홀로 살폈으니, 그 배운 것의 득실得失과 의론議論을 숙고하는 것은 진실로 고려해본 적도 없고, 문장 또한 다듬은 적이 없는 애초에 좋을 대로 베껴 적은 말들입니다. 『지기록』은 장희에게 신신당부한 말을 베껴 적은 것에 불과합니다. 그에게 숨김없이 말한 것이라 주변 사람들이 들을까 두렵고, 또 그가 마음속에 새기지 못할까 염려되어 종이에 옮겨 적게 되었는데, 적은 것이 많아져 마침내 모아서 책명을 단 것이니, 이는 암암리에 장희에게 전한 내용인 것입니다.

지금 두 책자는 모두 이미 압수되어 황상께서 살피도록 올라갔습니다. 하늘을 뒤덮는 중죄를 범한 제가 당시의 실정을 어느 곳에 감추겠습니까?

하물며 황상께선 하늘이 내린 밝은 군주이며 총명함이 빛나 작은 터럭 하나까지도 다 드러날 것이니 결코 감출 수 없습니다. 또 하늘을 뒤덮는 중죄를 범한 제가 도중에 황상께 은혜를 입은 것이 이다지도 두터워, 비록 분골쇄신하려 해도 그 만의 하나도 보답하지 못할 것인데, 이 상황에 이르러 또 어찌 차마 감출 것이 있겠습니까?

2. 문풍文風이 크게 일어난 일을 풍속이 나날이 저급해졌다고 비판한 것에 대한 신문과 진술

증정에 대한 신문

성지에 따라 너에게 묻노라. 네가 지은 역서 『지신록』에서 "영흥현의 동생童生[3] 중 현시縣試에 참가한 이가 2천5백 명이고 도시道試에 참가한 이가 2천 명이니, 그 언제가 지금처럼 문풍文風이 지극히 번성했던가? 이는 풍속이 나날이 저급해지고 부끄러움이 없는 이가 늘어나 출세를 위해 다투는 것이 습관처럼 되었기 때문이다"는 등의 말을 했다.

종래부터 인재가 많은 것은 국가가 양성하고 교육한 공적에 대한 증험이다. 이 때문에 『시詩』「토兎」에 교화가 행해지면 풍속이 아름다워지고 현재賢才가 많아진다고 언급했으니, 인문人文이 날로 번성하는데 풍속은 나날이 저급해진다는 말은 들어보지 못하였다. 또 사인士人이 공명功名을 추구하거나 과거에 응시하여 천자의 빛나는 성덕盛德을 보는 것에 뜻을 두는 것은 본분에 마땅한 것이다.

지금 너 증정은 부끄러움 없이 출세를 위해 다툰다고 했다. 너에게 묻는다. 네가 이미 응시하는 것을 부끄럼이 없는 것이라 여겼다면 너

3. 명청 시대에 수재秀才 시험을 보지 않았거나, 그 시험에 낙방한 사람을 말한다.

스스로 응시해서는 안 되는 것인데, 어찌 이전에 청금靑衿의 대열에 이름을 올렸는가? 여러 해 동안 응시를 하다 낮은 등급을 받고서야 응시에 나오지 않은 것이다. 네가 자문해보건대 너는 부끄러움이 있고 청정함을 편안히 여기는 사람인가? 부끄러움이 없고 출세를 위해 다투는 사람인가? 네 스스로를 평가해보라.

증정의 진술

이와 같이 광패하고 도리에 어긋난 말은 큰 병통으로, 모두 다 시험에 응시하는 자를 업신여기는 마음에서 나온 것인데, 사리를 헤아리지 못하고 상식을 벗어났기 때문에 끝내 이 지경에 이르게 되었습니다. 당시의 생각은 국가가 사유師儒를 중시하고 인재를 양육하고자 이 과거를 개설했으니, 사인이 출세할 수 있는 지극히 중대한 수단이라는 것이었습니다. 독서讀書하는 이들은 모두 마땅히 이러한 조정의 뜻을 우러러 본받고 또한 이를 지극히 존귀한 방도로 여겨, 반드시 행동과 절조를 돈독하게 하고 염치를 지니며, 경전의 뜻을 분명히 알고 문리文理에 통달한 연후 이러한 과거에 응시해야 조정에서 인재를 모으는 뜻을 저버리지 않을 수 있을 것입니다. 만약 문리가 온전히 통하지 못하고 경전의 뜻을 온전히 이해하지 못하며, 행동과 절조는 조금도 수양하지 않으면서 오직 날마다 과거에 응시하는 것을 영광이라 여긴다면, 어찌 이 지극히 존귀한 방도를 도리어 명리名利를 쟁탈하는 장소로 만드는 것이 아니겠습니까! 그래서 광패하게도 결국 이러한 말을 한 것입니다.

제가 젊었을 적 시험에 응시한 자가 적었던 것은 명나라 말엽 혼란 이후 백성들이 유리걸식하여 편안한 마음으로 공부에 뜻을 두지 못했기 때문이란 것을 어찌 생각이나 했겠습니까? 뒤에 이르러 세조장황제世祖章皇帝께서 백성의 부담을 줄이고 생활을 안정시켜 원기를 회복하게 했고, 성조인황제聖祖仁皇帝께서 지극한 덕을 널리 펼쳐 인의가 점차 닦여 나갔으니, 융성한 조정에서 인재가 번성하는 것이 전 시대 명나라와는 전혀 다른 것은 이러한 이유 때문입니다. 어찌하여 당년에는 헤아리지 못했는지 모르겠습니다.

하늘을 뒤덮는 중죄를 범한 제가 자문해보건대, 종전에는 천지와 일월을 분별하지 못하고 방자하고 오만한 마음에 판단력을 잃어 일체 눈에 들어오는 것이 없었기 때문일 것입니다. 지금에 이르러 황상의 교화를 입어 종전의 망령됨을 한꺼번에 싹 제거하고 지난날 생각하고 행하던 것을 고쳐 생각하게 되었으니, 진실로 금수와 다를 바 없고 개돼지보다 못했던 일을 다시금 누군가 묻는다면 죽도록 부끄러울 따름입니다.

3. 『격물집』에 관련한 신문과 진술

증정에 대한 신문

성지에 따라 너에게 묻노라. 네가 지은 역서 『지신록』에서 "유선생劉先生이 지은 『격물집』은 그의 조카 유광투劉光鬥가 영원현寧遠縣[4] 임소任所에 들렀다가 초본 하나를 얻어 온 것이다" 등의 말을 했다.

저 유선생이란 어떤 사람인가? 그 이름이 무엇인가? 그의 조카 광투는 지금 어디에 있는가? 저술했다는 『격물집』은 어떤 책인가?

증정의 진술

유선생은 곧 지금 본 사건으로 인해 호송된 유지형劉之珩이고, 조카 유광투는 호남 악주부嶽州府 안향현安鄉縣에 거주하고 있습니다. 『격물집』은

4. 호남성 영주시永州市에 있는 현인데, 증정의 고향이 호남성 영흥현이므로 왕래가 가능했던 것으로 보인다.

유지형이 저술한 것인데 오로지 사물의 이치를 말했을 뿐 별도의 내용은 전혀 없으며, 글 또한 많지 않습니다.

유지형이 원래 영흥현에 있으면서 교유教諭를 지냈고, 하늘을 뒤덮는 중죄를 범한 제가 생원을 지낸 인연으로 일찍이 접견하게 되었습니다. 이후 옹정 원년 유지형이 부친상을 당해 결국 악주부 안향현에 상을 치르러 돌아갔다가 복상이 끝난 후 기용되었는데, 영주부永州府 영원현의 교유로 다시 임용되었습니다. 조카 유광투는 안향현에서 출발해 영원현 학서學署에 도착해 백부인 유지형을 문안하고 영흥현을 지나는 길이었는데, 하늘을 뒤덮는 중죄를 범한 저는 [유광투가] 받아온 『격물집』을 보고 『지신록』 안에 옮겨 적었던 것입니다. 지난번 제가 장사에 있었을 때, 저 『격물집』은 이미 흠차대인欽差大人을 통해 유지형의 집에서 압수되어 황상께서 살피도록 올라갔습니다.

4. 공자 · 맹자 같은 이들이 황제가 되어야 한다는 것에 대한 신문과 진술

증정에 대한 신문

성지에 따라 너에게 묻노라. 네가 지은 역서 『지신록』에서 "황제는 우리 학문하는 이들 중 대학자[儒者]가 되는 것이 합당하니, 세상의 영웅들이 되어서는 안 된다. 주周나라 말엽 형세가 크게 변화하여 군주의 지위에 있는 자들은 학문을 모르는 자들이 많았고 모두 세상의 영웅이라 하는 자들이었으며, 심한 경우는 매우 교활하고 간사한 자들이기도 했으니 속설에서는 '무뢰배[光棍]'라고 부르기도 하였다. 만약 명성과 지위의 올바름으로 논해보자면 춘추시대의 황제는 공자가 되어야 하고, 전국시대의 황제는 맹자가 되어야 하며, 진나라 이후 황제는 정程씨 형제와 주자朱子가 되어야 하고, 명나라 말엽 황제는 여유량呂留良이 되어야 하는데, 지금은 모두 횡포를 부리는 자들에게 점거를 당했다. 우리 학문하는 이들이 황제가 되기에 가장 적합한데 세상의 영웅이라 하는 자들이 황제가 되었음을 알겠다"는 등의 말을 했다.

공자와 맹자가 대성大聖·대현大賢이 된 이유는 윤리강상을 세우고 교육을 확립하여 만세의 인심을 바로 잡고 천고의 대의를 밝혔기 때문이다. 어찌 공자와 맹자가 황제를 해야 하는 이치가 있는가? 공자는 "예를 다해 군주를 섬긴다事君盡禮"(『논어』, 「팔일」)라고 했고, 또 "신하는 충심으로 군주를 모신다臣事君以忠"(『논어』, 「팔일」)고 했으며, "군주와 신하, 아버지와 아들이 각자 자신의 역할을 다한다君君臣臣, 父父子子"(『논어』, 「안연」)라고 했다. 『논어』「향당」 전편을 보면 공자는 군주나 부모의 앞전에서 공경과 조심스런 마음을 지극히 갖추었다. 맹자는 "신하 노릇을 하고자 한다면 신하의 도리를 다해야 한다欲爲臣, 盡臣道"(『맹자』, 「이루 상」)고 했고, 또 "제齊나라 사람 중 나보다 군주를 공경하는 이가 없다齊人莫如我敬王者"(『맹자』, 「공손추 하」)라고도 했다. 가령 공자와 맹자가 당시에 지위를 얻어 도道를 행할 수 있게 되었다면 그 신하로서의 올바른 도리를 스스로 다했을 것이니, 어찌 평범한 유생들을 데리고 스스로 황제가 되려고 할 리가 있겠는가? 만약 너 증정이 설명한 바를 그대로 따른다면 난신적자가 왕위를 찬탈하고 군주를 업신여기는 일을 공자와 맹자 그들 자신에게 강요하는 것이다. 성현을 모독하는 것인데 이는 어떤 마음에서 나온 것인가?

또 한나라와 당나라 이래로 명철한 군주가 대를 이어 그 수가 부족하지 않았다. 한고조漢高祖·당태종唐太宗·송태조宋太祖·금태조金太祖·원태조元太祖·원세조元世祖는 난리를 평정하기도 했고 몸소 태평성대를 이루었으니 모두 천명이 귀의하여 공덕이 환히 드러난 것인데, 지금 도리어 무뢰배라 지목한다! 하물며 너 증정은 시시때때로 명조가 망한 것의 원한을 절절히 떠올리며, 주나라 말엽 형세가 크게 변화한 이후로 황제들을 모두 무뢰배와 관련 지었으니, 명나라 태조 또한 무뢰배의 반열에 있게 되었다. 너 증정은 본조의 역신일 뿐 아니라 또한 명조의 역신인 것이다. 또 너 증정은 무뢰배라고 하는 말이 어떤 죄를 의미하는 것인지를 알면서도, 지금 나라를 창업한 군주를 모두 무뢰배라고 헐뜯었으니 당시에 군주를 돕고 추대한 명신들도 모두 무뢰배를 줏대 없이 따른 것이 되고 이는 형률로 다스려야 할 것이다.

또 춘추시대부터 명나라에 이르기까지 수천 년 동안 너 증정이 이른바 황제가 되기에 마땅하다고 한 자는 공자·맹자·정씨 형제·주자·여유량 다섯 명이 있을 뿐이다. 천지가 생겨나 지금에 이르기까지 이보다 패악하고 도리에 어긋난 논의는 없었다. 너 증정에게 묻는다. 이는 무슨 말인가?

증정의 진술

저 패악하고 도리에 어긋난 말은 본래 군주가 되는 자는 결국 총명하고 하늘이 덕을 품부稟賦해야 하며 학문이 세상을 뒤덮을 정도로 뛰어나야 한다는 것을 설명했던 것입니다. 앞에서 진술한 바와 같이 '총명聰明과 예지睿智를 갖추어 인仁으로 만물萬物을 기를 수 있고, 의義로 만사萬事를 바로잡을 수 있으며, 예禮로 만화萬化를 펼칠 수 있고, 지智로 만류萬類를 살필 수 있으며, 신信으로 만방에 믿음을 얻을 수 있는 분'이어야 천하가 이에 존경하고 친히 여겨 군주로 삼으려는 마음으로 받들 것이라는 의미입니다.

하늘이 인민을 내리시고 군주를 세우고 스승을 세우셨으니, 군주는 직위職位로 말한 것이고, 스승은 도덕道德으로 말한 것입니다. 반드시 도덕이 천하에 지극히 이른 연후에야 직위로 천하의 존귀함에 거하는 것이니, 사실 군주와 스승은 원래 한 사람이 되며, 군주 이외에 별도로 어떤 한 분야의 도덕이 천하에 우뚝한 자를 스승으로 삼은 것입니다. 이제二帝와 삼왕三王의 시대에는 요堯·순舜·우禹·탕湯·문文·무武 모두가 도덕과 학문에 정심精深함이 지극하여 당시 천하에 이를 능가할 수 있는 이가 없었기 때문에 군주로 삼았던 것입니다.

춘추·전국시대 형세가 크게 변화했을 때, 공자와 맹자의 도덕이 완비되어 있음에도 세상은 이를 사용하지 못했습니다. 이전 주나라 시절의 천자도 또한 공자와 맹자보다 덕과 법도가 뛰어난 자가 있었다는 말을 들어보지 못했으니, 요·순·하우夏禹 3대의 가장 홍성했던 사례로 추론해 보더라도, 도리어 춘추시대의 대군大君은 공자의 도덕을 지닌 자가 되는 것이 합당하고, 전국시대의 대군은 맹자의 인의를 지닌 자가 되는 것이 합당하며, 송나라 말엽의 대군은 정주程朱의 성리학을 아는 이가 되는 것이 합당합니다. 당시의 생각은 공자와 맹자가 반드시 나서서 군주가 되었어야 하고, 정씨 형제와 주자 역시 백성을 다스리는 데에 뜻을 두었어야 한다는 것이 아니라, 군주가 천하에 군림할 때는 반드시 공자와 맹자의 도덕·인의와 정씨 형제와 주자의 성리학에 대한 상세한 이해를 지니고 있어야 한다는 의미였던 것입니다.

대개 군주를 공경하는 지극함은 공자와 맹자만 한 이들이 없었고, 군주를 존중하는 지극함은 정씨 형제와 주자만 한 이들이 없었습니다. 공자가 예를 다해 군주를 섬긴 것은 「향당」 전편에 보이는데, 후세 신하들 중 여기에 이른 자들이 적고 또한 공경하지 않을 뿐이니, 군주를 섬기는 정성을 확장하여 나간다면 이르지 못할 바가 없을 것입니다. 위리委吏[5]가 된다면 소와 양이 무럭무럭 자랄 것이고, 승전乘田이 된다면 회계가 정확할 것입니다. 모든 담당한 관직이 전부 완전함에 이르고 털끝 하나라도 구차하게 되지 않으려는 것은, 모두 군주의 명령을 중대하게 여기고 직분을 감히 소홀히 하지 않기 때문입니다. 공자의 경우를 살펴보면

5. 곡식의 출납을 맡아보던 관리로 일찍이 공자가 지낸 벼슬이다. 뒤에 나오는 '승전'은 목축을 담당하는 관원인데 이 또한 공자가 지낸 벼슬이다. 여기서는 두 관직의 위치가 바뀐 것인데, 그대로 풀이하고 주석에서 설명하였다.

맹자와 정씨 형제, 그리고 주자를 유추해볼 수 있습니다.

이른바 '학문하는 이들이 황제가 되기에 가장 적합하다'라고 한 것은 학문이 지극한 경지에 이르러 자신을 완성하고 저절로 타인도 완성시켜 줄 수도 있기 때문이니, 『대학』에서는 '명덕明德'을 강구講求하면 반드시 백성을 새롭게 하는 데 이른다고 했고, 『중용』에서는 '중中'과 '화和'를 지극히 하면 반드시 [천지가] 제자리를 편안히 하고, [만물이] 잘 생육生育되는 데 이른다고 했습니다. 대개 본성[性分]에 '중'의 공효功效가 갖추어지면 자연히 관통하여 여기에 이르니, 우禹·직稷·안자顔子가 처지를 바꾸었다 해도 다 똑같을 것이라고 한 것은 이런 이유 때문입니다. '우'가 군주가 되고 '직'이 재상이 되고 '안자'는 한갓 누추한 거리의 필부가 되었지만, 어찌 군주와 재상이 될 만한 일이 [따로] 있겠습니까! 역시 하나의 이치로 상통할 따름입니다. 자신을 수양하면 집안을 다스릴 수 있고, 집안을 다스리면 국가를 다스리고 천하를 평안하게 할 수 있는 것입니다. 사서와 오경 중 하나의 장章이라도 그 말이 천하를 다스리는 것에 이르지 않는 일이 없습니다. 하늘을 뒤덮는 중죄를 범한 제가 이 조목에서 패악하고 도리에 어긋난 말을 했는데, 이 말을 한 것은 대군이 되는 것이 원래 아무나 할 수 있는 것이 아니라, 곧 총명하고 독실하며 학문과 도덕에 정심해야 하기 때문이며, 참으로 군주되는 것이 지극히 중대하고 쉽게 할 수 없는 것이기도 하기 때문입니다.

생각건대, 오늘날 황상께서 천하를 잘 돌보시고 온 사방을 일통한 것은, 신명神明을 하늘이 마음껏 부여하셨고 지혜와 본성이 완성되셨기 때문입니다. 덕을 천성적으로 타고나시어 아무런 불편 없이 행하여 성인의 영역에 넉넉히 들어갔으니, 기실 덕과 법도의 세미함이 모두 정심한 학문에 체득되어 있고, 모두 지극한 '중'과 '화'에 투영되어 천지의 위치가 바로 서고 만물이 양육된 것입니다. 이와 같다면 어찌 성인께서 학문에 정심하시어 천하의 위에 존귀함으로 거하시며, 요·순·우·탕·문·무의 군주들과 천 년 세월 흘러 부합하는 것이 아니겠습니까! 저 한고조·당태종·송태조·금태조·원태조·원세조와 같은 경우라면, 난리를 평정하기도 했고 몸소 태평성대를 이루어 재지才智가 비록 넉넉했으나, 학문이 부족한 것은 면치 못했습니다. 그러므로 정치를 행하여 사업과 공적이 드러났으나, 천리의 올바름을 온전히 얻지 못하였으니, 조금이라도 인욕의 사사로움이 없다고는 보증할 수 없습니다.

사실 천하에 재주와 덕이 자신의 윗사람보다 뛰어나 군주가 될 수 있었다는 말은 들어본 적이 없습니다. 하늘을 뒤덮는 중죄를 범한 저의 도리에 어긋나는 말은, 본래 영웅을 역대 여러 나라를 창업한 군주에 비유한 것이고, 무뢰배를 위魏·진晉의 왕위를 찬탈한 군주라고 가리킨 것입니다. 이른바 "주周나라 말엽 형세가 크게 변화하여 군주의 지위에 있는 자들은 학문을 모르는 자들이 많았고, 모두 세상의 영웅이라 하는 자들이었다"고 했는데 이 세 구절은 원래 한·당·송·금·원의 여러 나라를 창업한 군주를 가리킨 것입니다. 이른바 "심한 경우는 매우 교활하고 간사한 자들이기도 했으니 속설에서 '무뢰배'라고 하는 이들이었다"고 했는데 이 두 구절은 바로 위·진의 여러 왕위를 찬탈한 자를 가리킨 말입니다. 말로 그 뜻을 다 표현할 수 없었기에 이리저리 뒤섞여 한 문장처럼 된 것입니다. 그리고 '무뢰배[光棍]' 두 글자는 또한 초나라의 속어인데 산에서 사는 비루한 자의 무지로 망령되게 예를 들어 비유한 것이니, 당시 말했던 대강의 취지는 원래 이와 같았습니다.

기실 이러한 패악하고 경솔하며 거리낌 없이 저지른 죄는 실로 용서받기 어려운 것입니다. 하물며 그 가운데 여유량을 거론했던 것은 더욱더 지극히 무지했던 일이니, 본조 여러 성군의 덕이 요·순·우·탕과 차이가 없음을 알지 못했을 뿐 아니라, 끝내 광패한 역도인 여유량을 공자와 맹자에 견주었습니다. 종전에는 마치 안개 속에 있듯 혼란했는데 지금에야 성유를 보고 깨우쳐 변화되었으니, 맑은 하늘에 빛나는 태양과 같을 뿐이 아니라, 또한 사지를 토막 치는 형벌로도 저의 죄를 갚을 수 없다는 것을 절로 깨닫게 됩니다.

5. 증정 스스로 천하를 다스릴 만한 인물이라고 자부한 것에 대한 신문과 진술

증정에 대한 신문

성지에 따라 너에게 묻노라. 네가 지은 역서 『지신록』에서 "경경·경숙이 말과 문장으로 지나치게 추앙하여 나를 더없이 큰 인물로 간주한다. 한결같은 마음으로 세상을 변혁시키길 희망하며, 내가 세운을 타고 일어나 삼대를 회복시켜 주길 바란다"라고 했다. 또 "'삼대 시절의 군주를 살펴보건대, 하늘이 총명을 부여하시어 『역易』「건괘乾卦」의 구오九五[6]와 같으시니, [선생께서도] 성위聖位에 오르지 못하겠습니까!'라고 하는데, 이런 말은 내 분수를 벗어난 것이라 진실로 감당할 수 없다. 그러나 이는 또한 한때의 경솔함으로 아무렇게나 헛소리를 하여 스승을 치켜세우고자 한 것은 아니니, 저들의 속마음이 실로 이와 같음이 확실하다" 등의 말을 했다.

이 이성을 잃고 미친 경경과 경숙의 말과 글을 어찌 사람으로서 감당할 수 있겠는가? 그리고 "헛소리를 하여 스승을 치켜세우고자 한 것은 아니니, 실로 소견은 이와 같은 것이다"라고 했다. 이는 너 스스로를 더없이 큰 인물을 담당할 수 있다고 시인한 것이다. "하늘이 총명을 부여하여 『역』「건괘」의 구오와 같다"고도 했는데, 이 말은 모두 너 증정이 담당할

6. 『주역』「건괘」에서 구오의 "용이 날아올라 하늘에 있으니, 대인을 만나는 것이 이롭다飛龍在天, 利見大人"는 내용으로 보통 군주의 즉위를 비유한다. 여기서는 문맥상 경경·경숙이 증정에게 성위를 권한 것으로 보고 풀이하였다.

수 있다고 시인한 것이냐? 또 너는 어떻게 세운을 타고 일어나려 했느냐? 네가 감히 이런 헛소리에 부합하고자 하며 지녔던 생각들을 사실대로 낱낱이 자백하라.

증정의 진술

장희와 료이가 미치고 이성을 잃어 외람되이 이런 말로 하늘을 뒤덮는 중죄를 범한 저를 추앙했으니, 하늘을 뒤덮는 중죄를 범한 제가 눈이 멀어 만고의 스승으로 여유량을 추앙한 것과 무엇이 다르겠습니까! 비록 그 말의 경중에 조금 차이가 있더라도 사실 모두 하나같이 무지하고 망령되었던 것입니다. 법으로 헤아려도 능지처참의 형벌[萬剮]을 벗어나지 못할 뿐 아니라 마음속에 물어보아도 또한 부끄러워 죽을 지경입니다.

다만 당시 이 말을 적어두고 제 생각을 밝힌 대의大意는 사람의 식견은 천심淺深과 대소가 있는데 얕은 것을 갑자기 깊게 할 수 없고, 작은 것을 강제로 크게 넓힐 수 없으니, 자신이 보고 겪은 것에 따라 그 대소와 천심을 확인해야 한다는 것에 있었을 것입니다. 예컨대 우물 안에 사는 개구리는 소견所見이라 할 것이 우물 안의 땅일 뿐이니, 애초에 우물 밖에 또 다른 땅이 있음을 알지 못하고, 마침내 망령되게도 천하의 땅이 모두 여기에 있다고 인식할 것입니다. 어찌 천지간에 드넓은 대지와 산악, 호수와 바다가 무궁무진하게 존재하고 있음을 알겠습니까? 그러나 직접 겪거나 친히 본 것이 아니니 어찌 믿을 수 있겠습니까?

산에서 사는 비루한 자의 무지함도 이와 무엇이 다르겠습니까! 하늘을 뒤덮는 중죄를 범한 제가 과거 유언비어에 미혹 당한 것도, 역시 50년을 살아올 동안 여태껏 만주나 수도·도성을 본 적도 없으며, 또 황상의 도덕과 정교政教가 이와 같이 온 세상을 잘 다스리고 있는 것도 직접 보고 들어 깨우치지 못했기 때문입니다. 그래서 유언비어에 쉽게 미혹됐던 것입니다. 작년에 붙잡혀 장사에 도착해 흠차대인을 뵙게 되었고,

이로 인해 마음속에 여유량의 말 중 부당한 부분이 있다는 생각이 들기 시작했습니다. 다시금 장사에서 경성에 압송되었는데 직접 보고 들은 것이 속으로 품고 있던 소문들과 밤낮처럼 서로 상반되었을 뿐만이 아니었습니다. 경성에 이르러 또한 몸으로는 이와 같이 극진한 황제의 은총을 체험하고, 마음으로는 이와 같이 지극한 성덕에 심취하고 나서야 환히 종전의 광패한 생각이 형벌을 받아 죽음을 면할 수 없다는 것을 깨달았으며, 황상의 융성한 도덕이 진실로 그 어느 시대보다 뛰어나서 감히 비교할 수 없다는 것을 마음속 깊이 믿게 되었습니다.

하늘을 뒤덮는 중죄를 범한 제가 이 조목을 적을 당시에, 그 본의는 사람의 식견은 천심과 대소가 있으니 반드시 자신이 보고 겪어야 믿을 수 있다는 데에 있었습니다. 그러므로 문장 마지막에 '경경·경숙이 후일 직접 보고 겪게 된다면, 반드시 이 광패한 말을 다시는 하지 않을 것이다'라고 말했던 것입니다. "세운을 타고 일어나다"는 말은 또한 태공太公이 문왕文王을 만나거나, 이윤伊尹이 탕湯의 초빙을 받은 것과 같은 일을 말한 것이니, 이는 곧 장희·료이의 허황되고 도리에 어긋난 생각에 대응하여 말한 것입니다. 종합한 것이 여기 진술에 다 드러나 있으니, 하늘이 성명聖明을 마음껏 부여하셔서 천지를 포용할 수 있고 온 백성이 머리를 조아리는 황상께서, 불쌍히 여기는 마음으로 이 무지함을 긍휼히 여겨주시기를 바랄 뿐입니다. 다시금 무슨 말로 낱낱이 설명하겠습니까!

6. 화이華夷의 구분이 군신君臣의 도리보다 크다고 한 것에 대한 신문과 진술

증정에 대한 신문

성지에 따라 너에게 묻노라. 네가 지은 역서 『지신록』에서 "어찌하여 인간의 도리 중 하나인 군신의 의를 한족漢族과 이적夷狄의 큰 구분에 옮겨 적용해야만 하나? 관중管仲이 군주의 원수를 잊었는데[7] 공자는 어떤 이유로 용서하고 도리어 인하다고 칭찬했겠는가? 이는 화이華夷의 구분이 군신의 도리보다 크고, 중화中華와 이적은 곧 사람과 사물의 분계점이 되어 천하에 가장 우선하는 도리이기 때문이니, 성인께서 관중의 공적을 칭찬한 이유인 것이다"라고 했다. 또한 "중화와 이적은 군신의 구분과 같은 관계가 필요치 않다"는 등의 말도 했다.

군신의 관계는 오륜 중 으뜸이니, 결단코 스스로 첫 번째 인륜을 빠뜨림이 없어야만 사람의 도리를 할 수 있는 것이다. 너 증정은 당시 한족과 이적은 군신의 구분과 같은 관계가 필요치 않다고 여겼으니, 이전까지 어떤 사람이 군주가 되었는지 모르는 것인가? 또 지금에 이르러 다시금 군신의 의를 이적의 구분에 옮겨 적용하기를 달게 여기며 수긍하는가? 아니면 시종일관 이적은 군신의 구분과 같은 관계가 필요치 않다는 것인가? 사실대로 자백하라.

증정의 진술

이 패악하고 황망한 말은 모두 옹정 5년 겨울과 옹정 6년 봄 시기의 일을 기록한 것인데, 실상 여유량이 공자께서 관중의 인仁을 칭찬한 부분에서 화이의 구분은 군신의 도리보다 크다고 말한 것을 보고 논리를 전개해 나가다 이렇듯 황망한 말을 하게 된 것입니다. 사실 하늘을 뒤덮는 중죄를 범한 저는 평소 이런 내용을 전혀 알지 못했으니, 어찌 화이가 지리적으로는 구분되어 있으나, 성인은 원래 지역을 구분하지 않는다는 내용을 알고 있었겠습니까?

• • •

7. 관중은 제환공의 이복형인 공자 규糾를 모셨는데, 결국 규는 제환공에게 죽임을 당한다. 이후 관중은 포숙아의 진언進言으로 환공에게 기용되어 국정에 참여하게 되는데, 이러한 관중과 관련하여 공자는 인하다고 평한 일이 있다.

만약 지역의 구분으로 논해본다면, 순舜은 저풍諸馮에서 태어났으니 동이東夷 사람이고, 문왕文王은 기주岐周에서 태어났으니 서이西夷 사람입니다. 모두 [중화와] 통하는 곳이 아니나, 대순大舜과 문왕을 중화 사람이 아니라고 할 수 있겠습니까? 또 성인이 아니라고 할 수 있겠습니까? 하물며 순과 문왕 이후로 다시 얼마나 많은 이들이 [이적 지역에서 태어나] 사표師表가 되며 그 도道가 백세百世에 우뚝했는지 알 수 없을 정도입니다. 예컨대 주자·장자·진량陳良[8]은 모두 사방 변경지대에서 태어났으나 오히려 그 자취를 하나하나 또렷하게 헤아릴 정도로 남겼습니다!

하늘을 뒤덮는 중죄를 범한 제가 당시 여유량의 악독함에 깊이 빠져 그 잘못됨을 살피지 못했기에 이 지경에 이르도록 광패한 논의를 발설한 것입니다. 지금에 이르러 친히 황상의 지극한 교화를 입게 되었고, 또 본조가 정통성을 얻은 것은 전부 인의 때문이며 하늘이 [천명을] 내리고 인심도 귀의하여 천리에 융합했음도 깨닫게 되었습니다. 또 우리 황상의 도덕이 융성함은 과거에도 본 적이 드문 정도이니, 곧 바다 동쪽이나 북쪽에 있는 궁벽한 곳이라도 그 성명聲名이 이르러 존친尊親하고 마음으로 복종하지 않음이 없습니다.

하물며 하늘을 뒤덮는 중죄를 범한 저는 중화의 땅에서 태어나 몸소 황상께서 위무慰撫해주시는 은혜를 입었고, 현재는 황상의 백성이 되었습니다! 그러므로 하늘을 뒤덮는 중죄를 범한 제가 달게 여기며 복종하는 것이 마치 공자께 복종하는 70명의 제자와 같은 이유는, 첫째로 본조가 정통성을 얻은 것이 과거에도 드문 정도이기 때문이며, 둘째 황상의 도덕이 거대하여 백성 중 마음속 깊이 즐겨 복종하지 않을 자가 없기 때문이니, 곧 저 자신의 지극한 정성이며 천지의 큰 뜻입니다. 하늘을

---

8. 진량은 명나라 복건福建 장락長樂 지역의 인물이다. 강직함으로 인해 권력자들에게 기피되어 엄주嚴州로 나가 다스렸는데, 의옥疑獄을 잘 해결하여 사람들에게 칭송을 들었다.

뒤덮는 중죄를 범한 제가 초목처럼 무지함에도 이에 이르러 기뻐 그 홍성함을 향하는데, 하물며 혈기 있는 자들이 어찌 감히 황상을 존친하지 않겠습니까?

7. 천하를 구한 본조本朝를 강도라고 비유한 것에 대한 신문과 진술

증정에 대한 신문

성지에 따라 너에게 묻노라. 네가 지은 역서 『지신록』에서 "이적이 천위天位를 도적질하고 중화[華夏]를 더럽힌 것은, 마치 강도가 집 재산을 빼앗고 또 우리 주인을 밖으로 내쫓아 우리 집을 점거하려는 것과 같다. 지금 식구들이 밖에 있는데 이 소식을 확인하게 되면 이런 도적들을 쫓아내 버릴 것이다"라는 등의 말을 했다.

명조 천하가 유적 이자성의 손에 망했으니 강도가 되어 집 재산을 빼앗고 명나라의 주인을 내쫓은 자는 이자성인 것이다. 우리 왕조는 유구流寇를 몰아내고 하늘과 백성의 뜻에 순응하여 천하를 얻었으니, 바로 강도를 잡아다 다스리고 형벌을 밝히며 법도를 온전히 한 천리天吏이다. 너희들은 식구 된 자로 이자성을 쫓아내거나 집 재산을 되찾지 못하고서 강도가 집 재산을 써버린 이후에, 도리어 강도를 잡아다 다스리고 형벌을 밝히며 법도를 온전히 한 천리에게 배상하라고 하는 것이 옳은 것인가?

또 너 증정의 말을 통해 미루어보면 원의 주인은 명조에게 쫓겨났으니 원나라 사람들은 마땅히 명나라에서 재산을 되찾아야 할 것이고, 송의 주인은 또 원조元朝에게 쫓겨났으니 송나라 사람 역시 원나라에서 재산을 되찾아야 할 것이다. 이런 등의 예로 미루어보면 당 이전부터 진·한에 이르기까지 모두 그러하다. 예로부터 너 증정과 같이 천리天理를 역행하는 논의가 있었더냐? 너 증정에게 묻는다. 그들 자신들로 하여금 이러한 일단의 의론을 자세히 살펴보게 한다면 무엇이라고 하겠는가?

증정의 진술

대의를 잘못 보아 결국 모두 잘못된 것입니다. 대개 사람의 몸의 주재主宰는 '심心'에 있고, '심'이 매여 있는 곳은 '지知'에 있으니, '지'가 한번 잘못되면 모든 말과 행동이 천리를 역행하여 마침내 다 따져 물을 수 없을 지경에 이릅니다. 이 조목에서 말한 것은 모두 본조가 이적이라 잘못 인식하고, 성인이 나오는 것은 원래 지역의 구분이 없다는 것을 몰랐기 때문입니다. 또 아울러 명나라 말엽 혼란에 백성들이 받은 이자성의 잔학함이 수화水火보다 심하여, 본조가 의로운 군사를 일으켜 도적을 제거해 그 공이 천지와 같은 것을 몰랐기 때문이기도 합니다.

지금에 이르러서야 본조가 지력智力으로 천하를 취한 한·당과 다를 뿐 아니라, 실로 인仁으로 일어나 피치 못하게 출정해 무도한 이들을 벌한 상商·주周보다 뛰어난 것을 알게 되었습니다. 또 본조는 역대 성인과 일맥상통하여 사람이 생겨난 뒤로 이와 같이 번성한 때가 없는데, 하늘을 뒤덮는 중죄를 범한 제가 어찌 천지와 부모를 업신여겨 이런 지경에 이르렀는지 모르겠습니다.

오늘날에 보면 본조는 당시 진실로 하늘의 밝은 뜻을 얻어 명나라를 대신해 천하를 소유한 것이니, 또한 유덕자有德者가 흥하고 무덕자無德者가 망하는 것은 하늘의 당연한 이치입니다. 하물며 명나라는 당시 본조와 원래부터 이웃 국가였고, 천하 또한 일찍이 유적 이자성의 손에 망한 상태였습니다. 본조가 일어나 중국을 어루만져 주셨고, 또 지모智謀로 중국을 힘써 규제하여 복종케 한 것이 아니라 바로 인의로 중국을 감동시켰기에, 예물을 들고 다투어 맞이해 마음으로 기뻐 따른 것입니다.

지금 하늘을 뒤덮는 중죄를 범한 제 말은 도리어 올바른 것을 도적이라고 가리킨 것이니, 명이 원을 취하고, 원이 송을 취하며, 송이 후주後周를 취한 것과, 위로는 당과 한에서부터 주가 상을 대신하고, 상이 하를 변혁變革한 것까지 모두다 도둑질이이며 마땅히 재산을 되찾아야 한다는 말이 될 것입니다. 그 천리를 역행하는 논의는 오늘날 저 자신도 무엇이라 설명할 길이 없으니, 어찌 일부만의 문제에 그치겠습니까? 지금 이 부분의 의론을 숙고해 보자면 참으로 무지할 따름입니다. 이렇듯 무지함은 모두 본조가 홍성[龍興]한 이유가 역대 성군의 융성한 공덕에 기인한 것을 모르고 다만 사람들의 말에 미혹되었기 때문입니다. 결국 이와 같이 광패함에 이르러 후회해도 소용없으니 다시 무슨 말을 하겠습니까?

8. 중화中華의 밖은 모두 이적夷狄이라 한 것에 대한 신문과 진술

증정에 대한 신문

성지에 따라 너에게 묻노라. 네가 지은 역서 『지신록』에서 "천하는 한 집안이고, 만물은 하나에 근원한다"고 했고, 또 "중화 밖의 동서남북은 모두 이적이다. 중원 지역과 가까운 곳은 오히려 조금이나마 인문의 기운이 있으나, 점점 멀어질수록 금수와의 차이가 없다" 등의 말을 했다.

이미 "천하는 한 집안이고, 만물은 하나에 근원한다"고 했는데 어째서 또다시 중화와 이적의 구분을 둔 것인가? 너 증정은 광패한 말을 방자하게 늘어놓는 것만 알 뿐 스스로 모순됨을 모른다. 『중용』에서 "'중'과 '화'를 지극히 하면 반드시 천지가 제자리를 편안히 하고, 만물이 잘 생육될 것이다致中和, 天地位焉, 萬物育焉"(『중용』, 제1장)라고 했다. 구주사해九州四海의 광활함에서 보자면 중화는 그 100분의 1을 차지하고 있을 뿐, 그 밖의 동서남북도 하늘이 덮어주고 땅이 실어주는 큰 은혜 가운데 함께 하니, 곧 이것이 천하를 통틀어 하나의 '이理'와 하나의 '기氣'가 있다는 것이다.

어찌 중화와 이적에게 각기 하나씩의 천지가 있는 것이겠는가? 성인께서 이른바 "만물이 잘 생육될 것"이라고 하셨으니, 사람도 곧 만물 속에 포함된 것이다. 이적도 그 생육 속에 포함되어 있음을 몰랐던 것인가? 아니면 생육 속에 포함되지 않은 것인가? 너 증정에게 묻노라. 이는 무슨 말인가?

또 『역易』에서 "신의信義가 돼지와 물고기에까지 미친다信及豚魚"[9](「중부괘中孚卦」)고 했다. 이는 성인이 오히려 돼지와 물고기까지도 감화시키고자 한 것인데, 어찌 중국과 멀다는 이유로 금수와의 차이가 없다고 하는가? 너 증정의 반역하려는 마음이 진실로 금수만도 못한 것이다. 그렇지만 지금에 이르러선 돼지와 물고기같이 감화될 수 있겠는가? 사실에 근거해 설명하라.

증정의 진술

"천하는 한 집안이고, 만물은 하나에 근원한다"는 이 두 구절은 본심에서 나온 말로 외부의 꾐이나 남들의 미혹을 받지 않았으니, 이 본심에서 나온 말과 도리道理는 서로 간에 저촉될 일이 없을 것입니다. 뒷부분 "중화 밖의 동서남북은 모두 이적이다" 등의 말에 이르러서는 모두 사람들의 틀린 말을 곧이곧대로 듣고 경문의 뜻을 그릇되게 풀이해서 빚어진 일로, 스스로 모순을 일으켜 이 지경에 이르게 된 것입니다. 『중용』의 "'중'과 '화'를 지극히 하면 반드시 천지가 제자리를 편안히 하고, 만물이 잘 생육될 것이다"란 말이 원래 사람과 사물을 겸하여 말했다는 것을 어찌 생각이나 했겠습니까?

● ● ●

9. 『역』에서 유래한 말로, 지극한 믿음은 돼지나 물고기 같은 미물까지도 감동시킨다는 뜻이다. 「중부괘中孚卦」의 괘사卦辭 중 "돼지와 물고기에게 미치면 길하다豚魚吉"는 것에 대해 단전彖傳에서 "돼지와 물고기에게 미치면 길함은, 믿음이 돼지와 물고기에게 미친다는 것이다豚魚吉, 信及豚魚也"라고 하였다.

대개 인심은 광대하여 원래 천지와 통하는 것이니, 하늘의 광대함이 내외의 구분이 없듯 인심의 광대함도 내외의 구분이 없으며, 무릇 천하의 큰 이기理氣가 관통하니 모두가 인심에 있어서는 동포이며 짝의 범위[胞與之內]에 있는 것입니다. 이 때문에 성인이 제위에 있으면 지극히 큰 천하와 아득히 먼 사해구주를 모두 포용해, 각기 그 삶을 이루고 그 본성을 회복케 하여 모두 다 제자리를 찾게 됩니다. 또한 중화와 그 밖의 동서남북도 하나의 천지가 있을 뿐이니, 심心과 체體, 성性과 도량[量]이 관통하여 한 곳이라도 이르지 않는 곳이 없을 따름입니다. 어찌 똑같이 천지 가운데 태어나 나란히 하늘이 덮어주고 땅이 실어주는 큰 은혜 가운데 있으면서 사람들 간에 중화와 그 밖의 동서남북의 구분할 수 있겠습니까?

하늘을 뒤덮는 중죄를 범한 제가 지난날 흐리멍덩하게 세월을 보내며 억지로 중화와 그 밖의 동서남북을 나누었는데, 오늘날 황상의 가르침을 입어 이 『중용』의 구절의 도리를 깨닫게 되었으니 지극히 밝고 마땅합니다. 하늘을 뒤덮는 중죄를 범한 제가 이에 이르러 진실로 술에서 막 깨어난 듯, 잠에서 막 깬 듯해, 문득 지난날의 잘못을 모두 깨치게 되었습니다. 『역』의 "신의가 돼지와 물고기에까지 미친다"란 말에 이르러서는, 하늘을 뒤덮는 중죄를 범한 제가 어릴 적 일찍이 읽어본 적이 있었는데, 이미 이런 하늘과 땅을 더럽히는 말을 하게 되었으니, 당시 어찌 저 "신의가 돼지와 물고기에까지 미친다"는 등의 경문을 일일이 고증하지 않아서, 끝내 광패하고 경솔한 생각으로 종이에 옮겨 이렇듯 본성을 잃어버리게 된 것[天奪其魄]인지도 모르겠습니다.

오늘날 황상의 가르침을 입어 여기에 이르렀으니, 하늘을 뒤덮는 중죄를 범한 제가 다름 아닌 돼지와 물고기라도 마땅히 감화될 것인데, 하물며 인성이 완전히 사라지지 않고 아직까지 지각知覺이 남았으니 어떠하겠습니까! 종합해보면 산에서 사는 비루한 자의 무지함과 짧은 견식, 협소한 마음을 황상께서 이러한 도리로 깨우쳐주시지 않았다면 죽을 때까지 분별하지 못했을 것인데, 오늘날 지나는 곳마다 교화되고 머무는 곳마다 신묘함이 이르는 황상의 덕에 감화되어 이제야 반성을 할 수 있게 되었다는 것이 저의 결론입니다.

9. 80년간 군주가 없었다고 본조를 평가한 것에 대한 신문과 진술

증정에 대한 신문

성지에 따라 너에게 묻노라. 네가 지은 역서 『지신록』에서 "군신의 의는 하루라도 없어서는 안 된다. 천하에 어찌 군주가 없는 나라가 있겠는가? 맹자는 '아버지가 없고 군주가 없으면 바로 금수가 된다無父無君, 是禽獸也'(「등문공 하」)고 했다. 금수도 군신의 관계가 있고 벌[蜂]과 개미[蟻]도 오히려 의지하여 따르는 것을 알고 있는데, 오늘날처럼 80여 년간 군주가 없다면 어쩔 수 없이 천하를 돌아다니며 총명하고 예지한 이를 찾아 군주로 삼아야 한다"는 등의 말을 했다.

『춘추좌전』에 "군주는 하늘인데, 하늘에서 도망칠 수 있겠는가?君, 天也, 天可逃乎"(은공 4년)라고 했다. 너 증정은 이미 군신의 의는 하루라도 없을 수 없다는 것을 알 것이니, 본조가 천하의 군주가 된 80여 년간 너 증정의 조·부는 모두 대청大淸의 백성들이었던 것이다. 너 증정의 나이는 40 정도에 불과하니 역란을 일으키려는 모의와 천하에 군주가 없다는 생각을 감춘 것도 40여 년에 불과할 것이다. 40여 년 이전 너의 조·부의 마음에는 군주로 여기는 이가 있었는가? 없었는가? 그런데 "오늘날처럼 80여 년간 군주가 없다"고 했으니 이는 너의 조·부에게 본조를 군주로 여기지 않았던 죄를 더하는 것이다.

맹자가 "아버지가 없고 군주가 없으면 바로 금수가 된다"고 한 것은 아버지가 있고 군주가 있는 것을 모르는 자들을 가리켜 말한 것이다.

너 증정이 현재 국은을 입으면서도 군주가 없다고 하고, 또 너의 조·부의 죄를 더했으니, 이것이 실로 맹자가 말했던 아버지도 없고 군주도 없는 금수인 것이다. 또 너 증정은 "금수도 군신의 관계가 있다"라고 해놓고, "80여 년간 군주가 없다"고 했으니 이는 스스로가 금수만도 못했다는 것이다. 또 맹자가 이른바 "군주가 없다"고 한 것은 군주가 있는 것을 모르는 자들을 가리켜 말한 것인데, 너 증정은 군주가 없는 것이라 여겼으니 또한 성현의 말을 업신여긴 것이 아니겠느냐?

너 증정은 또 "이해득실이나 수고를 따지지 않고 천하를 돌아다니며 총명하고 예지한 군주를 찾아야 한다"고 했으니 너는 어떻게 천하를 다니며 그러한 인물을 두루 찾을 것인가? 너 증정은 오늘에 이르러 총명하고 예지한 사람을 찾아내었는가? 그렇지 않으면 천하를 두루 찾으려는 마음을 멈추었는가? 혹은 네 마음이 이적이나 금수, 원흉元凶이나 거악巨惡이라 여겼던 자들에게 감화되어 군주로 삼게 된 것인가? 사실에 근거해 설명하라.

증정의 진술

군주가 없다는 논의는 진실로 하늘을 뒤덮는 중죄를 범한 제 본의가 아니라, 여유량의 『전묘송가錢墓松歌』의 내용 중 "그동안 수십 년이 흘렀으나 하늘은 황량하고 땅은 무너져 사람 사는 세상이 아니다"라는 구절을 따른 것입니다. 그 당시 이 내용을 듣고 깊은 계곡에 빠진 듯 미혹되어, 이 말이 비록 원조元朝 때에 나온 것이나 인용한 사례는 본조에 통용되는 것이라 여겼습니다. 처음에는 의아해하며 하늘을 뒤덮는 중죄를 범한 제가 대대로 받은 국은과 조·부가 모두 학궁學宮에 이름을 올린 것, 저 자신도 현재 국은을 입은 것이 50년임을 생각했으니, 어찌 조정이 텅 비고 80여 년간 군주가 없으며 아울러 사람 사는 세상이라 볼 수 없다고 여겼겠습니까? 반복해 생각해보아도 이러한 글을 지었던 연유를 이해하지 못하였으나, 이윽고 여유량은 천하의 본보기로 그 학문이 천하에 통하니 필경 그 말에 의미하는 바가 있을 것이라 여겼던 것입니다.

하늘을 뒤덮는 중죄를 범한 제가 궁벽한 산골에 살았으니 어찌 아는 것이 있었을 것이며, 어찌 이와 같은 도리에 밝았겠습니까? 여기에 더해 유언비어가 계속해서 귀를 가득 채워 마침내 사람이 천지 사이에 있으며 군신의 예가 오륜 중 으뜸임을 잊고, 오늘날 이미 군주가 계심을 보지 못하였으니, 어떻게 편안하게 자립하여 세상에 머물 수 있었겠습니까? 이에 맹랑하게 뜻을 정해 이해득실이나 수고를 따지지 않고 천하를 돌아다니며 총명하고 예지하며 그 본성을 다할 수 있는 사람을 찾아 군주로 삼아야 한다고 생각했던 것입니다. 그래서 이렇게 광패함으로 격분하여 행동한 것이니, 당시 마음속에 다른 나쁜 생각을 숨기고 이 반역의 모의를 달게 여겨 스스로 죽을 자리로 간 것은 아닙니다.

사실 이러한 행동은 원래 망령되게도 저 자신이 대의를 담당하고자 마음먹은 것인데, 애당초 사람의 말을 잘못 알아듣고 본조가 정통임과 황상의 도덕이 융성함을 몰랐기 때문에 일어난 것입니다. 소견所見이 한 번 잘못되어 전부 다 어그러지게 되었으니, 제 자신은 대역죄인이 되어 금수가 되었고, 또 본조를 군주로 여기지 않았던 죄를 조·부에게 더했으며, 아울러 성현께서 말한 본뜻까지 업신여기게 되었습니다. 여러 가지 패악한 말을 했던 것은 모두 산에서 사는 비루한 자가 무지하고 견식이 잘못되었기 때문이니, 어찌 본조의 성덕과 신공이 천지 사이에 드리워 천지처럼 광대하고 황상의 융성한 도덕이 과거에도 들어보지 못할 정도임을 생각이나 했겠습니까?

하늘을 뒤덮는 중죄를 범한 제가 이전에 망령된 생각으로 "총명하고 예지하며 그 본성을 다할 수 있는 사람을 찾아 나 자신의 군주로 삼아야 한다"고 했는데, 당시 비록 아무리 바라더라도 꿈에서도 이룰 수 없는 것이었으며, 오늘날 세상에 이런 밝으신 군주께서 계심도 상상조차 하지 못했던 일이었습니다. 그러나 오늘날 융성한 시기를 삼가 맞이하여 밝으신 천자의 풍채를 가까이 하게 되니, 참으로 당시 당돌하게 천하를 두루 다니면서 이해득실이나 수고를 따지지 않고 정성으로 군주를 찾으며 지녔던 이상理想과 합치되어 상상하지 못할 만큼 다행이라 생각됩니다. 참으로 기쁨이 넘쳐나는 이 상황에 이르니, 오직 각기 개인이나 집안의 다행일 뿐 아니라, 진실로 천하에 살아가는 이들의 커다란 경사입니다. 황상의 끝없이 친히 여겨주시고 아끼시는 은혜를 입었으니, 만 번 죽어도 부족할 과거 저의 잘못에 대하여 통곡하며 스스로 자책할 뿐 다시 무슨 말을 하겠습니까?

10. 과거 공부를 비천하다고 평한 것에 대한 신문과 진술

증정에 대한 신문

성지에 따라 너에게 묻노라. 네가 지은 역서 『지신록』에서 "과거시험을 위한 문장 공부는 양명학陽明學의 폐단에 견주어보면 더욱 광대하다. 양명의 가르침은 비록 도를 해치기는 충분하나 아직까지는 도리에 의지하는 부분이 있지만, 과거공부는 공공연히 명리를 강구하여 비천하고 구차하면서도 부끄러움을 모르니, 진실로 도리를 한순간에 없애는 것이며 인류를 모두 멸망시키는 것이다"는 등의 말을 했다.

조정에서 사람을 기용하며 과거를 설립한 이유는 과거에 응시하는 자가 익힌 것이 모두 사서오경이고, 암송하고 본받는 것이 성현의 도이며, 강구하는 것이 성현의 의리이기 때문이다. 사람이 독서하고 이치를 밝히며 깊이 쌓은 학식의 조예는 모두 과거시험의 문장에 드러나니, 이 때문에 조정에서 과거를 설립하여 독서하고 이치를 밝히는 사람들을 많이 천거해 국가의 쓰임으로 삼기를 희망하는 것이다. 지금 너 증정이 과거를 폐단으로 여겨 "진실로 도리를 한순간에 없애는 것이며 인류를 모두 멸망시키는 것"이라고 했으니 이는 무슨 말인가?

또 과거를 설립하지 않는다면 다시 무슨 방법이 있어 성인의 도리를 깨달아 밝힐 수 있겠는가? 사람의 현명함과 어리석음이 같지 않다는 점에서, 과거에 참여한 이들 중 비천하고 구차한 자들이 포함되었던 일은 애당초 세간에 있어왔던 것이다. 조정에서는 이런 비천한 이들을 분별하여 사용하지 않으면 그만이니, 과거제도를 폐한 후에야 이런 사람들의 비천하고 구차함을 금지시킬 수 있는 것이 아니다. 하물며 부끄러움이 없는 자들은 설령 과거를 설치하지 않고 별도로 사람을 등용하는 제도를 개설하더라도, 혹 지방관에게 추천받아 선발되거나, 초야에 있는 사람을 예를 갖추어 초빙해 추천받거나, [과거시험을] 시부詩賦나 책론策論으로 변경하자고 할 것이니, 명리를 강구하는 자들은 또한 반드시 다른 방도를 찾아 비천하고 구차한 일을 행할 것이다. 너 증정은 또 어떤 방법이 있어서 사람들이 명리를 강구하는 것을 막을 수 있겠느냐? 네 소견에 근거해 설명하라.

증정의 진술

조정에서 설립한 과거제도는 사서오경을 통해 인재들을 뽑는 것입니다. 이는 수기치인修己治人의 방도가 모두 사서오경에 구비되어 있으니 어린 시절 평소부터 공부해 그 이치를 밝히고 이치가 통한 이후에 이를 발휘해 문장 짓기를 원한 것이며, 조정은 그 깊이와 수준을 살펴 뛰어난 자를 가려 천거하려는 것입니다. 그 과거제도를 설립한 본의는 본래 지극히 아름답고 선하여 털끝만큼도 의론할 것이 없습니다. 그러나 아래에 있는 사람들 중 진실로 조정의 뜻을 우러러 본받은 이는 적고, 무지몽매한 자는 많습니다. 이 때문에 오랜 기간 누적되어 그 근본을 잃고 말단에 종사하는 것을 면치 못하게 되었으며, 조정에서 인재[士]나 글[文字]을 채택할 때 다만 참신하거나 의미심장한 문장이기만 하면 관직에 뽑힐 수 있다고 여기게 된 것입니다.

애당초 문장 짓는 것 위에는, 본래 한층 더 높은 의리義理의 영역이 있는데, 마땅히 강학講學해야 하는 것을 모르고서, 망령되이 문장으로 남에게 환심 사는 것을 터득해야 한다 여깁니다. 이에 편한 방법과 지름길을 세우고 공부 과정을 정해 날마다 문장 익히는 것을 일삼습니다. 문장을 익히고서 또 이 때문에 과거시험장에 가서 끼리끼리 모여 베끼고, [답안을] 기습해 빼앗아 찢어버리기도 하며, 농간을 부려 첫째가 되기를 도모하는 지경까지 이를 뿐, 성현의 도리가 자신이 마땅히 행하여야 할 것인데도 결국 눈에 보이지 않는 높은 선반에 두고 토론하지 않습니다.

또 사람은 혈기가 있으니 명리를 추구하는 것은 사람의 인지상정입니다. 하물며 사람들 가운데 무지한 자들이 많으니, 그중 몇 명이나 조정에서 과거제도를 입법한 뜻이 원래는 사람들에게 경학과 이치에 통달하게 하여 국가의 쓰임에 준비하기 위함이라는 것을 알겠습니까? 다만 과장科場을 설치한 것을 일러 사람들은 '명리를 취할 방도가 생겼다'고 할 뿐입니다. 이 때문에 한 명이라도 자제가 생기면 그야말로 반드시 독서를 시키고, 무엇을 독서해야 할지 물으면 과거시험에 합격하여 영예나 녹봉 받는 이익 따위만 말해줄 뿐입니다. 어릴 적부터 터무니없는 이런 비루한 식견이 마음속에서 점차 자라나서 명리를 구하는 마음이 날로 깊어져, 문장 짓는 것[文字]에만 종사하게 됩니다. 문장을 잘 지어 과거에 합격하면 한층 더 명리를 추구할 뿐, 털끝만큼도 충군애민忠君愛民하여 힘써 보답하려는 마음이 없습니다. 이것이 하늘을 뒤덮는 중죄를 범한 제가 후미진 산속에서 무지한 채로 세상사를 멀리하며, 망령되이 어리석은 식견에 의거해 마침내 도리를 한순간에 없애는 말을 한 이유입니다.

사실 지금에 이르러 보면 전부 틀린 것들입니다. 과거시험을 치른 자들 중 어찌 공적을 이룬 자들이 없겠습니까? 수많은 크고 위대한 공적은 대부분 과거시험을 치른 자들이 만들어낸 것입니다. 또 황상께선 하늘이 총명함을 부여하셔서 정교하지 않은 제도가 없고, 밝게 살피지 않은 폐단이 없으시니, 바로 성유에서 "부끄러움이 없는 사람들은 가령 과거를 설치하지 않고 별도로 인재를 기용하는 방도를 개설한다면, 명리를 강구하는 것은 인지상정이기 때문에 또한 반드시 별도의 비루하고 구차한 일을 벌일 것이다"라 하신 것과 같습니다. 이는 모두 인정을 꿰뚫어 보시고 세무世務를 깊이 이해하시며, 그 지혜가 능히 만변萬變을 살필 수 있으셨기에 이런 경지에 이르신 것입니다.

이것으로 미루어보면 조정에서 다수의 인재를 뽑아야 하는데 어떤 방도를 사용해야 폐단이 없겠습니까? 인재를 가르치기에 합당한 인물을 등용해야만 이런 폐단을 면할 수 있을 것입니다. 지금에 사인을 키우는 방법은 평상시 교관教官이 인재를 찾도록 하는 것이니 교관의 관품官品은 비록 낮으나 담당한 임무는 매우 큽니다. 반드시 도덕이 명백하고 품행을 조심하는 자를 채택하여 오로지 그로 하여금 백성의 자제들을 교육시켜 성현의 치우침 없는 법도와 효제충신孝弟忠信의 품행을 날마다 엄중하게 반복하도록 하고, 혹 품행을 닦지 않는 자가 있으면 징계하도록 합니다. 이와 같이 3년간의 교육이 끝난 연후 교관은 학문과 품행의 우열을 기록한 책자를 갖추어 학정學政[10]에게 상세히 설명하고, 학정은 그 일을 심사하여 고하를 나누며, 아울러 기록과 실정이 부합하는지 아닌지에 따라서 교관의 진실 여부를 검증해야 합니다. 이 교관은 평소 품행을 수행하길 권면하며 다만 학문에만 치중하지 않도록 해야 하며, 학정은 어느 때든 그들의 학문을 점검하며 아울러 그 품행을 살펴야 하니, 학문과

10. 정식 명칭은 제독학정提督學政으로, 각 성의 과거시험과 학교의 일을 관장하기 위해 조정에서 파견하는 관리이다.

품행이 두루 갖추어져야 진정한 인재를 얻을 수 있고, 적폐가 사라지기를 바랄 수 있을 것입니다.

또 근래 성유를 읽고 나서야 본조가 인재를 등용하면서 원래 과거제도 하나만을 의지한 것이 아니며, 과거제도 외에도 효행이 있거나 청렴한 자, 학문과 품행이 우수한 자, 실학實學하는 자를 천거하는 등의 방도를 항상 마련해 두었음을 깨달았습니다. 이러한 여러 방도가 있으니 천하의 인재를 모두 천거하여 국가의 쓰임을 충족시키기에 충분할 것입니다. 다만 앞의 방도로 가려 뽑을 때 역시 공정하게 가려 뽑을 수 있는 사람이 있어야만 폐단을 제거할 수 있을 것입니다. 만약 인재를 살필 때에 학정이 오직 교관의 천거에만 의지할 경우, 예컨대 교관이 올바른 자가 아니라 평소 자기와 정서나 학문의 성향이 비슷하고 음주를 함께 즐기던 이들을 천거하게 된다면, 문을 걸어 잠그고 올바름을 지키는 학자는 종신토록 천거되지 못할 것이니, 아마도 아무런 유익한 점이 없을 것입니다.

그러므로 오늘날 국가에서 인재를 천거하는 방도는 진실로 역대 가장 뛰어나긴 하지만 오랜 시간이 흘러도 교화를 유지하려 한다면, 마땅히 정명도程明道 선생이 의론하여 송나라 희녕熙寧 연간에 시행한 인재를 등용하는 방도를[11] 참고하여 그 손익을 헤아려 시행한다면 더욱 지극히 선할 것입니다. 하늘을 뒤덮는 중죄를 범한 저는 산골에 살고 무지하여 사람이라 할 수도 없는 자이니, 깊으신 황제의 은총에 감복하여 은혜를 갚고자 해도 방법이 없습니다. 황상께서 내리신 신문을 받들고 감히 심장을 갈라내어 진술하지 않겠습니까!

• • •

11. 희녕 연간에 시행한 인재를 등용하는 방도는 『근사록』「治法」의 내용을 축약한 것인데, 뒤에 오는 인재를 취하는 방법에서 자세히 언급하였다.

11. 여유량을 권세에 빌붙거나 뇌물을 써서 관직에 오른 경우라고 평한 것에 대한 신문과 진술

증정에 대한 신문

성지에 따라 너에게 묻노라. 네가 지은 역서 『지신록』에서 "정자程子·주자·여자呂子를 요즘 관직에 오르는 사람들의 경우에 대입해보면, 정자는 세습世襲이나 음보蔭補로 특별히 관직에 오른 경우고, 주자는 과거를 통해 관직에 오른 경우이며, 여자는 저잣거리와 강호江湖에서 권세에 빌붙거나 뇌물을 써서 관직에 오른 경우이다"라는 등의 말을 했다.

너는 평소 여유량을 존경하여 그 받드는 것이 지극하고 마음으로 기뻐 따랐는데, 어째서 또 저잣거리와 강호에서 권세에 빌붙거나 뇌물을 써서 관직에 오른 경우라고 한 것인가? 또 관직에 오르는 것 역시 저잣거리나 강호의 사람이 권세에 빌붙어서 될 수 있을 리가 없는데, 하물며 성현이 권세에 빌붙거나 뇌물을 써서 될 수 있는 것인가? 또 여유량을 일개 권세에 빌붙거나 뇌물을 쓰는 사람과 연관 지었으니, 이전 너 증정은 어째서 존경하고 기뻐 복종하는 마음에서, 끝내 이런 결말에 이른 것인가? 지금 너 증정은 다시금 권세에 빌붙거나 뇌물을 쓴 여유량을 존경하는가? 아니면 이런 권세에 빌붙거나 뇌물을 쓴 여유량을 원망하는가? 마음속의 생각을 사실대로 자백하라.

증정의 진술

하늘을 뒤덮는 중죄를 범한 제가 여유량을 권세에 빌붙거나 뇌물을 써서 관직에 올랐다고 한 것은 하나의 비유적인 표현입니다. 당시 마음속에 정명도 선생의 타고난 품성이 순화純和하고 도덕이 아름다우며 조금의 모난 곳이 없음을 깨달았습니다. 사람들로 하여금 본받아야겠다는 마음을 갖게 하셨으나, 하늘이 부여하신 덕기德器가 이와 같이 완전하여, 사람들이 배우고자 하여도 할 수 없음이 흡사 태어나면서부터 받은 세습이나 음보로 관직에 오르는 것과 같다는 의미였습니다. 주자는 타고난 품성이 매우 뛰어나거나 생활이 매우 양호했던 것은 아닙니다만, '경敬'을 지니고 연구해 차례차례 진전하여 말단을 통해 본류에 도달했으니, 오늘날에도 그 방법이 모두 남아 있어 사람들은 배워서 이를 수 있습니다. 흡사 정식으로 과거를 통해 관직에 오르는 것과 같으니, 이는 고생하며 독서를 하면 사람마다 배워서 얻을 수 있다는 의미였습니다.

여유량의 경우 글로 전해오는 내용을 살펴보면, 젊은 시절 본래 정식으로 과정을 밟아 온 학자가 아니었고, 기본 공부 또한 아울러 손을 댄 적이 없이 여기저기서 표절해 자신의 것으로 취했습니다. 중년에 이르러서는 비평문학을 일삼았고, 비평문학을 통해 마침내 정주의 성리학에 대한 핵심을 엿보게 되었으므로, 당시 그를 권세에 빌붙거나 뇌물을 써서 관직에 오른 경우라고 한 것입니다. 이는 그가 본래 정사를 맡거나 백성을 다스리는 것에 대한 배움이 없어, 다만 간단하고 자잘한 사무를 처리하는 것에 쓸모가 있었는데, 조정에서는 그 수고를 불쌍히 여겨 한직閑職을 맡긴 것과 같음을 의미한 것입니다. 이는 비록 당시 망령된 생각으로 여유량을 추앙했던 말이기는 하나, 사실 마음속에선 그가 천리를 밝힌 것들이 크게 만족되지 않았기 때문이기도 합니다.

애석하게도 당시에는 여유량의 잘못된 점을 조목조목 반론하는 자가 없었고, 아울러 그의 유고遺稿와 잔편殘編에서 다수의 대역무도한 이야기가 있는 것을 보지 못했기에 끝내 그에게 미혹을 당했습니다. 이는 모두 저 자신이 식견이 비루하여 여유량의 잘못을 간파하지 못했으며, 당대의 학자와 문사들 다수가 그를 문장의 대가로 여겨 무리 지어 흠모했기 때문입니다. 그래서 산에 사는 비루하고 무지한 자가 여유량에게 미혹당해 끝내 이 지경에 이르렀는데, 오늘날 만약 죄를 범한 사유事由를 살펴 주시고, 죄에 빠진 무지함을 불쌍히 여기시는 하늘과 합치된 황상의 성덕을 받들지 못했다면, 하늘을 뒤덮는 중죄를 범한 저는 시체를 찢기고 뼈가 부서지며 멸문을 당했을 것입니다. 모두 반역의 흉수인 여유량에게 해를 입어서 생긴 것이니, 오늘날 가령 여유량이 여기에 있다면 하늘을 뒤덮는 중죄를 범한 저는 마땅히 그의 살을 먹고 가죽을 벗겨 깔고 잘 것입니다. 어찌 원망만으로 그칠 일이겠습니까! 이것이 마음속에 품은 솔직한 심정입니다. 하늘이 이곳을 밝게 비추고 있는데 어찌 기망할 수 있겠습니까?

12. 봉건제가 이롭다고 한 것에 대한 신문과 진술

증정에 대한 신문

성지에 따라 너에게 묻노라. 네가 지은 역서 『지신록』에서 "봉건제는 성인이 천하를 다스리는 큰 도리이며 또한 융적戎狄을 막는 방법이다"라는 등의 말을 했다.

삼대三代 이전의 봉건제는 원래 성인께서 뛰어나고 결점이 없어 만세토록 폐단이 발생하지 않을 수 있는 좋은 법과 아름다운 뜻이라고 여겨 시행한 것이 아니다. 고대에는 강역疆域이 확정되지 않았고 풍속이나 교화가 통하지 않았으며, 각자가 자신의 나라와 백성들을 통치하고 어루만졌다. 성인께서 만물 중에 으뜸으로 나와서 모두가 귀화歸化한 것이니, 비록 봉건제를 원하지 않아도 봉건제의 형세는 이미 정해진 것과 다름없었다. 이런 이유로 성인은 그가 맡은 지역에 따라서 봉건제를 행하여, 친척이나 어진 사람을 여럿 세워서 그 사이에 뒤섞어 배치했다. 이것이 삼대 이전의 제도로, 봉건이 공公이었기 때문이다.

후대에 이르러 전쟁이 잇따라서 예악禮樂과 정벌征伐의 주체가 제후와 대부에게 옮겨갔고 난신적자들은 더욱 많아졌으며, 전국시대에 이르러선 칠웅七雄이 서로를 삼키려고 하여 백성들은 지극히 큰 화를 입었다. 그 당시 정황상 비록 봉건제를 계속 시행하고자 하여도 봉건제는 분명 오래 지속되지 못했을 것이다. 이 때문에 진秦나라가 이런 형세에 순응하여 천하를 통일하고 군현제郡縣制를 시행했으니, 봉건제가 군현제로 변화한 것은 그 형세가 어쩔 수 없기 때문이었다. 이 이후로 결국 [군현제는] 정제定制가 되었으니, 어찌 삼대로부터 2천 년이 흘러 다시금 봉건제를 시행할 도리가 있겠는가? 만약 봉건제를 회복시켜 시행하고자 한다면, 삼대 이후로 제왕帝王의 후손들과 제후의 혈통들이 모두 묻히고 사라져 다시 파악할 수 없는데, 후세의 훈신勳臣 중 누구를 제후에 봉할 것이며, 후세의 친척과 동성同姓 중 누가 수많은 백성들을 지킬 수 있겠는가? 강계疆界를 나누고 수많은 국가를 두었는데, 또 어떻게 인재를 찾아 봉건할 것인가?

또 변방지역 몽고蒙古로 말하자면, 과거 각 몽고는 스스로 부락을 형성하고 또한 서로 전쟁을 했는데 원태조元太祖 세대에 이르러 하나로 통일되었다. 그 뒤에 명나라가 2백 년간 중국을 통치하다 우리 태조황제께서 뛰어난 무위武威로 분연히 일어나시니, 사방에서 귀순하고 진심으로 복종하여 다시금 천하가 일통되었다. 우리 왕조의 국토가 광대하며 중외가 한 집안을 이루어 고금을 통틀어 비할 바가 없는 것은, 모두 천시天時와 인사人事를 점진적으로 갖추어나갔기 때문이다.

봉건제로 융적을 막는다고 했는데, 이는 더욱 통용될 수 없는 논리이다. 너 증정은 동남쪽의 궁벽한 곳에 살아 변방 국경과의 거리가 멀기 때문에, 망령되게도 서북과 중원지역은 각자 스스로를 지켜 울타리 역할을 하고, 동남쪽의 여러 지역은 구차하게 생존하며 눈앞의 안일만을 추구하려는 계획을 세운 것이다. 이전 명나라 시절 서북지역 여러 변방의 몽고부락은 모두 강적이라서 천하가 전력을 기울여 미리 방어를 해도 그들이 이르는 곳마다 유린당했음을 모른 것이냐? 하물며 봉건제의 여러 국가들은 지방이 100여 리쯤 되고 병사가 1만 명도 되지 않는데 관문을 지탱하고 융마戎馬가 남쪽을 침범해 노략질하는 것을 막을 수 있겠느냐? 서북과 중원의 여러 지방이 이미 지리멸렬되고 폐허가 되어 스스로를 지킬 방도가 없어지면, 동남지역의 사람들이 비록 편안히 잠을 자고자 하여도 어찌 가능하겠는가? 이 말은 지극히 비루하고 무지하며 실정과 멀리 동떨어진 것이다.

그리고 종종 봉건제에 대해 유세하는 반역의 무리들은, 대개 스스로 간악하고 음험하여 고국[鄕國]에서도 용납되지 못할 것을 알면서도 끝내 봉건제를 시행해야 한다고 여기니, 이 나라에서 안 되면 즉시 다른 나라로 떠나버려 광패하고 역란을 [꾸미는] 사람임을 전혀 알지 못한다. 너희 증정의 무리들은 천하에 용납될 곳이 없으니, 비록 바다 멀리로 간다 해도 무슨 쓸모가 있겠는가? 너 증정에게 묻는다. 네가 봉건제의 이로움을 말하고 다니는 것이 이런 의미인가? 게다가 너 증정이 이와 같이 반역을 꾀하는데, 천하에 네가 용납될 만한 다른 나라가 있겠는가? 사실에 근거해 자세히 진술하라.

증정의 진술

하늘을 뒤덮는 중죄를 범한 저는 궁벽하고 외진 산골에서 나고 자라 마음이 지극히 협소하고 견식이 지극히 부족한데, 지난날 망령되고 무지한 상태에서 어렴풋이 외부의 영향을 받아 허무맹랑하게 스스로를 믿고서 좁은 식견으로 천하를 살필 수 있다고 여겼습니다. 오늘에 이르러 황상의 성화聖化를 입고 종전의 50년간 했던 언행을 되돌아보면, 이는 국가를 다스리는 큰 계획이 아닐뿐더러 털끝만큼도 사리에 마땅한 것이 없었고, 평소 사소한 말과 행동도 전혀 옳은 것이 없습니다. 지난 50년 세월을 헛되이 살아와 지금은 이미 사람이라 할 수 없을 것인데 감격스럽게도 황상의 넓은 은혜를 입어 파격적으로 용서를 받았으니, 사람답게 살기를 지금이라도 시작하겠습니다.

이전의 행위는 원래 사람답지 못한 행위였고, 이전의 말은 원래 사람답지 못한 말이었는데, 당초에 말을 했던 본의를 물어보시니, 황상의 뜻을 받들어 감히 그 사정을 말씀드리겠습니다. 하늘을 뒤덮는 중죄를 범한 제가 "봉건제는 성인이 천하를 다스리는 큰 도리이며 또한 융적을 막는 방법이다"라고 운운했던 것은, 천하가 광대해 한 사람의 이목이나 생각이 미칠 수 있다 하더라도 먼 지역에 이르러서는 분명 막히고 살피지 못하는 지역이 발생하는 것을 보았기 때문입니다. 그러나 하늘이 인재를 내고 성현을 두었으니 현명함이 크건 작건 모두 백성을 다스릴 책무가 있습니다. 성인聖人이 현인賢人을 통솔하고, 큰[大] 자가 작은[小] 자를 이끌며 지역을 나누어 자리 잡았으니, 업무는 비록 현명한 이들에게 나누어 주었으나 정령政令은 실제 한 사람에게서 나온 것입니다. 이것이 옛날 군주가 봉건제를 설립한 이유입니다.

또 예악과 정벌이 비록 천자에게서 나왔으나, 백성을 돌보는 임무와 백성을 다스리는 책임은 영원토록 각국의 제후에게 예속되었습니다. 관리가 이곳저곳을 옮겨가 피차간에 책임을 전가할 수 있고, 또 관리의 재임 기간이 길지 않아 백성을 살피는 것이 상당히 데면데면하고 친근하지 못하며, 만약 마음을 다해 백성들을 위하고 법과 제도를 세우려 하더라도, 정권에 따라 사람이 바뀌고 신구가 교체되어 진실로 순식간에 쇠락해 버렸다는 탄식을 면치 못하는 군현제와 다르다고 여겼습니다. 그래서 망령되게도 군현제가 봉건제만 못하다고 말했던 것인데, 기실 당시에 어떻게 일찍이 두 제도의 본말[源委]을 연구하여 제 자신이 사리를 잘못 헤아렸으며 그렇지 않다는 것을 깨우쳤겠습니까!

오늘에 이르러 삼가 성지를 읽고서야 옛 성인께서 봉건제를 만든 것은, 당시 강역이 확정되지 않고 풍속이나 교화가 통하지 않았으며, 각자가 자신의 나라와 백성들을 통치하고 어루만져 봉건제의 형세가 이미 정해진 것이었고, 성인은 그 지역과 형세에 따라 봉건제를 행했을 뿐임을 알게 되었습니다. 애당초 만세토록 폐단이 발생하지 않을 수 있는 좋은 법과 아름다운 뜻이라고 여겨 시행한 것이 아니었던 것입니다. 후대에 예악과 정벌의 주체가 제후와 대부에게 옮겨가 전쟁이 잇따랐고, 전국시대에 이르러서는 칠웅이 서로를 삼키려고 하였으니, 봉건제는 형세 상 분명 오래 지속될 수 없는 것이었습니다. 진나라가 이런 형세에 순응하여 천하를 통일하고 군현제를 시행했으니, 봉건제가 군현제로 변화된 것은 그 형세가 어쩔 수 없었기 때문입니다.

하물며 오늘날 봉건제를 회복시키려 해도 실제로는 수많은 백성들을 지키고 제후에 봉할 만한 훈구勳舊나 친척이 없으니, 또 어떻게 인재를 얻어 그들을 봉하겠습니까? 또 봉건제가 군현제로 변화한 것은 본래 점진적으로 이루어진 것이니, 지금 군현제가 되어버린 것을 어찌 봉건제로 되돌릴 도리가 있겠습니까? 그리고 우리 왕조의 국토는 광대하며 중외가 한 집안을 이루어 고금을 통틀어 비할 바가 없고, 진실로 백 년 이래의 성덕과 신공 또한 고금을 통틀어 견줄 바가 없습니다. 그래서 하늘이 천명을 내리고 인심도 귀의하여 일통을 완성하고 끝없는 성세를 이루었으니, 이 때문에 오늘날 봉건제를 시행할 수 없는 것은 이치[理]가 그러하고, 형세가 그리하며, 천명이고, 민의民意인 것입니다.

하늘을 뒤덮는 중죄를 범한 제가 "봉건제로 융적을 막는다"는 말을 한 것은 당시 어리석고 무지함에서 나온 말이니, 실로 황상께서 뛰어난 식견으로 지적하신 것처럼 "망령되게도 서북과 중원지역은 각자 스스로를 지켜 울타리 역할을 하고 동남쪽의 여러 지역은 구차하게 생존하며 눈앞의 안일만을 추구하려는 계획"을 유세한 것입니다. "서북지역 여러 변방 각각의 몽고부락이 모두 강적이라 당시 명나라가 천하의 전력을 기울여 미리 방어를 해도 그들이 이르는 곳마다 유린당한 것"이나, "하물며 봉건제의 여러 국가들은 영토와 병사가 협소한데 관문을 지탱하고 융마가 남쪽을 침범해 노략질하는 것을 막을 수 있는가?"에 대한 내용을 어찌 생각이나 했겠습니까?

하늘을 뒤덮는 중죄를 범한 저는 여기에 이르러서야 꿈에서 깨어났으니, 심히 수치스러운 이전의 망령된 논의는 지극히 어리석고 무지함에서 나온 것입니다. 또 일반인을 아득히 초월한 총명과 미세한 일까지도 살피시는 식견을 지닌 우리 황상께 감복했으니, 천하가 아무리 광대한들 어찌 꿰뚫어 보지 못할 것이며, 고금이 아무리 멀리 떨어져 있다 한들 어찌 의리가 정통하지 않겠습니까! 학문과 사상이 일반을 아득히 벗어나셨으니, 비록 요와 순의 명철함이라도 우리 황상을 넘지 못할 것입니다. 하늘을 뒤덮는 중죄를 범한 제가 지난날 패악하고 반역을 꾸몄으니, 비록 황상께 용서를 받아 사지를 잘리는 형벌을 유예받았으나, 하늘 가득 죄를 지어 세상에 얼굴 들 곳이 없음을 스스로 알고 있습니다. 영원토록 천지 사이에 용납되지 못할 것인데, 더욱이 어느 지역, 어느 나라에서 숨어 살 수 있겠습니까? 감히 자진하지 않는 이유는 보잘것없는 목숨이라도 하늘처럼 큰 은혜를 입었기에 남은 삶 동안 황상께서 내리신 끝없이 큰 덕에 조금이나마 보답하고자 하기 때문입니다.

13. 중화의 사람들이 이적의 영향을 받아 무치無恥하게 되었다는 것에 대한 신문과 진술

증정에 대한 신문

성지에 따라 너에게 묻노라. 네가 지은 역서 『지신록』에서 "중국의 사람들이 교묘한 속임수[詭譎]를 반복하고도 부끄러움이 없고 뻔뻔한데, 이런 행동과 습성은 근본적으로 이적과 비슷한 것이다. 그러나 이런 악덕조차 사람의 악이니, 천지의 대의를 끝내 소멸시키는 데까지 이르지는 않을 것이다. 만약 이적이라면 그들은 곧 여러 가지 고려조차 않았을 것이니, 부자유친·군신유의·장유유서·부부유별·붕우유신과는 관계가 없기 때문이다"는 등의 말을 했다.

중국의 사람들 중 그 행동과 습성이 이적에게 영향을 받은 자가 있다면, 이적국 사람들 중 어찌 [중국에 영향을 받아] 성인과 품행이 같은 자가 없겠는가? 너는 "중국의 사람들이 비록 악하기는 하나 천지의 대의를 끝내 소멸시키는 데까지 이르지는 않을 것"이라고 말하였는데, 오늘날 너희 역도들은 군신·상하의 예의가 하나도 남아 있지 않고 또 네 자신은 중죄를 지었다. 연로한 어머니가 계신데 털끝만큼도 돌보지 않고, 멸족을 당할 만한 죄를 범하여 문중에 살아남을 자가 없는데도 애석해하지 않는다. 재앙이 자손과 벗들에게까지 이르렀는데 아직까지 군신·부자·장유·부부·붕우의 윤리가 있다고 할 수 있겠는가? 너 증정은 천지의 대의를 진정으로 소멸시켜 금수만도 못한 부류이니, 또다시 무슨 고려할 것이 있겠는가? 너 증정은 심사숙고하여 사실에 근거해 자세히 진술하라.

증정의 진술

하늘을 뒤덮는 중죄를 범한 제가 이렇듯 광패한 말들을 하게 된 것은, 모두 다 평생에 먼 지방을 왕래하거나 아울러 한 명의 외지인과도 교유관계를 맺지 못했기 때문입니다. 산골짜기에서 홀로 살며 중화와 외이의 구분은 대략 이와 같을 것이라고 머릿속에 그려보다 결국 저도 모르게 광패한 말들을 종이에 옮기게 되었습니다. 작년 장사에 이르렀다가 올해는 경성에 압송되었는데, 이동하는 가운데 정교의 아름다움과 만물이 제자리를 찾은 모습을 볼 수 있었습니다. 또 여러 성유를 받들어 읽었는데 장구章句마다 천하를 다스릴 수 있는 내용이며 의리가 정밀한 말들이라, 저도 모르게 마음을 빼앗기게 되었습니다. 그제야 광대한 천지 사이에 하나의 이와 하나의 기가 이르지 않은 곳이 없으며, 근래의 정화精華는 모두 본조에 모여 있음을 깨닫게 되어, 이른바 "동해에 성인이 나오더라도 이 마음과 같고 이 이치와 같다, 서해에 성인이 나오더라도 이 마음과 같고 이 이치와 같다東海有聖人出, 此心同, 此理同. 西海有聖人出, 此心同, 此理同"(『육구연집』, 권36)는 말을 오늘에서야 진실로 믿게 되었습니다. 동해의 성인이라도 그 마음과 이치는 요·순과 같을 것이지만, 만약 중국의 인물이라면 오래전부터 쇠락하여 다시 물을 필요가 없을 것입니다.

하늘을 뒤덮는 중죄를 범한 저는 밝으신 군주가 계신 세상에 태어났으나, 끝내 밝으신 군주가 위에 계심을 알지 못하고서 유언비어와 모순된 말을 믿고 함부로 헐뜯었습니다. 비록 성인의 아량이 하늘과 땅처럼 넓어 추악한 무리의 분노와 탄식을 포용하여 그 잘잘못을 따지지는 않으셨으나, 저는 진실로 이미 극악무도한 죄에 빠져 풀려날 길이 없습니다. 또한 제 자신이 죄에 빠져 군신·상하의 윤리가 하나도 남아 있지 않은 것만이 아니라, 집에는 70이 넘은 노모가 계신데도 돌보지 못했고, 멸족을 당할 만한 죄를 범하여 문중에 살아남을 자가 없는데도 애석함을 몰랐습니다.

만약 황상의 천지를 포용하고 살상을 싫어하시는 품성과 백성을 깨우쳐 주시는 전에 없을 은혜로, 하늘을 뒤덮는 중죄를 범한 저의 노모와 어린 자식을 용서하고 풀어주지 않으셨다면, 이 혹독한 더위 속에 필시 감금당해 옥중에서 죽더라도 돌볼 수 없었을 것입니다. 하늘을 뒤덮는 중죄를 범한 제가 만 번 능지처참의 형벌을 당하고 분골쇄신하더라도 제 자신의 극악한 죄를 갚기 어렵고, 전에 없을 은혜를 보답하기 힘들 것입니다. 돌이켜 생각해봐도 이러한 일들은 진정 천지의 대의를 진정으로 소멸시키는 데 이른 것이니 금수만도 못할 뿐이 아닙니다. 또한 사람이라 여길 수 있겠습니까? 또 고려할 것이 있다고 할 수 있겠습니까? 또 부자·군신·장유·부부·붕우의 윤리가 있겠습니까? 만 번 능지처참의 형벌을 당하더라도 이 죄를 또 어찌 변명하겠습니까!

14. 중화를 침범한 이적을 주벌誅罰해야 한다는 것에 대한 신문과 진술

증정에 대한 신문

성지에 따라 너에게 묻노라. 네가 지은 역서 『지신록』에서 "이적이 중국을 침범해 욕보였으니, 성인에게 있어서는 반드시 주벌하고 용서치 말아야 할 것들이다. 죽이고 베어버리는 일만 남아 있을 뿐, 다시 무슨 할 말이 있어 너그러이 용서를 할 수 있겠는가?" 등의 말을 했다.

너 증정은 지금에 이르러 본조의 공덕을 칭송하며 극구 찬양하고 있다. 너는 아직도 죽이고 베어버리기를 원하는가? 아니면 너그러이 용서를 할 수 있겠는가? 사실대로 진술하라.

증정의 진술

지금에 이르러 자세히 점검해보면 하늘을 뒤덮는 중죄를 범한 저의 광패한 학문과 언행은 능지처참이 마땅할 죄악인데, 이 모두는 여유량의 말에 미혹되었기 때문입니다. 이같이 만 번 능지처참을 당하더라도 그 죄를 가리기에 부족할 말들은 원래 하늘을 뒤덮는 중죄를 범한 제 본심에서 나온 말이 아니라, 진실로 여유량이 평어評語와 주해注解를 단 『사불주피射不主皮』[12]란 글에서 "활과 화살의 날카로움은 천하를 제압할 수 있으니, 성인이 어떤 이유로 이런 불길한 기물을 사용하는 제도를 만들어내셨던가? 아마도 쓸 곳이 있기 때문이리라"라는 구절을 보고 이와 같은 내용을

12. 원래 『논어』 「팔일八佾」에 나오는 구절로 '활쏘기 시합은 과녁을 뚫고 나간 깊이를 중요하게 생각하지 않는다'는 의미인데, 여기서는 여유량이 이 구절을 본문에 나오는 의미로 풀이한 것이다.

추론해냈으며, 결국 진실이라 여기고 이 말을 한 것입니다.

결론적으로는 하늘을 뒤덮는 중죄를 범한 제 식견이 미천하고 학문이 부족한 상태에서 여유량의 말에 영향을 받아 매우 깊게 미혹되었고, 그래서 지금에 이르러 제 자신이 이렇게 커다란 피해를 받는 것입니다. 오늘날 묵묵히 생각해보니, 황상의 뜻을 받들어 잘못된 부분을 뽑아 물어보신 말들은 모두 하늘을 뒤덮는 중죄를 범한 제가 애당초 여유량의 말을 잘못 믿어 내뱉은 것입니다. 하늘을 뒤덮는 중죄를 범한 저 역시 해명할 방도가 없으니, 어찌 잘못 믿어 이 지경에 이르렀는지 모르겠습니다.

오늘날 황상의 하늘과 합치된 융성한 도덕과 전대미문의 높고 심오한 학문을 목도하니, 하늘처럼 존경하고 아비처럼 친히 여겨도 오히려 황상을 받들어 모시는 제 간절함을 만족시키기 부족하며, 만 번 죽어도 제 잘못된 말들을 가리기에 부족합니다. 또다시 감히 마음에 미혹을 싹 틔우겠습니까? 또다시 차마 마음에 미혹을 싹 틔울 수 있겠습니까? 이 시각 머리를 조아리고 피를 흘리며, 산골에 살아 무지하여 실수로 미혹에 빠진 이를 황상께서는 시종일관 불쌍히 여겨주시기를 애원할 뿐입니다. 또 무슨 할 말이 있겠습니까?

15. 여유량이 도통道統을 이었다고 평가한 것에 대한 신문과 진술

증정에 대한 신문

성지에 따라 너에게 묻노라. 네가 지은 역서 『지신록』에서 "경서經書를 펴고 읽으면서 도통道統을 서술해보니, 해당 서술은 여유량[呂子]에 이르러 멈추게 되었다"라는 등의 말을 했다.

너 증정은 공자를 여유량에 비견하며, 추앙하고 법으로 삼아야 한다고 했다. 감복하는 마음이 지극한 듯 보이는데, 확실히 무슨 생각이었던 것인가? 너 증정은 또 여유량이 저술한 글들만을 통해 믿고 따른 것인가? 혹은 별도의 다른 이유가 있었던 것인가? 오늘날은 또다시 극구 여유량의 간악하고 대역무도함을 통렬히 비판하여, 과거 도통을 서술했던 뜻과는 현저한 차이를 보인다. 모를 일이다. 이는 진심으로 여유량의 대역무도함을 통렬히 비판한 것인가? 그렇지 않으면 거짓으로 원망하는 척하며 시종일관 기뻐 따르며 추앙하는 것인가? 사실대로 진술하라.

증정의 진술

하늘을 뒤덮는 중죄를 범한 제가 과거 여유량에게 진심으로 감복했던 이유는, 진실로 다른 것이 아닌, 산에 사는 비루한 자의 편벽된 성정과 미천한 식견 때문이었습니다. 독서를 통해 하·은·주 삼대의 국가를 다스렸던 체제와 법 제도가 지극히 아름답고 선했던 것에 탄복하게 되었고, 결국 삼대 군주의 덕이 위대한 것은 하늘의 뜻을 살폈기 때문이며, 삼대 입정立政의 근본은 백성이란 것을 인식하게 되었습니다. 모든 정치제도는 하늘의 뜻을 밝히고 백성들을 관리하기 위함이며, 그 교화와 양육養育을 크게 펼치고자 한 것이니, 정전과 학교의 제도를 두었던 이유입니다.

그러나 세간에 유자라고 하는 자들 대다수가 이런 제도를 회복시킬 수 없다 여겼고, 여유량만이 저술했던 글에서 회복시킬 수 있다고 보았습니다. 저의 편벽된 성정과 합치되었기에 결국 저도 모르게 진심으로 감복하여, 이를 통해 공자와 맹자의 도통을 여유량이 직접 승계했다고 추앙한 것이니, 진실로 다른 이유는 없습니다. 이것이 당시 여유량을 추앙했던 이유로, 애당초 그가 저술한 글에 미혹 당해 일어난 일입니다.

오늘날 두려워하지 않고 용기를 내어 극구 여유량을 통렬히 비판하는 이유는, 진실로 그의 유고나 나머지 글 안에 대역무도한 말이 있었고, 심지어 양심이 다 사라지고 천리가 전무하여 끝내 성조聖祖를 욕하고 비방했기 때문입니다. 무릇 적자된 자가 본다면 어찌 원통함이 골수에 사무치지 않을 리가 있겠습니까? 이는 또한 하늘을 뒤덮는 중죄를 범한 제가 오늘날 지녀야 할 대의일 것이니, 천리에서 발현된 것이며 정리情理에 근본한 것입니다. 마땅히 이와 같으니 지금에 이르러 어찌 조금이라도 거짓으로 원망하는 마음이 있겠습니까?

하늘을 뒤덮는 중죄를 범한 제가 오늘날 지닌 대의가 진실로 마땅히 이와 같으니, 만약 하늘을 뒤덮는 중죄를 범한 제가 과거에도 없었을 황상의 성덕·성치·성도聖度를 친견하지 않고서 과거 여유량의 유고나 나머지 글을 보았다면, 반드시 이처럼 극구 통렬히 비판하는 데에 이르지는 않았을 것입니다. 그러나 여유량이 성조황제를 욕하고 비방했던 부분을 보지 못하였다면, 또한 극구 통렬히 비판하는 것이 이처럼 심하지도 못했을 것입니다. 하늘을 뒤덮는 중죄를 범한 제 마음속에서 우러나온 말에는 한 글자라도 거짓이나 감춘 것이 없습니다.

16. 증정 스스로 세상을 구제할 덕과 재상宰相을 맡을 역량이 있다고 여긴 이유에 대한 신문과 진술

증정에 대한 신문

성지에 따라 너에게 묻노라. 네가 지은 역서 『지신록』에서 "상만湘彎[13]에 사는 진매정陳梅鼎은 식견과 절조가 마을 사람들 가운데 보기 드물 정도로 뛰어나다. 나는 그의 조카사위로, 하루는 그의 집에 도착하자 그가 나를 맞이해주었다. 내 장인께서도 나오셨는데, 그가 큰 소리로 나를 가리키며

13. 글자 그대로는 상수湘水 물굽이인데, 광서성에서 발원하여 호남성으로 유입되는 상강湘江 지역을 가리킨다.

'이 사람은 시와 예의 대가이며 품행이 바른 군자이다'라고 했다. 또 '우리 셋째 동생이 평생 한 일 가운데 사위를 선택한 것 하나만은 천하에서 가장 안목이 뛰어난 일이었다'라고 했고, '사위께서는 세상을 구제할 덕과 재상을 맡을 역량이 있다'라고도 했다. 또 평생 오늘날의 세풍을 가장 비루하다 여겼고, 누차 선조先朝의 의관문물衣冠文物에 대해 감탄했으며, 다릉茶陵[14] 지역의 진원장陳元章을 가장 좋아해 사내대장부이며 걸출한 인물이라 여겼다" 등의 말을 했다.

이에 의거하자면, 너 증정은 평소 세상을 구제하는 일을 스스로의 사명으로 여기며, 마음속으로 다른 뜻을 품고 역모를 도모한 것이 이미 오래였던 것이다. 너 증정에게 묻노라. 너의 처삼촌 진매정과 장인은 어떤 사람인가? 다릉 사람 진원장은 또 어떤 사람인가? 이 세 사람은 현재 어디에 있는가? 사실대로 진술하라.

의관문물에 관련된 언급은 가장 황당무계하다. 대개 의관제도는 예부터 지역에 따라 마땅함이 다르고 시기에 따라 제도가 달라 강제로 일치시킬 수 없다. 또한 각각 그 복습을 이루어 편안한 것을 사용할 따름이니, 사람의 현명함과 정치의 득실과는 전혀 관련이 없다. 지난날 무지하고 망령된 무리가 본조의 의관을 업신여기며 했던 말들을 들었는데, "공작孔雀의 깃과, 말굽 토시[馬蹄袖][15]는 의관 중 금수와 같다"는 말이 있었으니 그 말은 참으로 비루하다.

무릇 관冠으로 말하자면 주나라에는 작변雀弁·녹변鹿弁이 있었고, 한·당 시대에는 해치관獬豸冠·초선관貂蟬冠·준의관鵔鸃冠 같은 종류가 있었다. 의衣로 말하자면 『서』에 "산山·용龍·화華·충蟲으로 그림을 그리다山龍華蟲作會" (「익직益稷」)"라는 말이 있었고, 한·당 이래로 우의羽衣·학창鶴氅이 있었으

14. 호남성에 있는 다릉 지역을 말한다.

15. 공작의 깃과 말굽 토시 둘 다 청대 남자 예복을 말한 것이다.

며 치두구雉頭裘·사만대獅蠻帶[16]의 종류에 이르기까지 다 헤아릴 수 없는 정도였다. 모두들 금수의 명칭이나 형상을 취해 복식의 화려함으로 삼았던 것이니, 어찌 자고로 이런 의관을 사용한 사람이 모두들 금수가 될 수 있겠는가? 천하를 다스리는 도는 오직 정교의 공정과 기강의 완비에 있다. 과거 제왕의 전성기 시절에는 군신이 어질고 밝으며 조야가 평안하고 만민이 삶을 즐기며 생업에 종사하였으니, 어떤 시대의 의관을 착용하는지를 불문하고 모두 문명으로 잘 다스려졌다. 만약 그렇지 않다면, 걸·주 시대의 의관이 곧 우·탕 시대의 의관이었는데, 어찌 의관의 유사함으로 인해 결국 문명과 예약이 타락하거나 폐해지지 않고 혼란에도 이르지 않을 수 있었겠는가?

원대 통일이 된 초기에 의관을 개정하지 않고 몽고의 옛 복식을 그대로 사용했으나 정치가 청명하여 천하는 또한 안정되었다. 그 이후 중국의 의관으로 개정해 사용했으나 정치가 혼란하여 결국 화를 입고 패망하였다. 이런 점에서 의관은 예약·문명·치란治亂과 무관한 것임을 볼 수 있다. 또 명나라 말년 의관은 아직까지 명나라의 의관이었으나, 군신이 덕을 잃고 기강이 느슨해지며 도적이 봉기하여 백성들은 도탄에 빠졌다. 보잘것없는 의관의 제도가 예약·문명 가운데 어디에 자리하겠는가? 명대의 멸망을 구제할 수 있었는가?

우리 세조황제께서는 중화를 일통하고 환란을 안정시켜 수화水火에서 백성을 구제하셨다. 성조황제께서는 하늘의 뜻을 이어 다스리고 오래도록 이끌어 교화를 완성해, 천하가 평안하고 은혜가 만물에 골고루 퍼졌다. 무릇 우리 왕조는 인의로 양육하고 바로잡으며, 큰 계획으로 선정을 베푸셨으니, 지난날에 미치지 못한 것이 무엇인가? 어찌 우리 왕조의

16. 치두구는 꿩 머리의 고운 털로 장식한 털옷이며, 사만대는 사자獅子와 만왕蠻王 모양을 끝부분에 매달아 장식한 요대를 말한다.

의관에 망령된 뜻이 있겠는가! 우리 왕조는 동토東土로부터 일어나 천명을 이어받고 본래부터 우리 왕조의 의관이었던 것을 착용한 채 천하 백성의 주인이 되었다. 이는 상천의 대명이 우리 조종의 공덕에 모인 것이며, 하늘이 내린 귀감이 우리 왕조의 의관에 머문 것이니, 천하를 대표하고 만방에 법식이 될 만하다고 할 것이다.

무릇 의관이란 천심의 굽어살핌[降鑒]이 머무는 곳이니 곧 여러 대를 이어 가야 하는 것인데, 어찌 제멋대로 변경하겠는가! 또 너 증정은 궁벽한 산골에 사는 무지몽매한 자로 항상 망령된 역모의 견해를 통해 마음속에 옛 명나라의 의관을 생각했다. 하물며 우리 왕조는 선조들의 큰 계획을 시행하고 열성의 완성된 규범을 받들어 대를 이어 계승한 것이 이미 100여 년인데, 어찌 자신의 것을 버리고 남을 따르며 존귀한 것을 굽히고 비천한 것에 나아가 의관을 변경할 리가 있겠는가? 또 오늘날 국경 밖의 각 나라는 의관의 제도가 모두 다르지만, 우리 왕조는 그들에게 공물을 받으면서도 강제로 그들의 의관을 바꾸게 하지 않았다. 하물며 우리 왕조는 천하를 일통한 성대함으로 만방을 다스리는데, 그 의관이 어찌 경박한 의미일 수 있겠는가! 아울러 너 증정에게 묻는다. 누차 선조의 의관문물에 대해 감탄했다는 말은 어떤 의견이었던 것인가?

증정의 진술

진매정은 안인현의 백성으로 강희 52년 늙어 죽었습니다. 하늘을 뒤덮는 중죄를 범한 저의 장인 국형國衡은 진매정의 아우이며, 역시 일개 백성으로 강희 46년 병으로 죽었습니다. 그 아들은 가난해 스스로 생계를 꾸릴 수 없어 강희 57년 사천으로 이사를 갔습니다. 진매정의 아들은 지금 어디에 있는지 알 수 없습니다. 진원장은 다릉주 사람으로, 사士인지 백성인지 모르며 죽은 지가 이미 40여 년입니다. 진매정은 하늘을 뒤덮는 중죄를 범한 저의 장인의 맏형인데, 하늘을 뒤덮는 중죄를 범한 저는

17세에 그의 조카딸이자 진국형의 딸에게 장가들었고, 18세에 그의 집에 방문했다가 이와 같은 말들이 있었습니다.

하늘을 뒤덮는 중죄를 범한 제가 이런 말들을 기록한 이유는 또한 여유량의 시 중 "어린아이가 의관을 자랑하다"는 구절을 본 것 때문이고, 그래서 이 『지신록』에 기록하게 되었습니다. 이 이야기는 모두 옹정 5년 정미丁未의 일로, 장희가 절강에 이르러 여유량의 시를 보내주었는데, 읽고 나서 서두에 이 말을 적어둔 것입니다. 사실 당시 진매정과 대화를 나눌 때는 아울러 별다른 생각이 없었습니다. 진매정은 본래 농촌 마을 사람으로 학문을 한 적이 없었으니, 어찌 별다른 깨달음을 얻을 수 있었겠습니까! 그가 하늘을 뒤덮는 중죄를 범한 저를 일컬어 "시와 예의 대가이며 품행이 바른 군자이다"라고 한 것은 하늘을 뒤덮는 중죄를 범한 제가 그의 집에 있었을 때 평범한 아이와 비교해 중후하고 독실하며 경박하지 않았기 때문이었습니다.

하늘을 뒤덮는 중죄를 범한 저를 "세상을 구제할 덕과 재상을 맡을 역량이 있다"고 한 것은 마음에 정이 많고 다른 것을 받아들일 수 있는 아량 때문이었습니다. 하늘을 뒤덮는 중죄를 범한 제가 원래 형수와 함께 지냈기 때문에 부부가 화목하지 못하게 되었는데, 형이 장차 형수를 진매정의 이웃집에 개가시키겠다고 했습니다. 진매정과 그의 부인이 대화를 나누는 사이, 부인이 하늘을 뒤덮는 중죄를 범한 제가 자신을 대하는 것이 매우 올바르다고 칭찬하였고, 그래서 '재상을 맡을 역량'이 있다고 한 것입니다. 부인이 또다시 하늘을 뒤덮는 중죄를 범한 제가 형수를 개가시킬 수 없다고 형에게 거듭 권했던 일을 말했고, 진매정은 이 말을 듣고서 하늘을 뒤덮는 중죄를 범한 제가 '세상을 구제할 덕'이 있다고 한 것입니다.

진매정이 누차 선조의 의관문물에 대해 감탄한 것을 보자면, 그때 당시 나이가 70여 세로 대략 명나라 시대의 의관을 착용해왔기 때문에 그것이 좋다고 한 것입니다. 진원장을 좋아해 사내대장부이며 걸출한 인물이라 여긴 것과 관련해서는, 하늘을 뒤덮는 중죄를 범한 저는 진원장의 속사정에 대해 알지 못하며, 또한 진원장이 어떤 사람인지도 모르니, 서로 간에 500여 리가 떨어져 있었기 때문입니다. 당시 다릉에 진원장이 있었는데, 주관州官에게 죄를 지어 주관이 붙잡아 처리하고자 하자, 그가 무리를 모아 성을 에워싸고 변란을 일으키려다가 붙잡혀 죽었다고 들었을 뿐이니, 진매정이 그를 칭찬한 것은 아마도 그가 일개 필부로서 관장官長에게 규제를 받지 않으려고 한 점을 좋아했기 때문일 것입니다. 이것이 진매정의 일반을 벗어나 탈속[異俗]한 말들과, 하늘을 뒤덮는 중죄를 범한 제가 봤던 여유량의 예전 시 구절을 기억했다가 이 『지신록』에 옮기게 된 이유입니다.

의관문물과 관련된 말에 이르러서는, 하늘을 뒤덮는 중죄를 범한 제가 무슨 지식과 정견定見이 있어서 그 안의 도리는 털끝만큼도 바꿀 수 없다는 것을 알고 발설했겠습니까! 이는 곧 속유俗儒의 비루한 의론을 듣고 그 이치를 살피지 못한 채, 마침내 이런 망령된 말을 한 것입니다. 지금 광대하고 정심하며 경천동지할 황상의 지의旨意를 읽고서야 마침내 본조의 의관제도가, 원래 지역에 따라 마땅함이 다르고 시기에 따라 제도가 달라 온전히 도道를 귀의할 곳으로 삼았으며, 애초에 다르게 정할 뜻이 있거나 통일하도록 강제하지 않았던 것임을 깨달았습니다. 이는 진실로 이른바 "위로는 천시天時를 법으로 삼고 아래로는 수토水土의 이치를 따른다上律天時, 下襲水土"(『중용』, 「30장」)는 것이니 사사로운 것이 없습니다. 이를 살펴보니 본조의 모든 예악과 제도가 하늘과 땅을 본받은 것으로, 하나라도 하늘을 따르고 땅에 근본하며 만물에 부합하지 않은 것이 없어, 수많은 왕조의 으뜸이자 천고의 세월을 초월한 것임을 알게 되었습니다.

하늘을 뒤덮는 중죄를 범한 제가 이런 의미를 듣고 나니, 지극히 기쁘고 상쾌하여 얼음이 녹는 듯하고 안개가 사라지는 것 같았을 뿐만이 아니었습니다. 또한 개인적으로 다행이라 느끼는 점은 이런 논의가 한번 세상에 나와서 드디어 천고에 어리석고 비루한 의심을 타파할 수 있게 되었다는 것입니다. 이를 통해 종전에 잘못 들었던 허다한 부분을 생각해보니, 모두 마음속의 의혹이며 핵심에 이르지 못해 일어난 것입니다. 당시에 만약 고명한 황상의 가르침이 있었다면, 신묘한 이치와 정밀한 의론이 있는 곳에 당면[當前]하여 마음으로 기뻐 따르지 않음이 없었을 것입니다.

지금 의관과 관련된 내용은 이전 사람들의 말을 듣고 모두 의심했던 것입니다. 지금 밝게 가리키시는 황상의 뜻을 얻었으니, 비록 목석이라도 틀림없이 마음이 움직여 고개를 끄덕이게 될 것인데, 하물며 하늘을 뒤덮는 중죄를 범한 제가 여기에 다시 무슨 말을 하겠습니까! 다만 머리를 조아리고 조아릴 뿐입니다! 장차 이 의론을 마음에 새기고 세상에 전하여 비루한 의심을 풀어버리고 싶습니다. 만약 황상의 은혜를 받고 가르침을 입어 몇 년 남은 수명을 연장할 수 있다면 마땅히 저 자신은 학문을 닦아 조금이라도 발전하여 만세에 글을 전할 것이니, 수많은 왕조가 입정立政의 준칙으로 여길 따름일 것입니다

17. 인재人材를 취하는 방법에 대한 신문과 진술

증정에 대한 신문

성지에 따라 너에게 묻노라. 지난번 너 증정의 진술에 "국가에서 인재를 취하는 방법은 마땅히 정명도 선생이 의론하여 송나라 희녕 연간에 인재를 취했던 일을 참작하여 그 손익을 헤아려 시행한다면 더욱 좋을 것입니다"는 등의 말을 했다.

희녕 연간에 인재를 취하는 것과 관련된 정자의 차자箚子를 살펴보니,

"마땅히 우선 [황제를] 가까이에서 모시는 현유賢儒에게 예로 명하여 각각 종류대로 천거하게 하고, 백집사百執事·방악方嶽·주현州縣의 관리에게는 마음을 다해 찾게 하되, 뜻을 돈독히 하고 학문을 좋아하며 재질이 훌륭하고 행실이 닦여진 자가 있거든, 모두 성명을 기재하여 주현에서 그를 보내도록 명하소서"라는 말이 있었다.

짐은 옹정 원년에 현량하고 방정方正한 자를 천거하라는 은혜로운 조서를 내렸다. 근년 이래로 각 성·주·현에 효도하고 우애가 있으며 단정하면서도 재주는 일을 처리할 만하고 문장 역시 볼 만한 자를 두루 찾아 매년 각기 한 명씩을 천거하라는 유지를 내렸다. 또 옹정 6년에 공생貢生을 선발할 때 과거시험이나 등수에 국한되지 말고 경학에 밝으며 행실이 바른 자를 힘써 취하라는 유지를 내렸다. 또 만주족과 한족 내외의 문무신하 중 지략·성과·절조가 있는 자가 있으면 각각 한 명씩 천거하라는 유지를 내렸다. 또 조정 안팎의 신하들로 수도의 경우 주사主事 이상, 지방의 경우 지현知縣 이상은 각각 잘 아는 자들로 혹 거인擧人·공생이나 시골에 은거한 이들을 천거해 해당 부에 보내 접견하게 하라는 유지를 내렸다. 이는 정자가 의론했던 것인데 모두 짐이 이전부터 시행하던 일이다.

그러나 현량하고 방정한 자를 천거하는 사안에 대해 각 성에서 실제로 천거한 경우는 매우 적었다. 복건순무福建巡撫 황국재黃國材가 팽붕彭鵬의 자손 2명을 천거했는데, 모두 어리고 아는 것이 없으며 학식이 미천해 임용할 수 없을 뿐이었다. 절강순무浙江巡撫 이복李馥이 천거한 어질고 방정하다는 자는 악업을 쌓고 권세 있는 사람에게 빌붙어 천거를 받았지만, 이후 지방관이 그 폐단을 알아내 탄핵하였을 때는 뇌물이 쌓여 있고 죄악의 흔적이 널려 있었다. 이를 통해 보건대 현량하고 방정한 자라고 천거한 이를 다 믿을 수 있겠는가?

하·은·주 시대부터 한에 이르기까지는 향리鄕裏에서 가려 뽑는 방법을 사용했다. 나중에는 자사刺史·태수太守가 임관하는 권력을 독점하게 되어 구품중정九品中正의 제도[17]는 사람에게 벼슬을 내리는 권력이 되었다. 사람을 임용하는 권력이 국가에 있지 않고 호족에게 있었으니, 형세 상 다시 시행할 수 없어 이에 호명糊名과 역서易書[18]를 시행하도록 개혁했고 문예文藝 과목으로 인재를 등용했다. 대개 말이란 심성心聲이고 사람의 문장은 먼저 학문이 축적되고 깊은 조예를 통해 완성되니, 오히려 그 사람의 학문 정도[蘊蓄]를 대략이나마 파악할 수 있는 것이다. 만약 오로지 행실을 보고 취한다면 반드시 거짓으로 꾸며 세상을 속이고 명성을 도둑질하는 자가 있을 것이다. 또한 심술心術은 측량하기 지극히 어려우니, 매번 지나치게 조심하거나 자기 몸을 아끼는 무리를 살펴보면, 하루아침에 방향을 틀어 못하는 짓이 없는 경우도 있다.

이 때문에 『한서』에서 사신史臣이 "직언을 하며 홀로 지조를 지키거나 품격이 뛰어나고 행동이 바른 무리들이 영진榮進할 수 있는 길이 더욱 넓어지자, 결국 이름을 도적질하거나 외양을 꾸미는 일이 차츰 경쟁으로 흐르고, 권문權門과 귀사관貴仕官에게는 청탁이 빈번해졌다"고 한 것이니, 전대에 덕행으로 선발했다 해도 인물을 평가하는 기준이 되기에는 부족하다는 것을 알 수 있다. 어찌 시험장에서 문예로 선발하는 과정 가운데 조금이라도 근거로 삼을 것이 있겠는가! 송나라 신하 정초鄭樵[19]가 "갑과科甲라는 하나의 수단은 비록 옛사람처럼 덕행으로 천거하는 것은 아니지만,

● ● ●

17. 중정관이라는 관리가 지방의 인재를 9등급으로 나누어 추천하면 국가에서 이 등급에 맞는 관직을 주는 추천제이다. 이는 원래 지방에 숨어 있는 인재를 등용하려는 것이 목적이었지만, 중정 관직을 지방 유력 호족들이 자신들의 일족을 추천함으로써 호족 세력이 관직을 독점하는 결과를 가져오게 되었다.

18. 호명은 과거 때 응시하는 사람의 시지에 쓴 성명을 풀칠하여 봉하는 것이고 역서는 과거를 치를 때 시험 답안의 필체를 알아볼 수 없도록 서리가 붉은 글씨로 바꾸어 쓰는 것을 말한다.

19. 남송 시기의 사학가이자 목록학자로 일생 동안 과거에 응시하지 않고 경학, 예악 등을 연구했으며 『통지通志』를 저술했다.

오히려 재능 있는 사람을 얻을 수 있다"고 했으니 그 말은 진실이며 충분히 증험된 것이다.

또 짐이 인재를 등용하는 방법은 아울러 갑과 하나에 국한된 적이 없으니, 다방면으로 살펴 선발하기를 날마다 힘쓰며, 얻은 인재가 국가의 사무와 백성들을 다스리기 위한 선택이 되었기를 희망하였다. 심력을 기울이는 것이 참으로 고되며 그 일은 매우 어렵다. 이는 조정에 있는 여러 신하들도 모두 알고 있는 것이니, 또 어찌 정자가 주의奏議한 하나의 방법이 짐이 인재를 구하는 뜻을 다 만족시킬 수 있겠는가!

정자가 말한 것과 관련해서는 명달明達한 사인 가운데 인재를 뽑아 덕을 완성한 학자에게 수업을 받게 하여, 그 학업이 크게 뛰어난 자를 태학太學의 선생으로 삼고, 그다음의 자를 천하에 나누어 보내 가르치게 하는데, 주군으로부터 현까지 차례대로 임용하였다. 3년마다 빈흥賓興[20]을 시행해 뛰어난 자를 현에서 주군으로 주군에서 태학으로 이렇게 번갈아 옮기고, 부족한 자는 이에 따라 차례대로 내리기도 했다. '천하를 교화시키고자 한다'[21]고 하는데 그 말은 현실과는 거리가 멀고 실행하기 어려운 것이다.

이 때문에 희녕 연간 당시에도 이미 실효를 보지 못했는데, 하물며 수백 년 이후에는 어떠하겠는가! 또한 오늘날의 선발은 바로 옛 인재를 천거하는 방법이기도 하니, 짐이 수년 이래로 인재를 등용하는 방도는 또한 상세하고 극진하다 할 수 있을 것이다. 너 증정은 희녕 연간의 인재 취하는 방법을 참고함이 마땅하다 여기고 있다. 너 증정에게 묻는다. 희녕 연간에 인재를 천거하는 방법은 과연 실효가 있었는가? 지금 마땅히

● ● ●

20. 인재를 뽑는 법으로 시골 소학에서 어질고 유능한 자를 가려 뽑아 그를 정중히 대우하여 태학으로 올려보내는 제도이다.

21. 『주역』「비괘賁卦」 단사彖辭에 "인문을 관찰하여 천하를 교화시킨다[觀乎人文, 以化成天下]"는 구절을 인용한 것이다.

어떻게 그 손익을 헤아려야 바야흐로 더욱 선하게 될 수 있겠는가? 상세히 진술하라.

증정의 진술

하늘을 뒤덮는 중죄를 범한 저는 본래 산야에 사는 우민으로, 이전 황망하고 패악한 말들을 한 것은 정말 우물 안의 개구리 같은 식견으로 사리에 부합하지 못했기 때문입니다. 그러나 또한 과거 우리 황상께서 때에 맞게 정교를 바로 세우시고 지극한 치세의 정책으로 도를 널리 펼치셨다는 것을 몰랐기 때문이기도 합니다. 그 가운데에는 손익의 변화가 자세하고도 완벽하게 갖추어져 있어, 오늘날 사람들이 도모해도 미칠 수 없을 뿐 아니라, 아울러 고대의 성현이 계획을 세우더라도 완비할 수 있는 것이 아닙니다. 바로 오늘에 이르러서야 하늘의 신명한 교화가 널리 운용되어 이르지 않은 곳이 없으며, 천지 사이에서 태어났으면 천지의 조화에 순응해야 한다는 것을 깨달았을 따름입니다. [황상이 깨우쳐 주시지 않았다면] 또 어찌 천지가 높고 두텁다는 것을 알았겠습니까! 천지가 높고 두텁다는 것조차 모르는데 다시 어찌 천지의 광대함과 조화造化가 그와 같은 이유를 알겠습니까!

더구나 이 극악하고 위중한 죄를 범한 시기에 비록 하늘과 같은 황상의 인을 누차 입어 무지한 저를 불쌍히 여겨주셨고, 생민이 있은 후로 없었던 특별한 은혜를 내리셔서 무거운 죄를 너그럽게 용서해주셨으나, 하늘을 뒤덮는 중죄를 범한 저는 스스로 후회와 부끄러움으로 황공하고 전율하며 이후로 마음에서 한시도 잊어본 적이 없습니다. 어찌 [황상의] 은덕을 감격해 받들 뿐이겠습니까? [그 은덕이] 하늘처럼 망극하옵니다! 다시 어찌 감히 망령되이 개미와 같은 식견으로 국가를 다스리는 큰 계획에 비해 만분의 일도 되지 않는 제 생각을 진술할 수 있겠습니까! 뜻밖에도 침식을 잊고 국가의 일을 도모하시며 부지런히 백성을 위하셔서 잠시도 태만하지 않으시고, 또한 한 군데도 생각이 이르지 않는 곳이 없으신 우리 황상께서, 지금 유지를 반포하셔서 마침내 이전에 진술했던 인재를 천거하는 방법과 관련하여 어떻게 그 손익을 헤아려야 완전해질 수 있는지에 대해, 하늘을 뒤덮는 중죄를 범한 제게 상세하게 다시 진술하라고 하셨습니다.

예부터 군주의 덕행과 도의가 완비되어 있는지를 따져보면 요·순이 가장 지극하였으나 공자께서는 순을 대지大智라고 여겼으니, 자신에게서 취해 사용한 것이 아니라 남에게 물어 취한 점이 이유일 것입니다. [그와 관련하여] "묻기를 좋아하고 천근淺近한 말을 살피기 좋아했다舜好問, 而好察邇言"(『중용』, 제6장)고 했으니 그가 묻거나 살핀 것은 또한 '천근한 말'일 뿐이며, 그 살핀 것이 '큰 죄를 범한 죄인'이나, '언급하기에 부족한 사람'에게까지 이르렀다는 말은 들어보지 못했습니다. 하물며 하늘을 뒤덮는 중죄를 범한 저처럼 궁벽한 산골에 사는 무지몽매한 자에게 있어서는 어떠하겠습니까! 이에 우리 황상의 지극한 큰마음과 정밀한 마음 씀씀이를 볼 수 있으니, 당년의 대순大舜과 비교하더라도 더욱 뛰어나다는 것에 의심할 것이 없습니다. 이에 하늘을 뒤덮는 중죄를 범한 제 무거운 죄를 너그럽게 용서해주시고, 백성이 있은 후로 전에 없었던 특별한 은혜를 내리셨을 뿐 아니라, 오늘날 하늘을 뒤덮는 중죄를 범한 저에게 다시 진술하라 하셨으니, 또한 백성이 있은 후로 전에 없던 큰 덕을 입은 것입니다. 이것으로 미루어보면, 우리 황상께서는 단지 명군·성군이 되어 지난날 성현의 단서를 이은 것뿐만이 아니라, 천운이 다시 열리고 이루어지는 가운데 직접 하늘의 지극함을 이어받아 만세의 군통君統을 열고, 백왕百王의 큰 법도를 세우신 것입니다.

하늘을 뒤덮는 중죄를 범한 제가 비록 어리석고 완고하여 본래 부주敷奏할 것이 없으나, 백성이 있은 후로 전에 없던 성대한 시기를 만나 어찌 감히 짧은 식견이나마 이전 진술에서 상세하지 못했던 것을 진술하는 과정을 통해, 묻고 살피기를 좋아하며 부지런히 구하고 나태하지 않는 우리 황상의 지극한 뜻에 부합하지 않을 수 있겠습니까! 이런 이유로 전에 진술했던 정자의 인재를 취하는 방법에 대해 생각해보면, 그때는 아는 것이 없어 망령되게 고대 제왕들이 천하를 다스린 법도는 모두 한 수 앞서는 방법을 헤아린 것이라 여겼습니다. 예컨대 백성이 도적되는 것을 금하고자 하면 도둑질을 금하는 것에 답이 있는 것이 아니라, 도적이 되는 원인이 혹은 굶주림 때문인지 아니면 추위 때문인지를 헤아려, 그들로 하여금 경작하게 해 생업을 잃지 않도록 하고 따뜻하고 배부르게 먹고 입히면, 도적은 자연히 사라지게 되는 것과 같습니다. 또 예컨대 학자가 선행을 익히도록 하고자 하면 또한 오로지 품행을 인도하는 것에 답이 있는 것이 아니라, 먼저 그들로 하여금 도덕을 통달하고 의리를 밝히게 하는 것에 답이 있는 것이니, 도덕에 통달하게 되고 의리에 밝게 되면 사람들은 자연히 선을 행하는 것을 즐기며 비록 강제로 악을 행하라 하더라도 또한 옮겨가지 않는 것과 같습니다.

이로써 미루어보면, 어떤 일이든 모두 한 수 앞을 헤아려야만 하니, 비록 지극히 평범한 일상이나 백공百工의 변변찮은 재주, 농사나 의약과 같은 말단의 일이라도 또한 근본에 따라 진행되어 마땅하게 될 것입니다. 하물며 천하를 다스리는 큰일은 어떻겠습니까! 그래서 당시 망령된 생각으로 인재를 취하는 것은 반드시 교사教士를 우선으로 삼았고, 교사는 또한 반드시 의리에 밝고 도덕에 통달해야 한다고 한 것입니다. 그러나 교사가 의리에 밝고 도덕에 통달하기를 원한다면, 반드시 먼저 의리에 밝고 도덕에 통달한 교관教官을 선택해야 그 직분을 감당할 수 있을 것입니다. 이것이 하늘을 뒤덮는 중죄를 범한 제가 이전 진술에서 망령되이 정자가 희녕 연간에 진술한 인재를 취하는 법도를 참고해 사용해야 한다고 한 이유입니다. 대의大意는 먼저 교사를 알맞게 얻는 것이 중요하며, 교사를 알맞게 얻는 것은 교관과 관련되어 있으니, 또 우선 교관에 알맞은 사람을 얻는 것이 중요하다는 것입니다.

지금 황상의 뜻을 읽고서야 우리 왕조에서 인재를 취하는 법이 과거를 제외하고도, 현량하고 방정한 자를 천거하라는 은혜로운 조서가 있었고, 각 성·주·현에 효도하고 우애가 있으며 단정하면서도 재주는 일을 처리할 만하고 문장 역시 볼 만한 자를 두루 찾아 매년 각기 한 명씩을 천거하라는 유지가 있었으며, 공생을 선발할 때 과거시험이나 등수에 국한되지 말고 경학에 밝으며 행실이 바른 자를 힘써 취하라는 유지가 있었고, 만주족과 한족 내외의 문무 신하 중 지략·성과·절조가 있는 자가 있으면 각각 한 명씩 천거하라는 유지가 있었으며, 조정 안팎의 신하들로 수도의 경우 주사 이상, 지방의 경우 지현 이상은 각각 잘 아는 자들로 혹 거인·공생이나 시골에 은거한 이들을 천거해 해당 부에 보내 접견하게 하라는 유지가 있었음을 알게 되었습니다. 아! 어찌 이리도 성대한 것입니까! 이는 당시 정자가 희녕 연간에 의론한 인재를 취하는 한 가지 방법으로는 다 할 수 없을 뿐 아니라, 또한 자고로 융성했던 왕조에서 인재를 취하는 법도로도 완비할 수 없는 것입니다.

하늘을 뒤덮는 중죄를 범한 제가 이에 이르러 우리 황상께서 한결같이 백성을 염려하고 국가의 일을 도모하는 고심과 하늘을 본받아 어진 이를 구하려는 지극한 뜻을 깨닫게 되어, 저도 모르게 눈물이 흘러 잠시 말문이 막혔습니다. 우리들과 같은 백성을 위해 어루만지고 편안하게 해주기를 계획한 자들 가운데 예부터 지금까지 우리 황상과 같은 이가 어디 있겠습니까! 하물며 전대에 덕행으로 선발한 것을 살피고 인물을 평가하는 기준이 되기에는 부족했기에 과거에서 문장으로 선발하는 것을 헤아려 내놓았고, 또한 학문이 축적되고 깊은 조예를 통해 완성되는 것을 따르셨으니, 더욱이 폐단이 제거되지 않음이 없으며, 은미한 곳이 분명해지지 않음이 없어 모두 속속들이 알게 되고 흑백처럼 명백히 나누어지게 되었습니다. 이로써 우리 황상의 마음 쓰심을 생각해보니 참으로 절박하고 치밀했으며 또한 진실로 고단했을 것입니다.

무릇 인재를 취하는 방법이 이처럼 광대하고 사람을 얻는 생각이 이처럼 독실하시니, 마땅히 어진 인재들이 많이 등용되고 여러 사인들이 모여들 것입니다. 그러나 천하에서 천거하는 자들이 우리 황상의 깊은 바람에 부합하지 못하는 경우가 많은 것은, 진실로 인재를 얻기 어렵기 때문이기도 하지만, 또한 아마도 아래에 있는 유사有司가 그들의 정무가 급해 이 천거하는 일을 조금 대충 하였기 때문이 아니겠습니까! 어찌 우리 황상께서 '천하를 다스리는 일 중 인재를 얻는 것이 최우선이다'라고 여기는 마음을 깨달았겠습니까! 요는 순을 얻지 못할까 하는 것을 자신의 근심으로 삼았고, 순은 우禹·고요皐陶를 얻지 못할까 하는 것을 자신의 근심으로 삼았습니다. 예부터 정치의 명확함과 백성의 이로움은 모두 위에 있는 자가 인재를 얻는 것에 달려 있었으니, 말단의 읍재邑宰를 맡은 이들 역시 반드시 인재 얻는 것을 우선으로 삼아야 합니다. 자유子遊가 무성武城 지역의 읍재가 되었을 때 성인께서는 다른 것이 아니라 반드시 먼저 인재를 얻었는지의 여부를[22] 물으셨습니다.

진실로 인재는 정교와 풍속에 관련되어 지극히 크고 중요한 것입니다. 그래서 밝은 유지로 벼슬길을 넓게 열어주셨으니, 인재를 등용함에 있어서 그 친소나 귀천에 구애받지 않는 것은, 진실로 인재를 얻고 천하를 다스릴 때 반드시 우선되어야 할 정사일 것입니다. 그러나 오늘날 천거한 이가 적거나, 천거해도 실속이 없거나 충분하지 못한 것[不實]은 아마도 유사의 식견이 평범하고 각 성의 독무督撫[23] 역시 이를 일로 여기는 이가 적으며, 소속 유사를 책망했기 때문일 것입니다. 만약 독무부터 실무를 담당하는 유사에 이르기까지 정치에는 반드시 인재 얻는 것이 우선이란

22. 자유가 무성 지역의 관리가 되었을 때 공자가 그 지역 인재를 얻었는지의 여부를 물었는데 이를 인용한 것이다. (『논어』, 「옹야雍也」)

23. 총독總督과 순무사巡撫使의 합칭. 본래 중국 명·청 시대의 최고 지방관을 가리킨다.

것을 알게 한다면, 성심을 본받고 그 직분을 인식하여 밖에서도 밤낮으로 일하고 마음을 다해 [인재를] 찾아낼 것입니다. 어찌 인재 얻지 못하는 것을 걱정하겠습니까! 자연히 천 명 가운데 백 명을 선택하고, 백 명 가운데 인재를 선택하여, 날마다 힘쓰고 얻은 인재가 국가의 사무와 백성들을 다스리기 위한 선택이 되기를 희망하는 우리 황상의 덕의德意에 부합할 수 있을 것입니다.

"정자가 말한 것과 관련해선 명달한 사인 가운데 인재를 뽑아 덕을 완성한 학자에게 수업을 받게 하여, 그 학업이 크게 뛰어난 자를 태학의 선생으로 삼고, 그다음의 자를 천하에 나누어 보내 가르치게 하는데 주군으로부터 현까지 차례대로 임용했다. 3년마다 빈흥을 시행해 이로써 승진이나 물러나기를 정하면 된다. '천하를 교화시키고자 한다'고 하는데 그 말은 현실과는 거리가 멀고 실행하기 어려운 것이다"라고 하셨습니다. 오늘날 [이렇게] 밝으신 유지로 설명을 듣고 반복하여 살펴보니, 과연 이는 현실과는 거리가 멀고 실행하기 어려운 것이었습니다. 그러나 우리 왕조의 인재를 취하는 방법은 지극하고 곡진하니 더 추가할 것이 없습니다.

오직 학자를 양육하는 법도에 약간의 미비한 점이 있을 뿐인데, 하늘을 뒤덮는 중죄를 범한 제가 과거 인재를 천거하는 방법을 살펴보니, 반드시 향리를 근본으로 삼고 그 풍속은 알맞게 인재와 상통하고 있었습니다. 일찍이 『남전여씨향약藍田呂氏鄕約』[24]이 있는 것을 보았는데, 시간이 흘러 주자께서 그 손익을 헤아리고 고쳐[斟酌], 그 강령綱領이 더욱 적절했고 절목節目은 더욱 꼼꼼하며 덕교德教와 풍화風化에 관련된 것이 더욱 크고 원대하였습니다. 큰 강령은 4가지인데, 첫째 덕업을 서로 권하고, 둘째

24. 북송 시대 여대충呂大忠과 그 형제들이 향촌을 교화하기 위해 만든 자치적인 규약을 말한다.

과실을 서로 간[規]하며, 셋째 예속禮俗으로 서로 사귀고, 넷째 환란을 서로 구휼하는 것입니다. 각 강령 아래에는 절목별로 분류했는데, 절목에 실린 것은 옛것을 따르면서도 현재의 좋은 점을 참작하여 더 나무랄 데가 없는 것이었습니다. 향에서 나이와 덕이 있는 노성老成한 이 한 명을 택하여 도약정都約正으로 삼고, 그다음의 사람을 부약정副約正으로 삼으며, 다시금 제자 가운데 단정하고 정직하며 도의에 통달하고 문장에 뛰어난 이를 택해 직월直月로 삼습니다. 직월은 매해 12인으로 돌아가며 그 일을 관리합니다. 책자 세 권을 두고 향약에 들기 원하는 자를 책자 한 권에 적고, 선한 일이 있으면 다른 책자 한 권에 적으며, 잘못이 있으면 또 다른 책자 한 권에 기록합니다.

짧게는 매월 1회의 모임을 열고, 길게는 매 계절 모임을 갖습니다. 왕래가 편리한 곳을 택해 하나의 향약소를 세우고, 직월은 기약에 앞서 돌아다니며 향약을 함께하는 이들의 선행이나 과업을 살핍니다. 향약의 본 날짜에는 예식을 시행하여 향약 조항의 낭독을 마치고 약정約正 및 함께 향약 맺은 이는 차례대로 나아가 앉아 술을 세 번 돌리고, 직월은 향약 중 선한 일과 잘못을 열거하고 약정에게 고합니다. 약정은 그 실상을 두루 묻고 의견이 통일된 후 책자 한 권에 기록합니다. 선한 일이라면 약정이 함께 향약 맺은 이들과 칭찬하고 권면하며, 잘못된 일이라면 약정이 함께 향약 맺은 이들과 간하고 경계합니다. 이어 선한 일과 잘못된 일을 적은 책자를 자리에 있는 이들과 돌려본 이후, 사람들마다 의문점을 묻고, 도리를 강론하고 분별하며, 가계를 계획하고, 문장을 논하거나 활쏘기를 익히며 해거름이 되어서야[至晡] 돌아갑니다. 그런 가운데 강령이 확장되고 조목이 설정되어 의식과 규칙이 참으로 정밀해집니다.

하늘을 뒤덮는 중죄를 범한 제가 오늘날에 대해 망령되이 말한 '과거로 인재를 취하는 방법'에 있어서는, 이 향약과 관련된 전문全文을 취하는 것이 마땅할 것입니다. 하늘이 총명을 부여한 우리 황상께서 시의時宜를 참고하고 그 손익을 헤아려 천하에 반포해 실행하기를 간절히 바랍니다. 독무에게 칙령을 내리고 유사에게 책임을 맡겨 매 현마다 지역의 대소와 원근을 견주어 향약소를 많이 설립하십시오. 사농공상에 구애되지 말고 그 지역에 거하는 자는 모두 향약에 들기를 허락하십시오. 향약 조항을 낭독하는 모임에서 먼저 성조황제께서 상유한 16조 및 우리 황상의 『성유광훈聖諭廣訓』[25]의 낭독을 마친 이후, 이 향약의 강령과 조목을 취하여 그 의절에 따라 차례대로 읽어나가 강해講解를 한 번 시행해야 합니다. 아울러 열조의 성덕과 신공 및 전후에 반포한 정령 중 풍속과 백성의 일에 관련된 것은 함께 적어 유사로 문장으로 남기게 해 향약에 보내 살피게 해야 합니다.

대개 일반 백성들이 윗사람의 덕교德教를 모르는 것은 향에 거하는 날이 많고 현이나 성에 이른 날이 적거나, 간혹 글을 몰라 윗사람의 뜻을 이해하지 못했기 때문입니다. 지금 향마다 향약을 설치하고 매월 한 번 모여 약정을 정하고 직월 등이 설명하여 밝힌다면, 마음에는 자연히 의심이 없을 것이며 각각 윗사람의 뜻을 알 것입니다. 또 선한 일을 기록하여 책자로 남기고, 잘못을 기록하여 책자를 남기면 백성들은 진실로 권선징악을 깨달아 선한 일 행하기를 즐길 것입니다. 만약 다른 날 유사가 천거할 때도 반드시 먼저 이 두 개의 책자를 살펴 꼭 선행이 있고 잘못이 없으며, 잘못을 능히 고칠 수 있는 자인지 확인한 이후에 문예를 시험하고, 문예가 갖추어진 이후에야 천거를 하도록 해야 합니다. 이와 같다면 본디 살던 향리에서 천거하는 것만이 아니니 선악을 털끝만큼도 숨길 수가 없을 것이며, 기망하고 청탁하는 폐단을 끊어버릴 수 있을 것입니다. 그리고 또한 정서와 문화[情文]가 밀접해지고 화목해지며,

25. 옹정제의 아버지인 강희제가 작성한 성론聖論이 곧 성조황제의 상유 16조 이며, 1724년 옹정제가 이 16조목에 관해 한 조목씩 해석했는데 이것이 『성유광훈』이다. 성유광훈은 자수가 1만 자에 이르러 '만언론萬言論'이라고도 한다.

교화와 예약이 명백해지고 흥하며, 도덕과 풍속이 동일해질 것이니 사람마다 서로 선을 권면할 것입니다. 이후 과거에 합격한 자는 향약제도 안에서 단련을 하고 올 테니, 어찌 볼 만한 것이 있지 않겠습니까?

무릇 향약은 본조에서 이미 반포해 시행하는 제도이나, 연락할 방도가 없고 향약 조항에 법도가 없어, 피차간 선악의 행위가 드러나지 않고 붕우 사이에 간하고 권면하는 의가 시행되지 않으며, 아침저녁 이웃 간의 정의情誼가 통하지 않고, 오가며 통솔할 사람이 없습니다. 심지어 산천과 황야에 있는 주나 현은, 성에서만 시행하고 향에서는 시행하지 않으며, 관에서는 강론하나 민간에 두루 알리지 않습니다. 선악을 아무도 살피거나 권면과 경계하지 않을뿐더러 강론 또한 대부분 약속에 의거해 받들어 시행하지 않으니, 관에 있는 자는 진실로 흔한 일이라고 여기며, 백성들은 들어도 또한 하다가 중단하며 제멋대로 오갑니다. 하물며 향에 거하는 자는 많고 성시城市에 거하는 자는 적은데 향의 백성들이 멀리 떨어져 나가도 아무도 통솔하지 않으니, 비록 강론하더라도 어찌 보고 들을 것이겠습니까?

하늘을 뒤덮는 중죄를 범한 제가 사는 곳도 성시에서 멀리 떨어져 있어, 현에서 향약 조목을 강론하고 낭독하는 일을 평생에 한 번도 본 적이 없습니다. 반포한 성유광훈 및 우리 황제께서 인재 취하는 법을 헤아린 것과 같은 것도 이전에 일찍이 보거나 들어보지 못했습니다. 다만 근일에 이르러서야 황상의 성유를 읽다가 중간에 성유광훈의 서문이 있어 손가락으로 가리켜가며 다른 사람에게 묻고서야 알았으니, 종전에는 다만 성조황제께서 상유한 16조를 알았을 따름입니다. 하물며 향의 사람 중 문리를 전혀 모르는 이들은 어떻게 알 수 있겠습니까? 이 법은 또한 간단히 이행할 수 있을 듯하나, 유사에게 책임을 지도록 명해 진심으로 받들어 시행하도록 해야 합니다. 천하가 크다 한들 현마다 이와 같이 받들어 시행하고, 현에서도 이르는 곳마다 이처럼 강론하고 도덕과 예를 시행해 익힌다면 그 다스림의 효과가 어찌 끝이 있겠습니까! 하물며 이 제도는 이미 각 현과 향에 완성되어 있으니, 좋은 정교가 있으면 모두 이 의절儀節에 비추어 백성들에게 두루 알릴 수 있을 것입니다. 윗사람이 시행해도 아랫사람이 본받지 않는 우환이 사라질 뿐 아니라, 또한 군민君民이 하나가 되어 호흡해 끝내 서로 통할 것입니다. 하늘을 뒤덮는 중죄를 범한 제가 산에 살아 어리석고 완고하여 본래 옳고 그름의 여부를 알지 못하지만, 좁은 소견이나마 이에 이르러 감히 진정으로 진술하지 않을 수 없었습니다. 삼가 성명聖明으로 이 향약 전문을 취하여 규제規制를 상세히 살피시고 가부를 결정해주시기 원합니다.

18. 옹정전雍正錢을 비판한 것과 관련한 신문과 진술

증정에 대한 신문

성지에 따라 너에게 묻노라. 네가 지은 역서 『지신록』에서 "주전鑄錢[26]과 관련된 일을 살펴보면 계묘癸卯년에서 지금에 이르기까지가 6년인데 아직까지 순조롭지 못하다. 힘써 주조하나 엽전에 새겨진 문자가 흐리멍덩하고 명백하지 않아 민간에서는 아무도 흔쾌히 받지 않는다. 풍문에는 '옹정전雍正錢은 반년이면 다 사라질 것이다'고 전해진다. 만약 나에게 하나라도 옹정전이 있다면 즉각 도랑에 던져 버리겠다" 등의 말을 했다.

엽전은 민간에서 날마다 필요로 하는 것이니 경중輕重의 균형이 마땅하도록 힘써야 유통에 폐단이 없고 백성의 생활에 유익하다. 엽전의 자획字畫이 명확한지 아닌지의 여부는 모두 구리와 납의 비율에 달린 것으로

26. 보통 쇠를 녹여 동전을 만드는 행위나 또는 그 동전을 말하는데, 여기서는 뒤에 언급한 것처럼 모전母錢을 통해 찍어낸 민간에서 사용하는 동전을 가리킨다.

이는 사람들 모두 알고 있는 것이다. 지난날 성조황제 시절 주조한 엽전은 구리 6, 납 4의 비율로 배합해 비록 엽전의 문자는 뚜렷하나 구리가 납보다 많아 결국 간교한 백성들은 엽전을 녹여 그릇을 만들었고, 이로 인해 엽전의 값어치가 날마다 올랐다. 강희 45년에서 46년 사이 은 1냥으로 겨우 엽전 700에서 800문文을 바꿀 수 있었다.

짐이 황제에 오르기 전 그 폐단을 자세히 살폈고, 이 때문에 전국錢局에 납과 구리를 각각 반씩 배합해 주조하라 명해 간교한 백성들이 녹여 이익을 얻지 못하도록 한 것이다. 또한 엄히 황동그릇을 금지하고서야 엽전의 값어치가 점차 안정되어 갔다. 지금은 은 1냥으로 엽전 1,000문을 바꿀 수 있고 백성들도 아울러 그 이로움을 얻게 되었다. 그 엽전의 문자가 비록 매우 정밀하지는 않으나 구리와 납이 서로 반반이어야 녹여 없애는 것을 금지할 수 있고 엽전도 백성들에게 유통될 수 있는 것이니, 모두 구리 한 근이 아까워서 납의 양을 더한 것이 아니다.

또 주전은 틀을 통해 완성하는데 그런 견본을 조전祖錢이라 하니, 윤곽이 균평하고 자획이 온전하다. 조전을 통해 찍어낸 것을 모전母錢이라 하는데 조전보다 조금 부족하다. 다시금 모전을 통해 찍어내는데 이를 주전이라 하며 지금 민간에서 날마다 사용하는 관전官錢이다. 조전과 비교해보면 더욱 미치지 못한다. 대개 한 판[一板] 안에 두 줄로 엽전을 주조하는데 아래 가라앉은 것은 반드시 무겁고, 중간에 있는 것은 적당하며, 위에 있는 것은 반드시 가볍고, 자획 역시 이로 인해 하나처럼 온전히 아름다울 수 없다. 이는 종래의 주전이 모두 그러하니 유독 오늘날 옹정전만이 그런 것이 아니다. 이에 너 증정은 전법錢法을 알지 못하고 망령된 설을 확신한 채 마침내 비방을 늘어놓고 제멋대로 미혹에 빠져 악담을 하니 혼몽에 빠져 잠꼬대하는 것과 다른 것이 무언가?

"도랑에 던져 버리겠다"라고 운운한 것은 더욱 가소로운 일이다. 민간에서 소유한 엽전은 필시 은냥銀兩으로 바꿔왔던 것인데, 어찌 은으로 바꿀 수 있는 물건을 도랑에 버릴 수 있겠는가! 매매[貿易]하는 사람에 있어서도 마땅히 엽전을 받았을 때 반드시 엽전의 문자를 자세히 살핀 후 바꾸니, 만약 옹정전을 상서롭지 않은 물건이라 여긴다면 누가 흔쾌히 받겠는가! 하물며 이미 화물貨物로 거래를 해보았는데 누가 은냥과 화물을 교환할 수 있는 엽전을 도랑에 쉽게 버리기를 수긍하겠는가! 지금 직례성直隸省 내외에서 과연 옹정전을 사용하지 않으려 하는가? 또 너 증정의 집안이 지극히 빈곤하기는 했으나 장롱 속에 분명 엽전을 모은 뒤 쌀이나 장작으로 바꾸거나 구입했을 것이다. 어째서 던져 버리지 않았더냐? 강남江南 지방은 옹정전이 여전히 부족한 이유로 옹정 원년과 2년 사이 구전舊錢 10문으로 옹정전 하나와 바꾸어 귀중 물품으로 삼은 경우가 있었다. 그 지방에서는 옹정전을 귀중히 여겼으니 어째서 또 이와 같았겠는가? 어찌 호남 사람의 인정이 강남과 크게 다르겠느냐?

주전이 아직 널리 유통되지 않은 것과 관련해서, 이는 일의 이치상 당연한 것임을 분명하고 쉽게 살필 수 있다. 성조황제께서 제위한 지 60여 년이지만 강희 연간의 주전도 아직까지 유통되어 이르지 않은 지역이 있다. 또 광동의 고부高府·뇌부雷府·염부廉府 등의 부서는 지금까지도 송나라 시절의 구전을 사용하며 아울러 원·명대의 엽전 역시 유통되어 이르지 못했다. 옹정 원년 이래로 겨우 7년이 되었으니 주전한 것을 천하와 궁벽한 곳까지 보급하려 하는 것은 또한 이러한 이치가 있는 것이다! 너 증정이 들었던 풍문은 확실히 어떤 사람과 관계된 이야기인가? 너 증정은 과연 도랑에 엽전을 던져 버린 자를 직접 본 것인가? 그 사람의 이름은 무엇인가? 확실히 어디에 있는가? 사실대로 진술하라.

증정의 진술

이런 광패한 말은 하늘을 뒤덮는 중죄를 범한 제가 당시 무지한 채로 이와 같은 사람들의 말을 듣고서, 마침내 그 일의 이치를 살피지 않고 사실로 믿어 손 가는 대로 종이에 기록한 것입니다. 사실 오늘날에 이르러 보니 남들의 말이나 제 말이나 모두 죽어 마땅한 것인데 또한 무슨 말로 설명할 수 있겠습니까! 대개 하늘을 뒤덮는 중죄를 범한 제가 살던 지역은 성시와 멀리 떨어져 교역이나 매매가 없었고, 간혹 매매가 있더라도 곡식을 사용했으며 엽전은 사용하지 않았을 뿐 아니라, 나아가 은자를 사용하는 일도 흔하지 않았습니다. 가난한 백성이라 수익을 낼 것이 없으니 또한 교역해 은자를 얻을 곳도 없었으며, 사용하는 것은 곡식이 있었을 뿐입니다. 오직 쌓아둔 곡식이 많은 부호富戶여야 곡식을 팔아 은자를 얻어 사용할 수 있었습니다.

엽전과 같은 것에 이르러서는 강희전·옹정전을 막론하고 모두 사용해 보지 못했습니다. 황상께서 즉위하신 초기 옹정 원년·2년·3년에 옹정전이 유통되었으나, 호남 지역에까지 이르지는 않았습니다. 하늘을 뒤덮는 중죄를 범한 제가 그때에 마음속에 옹정전을 한번 구하고자 했으니, 이는 새로운 천자께서 만든 통보通寶라 여겼기 때문입니다. 이런 내용으로 사람들에게 물어보았는데, 사람들 중 성시에서 온 사람이 마침 옹정전이 완성되지 않았다고 전해주었습니다. 이후 몇 년이 지나도록 마음속에 옹정전을 구해보려고 했으나 얻지 못하였고, 또 오고 가며 사람들에게 물어봐달라고 했는데 지금 새로운 황제께서 주전이 완성되지 못한 이유로 허다한 주장鑄匠을 죽였다는 풍문이 전해졌습니다. 하늘을 뒤덮는 중죄를 범한 저는 이 말을 믿고 싶지 않았으나, 어쩔 수 없는 시골의 어리석은 백성이고 전법에 통달하지 못하여 매번 이와 같은 말들을 여러 차례 한 것입니다.

이후 하늘을 뒤덮는 중죄를 범한 제가 우연히 몇 개의 옹정전을 얻어 그 엽전의 문자 획을 자세히 살펴보았는데 과연 완전히 뚜렷하지는 않았습니다. 처음에는 틀을 새로 제작하고서 처음 주조했을 테니 정밀하지 못한 것이라고 짐작했는데, 이후 다시 봤을 때도 역시 그대로였습니다.

그 당시 옹정전은 부족하여 시장에서는 익숙한 강희전을 사용했고, 또 옹정전의 문자 획이 완전히 아름답지 않음을 보게 되었는데, 어디에서 만들어졌는지도 모를 풍문이 들려왔습니다. 무지한 백성들은 이 말을 듣게 되자 향리에 두루 전하였고, 하늘을 뒤덮는 중죄를 범한 저도 마음에 점차 풍문과 헛된 논의의 폐단에 영향을 받게 되었습니다. 또 게다가 전법에 통달하지 못해 엽전의 문자 획이 뚜렷하지 못한 이유를 따지다가 알아내지 못했기에, 결국 자세히 살피지 못하고 사실이라 여겼습니다. 옹정 6년 봄에 이르러서는 역란을 꾀하는 광패한 마음이 싹을 틔웠고, 끝내 이 일을 가지고 하나의 명분으로 삼았습니다.

사실 오늘에 이르러 황상의 뜻을 읽고서야 엽전의 문자 획이 뚜렷한지의 여부가 원래 구리와 납의 양에 달려 있다는 것을 알게 되었습니다. 강희전의 문자 획이 뚜렷한 것은 구리 6에 납 4의 비율이라 구리가 납보다 많기 때문이고, 옹전전의 문자 획이 그다지 정밀하지 않은 것은 구리와 납이 반반이기 때문입니다. 구리가 납보다 많으니 간교한 백성이 엽전을 녹여 그릇으로 개조해 엽전의 값이 날로 오른 것이고, 구리와 납이 반반이니 간교한 백성이 녹여서 얻을 이익이 사라져 엽전이 백성들에게 유통될 수 있었던 것입니다. 생각이 여기에 이르니 온전히 이는 우리 황상의 백성을 위해 고심하는 마음이고, 세상을 다스릴 만한 학문이며, 능히 사물이 이치가 그렇게 된 이유를 감별한 것이고, 민간의 적폐를 살펴 밝힌 것이며, 근원부터 시작해 정리整理를 하며 내려온 것이라 여기게 되었습니다. 이것을 어찌 평범한 지혜로는 만분의 일이나마 살필 수 있겠습니까!

하물며 엽전에는 조전·모전·주전이 있는데, 한 판 안에 두 줄로 엽전을 주조하여 아래 가라앉은 것은 반드시 무겁고, 중간에 있는 것은 적당하며, 위에 있는 것은 반드시 가볍고, 자획 역시 이로 인해 하나처럼 온전히 아름답지 못하다고 하셨으니, 일반 백성으로는 그 이유를 몰라 끝내 엽전의 문자 획이 온전히 정밀하지 못한 것을 구실로 결국 이와 같은 망령된 의론을 하였습니다. 하늘을 뒤덮는 중죄를 범한 제가 전법을 모르고 또한 망령되이 믿어 부화뇌동했으니, 만 번 죽더라도 제 자신이 무슨 말을 하겠습니까!

다만 일반 백성들이 비록 완고하나 천성은 또한 민멸泯滅되기는 어려운 것이니, 군친을 받들어 모시는 것을 모르는 이는 없습니다. 이와 같이 광패한 이유는 진실로 우매하고 무지하기 때문이며, 황상의 덕의를 몰랐기 때문입니다. 밝으신 황상의 덕의를 몰랐던 이유는 또한 이를 알리는 것이 두루 미치지 못했기 때문입니다. 예컨대 우리 황상께서 황동그릇 쓰는 것을 금지한 하나의 일과 관련해서도, 하늘을 뒤덮는 중죄를 범한 제가 귀로 들은 것이 또한 얼마나 다양했겠습니까? 산에 사는 무지한 자가 황동그릇 쓰는 것을 금지한 이유를 알지 못하고, 심지어는 우리 황상께서 중국의 구리를 모두 걷어 들여 만주지방으로 가져가[解往] 녹여 궁전을 지으려 한다고 말하기도 했습니다. 하늘을 뒤덮는 중죄를 범한 저는 비록 마음으로는 잘못된 소문이라는 걸 알았으나 또한 말로 설명할 길이 없었습니다. 현·성에서 멀리 떨어져 아문에서 내걸어 고시한 것이 무슨 내용인지 보지 못했고, 외지에서 다만 구리를 가져가고 구리그릇 사용을 금한다는 명만이 있었으며, 그사이에 아울러 구리를 가져가고 구리그릇 사용을 금하는 이유를 설명하는 일도 없었습니다. 일반 백성이 무지하니 어찌 망령된 의혹이 없었겠습니까! 의혹이 한두 사람의 입에서 나오면 전달하는 이는 수천만의 사람들 귀에 두루 전하게 되는 것입니다.

오늘날 성유를 읽고서야 구리그릇을 금지한 것이 간교한 백성들이 엽전을 녹여 그릇으로 개조해 엽전의 값어치가 날로 오르는 것을 막기 위함이고, 구리그릇을 금지하고 사용하지 않는다면 엽전을 훼손하는 일이 없고 값어치도 점차 안정되어 백성들이 이롭게 사용할 수 있게 되는 것임을 알게 되었습니다. 우리 황상께서 누차 깊은 인정과 은혜로 백성들을 위해 선정을 베풀어주셨으나, 먼 지역의 백성들은 모두들 깨닫지 못하고 흐리멍덩하게 시간 낭비하며 지내고 있습니다. 이 하늘을 뒤덮는 중죄를 범한 제가 앞서 향약에 대해 진술한 내용 가운데, 조정에서 반포한 정령에 무릇 백성의 풍속과 교화와 관련된 일이 있다면 반드시 향약 중에 두고 알려야 한다고 말한 이유가 바로 이러한 종류인 것입니다.

도랑에 던져 버린다고 한 것과 관련해서는, 종전에 그 일의 이치를 깊이 살피지 못하고 마침내 잘못 들은 것을 결국 옳다고 여긴 것입니다. 지금 명지明旨를 보고 반복하여 추론하고 다시금 속으로 생각해보니, 실로 이런 도리는 없을 뿐 아니라 또한 천지간에 이런 일은 없을 것인데, 어찌 그 황망함이 끝내 이 지경에 이르렀는지 모르겠습니다.

종합해보면 어리석은 백성의 무리는 대부분 무지하고 일을 거스르기는 하지만 진실로 방자하고 망령된 마음이 있는 것은 아닙니다. 하물며 비방과 헐뜯음은 무지한 일반 백성의 입에서 나온 것이니, 본래 밝으신 천자의 명덕에 손상이 없을 것이며, 즉위한 초년의 비방은 더욱더 성덕과 신공을 원대하게 하였을 것입니다. 대개 비범한 군주가 나오면 반드시 비범한 자가 나와 큰 계획을 알리나, 뭇사람들이 보면 모두들 놀라고 무지한 자들은 모두들 의심하니, 놀람과 의심이 서로 모이면 이런 비방이 생기는 원인이 됩니다. 이 때문에 제요帝堯가 제곡帝嚳[27]을 계승한 후 당후唐侯로부터 제위에 올랐는데[28] 처음 3년은 비방이 일어났고, 또 3년은 공덕을 칭송하는 노래가 있었으며, 또 3년은 비방하는 말들이 전부 사라졌으니, 이에 "아무것도 모르고서 제왕의 법을 따랐다"[29]고 한 것입니다.

27. 제곡은 중국 오제五帝의 한 사람으로 황제黃帝의 증손이고 요堯의 조부로 알려진다.
28. 요堯가 처음에 당후唐侯였다가 나중에 천자가 되어 도陶에 도읍한 일을 언급한 것이다.
29. 『시詩』「황의皇矣」의 구절로 드러난 덕이나 공이 없이 자연스럽게 다스려지는 훌륭한 정치를 말한 것이다.

하물며 우리 황상께서는 이전 제위에 오르기 전에 아무도 모르게 실력을 키우셨고 욕심이 없으셨으며, 다만 자기 본성의 당연한 바를 지극히 하고 아울러 털끝만큼의 명성도 세상에 드러내지 않으셨습니다. [따라서] 황상의 덕[龍德]이 중정中正한 것에 대해 천하가 알 수 있는 바가 아니었을 뿐더러 아울러 조정에 있는 신하들도 알 수 있는 것이 아니었습니다. 오직 우리 성조황제께서 하늘이 내리신 총명함으로 본래 부자 사이에 친함에 있었기에 성명으로 성명을 알아본 것입니다. 지금의 우리 황상께서 천품天稟이 귀중하고 내면에 쌓인 것이 풍부하며 총명과 지혜로 천하를 다스리기 충분함을 일찍부터 알고 계셨으나, 또한 마음에 담아 두었을 뿐이며 사람들에게 퍼뜨리고자 하지 않으셨습니다. 우리 성조황제께서 성궁聖躬이 편치 않으시어 남교南郊의 대례大禮를 맡겼을 때부터야 우리 황상의 성덕과 신묘한 계책이 오래전부터 성조황제께서 깊이 아끼신 바였음을 알게 된 것입니다. 그래서 우리 황상께서 등극한 초기의 모든 정치와 천지를 경륜해 다스리신 것에 대해 천하의 백성들은 그렇게 된 이유를 높고 심후하여 헤아릴 수 없었습니다. 게다가 아기나·새사흑 등은 오래도록 간악한 모략을 세워 깊은 산골과 바닷가에까지 유언비어를 퍼뜨려 무지한 일반 백성들은 오해하고 의심과 비방을 한 것입니다.

지금에 와서 보니 진실로 이런 일들은 사리와 형세 상 필연적인 결과입니다. 이와 같은 엽전을 설명하는 말들은 또한 2년과 3년의 일인데, 옹정 5년과 6년에 와서는 진실로 이렇게 말하는 자들이 아무도 없었습니다. 지금 만약 말을 전한 이의 이름을 물어보셔도 이는 평범한 향리의 우민이고, 다만 사람들의 말만 듣고 역시 입에서 나오는 대로 따라서 말했을 따름이며, 원래 알지도 못하면서 소문을 쫓아 망령되이 부화뇌동한 자들이라 할 것입니다. 오늘날 어찌 그 한 사람이라도 기억할 것이며, 한 사람의 이름이라도 가리킬 수 있겠습니까?

하늘을 뒤덮는 중죄를 범한 제가 본래 완고하고 무지하나 오히려 조금 학식이 있어 한두 글자를 알고, 털끝만큼의 의리에 조금이나마 통했는데도 또한 거짓에 거짓을 더하고 망령됨에 망령됨을 이었으니, 그 죄악을 헤아리면 죽음이 마땅합니다. 기실 오늘 죽고 몸이 조각난다 해도 또한 하늘을 뒤덮는 중죄를 범한 저의 수많은 죄를 갚을 길이 없는데, 하물며 우둔한 무리들은 하늘을 뒤덮는 중죄를 범한 저와 견주어 무지함이 더욱 심하니 어떠하겠습니까! 우리 황상께서는 덕과 아량이 하늘과 같고 지혜가 해와 나란하여 오늘날 진실로 하늘을 뒤덮는 중죄를 범한 저의 만 번 죽어 마땅한 죄를 남의 탓으로 돌리지 않으셨습니다. 그 나머지 말을 전한 자들은 모두 은혜로 덮고 양육하는 가운데 있는 이들이니, 오직 불쌍히 여겨주시기를 간구합니다. 무지로 인해 죄에 빠진 일반 백성들을 불쌍히 여길 뿐, 어찌 망령되이 별도의 인물들을 물고 늘어지겠습니까!

19. 호남湖南 백성들이 옹정제를 원수처럼 여기는 것에 대한 신문과 진술

증정에 대한 신문

성지에 따라 너에게 묻노라. 산서순무山西巡撫 석린石麟이 아뢴 것에 근거해보면 "산서성의 명사나 백성들은 군대에 소용되는 안장[駝屜]·모포[苫氈]·노끈[繩索] 3만 개를 본지本地에서 직접 수레와 나귀를 마련하고 운송해 귀화성歸化城까지 이르러 인수하기를 원했습니다. 신臣들은 황상의 유지를 받들어 지방관에게 명해 운임을 지급하게 했습니다. 그러나 각 지역의 백성들이 수레를 끌고 나귀를 채찍질해 서둘러 물품을 싣고 와서, 막상 운임을 지급하니, 감격해 눈물을 흘리고 머리를 조아리며 감사를 표할 뿐 받으려 하지 않았습니다. 국가를 위해 온 힘을 다하는 정성이 전례가 없을 정도입니다"라는 등의 말을 했다.

이 아뢴 것을 항혁록에게 보내 증정에게 보이고 아울러 증정을 신문하라. 호남·산서는 모두 똑같은 하늘과 땅 사이에 있는 지역이다. 어째서 산서의 백성들은 열렬하게 국가를 위하고 충성을 바치며 짐을 황상으로 여기는데, 호남의 백성들은 너 증정과 같이 황망하고 패악하며 혼란을 일으키는 무리들이 존재하고 짐 보기를 원수처럼 여기는가? 이를 짐은 이해할 수가 없다. 신문하고 증정의 진술을 취해 상세히 보고하라.

증정의 진술

하늘을 뒤덮는 중죄를 범한 저는 품성이 어리석고 완고해 천지의 높고 후함을 알지 못했으나, 성인께서 위에 계시어 그 은덕이 광대하여 감화가 곳곳에 이르니, 비록 목석이라 하더라도 이를 알아 마음을 기울이고 춤을 출 것입니다. 이 때문에 수개월 이래로 은혜에 감격하고 교화를 입은 것이 깊어 백주대낮에 사람을 만나면 비록 말을 하지 못하고 꿈을 꾸는 듯 황홀감에 젖어 있었으나, 사람들의 대화가 황은과 성덕에 이르면 황공하고 감격하여 정신을 차리고 몇 번이나 눈물을 흘리고 통곡해도 오히려 스스로 멈출 수가 없었습니다. 이로 인해 떳떳한 본연의 양심은 원래 다 사라진 것이 아니라, 다만 과거 우연히 외부의 유혹과 헛소문에 미혹 당해 높고 깊으신 성덕을 만분의 일도 모른 것이며, 본성이 다른 이들과 다르지 않다는 것을 알게 되었습니다.

지금 황상의 은혜로운 유지가 내려왔는데, 산서순무가 아뢴 것에 따르자면 황상의 명령을 받들어 국가에서 정해진 항목의 전량錢糧을 사용해 안장·노끈 등을 만들어 군대의 소용에 대비하게 되었고, 순무[撫臣]가 유지를 받들어 종종 은銀을 내어 여러 성에 발송하게 되었습니다. 그러자 여러 성의 백성들이 우리 황상께서는 새벽부터 저녁까지 부지런히 백성을 위하시고 자식처럼 사랑하여 태평성대를 누린다고 칭송하며, 보답할 길이 없어 직접 나귀와 수레를 마련해 각각 본지에서 운송해 은혜에 보답하길 기약하며 수고를 다했습니다. [또 그들은] 감격해 눈물을 흘리고 머리를 조아리며 감사를 표할 뿐, 운임조차 받으려 하지 않는다고 합니다. 이런 보고서의 정황을 하늘을 뒤덮는 중죄를 범한 저에게 열람하라고 명하셨습니다.

하늘을 뒤덮는 중죄를 범한 저의 생각에 군신이라는 인륜의 상도는 지극히 중대하여, 비록 존비의 분별이 있다 하더라도 실상 부자지친과 같고 본래 천명이 저절로 그러한 것에 근본하고 있어, 사물마다 있지 않음이 없고 때마다 존재하지 않음이 없이 고금에 통하고 천하에 두루 퍼져 일찍이 차이가 없는 것입니다. 백성이 비뚤어지고 그 윗사람을 받들어 순종하지 않는 것은 진실로 백성이 양심이 없기 때문이긴 합니다만, 또한 그 절반은 위에 있는 자기 백성을 자식처럼 사랑하지 않거나, 혹은 자식처럼 사랑하지만 덕과 은혜가 우연히 백성에게 미치지 못하거나, 또는 백성에게 은혜가 미쳤으나 유사有司가 윗사람의 뜻을 알리지 못했기 때문입니다. 이런 이유로 백성들은 혹 군주를 자신의 군주로 여기지 않거나, 혹 자신의 군주로 여기기는 하나 정성과 충심으로 진실로 우리 백성[赤子]의 도리를 다하지 않는 데 이르는 경우가 왕왕 생기기도 합니다.

만약 백성을 자식으로 여겨 먹을 것을 보면 백성이 굶주릴까 염려해 그들을 배부르게 할 방도를 생각하고, 옷을 보면 백성이 추울까 근심해 그들을 따뜻하게 할 방도를 생각해, 아픔을 함께하며 늘 그 백성들을 잊지 않는다면, 군민이 하나가 되어 백성들은 저절로 감히 그 몸을 아끼지 않고, 감히 그 재물을 사사로이 여기지 않으며, 감히 그 힘을 남기려 하지 않게 됩니다. 비록 끓는 물이나 뜨거운 불도 헤아리지 않고 뛰어들며 또한 피하지 않을 것입니다. 그러나 이는 이론적일 뿐 지금까지 그런 실제는 보지 못했으니, 한·당·송·명대의 문경文景·정관貞觀·희녕 연간의 지극히 번성했던 시기에도 없었을 뿐 아니라, 하·은·주 삼대의 태평한 시대에도 드물게 보이는 정도입니다. 오직 문왕文王께서 위로 열다섯 분의 왕이 축적한 것을 이어받고 아래로 800년의 태평성대를 열어, 크게 화합되며 지극하고 깊은 덕과 인이 골수까지 스며들고 나서야 "서민들이 자식처럼 왔다庶民子來"(『시』, 「영대靈臺」)는 말과 같은 일이 있게 된 것입니다. 그렇지 않으면 요·순의 덕으로도 이런 신묘하고 조화로운 지극한 효험을 기약하기 어려울 것입니다.

오늘날 우리 황상께서는 백성들을 자식처럼 사랑하여 항상 사랑하고 양육하는 것을 생각하시니, 지극하고 깊은 덕과 인이 은미한 곳까지 스며들지 않음이 없고 곳곳마다 이르지 않은 곳이 없습니다. 그래서 하늘의 조화로운 기운이 모여들고 풍년이 빈번하게 들어 백성들은 받들어 모시고 머리부터 발끝까지 바치기를 원하니, 열렬하게 국가를 위하고 받은 은혜 가운데 만분의 일이라도 보답코자 하는 자들이 사방에 가득 퍼져 천하가 다 그러합니다. 하물며 산서성은 수도와 가까워 덕에 감격하고 교화된 것이 특별히 가장 앞서고 깊으니 어떠하겠습니까!

오직 호남지방은 고립되고 멀리 떨어져 있으며 백성의 풍습도 또한 일찍부터 경박했습니다. 거기에 더해 간악한 무리가 죄를 범하면 광서廣西로 유배 보냈는데, 대로를 왕래하며 헛소문을 퍼뜨려 길가에 전해지기도 해, 우리 황상의 성덕과 성명이 막혀 널리 퍼지지 못하게 하는 데에 이르기도 했습니다. 그러나 지금에 이르러선 구름이 개고 해가 드러난 듯 상쾌하고 기뻐하며 비범한 우리 황상의 뜻과 마음을 받들고 있습니다. 하물며 황상의 다스림과 교화를 베풀어 이미 여러 차례 형벌을 사용하지 않았고, 도덕과 제례齊禮의 가르침으로 오히려 때마다 먼 지방까지 염려해 주셨기에 이미 차사差使가 호남으로 가서 풍속을 살피고 정돈하게 된 은혜를 입은 것입니다. 오늘날은 또다시 은지恩旨[30]를 입어, 하늘을 뒤덮는 중죄를 범한 제가 호남의 관풍정속사觀風整俗使31의 아문으로 가서 일할 수 있게 되었습니다.

하늘을 뒤덮는 중죄를 범한 제가 비록 감당치 못할 정도로 어리석고 비루하나 몇 달간 우리 황상의 덕교를 입어 수도의 풍경을 보고 듣게 되었고, 또한 성교聖教의 만분의 일이나마 대략 깨닫게 되었습니다. 설령 관풍정속사의 선두에서 도움이나 보조할 바가 없을지도 모르겠습니다만, 그러나 제 자신이 우리 황상의 덕에 감동했고 우리 황상의 은혜를 입었기에 마음과 힘을 다해 진정 사실을 말하고 사람을 만나면 조목조목 설명하여 또한 무거운 죄를 털끝만큼이라도 갚고자 합니다. 다만 보잘것없는 죄인이라 남들에게 믿음을 주기에 부족하지 않을까 염려됩니다. 믿는 것은 오직 우리 황상의 대덕과 지성이 이미 하늘의 기운을 감동시켜 여러 번 그 효과가 나타난 것에 있으니, 반드시 그러한 미쁨이 우둔한 사람까지 이르고 사방을 교화시켜 원하는 대로 다스려질 것입니다. 집집마다 알려주고 깨닫게 하셨으니 사람마다 군주와 윗사람을 존경하고 가까이 생각할 것이며, 백성들의 마음도 반드시 산서지역에서 황상을 받드는 융성함보다 뒤떨어지지 않을 것입니다.

30. 은지는 두 가지 의미가 있는데 군주가 내려주는 은전이란 의미가 있고, 다른 하나는 청나라 형법에서 사면에 관한 법률赦典 가운데 하나로써, 사형에 해당하는 죄 이하에 대해 감면해주는 특사를 뜻하기도 한다.

31. 당대 태종(627~649) 때 관풍속사觀風俗使라는 관직을 두고 천하를 시찰하던 것을 모델로, 옹정제는 관풍정속사를 설치했다. 말 그대로 풍속을 살피고 바로잡는 관리로, 옹정 4년 절강성에 처음으로 설치되었다. 절강지역이 만주족 왕조에 대한 저항과 반감이 가장 심했던 지역이었기 때문이다. 옹정 6년 증정의 모반사건을 계기로 증정의 고향이 있는 호남성에도 설치되었다. 증정은 호남 관풍정속사 밑에서 장사長沙(호남성 관청 소재지)와 그 일대에서 한 달에 두 번 개최되었던 『성광유훈』과 『대의각미록』에 대한 선강에 동원되었다.

20. 호남湖南 지역에서 증정과 같은 역도들이 다수 나오는 것에 대한 신문과 진술

증정에 대한 신문

성지에 따라 너에게 묻노라. 너 증정은 산서순무 석린이 아뢴 것을 보고, 진술에서 "'군신이라는 인륜의 상도는 정리상 부자의 친함과 같아 천하에 일찍이 차이가 없다', '호남 백성의 풍습은 경박하다', '간악한 무리가 죄를 범하면 광서로 유배 보냈는데 대로를 왕래하며 헛소문을 퍼뜨려 길가에 전해지기도 해, 성덕과 성명이 막혀 널리 퍼지지 못하게 하는 데 이르렀다'"는 등의 말을 했다.

무릇 "나를 도우면 군주이고 나를 학대하면 원수이다"란 말은 예부터 있던 말이니, 짐은 온 천하에 대해 차별을 두지 않아 호남·산서의 백성들을 진실로 모두 자식처럼 돌보았다. 산서지역의 민속은 순량醇良하여 하늘의 기운을 감동시켜 여러 해 동안 풍년이 들었고 짐도 특별히 은택을 베풀어 대우하지 않았다. 호남지역의 민속은 경박하고 괴려乖戾한 기운이 돌아 상천이 벌을 내렸으니, 재앙이 틈나는 대로 일어나 흉년을 여러 번 고하였다. 짐은 거듭 은택을 내려 자식을 사랑하는 마음으로 어루만진 것이 적지 않은데, 오히려 자신들을 어루만지는 군주가 될 수 없다고 여긴다! 짐이 헤아리기에 산서의 백성들이 일이나 공역에 달려가는 이유는 아마도 성조인황제께서 60년 넘게 깊은 은혜를 베풀어 골수까지 스며들었기 때문이니, 이 때문에 한번 국가의 공사公事가 있으면 즉각 정성과 힘을 다하며 열성적으로 달려가는 것이 이처럼 절실하다.

호남 사람에게 묻노라. 홀로 성조인황제의 60년간 베푼 은택을 받지 못하였던가! 가령 너 증정이 앞에서 진술한 것에 따르면, 성조께서 빈천하셨을 때, 너 또한 곡읍하며 애통해 하였기에 상복을 입고 제전을 올렸다. 무릇 이미 성조인황제의 깊은 은택에 감동하였는데 다만 그 생각이 짐에게까지는 미치지 못한 것인가! 인정상 친척과 붕우에 대해서는 본래 마음을 후하게 쓰니, 그 자손에게 잘못이 있다는 말을 들으면 반드시 뜻을 굽히고 보호해주고, 그 자손이 비난을 받는다는 말을 들으면 반드시 힘써 변론해준다. 하물며 군신의 사이는 어떠하겠느냐! 너는 짐에 대하여 배척하기를 전혀 참지 않았고, 게다가 털끝만큼도 영향이 없는 헛소문에 대해 진위를 판별하지 않고 곧 마음대로 헐뜯으며 감히 반역을 행했다. 아직도 인심이 있다 할 수 있겠는가? 너는 이미 군신의 도리가 정리상 부자와 같음을 알고 있다. 지금 어떤 사람이 너 증정의 아비가 도적이라는 누명을 씌우고, 너의 어미가 음행을 한다고 꾸몄다면 너 증정이 듣고 차마 그와 더불어 변론하지 않겠는가? 차마 그 말의 허실을 살피지 않을 것인가? 아니라면 그 허실과 상관없이 부모를 헐뜯고 욕하는 것을 근거로 또 글을 쓰고 말을 지어 전파할 것인가!

너는 간교한 무리가 오고 가며 퍼뜨리는 헛소문에 선동과 미혹을 당했다고 핑계를 댔다. 무릇 간교한 무리가 유배 때문에 오고 가는 곳은 호남성 하나만 있는 것이 아니니, 산서지방은 어찌 이런 역도의 헛소문이 없었겠는가! 다만 그 선동과 미혹에 빠진 자가 한 사람도 없던 것이다. 유독 너 증정의 무리 같은 호남의 간교한 백성들이 한번 간교한 무리의 유언비어를 들으면 곧바로 반역의 마음을 일으키니, 그 본성이 다른 사람들과 다른 것이 아니라 할 수 있는가!

또 "나를 도우면 군주이고 나를 학대하면 원수이다"라는 말은 또한 정론이 아니다. 무릇 군신·부자는 모두 사람에게 있어 큰 인륜이니, 부모가 비록 그 자식을 사랑하지 않아도 자식은 그 부모를 따르지 않을 수 없고, 군주가 그 백성을 어루만지지 않아도 백성은 그 군주를 받들지 않을 수 없는 것이다. 이른바 "나를 도우면 군주이고 나를 학대하면 원수다"는 말은 군주에게 있어서는 이를 새겨 스스로를 경계하면 좋은 것일 뿐이다. 만약 양민이라면 반드시 이런 마음을 차마 지닐 수 없는 것이며, 오직 간민만이 이를 핑계로 삼는 것이다. 그러나 사람이 비록 매우 양심이 없어도 결코 돕는 자를 원수로 여기지는 않는데, 짐이 호광湖廣 지역에 대하여 이미 진실로 백성을 어루만지는 도리를 다하였으나, 뜻밖에 너 증정의 무리들은 오히려 짐을 원수처럼 여긴다.

너 증정이 화이를 구분해야 한다는 것에 미혹되었다고 한 것과 관련해서, 이는 과거 역대 인군人君들이 중외를 일통시키지 못하여, 각자 서로 경계를 정하고 할거했던 입장을 따랐을 뿐이다. 짐이 명대 홍무황제洪武皇帝의 보훈寶訓을 읽었는데, 명 태조가 때때로 백성들을 막고 변방을 방어한 것을 신념으로 삼은 말들을 보았다. 대개 명 태조는 본래 원말 간교한 백성들이 군사를 일으킨 것에서 흥성했으니, 사람들이 그 오래된 일을 답습할까 두려워 급급하게 간교한 백성을 막은 것이고, 그 위엄과 덕이 몽고의 무리들을 어루만지기에 부족했기에 전전긍긍하여 변방의 환란을 방어한 것이다. 그러나 명나라 말기에 누차 몽고의 침입을 받아 수많은 백성들의 고혈을 낭비했고, 중국은 피폐해졌다. 그리고 명나라를 망하게 한 자는 유적 이자성이었다.

자고로 성인이 사람을 감화시키는 도리는 오직 '성誠' 한 글자에 있으니, 만약 농락籠絡하거나 방비[防範]하려는 생각이 있다면 '성'이 아닌 것이다. 내가 '불성不誠'으로 대하면 남 역시 '불성'으로 응하니 이것이 일정한 정리이다. 이 때문에 명대의 군주들은 먼저 백성의 마음을 의심하고 일체로 간주하지 못했으니, 또 어떻게 마음으로 기뻐하며 정성으로 따르는 효험을 얻을 수 있었겠는가! 먼저 몽고를 두려워하는 뜻을 지니고 일가로 간주하지 못했으니 또 어떻게 중외를 일통하는 규범을 이룰 수 있었겠는가! 비록 당시 몽고사람이라도 또한 중국에 귀화한 이들은 모두 무용자無用者이며 거론할 가치도 없는 무리였을 뿐이었다. 만약 이를 가지고 마침내 몽고의 백성들이 중국에 신복臣服했다고 한다면, 당시 중국의 백성 역시도 몽고에 귀화한 자가 있었으니, 이는 중국 또한 일찍이 몽고에 신복한 것이 된다.

우리 왕조로 보면 동해東海 지역에서 흥성했으니 애초에 몽고족이 아니었다. 지난날 가령 명대의 군주가 과연 지성의 법도로 천하를 통일해 다스리고, 우리 왕조로 하여금 마음을 기울여 귀의하게 했었다면, 우리 왕조가 중국에 들어가 명을 대체한 것 또한 찬탈이라는 악명에서 벗어나지 못했을 것이다. 더군다나 우리 왕조는 태조·태종 이래로 점점 번성했고, 명대는 만력萬曆·천계天啟[32] 이후로 점점 쇠퇴하여, 명대는 오래전 이미 우리 왕조의 적수가 아니었다. 저들 스스로 유적에게 천하를 잃은 것이고, 상천이 우리 왕조를 도와 중국의 주인으로 삼은 것이다. 세조께서 천하에 군림했고 성조께서 태평성대를 계속 이어 몽고와 중국을 일통하는 성세를 이루셨으며, 아울러 동남의 지극히 외진 이민족[番彝]의 여러 부락도 모두 국가의 영역에 귀속시키셨으니, 이는 고대에 중국의 영토였는데 오늘에 이르러서야 개척해 확장시킨 것이다. 모든 백성이 마땅히 기뻐할 일이니 어찌 중외·화이를 논할 수 있겠는가! 너 증정은 어떤 할 말이 있는가? 사실대로 낱낱이 진술하라. 이를 준수하라.

증정의 진술

하늘을 뒤덮는 중죄를 범한 저는 산에 사는 무지한 자로 인사人事에 하나라도 통달한 것이 없으니, 죄를 범한 이후로 다만 두려워 전율하며 만 번 죽을 형벌을 기다릴 뿐 다시 무슨 말로 변명할 수 있겠습니까? 오늘날 높고 심후한 은혜를 받았는데 다시금 유지를 내려 설명과 신문을 하셨습니다. 반복하여 자세히 읽어보니 구구절절 모두 옛 성인께서 밝히지 못한 곳을 밝히셨으며, 의미가 깊고 정심하며 넓어 이미 핵심에 이르렀으니, 하늘을 뒤덮는 중죄를 범한 저는 한마디 말이라도 저의 죄에 대해

32. 만력(1573~1620)은 명 신종神宗의 연호이고, 천계(1621~1627)는 명 희종熹宗의 연호이다.

변명하여 책임을 벗어날 수 없습니다. 다만 당초에 황망하게 행동하며 가졌던 생각을 헤아려보니, 곳곳마다 모두 성덕의 높고 깊음을 이해하지 못하고 남들의 말을 잘못 듣고 의견을 내놓은 것이었습니다.

이를 통해 사람의 오륜을 생각해보면, 비록 인성에 합치되는 것과 천리에 합치되는 구분이 있으나 기실 모두 하늘에 근본하여 나온 것이고, 본성에 근원하여 갖추어진 것이니, 그래서 성인께선 '달도達道'라 한 것입니다. 오직 '달도'라 하는 것이 고금을 관통하고 천하를 두루 통하여도 차이가 없는 것입니다. 오륜 가운데는 또 군신·부자가 더욱 중요합니다. 군신은 비록 의에서 나온 것이나 사람과 합치된 것이고, 부자는 비록 인에서 나온 것이나 하늘과 합치된 것입니다. 사실 군신이라는 인륜은 부자의 친함을 넘어서는 것입니다. 대개 부친은 자신의 자식을 상대하니 그 존귀함은 단지 자식의 위에 있을 뿐이나, 군주는 곧 천하 만물의 대부大父·대모大母이니 그 존귀함이 하늘과 짝하고 만물의 위에 있습니다. 그러므로 다섯 가지 인륜 중 으뜸을 차지하는데, 으뜸을 차지하는 이유는 피차간에 마땅히 각자의 역할을 다해야 하는 도리이고, 본래 서로 간의 역할을 대신할 수 없기 때문입니다.

군주의 직위에 있으며 하늘을 자처하니 그래서 모든 날씨에 관한 원망에도 감내함이 있는 것이고, 신민된 자도 자신의 생사가 오직 군주의 명에 있으니 감히 사적인 원망으로 반역의 마음을 품지 않는 것입니다. 비록 성인의 말에 "군주는 예로 신하를 부리고 신하는 충심으로 군주를 모신다君使臣以禮, 臣事君以忠"(『논어』, 「팔일」)고 하여 서로가 평등한 듯하나 사실 서로 간의 역할을 대신할 수 없습니다. 신하가 군주에게 충성하는 것은 곧 천명의 자연적인 이치며, 군주가 예로 신하를 부린 이후에 신하는 충심으로 군주가 모시는 것이 아닙니다. 그래서 주자가 주注에서 "두 가지는 모두 이치의 당연함이니 각각 스스로를 다하고자 할 뿐이다"라고 한 것입니다. '이치의 당연함[理之當然]'이란 네 글자를 완미해보면 신하가 군주에게 충성하는 것은 원래 하늘에서 나온 것으로, 군주의 은혜에 보답하고자 하는 것이 아님을 볼 수 있습니다. 군주가 신하에게 은혜를 더하면 신하의 위치에 있는 자는 진실로 마땅히 군주에게 충성을 하나, 신하에게 은혜를 더하지 않더라도 신하는 또한 마땅히 충성하는 것입니다. 참으로 성유에서 보이신 "부모가 비록 그 자식을 사랑하지 않아도 자식은 그 부모를 따르지 않을 수 없고, 군주가 그 백성을 어루만지지 않아도 백성은 그 군주를 받들지 않을 수 없는 것이다"란 말과 같습니다.

대개 신하가 군주에게 충성하는 것은 천명의 당연함이며 본성의 자연적인 것이니, 어찌 군주의 은혜에 대해 경중을 따지겠습니까! 문왕文王께서 주紂가 일으킨 혼란한 시대를 만나 조금도 마음을 바꾸지 않고 복종했다는 구절을 보았는데, 성인께서는 '지덕至德'이라 하셨습니다. 증자曾子가 『대학』의 전傳을 지었는데 "지지선止至善" 장章을 풀이하며 문왕을 인용해 모범을 삼았고, '지선止善'의 극치極致라 여기며 "신하가 되어선 경敬에 머문다"라고 하였으나, 탕·무에게까지 언급이 미치지 않은 것은 진실로 이런 연유 때문입니다.

지금 유지에서 "나를 도우면 군주이고 나를 학대하면 원수이다"라는 말은 정론이 아니라고 하셨으니, 실로 문왕·공자·증자의 뜻에 합치됩니다. 대개 "나를 도우면 군주이고 나를 학대하면 원수다"라는 것은 즉 무왕이 주를 정벌할 때 군사를 경계했던 일시적인 말입니다. 탕·무의 일은 본래 성인께서 만족한 것은 아니며, 다만 만난 시기가 다를 뿐인데, 그 궁극을 살펴보면 의에 합치됩니다. 애초에 자신의 즐거움을 위한 것이 아니라 천하 후세에 법을 만들고자 한 것입니다. 그러므로 반드시 탕·무의 지덕과 심인深仁이 있고 또한 걸·주의 혼란과 실덕을 마주해야 하며, 탕·무의 입장에서 걸·주를 마주하고 또 천명과 민심을 살피고 검증해야 행할 수 있는 것입니다. 그러나 성인의 마음에 있어서도 끝내 이런 조건들이 만족되지 않으면 결국 이러한 행동이 부끄러움이 되는 것을 면치 못할 것인데, 어찌 후세에 왕망王莽·조조曹操 등의 무리가 구실로 삼았는지 모르겠습니다!

대개 성인이 이런 상황에 처하시면 상경常經을 행할 뿐입니다. 이런 궁벽하고 절박함에 이르면 이치와 형세가 변하지 않을 수 없기에 때와 상황에 따라 제제裁制하고 부득이 고금의 통의通義로 삼아 천리를 지속시키는 것일 뿐이니, 그러므로 이런 일종의 도리는 대성인이 아니면 사용할 수 없습니다. 그래서 성인(공자)께서 이를 "함께 권도權道를 행할 수는 없다未可與權"(『논어』, 「자한」)고 설명하시며 천지 사이 하늘에 이런 이치를 걸어 놓으시고 감히 가벼이 사람들에서 허여하지 않으신 것입니다. 지금 우리 황상께서 '부자지친'을 통해 판단하고 분석해 이러한 이치를 이끌어 내셨으며 아울러 하늘을 뒤덮는 중죄를 범한 저로 하여금 전에 들어보지 못했던 것을 듣게 해주시니, 이는 진실로 불행 중 다행한 일입니다.

우리 황상께서 백성들을 자식처럼 사랑함을 돌이켜 생각해보면 온 천하가 다 그러할 것이니, 저희 같은 무리들을 어루만져 주시는 것도 본래 산서·호광을 구분함이 없었을 것입니다. 그러나 산서의 백성들은 순량하고 호광 지역의 민속은 경박한데도 몇 번이나 황상의 생각을 번거롭게 하고 거듭 황상의 은혜를 내리셔서 우리 무리들을 어루만져 주시는 도리를 다하셨습니다. 지금 성덕이 자연히 빛나고 성교가 진실로 심후하시며 사랑과 은택이 깊고 넓음에도 성조황제께 영광을 돌리십니다. 이에 호남의 백성을 살피니 우리 황상의 깊은 은혜를 입어 마땅히 충성으로 따르기를 생각하며 윗사람을 섬기기를 생각할 뿐만 아니라, 곧 성조황제의 지극한 덕을 생각하며 또한 성의와 직분을 다하지 않음이 없으며 그 충성을 다합니다. 하물며 백성된 자는 자신의 뜻으로 조정의 그늘 아래 거하며 그 국가의 생산물을 먹고 흙을 밟으며 살아가니, 군주가 자신의 백성을 보살피지 않는다 해도 백성은 자신의 군주를 우러러 받들지 않을 수 없는 것입니다! 여기에 이르러 생각해보니 하늘을 뒤덮는 중죄를 범한 제가 비록 분골쇄신해도 만 번 죽을 죄를 갚지 못할 것인데, 다시 무슨 할 말이 있어 죄를 벗을 수 있겠습니까!

하물며 하늘을 뒤덮는 중죄를 범한 저는 이미 성조황제의 깊은 은혜를 깨달아 상복을 입고 애통했는데, 유독 우리 황상에 대해서만 성조황제의 큰 덕을 미루어 생각하지 않고, 충성하고 힘써 따르지도 않으려 했겠습니까? 지금 밝은 유지로 힐문함이 여기에 이르니 비록 목석이라도 마땅히 마음이 움직일 것인데, 하물며 하늘을 뒤덮는 중죄를 범한 저는 몸에 혈기가 있으니 간을 가르고 눈물을 흘리지 않을 리가 있겠습니까? 애통하고 한스러운 것은 다만 제가 산골에 살았기 때문에 우리 황상께서 즉위한 초년 대덕이 아직 두루 미치지 않았을 때 간교한 말이 먼저 귀에 들어왔고, 이로부터 헛소문이 번갈아 이어져 마침내 점점 의심을 했던 것입니다. 오직 옹정 원년의 유언비어와 비방만을 마음에 품었으니, 이 이후로는 이런 헛소문만 귀에 들어올 뿐이었습니다.

그리고 간교한 무리들이 헛소문을 내고 비방하는 내용도 극심하여 모두가 성조황제와 원수가 되었다고 하는 사건事件이었습니다. 하늘을 뒤덮는 중죄를 범한 제가 당시 군부君父의 인륜이 중대함을 목도하고, 제 자신이 40년 넘게 돌보아주셨던 성조황제의 은혜를 애통히 여기며 중요한 이 의를 저도 모르게 골수에 새겼기 때문에, 다만 성조황제께 보답하기를 생각하고 성조황제의 충민의사忠民義士가 되어 의에 합당하게 성조황제를 위해 목숨 바치기만을 생각했습니다. 이 때문에 망령되이 역모의 생각을 싹 틔웠으니 적족赤族의 형벌도 달게 여기며 사양하지 않을 뿐입니다. 이는 곧 여유량의 패악한 의론에 미혹을 당했기 때문입니다만, 당시까지는 [패악한 의론과 다른] 두세 가지의 생각도 지니고 있었기에, 제가 지은 역서에 비록 이런 [패악한 내용이] 있으나 또 군부의 인륜이 중요함도 볼 수 있는 것입니다. 그러므로 이를 악종기에게 권했던 것뿐이니, 기실 대부분이 성조황제의 깊은 은혜와 덕을 기념하기 위함이었고, 그래서 성조황제께서 빈천하셨을 때 하늘을 뒤덮는 중죄를 범한 제가 상복을 입고 애통해하며 지성至性을 발휘하게 된 것입니다.

당시 비통한 생각에 젖어 끝내 사람을 마주하지 못하여 매번 외진 곳에서 눈물을 흘렸으니, 제 자신 또한 어째서 이런 것인지를 알지 못했습니다. 원래 남들이 알아주는 것에 뜻이 없었고, 충효는 학문하는 이의 당연한 본분이며 각 사람마다 스스로 다하는 도리[道]라 여겼으니 어찌 감히 남들이 알아주기를 기대했겠습니까! 한번 남들이 알아주기를 바라는 생각이 생기면 곧 거짓을 행하게 되니 충효가 있겠습니까! 앞서 진술한 것에서 이 대목에 설명이 이른 것은 하늘을 뒤덮는 중죄를 범한 제가 이런 큰 죄를 지어 속마음을 명백히 밝히기가 쉽지 않았기 때문에 이를 통해 증명하고자 했을 뿐인데, 기실 그때는 한 조각의 정성되고 간절한 마음도 아울러 표현하지 못했습니다. 그러므로 그 당시에 있어서는 하늘을 뒤덮는 중죄를 범한 저의 완전한 진심이 아니었으며 다만 비방하는 말에 악영향을 받아 [지금의 황상이 아닌] 성조황제께 [충효를 다해] 절실하게 매달린 것입니다. 어찌 우리 황상의 대효大孝와 대덕이 성조황제와 덕을 함께하며 대를 이어 더욱 빛남을 알 수 있었겠습니까!

만약 하늘을 뒤덮는 중죄를 범한 저라면 영향이 전혀 없는 헛소문에도 그 진위를 살피지 않고 제멋대로 모함하고 업신여겼을 것인데, 황상께서는 군신의 의는 정리상 부자의 친함과 같다고 헤아리셨습니다. 어떤 사람이 하늘을 뒤덮는 중죄를 범한 저의 아비가 도적이라는 누명을 씌우고, 하늘을 뒤덮는 중죄를 범한 저의 어미가 음행을 한다고 꾸미면, 하늘을 뒤덮는 중죄를 범한 저의 마음은 분명 편치 못할 것이며 반드시 살펴 분별하고 또 부모를 위해 엄호掩護할 것입니다. 그러나 사람들이 우리 황상에 대하여 거짓으로 날조하는 것에 대해서는 사실이라 믿고 막연히 살피지 않았으니, 부자의 정리에 견주어보면 너무나도 차이가 커 하늘을 뒤덮는 중죄를 범한 저는 만 번 죽을 죄를 지어 실로 도망칠 곳이 없습니다. 다만 당초 황망한 거동을 하며 잘못 믿은 것을 사실로 여기기는 했으나, 또한 성조황제의 은덕이 사람들에게 깊숙이 자리 잡았기에 백성들은 성자와 성손이 그 계통을 이어가길 바라지 않음이 없었습니다. 당시 마음에 지녔던 생각을 오늘에 적용해보니, 황상께서 만에 하나 덕이 성조황제께 미치지 못하는 부분이 있더라도 백성들 사이에서 또한 반드시 엄호하고 차마 널리 퍼뜨리지 않아야 했을 것입니다.

오늘날 소문이 이와 같은 것은 또한 수도에서 도로를 왕래하는 사람의 입에서 나온 말 때문이라 여겼는데, 모두가 민간에서 일어난 것이 아니라 망령되이 성조황제께서 사람들에 대하여 원한이 없다는 것을 의심하는 자들에게서 나온 것이니, 오늘날 소문이 이와 같은 것은 반드시 원인이 있는 것입니다. 하물며 천자는 본래 천하의 공통된 주인으로 사람들이 받들고 찬미함이 있을 뿐인데, 누가 악명을 달게 여기고 말을 지어 즐거이 비방하겠습니까! 이러한 과정 때문에 하늘을 뒤덮는 중죄를 범한 저는 그 당시 우선 그때까지 세상살이의 험난함을 겪으면서도 사람들의 마음에 이런 변덕과 거짓이 있는지를 간파하지 못했고, 그다음 그때까지 수도에 들러 간교한 무리들이 이와 같이 음험하고 악독하다는 것을 듣지 못했으며, 마지막으로 성덕이 높고 깊은데 호수와 산으로 만 리 밖에 떨어져 서둘러 듣지 못했습니다. 이런 세 가지 일을 깨닫지 못했기에 비방하는 말에 악영향을 받아 남이 함부로 하는 말들을 거리낌 없이 듣는데 이른 것입니다.

하물며 아기나·새사흑·윤제 등의 간교한 무리들이 민가에 유포한 것은 본래 어느 한 지역도, 한 종류도 아니었습니다. 유배지인 광서 지역을 제외하고도 오히려 이름을 속이고 흔적을 바꾸며 유학遊學하는 자들의 이름을 빌리기도 하여, 성덕을 비방하는 것이 문학文學을 담론하는 과정을 통해 유입되는 일도 많았습니다. 산에 사는 보잘것없는 이가 어찌 그 속사정을 추측할 수 있겠습니까? 이로 인해 저도 모르게 그들에게 미혹과 선동을 당한 것입니다. 간교한 무리가 유배를 당해 들르는 성과 군은 매우 많아 호남성 하나에 그치는 것이 아니니, 산서지방은 어찌 이런 역당들의 유언비어가 없었겠습니까? 유독 다른 이들은 들어도 미혹당하지 않는데 오직 호남의 간교한 백성만이 한번 유언비어를 들으면 곧바로 반역의 마음을 일으키는 것이겠습니까?

무릇 간교한 사람은 비방하려는 마음이 있어 매번 사람의 약점[虛]을 틈타고 사람의 강점[實]을 피하니, 진실로 약하다면 자신의 말이 쉽게 파고들고, 강하다면 자신의 말을 쉽게 알아채기 때문입니다. 그러므로 산서·하남河南 등의 근처에서 전파하려 하지 않았으니, 산서·하남 등의 성은 수도와의 거리가 가까워 왕래가 많고, 황상의 지덕에 대한 칭송을 사람들마다 익숙하게 들어 마음이 단단하고 주인[主]이 있기 때문입니다. 오직 호남은 수도와의 거리가 멀어 왕래가 적고, 우리 황상의 지덕에 대한 칭송이 두루 미치지 못하며 산골에는 아는 자가 적어 마음이 약하고 쉽게 미혹되었습니다. 산서와 호남의 백성들이 전혀 다른 것이 아니라 진실로 사는 지역에 차이가 있기 때문입니다.

유지에서 화이를 구분해야 한다는 것과 관련하여, '원래 과거 역대 인군들이 중외를 일통시키지 못하여, 각자 서로 경계를 정하고 할거했던 입장을 따랐을 뿐'이라고 하셨습니다. 또 '명조는 본래 원말 간교한 백성들이 군사를 일으킨 것에서 흥성했으니 사람들이 그 오래된 일을 답습할까 두려워 급급하게 간교한 백성을 막은 것이고, 그 위엄과 덕이 몽고의 무리들을 어루만지기에 부족했기에 전전긍긍하여 변방의 환란을 방어한 것'이라고 하셨습니다. '먼저 백성의 마음을 의심하고 일체로 간주하지 못했으니, 또 어떻게 마음으로 기뻐하며 정성으로 따르는 효험을 얻을 수 있었겠는가! 먼저 몽고를 두려워하는 뜻을 지니고 일가一家로 간주하지 못했으니 또 어떻게 중외를 일통하는 규범을 이룰 수 있었겠는가!'라는 말에 이르러서는 황상의 말씀이 참으로 위대하였습니다! 이미 천지와 몸을 함께하신 것인데 또다시 천지와 쓰임을 함께 하시는 것입니다. 아 빛나도다! 하늘이여. 우리 황상께서는 [하늘과] 짝을 하셨으니 부족함을 볼 수 없고, 우리 황상께서는 또한 하늘을 온전히 체득하셨으니 그 남는 것도 볼 수 없습니다.

하물며 황상께서는 한·당·송·명대의 여러 뛰어난 군주들이 은폐하거나 복종했던 여러 작용들이 한갓 아이의 장난과 동일함을 꿰뚫어 보셨습니다. 도량이 하늘과 같고 공평한 마음이 도처에 이르렀을 뿐 아니라, 또한 안계眼界가 일월 위에 높이 솟아 이르는 곳을 밝게 살피시니 이런 경지는 옛 제왕도 드물게 도달한 것이며 이런 의론은 예부터 성인이 미처 밝히지 못한 것입니다. 진실로 우리 황상께서 경험한 일이 아니라면 어찌 이와 같이 지극한 곳에 이르러 분별할 수 있을 것이고, 어찌 이런 지극한 곳을 포용할 수 있을 것이며, 어찌 이와 같이 은미한 내용을 드러내어 밝힐 수 있겠습니까! 하물며 사람을 감동시키는 방법은 결국 '성誠' 한 글자에 있다고 하셨으니 더욱 장엄히 천체天體의 위대함을 드러내는 것입니다. 대개 오직 하늘만이 지극히 '성'한데, 오직 지극한 '성'만이 내외를 막론하고 덮을 수 있는 것이며 감동시켜 결국 통하게 할 수 있습니다. 그러므로 『중용』에서 "성"이라 한 것이니, 반드시 하늘을 미루어 지극히 해야 하며 오직 '성'만이 하늘과 합치해 높고 광대하며 끝없이 넓고 유구해 하늘의 뜻과 세상이 차이가 없게 되는 것입니다.

이것이 우리 황상께서 몽고·중국을 합하여 일통의 융성함을 이루시고 무릇 하늘이 덮고 있는 모든 자들이 본 국가의 영역에 귀속된 이유입니다. 만백성들에게 있어서 모두 경사스럽고 다행한 일이니 어찌 화이·중외의 구분이 있겠습니까! 의리가 지극히 정미한 곳에 이르렀고 품행이 지극히 높은 곳에 이르렀으니, 비록 요·순의 시대가 다시 일어나도 또한 한마디 말이라도 더 보탤 것이 없을 것입니다. 우리 황상께서는 규모가 크고 원대하며 하늘의 한복판에 융성함을 열었을 뿐 아니라, 또한 도덕이 광대하여 만세의 규범을 세우셨습니다. 인군들이 자신을 수양해 하늘과 짝하지 못하고 중외와 화이를 강제로 나누었으니, 여기에 이르러 진정 부끄러움을 감출 곳이 없을 것입니다. 하물며 세상을 속이고 명성을 도적질하며 성언聖言의 찌꺼기를 훔쳐 이학理學의 올바름을 혼탁하게 하는 자들이 하늘의 뜻을 거스르니, 또한 너무나도 지나친 것이 아니겠습니까! 이에 이르니 우리 왕조가 명분이 정당하고 덕업이 융성하며 진실로 백성들에게 없었던 세상임을 더욱 믿게 되었습니다. 아, 아름답고 성대함이여!

21. 충의忠義가 있는 백성 되기를 원한다고 말하면서 다른 한편으로 화이를 구분하고 역모를 꾸민 것에 대한 신문과 진술

증정에 대한 신문

성지에 따라 너에게 묻노라. 네가 진술한 것에 "제가 산골에 살았기 때문에 우리 황상께서 즉위한 초년 대덕이 아직 두루 미치지 않았을 때, 간교한 말이 먼저 귀에 들어왔고, 마침내 점점 의심을 했던 것입니다. 이 이후로는 이런 헛소문만 귀에 들어왔는데, 모두가 성조황제와 원수 관계가 되었다는 일이었습니다. 제 자신이 성조황제가 40년 넘게 돌보아 주시는 은혜를 받은 것으로 인해 충의로운 백성이 되기를 생각했고, 이 때문에 이런 역모의 생각이 망령되이 싹을 틔우게 되었으니 적족의 형벌도 달게 여깁니다" 등의 말을 했다.

너는 옹정 원년 이래로 역당의 말을 잘못 전해 들었다고 했는데, 이는 짐의 실덕이 너의 귀에 들린 것이니, 아기나가 현효賢孝하다는 명성 및 성조황제께서 윤제에게 제위를 전하려 했다는 일도 또한 너의 귀에 들어갔을 것이다. 네가 이미 성조황제의 은혜에 감화되었다고 하면서도 짐을 군부의 원수로 여기고 대통을 계승할 수 없다고 여겼기에 또한 대대로 국은을 입은 악종기에게 선제先帝의 유지를 받들어 아기나·윤제 등을 보좌해 선제의 기업을 계승하라고 권했던 것이다. 어찌 끝내 반역의 일로 악종기를 뒤흔든 것인가? 하물며 너의 역서 안에는 화이를 분별했으니 바로 성조황제가 이적임을 가리킨 것인데, 어째서 오히려 성조황제가 40년 넘게 돌보아주시는 은혜를 받은 것으로 인해 충의로운 백성이 되기를 생각했다고 했는가? 사실대로 진술하라.

증정의 진술

하늘을 뒤덮는 중죄를 범한 제가 행한 광패한 행동은, 그 죄를 따져보면 도처가 다 이러하니 본래 일말의 살 기회도 없었을 것입니다. 진실로 도량이 하늘과 같고 정미하고 밝음이 해와 나란한 대성인께서 위에 계시어, 공평하고 사심이 없는 포부와 허심虛心으로 살펴주시지 않았다면, 완고하고 거역하는 마음이 끝내 드러나 비록 시체가 잘리고 뼈가 갈리더라도 또한 저의 막대한 죄를 갚기에 부족했을 것이니, 또한 무슨 말로 변명하겠습니까!

지금 은혜로운 유지를 받들어 신문하셨으니, '이전 진술에서 진술한 것처럼 제 자신이 성조황제의 40년 넘는 돌보아주시는 은혜를 받은 것으로 인해 충의로운 백성이 되기를 생각했다면, 왜 악종기에게 선제의 유지遺志를 받들어 아기나·윤제 등을 보좌해 선제의 기업을 계승하라고 권하고, 어찌 끝내 반역의 일로 악종기를 뒤흔든 것인가? 하물며 역서 안에서 화이를 분별했으니 바로 성조황제가 이적임을 가리킨 것인데, 어째서 오히려 성조황제의 40년 넘게 돌보아주시는 은혜를 받은 것으로 인해 충의로운 백성이 되기를 생각했다고 했는가?'[라는 말로 정리할 수 있을 것입니다.]

날카로운 질문이 이에 이르니 하늘을 뒤덮는 중죄를 범한 제가 황공하고 두려울 뿐, 만 번 죽을죄를 어찌 피하겠습니까! 가히 하늘이 내리신 총명에 답할 수 있는 말이 없을 뿐 아니라, 자문을 해봐도 변명할 말이 없습니다. 지금 성덕의 높고 깊은 경지를 친히 보니 지극하여 평생에 보지 못했던 것이며, 황은의 호탕함을 입어 골수에 스며들어 합치되는 것에 감동할 뿐입니다. 이것이 마음을 다해 복종하며 당시 광패한 행동을 뼈저리게 후회하고, 아기나·새사흑·윤제 등의 간교한 무리들이 말을 지어내 비방하며 평생을 보낸 것에 분하여 이를 가는 이유입니다. 그러나 진실로 우리 황상께서 도량이 하늘과 같고, 정미하고 밝음이 해와 나란하지 않으셨다면 또한 저에게는 죽음만이 있었을 것입니다. 지금 유지로 순문詢問하심을 받들어 보니, 글자마다 마음 깊숙이 눈물이 뚝뚝 떨어집니다. 진실로 한두 마디의 짧은 말이라도 하늘이 내리신 총명에 답할 수 있는 것이 없으니, 이치가 닿지 않고 변명이 궁색하여 스스로 만 번 죽어도 갚지 못할 것이란 걸 깨달으며 다만 황공하고 두려울 뿐입니다.

22. 호남지역의 재해災害에 관한 신문과 진술

증정에 대한 신문

성지에 따라 너에게 묻노라. 앞서 산서지역의 명사나 백성들은 군대에 낙타안장[駱駝鞍屜]을 직접 수레와 나귀를 마련해 운송하고서도 운임을 받으려 하지 않으며, 열렬하게 국가를 위하여 선두를 다투고 뒤처질까 걱정한다는 상유를 통해, 이미 산서지역 백성들의 정절을 너에게 전했다. 지금 열흘도 지나지 않아 산서성 보덕주保德州 등의 지역에서 드디어 경운慶雲이 나타나는 상서가 있었다. 순무巡撫·학정·포정사布政使[33] 세 곳에

33. 중국의 명·청 시대 각 성의 재정, 세금, 민사를 담당하는 관리를 말한다.

서 보고서가 올라왔는데 특별히 아뢴 것을 보내 네게 살피게 하였다.

짐은 종래에 상서를 언급하지 않았으나, 천인天人이 서로 감응하는 이치는 진실로 그림자나 울림보다 빠른 것이다. 산서 백성들[晉民]이 군상을 존친하는 마음을 품어, 이 때문에 여러 해 동안 풍년이 들었고 지금은 또 상천이 특별히 내린 상서의 은혜를 입은 것이니, 만민을 보우하시는 형상을 밝게 보이시기 위함이다. 이전에 호남지방에서 여러 차례 수재를 입은 것을 통해 진실로 백성의 풍속이 경박하고 또 너와 장희의 무리들이 마음속 역모를 품고 있어 괴려한 기운이 위로 하늘을 범한 것임을 살필 수 있으니, 이런 이치가 밝게 드러나 있다. 다만 짐이 어진 덕으로 호남의 백성들을 교화하고 이끌지 않을 수 없는 것이고, 또한 그 허물들을 배척할 수는 없는 것이다. 너는 이로부터 다시금 마땅히 스스로 깊이 반성하고 하늘은 속일 수 없다는 것을 알아야 할 것이다. 너는 지금도 짐 한 사람을 원망하고 비방하는가?

증정의 진술

자고로 성왕이라 칭하는 자들은 온 정성을 다하여 정치에 힘써, 비록 상서를 말하지 않으나 정치가 안정되고 공업이 이루어지는 데에 이르면 상서는 자연히 호응하는 것이니, 반드시 상서가 호응하는 때에 이른 후에야 정치가 안정되고 공업이 이루어졌다고 할 수 있을 것입니다. 이는 『중용』에서 학문의 지극한 공이고 성인이나 신인神人이 할 수 있는 것이라고 미루어 판단했으며, 필연적으로 "천지가 제자리를 편안히 하고, 만물이 잘 생육될 것이다天地位, 萬物育"(『중용』, 제1장)라고 한 경지에 도달하게 되는 것입니다. 이는 진실로 대군大君의 몸이 하늘과 서로 짝을 이루고 그 정신이 떠맡아 헤아리는 것은 하늘과 상통하는 것입니다. 군주가 자신의 마음을 천심과 화합하여 틈이 없이 능히 하나로 합치시키면 화기和氣가 상서를 불러오는 것이니, 자연히 구름과 태양이 빛나고 무늬와

색이 찬란하여 태평성대에 이르고, 만물이 탈 없이 잘 이루어지며 온갖 복이 모이는 것입니다. 만약 군심에 잠시라도 천심과 서로 부합되지 않는 한 부분[一點]이 있다면 괴려戾氣한 기운이 재앙을 불러와 모두 이와 반대가 됩니다. 이러한 이치는 대개 일정하며 변하지 않는 것이나, 그 중심은 완전히 동일한 것이 아닌 약간의 차이점이 있습니다.

대개 군주가 그 도리를 다하나 신하와 백성이 군심을 받들지 못하는 경우가 있는데, 이는 또한 군주를 하늘이고, 군심이 천심이라 한다면, 신하와 백성의 마음이 군심을 받들지 못하는 것이며, 곧 천심과 서로 어긋나는 것이니 또한 재앙이 이르게 됩니다. 이는 온 천하에 상서와 재앙이 모두 다 동일할 수 없는 이유이기도 합니다. 삼가 생각해보니 우리 황상께서는 천심을 체득하시고 천덕을 본떠 온 정성을 다하여 정치에 힘쓰시기에 사랑과 은택이 온 세상을 두루 적시고 있습니다. 그 효험이 사해 안팎에 이르러 만물은 풍성하고 백성들은 편안하여 모두 칭송하며 기쁘게 양육하고, 예로 기뻐하며 악樂으로 맑아져 함께 상천의 은택[洪鈞]을 입었습니다. 오직 성심聖心과 천심이 합일되고 군덕과 천덕이 틈이 없어야 하늘에 채색이 보이고 땅이 상서를 드리우니, 크게는 오성이 모이고 황하가 맑아지며, 가곡嘉穀과 지초芝草가 무성하여 온갖 상서가 거듭 나타나는 것입니다. 우리 황상께서는 하늘과 사람을 감동시켜 기쁘게 하시니 과거에도 없었던 다스림과 공적을 이루어서, 과거에는 보지 못했던 아름다운 징조를 얻으신 것입니다. 이러한 이치는 그림자나 울림보다 빠름을 의심할 것이 없습니다.

근래에 이르러 산서성에 경운이 해를 받들고 밖으로는 3개의 둥근 고리가 둘렀으며 광휘가 사방에 비쳐 무늬와 색이 찬란했으나, 호남지방은 수년간 흉년이 들고 가뭄과 홍수의 소식이 누차 들려오며 재앙도 간간이 나타났으니, 그 이치에 거듭 차이가 있는 것은 어째서이겠습니까? 진실로 산서성의 민심은 순후하고 은혜를 알아 받들며 민심이 군심을 우러러 체득했기 때문이니, 모든 성의를 다하고 힘을 바치는 일에 모두 열렬히 국가를 위해 선두를 다툽니다. 그러므로 안장[駝屜] 등의 물품을 처리할 때에 하늘이 상서를 드리워 인심의 순화를 도운 것입니다. 호남과 같은 경우는 비록 똑같이 왕조의 그늘 안에 거하나, 민속은 경박하여 우리 황상의 마음을 체득하지 못했고, 은혜를 내려주셨으나 은혜로 여기지 않으며, 덕을 입었으나 끝내 그 덕을 잊어버렸습니다. 하늘을 뒤덮는 중죄를 범한 저들은 광패하고 이성을 잃어 우리 황상의 대덕이 하늘과 합치됨을 몰랐을 뿐 아니라, 끝내 생업을 편히 여기거나 순화되지 않았습니다. 이는 호남 백성들의 마음 대부분이 우리 황상의 성심과 서로 어긋난 것입니다. 하늘과 어긋났으니 악독한 기운이 재앙을 불러오고, 재앙의 피해가 유독 여러 번 호남에 나타나게 된 것입니다.

다만 이런 이치는 지극히 뚜렷하게 나타나나 또한 매우 은미하기도 하니, 우리 황상께서 성명性命의 근원에 정통하고, 평소 하늘과 말 없는 가운데 뜻이 서로 맞으며, 또한 능히 하늘과 합일하지 않으셨다면 어찌 알 수 있었겠습니까! 하늘을 뒤덮는 중죄를 범한 제가 오늘에 이르러 여러 상서를 보고하며 아뢴 것을 읽고 아울러 우리 황상께서 신문하신 유지의 이치를 살피니, 우리 황상의 지덕이 조금의 흠도 없을 뿐이 아니라 진실로 하늘과 합일되셨음을 믿게 되었습니다. 하늘을 뒤덮는 중죄를 범한 제가 장차 몸에 날개를 달고 두루 날아다니며 비방을 제거하기에도 겨를이 없을 것이거늘 어찌 아직까지도 비방에 미혹될 리가 있겠습니까! 또 저 자신도 당시 광패한 거동을 하여 진정 하늘에 죄지은 것이 참으로 애통했는데, 뜻하지 않게 오늘날 하늘의 광대한 덕을 입어 죄지은 이유의 원인을 추구하게 되었으니, [황상의] 관대함으로 이런 지극함에 이르게 된 것입니다.

23. 풍년이 든 운남雲南·귀주貴州와 재해가 든 호남의 차이에 대한 신문과 진술

증정에 대한 신문

성지에 따라 너에게 묻노라. 호남지방은 인심이 헛되고 풍속이 경박하며, 독무의 관원들은 또한 짐의 위덕威德을 선포하여 어리석은 백성들을 교화시키지 못했기에, 비바람이 끊이지 않고 재액이 여러 번 일어났다.

운귀총독雲貴總督 악이태鄂爾泰는 진실로 짐의 마음을 체득하고 백성들을 가르쳐, 민풍이 순후하고 또 가르침에 순종하며 선을 즐거워하니, 이런 이유로 하늘의 기운이 감동하게 되었다. 운남은 여러 해 큰 풍년이 들었고 귀주는 올해 모든 성을 통틀어 평년작을 훨씬 웃도는 농사를 지어 생산한 벼에 줄기와 이삭이 많고 낟알이 매우 커 종래에 보지 못한 정도였다. 지금 귀주순무貴州巡撫 장광사張廣泗가 아뢴 글과 진헌한 벼[嘉穀]의 그림을 너에게 보낸다. 천인이 감응하는 이치가 이처럼 밝게 드러나 있는데 너는 다시 할 말이 있는가?

증정의 진술

천인이 감응하는 이치가 그림자나 울림보다 빠른 것과 관련된 것은, 하늘을 뒤덮는 중죄를 범한 제가 이미 진술했으니 감히 다시 쓸데없는 말을 장황이 늘어놓지 않겠습니다. 지금 귀주순무가 진헌한 상서로운 그림을 보니 모두 46종입니다. 벼와 알곡이 많아 줄기 하나에 이삭이 2개에서 56개까지 고르지 않게 달려 있었습니다. 벼에는 이삭마다 4, 5백에서 7백 개에 이르는 낟알이 달려 있었고, 알곡은 이삭마다 길이가 1척 8, 9촌에서 2척에 이르고도 남았습니다. 종래에 보지 못했을 뿐만 아니라, 진실로 과거에도 들은 바가 없는 것이었습니다. 이는 필시 귀주의 백성들이 성교를 입어 철저하게 반성하고 새사람이 된 것이며 성의를 다해 교화를 따라 밝은 모습으로 이로움을 즐겁게 여겼기 때문이니, 하나가 되어 태화太和의 기운을 충심으로 따랐고, 위로는 황상의 정성을 다해 정치에 힘쓰는 고심에 응한 것입니다. 우리 황상의 대덕에는 미치지 않음이 없고 지교至教에는 통하지 않음이 없으며, 도덕과 제례의 교화에 순응하고 화합하여 따르지 않음이 없습니다. 그래서 운남·산서 등의 성이 동일하게 존친하고 받드는 정성으로 위로는 하늘의 기운[天和]을 맞이한 것이고, 이 때문에 천금天錦을 드리워 상서를 보이시기도 하고, 지령地靈을 드러내어 상서를 내리시기도 한 것이니, 그 일은 비록 다르나 그 이치는 하나입니다.

오직 호남만이 산서·귀주·운남 등의 성과 똑같이 조정의 그늘 안에 거하고 똑같이 태어나 자라는 은혜를 입었으나 수년 이래로 재앙이 누차 나타나게 되었으니, 무엇 때문이겠습니까? 진실로 아기나·새사흑·윤아·윤제 등의 간교한 무리가 성덕을 헐뜯고 말을 지어 미혹하고 어지럽혔으며, 호남 백성은 무지하고 가벼이 들어 망령되게도 우리 황상의 덕을 간교한 자들의 비방과 같은 것이라 여기고, 각자 불평을 품은 채 원망하고 탄식하며 도리어 수년간의 재액을 황상의 덕이 어그러져 생긴 것이라 여겼기 때문입니다. 어찌 우리 황상께서 과거에도 없었던 지극한 덕과 깊은 사랑으로 멀고 비루한 지역까지 근심해주신 일을 알겠습니까? 이 때문에 상천이 진노하여 누차 재앙을 보여서 호남의 백성을 견책하셨지만 호남의 백성들은 이에 반성을 모르고, 도리어 간교한 무리들의 비방을 믿고 윗사람을 원망했기에, 원한은 더욱 깊어지고 재앙은 더욱 거세진 것입니다.

대개 호남의 여러 재앙은 귀주·운남·산서 등의 성에 상서가 이른 것과는 그 일이 비록 다르지만 그 이치는 실로 같으니, 상천이 보우하시는 우리 황상의 대덕으로 생긴 일이라는 것이 동일합니다. 귀주·운남·산서 등의 성에 상서가 이르렀는데, 이는 귀주·운남·산서 등의 성에 있는 백성들이 우리 황상의 대덕을 체득하고, 각자 충심으로 따르는 도리를 다해 일을 즐거워하고 교화를 편히 여겨, 황상의 지극한 덕이 시원하게 사방에 이르고 틈이 없이 화기와 합쳐져 상서가 이른 것입니다. 호남의 여러 재앙은 바로 호남의 백성들이 우리 황상의 대덕을 체득하지 못하고 흉중에 역난의 뜻을 품고서, 일을 즐거워하거나 교화를 편히 여기려 하지 않아, 황상의 지극한 덕과는 호수와 산이 가로막은 것처럼 틈이 벌어지고 막힌 것이 많아지며 괴려한 기운이 꽉 틀어막아 재앙이 이른 것입니다. 이른바 상천이 보우하시는 우리 황상의 대덕은 동일하다 했는데, 진실로 우리 황상의 대덕은 고금을 통틀어 견줄 바가 없는 것으로 인해 이렇듯 응답을 받는 곳이 있고, 또 이렇듯 차별을 받는 곳이 있게 된 것입니다.

지금 하늘을 뒤덮는 중죄를 범한 제가 아기나·새사흑·윤아·윤제 등의 태감太監 및 이들이 평소 양성한 비류가 퍼뜨린 비방을 살펴보니 흡사 호남 백성들이 들은 것과 차이가 없었습니다. 이에 간교한 무리가 위로는 국가를 망치고 아래로는 백성들을 해치며, 마음에 악독함을 품어 끝내 이런 지경에 이른 것임을 볼 수 있었습니다. 만약 우리 황상께서 인·효·성誠·경敬이 지극하여 위로는 하늘을 세세히 살피시고, 평소 성조황제께 미쁨을 받으며 묵묵히 감응하여 통하지 않으셨다면, 어찌 여러 간교한 이들의 모든 행동이 폭로되고 악한 종적이 또한 이처럼 드러나게 할 수 있었겠습니까! 그리고 우리 황상의 큰 덕이 점차 이로 인해 드러나 하늘에 빛나게 되었으니, 이른바 "중니仲尼는 해와 달 같아 사람이 비록 스스로 끊고자 하나 어찌 해와 달에 손상이 되겠는가仲尼, 日月也, 人雖欲自絕, 其何傷於日月乎!"(『논어』, 「자장」)라고 한 이치가 오늘에 이르러 더욱 증험된 것입니다. 이에 이르러 진실로 우리 황상의 덕이 고금을 초월하고, 하늘·성조聖祖와 함께하여 하나이면서 둘이고, 둘이면서 하나가 되었음을 믿게 되었습니다. 아울러 털끝만큼도 피차간의 틈이 없었으므로 성조께 독실한 사랑을 받고 상천께 보살핌을 받아 이와 같이 천리가 호응[響應]하고 응보[報驗]했음도 믿게 되었습니다.

24. 공묘孔廟를 보수하는 과정 중 나타난 경운慶雲에 대한 신문과 진술

증정에 대한 신문

성지에 따라 너에게 묻노라. 네가 종전에 역서에서 "오늘날 진정 사문斯文이 액운厄運을 만났으니, 이 때문에 공묘孔廟가 불타 훼손되었다"고 했다. 지금 공묘를 보수하는 공정을 감독하는 통정사通政使 유보留保가 아뢰며 "11월 26일 오시는 바로 공묘 대성전에 상량하기 2일 전이었는데, 경운이 곡부현曲阜縣에 나타났습니다. 모양이 마치 영지의 꽃망울과 같았고 색은 봉황과 같았으며, 오색이 찬란하여 정남·동·서 세 방향에서 아침 해를 둘렀는데, 오래 지나자 더욱 눈이 부셨습니다. 모든 이들이 함께 목도하며 경사를 기뻐하지 않는 이가 없었습니다"는 등의 말을 했다.

지금 유보가 아뢴 것 및 경운의 그림을 너에게 보내니, 도리어 이것이 사문이 액운을 만난 재앙인 것인가? 아니면 문명文明이 빛나는 상서인가? 너는 지금 또 무슨 말을 할 것인가?

증정의 진술

도가 천하에 행해지는 것은 본래 곳곳마다 있지 않음이 없고, 사람마다 구비되어 있지 않음이 없기 때문이나, 백성들은 타고난 기질과 품성에 구애되어 물욕物欲에 가려지게 됩니다. 이 때문에 도가 있는 경우에도 그 도가 있는 것을 따르지 못하고, 도가 갖추어진 경우에도 그 도가 갖추어진 것을 보지 못하는 것입니다. 그러므로 총명하고 지혜로운 바탕 아래 기질과 품성이 청명하고 의리가 밝으며, 나면서부터 알고 편안히 시행하는 자를 천만 사람 가운데 한 명도 볼 수 없고, 심지어 수천 년 가운데 한 번도 만날 수 없는 것입니다. 그러나 일단 그러한 자가 있으면 하늘은 반드시 그에게 명하여 만백성의 군주와 스승으로 삼으니, 이른바 "진실로 총명한 사람이 군주가 되니, 군주는 곧 백성의 부모가 된다亶聰明作元后, 元后作民父母"(『서』, 「태서 상」)는 것이며, 또한 "하늘이 백성을 내림에 그들의 군주로 삼고 스승으로 삼는다天降下民, 作之君, 作之師"(『맹자』, 「양혜왕 하」)고 한 것입니다. 이 군주와 스승은 원래 하나의 도에 속한 것이며 아울러 일찍이 구별이 없으니, 이 요순堯舜·우탕禹湯·문무文武의 시대에 다만 군주의 중요함만 있고 아울러 스승의 이름이 없는 이유는, 군주의 직분이 원래부터 스승의 직분을 겸하고 있었기 때문일 것입니다.

다만 춘추전국시대에 이르러 이제二帝·삼왕三王의 도가 사라졌으니, 당시 공자께서 태어나면서부터 편안히 행하는 성聖으로도 고난을 당하며 민간에 거하셨습니다. 당시 인의의 교화가 미약하고 공리功利의 관습은 흥기하고 있어, 공명을 바라는 사람들이 천하 다스리는 것을 일종의 권모술수의 학문으로 여겼습니다. 이에 당시 무리들은 공자의 학설을 가리켜 스승이 되는 도라고 여기며 군주의 덕에 걸맞다고 했는데, 이를 살펴보면 군주와 스승을 구분 지은 것입니다. 그리고 공자께서 말한 인의도덕을 매양 버려두고 익히지 않는 것이 대다수였습니다. 한 및 당을 거쳐 명에 이른 지가 2천여 년이 넘어 공자의 도는 꽉 막히게 되어 밝혀서 행할 수 있는 자가 없었습니다. 공자의 도가 밝혀지지 않고 행해지지 않으니 또 어찌 우·하·상·주의 다스림에 대한 효과를 바랄 수 있겠습니까!

오직 우리 왕조의 성조황제께서 요·순, 공자의 핵심을 이어받았으니, 이 때문에 60여 년간 깊은 사랑과 후한 은택이 천하 내외에 두루 미쳤고, 이미 우·하·상·주와 필적하게 되었습니다. 우리 황상께서는 하늘이 부여한 총명과 태어나면서부터 알고 편안히 행하는 자질 위에 제위에 오르기 전 40여 년 동안 깊은 연구와 도를 음미吟味하셨던 공부를 더하셨고, 요·순, 공자의 도에 성조황제의 가학家學을 합쳐 오랫동안 정밀히 축적해 이미 그것을 집대성하셨습니다. 요·순, 공자의 심득心得을 이어받았을 뿐 아니니, 또한 성조황제의 모든 정치에 더욱 광채가 있게 되었습니다. 이것이 천인이 감응하여 시기나 지역에 상관없이 믿지 않음이 없으며 징험徵驗이 있게 된 이유입니다. 대개 과거에 없는 도덕을 지니고 스스로 과거에 없는 공적을 이루셨고, 과거에 없는 공적을 지니고 이렇듯 과거에 구비되지 못하였던 아름다운 징험까지 구비하셨으니, 이 이치는 하나이며 바꿀 수 없는 것입니다.

이번 산동지역의 공묘 대성전에 상량하기 2일 전 경운이 다섯 색으로 빛나며 해를 받들고 광휘가 곡부현에 아지랑이처럼 어우러졌는데, 이는 공자의 성聖이 완전히 천리와 하나 되어 공자의 마음이 곧 하늘의 마음이기 때문일 것입니다. 지금 성심聖心과 공자의 마음이 하나가 되었으니 곧 이는 하늘의 마음과 하나가 된 것입니다. 그리고 상서가 곡부에 나타난 것이 마침 성묘聖廟의 공사를 일으킬 때이니, 이는 상천께서 성심과 공자의 마음이 하나가 된 것을 기뻐했기 때문이며, 운남·귀주·산서 등의 성에서 본 것과 견주어보면 그 경사가 더욱 크니, 그 성덕盛德이 공자와 합하여 상천께서 기뻐하심이 더욱 지극했기 때문입니다. 이는 천하 사물의 중심이 되는 것이고, 문명이 광화光華하는 지극히 번성한 때이며 백성들에게 일찍이 없었던 것입니다.

하늘을 뒤덮는 중죄를 범한 저는 과거 무지했고, 아울러 천지天地의 높고 후함도 몰랐기에 유언비어에 미혹 당해 이런 만 번 죽어 마땅한 말을 했으니, 후회한들 무슨 소용이겠습니까? 오늘날까지 살아오며 천지의 높고 후함 가운데 교화되었으니, 저의 경험과 지식은 타인에 비해 더욱 깊고, 믿음은 타인에 비해 더욱 독실합니다. 이에 이르러 다만 존친하고 받들며, 과거에 없을 이런 문명이 광화하는 성덕과 신공을 전하며 칭송하고자 할 뿐, 다시 무슨 말을 하겠습니까!

대의각미록 제3권

大義覺迷錄 卷三

항혁록 등이 신문하고 증정이 진술한 5건

1. 옹정제 즉위 이래의 흉년에 대한 신문과 진술

증정에 대한 신문

너는 서신에서 "5~6년 사이에 사계절의 추위와 더위가 역행하고 오곡의 경작은 수확이 줄었다. 계속 비가 내리거나 가물어, 형주荊州·양양襄陽·낙양岳陽·상덕常德 등의 군郡에서는 해마다 홍수가 나고, 오吳·초楚·촉蜀·월粵 등의 도처에서 가뭄과 물난리 소식이 때마다 전해졌다"라는 등의 말을 하였다.

황상께서 즉위하신 이래 음양은 조화되어 순조로웠고 풍우는 계절마다 알맞았기에 오곡을 풍족하게 수확하고 인민은 즐겁게 본업에 종사하였다. 각 성 내 간혹 몇몇 주와 현에서 수재나 한재가 생기면 곧바로 국고를 지출해 구제하도록 하여 인민이 안전을 확보할 수 있게 하였다. 지금 네가 말하는 사계절이 역행하고 오곡의 수확이 줄어든 것은 정확히 어느 해, 어느 달, 어느 지역인가? 오·초·촉·월 도처의 가뭄과 장마는 정확히 무엇을 보고 말한 것인가? 형주·양양·낙양·상덕 지역의 경우 너와 같이 패악하고 역란을 꾸미는 사람들이 그 사이에 숨어 지내면서 음험하고 괴루乖戾한 기운을 지녔기에, 음양이 조화를 잃고 침범당하기에 이르렀다. 하늘의 상도를 함부로 혼란시키려 마음먹고 인간의 도리를 훼멸시키려는 뜻을 품으니, 자연히 강물이 넘쳐흘러 경계함을 보인 것이다. 한 지역만 재앙이 집중되어 일어난 것은 실로 너 한 사람으로 인한 소치임을 너는 알고 있는가? 무슨 할 말이 있느냐?

증정의 진술

이는 하늘을 뒤덮는 중죄를 범한 제가 외딴 산골에 살아서, 참으로 우물에 앉아 하늘을 논의하는 모습처럼 천지 안이 얼마나 광대한지 알지 못한 채, 우연히 한 지역이 가물고 장마지는 것을 보고서 마침내 "가뭄과 물난리 소식이 때마다 전해졌다"고 한 것입니다. 이곳 이외에 모든 지역에서는 계절의 순서가 조화로워 풍성하게 수확하고 인민은 즐겁게 본업에 종사하며 가뭄도 장마도 들지 않았다는 것을 몰랐습니다. 이는 참으로 사태의 진실을 알지 못한 말이었으니, 그 근원은 실로 시야가 좁아 세상의 일에 통달하지 못했기 때문입니다.

또한 당시 황상께서 깊이 구중궁궐에 거처하시면서도 민간의 질고疾苦를 바로 갓난아기가 아파하는 것처럼 보시며, 한 번이라도 우연히 가뭄이나 장마를 당하면 국고를 지출해 구제하셨을 뿐만 아니라 부세賦稅와 공납을 면제해주었던 것을 실로 알지 못했습니다. 하늘을 뒤덮는 중죄를 범한 저는 오늘에서야 비로소 성은이 높고 두터워 비록 요순이라 할지라도 이런 정도를 넘어서지 못한다는 것을 알게 되었으니, 어리석고 완고하여 무지했던 죄를 실로 달게 받을 것입니다. 일개 백성이 멋대로 도리를 어길지라도 모두 재앙을 불러들이기에 충분하니, 이는 곧 하늘과 사람의 도리에 정통하지 않으면 알 수 없는 것입니다. 하늘을 뒤덮는 중죄를 범한 저는 그것을 깨닫고 마치 깊은 잠에서 막 깨어난 듯 환해졌으니, 아침에 도를 깨닫고 저녁에 죽을지라도[1] 실로 다행인 것입니다.

2. 옹정제가 백성을 학대한다는 유언비어에 대한 신문과 진술

증정에 대한 신문

너는 서신에서 "나를 어루만지는 이는 군주요, 나를 학대하는 이는 원수다"[2]라는 등의 말을 하였다. 우리 황상께서는 밤낮으로 힘쓰며 근면히 통치하고자 하셨다. 백성을 아끼고 보살피는 마음에 자나 깨나 한시라도 절실하지 않은 적이 없었고, 한 가지 일도 그 주도면밀함을 다하지 않은 적이 없었으니, 몇 년에 걸쳐 크게 은택을 베풀어 바닷가의 여서黎庶까지도 균평하게 은혜를 입었다. 과거에 빚졌던 전량錢糧에 대해 거의 천만 냥을 면제해주었고, 강소·절강성[江浙] 등 지역의 부량浮糧[3]에 대해서는 매년 정해진 부세에서 육십여만 냥을 감면해주었다. 진휼賑恤과 부세 감면 그리고 세금 면제에 이르기까지 그 수가 지극히 많았다. 남북을 잇는 황하黃河와 운하에 대한 하천공사와 제방공사, 수리사업, 논에 대한 개척과 파종, 관리 규찰과 민생안정, 도적을 막고 간악한 자를 척결하는 것, 모든 정무에서 참된 마음으로 참된 정치를 행하셨으니 해가 지도록 한가할 겨를이 없었다.

[우리 황상은] 천하의 백성을 어루만지는 데에 있어 진실로 양육하고

• • •

1. 『논어』「이인里仁」에 "아침에 도를 깨닫는다면 저녁에 죽어도 좋다朝聞道, 夕死可矣"라는 말이 있다.
2. 『서』「태서泰誓」에 '撫我則后, 虐我則讎'라는 말을 인용한 것이다.
3. 정해진 액수 이외의 전錢·량糧으로 걷는 세금. 여기서는 돈으로도 곡식으로도 납부하는 전부田賦(토지에 부과하는 조세)를 뜻함.

진심을 다하기를 추구하여 갓난아기 돌보듯이 하셨으니, 백성을 어루만지는 데에 지극하셨기에 온 천하가 마음속 깊이 천자[元后]로 추대하지 않음이 없었다. 지금 너는 어루만진다고 여기지 않고 학대한다고 여기며, 군왕으로 여기지 않고 원수로 여기고 있다. 이것은 무슨 마음인가? 게다가 백성을 학대했다면 어떤 일인가? 너는 소견을 사실대로 말하라.

증정의 진술

황상의 지극한 덕과 깊은 인애는 사해 안팎까지 두루 미쳤으니, 황상께서 백성에게 마음 두시는 것은 참으로 자고이래로 비견할 만한 자가 드물다고 할 만합니다. 하늘을 뒤덮는 중죄를 범한 저는 먼 지방에 살고 있어 세상일에 어두웠고 천지에 높고 두터운 은혜를 알지 못했으니, 태평한 세월이 오래되고 인구수가 많아져 먼 지방의 백성들 중 부자는 전답을 많이 소유했으나 빈자는 때로 전답을 전혀 소유하지 못하는 지경에 이른 것만을 보았을 뿐입니다. 황상께서 여러 해 크게 은택을 베풀어 오래된 빚을 면제해주시고 부량을 감면해주신 것을 계산해보면 수백만이 되니, 그 지극함을 다하여 어루만지고 길러주신 것입니다. 그러나 농사지을 땅을 가져야만 그 혜택을 실컷 누리는데 농사지을 땅이 없었기에 은택이 고르지 못하다고 많이 원망하게 되었습니다. 작년에야 성성省城에 도착해 올해 경사京師에 이르고서야, 비로소 황상께서 얼마나 많이 [백성을] 아끼고 보살피는 선정을 펼치셨고 얼마나 많이 [백성을] 안무按撫하는 국정 계획을 펼치셨는지, 깊은 궁궐에서 엄숙하게 정사에 임할 때에 근심하고 힘쓰며 경계하고 삼가시어 일마다 두루 미치지 않음이 없고 세세한 것에조차 이르지 않은 것이 없으며, 또한 천하의 창생을 생각하지 않는 시각時刻이 없다는 것을 알게 되었습니다. [황상의] 공로와 덕행이 뚜렷하게 눈에 들어왔고, 널리 칭송하는 말들이 떠들썩하게 귀를 채웠습니다.

예로부터 성스러운 황제와 현명한 군주는 백성에게 혜택을 더할 것에 마음을 쓰니 천자[元后]라 찬양하고 부모라고 칭송하여, 사책史冊에 기록하고 경전經典에 전했습니다. 현세를 고대에 견주어본다면 실로 좀처럼 들을 수 없는 일이지만, 이것이 오늘날 나라 안팎에서 모두 마음속 깊이 [황상을] 천자로 추대하는 이유인 것입니다. 하늘을 뒤덮는 중죄를 범한 제가 이와 같이 멋대로 비방하고 이와 같이 [범죄를] 저질렀는데도, 오히려 여러 번 신중하게 살펴 불쌍히 여기시며 너그럽게 자비를 베풀어주셨습니다. 은혜를 빈번히 베풀어주실 때마다 부끄럽고 후회가 되어 참으로 [황상의 은혜에] 천지를 대한 것처럼 감동했을 뿐만이 아니었으니, 천하가 커다랗고 사해四海와 구주九州가 넓더라도 하나의 백성과 사물이라도 [황상께서] 함육涵育하고 생성生成하는 가운데 포함되지 않는 것이 없다는 점은 더욱 말할 나위가 없을 것입니다. 하늘을 뒤덮는 중죄를 범한 제가 예전에 어루만진다고 여기지 않고 학대한다고 여긴 까닭은 모두 뜬소문이 가리고 막아 마침내 황상의 덕을 명명하기 어렵게 만들었기 때문입니다. 황상의 힘으로 먹고사는 자가 그 힘을 망각한 것이며, 왕도王道가 하늘과 같은데도 그 감화를 입은 자가 스스로 그 감화를 알지 못한 것입니다.

3. 옹정제가 백성을 상대로 장사를 한다는 소문에 대한 신문과 진술

증정에 대한 신문

네가 호남에서 진술한 바에 따르면,[4] "황제가 사람을 시켜 사천에서부터 쌀을 사들여서 강남 소주에다 내다 팔았다"고 했고, 또 "광동과 광서에

---

4. 증정은 장희를 통해 악종기에게 보낸 역서 사건이 발각되자 고향인 영흥현 보담 마을에서 곧 체포되어, 호남성의 성도省都인 장사長沙로 압송되어 1차 신문을 받게 되었다.

수은을 내다 팔았다"는 등의 말이 있다.

이 쌀을 판 사정이란, 곧 지방의 독무督撫[5]가 낱낱이 상주하길, 강소·절강 지방은 사람이 많고 쌀이 비싸니 쌀을 산출하는 성 여러 곳에서 국고 재정을 사용해 [곡식을] 매입하고 운송해 와서 비축미를 평시 물가로 팔아 인민의 식량문제를 구제해야 한다고 청했던 것이었다. 이는 옛사람이 곡식을 옮겼던 도리였으며, 게다가 이런 항목으로 운반해 온 쌀은 모두 값을 내려 민간에 판매하여 정규 항목의 조세에 오히려 손실이 있었다. 어찌 쌀을 사들여 소민小民과 이익을 다투었다고 말하는가?

수은의 일로 말하자면 곧 전 귀주 순무 김세양金世揚이 관고官庫의 재화를 부족하게 만들어 완만하게 인수인계할 수 없었던 것이 원인이다. 순무 대리 석례합石禮哈이 상주하길, 김세양이 관고를 사용해 수은을 쌓아둔 것이 있으니 변통하여 팔아 관고를 충당할 수 있다고 하였다. 황상께서 그 청을 윤허하여 광동에 내다 팔도록 하여, 김세양 자신과 집안의 생명을 보전시켜준 것이니 실로 관대한 특은特恩을 내리신 것이었다. 너는 어찌 소민과 이익을 다투었다고 말하는가? 다만 이 두 가지 사안에 대해 모두 [황상이 소민들과 이익을 다투었다고 보는] 원인이 있을 것인데, 너는 어디에서 들었는가? 반드시 말을 전한 사람을 진술하라.

증정의 진술

하늘을 뒤덮는 중죄를 범한 저는 이러한 일에 대하여 당시 황상의 기발한 행위와 통치의 신묘한 작용을 전혀 깨닫지 못했습니다. 사천에서 쌀을 사들여 강남 소주에다 내다 팔았다는 말과 같은 유언비어는 사천으로 왕래하거나 이주했던 백성들이 돌아와 말했던 것이고, 광동에 수은을

5. 총독과 순무. 1권 주 145 참조.

내다 팔았다는 말은 광동으로 가면서 영흥현을 지났던 이들을 통해 들은 것입니다. 하늘을 뒤덮는 중죄를 범한 저는 영흥현 사람으로 비록 주거가 현성縣城[6]에서 백수십 리 떨어져 있지만 고을 안에 항상 현에서 오가는 사람이 있어 이러한 말을 전해 들은 것이니, 결코 먼 지방의 사람이 말한 것이 아닙니다. 쌀을 팔았던 일은 이곳에서 저곳으로 옮겨 보낸 것으로 물자가 풍족한 곳에서 덜어내어 부족한 곳에 보충해준 일이니 이는 재성보상裁成輔相[7]하는 성인의 능사입니다. 비축미를 평시 가격으로 팔아 값이 오르는 것을 막은 일은 일시동인一視同仁하여 만물이 각각 그 합당한 바를 얻을 수 있게 하는 계책이라는 것을 어찌 알았겠습니까!

수은을 변통하여 팔아 관고를 충당한 것으로 말하자면, 이 또한 군신群臣의 처지를 이해하고 가엾게 여기셔서 법을 어기지 않고 문제를 해결할 수 있게 해주신 것이며, 더욱이 천지가 널리 포용하는 것과 같은 도량을 드러내시어 사물이 각기 다른 사물로 인해 그 균형을 해치지 않게 하셨던 것입니다. 이 모든 것이 제왕이 떠맡아 헤아리는 것인데, 소민은 황상의 고심을 알지 못하고 마침내 멋대로 소문을 전하면서 쌀과 수은을 팔았다고 여기게 된 데에 이르렀던 것입니다. 그리고 하늘을 뒤덮는 중죄를 범한 저는 그때에 성상聖上의 염려가 높고도 깊다는 것을 알지 못하여 끝내 인민과 이익을 다툰다고 잘못 믿었고, 이것이야말로 백성을 이롭게 하는 큰일이라는 것을 알지 못했습니다. 황상을 무고한 죄, 어찌 피하겠나이까!

6. 현의 행정기관 소재지가 되는 도시를 말한다.
7. 裁成輔相은 財成輔相이라고도 한다. 유교국가의 경제정책을 요약하는 대표적인 구절 가운데 하나이다. 1권 주 215 참조.

4. 옹정제가 살인을 좋아한다는 오해에 대한 신문과 진술

증정에 대한 신문

너는 호남에서 진술하면서, [황상이] "살인을 지극히 좋아하여 경성京城이 벌벌 떨었다"는 등의 말을 했다. 우리 황상께서는 하늘과 같이 생명을 아끼시니 [즉위한] 원년 이래로 백성의 생명을 긍휼히 여겼던 모든 사안은 일일이 열거할 수 없을 정도다. 올해 4월 11일 이후로 현재 독무 및 형부刑部가 헤아려 처결한 안건으로는, 예컨대 운남雲南에서 심야에 사람을 죽인 82세의 노부인 하何 씨 사건, 광동에서 복숙服叔[8]을 구타해 상해한 사백달謝伯達 사건, 강서에서 사건의 정황을 몰랐던 간부奸婦 류劉 씨 사건, 안경安慶에서 과실로 형의 생명을 해친 곽국정郭國正 사건, 절강에서 과실로 처의 생명을 해친 조도생曹道生 사건, 산서에서 아버지가 대신 자수했던 강도 사성문査聲聞 사건과 같은 일이 있었는데, 모두 한 가닥의 살릴 만한 단서라도 있으면 모두 구경九卿[9]에게 상세히 심의하도록 하여 너그러이 감형해주셨다.

또한 탈주한 절도범 조옥趙玉 등의 사건, 동전을 사사로이 주조한 장선張仙 등의 사건은, 어리석은 자들이라 조례條例가 제정된 것을 알지 못한 경우이거나 아니면 죄의 정상이 다소 참작되는 것이어서, 모두 너그러이 감형하셨다. 함께 서모를 구타한 조빈曹霦 사건에 관해서는 죄의 정상을 참작할 만한 점이 남아 있어, 차마 극형에 처하지 못하시고 확실하게 조사하여 의결하라고 명하셨다. 조정의 신하들의 심의 중, 이를테면 포역捕役[10]의

8. 상복을 같이 하는 친족 집안의 숙부 항렬의 어른을 말한다.

9. 중국의 관제에서 9개의 고위 관직을 의미하였다. 청에서는 6부의 각 상서尙書와 도찰원都察院의 도어사都御史, 대리시경大理寺卿, 통정사사通政使司를 '대9경大九卿'이라 하였으며, 종인부부승宗人府府丞, 첨사詹事, 태상시경太常寺卿, 태복시경太僕寺卿, 광록시경光祿寺卿, 홍려시경鴻臚寺卿, 국자감제주國子監祭酒, 순천부부윤順天府府尹, 좌우춘방서자左右春坊庶子 등을 '소9경小九卿'이라 하였다.

치죄에 관한 조례와 부적, 주문[符咒]을 사용한 악행에 관한 조례의 제정은 공문을 반포해 널리 알리고 준봉遵奉을 위한 준비 기한을 두는 일에 관해 아직 논의된 적이 없었기 때문에, 부처에서 별도로 상세히 논의하라고 명하셨다. 이상 말한 것들은, 며칠 이내에 만들어져 있는 문건들을 모조리 갖추어서 안건 하나하나 네가 상세히 볼 수 있게 하겠다. 설마 너 증정이 도착하기 전에 황상께서 네가 올 것을 미리 아시고 특별히 이런 상형祥刑[11]에 관한 일을 꾸며내서 너그러운 은혜를 드러내셨겠는가! 전하는 말에 "극히 살인을 좋아한다"는 말이 분분하다는데, 정확히 어떤 사람을 무고하게 죽였다는 것인가? 정확히 어느 해 어느 월일에 한 사람이라도 함부로 죽였다는 것인가? 아울러 말을 전한 자는 누구인가? 너는 반드시 낱낱이 사실대로 설명하라.

증정의 진술

하늘을 뒤덮는 중죄를 범한 저는 처음에 인정과 세상사를 알지 못하여 뜬소문을 잘못 듣고서 발광해 패악을 부렸으며 제 자신을 극악한 대죄에 빠뜨리고 말았습니다. 사건이 발각되어 장사에 이른 때부터 지금까지 반년이 넘게 지났는데, 시정에서 널리 칭송하는 말을 곁에서 듣고 당세의 아름다움을 낱낱이 보고서야, 성덕이 매우 깊어 사방을 비추며 애초에 터럭만큼의 결함도 없이 오랫동안 모든 천하 사람들이 함께 우러르는 바가 되었다는 것을 깨달았습니다. 경사에 온 이래 한시도 통렬히 뉘우치고 감격하여 흐느끼지 않은 적이 없었고, 황공하고 두려워 낯을 들 수 없을 뿐만 아니라 몸 둘 바조차 모르겠습니다. 게다가 황은을 누차 베풀어 주시니 은혜를 입는 바가 무거워질수록 죄과는 더욱 깊어진다는 것을

10. 주현 등의 관서에서 범죄자를 잡는 하급 관리나 그와 관련된 일을 말한다.
11. 다양한 의미가 있으나 여기서는 형벌의 사용을 자세하고도 신중하게 적용한다는 의미로 쓰인 것이다.

깨달았습니다. 고금 이래로 이렇게 거룩한 천자께서 만방을 위무하심이 금수만도 못한 중죄인에게까지 이르렀던 적이 있었겠습니다!

다시금 유지로 하문을 받게 되자, 본월 11일에 대인大人이 성지를 받들어 구경이 아뢴 민간의 중요 안건 및 국가의 전장·조례에 대해 황상께서 주비하신 것을 공손히 두 손으로 들어 올려주셨습니다. 하늘을 뒤덮는 중죄를 범한 저는 계단 앞에서 무릎 꿇고 엎드려 공경히 읽고 감복하였으며, 황공하여 등에 땀이 흐르는 것도 깨닫지 못했습니다. 비록 성상의 사려는 높고도 깊으시어 털끝만큼도 헤아릴 수 없었지만, 하늘의 호생지덕好生之德[12]을 체득하신 것처럼 [백성을] 아끼며 보살피고자 애타게 근심하며 고생하시는 일념을 어비御批[13] 아래에서 충만하게 보여주시니, 실로 사람을 끝없이 감읍시키기에 충분하였습니다.

예컨대 운남에서 상주上奏했던 심야 살인에 대해, [운남 관아에서는] 고의로 주모했다는 이유로 82세의 노부인에게 책임을 물어 참형에 처했고, 다시 그 아들 하왕何汪, 하세규何世逵, 하영걸何永傑을 공모하고 방조한 죄로 교형에 처했었습니다.

대체로 부인은 남편이 죽으면 의리상 당연히 아들을 따르게 되는데, 하왕은 무슨 이유에서인지 자기 어머니에게 간諫하여 말리지 않았고 경솔하게 80여 세의 노모를 따라서 살인을 저질렀습니다. 게다가 당시 현장에서 직접 구타해 해쳤다고 하왕이 분명히 자백하였으니, 다시 다른

12. 생명을 아끼는 덕을 말한다. 『서』「대우모大禹謨」에 "과오로 지은 죄를 용서할 때는 큰 죄가 없고, 고의로 지은 죄를 형벌할 때는 작은 죄가 없게 하셨다. 죄가 의심스러우면 가볍게 형벌하시고, 공이 의심스러우면 중하게 상주셨다. 죄 없는 사람을 죽이기보다는 차라리 법도를 벗어나는 잘못이 낫다. 살리기 좋아하는 덕이 백성의 마음에 젖어들어 이에 유사有司를 범하는 일이 없게 되었다宥過無大, 刑故無小, 罪疑惟輕, 功疑惟重, 與其殺不辜, 寧失不經, 好生之德, 洽于民心, 兹用不犯于有司"라고 하였다.

13. 군주가 열람하고 처리한 문서를 가리키거나, 군주가 공문서를 열람하고 의견을 표해 회답하고 지시하는 행위 또는 그렇게 지시한 내용을 뜻한다.

이들까지 끌어들여 극형에 처하기에는 어려울 듯하며, 심야에 풀에 싸서 시신을 태웠던 일은 더욱이 80여 세의 부인이 할 수 있는 일이 아니었습니다. 하씨네 부인을 참형에 처하고 다시 세 아들을 교형에 처했다면, 인민의 목숨을 너무나 해치는 일이었을 것입니다.

또한 광동에서 복숙을 구타하여 상해한 일의 경우, 이는 제전祭田을 두고 분쟁이 일자 현에서 은전과 밭으로 해결하라 판결했으나 양측이 서로 청산清算을 마치지 못한 데에서 비롯되었습니다. 사일습謝日習 또한 몽둥이를 지니고 사백규謝伯逵의 집 문 앞에서 욕을 해서는 안 되는 일이었으니, 평소부터 분수를 넘어 무례를 범하다가 사납게 존속을 구타하여 죽음에 이르게 한 경우와는 필경 같지 않습니다.

또한 강서에서의 사건의 정황을 몰랐던 간부의 경우, 이 일은 통간通奸은 이전에 있었고, [통간했던 사내의] 살해 기도는 이후에 있었으니 양 사건이 서로 관련된 것이 아닙니다. 하물며 떨어져 지낸 지가 이미 수년이었는데도 류 씨 부부는 의를 절연하지 않았고 게다가 8살 된 자식이 있었으니 어찌 남편을 버리고 간통했던 사내를 따랐겠습니까! 형률에 "간통한 남자가 직접 그 남편을 죽이면 간통한 부인은 그 정황을 알지 못했어도 교형에 처하고 감후監候[14]한다"라고 규정한 것은 바로 간통 시점을 기준으

● ● ●

14. '감후'는 죄인을 감금하고 최종처결에 대한 심리를 기다린다[候]는 뜻이다. 명과 청의 형률제도에서 사형으로 판결한 죄인 가운데 형을 집행하지 않는 대상자에 대한 처분이다. 이들 대상자에 대해서는, 일단 감금해두고 추심秋審 또는 조심朝審을 기다렸다가 다시 심의를 진행한다. 심의과정을 통해 정실情實(집행 대상), 완결緩決(사형집행 연기), 가긍可矜(감면 대상), 가의可疑(재판 재심사 재상), 유영留養(부모 봉양을 위한 사형 면제)의 대상인지를 판정하였고, 황제가 최종결정하였다. 참형斬刑 대상자에 대한 감후 처분을 참감후斬監候, 교형絞刑(교수형) 대상자에 대한 감후 처분을 교감후絞監候라고 한다. 한편, 감후와 달리 사안이 매우 엄중하여 추심이나 조심을 기다리지 않고 즉각 사형을 집행하는 경우를 입결立決이라 하며, 이 역시 참립결斬立決, 교립결絞立決이 있다.

조심朝審은 매년 상강霜降 후 삼법사三法司(刑部·都察院·大理寺)에서 죄인의 범죄 경위를 정리해 구경九卿에게 보내면, 그들이 심의하여 황지皇旨를 청하여 처결하는 절차이다. '추심'에 대해서는 1권 주 105 '추심' 항 참조.

로 헤아린 것이므로, 몇 년간 별거한 류 씨의 경우와는 같지 않고, 이 [살인 사건] 당시에는 간통을 꾀한 적조차 없었습니다.

이상의 3건은 성상의 배려가 세미한 것까지 관통하여 민중의 말할 수 없는 고통까지 비춘 것입니다. 그 때문에 형률에 따른 처결을 그대로 따르지 않고, 구경에게 논의하여 아뢰라 신칙하셨던 것입니다.

또한 강서에서 과실로 형의 생명을 해친, 이 곽국정과 곽국빈郭國賓 형제는 우애가 좋아 평소 혐극嫌隙이 없었는데 정전丁錢[15]을 독촉했던 작은 일로 뜻하지 않게 원한이 생긴데다, 먼저 곽국빈이 술병을 국정에게 던져 맞추지 못하자, 곽국정이 원래의 병을 주워서 곽국빈에게 반격하다 죽게 했던 것입니다. 애초에 고의로 형을 살해하고자 흉기를 가지고 가서 구타해 죽인 것이 아니었습니다. 이 때문에 참감후斬監候로 처분을 유예해주셨습니다.

또한 조도생의 처 왕汪 씨는 부인의 도리를 따르지 않아 남편이 차茶를 찾아도 주지 않으며 나무라도 수긍하지 않았고, 도리어 돌을 주워서 반격하고 머리로 남편을 들이받았습니다. 도생은 화가 나서 장작으로 연달아 때려죽였습니다. 이는 왕 씨가 삼강三綱[16]의 대의를 어겼기 때문이지, 본래 잘못한 것이 없는데도 도생이 고의로 죽이려 했던 것이 아니지만, 형률에서는 교형에 처해 마땅합니다. 황상께서는 너그럽게 가책枷責[17]으로 처분을 종결하시어, 부부의 의리를 바로잡아주셨을 뿐만 아니라 흠휼欽恤의 은혜는 더해지는 데 끝이 없다는 점을 더욱 분명히 밝혀주셨습니다.

또한 사성문은 도적 두목이었지만 실제로 약탈하려는 의도는 없었는

15. 정구전丁口錢이라고도 하며 개인마다 납부하였던 인두세를 정전이라고 말한다.
16. 유교 도덕에서 기본이 되는 세 가지 강령. 군주과 신하, 부모와 자식, 남편과 아내 사이에 마땅히 지켜야 할 도리인 군위신강君爲臣綱·부위자강父爲子綱·부위부강夫爲婦綱을 말한다.
17. 죄인에게 칼을 씌우고 신문하고, 꾸짖으며 형장을 치는 절차를 뜻한다.

데, 이할자李瞎子의 얘기를 잘못 듣고 계약 문서를 불태워 점유물을 되찾고자 했습니다. 이 우민愚民의 무지에는 정상참작의 여지가 있었는데 그 아버지가 대신하여 자수했기 때문입니다. 성심聖心에는 인민의 고통을 아파하는 일념이 절실하시어, 원래 조례보다 관대하게 처리해 사형을 면할 수 있게 해주고자 하셨습니다. 이것은 살릴 가능성이 조금이라도 있으면, 우리 황상께서 사지死地에 버려두지 않으시기 때문입니다.

또한 조옥趙玉, 전군田群, 류오劉五처럼 절도로 인해 수감되었다가 탈주하는 경우, 조례에 따르면 배로 가중하여 치죄해야 합니다. 성상께서는 이들이 본래 도둑질이나 하는 어리석은 사람이라 탈주하면 배로 가중하여 치죄한다는 조례를 결코 알지 못했을 것이라 딱히 여기시고, 그들이 범한 죄를 계속 예전의 처결에 비추어 판단하게 하셨습니다. 아울러 천하 아문에 공문을 반포하도록 형부에 명하여, [탈주시 가중처벌에 대한] 새로운 조례를 금문禁門에 게시하고 죄를 범한 수인들이 감옥에 들어가면 즉시 새로운 조례 내용을 알 수 있게 하라고 지시하셨습니다.

또한 동전을 사주私鑄하면 형률에 따라 참립결斬立決[18]에 처합니다. 장선 등이 사사로이 주조한 것에 대해, 황상께서는 밝은 지혜로 비추시어, 장선이 동기銅器를 제조해 파는 일을 업으로 삼다가 황동 기물 제조를 금한 조치 때문에 남아 있는 구리로 동전을 사주할 수밖에 없었던 사정을 간파하셨습니다. 그 죄가 공공연히 사주를 행한 것과는 차이가 있어 참감후로 처분을 유예해 추심 이후에 처결하라고 지시하셨습니다. 이는 백성의 목숨을 흠휼하심에 지극하고 극진한 경지에 도달하셨을 뿐만 아니라, 소민의 범법을 변별하는 데 공사公私 분별의 극치에 이르셨기 때문입니다. 이른바 누에고치 실이나 소의 털처럼, 정밀히 분간하시기에

18. 범죄가 아주 엄중한 경우에는 추심秋審 등을 기다리지 않고, 즉각 사형을 집행하는데 그중에 참형에 처하는 것을 '참립결'이라 한다.

끝내 이런 경지에 다다른 것입니다.

또한 조빈이 서모를 함께 구타했던 사안은, 형률에 비추어 보면 능지凌遲[19]에 처할지라도 합당한 처벌로 보입니다. 그럼에도 어비에서는 손孫 씨가 조곽정曹霍樫을 교사하여 적狄 씨를 함께 구타하였을 때, 조빈은 원래 곁에 있지 않았고 손 씨가 딸인 소춘小春을 시켜 불러들였던 것이며, 조빈이 부모의 명을 따라서 적 씨를 때리는 짓을 도왔으나 적 씨는 9일이 지나 죽었으므로, 조빈이 구타했더라도 원래 죽이려는 마음은 없었던 것이라고 지적하시고, 조빈에 대해 참감후로 처분을 유예해 추심 이후에 처결하라고 지시하셨습니다. 아마 안정案呈[20]에 "손 씨가 딸 소춘을 보내어 조빈을 불러오게 했다"는 구절이 있었기 때문에, [황상께서] 이 한 구절로부터 끝내 원인을 규명해 정상을 참작하신 것일진대, 그 실정에 합당하며 그 사안에 정확히 부합합니다. 우리 황상은 신명을 밝게 비추어 미세한 것까지 헤아리시니, 또한 이런 경지에 이르신 것입니다.

또한 주원백周元伯의 경우, 주견남周見南과 집을 이웃하여 살았는데 쌀을 도정하려 방아를 두고 다툰 것으로 인해, 서로 욕을 했고 주견남은 결국 주원백에게 구타를 당했습니다. 형부에서는 참립결에 처해야 한다고 심의했으나, 황상께서 구경에게 처결을 논의해 상주하라 명하신 것은 차마 경솔하게 형부의 심의를 따를 수 없었기 때문입니다.

황상께서 천하의 창생을 돌보고 기르시는 것을 보자면, 순전히 도를

19. 중국의 왕조시대 가장 잔혹한 사형 집행방식이다. '능지처사凌遲處死'라고도 한다. 조선의 경우 '능지'라고 하면 거열형과 같은 것을 연상하게 되지만, 이조차 중국의 형률을 수용하면서 조선에서 완화시킨 방식이었다. 『宋史·刑法志』에 따르면, 능지는 그 사지를 차례로 절단해내고 곧 신체의 구멍들을 도려내는 식의 형벌이다. 시대마다 형의 집행방식이 조금씩 달라지지만, 죄인이 죽을 때까지 신체 부위를 천천히 칼질해 도려내며 죽였던 (칼을 대는 횟수도 죄과에 따라 달라졌다) 이 형벌은 청말이 되어서야 폐지되었다.

20. 청대 6부의 청리사淸吏司(6부 아래에서 각각 그에 관한 사무를 담당하던 부서) 및 각 부처의 경력사經歷司(중앙과 지방부처에서 문서의 왕래를 담당하던 기구)에서 해당 관청의 당상관에게 보내는 공문.

따르셨지 법에 얽매인 약간의 자취조차 없습니다. 대개 도는 정해진 형체가 없고 때와 장소에 따라서 늘 변화하며 일정치 않은 것이니, 위대한 성인과 같이 지려智慮가 정교하고 심오하며 총명明聰을 하늘에서 내려준 자가 아니라면 운용할 수 없습니다. 법法은 도에서 나온 것이지만 한번 법에 매몰되면 곧바로 얽매여 집착하게 되므로 민첩하게 대처할 수 없는 것입니다. 그러므로 선대의 유학자들은 삼대三代는 도로써 세상을 다스렸고 후세는 법으로 천하를 움켜쥐었다라고 했습니다. 후세의 현군은 한나라의 문제文帝와 경제景帝라고 할 수 있지만 문제와 경제는 황노黃老의 술법[黃老之術][21]을 얻어서 모든 것을 법에 맡겼습니다. 따라서 황노는 청정淸淨하다고 하나 참혹하고 각박한 데로 흐르게 된 것입니다. 죽을죄를 범한

• • •

21. '황노' 또는 '황노학黃老學'이란 말은 주로 강력한 군권에 기반한 현실정치를 위해, 老子의 道·德 개념을 중심축으로 두고 다양한 사상조류(특히, 법가法家)를 결합시켰던 전국시대 후반에 출현한 종합주의적 사상 경향에 대한 총칭이다. 전국시대 후반 사상 경향을 주도했으며, 한대漢代 초기에는 공식적으로 국정을 운영하는 지배사상으로까지 격상되었다. 황제黃帝의 전설의 일부는 유가가 이상의 근원으로 내세우는 요순堯舜을 넘어서는 그 이전의 기원으로써 전국시대에 창안된 것으로 보인다. 그런 유의 전설에 나타나는 황제의 모습 중 하나는 요순 이전의 전쟁(병법)의 신, 통일 질서의 대변자라는 상징이다. 무위자연無爲自然의 도道를 말하는 노자와 통일 질서를 상징하는 황제를 황노라고 병칭한 점은 '도'라는 형이상학적 원리를 현실정치에 접목시킨 사조라는 점을 명확히 보여준다. 간단히 '황노'의 사상적 논리를 요약한다면, 세계 일체를 관통하는 '도'의 자연(自然: 만물 각각의 스스로 그러함)을 따를 때 만물 일체가 조화로우며 평안할 수 있다는 『노자』에서의 '도'(이때 '도'는 현존 질서 체계를 초월해 있는 원리처럼 놓여 있기에 현실 질서를 넘어서거나 벗어나는 본래의 자연이 주장될 수 있다)를 현실의 '법法'과 등치시키는 논리체계라 하겠다. 따라서 황노는 만물을 관통하는 '도'를 본떠서, 만들어진 것이 '법'이기에 인간의 타고난 욕망[好惡]에 적합할 수밖에 없고(이 전제를 만드는 방식이 논쟁적이기에 황노의 여러 유파를 만든다), 모든 일을 오직 '법'에 맡길 때 군주의 국정 운영은 최선의 결과를 얻을 수 있다고 주장한다. 군주는 무위無爲하면서, 오로지 법에 따르기만 하면 된다. 어려운 얘기는 아니다. 예컨대 이익(쾌락)을 좋아하고, 손실(고통)을 싫어하는 인간의 특성을 만약 道라고 규정할 수 있다면, 그것에 따르는 '보이지 않는 손'의 경제법칙(≒법法)이 상정될 수 있으며(전제 또는 이념이다), 그것이 현실을 규정하는 강력한 원리라고 사람들에게 믿음을 주며 실질적으로 기능하는 차원과 크게 다른 이야기는 아니다.

경우 법에 의거해 즉각 사형에 처하고, 결코 그 가운데에서 죽을죄를 짓게 된 원인을 규명해 정상을 참작하는 데 주의를 기울이려 하지 않은 채, 천하의 일을 맡은 이래 모든 것을 기존의 법과 규례에 따라 처단했습니다. 그렇기에 청정무위清淨無爲할 수 있다 한들, 어찌 간절하고 지극한 황상의 인심仁心과 같겠습니까! 온 정신을 모조리 인민의 신상에 쓰시어 소의한식宵衣旰食하며[22] 지극히 애쓰고 부지런하시며, 무수히 안배하실 일을 헤아리심에 있어서도 권도權度는 시의에 적절하여 대용大用이 그 가운데에서 있으니, 탁월하게 요·순·우·탕과 더불어 하나로 합치하신 것입니다.

또한 예를 들자면 어비에서는, 포역의 치죄에 관한 조례나, 부적과 주문[符咒]을 사용한 악행에 관한 조례는 반드시 공문을 반포해 널리 알리고 준봉하기까지의 기한을 주어야만 한다고 하셨습니다. 법령 조문을 개정할 때는 모두 그것들을 시행하기까지의 기한을 넉넉하게 주고 집집마다 모조리 알리고 깨우치게 하셨는데, 이렇게 하고 나서도 교화를 따르지 않는 자가 있어야 엄중하게 징벌하여 비로소 [백성들이] 억울하지 않게 하셨습니다. 만약 법사法司에서 율례律例를 개정하면서 준행遵行하기까지의 기한을 공시하지 않는다면 저 무지한 사람들은 분별없이 중죄를 저지를 것입니다. 이를 "가르치지 않고 죽이는 것不教而殺"(『논어』, 「요왈堯曰」)이라 하니, 마음으로나마 차마 할 수 있겠습니까! 이렇게 생민의 고통을 간절히 여기시는 점은 문왕이 "아픈 이를 살피듯 백성을 돌본"(『맹자』, 「이루하離婁下」) 것보다 더 절실하고 돈독한 것입니다. 오로지 백성이 무지하여 스스로 법망에 걸려들지 않을까 걱정하는 것, 이것이 바로 하늘입니다!

무릇 황상의 궁궐은 천체와 같아 하늘의 원기元氣가 흐르고 곧바로

● ● ●

22. 날이 밝기 전에 옷을 입고 해가 진 후에 저녁밥을 먹는다는 뜻으로, 군주가 정사政事에 바빠 겨를이 없음을 이르는 말이다.

사시四時와 상통합니다. 그러므로 엄숙한 가을에도 그사이에 봄의 생동하는 조짐이 깃들지 않음이 없습니다. 이 때문에 황상께서 형벌을 사용하실 때에도 역시 관인寬仁·자혜慈惠하신 고심이 그 가운데를 꿰뚫고 흐르고 있는 것입니다. 따라서 일이 일어나기 전에 미리 수많은 선정과 선교를 펼치시어 인민의 악을 선으로 옮겨놓으셨던 것입니다. 만에 하나 우연히 형벌에 떨어졌을지라도, 체휼體恤하여 너그러이 용서할 바가 있는 경우 다시 그 지극함을 다하지 않으신 적이 없었습니다. 바로 지금 4월 11일 이후 며칠 동안의 몇 가지 항목만을 간략히 거론했는데도 "간절하고도 지극한, 그 인함肫肫其仁!"(『중용』)의 발현이 아닌 바가 없습니다. 하물며 이보다 전에 행하신 일이 얼마나 많았는지 모르며, 경륜經綸하고 안배하시는 바가 신묘하게 운행되어 거침없기에 보통 사람의 마음으로는 알 수 없는 것이 얼마나 많은지도 모르겠습니다. 이를 통해 보건대, 황상의 호생好生의 덕은 사해에 이르기까지 널리 펼쳐진 것이니, 참으로 수를 헤아리기에 어려운 것입니다.

더군다나 황상은 민생에 힘쓰시는 가운데 경천의 일념을 한시라도 게을리하거나 방기한 적이 없으셨습니다. 예를 들자면 황상께서 연성공衍聖公[23] 공전탁孔傳鐸이 상서로운 구름을 경하하며 아뢴 주장奏章과 강남江南의 학원學院[24] 이봉저李鳳翥가 상서로운 영지靈芝를 경하하며 아뢴 주장에 대해 주비하시면서 한 글자, 하나의 해석도 탐탁지 않게 여기시며 받아들이지 않으셨습니다. 모두 기리고 찬양하는 신하들의 말이 대체로 지나치다고 수용하지 않으셨던 것입니다. 그리하여 성유로 반포하신 바에서는 다음과 같이 깨우쳐주셨습니다.

"짐이 하늘을 섬기는 것은 곧 신하가 군주를 섬기는 것과 같다. 신하는

---

23. 공자의 후손에게 내린 세습 작호.
24. 정식 명칭은 '제독학정提督學政'으로 학정學政이라고도 불리며, 각 지역의 과거시험과 학교의 일을 관장하기 위해 조정에서 파견한 관리이다.

군주를 보면서 구중궁궐의 존엄으로 여기는데, 군주가 하늘을 우러러보는 일은 그 떨어진 간격이 또한 구중九重에 그칠 뿐만이 아니다. 설령 소속 관원이 그 상관을 예찬하며 '위로 숭배해 받드는 분'이라고 칭하거나 '복을 주심에 군주와 같다'라고 칭한다고 할지라도, 그들의 상관이 된 자가 안이하게 받아들이면서 전율하지 않을 수 있으리오! 지금 '영험을 드러내심이 하늘과 같다'는 등의 말이 주장에서 보이는데, 이치를 위배하고 신령을 업신여기는 짓이 이와 어찌 다르겠는가?"

이 말씀을 자세히 완미하니, 황상께서 덕이 높아 마음을 낮추시지만, 겸허함 가운데 광채는 저절로 빛납니다. 실로 리理의 올바름과 의義의 광대함은 지극히 엄밀하고 합당한데다 지극히 진실하고 투철하시어, 예로부터 성군과 철후哲后만이 드물게 도달했던 것을 행하시니, 당연히 영원토록 만세의 모범이 되실 것입니다. 더군다나 황상께서는 지극히 덕을 삼가면서 세밀한 곳까지 마음 쓰시니, 한 글자의 잘못조차 모두 황상의 안목에 훤히 드러났습니다. 예컨대 이봉저가 경하의 글 안에 "뢰賚"(주다)를 "재賫"(가져오다)라고 잘못 썼고, 총독 고기탁高其倬이 채국준蔡國駿을 탄핵한 주장에서, 안정에 쓰여 있는 "관병의 향은餉銀[25] 두세 냥을 강탈했다"는 구절에서 "냥兩" 자를 빠트리고 인용하였는데, 여러 아문을 거쳐 잘못된 점을 점검하고 여러 대신들이 주의를 기울이고도 간과하여 알아채지 못했지만, 지금에 와서야 황상께서 짚어내고 지적해 내셨습니다.

예로부터 제왕은 하루에 만기萬機를 돌보느라 내각에서 처리한 것을 대부분 귀로 들을 뿐이고, 열람해야 할 신하들의 주장도 첩황貼黃[26]을

● ● ●

25. 군대에 지급하는 봉급.

26. 당대에 조서詔書에 수정할 부분에 누런 종이를 붙여서 바로잡은 것에서 유래하며, 송대에는 공문서에 미진한 부분이 있으면 누런 종이를 붙여 보충하였고, 명·청대에는 내용을 요약하여 주소奏疏의 뒷면에 붙이는 것을 첩황이라고 하였다.

볼 뿐입니다. 첩황조차도 두루 살피지 못해 걱정인데 어느 겨를에 안정까지 살피겠습니까, 더군다나 안정에 대해 이미 수많은 관원이 대조해 보고도 찾아내지 못했는데 잘못을 알아낼 수 있겠습니까? 바로 이런 점에서 황상께서 국정에 관심을 쏟으실 때 지극히 주도면밀하시며 창생蒼生을 돌보는 데 노고를 지극히 쏟으셨다는 것을 볼 수 있을 뿐만 아니라, 성학聖學에서 말하는 주경主敬의 완전함을 볼 수 있습니다. 이른바 '경敬'이라는 것은 어떤 사소한 일에서도 조금도 편한 대로 하거나 소홀히 하지 않는 것이며, 집중된 정신과 섬세한 사고가 지극한 경지에 도달하여 모든 일에 정교하고 치밀한 것입니다. 그러므로 요堯는 무엇보다 덕을 삼가함으로써 성인이라 칭해졌고 공자께서는 경敬을 유지하는 것을 근본으로 삼고 수기修己하셨던 것이며, 『중용』에서는 학문이 마침내 종착점에 달한 것을 "공경恭敬에 독실하여 천하를 화평하게 한다"라고도 말했던 것입니다. 지금 우리 황상께서 이처럼 세밀하시니, 참으로 "이전 성인과 이후 성인은 부절을 맞춘 듯 법칙을 함께 한다"고 하겠습니다.

하늘을 뒤덮는 중죄를 범한 저는 민간의 용렬하고 비루한 이로서 조금도 식견이 없는데 어찌 천지의 위대함을 우러러 헤아릴 수 있겠습니까! 다만 지금 성지의 하문을 받들어 본 것에만 직접 근거하여도 이처럼 충심으로 기꺼이 복종하게 됩니다. 사실 황상께서 통치의 대용大用으로 원대한 계획[弘謨]에 관여하시는데, 하늘을 뒤덮는 범죄를 범한 제가 [황상께서] 어떤 분이며 어떤 일을 하시는지 무엇으로 알 수 있겠습니까? 더군다나 예전에 외딴 깊은 산 속에서, 하늘의 태양을 전혀 볼 수 없었으니, 어떤 의견이 있다 해도 땅강아지와 개미가 하늘을 헤아리는 것과 마찬가지일 텐데 어디에서 그 높고도 깊은 것을 헤아렸겠습니까? 그렇기에 뜬소문이 귀에 들어오자 바로 진실이라고 믿었던 것입니다.

지금 [제가] 대인이 두 손으로 건네주신 주장들을 받들어 보니, 황상이 흠천감欽天監에서 자미성紫微星이 복건 지방에 떨어졌다고 상서를 올리자

이를 처리하고자 특별히 대인을 복건에 파견하여 3세 이상 9세 이하의 사내는 모조리 죽여 없애도록 했다고, 마정석馬廷錫이 헛소문을 전하며 말했던 내용이 있었습니다.[27] 현재 파란태巴蘭泰 일동이 들었다는 것이 증거가 될 만합니다. 만약 하늘을 뒤덮는 중죄를 범한 제가 당시 소문을 들었다면, 기어이 사실이라 여기고 제 책에 적었을 것입니다. 소민이 무지한 바는 대체로 아주 비슷한데, 더군다나 하늘을 뒤덮는 중죄를 범한 저는 깊은 산골짜기에 살았기 때문에 소민 가운데에서도 가장 무지한 자였던 것입니다! 필시 오늘날까지 줄곧 이와 같은 것을 귀로 듣고 눈으로 보아왔지만, 몸소 이렇게 황은을 입고 지금 다시 친히 황상이 인민에게 이처럼 주의를 기울이시며 정사를 다스리시는 데에 이처럼 애쓰신다는 것을 직접 제 눈으로 목도하게 되니, 비로소 황상의 덕은 천지와 같으며 지혜는 일월과 동등하다는 것을 진심으로 믿게 되었습니다.

종전에 장사에 [체포되어] 있었을 때, 세 분의 대인께서 누차 황상의 성덕을 널리 알려주신 덕분에 마음으로는 신복信服했지만, 여전히 과거의 미혹의 심연에서 벗어나지 못했었습니다. 지금에서야 비로소 운무를 걷어 내고 푸른 하늘을 목도하니, 빛나는 일월과 같은 마음으로 저절로 밝게 깨닫고 정확하게 볼 수 있게 되었습니다. 다만 한스러운 것은, 저 자신이

27. 흠천감은 명·청대의 국립 천문대를 말한다. 자미성은 북두칠성의 북쪽에 위치한 별로 천자의 처소를 상징한다. 따라서 복건 지방에 자미성이 떨어졌다는 징조는 복건 지방에서 새로운 천자가 출현할 것이라는 의미인 것이다. 즉, 복건 지역에 천자가 출현한다는 징조에 옹정제가 놀라 그곳의 3~9세 사내아이를 모두 죽였다는 소문이 돌았던 것인데, 이런 괴담을 전했던 마정석이란 사람은 복건성의 고관인 도대道臺의 종자로, 1729년 3월경 조운총독漕運總督과 저장성 관풍정속사觀風整俗使의 종자 둘이 주인의 상소문을 황제에게 전달하고 다시 남쪽으로 함께 돌아가던 길에서 잠시 만나 이런 소문을 전했다. 당시 이런 식의 괴담은 경사에서 저장성에 이르는 광범위한 지역에 퍼져 있었던 듯하다. 이 사안에 대해 총독 이위李衛는 유언비어의 근원을 찾아내기 위해 복건과 산동의 고위 관료와 함께 조사에 착수했다.

법망에 걸린 탓에 고향으로 돌아갈 수 없어, 황상의 대덕은 천지와 같이 모든 곳을 덮고 성철聖哲은 일월과 같이 지극히 분명하며 드넓은 자애로 부모와 같이 인민을 아끼고 돌보신다는 것을 널리 알림으로써, 친척과 친구들, 고향의 이웃 및 지나가는 길의 시정·도읍의 사람들로 하여금 성신聖神[28]의 문무文武를 함께 전하게 하고 도덕을 갖추신 천자를 함께 경하하도록 하며 태평성대를 함께 노래하게 할 수 없다는 점입니다. 또한 산모퉁이와 바닷가에 사는 사람들까지도 뜬소문을 만들어 중상을 퍼트린 간흉에게 함께 분노하고 증오하게 만들어서 함께 간흉의 육신을 먹고 그 가죽을 깔고 자게 할 수 없다는 점도 한스러우니, 죽어도 눈을 감기 어려울 것이며 황상의 은덕에 만분의 일도 보답할 수 없다는 것이 애통할 따름입니다.

5. 옹정제가 형수를 취했다는 것에 대한 신문과 진술

증정에 대한 신문

네가 호남에서 진술하면서 [황상이] "둘째 형의 비빈妃嬪을 빼앗았다"는 등의 말을 했다. 당시 밀친왕密親王[29]의 비妃는 강희 57년에 이미 병으로 죽었다. 그 나머지 궁인 등에 대해, 밀친왕이 병으로 죽은 이후였기에, 황상께서는 이군왕理郡王[30]이 많은 궁인들을 부양하기 어려워서, 혹여 밀친

28. 제왕을 칭송할 때 쓰이는 관용 표현으로 황제를 가리킨다. 고대의 성인을 가리킬 때도 사용한다.
29. 밀친왕(1674~1725). 옹정의 둘째 형 윤잉允礽(1권 주 66 참조)을 가리킨다. 윤잉이 죽은 후, 옹정제는 윤잉을 복권시켜주고 윤잉에게 이친왕理親王의 작위를 내리고 시호를 '밀密'이라 하였으니 정식 시호는 이밀친왕理密親王이다.
30. 이군왕 홍위弘曣(1719~1780). 밀친왕의 10째 아들로 정가씨程佳氏 소생이다. 1739년 폐위된 형 이친왕理親王 홍석弘晳의 뒤를 이었으나 이친왕은 영원히 세습하는 작위가 아니었기 때문에 군왕이 되었다.

왕이 밀접하게 관계했던 이들에게 조금이라도 소홀하게 대할까를 염려하셨다. 이 때문에 특별히 유지를 내리시어 이군왕의 생모는 따로 거처할 수 있게 해주셨고, 아울러 유지를 전달해 여러 궁인에게 사정을 물어보시고, 만약 계속 궁중에 거주하길 원하는 자가 있다면 모두 성조황제의 노비老妃들이 녕수궁寧壽宮에 거처하고 있는 사례와 같이 처분하셨다. 당시 궁인 중에 궁중에 거주하길 원하는 자들에 대해, 황상께서는 그들이 따로 별궁에 거주하게 해주고 넉넉히 봉록을 지급하라고 명하심으로써 그들을 부양해주셨던 것이었다. 이것은 황상께서 밀친왕의 궁인에게 은혜를 더해준 성덕盛德이며, 궁중 사람과 조정 신하라면 모두 알고 있는 사실이다. 지금 너는 이런 말을 어디서 들었는가? 또 너는 밀친왕을 [황상의] 셋째 형이라 여기는데, 말이 와전된 것이라 해도 틀림없이 터무니없는 소리를 지껄인 놈이 있을 것이다. 넌 사실대로 자백해야 할 것이다.

증정의 진술

비빈을 빼앗았다는 이야기는 옹정 5년 5~6월 사이, 오가던 길에서 사람들이 전해준 말입니다. 형주를 지나는 길에 죄지은 관원 하나가 압송되어 지나갔는데 그가 이렇게 말했다고 합니다. 하늘을 뒤덮는 중죄를 범한 저는 이 말을 듣고 살피지도 않고 이런 이야기가 죄지은 관원에게서 나온 말이니, 필경 사실일 거라고 제멋대로 생각했습니다. 사실 오늘에 이르기까지 이야기를 전해준 사람을 전혀 기억해낼 수 없고 죄를 지은 관원이 누구인지 알지도 못하지만, 조정에서 그해 그 시간에 죄지은 관원 중 누가 형주를 지나갔는지 조사하면 바로 알 수 있을 것입니다.

작년에 장사에 도착해 여론을 듣고서야, 황상께서는 청정한 마음으로 욕망을 절제하고 정력을 다해 치세를 도모하려 지극히 애쓰신다는 것을 알게 되었습니다. 천리天理를 완전히 하시어 조금의 인욕人欲조차 없는 분이 아니셨다면, 어떻게 이렇게 지극히 명철하게 국가를 위하겠으며,

이렇게 애태우며 수고롭게 인민을 위하겠습니까! 이후에 다시 흠차대인이 성덕에는 결함이 없다고 설명하며 깨우쳐주시는 말을 듣고, 성유를 삼가 읽기도 하면서 겉과 속에서 어떤 거리낌도 없이 장사의 여론과 딱 일치하게 되었습니다. 하늘을 뒤덮는 중죄를 범한 저는 이곳(수도인 경사)에 와서, 이전에 전해 들었던 소문들에 전혀 근거가 없다는 점을 더욱 믿을 수 있게 되었습니다. 더군다나 궁인에게까지 은혜를 내려 살아갈 방도를 후사해주셨으니, 바로 성군들이 인민애물仁民愛物하며 정령을 시행해 인정仁政을 펼치는 일은 반드시 친친親親을 시작하려는 마음에서 비롯되는 것입니다.[31] 그런데 뜻밖에도 궁비를 빼앗았다고 소문이 떠도니, 어찌 매우 애통하지 않겠습니까!

이상의 십여 건의 모든 진술은 하늘을 뒤덮는 중죄를 범한 제가 죽기에 두려워 살기 바라면서 일부러 이런 말을 지어낸 것이 아닙니다. 실로 골짜기에서 [저를] 붙잡아 내라는 명을 받들고서 견문이 점차 넓어졌기 때문입니다. 실로 황상의 도덕과 정교正教가 이전에는 없었던 것임을 보게 되자 감복해 받들며 떨쳐 일어나게 되어, 스스로 성세聖世의 선량한 백성이 되지 못했다는 점이 부끄럽기 때문에 이렇게까지 애통한 것입니다. 사실 죄상을 자백하는 부분에서, 사리에 맞지 않아 말문이 막히고 의리를 잃어 떳떳하지 못한 바가 많기 때문에 언어는 두서가 없고 진술은 조리가 없습니다. 그뿐만 아니라 산야에 사는 우부인지라 여태껏 자백하는 말을 상주해 바치는 법을 알지 못하니, 체재體裁와 격식에서 뒤죽박죽된

31. 『孟子』「盡心上」에 나오는 "친족을 친애하고서 인민에 인하며, 인민에게 仁하고서 만물을 아낀다親親而仁民, 仁民而愛物"는 구절을 염두에 둔 말이다. 이는 친족에 대한 사랑이 있어야 인민에 대한 자애와 보살핌 등을 실천할 수 있고, 인민에 대한 자애와 보살핌 등이 가능한 이후에야 만물을 아끼는 경지에 이를 수 있다는 의미이다. 즉 옹정제가 둘째형인 밀친왕의 식솔인 궁인들을 보살펴준 행동은 그가, 성군(聖主)과 마찬가지로, 인민仁民에서 애물愛物로 점차 확장되어가는 도덕의 근간일 친친親親의 덕목을 확실히 갖추었다는 점을 예찬하는 말이다.

잘못을 피할 길이 없습니다. 그리고 경사에 도착한 이후, 수치와 후회가 마음에 사무친 데다, 감격하여 눈물을 흘리며 정신을 소모하여 사지를 정돈하지 못했습니다. 황공하고 전율하여 손가락이 떨려서 점획으로 글자를 쓸 수조차 없었습니다. 천 번 만 번 머리를 조아리며 성상聖上의 헤아리심을 우러러 바랍니다.

옹정 7년 6월 2일 내각에서 받은 상유

증정이 들은 소문의 출처를 조사하라는 옹정제의 지시

짐이 예전에 악종기의 주접奏摺[32]에 주비硃批한 것들 가운데 임의로 몇 건을 뽑아서 증정에게 주어 볼 수 있게 하라. 짐은 악종기와 군신의 관계로 덕德과 마음을 같이 한다. 악종기는 충성보국忠誠報國·공정무사公正無私에 있어 실로 예로부터의 대신들 가운데에서도 보기 드물 정도다. 그리고 짐은 지성으로 아랫사람을 다루고 대신을 은혜로 돌보며, 또한 극히 신임하여 예우하고 있다. 진실로 상하가 서로를 믿으니 명군明君과 양신良臣의 아름다운 일이로다. 게다가 짐이 악종기의 주접에 주비해 준 것은 너무나 많아서, 증정에게 보여주는 것은 수십 분의 일에 지나지 않고, 주접 안에서 악종기에게 은혜를 베풀었던 부분도 백분의 일에

32. 주접은 관리가 황제에게 직접 보고하는 문서이다. 주장奏章과 같은 말이다. 공식적인 문서인 제본題本과 다르게 내각을 거치지 않고 황제에게 직접 전달되었다. 여기에 황제가 직접 붉은 글씨로 견해를 적어 지시하는 것을 주비라고 하였다.

지나지 않는다. 그런데 증정은 오히려 [악종기에게] 서신을 보내 모반을 권했으니 어찌 취생몽사醉生夢死하는 명완冥頑하고 무지한 인간이 아니겠는가! 이리하여 천도天道가 용납지 않고, 증정 스스로 폭로하도록 만든 것이다.

증정의 역서 내용을 검토해 보니, 악종기가 두 차례 경사에 가서 황상을 알현하고자 했는데 모두 윤허 받지 못해서 악종기가 깊은 의구심을 느끼고 있다고 전해 듣고 이로 인해 서신을 올렸다는 내용이 있었다. 증정은 평소 이적에 관한 편견이 흉중에 가로놓여 있었는데, 다시 이런 근거 없는 말을 듣고 그 역심이 더욱 거세져서 마침내 맹랑한 거동을 한 것이다. 다만 이 전해 들은 이야기에는 필시 유래한 바가 있을 터이니, 증정이 확실히 자백하게 하라. 증정이 범한 짓이 이렇게 대죄인데 지금 오히려 짐의 관용을 입었으니, 뜬소문을 전언한 자가 회개한다면 역시 바로 사면하라. 하물며 전언한 자가 반드시 유언비어를 만든 사람은 아닐 것이니, 증정이 자백해낸 사람에서부터 차례로 유언비어를 만들어낸 원인을 파헤치면, 이 일을 매듭지을 수 있을 것이다. 항혁록杭奕祿[33]과 해란海蘭[34]은 증정에게 상세하고 빠짐없이

33. 항혁록(?~1748). 만주양홍기滿洲鑲紅旗 출신. 증정사건 당시 형부시랑刑部侍郎으로 민감한 사안을 조사하는 전문 관료였으며 증정사건과 여유량에 관한 문제 등을 심의했다. 증정이 호남성에 체포되어 있을 때, 황제의 명령으로 호남성에 파견되어 증정의 신문을 주도하였고, 경사京師(북경)에서의 신문도 도맡았다. 증정에 대한 신문은 주로 황제의 유지를 받든 항혁록을 통해 진행되었다. 아울러 그는 증정의 역서에 담은 소문의 출처를 조사하는 일을 맡기도 했다. 이외에도 그가 증정사건과 관련해 수행했던 일이란, 증정사건이 옹정제에 의해 어느 정도 일단락된 1731년(옹정 9년)에 청의 준가르에 대한 교두보인 섬서성·감숙성 일대에 인민에 대한 교화(여기에는 증정의 제자 장희를 데리고 다니면서, 『대의각미록』을 선강하는 일도 포함되었다)를 책임지는 역할이었다.

34. 해란(?~1731). 만주정백기滿洲正白旗 출신으로 부도통副都統(청의 전국 각 지역 요충지에 주둔하는 팔기군인 駐防八旗의 부장관)을 역임했다. 증정사건이 벌어졌을 때, 호남으로 파견되어 증정을 고향에서 체포했고, 호남에서 증정의 신문에 관여하면서 그를 수도로

알리도록 하라. 이에 삼가라[欽此].[35]

압송해 왔던 인물이다. 대장군 부이단傅爾丹을 따라 준가르 지역의 반란을 평정하러 나섰다가 2년 후 전사했다.

35. '흠차'는 직역하면 '이에 삼가라', '이를 공경히 준수하라'는 뜻이겠지만, 황제의 조서 말미에 붙는 상투어로 황제의 지시가 어디에서 끝나는지를 표시하는 말로 사용된다. 조선 왕조에서도 흔히 사용되었다.

악종기의 주접에 주비한 유지 수십 건을 항혁록 등이 공손히 받들어 증정, 장희張熙에게 보이자 증정, 장희가 진술한 내용 2건

1. 증정이 반역에 이르게 된 계기와 옹정제의 은혜에 관한 진술

증정의 진술

하늘을 뒤덮는 중죄를 범한 저는 어려서 아버지의 가르침을 받아 독서하면서 조정에서 인재를 육성하려는 뜻을 조금이나마 몸소 깨달아서, 허송세월이나 하면서 그냥 한평생을 마치고 싶지 않았습니다. 평상시에 성현의 『대학』의 도道에 뜻을 두고, 몸소 실천하기에 힘써서 조정의 바람에 부응하길 바랐습니다. 애석하게도, 살고 있던 한적하고 외진 산골짜기에까지 유명한 인물이나 뛰어난 인재의 자취는 이르지 않았고, 자부慈父께서 일찍 세상을 떠나셨을 뿐만 아니라 집안은 가난한데다 기력도 떨어져, 집을 떠나 멀리 유학하면서 뛰어난 인물에게 나아가 가르침을 청할 수 없는 상황이었습니다. 중년이 되어서야 여유량이 문인에게 추앙받고 있다는 것을 알았으며, 그의 의론議論에 또한 본심과 합치하는 몇몇 부분이 있어, 급기야 저도 모르게 그것에 빠져들어 제멋대로 수신修身을 돕는 공부로 삼았습니다. 여유량의 의론 중에 『논어』에서의 관중에 관해 묻고 있는 두 장章을 논하는 내용이 있었는데, 이것이야말로 성현의 출처出處[36]와 절의節義에 관한 대체大體를 논한 것이라고 여겼습니다.[37] 게다가 화·이에

● ● ●

36. '출처'는 여기서 '출사와 은거'라는 뜻이다. 어떤 경우에 세상의 일에 적극 나서서 참여하고(出, 출사), 어떤 경우에는 세상의 일에서 물러나 은거(處)해야, 성현과 같이 도에 부합하는 올바른 처신을 할 것인가에 관한 문제를 표현한 말이다.

37. 『논어』에서 관중에 대한 평가는 모두 4곳에 등장하는데, 여기서 증정이 염두에 두고 있는 『논어』의 두 장이란 「헌문憲問」에서의 두 개의 단락을 가리킨다.

① "자로가 말했다. '환공이 공자 규를 살해하자 [가신이던] 소홀은 죽었지만, 관중은 죽지 않았습니다. 인仁하지 않은 것입니까?' 공자가 말했다. '환공이 아홉 차례 제후를 규합함에 병거(무력)를 사용하지 않은 것은 관중의 힘이었다. 그는 인한 것과 같다! 그는 인한 것과 같아!'" (子路曰 '桓公殺公子糾, 召忽死之, 管仲不死. 曰 未仁乎.' 子曰 '桓公九合諸侯, 不以兵車, 管仲之力也. 如其仁! 如其仁!')

② "자공이 말했다. '관중은 인仁한 사람이 아니겠지요? 환공이 공자 규를 죽였을 때, 관중은 따라 죽지 않고 환공의 재상이 되었습니다.' 공자가 말했다. '관중이 환공의 재상이 되어 환공이 패업을 이루게 하여 천하를 바로잡아, 인민들이 지금까지 그 혜택을 입고 있다. 만약 관중이 아니었다면, 나는 머리를 풀어 헤치고 옷섶을 왼쪽으로 여미었을 것이다.'" (子貢曰, '管仲非仁者與? 桓公殺公子糾, 不能死, 又相之.' 子曰, '管仲相桓公, 霸諸侯, 一匡天下, 民到于今受其賜. 微管仲, 吾其被髮左衽矣.')

이상은 관중이 자신이 모시던 공자 규가 환공에 의해 죽었는데도, 그 환공에게 충성했으니 인仁할 수 없다는 제자들의 문제 제기에 대해, 공자는 주군에 대한 사소한 충성보다는 관중이 천하를 위해 행했던 커다란 업적을 통해 관중을 평가해야 한다고 말한 내용이다. 실제로 여유량이 주석을 단 부분은 ①의 단락인데, 그는 공자가 관중을 인하다고 평가했던 핵심적인 이유는 '존양尊攘'(왕을 받들어 오랑캐[夷]를 무찌름)에 있는 것이라고 주장하였다. 증정은 당시 여타 학자들이 공자가 관중을 인하다고 평가한 말의 의미를 '병거를 사용하지 않았다'는 데에서 찾았던 것에 비해, 여유량은 '존양'(왕을 받들어 오랑캐[夷]를 무찌름)에 있다고 해석했다는 점에 감명을 받았다(1권의 증정에 대한 8번째 신문 참조). 사실 이는 ②의 『논어』 구절을 고려하면, 특별히 독창적인 것이라고도 보기 어렵다. '머리를 풀어 헤치고 옷섶을 왼쪽으로 여미는' 다른 종족으로부터, 천하天下(중원中原의 지역)를 지켜낸 것을 공자 자신이 이미 높게 평가하고 있다는 식으로 이해할 수 있기 때문이다. 물론 이런 공자의 말도 그 의미를 약화시키거나 다른 맥락에서 해석할 수도 있다. 어떻든 여유량은 이민족 왕조인 청에 대해 굉장히 공격일 수밖에 없는 방식으로 해석했다. 여유량은 인仁의 핵심을 '존양'으로 파악하고, '화·이에 관한 구분이 군신 간의 의리보다 훨씬 중요하다'고 논평을 했는데, 그것은 이민족 왕조인 청 왕조의 입장에서는 상당히 민감한 지점일 수밖에 없다. 여유량이

관한 구분이 군신 간의 의리보다 훨씬 중요하다는 등의 말도 있었는데, 마침내 제멋대로 그 말을 이해하고는 학자의 입신은 반드시 먼저 출처로부터 착수해야 한다고 생각했던 것입니다. 본조의 열성들이 서로 이어가면서 예악문명의 성대함을 지극하게 갖춘 일은 천고를 이어오면서 없었던 것이라, 『논어』에서 당시에 지적했던 것과는 하늘과 땅 사이의 현격한 차이에만 그치지 않는다는 것을 애초에 몰랐던 것입니다.

앞서 잘못 생각했기에 이런 뜻을 마음에 품고 있었는데, 마침 옹정 4, 5년 두 해 동안 호광湖廣[38]·광동 등의 지역의 백성들이 사천으로 이주해갔습니다.[39] [호남과 사천을] 오가다가 하늘을 뒤덮는 중죄를 범한 저의 집 문 앞을 지나던 자가 전해주길, 서쪽 변경에 악공岳公[40]이란 분은 백성을 매우 아껴서 민심을 얻었으며, 서쪽 변경의 인민들이 그를 최고로 인정한다고 했습니다. 그 이야기를 전해준 백성도 악공의 이름과 관직이 무엇인지를 알지 못했습니다.

이후 옹정 5년 겨울에 이르러, 하늘을 뒤덮는 중죄를 범한 제가 지난번

● ● ●

던진 핵심 메시지는 결국 관중이 자신이 모시던 주군에 대한 작은 충성보다 중원지역 전체에 대한 더욱 근본적인 충성을 행했듯이, 뜻있는 사대부라면 '옷섶을 왼쪽으로 여미는' 이민족 왕조에 대해 충성하기보다 지역적·종족적 특징을 달리하는 명과 같은 '중화中華'(중은 外와의 지역 구분, 화는 夷와의 종족 구분으로 이해하면 된다)를 위해 살아야 한다는 의미를 담고 있기 때문이다. 실제로 증정은 그런 것을 이민족 왕조하에 학자가 해야 할 처신(=出處)이자, 절의節義라고 믿고 악종기에게 역모를 부추기는 서신을 보냈던 것이다.

38. 호남성과 호북성 지역을 뜻한다.

39. 사천 지역은 명말청초에 여러 전란을 거치면서 인구가 극히 감소했는데, 이때 청의 중앙정부는 각종 조치를 통해 이민정책을 펼쳤다. 그중 이주 인구의 절대다수를 호남과 호북 지역이 차지했다. 특히 증정이 살았던 호남성 지역은 옹정 3~4년 가뭄과 수해를 겪었고, 옹정 5년에는 흉작과 역병을 겪었다. 이 때문에 수만 명의 인민이 사천으로 이주하는 흐름이 만들어졌던 것이다. 당시 증정도 생원 자격의 재취득까지 실패하면서 사천 이주를 고민하고 있었다.

40. 악종기를 말함. 1권 주 32 '악종기' 항 참조.

자백했던[41] 인물인 하립충何立忠은 제게 다음과 같은 이야기를 전해주었습니다.

"섬서陝西에 어떤 총독이 진충애민盡忠愛民하는데, 지금의 황제가 늘 그를 과도하게 의심하고 그의 막중한 권력을 경계해 누차 그를 경사로 불러들여 그의 병권을 삭탈하고 그를 죽이려 했다. 그 총독은 두려워서 몇 차례 잇따라 부름을 받고도 감히 경사로 갈 수 없었다. 황상은 그가 죽어도 경사로 오지 않으려 할 것이라 보고 차츰 의심이 깊어졌다. 그러자 이 총독은 원래 조정대신인 주식朱軾[42]이 책임지고 천거한 사람이었기 때문에, 황상은 대신大臣 주식을 파견해 직접 섬서에 가서 그 총독을 불러오게 하였다.

총독은 부득이하여 주식과 함께 경사로 올라와 황상을 알현하면서, 황상께서는 사람을 임용하셨으면 의심하시지 마시고 의심한다면 임용치 마시라는 등의 주청奏請을 하였다. 황상은 이러한 말을 듣고, 바로 그대로 가볍게 처분했고, 또한 그가 직접 온 것을 보고서 이전의 의심이 조금 누그러지자 다시 그를 섬서로 돌려보내려 했다. 그 총독은 가려고 하지 않으면서 다른 이가 그를 보증해주어야 가겠다고 하였다. 황상이 주식에게 물으니 주식은 보증하려 하지 않았고, 다시 구경대신九卿大臣에게 물었으나 구경대신 역시 감히 보증하려 들지 않았다. 황상이 이에 직접 보증하자 그가 떠났다.

경사를 떠난 지 나흘 지났을 때, 다시 어떤 대신이 상소문을 올리길,

---

41. 1권의 10번째 신문에 대한 증정의 진술에서 등장한다.

42. 주식(1665~1736). 강서 고안高安 사람. 자는 약첨若瞻이고, 호는 가정可亭이며, 시호는 문단文端이다. 강희 23년(1694년) 진사가 되었다. 지현知縣에서 강서순무에 발탁되고, 바닷가에 석당石塘을 수백 리에 걸쳐 쌓았다. 옹정 연간에 문화전文華殿 대학사大學士와 이부상서, 병부상서 등을 역임했다.

'저 총독은 대신 주식과 안팎으로 몰래 당파를 결성했고 황상이 누차 그 총독을 경사로 오라고 불렀는데도 그는 경사로 가려 하지 않았으니, 그의 안중에는 군명이 없다는 것을 알 수 있다. 주식이 그의 임지에 이르고 나서야, 그는 다시 의심하지 않고 흔쾌히 경사로 갔으니, 그는 주식에게 심복이라는 점도 알 수 있다. 당일 섬서로 돌아갈 때, 주식이 원래 그를 책임지고 천거한 사람이니 그를 보증해야 마땅한데 오히려 다시 보증하지 않았으니, 이는 주식이 몸을 빼내기 위한 방법인 것이며, 그 총독이 앞으로 반드시 변절의 뜻을 품으리라는 점을 훤히 파악한 것이다. 따라서 그를 보증하지 않았고, 후일 황상이 자기를 처벌하지 못하도록 꾀한 것이다'고 아뢰었다.

이리하여 황상이 마음이 바뀌어 후회했으나 어쩔 수 없었고, 예전 의심은 더욱 확고해져, 바로 성이 오吳이고, 이름이 형산荊山인 조정 관원을 파견해 그 총독을 쫓아가게 하였으나, 그 총독이 돌아가려 하지 않자, 이 조정 관원 오형산은 곧바로 길가에서 목을 매고 말았다. 이로 인해 이 총독은 임지에 도착해, 상소문을 올리면서 황상에게 꽤 많은 잘못이 있다고 하였다."

이상은 하립충이 영흥현 십구도十九都 석견촌石梘村에서 목소리를 낮추며 홀로 하늘을 뒤덮는 중죄를 범한 저에게 알려준 이야기입니다. 하립충은 당시에, 끝내 그 총독의 이름을 기억하지 못했으니, 그도 다만 이런 일이 있다고 들었을 뿐입니다. 하늘을 뒤덮는 중죄를 범한 저는 이 이야기를 듣고, 그런 상소문을 올린 총독이 필경 궁중의 사정을 정확하게 파악하고 있기에 감히 이렇게 직언했다고 여겼던 것입니다.

이후에 다시 하늘을 뒤덮는 중죄를 범한 저는 지난번 진술하였던[43]

---

43. 1권의 10번째 신문에 대한 증정의 진술에서 등장한다.

진상후陳象侯가 말하는 것을 들었는데, 다릉주에 사는 진제석陳帝錫이라는 사람이 어떤 상소문이 있는데 그것을 올린 신하의 성은 악岳이고 이름은 종기鍾琪라고 전해주었다 하였습니다. 하늘을 뒤덮는 중죄를 범한 저는 이때에 이르러서야 예전에 전해 들었던, 몹시 백성을 아끼는 악공岳公이라는 자가 바로 악종기라는 것을 알았습니다. 악종기가 바로 하립충이 말해준 섬서총독이었습니다. 사실 당시 발광하여 패악한 짓을 저지른 것은 우선 여유량의 화이에 관한 잘못된 의론을 아주 절실하게 제 마음에 품고 있었던 데다, 다시 하립충에게서 그리고 진제석의 말을 전해준 진상후에게서 이와 같은 상소문이 있다는 말을 들었기 때문입니다. 더군다나 마침 옹정 4~5년 간 수확이 좋지 않자, 맹랑하게도 이런 짓을 저지르기에 이르렀습니다. 모든 사실이 소문과는 추위와 더위, 낮과 밤처럼 상반되는데도, 기어이 몸소 극악무도한 죄악을 저지르게 될지 어찌 알았겠습니까!

오늘 하늘을 뒤덮는 중죄를 범한 저는 황상께서 악종기의 주접에 주비하신 것을 삼가 읽고 나서야, 황상께서는 지성으로 신하를 대하시어 결코 의심하여 딴마음을 품지 않으실 뿐만 아니라, 큰 덕으로 사람을 감복시키시며 은례恩禮[44]로서 거듭 상하가 지극해지도록 만드신다는 것을 깨달았습니다. 그렇기에 악종기는 성심을 몸소 깨닫고, 온몸을 바쳐 충성을 다해, 혐의를 피하려 했던 한 점의 흔적조차 없었던 것입니다. 그러니 진정한 충심으로 공경히 섬기고자 한 그의 일념에 대해 여기서 또다시 덧붙일 것이 없습니다. 이쯤에서 [악종기가] 장희를 처리했던 하나의 일을 예로 들어, 도의를 논하자면 지극히 빼어나고 지극히 합당하여 털끝만큼도 나무랄 데가 없습니다. 그뿐만 아니라 그는 신중하고 주도면밀하며 조심스럽고 꼼꼼하여, 목소리와 낯빛 하나 동요 없이 내색하지 않음으로써 자연스럽게 다른 사람이 자기 앞에서 성의를 다해

44. 윗사람이 아랫사람을 예우하는 것을 뜻하는 말이다.

진심을 털어놓게 하였습니다.[45] 이는 일에 임하여서는 조심스럽고 계획을 잘 세워 결과를 만들어낼 수 있는 자가 아니라면 해낼 수 없는 것이었습니다. 하물며 [황상처럼] 총명하고 지혜로운 데다 매우 탁월한 무용을 갖추고도 살인하지 않는 분이라면 어떠하겠습니까!

이는 이른바 군주는 성명聖明하고 신하는 현량賢良하여 머리와 팔다리처럼 모두 한 몸을 이룬다는 것이니, 상하가 신뢰하여 마음과 덕이 일치한다는 점은 아버지가 아들을 보살피고 아들이 아버지를 섬기는 절실함과 같을 뿐만이 아닙니다. 게다가 여기에서 우리 황상께서 인재를 알아보는 안목, 용인用人의 합당함, 위임할 때의 일관성과 진정성을 볼 수 있으니, 지극히 허명한 연충淵衷과 지극히 중정中正한 처사處事란 천고를 거치면서도 보기 드문 것입니다. 이러니 천하의 현량·재준才俊, 도를 품고 덕을 쌓은 유학자라면, 어찌 모두 하나의 조정에 모여 등용된 것을 기뻐하며 각자 그 몸과 능력을 바치지 않을 수 있겠습니까! 하늘을 뒤덮는 중죄를 범한 저는 여기에 이르러, 예전에 패역한 짓으로 악종기에게 제의했던 것을 돌이켜 생각해보니, 실로 취생몽사하면서 명완하고 무지했습니다. 달리 무슨 할 말이 있겠습니까!

하지만 당시 하늘을 뒤덮는 중죄를 범한 저의 죄악이 크고 극에 달하여, 천도가 용서하지 않았기 때문에 저 스스로 폭로하게 하여 여기에 이른 것입니다. 사실 하늘을 뒤덮는 중죄를 범한 저의 이런 짓은 하지 않으려 했는데도 저질러진 것이라 제 뒤에서 누군가가 다그치며 시켰던 것처럼

45. 옹정 6년(1728년) 10월 말, 장희가 악종기에게 역모를 권유하는 서신을 전하자, 악종기는 그를 체포하여 배후를 알아내기 위해 노력한다. 악종기는 옹정제에게 상황을 보고한 후, 세 차례 신문에도 장희가 배후를 밝히지 않자, 역모를 결심한 듯 가장하면서, 장희를 회유하여 그의 심중의 비밀을 털어놓도록 하였다. 11월 중순이 되었을 때, 악종기는 사건의 전모를 대략 파악할 수 있었다. 이후 호남성에서의 증정 및 관련자 체포와 1차 신문, 수도로의 압송, 황제의 명을 받은 관리들의 신문 절차가 급박하게 진행된다.

느껴집니다. 오늘에서야 감히 이렇게 말하는 것은 아닙니다. 당시 『지기록』에서도 대략 이런 생각을 언급해 두었으니, 성명의 통찰을 벗어나기 어려울 것입니다.

이해되지 않는 점은, 하늘을 뒤덮는 중죄를 범한 제가 스스로를 돌이켜 볼 때, 저 자신이 금수가 되어버리긴 했지만 사실 평소 미약한 죄악이나마 하늘에 죄를 지었던 적이 없었고, 조부 이래 대를 이어 선한 일을 많이 해서 항상 삼 대가 선한 집안이라는 말을 들었으며, 하늘을 뒤덮는 중죄를 범한 저의 조부에 대해서는 '십 대가 선을 쌓은 집안'이라는 한마디로써 칭찬할 만하였는데, 어찌하여 하늘을 뒤덮는 중죄를 범한 몸이 되어, 끝내 구족을 멸하고 육시해 마땅한 대죄를 저질렀는지 모르겠다는 것입니다. 또한 사건이 발각되어 체포당할 때, 하늘을 뒤덮는 중죄를 범한 저는 이 소식을 듣고, 본인이 능지처사를 면치 못하는 데 그칠 뿐만 아니라 가문에까지 화를 미치게 되었다고 판단하고는, 마음에 울분이 가득 차 자살을 결심했었습니다. 이 당시 불을 보면 불에 뛰어들고 물을 보면 물에 뛰어들 것만을 염원하였는데, 속히 죽어서 다른 사람이 죄에 연루되는 일을 피할 수 있길 바랐기 때문입니다. 그러나 끝내 죽지 못했고, 그때에는 이 원인을 이해할 수 없었습니다.

지금 와서 돌이켜보니, 만약 하늘을 뒤덮는 중죄를 범한 제가 당시에 바로 죽었다면, 하늘을 뒤덮는 중죄를 범한 제가 죄를 지었던 이유를 황상께서 밝히지 못하는 데 그치지 않았을 것입니다. 더욱이 황상께서는 깊은 구중궁궐에 거처하시니, 간특하고 의리를 저버린 외부의 수많은 자들이 또 무슨 이유로 중상하고 헐뜯는지 파악하셨겠습니까?

또한 지금에 이르기까지, 하늘을 뒤덮는 중죄를 범한 저는 이런 죄를 짓고도, 황은의 이와 같은 용서를 입었사온데 이제 다시 성지聖旨를 내리시어, 하늘을 뒤덮는 중죄를 범한 저의 노모와 어린 자식을 석방해주셨고, 아울러 하늘을 뒤덮는 중죄를 범한 저희들이 폭염에 너무 몸이 상하지 않았을까 딱하게 여기시어 의원에게 돌봐주도록 명하셨으니, 오직 살 자리를 잃게 될까 걱정해주십니다. 생민이 저지른 적 없었던, 하늘을 뒤덮는 중죄를 범한 저의 대죄가 아니었다면, 저는 생민이 경험치 못한 황상의 대덕을 드러내지 못했을 것입니다.

이상을 통해 보자면, 하늘을 뒤덮는 중죄를 범한 제가 마음에 없던 이런 광패狂悖한 짓을 저지르고서 죽고자 했으나 죽지 못한 채 이제 관대한 은전을 입은 일은, 모두 황상의 융성한 도덕은 천리에 따르면 멋대로 비방할 수 없는 것이고 [또한] 본조가 천하를 차지한 명분과 사리의 정당함은 천도에 따르면 함부로 논할 수 없는 것이기 때문에, 황천이 돈독히 보우하시어 벌어진 것입니다.

따라서 황천께서 아무도 모르게, 비루하고 무지했던 하늘을 뒤덮는 중죄를 범한 저로 하여금 황상과 일덕동심一德同心하는 대신大臣에게 역모서신을 올리게 만듦으로써, 황상의 대덕이 하늘과 같다는 것을 산모퉁이와 바닷가에 이르기까지 드러내고 본조가 정통을 획득했다는 것을 영원한 천지[地久天長] 안에 밝혀주신 것입니다. 그렇지 않았다면, 호수와 산으로 막혀 있는 만 리 밖에서 간악한 무리가 헛소문을 퍼트려 [황상과 본조를] 중상한 것을 [외진 곳에 사는 제가] 어떻게 알 수 있었겠습니까? 어떻게 궁벽한 시골의 보잘것없는 유학자의 도량으로 여유량의 반역의 학설을 이해할 수 있었겠습니까? 모두 하늘이 이를 주관해서 암중에 그렇게 되도록 만든 것이 아니겠습니까!

전언했던 사람에 관해 말하자면, 하늘을 뒤덮는 중죄를 범한 제가 이러한 죄를 짓고서 오히려 황상의 관대한 사면의 은전을 입었으니, 뜬소문을 전언한 자가 회개할 수 있다면 마찬가지로 필시 관대히 사면하실 것입니다. 하물며 "전언한 자가 반드시 유언비어를 만든 사람은 아닐 것"이라고 유지에 분명히 밝혀 진작에 은미한 데까지 체휼體恤하고 계십니다. 하늘을 뒤덮는 중죄를 범한 제가 무엇을 우려해 감히 모질게 은닉하여 우리 황상의 하늘같이 높고 땅처럼 두터운 은혜를 저버리겠나이까! 이 이전에 자백했던 자들 이외에는 확실히 달리 전언해준 사람은 없습니다.

2. 장희가 반역에 가담하게 된 경과의 진술

장희의 진술

중죄인인 저는 우매하고 식견이 부족한데다 산등성이에서 생장하였으니 우물 안 개구리와 같았습니다. 다만 태평성대에 살면서, 어려서부터 독서·종학從學[46]이 중요하다는 것을 잘 알고 있었습니다. 그런데 결국 독서·종학에서의 착오를 깨닫지 못하여, 그 해악이 끝내 이 지경에 이르렀습니다.

중죄인의 집안은 대대로 한미하였기에 인문을 갖추어 과거에 급제했다는 어떤 소리도 듣지 못했고, 후미진 깡촌이라 뛰어난 사대부를 만나 뜻한 바를 바로잡고 몽매함을 깨우칠 기회도 없었습니다. 나중에 25살이 되었을 때, 침주郴州 영흥현에 사는 증정이 현학縣學에 들어갈 때 쓴 문장이 처음에는 호남 제일의 시권試卷이라는 평을 받았다는 것을 알고,[47] 마음에

46. 여기서 '종학'이란 스승을 모시고 배우는 것을 뜻한다.

47. '시권'은 과거시험 답안을 뜻한다. 과거제도의 가장 초급단계는 府·州·縣 단위의 시험(童試, 즉 童子試)에 합격하여 생원이 되는 것이다. 합격자는 각기 해당 지역의 府學, 州學, 縣學에 입학하여 공부하게 된다. 통상 이들 합격자들은 3년에 한 번 歲試를 통해 자격 유지 여부와 등급이 결정된다(省 단위에서 치르는 3년에 한 번 있는 鄉試 합격자는 擧人으로 지위가 높아지며, 이들이 향시 1년 후 치르는 중앙의 禮部에서 주관하는 會試에 합격하면 貢人의 지위를 획득한다. 그 1개월 후에 황제가 주관하는 展試에 합격하면 進士로서 고위 관료들로 등용된다). 증정은 생원 자격까지 얻었다가 이후 세시 등급이 좋지 못해 생원 자격을 박탈당했다. 이 점을 고려하면 그가 '호남 제일'이란 평을 얻었다는 것은 아마 좁은 향촌 범위 안에서의 소문이나 평판일 듯하다. '호남 제일'이라는 것이 학문 능력에 대한 공식적 평가인지는 근거가 없고, 세시에서의 생원 자격 박탈이 증정의 적극적 거부로 인한 것이라고 볼 수 있는 근거도 없으며,

서 몰래 흠모하였으며, 급기야 책 상자를 짊어지고 가서[負笈][48] 가까이에서 스승으로 모시고 배우고자 하였습니다. 중죄인인 저의 경우, 오직 학문에 힘써야 한다는 것만 알았고, 이른바 인간사라는 것에 대해서는 전혀 아는 것이 없었습니다. 그때에는 죄인의 스승인 증정 역시 문을 걸어 잠그고 외부와 교류를 끊은 채, 가난을 달게 여기고 적막을 지키면서 오직 선현의 언행 및 근세의 문장과 도덕을 가르쳐줄 뿐이었습니다.

이후 궁벽한 시골이라 읽을 만한 책이 없었기 때문에, 작년에 죄인의 스승인 증정이 사서오경四書五經에 관련된 『대전大全』 및 주자의 『어류語類』·『문집文集』이 하천과 산악의 험준함 때문에 들어오지 못하니 죄인에게 각 성에 가서 구매해오라고 했던 명을 따랐습니다. 절강의 여유량의 가문에 이르러 책을 구매하면서 우연히 그 집에 시詩의 초고가 한 부 있는 것을 보았는데, 중죄인은 평소 스승 증정이 '여유량은 시문時文을 평선評選하고 비평하면서 장구章句·집주集注[49]에 근거해 이치를 논하였으니 근세의 명유名儒이다'라고 말하는 것을 들어왔습니다. 이로 인해 그 시는 필시 뛰어난 것이리라 여기고 결국 구해 가지고 돌아왔습니다.

죄인의 스승 증정은 그중에 「전묘송가錢墓松歌」 및 「제여차강산도題如此江山圖」가 있는 것을 보고, 처음에는 괴이하게 여기고 곧 의문을 품더니 뒤이어 신뢰하면서, '여유량은 강절(강소江蘇·절강성)의 큰 땅에서 생장하여, 그 의론과 문장이 천하 사람들에게 모범이 되는데 어찌 잘못이 있겠는가!'라고 여겼습니다. 또한 평소 생각에 얽매여서, 본조가 정통을 획득한 것은 멀리 상商·주周의 성세를 능가한다는 것을 인식하지 못했습니다.

『대의각미록』 전반에 보이는 증정의 사고나 문장 역시 뛰어난 지성이라 평가하기에는 너무나 투박하기 때문이다.

48. '부급負笈'은 책이 든 상자를 등에 짊어진다는 것으로, 고향을 떠나 외지로 공부하러 떠나는 것을 의미한다.

49. 모두 주희가 지은 『사서장구집주四書章句集注』를 의미한다. 즉, 『대학장구』, 『중용장구』, 『논어집주』, 『맹자집주』가 여기에 포함된다.

이는 화이에 관한 편견이 마음속에 가로놓여 있었기 때문이며, 게다가 현재 황제의 용덕龍德은 요순보다도 뛰어나다는 사실을 운산雲山으로 막힌 만 리 밖 외진 땅에서 알 길이 없었기 때문입니다. 그리고 죄인의 스승 증정은 애초부터 화이에 관한 구분을 잘못 이해하여 헛소문을 듣고 미혹되어 있었는데, 이미 헛소문에 미혹된 상태였기에 저 군신 간의 대륜에 크게 몽매했던 것입니다. 이 때문에 작년 무신戊申년 가을에 갑자기 죄인의 스승이 편지를 써서 섬서총독 악종기에게 올리라고 제게 명했던 것입니다.

중죄를 지은 저는 무지했고 제자된 입장인지라, 결국 스승의 명령을 어리석게 곧이듣고 경망스럽게 떠났습니다. 투서投書하고 나니, 악공은 처음에는 가혹하게 심문했습니다. 중죄인은 "단지 가서 의론을 올리기만 하고, 결코 성명과 거주지를 말해서는 안 된다"라는 스승 증정의 명을 받았고, 또한 그때 무지한 식견으로 스승의 가르침을 맹신했기에, 사안이 천경지의天經地義의 소재所在에 관련되므로, 목숨을 버릴지라도 의리를 택하겠다고 계속 고집을 부렸습니다. 그렇기에 삼목三木[50]의 중형을 받으며 정신이 아득해질지언정, 절대 변절하지 않았던 것입니다.

악종기는 중죄인이 죽어도 자백하지 않으려 하여 마음을 바꿀 수 없다는 것을 알자, 이내 형틀에서 풀어주면서 종죄인이 사내답다고 탄복했습니다. 또한 위로하고 사죄하면서 빈객으로 예우해주었습니다. 역서에서 말한 사리事理에 관해서는, 모두 진실되다고 극구 칭찬하였으며, 더욱이 자기 집안에 『굴온산집屈溫山集』[51]을 소장하고 있는데 그 논의가

• • •

50. 형구刑具의 일종으로 죄인의 목과 손, 발에 씌웠다.

51. 『굴온산집』은 명말 망국의 유민으로 자처했던 屈大均(1630~1696)의 문집이다. 굴대균의 호는 옹산翁山인데, 『굴온산집』은 실제로는 당시 『굴옹산집屈翁山集』으로 출간되었던 듯하다. 장희가 『굴온산집』이라 한 것은 중국어 발음의 유사함으로 인한 착각일 것이다. 실제로 『대의각미록』이 전국각지에 반포된 이후, 광동순무였던 부태傅泰는 『대의각미록』에 언급된 『굴온산집』이 『굴옹산집』일 것이라는 주접을 황제에게 올렸다. 『굴옹산

역서와 합치하지 않는 점이 없다고 알려주었습니다. 중죄인이 완강하게 죄인의 스승의 이름을 실토하지 않는 것을 보자, 악종기는 바로 하늘에 대고 맹세하면서 자신이 처해 있는 위험을 말하고는 심지어 눈물을 흘리면서 진심을 보였습니다. 게다가 서의書儀[52]를 갖추게 되면, 반드시 증정을 초빙하여 자신을 보좌하게 하고 싶다는 뜻을 밝혔습니다. 조카에게 의복과 장비를 꾸리도록 명해 곧 중죄인인 저와 동행하게 하고 싶다고 했고, 더욱이 장안長安 지현知縣인 이李 아무개를 친신親信하는 하인 왕대야王大爺라 속이고는 시시각각 저를 수행하게 하였습니다. [악종기가 꾸며낸] 이 모든 일들은 지극히 은밀하게 이루어져서 전혀 미심쩍은 점이 없었습니다. 중죄인인 저는 당시 스승의 당부를 굳게 지켰기에, 죽어도 흔들리지 않으려던 자였지만, 악종기는 끝내 중죄인이 실정을 모조리 토로하게 하였고, 그런 다음에 주접을 써서 황상께 결과를 보고했던 것입니다.

지금에서야 돌이켜 보니, 이 일은 본래 상천上天께서 황상을 독실하게 아끼셨기 때문에 보이지 않는 곳에서 은밀히 중죄인인 저의 손을 통해 이 역모가 발각되게 만드신 것입니다. 그리하여 악종기에게 그 지려의 주도면밀함을 지극히 발휘하게 하지 않으셨다면, 중죄인은 어둡고 완고하여 단지 한목숨 내걸고 죄인의 스승 증정에 대한 의리와 신의를 지키는 것만 알았을 것이므로, 역모의 실상 역시 쉽사리 드러나지 않았을 것입니

● ● ●

집』에 청 왕조에 대한 반역적 내용이 실려 있고, 그의 굴대균(옹산)의 아들인 굴명홍屈明洪이 이 문제로 자수했으니 처분을 바란다는 내용이었다. 굴대균은 1640년대 만주족이 막 중국을 차지했던 당시 명의 잔존 세력이 세운 남명 정부에 충성을 맹세한 인물로, 남명마저 망하자 거처를 사암死庵이라 부르며 승려로 살았다. 이후 환속해 명나라 장군 출신의 딸과 혼인해 반청 투쟁에 가담한 이력이 있었다. 1673년 오삼계의 반란에까지 참여했을 정도로 노골적인 반청 인사였지만, 뛰어난 학자란 평판을 얻어 주위에서 그를 보호해주었으며, '영남嶺南 3대가'로 추앙받았다.

52. '서의'란 재물을 선물할 때 기록하는 선물 목록[禮帖]과 그 재물 위에 붙여서 봉인했다는 것을 표시한 메모[封簽]이다. 일반적으로는 선물하는 예물(재물)을 가리킨다. 아마 악종기는 장희에게 조만간 예물 등을 준비해 증정을 초빙하겠다는 식의 회유를 한 듯하다.

다. 이러한 일은 모두 악종기의 지극한 충심이 해를 꿰뚫을 만큼 정성으로 하늘을 감동시켰기에, 그 평소 함양한 경세제민經世濟民의 큰 계략을 내어 국가를 위해 간흉을 근절한 것입니다. 이 때문에 우둔한 자는 그 안목을 벗어날 수 없었고, 난을 일으킨 자는 스스로 진실을 드러냈습니다. 그러나 악종기가 마음을 다해 국가를 위하면서 이런 지극한 경지에 이를 수 있었던 까닭은 실로 우리 황상의 인재를 알아보는 안목과 용인用人의 합당함이 무사·공정으로 아래에 감응하면서 지성으로 감복시켰기 때문입니다.

중죄인인 저는 이전에는 그 이유를 조금도 이해할 수 없었는데, 오늘에 이르러서야 황상의 높고도 돈독한 성은을 입게 되어, 깊이 감화되었습니다. 또한 악종기가 올린 주접 수십 통에 주비하시어 성지를 드러내신 것을 접했는데, 중죄인은 이튿날까지 무릎 꿇고 읽으면서 황상께서는 오직 지성으로 대신을 은혜롭게 돌보시며, 지극한 예로써 융중하게 대우하시는 바를 우러러보았습니다. 은의恩意의 자상함은 아버지가 자식을 돌보는 것과 같을 뿐만이 아니니 참으로 과거를 통틀어도 없었던 일입니다. 그리고 악종기는 진정한 충심으로 성은에 보답하고자 거리낌 없이 오직 국가만 생각할 뿐 자기는 생각지 않았으며, 자식이 부모를 섬기는 것 이상이었으니 역시 예로부터의 명신 가운데에서도 드물게 보이는 사람입니다.

이를 통해 회상해보니, 중죄인인 제가 이전에 스승의 지시를 망령되이 받들어 함부로 서신을 전달했던 짓은 정말로 취생몽사하는 명완·무지의 극치였습니다. 이제 죽도록 부끄러워 몸 둘 곳조차 없고 애통히 원망하며 후회하여도 소용없다는 점을 깨달았으니, 감히 숨겨진 곡절을 분석해 진상을 알리고 죄를 인정함으로써 황상의 긍휼을 만분의 일이라도 애원하지 않을 수 있겠나이까!

중죄인인 제가 배역하게 된 심중을 정말 이 글에서 모조리 실토하였습니다. 뜬소문을 전언한 사람에 관해서는, 전부 죄인의 스승 증정의 진술에 들어있으며 중죄인이 실제로 보고 들은 것은 따로 없습니다. 조금이라도 전해 들은 것이 있다면, 중죄인이 천고에 없을 황상의 특별한 은혜를 입은 이때에 이르러 분골쇄신할지라도 우러러 보답하기에 부족할 것인데, 어찌 감히 차마 사리에도 맞지 않게 타인을 위해 죄를 숨겨주어 우리 황상의 하늘처럼 높고 땅처럼 두터운 은혜를 저버리겠습니까!

항혁록 등이 성지를 따라 『대례기주大禮記注』를 공손히 받들어 증정에게 알려서 보여주고 증정이 꿇어앉아 읽고 진술한 내용 1건

옹정제의 효성孝誠을 예찬하는 증정의 진술

증정의 진술

경전에서는 "선왕은 지덕과 요도要道를 갖추었기에 천하를 조화롭게 만들 수 있었다先王有至德要道, 以順天下"(『효경』, 「개종명의開宗明義」)라고 하였고, 또한 "죽음에 대해 삼가고 돌아가신 이를 추모하면 인민의 덕이 순후해질 것이다愼終追遠, 民德歸厚矣"(『논어』, 「학이」)[53]라고 하였습니다. 이는 고대의 제왕이 천하를 다스리는데, 그 커다란 근본을 반드시 효孝에 두었다는 의미입니다. 참으로 효를 모든 행실의 근원이자 만 가지 변화가 따라 나오는 근거로 여기기 때문에, "친족을 친애하고서 인민에 인仁하며, 인민에게 인하고서 만물을 아낀다親親而仁民, 仁民而愛物"(『맹자』, 「진심상盡心

• • •

53. 보통 '신종愼終'은 부모의 죽음에서 상喪을 삼가며 치르는 것, '추원追遠'은 조상을 제사를 통해 추모하는 것을 뜻한다.

上」)라고 말했던 것입니다. 마치 나무에 뿌리가 있고 물에 원천이 있어, 반드시 뿌리가 성해진 뒤에야 잎이 무성하기를 바랄 수 있고 원천이 깊어진 뒤에야 멀리 흘러갈 수 있는 것처럼, 반드시 친족을 친애하는 데 흠이 없고서야 덕은 인민에게 인하기에 충분해지고, 인민에게 인하는 것이 충만해져야 공功은 만물을 덮기에 충분해집니다. 이 도덕과 교화가 백성에게 더해지고 즐거움과 이로움이 천하에 두루 미치게 되는 것은 모두 효 하나로부터 이루어지는 것입니다. 즉, 『논어』에서 "효제孝悌라는 것은 인의 근본일 것이다孝悌也者, 其爲仁之本與"(『논어』, 「학이」)라고 했던 말이 이것입니다.

그런데 이치는 일정하여 바뀌지 않지만, 실제로 몸소 실천하는 자는 적습니다. 삼년상에 관해서, "천자로부터 서인에 이르기까지, 부모의 상에 대해서는 귀천 없이 동일하다自天子達於庶人, 父母之喪, 無貴賤一也"(『중용』)라고 하였지만, 새로운 군주가 만기를 총괄해야 하는 상황에서, 인仁·효孝·성誠·경敬이 지극하지 않다면 실로 행하기 어렵기 때문입니다. 이런 지극한 군주는 삼대三代 이후에서 보기 드물 뿐만 아니라, 바로 삼대 이전의 성군·철후를 처음에서부터 따져보아도 분명 몇이나 될지 모릅니다. 고대에 대효大孝라고 칭해진 분으로 우제虞帝(즉, 순舜)를 첫 번째로 꼽지만, 상세上世에서는 인민이 순박했고 풍기風氣는 미개했으며 예제禮制가 갖추어지지 않았기에, 삼년상은 기록되어 있지 않으므로 상세히 알 수 없습니다. 이어서 무왕武王을 달효達孝라고 꼽을 수 있는데, 예제가 『중용』에 간략히 기술되어 있습니다. 그중 상장례 제도, 봄과 가을에 조묘祖廟에 대한 정비, 선인의 뜻과 사업을 따르는[繼志述事] 행적, 왕의 선조에게 왕의 칭호를 추존追尊하는 예법, 상제上帝께 [조상을] 배향하는 의식은 천고의 아름다움의 극치라 할 만한 것입니다. 그러나 당시에, 무왕 역시 홀로 아름다움과 완전함을 완성할 수 없었으니, 대사大事에서는 주공周公의 능력에 상당히 의존했고 주공의 손에서 결정되었습니다. 다른 사례로 오직 고종高宗뿐인데, 『서』에 양암諒陰[54] 3년을 하였다고 기록되어 있습니다. 따라서 마지막으로 상商 왕조를 중흥시킨, 현성賢聖 가운데 으뜸이 되는 군주라고 떠받드는 것입니다. 그러나 당시 공자 문하의 뛰어난 제자들조차 그 시대 추세에서 실행하기 어려울 것이라 의심하였고, 후대 유학자의 경전해석[注疏]에서도 양암의 제도가 심상心喪[55]일 것이라고 대부분 의심하였던 것이니, 반드시 실제로 여막에 거처하면서 소복을 입었다고 할 수는 없습니다.

후세에 상복 기간을 월 단위에서 일 단위로 바꿨던 일[56]은 한문제漢文帝에서 시작되었지만, 전국戰國시대에 등문공滕文公이 삼년상을 행하려고 맹자를 방문하자, 부형父兄·백관百官이 모두 원치 않으면서 "우리의 종주국인 노의 선군들도 행하지 않았고 우리 선군들도 행하지 않았습니다吾宗國魯先君莫之行, 吾先君亦莫之行"(『맹자』, 「등문공상滕文公上」)라고 말했으니, 단상短喪 제도를 춘추전국시대부터 이미 일반적인 것으로 보았던 것입니다. 어찌 한나라에서만 시작했겠습니까! 즉, 제후국 중 평소 예를 지키고 있다고 칭할 만한 국가조차도 행할 수 없었는데, 하물며 천자의 국가는 어떻겠습니까!

이때부터 역대 제왕 중에 정말 삼년상을 행할 수 있는 자는 없었습니다. 설사 예전에 한두 명의 예법을 좋아하는 군주나 인효仁孝한 군주가 있었다 할지라도, 실행하고자 했으나 상황상 실행할 수 없었던 자, 힘을 다해 실행하였지만 끝까지 할 수 없었던 자, 한갓 그 명분만을 쫓았기에 그 실질을 다하지 못한 자가 있었을 뿐입니다. 그 실질을 추구하여, 예제를 완전히 실행하면서도 본심의 지극한 감정에서 출발해 겉과 속을 일치시키면서 시종일관했던 경우는 절대 없었던 것입니다.

● ● ●

54. 거상居喪할 때 머무는 여막을 뜻한다. 여기서 파생되어 거상 과정 자체를 뜻하기도 하는데, 이 단어는 흔히 군주에게 사용된다.

55. 심상은 여막을 설치하고 상복은 입지 않은 채, 다만 마음으로 슬퍼하는 것을 가리킨다.

56. 예제에 따르면, 제왕이 세상을 떠나면 태자는 왕위를 잇고서 36개월의 복상服喪 기간을 가져야 한다. 한나라 문제는 복상 기간을 36일로 바꾸었다. 일설에는 27일이 지나면 상복을 벗는다는 해석도 있다. 이 경우 삼년상 기간을 27개월로 해석한다.

우리 황상의 지극한 인효, 지극한 성경誠敬은 만고의 제왕을 초월합니다. 성조인황제께서 승하하신 이후, 연이어[57] 효공인황후孝恭仁皇后[58]께서 빈천하시자, 황상께서는 총 35개월 동안 더할 수 없이 비통해 하시며 감모感慕의 정성을 시간이 지날수록 더욱 독실히 하셨습니다. 수시로 슬퍼하시며 추억을 불러일으키는 것에 더욱 아파하셨으니, 아련하게 부모님의 모습을 떠올리고 한숨 소리를 듣는 듯[僾見愾聞],[59] 추모하고 오래도록 그리워하셨습니다. 한순간도 마음에서 잊어버린 적이 없었던 것입니다. [복상 기간 동안] 매일 아침저녁으로 제사상을 차리고 삭망朔望에는 성대하게 제사를 지내면서 너무나 애통해하셨습니다. 재궁梓宮[60]을 운구해 안장하고 산릉山陵에 첨배瞻拜하시며 비통하게 통곡하시니 한동안 군중도 감읍하여 고개를 떨구었습니다. 조정에서 정사를 다스리어 만기를 총괄하실 때조차, 어쩌다 부모님 생각이 떠오르시면 이내 흐느껴 눈물을 흘리셨습니다. 울컥하는 애절한 감정을 씻어낼 수 없으시어, 여러 신하들이 날마다 좌우에서 모시며 용안을 살필 때마다, 울음을 삼키려 목이 메지 않으셨던 적이 없었습니다.

이로 인해 여러 왕들과 대신들이 고전古典을 근거로 삼아, 천지와 종묘의 여러 제사에 대해 전례典禮를 받들어 행할 것을 거듭 주청해야 했습니다. 황상께서 주청한 것을 마지못해 따르셨지만, 여전히 양심전養心殿에 소복

57. 강희제(성조인황제)가 1722년 12월 20일 승하했고, 효공인황후는 1723년 6월 25일 승하했다.

58. 효공인황후(1660~1723)는 강희제의 추존 황후이자 서후庶后로, 옹정제의 생모이다.

59. '애견개문僾見愾聞'이란 말은 『禮記』 「祭統」에서의 "제사 지내는 날 묘실에 들어가면 꼭 아련하게 부모가 신위에 앉아 계시는 것을 보는 듯하다. 주위를 돌아보면서 묘실 문을 나서면 숙연하여 꼭 부모님이 오가셨던 소리를 듣는 듯하다. 문을 나와서 귀를 기울이면 한숨 쉬는 듯 꼭 부모님이 탄식하시는 소리를 듣는 듯하다祭之日, 入室, 僾然必有見乎其位. 周還出户, 肅然必有聞乎其容聲. 出户而聽, 愾然必有聞乎其歎息之聲"라는 말에서 글자를 따서 만든 성어이다. 문맥에 맞추어 번역했다.

60. 황제나 황후의 관을 말한다.

차림으로 재계齋戒하고 머물면서, 애도와 추모의 정성을 다하셨고, 3년 양암으로 고제古制를 삼가 준수하셨습니다. 그럼에도 성덕은 겸양하시면서 자처하지도 않으시고, 누차 유지를 내려 "감정을 주체할 수 없고 마음은 자각할 수도 없는데, 어찌 고제에 부합하는지 여부를 논하겠는가!" 라고 하셨습니다. 자세히 살펴보건대, 황상의 뜻은 정확히 예禮를 제정한 뜻에 합당하고 예제에 지극함에 부합한 것이니, 성명性命의 미묘함까지 투철하게 깨달은 자가 아니라면 해낼 수 없는 것입니다.

성조인황제에 대한 복상 기간이 끝나고 곧 효공인황후의 대상大祥을 지낼 시기가 가까워지자, 여러 신하가 애도를 마치고 길례吉禮로 바꿀 것[61]을 주청하였습니다. 우리 황상은 상유하시길 "신민이라면 정말 달리 할 수 있겠지만, 짐이 아버지, 어머니에 대해 복상 기간을 어찌 차마 다르게 대할 수 있겠는가![62] 짐이 일부러 고제를 준수하고자 하는 것이

● ● ●

61. 애도를 마치고 길례로 바꿀 것[釋哀即吉]: 보통 '即吉'이란 복상 기간이 끝난 것을 의미한다. 상복을 입는 기간이 끝나면, 상복을 벗고 길례吉禮에 참여할 수 있기 때문이다. 여기서 신하들의 주청의 요지는 성조인황제에 대한 복상 기간이 끝났고 효공인황후에 대한 복상도 2년이 다 되어가니, 이쯤에서 효공인황후에 대한 복상도 한꺼번에 끝내고 일상으로 복귀하라는 말이다.

62. 부모의 복상 기간이 겹쳤을 때, 모두 그 기한을 채우지 않고 부모 중 한 분에 대해서는 복상 기간을 단축하여 기간을 달리하는 일이 신민에게 가능할지 모르나(신민은 그런 경우 아버지와 어머니에 대해 다르게 복상을 할 수 있지만), 옹정제 자신은 아버지와 어머니에 대해 복상 기간의 예를 달리할 수는 없다는 의미로 파악하고 번역했다. 상유의 "臣民固有不同, 朕於所生, 何忍二視!"라는 구절은 단순하지만, 다른 식으로 번역할 수 있는 여지도 있다. 예컨대, ① "신민에 비해 본래 [군주는 예법에서] 다른 점이 있지만, 짐이 낳아주신 분에 대해 어찌 차마 [신민과] 다르게 하겠는가!"라고 해석할 수도 있을 것이다. 즉 이때, 모든 정무를 돌봐야 하는 군주는 신민과는 달리 복상 기간을 단축할 수도 있겠지만, 부모에 대해서는 군주나 신민이나 동일한 예법으로 복상을 해야 한다는 의미가 될 수 있다. 또한 여기서 '何忍二視'에서 다르게 대한다는 것의 의미를 부모에 대해 짐(옹정제)과 신민이 달리할 수 없다는 의미가 아니라, 짐(옹정제)이 아버지와 어머니에 대해서 짐이 다르게 대할 수 없다는 의미로 번역할 수도 있다. 즉 이 경우에는 ② "신민에 비해 본래 [군주는 예법에서] 다른 점이 있지만, 짐이 낳아주신 아버지와 어머니에 대해 어찌 차마 다르게 대할 수 있겠는가!"로 번역할

아니라, 단지 마음에 편안한 바를 행할 뿐이다"라고 하셨습니다. 나중에 여러 왕들과 대신들이 여러 차례 간곡히 상소를 올렸지만, 명지明旨(황상의 뜻)를 여러 차례 반포하여, 반복해 깨우쳐주시면서 주청을 윤허하지 않으셨습니다. 변함없이 소복 차림으로 재계하며 거처하셨고, 부모님을 떠올리게 되어 슬퍼지면 효공인황후를 그리워하시다가, 다시 성조인황제를 추모하셨으니, 부모 모두를 사모하시는 마음은 시간이 지날수록 더욱 깊어지셨던 것입니다.

무릇 상복은 본래 기년期年(1년)으로 끊는 것인데 삼년복을 입는 것은 부모에 대한 은혜를 더 높이기 위해서입니다. 옛사람이 예를 제정했을 때의 의절儀節이 점차 간소해진 이유는 실로 시간이 오래 지나게 되면 자식의 효심도 쉽게 다하기 때문입니다. [그런데 심지어] 이전 상을 마치지 못한 와중에 다음 상을 당해서 3년에 추가하여 상을 치른다면 기일이 더욱 길어지니, 인효성경이 지극한 이가 아니라면 어찌 오랜 시간 동안 나태해지지 않을 수 있겠습니까! 더군다나 모후母后에 관한 복상을 함께 치르면서, 3년에 걸쳐 처음부터 끝까지 하루만 상을 치르는 것처럼 일관된 경우란 극히 드문 일입니다. 이는 역대 제왕 가운데 없었던 일임은 물론이고, 역사서에 기재된 사대부 중 예를 맡은 학자나 독실한 행실의 사인이라도, 슬픔과 예를 다함에 처음과 끝이 이처럼 변함없었다고 들어본 적 없는 일입니다.

하물며 예로부터 제왕이 상을 당하게 되면, 정사가 중단되는 폐해가 많았고, 정사에 임해서는 다시 슬픔을 망각해버리는 잘못을 면치 못했습니다. 그러나 우리 황상께서는 재계하고 따로 거처해 영모永慕하면서 효심이 다다른 바는 모든 일에서 성조聖祖(선황, 즉 강희제)의 마음을 체현하여 마음에 두는 것이었습니다. 이 때문에 하늘을 받들고 선조를

● ● ●

수 있겠다.

본받는 대효의 지성으로써 소의한식하시며, 인민의 고통을 구제하는 데에 힘썼고, 청렴한 자를 끌어들이고 부패한 자들을 내침으로써 관원을 바로잡았으며, 수백만에 달하는 정식 부세를 감면해주셨으니, 억만년의 무궁한 즐거움과 이로움을 개시하신 것입니다. 선대의 뜻과 사업을 계승하고 따르는 효심을 확장하여, 존망흥폐存亡興廢를 가르는 성대한 전장典章을 실행하셨습니다. 모든 일에서 천심과 말없이 뜻을 함께하며, 모든 생각에서 성조와 교감하고 상통하십니다. 어찌 시호[徽號]에 관한 논의만이 만세의 인심에 합치할 뿐이겠습니까! [성조인황제를] 하늘에 배향하신 전례는 역대 제왕을 성대히 배향한 일 가운데에서도 으뜸이십니다.[63]

아침저녁의 참배, 삭망의 제향, 왕릉을 지킴에 공경을 다하는 것, 묘침廟寢[64]에 정성을 표하는 일 등등에 대해, 한시도 슬픔과 공경을 잊은 적이 없고, 어떤 일에서도 예와 정성을 다하지 않은 적이 없었습니다. 이것이 지극한 정성과 효심으로 천지에 감통하게 된 이유이니, 성조인황제를 협제祫祭[65]할 때가 되자 합벽연주合璧聯珠[66]가 바로 창천에 형상을 드리웠고, 효공인황후에게 대상과 담제禫祭[67]를 드릴 때에는 교외에서 줄기 하나에

● ● ●

63. 마지막 두 구절에 대한 번역은 동일한 구절이 등장하는『대의각미록』4권의 번역 맥락을 따라서 번역하였다. 옹정제가 강희제(성조인황제)를 크나큰 효심으로 잘 계승하였기에, 부친에게 붙인 시호도 더욱 인심에 부합할 수 있게 되었고, 성조를 하늘에 너무나 성대하게 배향할 수 있었다는 의미로 읽었다.

64. '묘침'은 침묘寢廟라고도 한다. 황실 종묘의 전묘前廟와 후침後寢을 합한 말이다. 전묘는 종묘 앞 편에 있는 사당이란 뜻으로 나무로 된 조상의 신위를 보관하며, 후침은 뒤에 있는 침전(전각)을 가리키며 조상의 의복 등을 보관해 두었다.

65. 천자나 제후가 태묘大廟에 멀고 가까운 조상의 신주를 모두 모아두고 지내는 대규모 합동 제사를 협제라고 한다. 군주가 삼년상을 마친 뒤에 협제사를 첫 번째로 지내게 된다. 제위기간 중 몇 년 단위로 반복된다.

66. 해와 달이 모두 북두성과 견우성의 분도에 모이고 금·목·수·화·토의 오성이 구슬을 꿴 듯한 방위에 연달아 나타나는 모습을 말한다. 옛사람들은 이를 '칠요제원七曜齊元'이라 하여 매우 상서로운 때로 여겼다.『한서』「율력지律曆志」의 "해와 달은 둥근 옥이 합쳐지는 듯하고, 다섯 별들은 구슬을 꿰어놓은 듯하다[日月如合璧 五星如連珠]"라는 말에서 유래되었다.

아홉 개의 이삭이 맺히는 상서로운 징조가 거듭 나타났습니다. 천하에서는 4개의 성에서 황하가 맑아졌고, 효릉孝陵[68]에서는 시초蓍草[69]가 무더기로 자라났습니다. 인·효·성·경에 지극하여 하늘과 합치하신 것이 아니라면, 어찌 이러한 경지에 이를 수 있었겠습니까! 이 어찌 삼대三代 이후 현군이 그 만분의 일이나마 이를 수 있는 것이겠습니까! 위로 거슬러 올라가, 우제(순)의 대효와 무왕의 달효에 이를지라도 그 효의 정밀함이 이를 넘어선다고 들어본 적이 없습니다.

하늘을 뒤덮는 중죄를 범한 저는 예전에 멀리 떨어진 산골짜기에 살다가 헛소문에 혹란되었습니다. 어찌 성덕의 만분의 일이라도 알았겠습니까! 지금 삼가 『대례기주』를 읽고, 예전에 들었던 소문은 비방에서 나온 것인데 깊은 골짜기에 빠진 듯 미혹되었다는 것을 확신하게 되었을 뿐만 아니라, 우리 황상의 지순한 인효는 만고의 성제聖帝와 명철한 천자天子도 도달하지 못한 것이라는 점을 확신하게 되었습니다. 이 때문에 수일 동안 저도 모르게 마음 아파하고 애간장을 태우며 시시각각 눈물을 흘리고 옷깃을 적셨던 것입니다. 한편으로는 성덕의 순수한 정성에 감동해 궁벽한 시골과 바닷가에까지 그것을 널리 알리고 아울러 고향 마을에까지 미치게 할 방법이 있을까 생각하였으며, 한편으로는 노모께서 쇠약하신데 홀로 멀리 떨어져 계신 것이 마음 아파서, 바람대로 다시 어머니의 모습과 음성을 마주할 수 있다면 성스러운 천자의 커다란 은덕을 상세히

---

67. 상복을 벗을 때 마지막으로 지내는 제사를 말한다. 대상大祥(부모가 돌아가신 지 2년이 되는 때 치르는 제사) 이후 3개월, 즉 27개월이 되는 달의 정일丁日 또는 亥日에 지내는 제사이다. 통상 27개월까지를 3년상으로 본다.
68. 청나라 3대 황제인 순치제順治帝의 능이다.
69. 점을 칠 때 사용하는 풀이다. 『주역』「계사상繫辭上」에 "숨겨진 것을 찾고 심원한 것을 끌어내어 천하의 길흉을 정하고 천하의 힘써야 할 일을 이루는 것은 시초와 거북보다 더 큰 것이 없다探賾索隱, 鉤深致遠, 以定天下之吉凶, 成天下之亹亹者, 莫大乎蓍龜"고 하여 신령스러운 물건으로 묘사하였다.

알려드리고, 돌아가실 때 기쁘게 눈을 감으시게 해드릴 수 있기를 희망했습니다.

하늘을 뒤덮는 중죄를 범한 저는 지극히 명완, 무지했습니다. 지금 성주聖主의 지극한 인·효·성·경이 이처럼 막장에 이르러 더해 줄 것이 없는 사람에게조차 그 천량天良을 감동시킴으로써 그 지극한 본성을 촉발케 하시는 것을 이제 보고 들으니, 눈물이 흘러 옷깃을 적시면서, 저도 모르게 기뻐하고 감격하여 다시 충후忠厚한 인민이 되고자 하는 생각이 들었습니다. 하물며 천하의 인민이 그것을 안다면, 감격해 변화된 기쁨을 크게 드러내면서 모두가 집집마다 봉작封爵을 받게 되는 경지에 오르게 될 것입니다![70]

---

70. 마지막 구절에서 '감격해 변화된 기쁨'으로 번역한 '於變之休'의 '於變'은 『書』「堯典」에 "능히 큰 덕을 밝혀 구족을 친히 하셨다. 구족이 화목해지자 백성(왕의 직할지인 기내의 인민)을 고루 밝혀주셨다. 백성이 자신의 덕을 밝힐 수 있게 되자 만방(천하의 제후국)을 규합하여 화합시키셨으니, 여민(천하의 모든 인민)이 '아!'하며 변화되어 화목해졌다克明俊德, 以親九族, 九族旣睦, 平章百姓, 百姓昭明, 協和萬邦, 黎民於變時雍"라고 요의 업적을 기술한 말에서 유래한 표현이다. 蔡沈의 주석에 따르면, '오於'는 감탄사이고, '변變'은 군주의 교화를 통해 악이 선으로 변화됨을 뜻한다. 즉 '於變'은 군주의 덕에 탄성을 내뱉으며 감화되는 것, '감격해 변화되는 것'으로 이해할 수 있다.

항혁록 등이 성지를 따라 황상께서 각 성의 독무와 관원의 주접에 주비한 유지 수백 건을 공손히 받들어 증정에게 알려서 보여주니, 증정이 꿇어앉아 읽고 진술한 내용 1건

옹정제의 정사를 칭송하는 증정의 진술

증정의 진술

하늘을 뒤덮는 중죄를 범한 저는 독서가 얕고 적으니 어떻게 천지의 높고 두터움을 알 수 있었겠습니까? 하물며 비루하고 보잘것없는 자로서 하늘을 뒤덮는 죄를 지었습니다. 하루아침에 가까이에서 성스러운 천자의 광휘가 광대하고 정심精深하시다는 것을 갑자기 목도하자, 간담은 서늘해지고 마음은 찢어져서 더더욱 입을 열기 어렵다고 느꼈습니다. 하지만 성덕의 신묘한 조화가 감화시켜 변화되었으니, 그 효과가 너무나 신속했습니다. 이 때문에 하늘을 뒤덮는 중죄를 범한 저는 과거에는 비록 명완하여 금수와 같았지만, 지금은 감화를 입어 다행히 사람 모습으로 탈바꿈됨으로써, 이 마음, 여전히 개미나 모기의 식견을 갖고 있지만 높고 심원함의 만분의 일이나마 겨우 엿볼 수 있게 되었습니다.

제가 듣건대, 하늘은 생명을 아끼는 것을 덕으로 삼으나, 생명을 아끼는 가운데에서도 끝없이 때에 따라 적절한 조치를 취하게 하는 지극히 당연하여 바꿀 수 없는 법칙이 있습니다. 하늘이 만물을 운용해 헤아리고[運量][71] 제재함으로써 그 권능을 완수하지 못하게 되면, 모두 가져다가 총명·예지하며 능히 그 본성을 다해 하늘의 덕에 합치할 수 있는 자에게 맡겨서 실현하게 합니다. 이 때문에 군주의 마음이 바로 하늘의 마음이고 군주의 덕은 바로 하늘의 덕인 것입니다. 무릇 하늘이 위하고자 하는 것을 군주는 하늘의 마음을 체현해 위하고, 하늘이 실행하고자 하는 것을 군주는 하늘의 덕을 체현해 실행합니다. 군주는 그렇게 하는 가운데 털끝만큼도 자기의 뜻을 개입시키지 않은 채, 모든 일에서 천명을 받들어야 할 뿐입니다. 따라서 위대한 군주를 천자라 일컫는데, 하늘의 뜻과 사업을 훌륭히 계승해 따르며 하늘과 일체를 이루어서 실로 하나의 기氣가 관통하므로 자식이 아버지를 모시는 것과 같다는 점을 말한 것입니다. 하지만 하늘은 은미하여 파악하기 어렵습니다. 그 본체本體는 오직 리理를 통해서 드러날 뿐입니다. 고로 선유先儒들은 "하늘은 곧 리"라고 말했습니다. 인군人君의 정령과 형벌[政刑]·도덕과 예법[德禮]은 전적으로 천리만을 따라 운용되고 가늠되면서 천지 사이에 드러나야 한다는 것입니다. 이렇게 해야만 비로소 하늘이 준 형체를 완전히 실현하여[踐形][72] 하늘과 덕을 함께 하는 하늘의 초자肖子라 할 수 있고, 위대한 군주 자신의 본분을 행한다고 칭할 수 있습니다.

● ● ●

71. '運量'은 『莊子』 「知北游」에서 도道가 '만물을 떠받치고 포용함'을 의미하는 어휘로 사용되었다. 陳鼓應의 『莊子今注今譯』에서는 만물을 운용하여 헤아리는[量度] 것이라는 해석과 만물을 포괄하여 가늠[權衡]하는 것이라는 해석을 제시하고 있다.

72. 증정은 장재張載의 「서명西銘」의 "타고난 형체를 완전히 실현함은 [만물의 부모인 천지와] 닮은 것이다其踐形, 惟肖者也"라는 구절을 염두에 두고 있다. '천형踐形'이란 말은 "형체와 용모는 타고난 것이지만, 오직 성인이라야 형체를 완전히 실현할 수 있다形色天性也, 惟聖人然後, 可以踐形"라는 맹자의 말에서 비롯된 것이다. (『孟子』, 「盡心上」) 마음에 내재된 천리, 즉 선한 본성을 완전히 구현하는 성인만이 이를 통해 타고난 형체를 완전히 실현할 수 있다는 뜻을 담고 있다.

이상을 근거로 역대 제왕을 조심스럽게 살펴보자면, 비록 어느 시대나 탁월하고 위대하며 현명하고 지혜로운 이가 적지 않았지만, 하늘을 대행한 통치[73]를 실현하고자 하면서 천리의 공公에 융합하여 인욕人欲의 사私가 추호도 없는, 하늘에 대해 초자라고 할 만한 자는 수천 년을 거치면서도 보기 드물었습니다.

지금 삼가 성유를 읽고서, 우리 황상은 완전히 천리와 일체를 이루어, 모든 일에 지극히 합당하게 대응하신다는 것을 확인했습니다. 그 정령과 형벌을 통해 실행하고 도덕과 예법을 통해 드러내시는 것들 중 극히 정밀하게 파악하지 못한 곳이 없으며, 극히 합당하게 처리하지 못한 일이 없습니다. 신명神明[74]으로 모조리 감화시켰고, 감화시켜 제재制裁하면 모두 변화[變]되었으며 그 변화를 확장해 실행하면 모두 막힘이 없었습니다.[75] 성덕의 신묘한 공력이 하늘에까지 닿으며 대지에 그득한 것입니다.

● ● ●

73. '하늘을 대행한 통치'는 원문의 '其運量裁制'를 의역한 것이다. '運量裁制'를 위의 구절에서는 하늘이 '[만물을] 운용해 헤아리고[運量] 제재'하다라고 번역했다. 하늘로부터 위임받은 군주의 통치행위를 여기서 '運量裁制'로 표현한 것인데 한글로 의미를 풀어서 번역하면 의미가 확실치 못하기 때문이었다.

74. 여기서 '신명'은 신묘/신령하여[神] 밝게 헤아릴 수 있는 명철한 정신활동[明]을 뜻한다. 황상의 '탁월한 지성'을 가리킨다.

75. 원문의 '化裁盡變, 推行盡通'는 「繫辭傳 上」에 '化而裁之謂之變, 推而行之謂之通', '化而裁之存乎變., 推而行之存乎通'에서 나온 표현이다. 『周易』 「繫辭傳 上」에서 형이상의 道(하늘)가 만물에 끼치는 영향을 표현한 말을 조금 바꾸어, 천자가 정사를 행하여 이루어낸 성취를 하늘에 비견하고 있는 것이다.

'化'는 道가 현상(대상)에 영향을 미쳐 어떤 현상을 촉발하는 것, '裁'는 그런 영향을 적절히 억제·조절하는 것으로 이해할 수 있다. 예컨대 『周易正義』에서 공영달孔穎達이 든 예시를 이용해 말하자면, 하늘의 道가 음·양에 영향을 미쳐 각 성질을 발현하게 만들되[化], 양기가 성해 가뭄이 들 때 음기를 통해 양기를 억제·조절함으로써[裁], 그 결과로 비가 내릴 수 있게 된 것이 '변화[變]'이다. 이런 비라는 변화를 확장하여[推] 행해지게 하면[行], 가뭄 속의 만물이 개통開通할 수 있게 된다[通]. 다시 말해 어떤 것에 영향을 미치고 제재함으로써[化而裁之] '변화[變]'하게 하며, 그런 변화를 확장해 널리 행해지게 함으로써[推而行之], 만물이 뜻을 이루게 되는(혹은 만물을 관통하여 행해지지 않음이 없게 되는) 것[通]이 바로 形而上의 道, 즉 하늘의 작용이라 하겠다.

그런데 그 원인을 규명해보자면, 언제나 만물의 본성에 근거해 만물에 대응하시어 일말의 억견을 품은 채 허명虛明하게 만물에 대응하시는 하늘의 뜻에 끼어든 적이 결코 없었기 때문입니다. 생각마다 인민에 맞추어 배려하고, 처신마다 하늘의 뜻을 따라서 나갈 바를 정하는 것만을 볼 수 있었는데, 언제 어떤 일에서나 성조황제를 염두에 두셨기 때문입니다.

성조황제는 바로 하늘이 독실히 사랑하는 초자이시니, 성조황제의 마음이 곧 천심이고, 성조황제의 덕은 곧 천덕입니다. 하나이면서 둘이고 둘이면서 하나이니, 성조황제에 대한 추념이 바로 천지를 체현하는 일이었습니다. 하물며 경천敬天의 지극함이 극히 정성스럽고 간절하고 진지하여 본성에 근거한 것인데도, 경계에 힘써 삼가는 절실함이 한시라도 마음에서 느슨해진 적이 없었습니다. 따라서 천·인이 서로 신뢰하여 호흡마저 상통하였으며, 감응感應의 이치[理]는 너무나 깊고 너무나 적실하게 드러났을 뿐만 아니라, 여러 번 시험해보면 모두 증험되는 것이 그림자와 메아리처럼 신속했습니다.

스스로 경천의 일념으로써 민사에 애쓰셨으니 깊은 궁중에서 만든 천지를 경위經緯하는 수많은 계획이나 신묘하고 무한한 계책은 언제나 천하의 창생을 아끼고 보살피는 것을 일념으로 삼았고, 만물이 각자 제자리를 얻고 나서야 편안히 여기셨습니다. 이 때문에 근심하고 힘쓰며 경계하고 삼가느라, 편안히 거처할 겨를도 없으셨던 것입니다. 생민의 안정을 이롭게 하고 생민의 고통을 제거할 수 있는 것이라면, 생각이 미치지 않는 곳이 없었고, 생각이 미치면 행하지 않는 것이 없었으며, 행하면 결실을 맺지 못하는 일이 없었습니다. 인민의 생계가 곤궁한 것을 확인하면, 조세와 부역을 감면하는 은전이 하사하지 않은 해가 없었고, 재해를 구휼하는 은택이 미치지 않은 곳이 없었습니다.

우연히 어느 지역의 가뭄이나 장마에 대한 소식을 들으시면, 곧 딱하게 여기고 근심하시며 감선減膳하셨을 뿐만 아니라 심지어 음식조차 드시지 않고 정성을 다해 백성을 위해 기도하고 수많은 세상일을 다스리셨습니다. 이로써 천심을 감동시켜, 마침내 비를 빌면 비가 내리고 하늘이 개기를 빌면 개었던 것입니다. 또한 식량이 인민의 하늘이고 농사는 식량의 근본이기 때문에, 매년 몸소 적전耤田을 경작하여 농사를 중시하셨으며, 늙은 농부 중에 근면하고 검소한 자를 해마다 추천해 지위와 봉록을 주고 영예롭게 해주셨습니다.

엄격하고 공정한 형벌은 본래 교화를 보조하기 위한 것이고, 군주의 덕은 생명을 아끼는 것을 목적으로 해야 한다고 생각하셨습니다. 법은 정해져 있는 것일지라도 마음은 관용과 인애에 근거하니, 살릴 만한 점이 조금이라도 있다면 사안에 따라 실정을 규명하시면서 언제나 아주 측은히 여기셨습니다. 실로 인민의 생명을 극히 중시하여, 차라리 인仁에 치우칠지언정, 의義에 치우치지는 않으셨습니다. 관리를 감찰하는 것이 인민을 평안히 만드는 방법이라는 것을 아시고 탐욕한 자를 징벌하고 아울러 청렴한 자를 키웠으며, 소한宵旰하시며 정무에 고심하고 힘써 국가 경제와 민생을 위하여 오래도록 안정과 치세를 유지할 수 있는 정책을 고심하시지 않은 적이 없었습니다. 그런 까닭에 미묘하고 어렴풋해 시비를 가리기 어려운 가운데에서도 주도면밀하게 판단해 추호도 착오가 없으셨던 것입니다.

예컨대 '공公·사私'라는 두 글자를 논하자면, 그 관계가 매우 엄중하니 분별해내지 않으면 안 되지만, '공' 가운데 '사'가 있거나 '사' 가운데 '공'이 있는 경우라면 특히 항상 경계하지 않을 수 없는 것입니다. 그런 논의에 대해 [윗사람이] 관행에 따라 되는 대로 처리하면, [아래에서는] 무턱대고 남에게 아첨하는 이에 대해서는 그를 칭송하는 자가 극히 많아져 곧 아대부阿大夫[76]를 예찬하는 것과 같은 말만 날마다 들리게 될

---

76. 전국시대 齊나라 위왕威王의 신하이다. 군주의 측근에게 아부하여, 아阿 지역의 대부가

것이며, 사정私情을 끊어내고 무리들에게 비위를 맞추려 들지 않는 이에 대해서는 그를 비난하는 자들이 극히 많아져 곧 즉묵대부即墨大夫[77]를 비방하는 것과 같은 말만 날마다 들리게 될 것입니다. 더욱이 향곡鄕曲에서 위세를 이용해 멋대로 독단한다는 자가 그러지 않았던 것, 권력을 쥐었다는 자가 실제로는 그렇게 하지 않은 것을 변별해낼 경우, 티끌만 한 것에서 천 리의 간격이 벌어지게 되므로, 제요帝堯조차도 곤란하게 여겼던 것입니다.

지금 모든 판결이 명석하여 마치 날실이 베틀의 바디 사이를 통과하는 것처럼 전혀 뒤섞인 것이 없습니다. 이렇게 상·벌을 사용해 취사선택하심에, 어디에서도 그 공정의 극치에 부합하지 않음이 없는 까닭은 연충淵衷[78]이 겸허하시며 권도權度는 정밀하고 명확하기 때문입니다.

아마도 황상의 연충은 고요한 물과 같고 맑은 거울과 같기에, 만물이 그 앞을 지나면 고운 것과 추한 것이 자연히 완전하게 드러나 숨길 수 없는 것입니다. 원래 거울과 물은 앞에 있는 사물에 연연하고 나서야 비추어 볼 수 있는 것이 아닙니다. 만약 조금이라도 의견에 집착하여 사물을 비추게 된다면 거울과 물의 허명虛明한 본체가 거꾸로 이런 의견에 가리워지게 되어, 비추는 사물을 드러낼 수 없는 법입니다. 반드시 천리의 공에 완전히 하나 되어 털끝만큼의 인욕의 사私조차 섞이지 않아야만 비로소 이러한 경지에 이를 수 있습니다. 그러므로 [황상께서는] 인재 활용과 재물 운용, 노인 봉양과 아이 돌봄, 스승에 대한 존중과 독서인

되었다. 위왕의 측근들은 그가 훌륭한 지방관이라고 매일 칭찬하였지만, 위왕이 몰래 사찰해 보니, 주민의 생활이 무척 어려웠다. 위왕은 아대부와 그를 평소 칭찬하던 측근들을 삶아 죽였다.

77. 즉묵은 제나라 현의 명칭이다. 제나라 위왕이 사찰할 때, 아대부와 달리 평판이 좋지 못했던 즉묵대부가 실제로 훌륭한 관리라는 점을 확인하고 즉묵대부를 1만 호에 봉하였다.

78. 심후한 도량, 심오한 생각, 깊은 속마음을 뜻하는 말로, 많은 경우에 황제를 예찬하는 말로 사용되었다.

교육, 문교文教로 헤아리고 무위武威를 진작시키는 일 등 모든 사업에서, 천고에 전개된 적 없었던 성대한 전장제도를 개시하셨던 것이며 실로 천고에 도달하지 못했던 지극한 선을 다하셨던 것입니다.

게다가 황상께서는 조칙과 훈령을 반포해 신신당부하시면서 상세하고도 빠짐없이 계획하시어, 안으로는 대신들과 여러 관료에서부터 밖으로는 군대·인민의 노소에 이르기까지 기어이 천하의 사람들이 무리 지어 행복[樂利]의 경지에 올라 함께 태평성대의 복을 향유할 수 있기를 바라셨습니다. 조칙과 훈령 가운데 황상의 뜻은 빈틈없고 절실하시어 도리에 능통하고 의에 정통한 것이니, 일언一言·일자一字조차 모두 이전삼모二典三謨[79]와 더불어 천지에 드리워져 불후할 것입니다. 이는 천하를 인애하는 마음, 천하를 평안케 하는 학문으로 천하의 재능과 식견을 넘어서는 것일 뿐만 아니라, 만고萬古에 걸친 성군과 철후라도 견줄 수 없는 것입니다.

그리고 바로 이 때문에 아침부터 저녁까지 하루 동안 만기를 한 건 한 건 살펴보시면서 한 글자 한 글자 친히 주비하시는 것입니다. 모든 관원을 임명하시면서 내외와 대소를 막론하고 매일 반드시 하나하나 불러서 만나보시고, 인민을 아끼고 평안하게 만들겠다는 지극한 뜻에 따라 거듭해서 경계시키셨습니다. 문제가 닥치면 오는 대로 대응하시면서, 소홀했다거나 부정확하며 부당했다는 유감조차 결코 남기지 않으셨습니다. 2~3경更에 이르러서야, 각 성의 독무가 보낸 주접을 열람하고 그에 주비하는 일을 마칠 수 있었는데도 끝내 한 사람의 대필도 쓰지 않으실 만큼 근심하고 애쓰셨습니다.

이렇게 천하의 일을 경험하며 단련된 정신은 예로부터 온 정성을

79. 『서』의 「요전堯典」·「순전舜典」 및 「대우모大禹謨」·「고요모皐陶謨」·「익직益稷」을 말한다. 전설적인 성군인 요·순·우의 치세의 대강을 보여주고 있는 글이다. 유교국가에서 치세의 모범으로 삼았던 글이다. 옹정제가 내린 여러 조칙과 훈령이 모두 전설적 성군과 같은 반열에 놓인 탁월한 것이라는 점을 말하기 위해 언급한 것이다.

다하여 정치에 힘쓴 성군과 철후조차도 도달하지 못했던 경지입니다. 그런데도 성군이시면서 스스로 성군이라 자처하지 않으시고, 매번 '군주답기에 어렵다'는 것을 근심하시면서 성조의 성덕과 신공에 미치지 못한다고 걱정하셨습니다. 이 때문에 덕은 천지에 합일하여, 지성으로 감동시켜 믿음을 얻으시어 수년 동안 여러 상서가 일제히 나타나고 만복이 한꺼번에 이르렀던 것입니다. 그뿐만 아니라 길에 떨어진 것이 있어도 누구도 가져가지 않으니, 애연藹然하게 성주成周[80]의 태평성세이자 요순시대의 화락和樂의 융성함을 천고에 걸쳐 다시 만나게 된 것입니다.

하늘을 뒤덮는 중죄를 범한 저는 몸소 사지와 몸통을 찢어 죽여야 하는 법을 어겼고, 성인의 치세에 태어났으나 끝내 살아서 성인의 백성이 될 수 없다는 것을 스스로 원통해 하면서, 죽어서라도 성세의 귀신이 되길 바랐습니다. 어찌 성덕이 하늘과 같다고 헤아렸겠습니까? 생민이 누려본 적 없는 특별한 은혜로 감옥에서 벗어나 큰 집에 머물게 해주셨을 뿐만 아니라 음식과 의복을 하사해주셨고, 지금 황상의 은전을 입어 다시 쇠사슬에서 풀려났으니, 황덕과 황은이 이미 지극히 광대하여 명명하기조차 어렵습니다. 하늘을 뒤덮는 중죄를 범한 저는 땅에 엎드려 울부짖으며 애통함이 골수에 사무칩니다. 이때 만약 극형에 처해진대도, 왕법王法과 인정人情에 마땅한 바일지니, 죽음조차 은덕이라 느끼며 기꺼이 눈을 감을 것입니다.

하물며 땅강아지와 개미 같은 백성이 이런 끝없는 황은을 받았으니 어찌 감히 보답을 말하겠습니까? 단지 날개를 꽂고 두루 천하를 날아다니며 인력이 닿을 수 있고 족적이 미칠 수 있는 모든 곳에서 만날 모든 사람과 지역에 성덕이 하늘과 같이 크며 내외를 차별하지 않는다는 것을 선양宣揚하고, 본조가 정통을 얻은 일이 바로 상商 왕조와 주周 왕조에

80. 주공周公이 성왕成王을 보좌하던 주나라의 흥성기를 뜻한다.

가까운 것임을 거듭 밝혀 종전의 뜬소문에 근거한 비방을 한꺼번에 씻어냄으로써, 여유량이 성세의 역적임을 함께 깨닫고 태평한 세상을 함께 노래하며 도덕을 갖추신 천자의 만수무강을 함께 축원하길 바랄 뿐입니다. 이로써 이 몸이 만 번 죽어 마땅한데도 사면받은 죄를 속죄하고 보상할 수 있다면 다행일 것입니다. 깊은 진심이 가슴에 응어리지며 엄중한 의리가 골수에 사무칩니다. 한 글자 한 글자 눈물로 삼가 진술합니다.

내각內閣 구경 등이 성지를 좇아 다시금 증정을 신문하고 아울러 사형을 청한다는 주본을 올려, 형부 등 아문이 성지를 좇아 다시 추가 신문한 일을 주문奏問하다

상유

증정의 안건은 전에 시랑侍郎 항혁록, 부도통副都統 해란에게 명하여 상세히 신문하도록 하였다. 증정이 항목에 따라 진술해낸 것에 의거하면 모두 잘못을 뉘우치고 은혜에 감사하는 말이었다. 이들 간험奸險한 무리는 말을 거짓으로 꾸미니 어쩌면 그가 주륙당할 것이 두려워 억지로 이렇게 죄를 인정하는 말을 지었을 수도 있고, 아니면 그 스스로 죄악이 극히 엄중하다는 것을 깨닫고 부끄러움과 회한이 본심에서 나왔던 것일 수도 있다. 대학사大學士,[81] 구경, 첨사詹事,[82] 한림翰林,[83] 과도科道[84]는 종전에 힐문했

81. 청대에 내각대학사內閣大學士는 문신 중 최고의 관직으로 정1품이며 각 부部의 상서尙書 가운데서 네 명을 뽑아 겸임케 하고 천자의 고문역을 맡도록 하였다.

82. 첨사부詹事府에 두었던 정3품의 관직 황자나 황제의 업무를 돕거나 문학 시종 등의 일을 하였다.

83. 당 이후 역대로 설치한 한림원翰林院에 소속된 관직의 하나로 황제의 문학 시종을 맡거나, 조정의 문서를 저술하거나, 국사를 편찬하고 황제의 언행을 기록하는 등의

던 각 항목을 하나하나 다시 신문하여 확실히 진술을 받아내고 갖추어 아뢰어라. 이에 삼가라.

증정을 사형시키도록 옹정제에게 청하는 신하들의 주본

신들은 항혁록 등이 성지에 따라 증정을 신문해 받아낸 진술을 죄목마다 거듭 신문하였습니다. 증정의 진술을 살펴보면 종전 진술과 모두 일치하며, 머리를 숙여 죄를 인정하고 중형을 달게 받아들이고 있습니다. 또한 그 진술은 다음과 같습니다.

하늘을 뒤덮는 중죄를 범한 저의 죄상에 대해 오늘 여러 대인들에게 죄목마다 신문을 받으면서, 만 번이라도 능지 당해 죽어야 마땅하다고 깨달았습니다. 다시 무슨 방도가 있어 풀려나겠습니까! 통한스러운 점은 실로 심산궁곡에 살았기 때문에 우매하고 무지하였다는 것입니다. 이 때문에 여유량의 역설逆說과 패론悖論에 미혹되었고, 오로지 여유량의 패론을 마음에 두었던 것이며, 그리하여 아기나·새사흑·윤제 도당의 비류匪類가 광서廣西로 유배된 범인 등과 함께 간악한 모략으로 유언비어를 퍼뜨린 것을 듣고 미혹되었던 것입니다. 아니면, 아기나 등의 유언비어를 마음에 두고 미혹되었다가, 여유량의 사설邪說과 패론이 더욱 뜻을 굳게 했을 것입니다. 두 가지가 번갈아 일어나 서로에 의지해 해를 끼쳤고, 급기야 고대 이래로 전례가 없는 극악을 빚어내면서도 스스로 깨닫지 못했습니다. 나중에 우리 황상의 지덕은 하늘과 같으며, 우리 왕조가 왕통의

일을 하였다.

84. 청나라에서 도찰원都察院의 6과 급사 및 15도의 감찰어사이다.

정당성을 얻은 것은 바로 상·주를 앞지르는 것이라는 것을 실제로 보고서야, 예전의 착오를 깨닫고 스스로 뉘우치고 부끄러워하며, 자신을 허물함이 막급하였습니다.

우리 황상의 대덕을 하늘을 뒤덮는 중죄를 범한 제가 작년부터 오늘에 이르기까지 마음껏 누린지 이미 1년이 된 듯합니다. 눈으로 보고 귀로 들은 것뿐만 아니라, 천하에 남기신 깊은 인애와 두터운 은택은 예로부터 없었던 것이었습니다. 즉 하늘을 뒤덮는 중죄를 범한 제가 땅강아지와 개미와 같은 미천함으로 제왕의 존엄을 범한 것은 만 번 죽더라도 허물을 덮기에 부족한 것이었는데도, 저 자신 친히 황은을 입어, 여전히 남은 생애를 가까스로 연장할 수 있게 용납받고 오늘에 이르고 있는 것입니다. 요·순과 같은 성군조차도 이러한 정도로 파격적이며 특별한 은총을 내리셨던 것을 보지 못했으니, 한 고조의 관대함이나 당 태종의 명철함일지라도 어찌 만에 하나만큼이나마 견줄 수 있겠습니까!

하물며 우리 왕조가 정통을 얻어 융성하게 통치하고 교화한 일은 결코 '상·주를 한참 넘어섰다'라는 범범한 한 마디 말로 다할 수 있는 것이 아닙니다. 우리 왕조의 흥기는 중토中土에서가 아니라 만주滿州에서 시작되었고, 만주부터 중국에 이르는 거리는 수천여 리 떨어져 있는데도, 덕화德化의 성대함이 중토와 사해 안팎에까지 미치어, 진심으로 경애하며 떠받들지 않는 이가 없는 것입니다. 이로 인해 하늘이 명命을 내리고 인민이 귀의하여, 대통大統을 하나의 왕조가 완성하게 하고 힘들이지 않고 천하를 차지하게 만든 것이니, 탕湯·무武가 중토에 머물면서 점차 교화시킨 뒤 민심이 기뻐하며 따르고서야 비로소 천하를 차지하게 된 것으로는 결코 비할 수 없는 것이며, 그 규모는 더더욱 원대하므로 자고이래로 미칠 수 없는 것입니다.

이 모든 것은 하늘을 뒤덮는 중죄를 범한 제가 작년에 줄곧 직접 우리 황상의 덕화를 입으면서, 직접 빛나는 광경을 바라보고 황상의 공덕을 노래하는 환호성이 길거리에 넘치자 저도 모르게 진심으로 기쁘게 복종하여 이렇게 생각하게 된 것이니, 이전에 광패함은 무지에서 비롯된 것이지만, 이후에 경애하고 받들게 된 것은 참된 소견에서 나온 것입니다. 이전과 이후가 달라졌지만, 실제로는 모두 본심에서 발현된 것입니다. 이는 참으로 교묘한 말로 구차하게 살아남으려는 것이 아니고, 또한 다른 사람이 대신 지적하고 개도해주어 이렇게 말하는 것도 아니며, 진실로 구구절절 모든 것이 한 조각의 양심으로부터 우러난 것입니다.

더욱이 하늘을 뒤덮는 중죄를 범한 제가 처음부터의 과정을 세세히 살펴보건대, 실로 열조와 열성의 공덕이 천지 사이에서 극히 광대하고, 우리 황상의 성聖·인仁이 고금을 뛰어넘어 그 지극한 경지에 이르셨기 때문에 그에 따라 황천께서는 아무도 모르게 하늘을 뒤덮는 중죄를 범한 저로 하여금 도의를 어기고 해치는 주장을 전달해 간당奸黨의 비방 행위가 드러나게 함으로써, 심산궁곡에 이르기까지 황상의 성덕을 현양하시어 명성이 천추만세千秋萬世에 이르도록 하신 것이며, 광대한 천하와 멀리 만세에 걸쳐 모든 사람이 열복悅服하며, 모든 곳에서 진심으로 그리워하도록 만든 것입니다. 따라서 하늘을 뒤덮는 중죄를 범한 저는 오늘에 이르러 은덕에 감격하고 교화된 나머지, 자신을 극형에 내맡기고 제 마음의 평안을 찾길 원합니다. 또한 천하만세天下萬世에 황상의 지덕과 깊은 인애가 인민의 골수에까지 사무쳐 있다는 점을 모두 알게 하여, 설령 무지하고 패역한 인민이라 할지라도 절실히 교화되고 잘못을 고쳐서, 이처럼 죄를 스스로 인정하길 원하는 데까지 이르게 하고자 합니다. 그렇기에 하늘에 중죄를 범한 저는 오늘에 이르러, 여러 대인께서 황상께 아뢰어 하늘을 뒤덮는 중죄를 범한 자를 속히 사형에 처해주길 오직 간절히 원할 따름입니다. 달리 무슨 말을 하겠습니까!

저희 신 등이 보기에, 증정은 방자하고 패역하며 흉악하고 교활하였으니, 죄악이 지극히 큽니다. 망령되이 역적의 패론과 간당의 유언비어를 믿고 대담하게 흉악한 역모를 저질렀습니다. 감히 본조를 비방했고 군상君上을 무고하게 능멸했으며 역서를 날조했습니다. 호남에서 섬서까지 와서는, 봉강대신封疆大臣[85]에게 반역을 권해 태평한 세상에 반란을 일으키고자 하였습니다. 그 죄상을 살펴보니, 법에 따르면 용서할 수 없는 것입니다. 더욱이 증정은 산야山野의 세민細民으로서, 높은 하늘을 받들고 풍요로운 땅을 디딘 지 50여 년이나 되었는데 돌연 반역을 도모했으니, 예로부터의 난신적자亂臣賊子 중에서도 비교할 자가 없습니다. 신 등이 신문하면서, 이를 갈며 분개하지 않은 적이 없었기에 모두가 살을 베어 먹고 가죽을 깔고 자길 원했습니다. 온몸을 조각내고 일족을 주살할지라도, 그 허물을 덮기에 부족합니다.

형률 안의 모반대역을 검토해 보면, "단지 공모한 경우라도 정범正犯과 종범從犯을 가리지 않고 모두 능지처사에 처한다. 정범의 조부·부친·자식·손자·형제 및 백숙부와 형제의 자식들에 대해서는 16세 이상의 남자이면 독질篤疾[86]과 폐질廢疾[87]에 무관하게 모두 참형에 처한다. 15세 이하의 남자 및 정범의 모친·딸·처·첩·자매·아들의 처첩은 공신의 집에 급부하여 노비로 삼는다. 정범의 재산은 관으로 몰수한다. 만약 딸의 혼사가 정해졌다면 그 남편에게 보낸다. 정범의 자손이 입양되거나 정범의 혼인이 이루어지지 않았다면 모두 미루어 연좌에 추가시키지 않는다"는 등의

• • •

85. 봉강대리封疆大吏라고도 하며 총독이나 순무와 같이 지방을 다스리는 관리를 이른다. 성을 관할하는 지방관의 역할이 고대에 강토疆土를 분봉分封받았던 제후와 유사하다고 하여 칭하는 말이다.

86. 독질은 매우 위독한 병으로서 악질인 나병, 정신이상, 수족 가운데 두 가지 이상 사용할 수 없는 자, 눈을 모두 실명한 경우 등을 말한다. 형벌 감경 사유가 되기도 하였다.

87. 폐질은 시각·청각·언어 및 사지 가운데 하나 이상이 불구가 된 자로서 정신박약자, 난장이, 발목이나 허리가 잘려 나간 사람, 수족 가운데 한쪽을 사용할 수 없는 자 등을 말한다. 형벌 감경 사유가 되기도 하였다.

내용이 있습니다. 증정에게 이 형률을 적용해야만 하니, 바로 능지처사입니다.

호남순무에게 문서를 보내 증정의 조부·부친·자식·손자·형제 및 백숙부와 형제의 자식들 중, 16세 이상의 남자를 명백히 조사하고, 형률을 적용해 모두 참립결에 처해야 합니다. 15세 이하의 남자 및 모친·딸·처·첩·자매·아들의 처첩은 형부로 압송하고, 형률을 적용해 공신의 집에 주어 노비로 삼아야 합니다. 소유한 재산은 명백히 조사해 몰수해야 할 것입니다. 엎드려 바라건대 황상께서는 신 등이 청하는 바를 윤허하시고, 증정을 통해 즉각 전형을 바로잡으시어 국법을 밝히시고 인심을 기쁘게 하소서. 장희가 증정과 역모를 공모한 일의 경우, 증정의 지시를 따라 섬서에 가서 역서를 전달했으니 반란을 일으키고자 생각했던 것입니다. 마찬가지로 "공모한 경우 모두 능지처사한다"는 형률을 적용해 바로 능지처사에 처해야 합니다. 이 때문에 연명連名해 상서하며, 삼가 아룁니다. 성지를 바랍니다.

증정사건 관련 처리와 관련된 세 편의 상유

1. 옹정제가 제위를 찬탈했다는 소문을 해명하고, 증정을 사면하는 이유를 밝히는 상유

상유를 받들어 전한다. 예로부터 흉악하고 완고한 무리가 패역의 뜻을 품고 비방과 중상을 일삼은 일로 역사서에 기록된 바는 일일이 열거할 수 없을 정도다. 그러나 지금 증정의 이 사건처럼 터무니없고 기이하며, 허구로 기만했던 일은 실로 과거에는 볼 수 없었던 것으로, 인심을 공분共忿시키며 국법으로도 결코 용서할 수 없는 일이다. 그러나 짐이 반복해 생각해보니, 만약 저 비방하는 말에 하나라도 사실이 있고, 짐이 조금이라도 양심에 묻지 못한 부분이 있다면, 증정이 신하답지 못한 마음을 품는 것이 당연할 뿐만 아니라 천하의 신민도 모두 떠나려는 뜻을 품어 마땅할 것이나, 만약 말한 것이 글자마다 모두 거짓이라면 짐에게 전혀 무관할 것이니, 이는 단지 인적 없는 궁벽한 산골짜기에서 개가 짖고 부엉이가 우는 소리를 우연히 듣는 것과 같을 뿐이다. 비방한다고 말할 수나 있겠는가!

지난해 이 일이 처음 발각되었을 때, 짐은 담담한 마음이라 참으로 조금도 분개할 생각조차 없이 웃으며 관망하였다. 이는 좌우의 대신이 모두 잘 아는 일이다. 이후 시랑 항혁록과 부도통 해란에게 명하여 호남에 가서 증정을 잡아다가 사건을 심리하도록 하면서, 분명히 타일러 깨우치고 사안마다 개도하여 양심을 움직여 그 미혹을 떨쳐 버리게 하였다. 그리하여 저 증정은 비로소 훤히 깨우치고 잘못을 회개하며 은혜에 감사하였다. 그가 친필로 진술한 것은 수만 자를 넘는데, 모두 양심에 근본하여 표현된 것이며, 종전에 뜬소문을 곧이곧대로 믿어 결국 망령되이 패역에 관한 생각을 싹 틔운 것을 깊이 한탄하면서 멸문의 벌을 달게 받겠다는 것이었다. 아마도 화·이, 중·외를 구분한 견해는 여유량의 불충한 사설에 어리석게 집착하고 탐닉했기 때문일 것이며, 그 비방이 짐에게까지 미쳤던 것은 아기나·새사흑·윤아·윤제 등 역당의 간악한 무리가 유언비어를 날조하고 널리 퍼뜨려서, 그가 진실이라 착각하여 일어났던 일이리라.

작년부터 지금까지 벌써 1년이 되어간다. 짐은 주의를 기울여 몸소 살피면서, 내외의 대신과 각 부처에 철저히 규명할 것을 명했었다. 지금 이 사안에서 사서邪書를 저술하고 중상하는 말을 날조했던 원흉[首惡]은 이미 발각되었고 증거도 확실하여, 결코 증정에서 비롯된 일이 아니라는 점은 아주 명백하다. 짐의 처음 생각과 조금도 어긋나는 바가 없으니, 증정이 소문을 곧이들었던 것에는 오히려 용서할 만한 정황이 있기에 결코 사면할 수 없는 죄는 아니다.

증정의 진술에 따르면, 그가 호남에 있을 때 어떤 사람이 "선황제가 대통을 윤제에게 물려주려 하셨다. 성궁이 편찮으실 때, 교지를 내려 윤제를 경사로 불러들였다. 그 교지가 융과다에 의해 감추어졌고, 선황제께서 빈천하시던 날 윤제가 도착하지 못하자, 융과다는 교지를 전해 결국 지금의 황상을 세웠다"고 말해줬으며, 그밖에 비방하는 말에 대해서는 경사에서 광서로 유배되던 범인의 입에서 들은 것이 대부분을 차지한다. 또한 증정의 진술에 따라 소문을 전해 준 진제석, 진상후, 하립충 세 사람은 얼마 전 호남에서 경사로 압송되었다.

짐은 항혁록 등에게 명하여, 이런 비방의 말들을 누구에게서 들었는지 신문하게 하였다. 진제석 등은 "길에서 네 사람을 만났는데, 팔기八旗[88] 소속원의 거동과 같았다. 우정郵亭[89]에서 쉬면서 실제로 이러한 말을 했다. 그 행장이나 의복과 신발은 먼 길을 가는 빈객의 것이었고, 수행하며 짐을 맡아주는 사람이 있었다. 말하면서 경사의 왕부王府에서 왔는데 공무로 광동에 간다고 하였다"는 등의 말을 진술했다. 수년 동안 경사에서 광서로 유배된 범인을 조사해보니, 대부분이 아기나·새사흑·윤아·윤제의 밑에 있던 태감 등의 비류였으니, 이런 무리가 자기 주인의 지시를 듣고 도처에서 유언비어를 날조하고 멋대로 퍼뜨렸던 것이다.

현재 광서순무 김홍金鉷의 보고에 근거해, 반역의 말을 조작한 흉악범 몇 사람을 잇달아 압송하였다. 역적 경정충耿精忠의 손자 경육격耿六格을 신문해 얻어낸 진술에 따르면, 그가 앞서 삼성三姓 지방[90]에 유배되었을 때, 팔보八寶의 집 안에서 태감 어의於義와 하옥주何玉柱가 팔보의 여인에게 "성조황제는 원래 열넷째 황자인 윤제에게 천하를 전하려고 했는데, [지금의] 황상이 '십十' 자를 '우于' 자로 바꾸었다"[91]라고 논했다고 한다. 또한 "성조황제께서 창춘원暢春園에 계실 때 병이 위중하셨는데 황상이

88. 중국 청나라 때의 병제이다. 팔기는 청나라를 건국한 태조가 창업에 공로가 있는 만주족을 비롯하여 한인, 몽고인 등을 중앙집권적으로 통제하고자 조직하였다.

89. 역참의 객사를 말한다.

90. 백두산에서 북쪽으로 흘러 흑룡강에 이르는 혼동강混同江 유역을 말한다.

91. 옹정제의 왕위 계승과 관련하여 대중적으로 가장 잘 알려진 소문이다. 강희제의 유지에 '十四'황자에게 제위를 물려준다고 하였는데, 그 유지를 받은 융과다가 옹정제의 사주를 받고 十에 획을 하나 그어 '于四', 즉 사황자(옹정제)에게 제위를 계승한다고 고쳤다는 말이다('傳位十四皇子'를 '傳位于四皇子'로). 추후 역사학자들이 발견한 강희제의 전위조서에 따르면 이는 전혀 사실무근의 말이다.

인삼탕을 올리셨다. 어떤 이유인지 모르게, 성조황제께서 곧바로 붕어하셨고 황상이 바로 즉위하게 되었으며, 바로 윤제를 구금시켰다. 태후께서 윤제를 접견하고자 하셨는데 황상이 대노하자 태후께서는 철기둥에 부딪쳐 자진하셨다. 황상은 또 화비和妃 및 그 밖의 비빈을 모두 궁중에 유폐하였다"는 등의 말을 했다고 한다. 또한 달색達色의 진술에 따르면, 아기나의 태감 마기운馬起雲이 그에게 "황상이 새사흑에게 라마교의 수장[活佛]을 만나러 가도록 시켰다. 태후가 '어찌 이렇게 고약하게 마음을 쓰느냐!'라고 말하자, 황상은 무시하며 뛰쳐나왔다. 태후는 매우 노하여 기둥에 부딪쳐 자살했다. 새사흑의 모친 역시 스스로 목매어 죽었다"는 등의 말을 했다고 한다. 또 좌령佐領 화뢰華賚의 진술에 따르면, 그가 삼성 지방에서 협령協領이 되었을 때 일찍이 태감 관격關格이 "황상이 모친을 분노하게 하고 형제를 해하였다"는 등의 말을 하는 것을 들었다고 한다.

팔보는 바로 윤아가 도통을 맡던 때에 일 처리하던 끄나풀로, 소극제蘇克濟의 가산을 노략질한 안건 때문에 성조황제께서 특별히 유배 보냈던 흉악범이었다. 하옥주는 바로 새사흑의 심복이었으며, 관격은 윤아가 직접 부렸던 태감이었고, 마기운은 아기나의 태감이었다. 그 밖의 윤제의 태감 마수주馬守柱, 윤아의 태감 왕진조王進朝, 오수의吳守義 등도 모두 평소 아기나 등의 반역 논의를 따르면서 하나같이 그들의 지시를 수행한 이들이었다. 이 때문에 방자하게 무고와 날조를 행하고 도처에서 유언비어를 전파하여, 인심을 동요시키고 미혹하면서 그 사사로운 분노를 발산했던 것이다.

예전에 호남순무 조홍은趙弘恩 등이 하나하나 조사해 상소했던 것에 따르자면, 반역범 경육격, 오수의, 달색, 곽성霍成 등을 조사하니 각처를 지나가면서 길거리에서 억울함을 하소연하고 사람을 만날 때마다 비방을 늘어놓았는데, 압송했던 군인과 숙박했던 곳의 주인 등이 모두 함께 들었다고 한다. 기회가 있을 때마다 마을의 여인숙과 성시城市에서, "너희들 모두 와서 새로운 황제에 대한 새 소식을 들어라. 우리는 억울한 누명을 썼기에 너희들에게라도 호소해야겠으니, 너희들이 사람들에게 말해주길 바란다"라고 외쳤고, 또한 "기껏 우리의 죄를 물을 수 있지, 어찌 우리의 입을 막을 수 있겠는가!"라는 등의 말을 했다. 이들은 귀역鬼蜮[92]과 같은 수법을 어느 곳에서도 펼칠 수 없게 되자, 온갖 궁리로 계략을 꾸며, 오직 악담을 퍼트리는 짓을 선동의 계책으로 삼고 만에 하나의 요행을 바랄 뿐이었던 것이다.

저 윤제는 평소 성조황고께 멸시받아 종래 칭찬 한마디 들은 적이 없다. 일찍이 황고께서는 태후에게 가끔 의중을 밝히시면서 "당신 작은아들은 당신의 큰아들에게 주어서 호위護衛나 사령使令쯤 맡아야 되는데 그조차도 못 할 것이다"라고 하셨다. 이는 태후궁 안의 사람이 모두 아는 것으로, 성조황고께서는 윤제를 이처럼 경시하셨다. 그런데 역당들은 여전히 "성조의 뜻은 제위를 윤제에게 전하려는 것이었다"고 하면서, 황고의 연세가 이미 고령이셨는데, 어찌 제위를 전할 사람을 변방 수천리 바깥으로 보낼 이치가 있었겠는지는 유독 생각지 못하는 것인가! 천하의 지극히 우매한 사람일지라도 이런 일이 결코 있을 수 없다는 점을 알 것이다. 다만 서쪽 변방에서 전쟁을 치러야 했기에, 성조황고의 뜻에서는 황자라는 허명虛名으로나마 전장에 주둔해 지키길 바랐던 것으로, 윤제가 경사에 있으면 조금도 쓸모가 없다는 것을 아셨던 것이다. 더군다나 그의 천성이 어리석고 사나워 평소 자중하지 못하니, 실로 전쟁을 구실로 멀리 쫓아내고자 하는 의도이셨다.

짐이 어릴 적부터 황고께 총애와 신임을 받아, 여러 형제들 가운데 으뜸이었다는 것을 궁중의 누가 모르겠는가! 제위를 짐에게 전한다는

92. '역蜮'은 형체를 볼 수 없는 '물여우'로, 그것이 모래를 머금었다가 물에 비친 사람 그림자에 모래를 뿜으면 그 사람은 병에 든다고 한다. '귀역'은 음험하게 보이지 않는 곳에서 타인을 해치는 소인을 비유하는 관용어이다. 또한 '鬼蜮伎倆'이란 성어는 몰래 다른 사람을 해치는 비열한 수단을 비유하는 데 쓴다.

유조가 이르렀을 때, 여러 형제들이 어탑禦榻의 앞에서 직접 받들었다. 이 때문에 여러 형제들은 짐 앞에서 머리를 조아리면서 신하로서 복종했으며, 감히 이의를 제기할 수 없었던 것이다. 지금 도리어 황고께서 제위를 윤제에게 전하고자 하셨는데 융과다가 유조를 고쳐서 짐에게 제위를 전해주게 되었다고 하니, 이는 윤제를 높이고 짐을 모욕하는 것이며 아울러 황고의 뜻을 모욕하는 것이다. 어찌 상제와 황고께 주살당하지 않을 수 있겠는가!

짐은 즉위한 첫해, 윤제를 경사로 불러들였다. 그 당시 짐은 눈물을 흘리면서 가까이에서 시종들던 대신들에게 "애통하게도 황고께서 승하하는 대고大故를 당했는데 윤제가 경사에 있지 못하니, 어찌 복이 이렇게도 없는가! 마땅히 교지를 내려 불러들여 경사에 와서 자식과 신하로서의 마음을 다할 수 있게 하라"고 했던 것이다. 이것이 진정 짐의 본의였지, 결코 경계하거나 의심하고 시기해서 불러들였던 것은 아니었다.

윤제는 용렬하며 오만하고 어리석어 재능과 식견이 없었으니, 위엄은 군중을 굴복시키기에 부족했고 덕은 사람을 감동시킬 수 없었다. 그리고 섬서 지방에는 또한 총독 연갱요 등이 있어 그곳을 통제했기 때문에, 윤제가 통솔할 수 있는 것은 병정 수천 명에 불과했을 뿐이다. 또한 병정 모두가 만주에서 대대로 국은을 입은 무리이고, 부모와 처자가 모두 경사에 있었으니, 어찌 윤제의 지시를 듣고 반역을 위한 거병에 나서려 하였겠는가! 짐이 윤제를 경계하기 위해서 그를 경사로 불러왔다는 말은 모두 간당이 윤제의 명성과 지위를 더 높이고자 했던 주장일 것이다.

윤제가 경사에 도착할 때에 이르자, 먼저 예부에 문서를 보내 짐을 알현할 때의 의절에 관해 문의하니, 조정 전체가 놀라 의아하게 여기지 않는 이가 없었다. 경사에서 짐을 알현하자, 그 거동이 불순하고 말투는 오만하여 광패한 모습이 이루 다 말할 수 없었는데도, 짐은 모두 꾹 참고 너그럽게 받아들였다. 짐이 황태후께 윤제를 불러서 만나볼 것을 주청했었지만, 태후께서는 "나는 황제가 내 친자식이라는 것을 알 뿐, 윤제는 여러 황자들과 다를 바 없습니다. 나에게 특별히 더 친밀한 점은 없습니다"라고 말씀하시면서 윤허하지 않으셨다. 짐이 다시 "윤제가 여러 형제와 입궁해 알현하게 하면 괜찮지 않겠습니까?"라고 청하자, 태후께서는 그제야 윤허해주셨다. 여러 형제들이 윤제와 함께 나아가 알현했을 때, 황태후께서는 윤제를 향해서는 따로 한 마디조차 건네지 않으셨으니, 이는 현재 여러 왕들과 황자들이 모두 아는 일이다. 이후 윤제가 짐의 면전에서 방자하게 포효하며 여러 가지로 법도를 어기자, 태후께서 아시고 특별히 전교傳教를 내리시어, 짐에게 윤제를 엄격히 질책하고 엄중히 가르치도록 명하셨는데, 이 역시 궁중의 사람들이 모두 알고 있는 일이다. 윤제가 윗사람을 능멸했던 것은 태후께서 돌아가시기 3, 4개월 전이었는데, 태후께서 윤제를 보고자 했으나 그럴 수 없었다는 것은 무슨 주장인가? 게다가 하옥주 등은 "태후께서 윤제가 구금되었다는 소식을 듣고서 붕어하셨다"라고 했고, 마기운은 그의 매부인 달색에게 "태후께서 새사흑이 라마교 수장을 보러 갔다는 소식을 듣고서 붕어하셨다"라고도 하였다. 똑같이 모함해 날조하는 말인데도 서로 어긋나서 이처럼 일치하지 않는 것이다.

게다가 새사흑이 서대동西大同으로 간 것은 옹정 원년 2월이었다. 어쩔 수 없는 사정을 일찍이 태후께 빠짐없이 아뢰고, 태후께서 승낙하시고서야 그를 파견했던 것이니, 모후의 전교를 청하지 않아서, 태후께서 몰랐거나 윤허하지 않으셨던 일이 아니었다. 가령 윤제에게 가서 왕릉을 지키도록 명한 것조차도, 태후께 아뢰었고 기쁘게 허락하시어 파견한 것이니, 역시 태후께서 몰랐거나 윤허하지 않으셨던 일이 아니었다. 옹정 원년 5월, 태후께서 승하하셨을 때 윤제가 경사로 오자, 짐은 교지를 내려 그를 군왕郡王으로 봉하면서 절실히 교도教導하였는데, 그가 이전의 잘못을 반성하고 고쳐서 짐의 은총과 예우를 받길 바랐기 때문이다.

나중에 윤제는 계속 능침陵寢이 있는 곳에 돌아가 거주했다. 그 사이에 아기나는 경사에, 새사흑은 섬서에 머물면서 패란悖亂한 역모는 날이 갈수록 뚜렷해졌다. 그 역심을 전혀 접지 못하고, 사당邪黨을 결코 해산하려 들지 않았기 때문이었다. 게다가 옹정 4년, 다시 간민奸民 채회새蔡懷璽가 윤제의 집에 투서投書하여 반역을 도모하기를 권하자, 짐은 비로소 윤제를 경사로 불러들여 구금했다. 윤제를 구금한 것은 바로 태후가 승하하신 지 3년 후의 일인데, 지금 도리어 태후께서 윤제를 구금했기 때문에 붕어하셨다고 한다. 그 꾸며낸 말의 왜곡이 어찌 이렇게 심한가!

또한 마기운은 새사흑의 모친이 스스로 목매어 죽었다고 하였다. 지금 의비宜妃인 모비母妃에 대해, 짐은 황고의 유지遺旨를 따라서 항친왕恒親王에게 그 왕부에서 봉양하도록 하였는데, 역적들은 작년에 목을 매었다고 생각하니 참으로 귀매鬼魅의 허무맹랑한 이야기다.

지난 강희 47년, 성조황고의 옥체가 편찮으시어, 짐이 여러 의원과 성친왕誠親王 등과 함께 밤낮으로 상세히 살피면서 치료하였지만, 아기나는 방관하며 못 들은 체하였다. 성체聖體가 평안해지시자, 짐이 그들과 함께 다행이라 여기고 경하하는데, 아기나는 눈살을 찌푸리며 짐에게 말하길, "당장이야 어찌 좋지 않겠소? 이렇다 할지라도, 앞으로의 일을 어쩌겠소?"라고 하였다. 이는 아기나의 잔인하고 불효한 마음이 저도 모르게 입에서 튀어나온 것이었다. 짐이 끝내 그의 옳지 못한 점을 여러 사람 앞에서 공개하여 모욕하자, 그는 깊이 부끄러워 원망했던 것이다. 지금에서야 60년 동안 탕약을 올렸던 것을 가지고 짐에게 악명을 씌우니, 천리를 죄다 내다 버린 보복이라 일컬을 만하며, [아기나가] 신명神明의 주살을 당한 것도 이상한 일이 아니다.[93]

• • •

93. 제1권에서 옹정제가 누차 강조하고 있는 것 중 하나는 아기나나 새사흑을 자신이 죽이려 했던 것이 아니라 역모를 꾸미더니 결국 '伏冥誅', 즉 저승의 처단을 받았다는 것이다.

화비和妃와 모비들에 관한 말은, 더욱 괴이하고 뜬금없다. 짐은 황고皇考의 궁인들을 한 번도 만난 적이 없었는데, 하물며 여러 모비들에 대해서는 어떠했겠는가! 7년 동안, 만약 당시 황고의 궁중 사람 가운데, 여인들을 부렸다거나 한 사람이라도 짐의 곁에 두었던 적이 있었다면, 짐은 참으로 하늘의 태양을 마주하면서 만민에게 군림치 못할 것이다.

또한 증정은 진술하면서, 그가 호남에 있었을 때, "황상이 절강에서 연납捐納[94]하는 선례를 만들어, 은 6백만 냥으로 서호西湖를 수축修築하여 제왕이 유람하는 땅으로 만들고자 한다"는 말을 전해 들었다 하였다. 그 당시 그가 미혹되었다가, 지금에서야 모두 간당이 조작한 것이라 깨달았다 하니, 완전히 터무니없는 말들이 이르지 않는 곳이 없었던 것이다. 이 서호 전체에 과거 지방관이 행궁行宮을 지으려 할 때, 짐이 오히려 모두 불사佛寺로 변경하라고 명했던 것인데도, 간당은 연납한 은냥으로 서호를 수축해 유람지로 만들고자 하였다고 하니, 어디에서 나온 주장인지 모르겠다.

또한 삼성 지방에서는 어떤 사람이 "황상이 노구교蘆溝橋에다 관방官房을 지어 두고 왕래하는 객상에게 밥값을 거둔다"는 등의 유언비어를 만들어 전파했다. 짐은 과거고시에 응시하는 독서인이 경사로 올라올 때, 다리 위에서 행장을 검사받느라 풍우에 노출된 곳에서 고생을 면치 못하였기 때문에, 특별히 국고를 지출해 방사房舍를 지어 그들이 머무르면서 쉴 수 있도록 하고, 세무稅務를 관리하는 사람에게 명하여 그곳에 도착하면 과거 응시 공문서를 점검하고 바로 통과시키게 하였다. 독서인의 무리에게는 발을 내디딜 수 있는 곳이 생겼을 뿐만 아니라, 악덕 상인이 거짓으로 과거에 응시하는 사람처럼 꾸미고 납세를 탈루하는 죄를 저지르는 것을 막을 수 있게 되었던 것이다. 이는 짐의 인정仁政이었으니, 직예성直隸省[95]의

94. 국가 재정을 보충하기 위해 일반인에게 돈이나 곡식을 상납받고 벼슬자리를 주는 것.

과거 응시생[擧子]은 은덕에 감격하고 찬양하였던 일인데, 간당은 짐이 객상에게 밥값을 거두려 한 것이라 여기고, 이렇게 비방하는 말들을 지어냈으니 실로 가소롭고도 괴이하다고 할 만하다.

아기나, 윤제는 미친 듯이 술을 마셔대면서 거리낌이 없었는데도 짐에게 술주정한다는 오명을 씌웠다. 아기나 등은 마음을 품은 바가 음험했고 국가를 위태롭게 할 일념을 품고, 황고를 원망했던 마음을 거꾸로 짐에게 하나하나 전가하려고 했다. 모두 아기나 등이 평소 역모를 성공시키지 못하자 비류를 키워온 지 오래되었기 때문이다. 헛소문을 퍼트리며 따로 파벌[門戶]을 만들고 각각 당우黨羽를 사들여서 사람들의 이목을 현혹시키고자 했으며, 평소 품었던 반역의 일념을 준동시키고서야 마음에 흔쾌하다고 여긴 것이니, 조종의 사직은 고려할 바가 아니었다. 짐에게 흉폭하다는 악명을 씌운 것은 그 죄가 오히려 가볍지만, 암암리에 성조황고의 60여 년의 극히 성대한 공로와 사업조차 유념하지 않고 이러한 귀결을 만들었으니, 어찌 사람의 자식된 자로서 차마 그럴 수 있는가! 아기나, 새사흑 등의 죄는 실로 만 번 죽어도 속죄할 수 없는 것이다.

그들의 간계奸計가 이와 같아서 당장 발각된 것조차 그 수를 헤아릴 수 없는데, 기타 비류와 사당 가운데 그들의 사주를 따랐던 자가 어찌 수천 수백 명에 그치겠는가! 날조된 갖가지 비방의 말들이 이미 아주 먼 변경과 요새에까지 퍼져 있으니, 우주宇宙 안 시골의 어리석은 사람 가운데 미혹된 자가 어찌 증정 몇 사람에 그칠 뿐이겠는가! 바로 삼성 지역의 협령[96]인 화뢰와 같은 자는 지방에 머물며 사찰할 책임을 졌지만, 오히려 그는 보고 들은 것을 모두 숨긴 채 보고하지 않았다. 짐이 구중九重의

● ● ●

95. 천자가 사는 수도 근방의 요충지를 '직예'라 한다. 수도에 직접 부속되는, 천자가 직할하는 성을 직예성直隸省이라고 칭한다.

96. 청대 무관의 명칭이다. 지위는 부도통('도통'은 각 팔기군의 최고 장관) 아래, 좌령(팔기군의 300명 단위의 기본단위를 관장하는 무관) 이상의 직급에 해당한다.

황궁[大內] 안에서 어떻게 그것을 파악할 수 있었겠는가? 무엇을 근거로 그것을 규명했겠는가? 또한 무엇을 가지고 분석해 보여주고 천하 신민들이 함께 깨닫게 만들 수 있었겠는가?

지금 상천上天과 황고께서 굽어살피고 묵묵히 보우하사 신명으로 하여금 증정이 총독 악종기의 앞에 스스로 자수하게 만들어, 역서를 짓고 비방을 날조한 간사한 자들이 하나하나 드러나도록 해주셨다. 짐은 비로소 그들의 잔인한 실상을 알게 되었으니, 서슴없이 평소 마음가짐과 행한 일을 머나먼 벽지의 여민黎民에까지 두루 알려, 근거 없는 얘기에 만에 하나라도 미혹되지 않게 하고, 또한 아기나와 새사흑 등이 악독한 마음을 품고서 불충하고 불효한 것은 하늘에 계신 조상들께 용납받을 수 없고 국법에 용서받을 수 없는 일이라는 점을 알 수 있게 하였다. 천하 후세 역시 짐의 어찌할 수 없는 고충을 헤아릴 수 있을 것이다. 이것이 짐의 불행 중의 큰 행운이니, 인력으로 능히 할 수 있는 것이 아니었다. 바로 이 때문에 증정에게 공이 없다고 할 수 없으며, 바로 이 때문에 그에 대한 주살을 사면해줄 만한 것이다.

지금까지 위법과 난을 일삼는 흉악한 자들이 요사한 말을 날조해 인민을 기만하고 대중을 미혹시키려 했던 일은 늘상 있어 왔다. 즉, "제왕이 삼강구三江口에서 나오고, 가호嘉湖는 전장이 될 것이다"[97]라는 이전의 요사한 말과 같은 것이니, 이런 말이 널리 퍼진 지 이미 30여 년이 되었다. 또한 광서의 장숙영張淑榮 등이 '흠천감에서 자미성이 복건 지방에 떨어졌다고 상주하자, 지금 조정에서 교지를 내려 복건 지방에

---

97. '삼강구'는 조아강曹娥江, 전철강錢淸江, 절강浙江의 세 강이 바다로 흘러가면서 모이는 절강성의 지역이다. '가호'는 항가호평원杭嘉湖平原, 즉 항주杭州, 가흥嘉興, 호주湖州를 둘러싼 평원을 말한다. 이 지역은 청의 건국 과정에서 반청의 저항이 극심했고 상당한 탄압을 받았던 지역이기에 이런 전설이 팽배했던 것으로 보인다. 이 참언은 연갱요를 항주로 파견해 반청복명 세력을 진압토록 하는 계기가 되기도 하였고, 한인 연갱요가 모반할 것이라는 민간 소문의 근거가 되기도 하였다.

사람을 파견해 3세 이상 9세 이하의 남자를 모두 죽이라고 하였다'라고 말한 것도 마찬가지다. 또한 산동 사람 장옥張玉이 주朱 씨 성이라고 속이고 이전 명 왕조의 후예인데 점성술사를 만나서 그가 제왕의 운명을 타고났다는 예언을 받았다고 한 일도 있었다.

이처럼 황당하고 터무니없지만 세간의 인심에 관련된 말을, 종종 지방의 대신과 관원들은 업무를 줄이려고, 미친 자의 이상행동으로 간주해 한동안 되는 대로 덮어둔 채 그런 미혹으로 인한 해악을 염두에 두지 못했다. 세월이 흐를수록 소문은 널리 퍼져나갔고, 급기야 그 유래를 캐내지 못해, 차츰 무고한 사람들이 그에 연루되게 만들었던 것이다. 이 모든 것이 용렬하고 무능하며 국가 이해를 도외시한 대신들이 악성 종기를 키운 폐해다.

또한 향촌 서당에서 아이를 가르치는 사람이 본래 지식이 없는 데다 곤궁해 의지할 곳이 없자 억울한 심정에 종종 저속하고 괴상망측한 노래를 만들어서 향촌의 아이들에게 알려주고 노래를 퍼트리며, 모르는 자들이 급기야 동요라고 착각해서 서로 전하면서 유포시켜가는 경우도 마찬가지다. 이는 모두 간민이 인심을 부추기고 혼란시켜 국법을 문란케 한 짓인데, 지방관과 관리들이 흔한 일이라 파악하고, 조사해 징계함으로써 그것이 확산되는 것을 막지 않는다면 합당하겠는가?

지난해 어떤 사람이 시랑 서릉액舒楞額의 비밀 상주문을 사칭하여 팔기에서 쌀을 수령했던 사건은 만주인[旗人]의 마음을 동요시키고 미혹시키고자 했던 것이었다. 서릉액이 그 일을 알고 실상대로 조정에 들어와 아뢰었고, 당시 짐은 즉각 철저히 규명하라는 교지를 내리고 그 날조한 사람을 잡아서 징계하였다. 대체로 유언비어가 처음 시작될 때, 지방의 대신이 기꺼이 신경을 써서 철저히 규명하고자 한다면 반드시 그 근원을 찾아낼 수 있으리니, 간귀奸宄[98]가 법망을 빠져나갈 수 없고, 용렬하고 우매하며

98. 국법을 어기고 난을 일으키는 일, 또는 그런 사람을 뜻한다.

무지한 자들 역시 연루되지 않게 만들 수 있다. 그것이 인심과 세도世道에 보탬이 되는 데 결코 작지 않은 것이다.

지금 증정사건으로 인해 처음 비방을 날조한 괴수를 조사해 찾아냈는데, 아마도 이 사건이 꽤 일찍 발각되어 추적하는 데 용이했기 때문이리라. 그렇기에 차례로 추적하여 그 근원을 찾아낼 수 있었던 것이다.

더욱이 짐이 증정을 용서한 일이란 본심을 숨기고 명예를 탐해서 이런 조치를 내렸던 것이 아니다. 「우서虞書」에서는 "과오로 지은 죄를 용서함에는 [용서 못 할] 큰 죄라는 것이 없고, 고의로 지은 죄를 형벌함에는 [벌하지 못할] 작은 죄라는 것이 없다宥過無大, 刑故無小"(『서』, 「대우모」)라고 하였다. 증정의 잘못은 크지만, 실로 용서할 만한 사정이 있다.

우리 황고께서는 때때로 자식과 신하들에게 말씀하시길 "사람이라면 누군들 잘못이 없을 수 있는가? 잘못이 있을 때 고칠 수 있느냐가 곧 스스로 새사람이 되어 선하게 되는 계기이므로 옛사람들은 잘못을 고치는 것을 귀중히 여겼다. 참으로 잘못을 고칠 수 있는 자라면, 저지른 죄의 대소를 막론하고 모두 처벌해서는 안 된다"라고 하셨다. 짐은 성훈聖訓을 삼가 받들며, 날마다 잘못을 고치기를 천하의 인민에게 바랐다. 잘못이 크더라도 고칠 수 있는 자는 잘못이 적어도 고치지 않는 자보다 나을 것이니, 증정과 같은 경우는 잘못을 고칠 줄 아는 자라고 할 만하다. 짐이 증정을 사면하는 것은 바로 천하 신민에게 잘못을 고치려는 사람에 대해서는 짐이 사면하지 못할 죄가 없다는 점을 알려서, 잇따라 스스로 새사람이 되는 길로 나가게 하고자 하기 때문이다.

게다가 짐은 천하를 다스림에, 사사로운 기쁨에 따라 한 사람에게 상을 주지 않았고, 사사로운 분노를 갖고 한 사람을 벌하지 않았다. 증정의 광패한 말은 짐을 비방하는 데에 그쳤을 뿐이며, 아울러 반역했던 사실이 없고 공모했던 무리도 없었다. 함부로 날뛰며 명을 거역했던 사람일지라도, 만약 자기를 절제해 명에 순종하고 죄를 두려워하며 귀순할 수만 있다면, 도리어 사면의 은전을 받기까지 하였는데, 어찌 증정만 그 한목숨을 용서받지 못하겠는가!

그뿐만 아니라, 증정의 전후 각 진술은 모두 그가 친필로 작성한 것으로, 결코 억지로 강요했던 것이 아니었고, 누군가가 몰래 윗사람의 뜻을 알려줬던 것도 결코 아니었으며, 실로 천량에서 감동한 바에 따른 것이었다. 이 때문에 절실하며 참되고 간절한 그의 뉘우치는 마음이 기록으로 나타난 것이다. 이것이야말로 용서할 만한 실정이지, 결코 그가 아첨하며 찬양하는 말을 늘어놓았기 때문에 그 죄를 사면하고자 하는 것이 아니다. 오늘 증정의 아첨에 기뻐해 그를 용서하는 것이라고 한다면, 이전에 그의 비방에 노했을 때 곧바로 죽여버려야 했을 것이다. 더군다나 증정의 지금 찬양하는 말을 이전 비방했던 말에 비교하자면, 그 경중의 현격한 차이가 어찌 천백에 그칠 뿐이겠으며, 그의 죄상을 가늠해 어찌 상쇄할 만하겠는가! 만약 누가 짐이 증정의 아첨을 좋아하여 그 죄를 사면해준 것이라 논한다면, 증정이 이전에 개 짖는 소리, 부엉이 울음을 내뱉었던 것과 다를 바가 없다. 그러니 짐 역시 논하지 않는 것이다.

유언비어를 날조하고 퍼트렸던 역당을 별도로 심문해 밝히고 처형하는 절차 외에, 증정과 장희는 죄를 사하여 석방하고, 아울러 그들의 역서 및 전후의 심문에서 추궁했던 말들을 그들의 진술과 함께 하나하나 간행·반포하여 천하인이 모두 알 수 있게 하라.

호남성 지역의 대소 관원들이 평소 국은을 선포하고 짐의 가르침을 널리 선양하여서, 백성을 교화해 사심邪心을 일소시키지 못했기 때문에, 이런 우매하고 광란한 인간들이 생겨난 것이다. 실로 이 백성들의 부모된 책임을 더럽힌 것이니, 이는 깊이 부끄러워해야 마땅한 것이다.

지금 만약 부끄럽고 분하여 원한의 마음을 품고, 혹여라도 증정과 장희를 아무도 모르게 해치려는 상황이 생긴다면, 짐은 기필코 응분의 죄를 물을 것이다. 증정 등은 짐의 특별한 지시로 사면을 받은 사람이니,

그의 거주지역 사람 중에 만약 고향을 치욕스럽게 만들었다는 이유로 증오하고 혐오하여 몰래 해치려는 자가 있다면, 그 죄에 대한 처리 역시 마찬가지일 것이다. 짐의 자손은 이후에라도 그가 짐을 헐뜯었다는 이유로 죄를 추궁해 주살해서는 안 될 것이다.

증정의 사건은 여유량 등과는 같지 않다. 여유량의 죄는 황고께서 당시 알지 못하셨기에 사면할 수도 없었던 것이었다. 이 때문에 짐이 오늘에서야 그 죄를 밝혀 처단하는 것이다. 만약 일찍이 황고로부터 사면에 관한 성지를 받았었다면, 짐 역시 성지를 따라 너그럽게 그 허물을 용서했을 것이다. 특별히 지시하노라.

2. 옹정제가 형제들과 불화했던 경위를 해명하는 상유

다시 상유를 받들어 전한다. 이제까지 선악에 대한 응보는 조금도 어긋난 적이 없었다. 죄악이 지극히 큰 사람이 잠시 용서를 받아 주륙을 면할지라도, 그는 이리저리 돌아서 거듭 스스로를 법망에 내던지니, 마치 그렇게 하도록 추동하는 자가 있는 듯하다.

바로 아기나·새사흑·윤아·윤제 문하에서 서로 도우면서 악을 행했던 무리가 몰래 사악한 음모를 꾸미며 은밀히 반역의 뜻을 품어 실로 국가의 커다란 화근으로 종사에 깊은 우려를 미쳤던 예가 그와 같다. 짐이 그 간악함을 훤히 헤아렸을 때, 그들을 법에 따라 처분하여 뿌리를 잘라냈어야 마땅했다. 단지 일시에 차마 그럴 수는 없어, "그 괴수를 섬멸할 뿐, 어쩔 수 없이 추종했던 자들을 처분하지 않는다殲厥渠魁, 脅從罔治"(『서』, 「윤정胤征」)는 옛사람의 뜻을 떠올리고는 관전寬典을 베풀어 변방으로 유배 보내고 그 생명을 보전시켰으니, 이 무리들이 조금이라도 인간의 마음을 갖고 있다면, 천량을 발휘하여 평소의 악을 뉘우치고 고칠 수 있으리라고 여겼기 때문이었다. 하늘을 거역하며 못된 짓을 하는 인간은 감화시켜 가르칠 수 없는 것이라고 어찌 짐작했겠는가! 악독하고 잔인한 천성이 날로 미친 듯이 날뛰어 위로 천지를 범하자, 황고의 분노가 우여곡절 끝에 증정 무리의 손을 빌려서, 간당과 비류의 죄상을 하나하나 드러내 법망을 빠져나갈 수 없게 만드셨던 것이다. 천도가 밝게 드러내는 바가 이와 같아, 사람의 모골을 송연하게 하는데 더욱 경계하고 삼가지 않을 수 있겠는가!

짐이 즉위한 첫해에 여러 형제를 양심전에 불렀다. 짐은 진심 어린 간곡한 말로, 통곡하며 여러 형제에게 다음과 같이 권유勸諭하였다. "짐은 여러 형제들 중에서 짐에게 대위를 전한다는 황고의 막중한 부탁을 받았다. 전대에 군통을 계승한 군주만은 못해도, 선후가 순서대로 서서 부자지간에 각기 그 올바름을 이루었다. 우와 탕의 후손으로 걸과 주가 있지만, 천하가 그런 자손의 불선不善으로 인해 우·탕의 공덕을 숨길 수 없는 것과는 달리, 짐의 황고에 대한 관계를 보자면 시비와 득실에서 실로 일체를 이룬다. 짐이 옳다면, 황고의 부탁이 옳은 것이며, 짐이 그르다면 황고의 부탁은 그른 것이 된다. 황고의 60여 년 성덕과 신공은 천고를 초월하므로, 짐은 결단코 감히 그냥저냥 나태하고 방탕하면서 기꺼이 스스로를 포기한 채, 천하 후세가 모두 황고의 부탁이 잘못이라고 논하게 하여 60여 년의 위대한 공덕을 가리도록 할 수는 없다. 짐의 이러한 마음을 상천과 황고께서 참으로 살피며 내려다보실 것이다.

나의 형제는 모두 황고께서 낳아 기르고 돌봐주셨던 수십 년간의 하늘처럼 높고 땅처럼 두터운 심은深恩을 받았으니, 마땅히 황고의 마음을 몸소 살피면서 하늘에는 두 개의 태양이 없고, 인민에게는 두 명의 왕이 없다는 의리를 생각하여, 각자 충성을 표하면서 짐을 보좌하라. 짐이 잘하지 못하는 것에 대해서는 보조하고 짐이 잘못한 것에 대해서는 바른말로 간언하며, 짐에게 과실이 있을지라도 마땅히 용서하고 감추어

주어야 할 것이다. 한마음으로 잘못을 바로잡아주고 보필하면서, 짐에게 '옳음[是]'이라는 한 글자를 권하고 짐이 일대의 훌륭한 군주[令主]가 될 수 있게 함으로써, 황고의 올바름을 완성시키는 것이 바로 여러 형제들이 황고의 망극한 홍자鴻慈에 보답하는 방법이리라."

이처럼 간곡하게 권고했는데도, 아기나·새사흑 등은 방관하고 못 들은 체하며 패역하여 망령되이 반란을 일으키려는 일념을 결코 굽히지 않았다. 덕으로 감화시킬 수 없었고, 이치에 따라 깨우칠 수도 없었고, 인정으로 감동시킬 수도 없었으며, 은혜로도 결속시킬 수 없었다. 예컨대 아기나가 막 친왕親王으로 봉해졌을 때, 그는 곧 사람들에게 원망과 격분의 말을 쏟아내었고, 더군다나 조정의 대신들에게는 "황상이 오늘 은혜를 베풀었지만, 내일은 주륙하겠다는 뜻을 숨기고 있지 않은지 어찌 알겠는가! 그 당장의 시은施恩을 모두 믿을 수 없다"고 말했다. 또한 대정大庭[99]에서 많은 사람들을 마주하고서 짐을 저주하였으니, 그밖의 일도 알 만한 것이다.

짐이 처음 즉위했을 때, 새사흑은 그 좌우의 사람들에게 "사정이 끝내 이렇게 될지 생각지 못했다. 우리는 살아도 죽은 것만 못하겠다"고 말했다. 이는 그의 태감인 왕응융王應隆이 직접 자백한 것이다. 그를 서녕西寧에 거주하도록 하였을 때, 그가 수많은 재물을 가지고 인심을 매수했기에, 간민 영호사의令狐士儀 등의 인물이 몰래 투서하여 역모를 꾸밀 것을 권하기에 이르렀던 것이다. 또한 윤제와 같은 경우 경릉景陵에 의지해 거주하게 하였는데도, 간민 채회새가 집안으로 투서하여 그를 황제라 칭하자 그가 그것을 은닉한 일도 있었다. 이는 그들의 역심이 결코 바뀌지 않았고, 그들의 역당이 결코 해산되지 않았기 때문인 것이다.

짐은 밤낮으로 이모저모 생각해봤지만, 적절히 안배하여, 고집불통인 형제들을 보전하면서도 종사를 편안케 할 수 있는 좋은 방법이 전혀

● ● ●

99. 외조外朝의 뜰로, 왕궁의 고문庫門 안, 치문雉門 밖에 있는 공간이다.

없었다. 어찌할 수가 없어서 아기나·새사흑·윤아·윤제를 각각 구금했던 것인데, 아기나·새사흑이 잇달아 모두 저승의 처단을 받게 될 줄은 생각지 못하였다. 짐은 이 사안을 처리하면서, 모두 천지에 묵묵히 아뢰고 경건히 황고를 마주하면서 심사숙고하여 그 경중을 헤아렸는데, 종사와 국가를 위한 대계에 이 몸은 도외시하였던 처사였으니, 이 마음 상천과 황고를 마주할 만하다. 중인들의 여론의 포폄이나 후세의 시비에 관해서는, 짐은 묻지 않겠다.

예전에 저위儲位가 정해지지 않았을 때, 짐의 형제 6, 7인이 각기 분수에 넘친 바람을 품고 서로를 해치고 각자 자기 사람을 심으면서 요행을 도모했다. 그러자 대단히 간악한 인간들이 마침내 기회를 틈타 당파를 결성하였으니 조정의 신하와 맹약을 체결하고 군소 무리를 긁어모아 내외內外를 규합시킴으로써 너무도 견고하여 깨뜨릴 수 없는 정세를 만들었다. 공공연히 태자를 세우는 한 가지 일을, 자신에게 권력을 쥐어주는, 손만 뻗으면 성취할 수 있는 일이라 여겼으니, 그 [당파의] 범위를 벗어날 수 없었다. 이들의 관계가 종사와 국가의 큰 우환이라는 것을, 짐은 직접 보고서 깊이 깨달았다. 만약 그냥저냥 용서한 채 처벌해 경계시키지 않는다면, 흉악한 무리는 끝내 패역을 일상적인 일로 여기리니, 그것이 후세 자손에게 미치는 해악이란 이루 말할 수 없을 것이었다.

하물며 옛사람은 "나를 어루만지는 이는 군주요, 나를 학대하는 이는 원수다撫我則后, 虐我則仇"(『서』, 「태서하泰誓下」)라고 하였으니, 이는 군·민과 상·하 사이에는 천관지리天冠地履[100]의 의리가 있다 할지라도 베푼 대로 거두는 것이 실정임을 말한 것이다. 어찌 신하의 본분으로 난을 일으켜 윗사람을 범한 것이 명백히 드러났는데, 단지 종친宗親 출신이라는 이유로 간악한

---

100. 하늘이 '관冠(모자)', 땅은 '리履(신발)'라는 말로, 하늘과 땅의 차이가 매우 크다는 것을 의미한다.

자들을 방관하고 키우면서 종사의 대계를 불문에 부칠 수 있겠는가! 그러므로 아랫사람의 입장에서 말하자면 '나를 어루만지는 이는 군주요, 나를 학대하는 이는 원수다'라고 할 것이나, 윗사람의 입장에서 말하자면 '나에게 충성하면 신하요, 나를 배반하면 적이다'라고 해야 한다. 이것이 고정불변의 정리情理요, 천고의 통의通義이다. 더군다나 맹자는 "인민이 가장 귀하고, 사직이 그 다음이요, 군주는 가볍다民爲貴, 社稷次之, 君爲輕"(『孟子』, 「盡心下」)고 하였다. 군주를 사직에 비교한다면, 군주가 오히려 사직보다 가벼운 것이니, 형제와 종친은 더 말할 나위조차 없다. 만약 단지 구족九族을 돈독하고 화목하게 한다는 허명에만 힘쓰면서 종사와 창생蒼生의 대환大患을 헤아리지 않는다면, 어찌 본말이 뒤섞이고 경중이 뒤집히지 않겠는가!

지금 멀리 고대의 일을 인용할 필요 없이, 바로 우리 왕조와 명대의 근래의 사건을 근거로 말해보면, 우리 태조와 태종께서는 굳세고 의연하시어 영명하게 결단하시고 일이 발생하기 전에 미리 통찰하시면서, 사정私情에 따라서 되는대로 처리하는 안일한 생각을 품지 않으셨다. 이 때문에 대일통의 본보기를 완성하셨고, 세세로 자손에게 대평의 복을 남겨주신 것이다. 명의 건문제建文帝는 우유부단하여 대의를 모르고 변화가 극에 달한 것도 알아채지 못한 채, 골육骨肉을 보전하려 하면서 영락永樂의 화[101]를 양성釀成시켜서, 끝내 국가를 위태롭게 하고 자신은 죽음에 빠뜨려 조종祖宗의 죄인이 되었다. 영락제가 요행히 사업을 성취해 조종과 천하가 타인의

● ● ●

101. 1402년 명나라 제2대 황제 건문제의 숙부인 연왕이 반란을 일으켜 남경성을 장악하고 영락제로 즉위한 사건. 22세에 즉위했던 건문제에게 가장 큰 문제는 번왕으로 있는 나이든 삼촌들의 세력이었다. 방효유를 비롯한 측근들이 번왕을 제거할 것을 주청했지만, 건문제는 계속 온정적이며 우유부단한 처신을 보였다. 연왕이 1399년 반란을 일으켜 수도인 남경으로 진격해 올 때조차, 유화적 태도로 결정적 승기를 놓치고 제위를 빼앗겼다. 남경이 함락된 후, 건문제는 행적을 감추었다. 일설에는 황궁에서 불에 타 죽었거나 양자강에 투신했다고 하는데, 승려가 되어 유랑하다가 경사에서 생을 마쳤다고도 전해진다.

수중에 떨어지게 되지는 않았다고 할지라도, 신민을 굽어 마주하면서 부끄러워 얼굴을 붉히지 않을 수 있겠는가? 후세에 전하며 비난을 피할 수 있겠는가? 게다가 해내海內를 어지럽게 하고 생령生靈을 잔혹하게 해쳤으니, 종사의 위태로움과 신민의 재난이 이 당시보다 위태로운 적이 없었던 것이다. 또한 명대의 신호宸濠의 난[102]의 경우도 마찬가지로 안일한 임시방편으로 인해 양성되었으니, 천하 후세의 교훈으로 삼을 만한 일이다.

요컨대, 인군이 불행히 이러한 사안을 마주했을 때, 살펴보니 진실이었고 알아보니 확실했다면, 마땅히 그 이해의 경중을 가늠하여 의연하게 결단해야 하며, 소불인小不忍[103]의 식견을 품고 자신에 대한 비난과 칭찬을 고려함으로써 영원토록 화근과 우환을 남겨서는 안 되는 것이다. 만약 진실이 아님을 살피고 확실치 못함을 알면서도 무모하게 실행하거나, 혹은 그사이에 사사로운 원한마저 개입시킨다면, 천지와 조종의 죄인이 되어, 역시 견책譴責을 피할 수 없을 것이다.

짐은 아기나 등이 당파를 결성해 반역한 정황을 확실히 파악했으며, 그 명백한 배반의 행적을 또한 대정에 있던 많은 사람들이 함께 보고 들었던 것이다. 그 당시 여러 왕과 대신들이 거듭 연명聯名해 상주를 올리어, 아기나·새사흑 등을 바로 극형에 처할 것을 청하였지만, 짐은 그들을 불러들여 얼굴을 마주하면서 눈물을 흘리며 거듭 간절하게 다음과 같이 타일렀다. "아기나·새사흑·윤아·윤제는 바로 성조황제의 아들이며, 짐의 친형제, 골육이자 수족이다. 너희들은 모두 성조황제 및 짐의 깊은 은혜를 받은 사람들인데, 지금 상주上奏된 바가 이와 같지만, 조금이라

102. 신호(1479~1521)는 명 태조 주원장의 5세손이자 태조의 아들인 영왕寧王 주권朱權의 현손玄孫이다. 9대 홍치제弘治帝 때 영왕의 습봉襲封을 받은 주신호朱宸濠를 가리킨다. 10대 정덕제正德帝 때 반란을 일으켰다가 왕양명에게 평정된 뒤 무종으로부터 자진하라는 명을 받았다. 그 시체는 불태워 버려졌다.

103. 사소한 것에 대해 차마 모질게 결단하지 못함. 1권 주 95 참조.

도 죄상과 부합하지 않는 부분이 있다면 짐을 불의에 빠뜨리게 될 것이며, 혹은 조금이라도 내심과 말이 서로 어긋났던 부분이 있어 은미한 것에서라도 석연치 못한 점이 있다면 상천과 황고께 죄를 짓는 일이 이보다 클 수가 없다. 하늘의 견책을 어찌 피할 수 있겠는가!"

이 당시 여러 왕과 대신들은 이구동성으로, 모두가 아기나·새사흑 등의 패역한 죄상은 절대 용서할 수 없다고 말하지 않음이 없었다. 짐이 거듭 하나하나 정황을 따져보니, 사람들은 모두 '상서했던 내용들은 확실히 공심公心에서 비롯되었다'고 하였다. 짐은 계속 교지를 내려 각 성의 독무·제진 등에게 확인해 보았지만, 그들이 상주한 바 역시 거듭 일치하며 뜻을 같이했다. 다만 여전히 몇 곳에서 주장奏章이 도착하지 않았기 때문에, 짐은 교지를 내리지 못하고 각각을 구금하도록 명하였는데, 거듭 상세히 숙고하여 결정하려는 뜻이었다. 그런데 두 사람이 곧 잇달아 죽어서, 짐은 오히려 그들을 전형典刑에 따라 공개적으로 처벌하지 못하였다. 이는 경사의 억만 신민이 모두 알고 있는 사실이니, [그들의 처벌에] 짐의 효유曉諭는 필요치 않았다. 만약 천하의 사람들이 틀림없이 짐이 두 사람을 주륙했다는 것을 비난하려 한다 해도, 그들의 죄상과 조정의 법률에 근거해 논한 것이라면, 짐은 역시 두 사람을 주륙하기를 피하지 않았으리라.

무릇 이렇게 한 번의 징벌을 시행해, 천하 후세의 종친과 불초한 무리들이 대의는 위반하거나 넘어설 수 없으며 국법은 요행으로 벗어날 수 없다는 것을 깨닫게 만들고, 이치에 따라 본분을 지킴으로써 국가에 존귀와 영예를 받게 할 수 있다면, 이로써 골육과 종친을 보전케 되는 자가 아주 많아질 것이다! 이는 "형벌로써 교화를 보좌한다"라는 고대 제왕의 뜻을 따르는 일이니, 실로 지극히 구족을 돈독하고 화목하게 하여 근본을 바로잡는 도인 것이다. 지금 아기나·새사흑이 이미 죽은 것을 보고서도, 그 역당의 비류들은 여전히 단념하려 들지 않았고 더더욱 입술과 혓바닥을 놀려 도처에서 중상을 날조해 퍼뜨렸으며, 천하 인민의 귀를 미혹시키면서 원한을 만들어 보복할 구실로 삼길 바랐다. 만약 상천과 황고께서 굽어 드리운 은밀한 도움이 그것을 발각되게 해주지 않았다면, 천하 후세에 전해졌을 것이다. 만약 미심쩍은 단서라도 전해졌다면, 짐이 억울한 조롱을 받는 것은 물론이고, 안타깝게도 60여 년간 하늘에 닿고 땅에 서린 황고의 공훈이나 60여 년간 행복과 경사를 내리고 공고히 해주셨던 상천의 은총과 예우는 모조리 물거품이 되었으리라.

짐이 다행히도 자신을 돌이켜 반성해보니 참으로 지적할 만한 은미한 하자조차 없어 떳떳하고 당당하다. 증정의 이 사건을 계기로, 서슴없이 사해 안팎의 억만 신민에게 해명하면서 통쾌하게 말할 수 있게 되었다. 그렇지 않았다면, 입으로 말하려 해도 우물쭈물했을 것이다. 어찌 이것저것 고려해 [형제들의 잘못을] 비호하지 않을 수 있었겠으며, 또한 무슨 얼굴로 조정의 신하와 좌우에서 시중드는 사람들을 마주했겠는가!

짐은 황고의 간절한 굽어살피심을 입었는데, 여러 형제 중에서 오직 짐에게만 "성효誠孝"라는 두 글자를 허락하셨다. 짐은 언제나 용인用人과 행정行政뿐만 아니라, 기거起居하고 출입하는 모든 일이 군부君父를 본받는 것인지 자문하였다. 설사 은미隱微한 순간에 어쩌다 일념이 떠오른다 해도, 반드시 이 일념이 과연 나의 군부에 부합하는 것인가를 생각해보고서야 비로소 감히 가슴에 품었고, 그렇지 않다면 기필코 없애버렸다. 짐이 감히 스스로 효를 다했다고 할 수는 없으나, 평생 애모愛慕하며 진실로 공경했던 한 조각의 마음은 실로 천지신명을 마주할 만하다. 이 때문에 상천과 황고의 밝은 보살핌, 보호와 인도를 받았던 것이니 매번 상황을 밝게 드러내 숨겨진 간악을 밝혀주신 것은 실로 인력으로 할 수 있는 일이 아니었다. 짐은 오직 손을 이마에 대고 감격하여 경의를 표하면서, 각골명심하여 더욱 애쓸 뿐이다. 짐은 비류가 날조한 모함과 근거 없는 말 때문에, 전후 사정을 명백히 분석해 십수 차례 교지를 내려 신민에게 보였다. 만약 짐의 말에 한 글자라도 날조한 것이 있다면 비류들의 마음가짐과 마찬가지일지니 반드시 상천의 처벌을 받게 될 것이다. 특별히 지시하노라.

3. 형제와의 불화의 이유를 다시 부언한 상유

다시 상유를 받들어 전한다. 전에 증정의 역서에서 짐을 중상하고 비방했던 여러 조목은 기이하고도 황당하니, 설령 꿈을 꾼대도 이렇게 허무맹랑하고 괴이한 경우는 없을 것이다. 오직 짐이 동생들을 죽였다는 누명의 한 항목에 있어서는, 짐이 변론하지 않으면 역시 납득치 못할 것이라, 이미 이전 상유에서 그 개략을 서술하였다. 다만 짐의 고충에는 여전히 상세히 밝혀 널리 드러내지 못한 점이 있다.

당시 아기나는 음험하고 교활하여 실로 역당의 괴수[渠魁]였다. 새사흑·윤아·윤제는 모두 그의 지휘를 따라 사력을 다하며, 윤상倫常의 대의는 고려하지 않고자 했으니 그들의 거동은 매우 예측할 수 없었다. 아기나가 정말 과실을 반성하고 뉘우치면서 철저히 새사람이 되고자 하였다면, 그 밖의 사람들은 기어코 본받아 회개했을 것이다. 짐은 이로 인해 새사흑 등을 따로 거주하게 하고 아기나는 경사에 머물도록 명하였다. 그리하여 은혜를 베풀어 우대하면서 그가 감격하여 각성하길 바람에 그 지극함을 다하지 않은 바가 없었다. 더군다나 속을 터놓고 진심으로 간절하게 권고하면서 눈물을 흘리기까지 했다. 모자란 점이란 오직 무릎을 꿇고 간청하지 않았던 것뿐이다. 그의 신하답지 못한 패역의 일념은 백 번 꺾어도 돌이킬 수 없는 것이라고 어찌 알겠는가?

전에 여러 왕과 대신들이 탄핵했던 악행 수십 조목은 조정 모두가 함께 보고 들은 사실이다. 구금당한 이후에도, 두려움을 몰랐을 뿐만 아니라 오히려 신이 나서 식사를 했으니, 방자한 태도를 낱낱이 열거할 수조차 없다. 이 어찌 뉘우쳐 고치는 날이 또 있었겠는가?

새사흑은 서녕에 거주하면서 반역한 정황이 갖가지였는데 조금도 두려워하는 마음이 없었다. 그에게 보정保定[104]으로 오라고 명했을 때에도, 경계하고 삼가는 뜻 없이 줄곧 담소하며 태연했을 뿐만 아니라, 그를 압송하는 관원이 그에게 짐이 즉위 이래 처리한 정무를 찬양하자 그는 웃으면서 "그가 원래부터 영리했지"라고 말했다. 신하와 동생으로서의 도리는 전혀 없었고 그 패역의 일념만 더욱 거세졌으니, 그가 회개하기를 다시 어떻게 바랄 수 있겠는가! 윤제는 구금된 지 이미 4년이 넘었는데, 지금까지 사납고 오만하기가 옛날과 같다.

윤아는 구금되었던 지역에서 계속 저주하는 술책을 행했다가, 그 자신의 태감을 통해 고발되었다.[105] 짐이 대신을 보내어 사정과 연유를 물으니 모두 종전의 결당結黨 등에 관한 일이었다. 윤아가 "내가 만약 발설하면 단지 나만 죽을까 두려우니, 만약 황상께서 나의 이전의 중죄를 사면해준다면 바로 하나하나 사실대로 자백하겠소"라고 말하자, 파견한 대신은 "황상께서 원래부터 뜻하신 바이니, 당신이 만약 사실대로 자백하여 조금도 숨기지 않는다면 반드시 당신의 죄를 용서하실 것이다"라고 대답했다. 이에 그는 예전에 아기나·새사흑·윤제 등이 서로 무리를 지어 간악한 일을 행한 것, 음모와 비밀계획, 짐이 즉위한 후에 이르기까지 반역을 꾀할 생각을 지녔던 것을 하나하나 자백했을 뿐만 아니라, 저주를 행한 것을 자인하며 숨기지 않았다. 이 때문에 여러 왕과 대신이 극형에 처할 것을 강력히 주청하였지만, 짐은 거듭 그를 용서했다. 그를 살펴보니

• • •

104. 하북성河北省 중부에 있는 도시로, 경사에서 남쪽으로 150km 떨어져 있다.

105. '저주하는 술책'이라고 번역한 부분의 원문은 '鎭壓之術'으로 되어 있다. 아무래도 제1권 황상의 두 번째 상유에서, 윤아의 죄목을 논하는 가운데 "그는 금고에 처해진 장소에서도 감히 요사한 사술로 저주를 했다伊在禁錮之所竟敢爲鎭魘之事"는 말이 있는데, 이 부분과 동일한 맥락과 상황을 다루고 있다. '鎭壓'은 '鎭魘'과 동일한 말로 보인다. 판각 과정에서 착오였을 듯하다. 어쩌면 두 어휘가 통용되는 것일 수도 있겠는데, 鎭壓을 그렇게 이해하는 용례는 찾지 못했다.

근래 조금이나마 감격해 부끄러워하는 뜻을 지닌 듯하다.

아기나와 새사흑의 종래 악행을 말하자면, 그것이 매우 명백하게 드러났으니 짐에게 알려진 것만도 이루 다 헤아릴 수 없다. 그리고 그들이 오래도록 꾸며왔던, 귀역과 같은 행적 가운데 짐에게 알려지지 않은 것이 모두 얼마나 될지 모른다. 그들은 스스로 생각하길 짐이 틀림없이 모두 다 알고 있을 것이라 여기고, 요행히 죄를 피할 리가 없다고 짐작했다. 이 때문에 잔인하고 악독한 일념이 나날이 심해지고, 망난妄亂을 행함에 더욱 거리낌이 사라지면서 한목숨을 내걸고 짐에게 누를 끼쳤지만, 반역의 뜻이 확고해 뽑아낼 수 없었던 것이다. 이처럼 용서할 만한 죄의 정상이 만무했지만, 짐은 여전히 법에 따라 모질게 처분할 수 없어 곧 구금하도록 명하고 천하의 독무와 대신의 공식 상주가 도착하는 날 다시 참작해 결정하고자 하였다. 생각지도 못하게 10일 사이에 두 사람이 잇달아 모두 저승의 처단을 받았으니, 실로 기이한 일이었다. 이때 짐은 눈물을 흘리며 조정의 대신들에게 다음과 같이 뜻을 밝혔다. "짐은 본래 완전무결한 훌륭한 군주가 되어서, 내 군부의 은혜에 보답하고자 하였다. 지금 두 사람의 사건에서 곧 십분十分의 선을 다하고자 애썼지만, 그 절반이 없어져버린 것이다. 이렇게 짐이 마주하게 된 불행은 짐의 부자가 전생의 인연에서 일찍이 남겨 놓은 재난의 업보 아니겠는가!"

요컨대, 이들은 국가와 군부에 원수가 되려고 결심했던 사람들이다. 암암리에 죽음을 함께하는 당파를 결성하고 몰래 간계를 품었으며, 국가를 혼란과 위태로움에 빠뜨리지 못한다면 그들의 마음은 멈추려 들지 않았다. 짐은 이미 그 역모의 실상을 명백히 통찰하고 있었으니, 만약 미리 경계하지 않고 그들의 모의가 성사되고서야 대응했다면, 짐의 힘으로 이겨낼 수 없었을 것이며 그 당시에 무명으로 죽어 천하 후세에 웃음거리가 되었으리라. 단지 황고께서 부탁하신 중임을 저버리는 것일 뿐만 아니라, 종사의 안위조차 결코 기필할 수 없었을 것이고 천하의 생령生靈 모두가 도탄의 재앙에 떨어졌을 것이다. 다행히 짐이 매사에 징조를 밝게 통찰했기에, 그들의 기량伎倆은 전혀 발휘되지 못했고, 오직 악담을 날조하는 데 힘쓰는 것을 보복을 선동하는 계책으로 삼았을 뿐이다. 지금의 사안을 통해 관찰해보면, 괴수渠魁 몇 사람이 주륙을 당하긴 했지만 그들과 같은 당파에서 협종脅從한 지극히 미천한 사람들이 여전히 반역의 뜻을 감추고 대역의 말을 퍼뜨리는 것이다. 이런 정황을 통해 보니, 그렇다면 짐이 주의를 기울이며 경계하여 일찌감치 처리한 일은 상천과 황고께서 모르는 사이에 마음을 일깨워 종사와 창생이 태평의 복을 향유할 수 있게 해주신 것 아니겠는가!

여태까지 원한과 적의를 품은 사람이 비방을 지어내며 그 분노를 발산했던 일은 흔했다. 짐이 예전에 차마 역당을 모조리 극형에 처하지 못하고 변방으로 유배 보냈을 때에, 이들 간악한 비류가 기필코 원망하는 말을 지어낼 것이라고도 짐작했지만, 누구도 믿지 않을 것이라고도 생각했다. 하지만 그 중상과 비방이 터무니없어 이런 막장에까지 이르게 될지는 몰랐으며, 더욱이 증정·장희의 무리처럼 끝내 사실이라고 믿고 바로 배반의 마음을 품는 경우가 있으리라고는 전혀 생각지도 못하였다. 다행스럽게도 사해 밖까지에 억조의 인민은 황고성조의 60여 년의 깊고도 두터운 인애와 은택을 피부와 골수에까지 스며들 정도로 받았다. 비류의 유언비어가 만에 하나도 미혹해 동요시키지 못했던 것이 어찌 인력으로 할 수 있는 일이었겠는가! 그렇다면 황고께서 짐에게 물려주신 것이 어찌 하늘처럼 높고 땅처럼 두터운 데에 그칠 뿐이겠는가! 오늘 짐의 억울한 누명을 씻어냈을 뿐 아니라 황고께서도 종사와 창생을 안정시킨 공덕 또한 더더욱 밝게 드러나게 되었다. 눈물을 훔치며 이를 글로 써서 다시 신민에게 보이니, 천하 또한 짐의 마음을 알 수 있을 것이다.

여러 왕과 대신 등이 증정을 죽이도록 재차 소청하는 제본題本

증정을 죽이라는 대신들의 주청奏請

화석이친왕和碩怡親王 등이 공동으로 상주하는 바는 하늘까지 닿은 죄악은 용서하기 어렵다는 것입니다. 온 천하[率土]가 공동의 원수에 극히 분노하며, 간절히 황상의 결단[乾斷]을 바라오니, 공개적으로 극형에 처하여 국헌國憲을 밝히시고 인심을 기쁘게 하소서. 신 등은 삼가 상유를 읽으면서, 우리 황상의 커다란 도량과 관용이 하늘이 모든 것을 덮어주고 땅이 모든 것을 싣는 것과 같다는 것을 우러러봅니다. 맹수와 독사, 이매망량魑魅魍魎[106]이라 할지라도 차마 천둥과 벼락으로 섬멸하지 않으시고, 그들을 개과천선시키고자 하시니, 요·순·우·탕부터 지금에 이르기까지 이렇게 관대한 은전은 들어본 적이 없습니다.

신들은 우리 왕조의 창업수통創業垂統[107]에서 열조들이 성군으로서 성군

106. '이매'는 산 속에 사는 요괴, '망량'은 수중에 사는 괴물이다. 1권 주 33 참조.

에게 서로 계승하신 것을 삼가 생각할 따름입니다. 성조인황제께서 통치하신 60년 동안, 위대한 공적과 성대한 사업이 태양과 별처럼 찬란히 빛났으며, 깊고 두터운 은택과 인애는 우주를 두루 적셨습니다. 황상께서는 제통帝統을 계승해 즉위하신 후, 대효와 대덕大德, 지성至聖과 지성至誠으로 새벽부터 저녁까지 인민을 위해 애쓰시며, 인으로 기르시고 의로 바로잡으셨습니다. 몸소 절검을 행하시며 여염閭閻에서 부를 축적할 수 있게 하시고, 널리 은택을 내리시어 서민들이 모두 편안토록 해주셨습니다. 조세를 면제해주고 가난을 구제하여 언제나 억만의 인민을 채워주셨고, 교화와 양육은 머나먼 변경의 외진 곳까지 널리 퍼졌던 것입니다. 수년 동안 풍년이 들어 민심은 화목하고 즐거웠고, 상서로운 징조가 가득 이어지며 풍속은 넉넉하고 안정되었습니다. 대체로 입에 이빨이 나고 머리카락을 기른 무리라면 황상의 교화[皇風]를 받고서 제덕帝德을 찬양하지 않는 이가 없으니, 산기슭과 바닷가, 외지고 궁벽한 향촌에 이르기까지 모두가 법도를 따르고 은혜에 감사하면서 진심으로 기뻐하며 복종하는 것입니다.

그런데 증정이라는 자는 본성이 사람들과는 달라서, 터무니없는 말을 떠벌리며 망상에 빠졌습니다. 역적 여유량의 반역서에 담긴 그릇된 주장에 미혹되었고, 게다가 아기나·새사흑의 문하에 있었던 간악한 도당의 비류가 퍼트리고 날조한 터무니없는 유언비어를 길에서 듣게 되자, 즉시 유언비어를 엮어서 비방을 담은 서신을 작성했으며, 그 문도인 장희를 호남에서 멀리 섬서까지 보내, 총독 악종기의 아문衙門에 전하게 하였습니다. 반역을 실행할 수는 없었지만, 실로 평소 반역할 마음을 품었기 때문입니다. 이 때문에 악행으로 일관한 바가 절정에 이르자, 신명께서

• • •

107. 국가 창건 등의 공업功業을 세우고 후세에 전하는 것을 말한다. '垂統'은 기업을 후대에 전하는 것, 일반적으로는 제위의 계승을 말한다.

추동하여 스스로 악을 드러내게 하고 몸소 처벌을 받도록 함으로써 반역의 무리들의 사설을 일소하고 천하의 인심을 바로잡으신 것입니다.

[증정을 체포해서 신문했던] 1년 동안, 중외中外의 신민은 그 개 짖는 소리를 듣고 모두 불공대천不共戴天의 분노에 사무쳐, 그 육신을 먹고 그 가죽을 깔고 자기를 바랐습니다. 지금 황상께서는 하늘과 같은 자비[仁]를 베풀어주셨으니, 그 악행이 헛소문을 잘못 들은 데에서 시작된 데다 이미 잘못을 뉘우치고 깨달아 정상을 참작할 만한 점이 있다고 불쌍히 여기시고는 특별히 사면하셨습니다. 신들이 삼가 성유를 읽어보니, '잘못을 고치기를 천하의 인민에게 바란다'고 하셨고, '잘못이 크더라도 고칠 수 있으면 잘못이 적어도 고치지 않는 것보다 낫고, 만약 실제로 잘못을 고칠 수 있다면 사면하지 못할 죄가 없다'라고 하십니다. 또한 '함부로 날뛰며 명을 거역했던 사람일지라도 죄를 두려워하며 귀순할 수 있다면, 도리어 사면의 은전을 받는다'고 생각하십니다. 위대하십니다, 황상의 말씀! 관인寬仁하게 생명을 아끼시는 덕은 천고를 초월합니다.

그러나 증정은 배은망덕[梟獍][108]이 습성이 되어, 몰래 반란을 꾀했고 중상과 비방으로 패역을 지질렀으니 죄악이 하늘을 뒤덮습니다. 율례律例에 기재된 십악十惡[109]을 살펴보면, 모반謀反·반역叛逆 및 대불경大不敬은 모두 상사常赦[110]로는 용서할 수 없는 죄입니다. 증정의 죄는 십악에 해당하므로, 삼유三宥[111]에 해당하지 않는 것입니다. 그리고 장희는 증정과 반란을

● ● ●

108. '효梟'는 어미를 잡아먹는다는 새이고, '경獍'은 아비를 잡아먹는다는 짐승이다. '효경'은 은혜와 의리를 배반하는 악독한 사람이나 집단을 가리키는 데 사용한다. 불효자, 배은망덕한 자를 뜻한다.

109. 열 가지의 중죄를 가리킨다. 곧 모반謀反·모대역謀大逆·모반謀叛·악역惡逆·부도不道·대불경大不敬·불효不孝·불목不睦·불의不義·내란內亂을 말하는데, 사면의 대상에서 제외되었다.

110. 국가에서 규정한 법률의 일정한 범위에 맞추어 사면을 행하는 것이다. 법전에 근거해 사면하는 것을 '상사'라고 한다.

111. 『주례』「秋官·司刺」에 따르면, 죄를 용서해주어야 할 세 가지 경우를 말한다. 곧 무지로 지은 죄[不識], 부주의로 지은 죄[過失], 망각해서 지은 죄[遺忘] 등이 해당된다. 정현의

공모했고, 섬서로 가서 역서를 전달하며 난을 일으킬 것을 의도하였으니, 역시 용서하기 어려운 죄입니다.

간청하오니, 황상께서는 신 등이 주청하는 바를 윤허해주소서. 법사法司에 명을 내리시어, 증정과 장희를 율례에 따라 처결하고 그 시신을 갈기갈기 찢고 머리를 내걸어 보이소서. 그 친족과 역당을 조사해 모조리 절멸시키시어, 조정의 헌장憲章을 밝히시고 신민의 공분을 진정시키셔야 합니다. 신 등은 지극히 간절하고 격앙된 마음을 이길 수 없사오니, 이 때문에 삼가 성지를 청합니다.

증정에 대한 사면을 관철하고 확정하는 상유

성지를 받들어 전한다. 증정 등을 사면한 하나의 안건은 여러 왕과 대신, 관원들이 한 마디도 덧붙일 수 없는 것이다. 천하 후세가 옳다고 여기든 그르다고 여기든 모두 짐이 책임질 것이며, 신하들과는 무관한 일이다. 다만 짐이 거듭해서 상세하고 신중히 검토했으니, 유지로 내린 바는 모든 점이 이미 명확하다. 여러 왕과 대신, 관원들은 다시 상주할 필요 없다. 만약 각 성의 독무와 제진 가운데 짐이 증정을 사면한 것을 가지고 거듭 주청을 하는 자가 있다면, 통정사通政司[112]에서는 주본을 돌려보내라.

주석에 따르면, 遺忘은 천막으로 가려져 있어 반대쪽에 누가 있는지를 잊고 화살을 그쪽으로 쏜 경우와 같은 것이다.

112. 황제에게 올리는 주장과 신소申訴 문서를 수수收受하고 검사하는 중앙기구이다.

대의각미록 제4권

大義覺迷錄 卷四

상유: 청조 및 강희제를 비방한 여유량의 글에 대한 옹정제의 반론

상유

우리 왕조가 건국되어 구하區夏[1]를 통일하니 하늘은 [천명을] 내려주시고 사람은 귀의하였으며, 열성列聖께서 서로 계승하시자 중외中外가 따라서 잘 다스려졌다. 우리 성조인황제聖祖仁皇帝[2]에 이르러, 하늘의 뜻을 이어 법칙을 세우시니 복이 모든 백성들을 덮었고, 문으로 다스리고 무로 힘쓰며 은혜로 베풀고 덕으로 교화하시니 어떤 왕보다도 뛰어나시어 예로부터 이런 분은 드물었다. 이에 하늘 아래 땅의 물가를 따라 살아가는 모든 이들이[普天率土][3] 진심으로 열복悅服하였으니, 아무리 깊은 산 속 험한

1. 『서書』 「강고康誥」에 "비로소 우리 구하를 세워用肇造我區夏"라고 하였다. 제하諸夏, 화하華夏, 중원中原, 중국中國을 의미한다.
2. 청의 4대 황제 강희제로, 옹정제의 아버지이다. 1권 주 30 참조.
3. 『시詩』 소아小雅 「북산北山」에 "넓은 하늘 아래 왕의 땅 아닌 곳이 없고, 땅의 물가를 따라 왕의 신하 아닌 자가 없다溥天之下, 莫非王土, 率土之濱, 莫非王臣"고 하였다. 천하의 모든 사람들을 의미한다.

골짜기에 사는 필부와 어린아이라 하더라도, 무릇 혈기 있는 사람이라면 존경하고 친애하지 않는 이가 없었다. 어찌 포악하고 흉악하며 화란禍亂을 일으키기 좋아하는 역적 여유량呂留良이라는 자가, 스스로 명대 왕부王府 의빈儀賓[4]의 후손이라는 것을 빙자하여 고국을 추념한답시고 울분을 토하며 험담할 줄 생각이나 했겠는가!

저 의빈의 후예라는 것은 척속戚屬 관계로 따지면 멀고 낮으니, 어찌 [척속으로] 헤아릴 수 있겠는가? 또한 명 말 끝자락에 태어났으니, 유구流寇[5] [이자성이] 북경北京을 함락했을 당시에 여유량은 고작 어린아이였다. 본조가 건립된[定鼎] 이후에야 그는 직접 교육의 은택을 입어 비로소 글을 읽고 성장하였으며, 순치 연간順治年間[6]에 응시하여 제생諸生[7]이 되었다. 이후 세과歲科[8]를 여러 번 치르면서 그 경박한 재주를 가지고 매번 높은 등급을 받아 헛된 명성을 도둑질하여 향리에서 영예를 과시하였다. 이렇게 여유량은 명에 대해 터럭만큼도 이해관계가 없었으니, 그 본심에 어찌 일찍이 고상한 절개가 있었겠는가? 더구나 강희[9] 6년(1667년)에 성적이 불량하여 [제생 지위를 박탈당하게 되자][10] 망령되게 큰소리치며 청금青衿[11]을 버리고 떠나더니 돌연히 명대를 추념하며 본조를 깊이 원망하

4. 명대 황가의 종실인 친왕親王과 군왕郡王의 사위에 대한 호칭이다.
5. 고정된 거점 없이 도처를 이동해 다니는 도적 떼. 1권 주 228 참조.
6. 청의 3대 황제 순치제 때의 연호로, 1644~1661년이다.
7. 명청 시기 관학에 입학한 생원. 1권 주 263 참조.
8. 생원 지위 소지자를 대상으로 3년마다 실시해 등급을 매기는 시험을 세시歲試라고 한다. 세과 또는 세고歲考라고도 하였다.
9. 청의 4대 황제 강희제 때의 연호로, 1662~1722년이다.
10. 『대의각미록』 제1권의 증정에 대한 심문 내용 중에는, 여유량이 고시에서 5등급을 받자 홀연히 삭발하고 제생의 지위를 버렸다는 내용이 있다. 또한 『반역의 책』에 따르면, 여유량의 아홉째 아들이 심문관들에게 제공한 정보 가운데, 여유량이 세시歲試 성적이 불량함으로 인해 생원 지위를 박탈당했다는 내용이 있다(조너던 스펜서, 『반역의 책』, 이준갑 옮김, 이산, 2004). 한편 일반적으로는 여유량이 세시 응시를 거부하여 생원 지위를 박탈당한 것으로 알려져 있다.

였다. 후에는 박학굉사과博學宏詞科에 천거하자 살 가망성이 없다고 거짓말을 하였고, 산림에 은거하는 사인士人으로 천거하자 삭발하고 중이 되었다.

그 세월을 살펴보면, 여유량이 몸소 본조의 제생으로 산 것이 십여 년의 긴 시간인데, 그러고 나서 갑자기 생각을 바꿔 돌연히 명의 유민遺民이라고 하니, 천고에 패역하고 반역한 사람 중 이처럼 터무니없고 파렴치하여 비웃을 만하고 천하게 여길 만한 자가 있을까? 이때부터 사서邪書를 저술하고 패역한 논설[逆說]을 세워 이성을 잃고 미쳐 날뛰며 방자하여 아무런 거리낌이 없었는데, 사실은 글을 팔아 명성과 이익을 도모한 것에 불과하였다. 마침내 감히 성조인황제에 대해 멋대로 지적하며 공공연하게 헐뜯었으나, 터럭만큼의 근거도 없는 일을 가지고 터무니없이 꾸며낸 것이었다.

[여유량이] 지은 시문詩文부터 일기日記 등에 이르기까지 어떤 것은 판에 새겨서 널리 전파되었고 어떤 것은 보배처럼 비밀로 간직되었는데, 모두 세상 사람들이 들은 적도 본 적도 없는 내용이었고, 상상조차 못 하는 것들이었다. 짐은 [그것들을] 읽고 나서 당황스럽고 슬픈 마음을 이기지 못하였다. 대개 그 패역하고 미친 말은 일일이 열거할 수 없을 뿐 아니라, 또한 무릇 신하된 자라면 차마 눈에 담을 수도, 입으로 발설할 수도, 지필紙筆로 기록할 수도 없는 것들이었다. 이제 잠시 그중 몇 가지를 들어 간단히 내외의 신료들에게 선시宣示하니, 부디 천하와 후세에 그 터무니없는 거짓말을 공공연히 알리고, 그 황당함과 개나 이리가 짖어대는 것 같은 포악함에 분개하기 바란다. 생민이 있은 이래로 난신적자로서 죄악이 하늘에 닿고, 간사하고 흉악한 비류이면서 '성리학의 대학자[理學大儒]'라는 명성을 도적질한 자 중에 여유량만큼 가증스러운 사람은 없다.

11. 명청 시기 과거를 준비하는 서생들의 일상복으로 옷깃 둘레가 청색으로 되어 있는 긴 적삼 형태의 옷이다. 독서인, 서생을 뜻하는 대명사로 쓰인다. 1권 주 249 참조.

여유량의 문집에는 "덕우德祐[12] 이후에 천지가 일변하였으니, 예로부터 경험한 적이 없는 일이었다"고 하였다. 또 여유량의 행장에는 "서호西湖에서 죽은 옛 친구가 있어 자리를 마련하고 곡哭을 하였는데 담장이 무너지고 대나무가 쪼개졌으니, [사고謝翶가] 서대西臺에서 통곡한 것[13]에 비견할 만한 일이었다"고 하였다. 또 "장차 [나의] 작은 별장을 도화원桃花源으로 삼으리니, 위진魏晉은 물론이고 한漢나라가 있었는지도 모르는 사람들을 위한 것이다"[14]고 하였다. 또 "곧 삭발하고 중이 되어 구차한 목숨을 이어 가리라"라고 하였다.

또한 산림에 은거하는 사인이라는 명목으로 천거한 것에 대해 사양하면서 친구에게 답하는 서신에는 "어떤 사람이 길을 가는데 엿장수가 큰 소리로 부르면서 '찢어진 모자는 엿과 바꾸시오'라고 하였네. 그 사람은 급히 모자를 벗어서 숨겼지. 그러자 [또] 불러 말하기를 '찢어진 망건은 엿과 바꾸시오'라고 하였네. 다시 망건을 숨겼지. 그러자 또 불러 '산발한 머리카락은 엿과 바꾸시오'라고 말하는 거였네. 곧 [그 사람은] 허둥지둥 어찌해야 좋을지 몰라 '왜 그리도 [나를] 들볶는 거요?'라고 말했다네.

● ● ●

12. 남송의 7대 황제 공종恭宗 때의 연호로, 1275~1276년이다. 1276년에 몽골 군대가 남송의 수도 임안臨安을 포위하자 공종은 항복하였고, 이로써 남송은 실질적으로 멸망하였다. 이후 공종은 원의 수도 북경으로 연행되었다. 그렇기 때문에 덕우 연간은 이민족에 의해 한족의 군주가 화를 입는 사건을 묘사할 때 자주 사용된다.

13. 사고(1249~1295)는 남송 말기 사람으로 자는 고우皐羽, 호는 희발자晞髮子이다. 덕우德祐 연간에 원병이 남하하자 향병 수백 명을 이끌고 승상 문천상文天祥의 휘하에 들어가 자의참군咨議參軍이 되었다. 문천상이 패하자 피신하였는데, 후에 문천상이 적에게 잡혀 순절하였다는 소식을 듣고 조대釣臺에 올라 문천상의 신주를 놓고 통곡하였다. 이때 죽여의竹如意로 바위를 치면서 비장하게 초혼사를 지어 부르자 대나무와 바위가 모두 부서졌고, 이로 인해 「서대통곡기西臺慟哭記」를 지었다고 한다.

14. 도연명의 「도화원기」에는 무릉도원에 사는 사람들에 대해, 선조들이 진秦나라의 난리를 피해 처자와 고을 사람들을 데리고 들어와 살기 시작한 것으로 서술되어 있다. 또한 무릉도원에 들어온 이후에는 세상과 왕래가 없었기 때문에, "이에 한나라 시대가 있었던 것도 모르니 위진 시대야 더 논할 것이 없었다乃不知有漢, 無論魏晉"고 하였다.

나 여유량이 머리를 깎은 것 역시 바로 엿장수에게 시달리는 것이 힘들기 때문이라네"라고 하였다.

또 자식들이 생일을 축하해주는 것을 경계하면서 "만일 목숨보다 중요한 것이 있다면, 하루를 구차하게 사는 것은 하루의 수치를 더하는 것이다. 세상에서는 군자를 '장부[夫]'라 하는데, 장부라면 어찌 지금까지 죽지 않고 있단 말인가? 그렇다면 부월鈇鉞에 죽임을 당하는 것보다 수치를 당함이 심한 것이니, 또한 무슨 축하할 일이 되겠는가? 몸을 욕되게 하고 구차하게 살아남은 사람을 축하한다면, 저 나이 서른도 채우지 못한 채 의義를 위해 집안을 돌아보지 않고 목이 잘려 날아갈지라도 그 뜻과 의를 따른 사람에게는 어떤 대우를 하겠는가?"라고 하였다.

또 일기에는 "5백 년 동안의 일을 논한다면, 자색紫色 개구리 울음소리가[15] 정통[正傳]을 다스렸네"라는 시구를 썼다. [일기에는] 또 "마랄길麻剌吉[16]이 성城을 나서자 전송하는 자들이 거리를 가득 메웠으니, 굶주림을 음식으로 바꾸어준 덕이 이와 같았다. 우리 백성들이 허둥대며 돌아갈 곳을 모르는 걸 보니 가련하고 애통하다"[17]고 하였다. 또 "이문李雯[18]은 화정華亭[19]

• • •

15. 자색은 간색間色으로 정색正色과 대조되는 것이고, 개구리 울음소리[鼃聲]는 음란한 소리[邪音]이다. 즉 올바르지 않고 잡다하게 뒤섞인 데다 사특한 것을 의미하는 것으로 보인다.
16. 청초의 관리 마륵길麻勒吉을 말한다. 강희 16년(1677년) 삼번의 난으로 인해 광서에 파견되어, 유언명劉彥明, 마승음馬承廕, 황명黃明 등 반란군의 장수들을 차례로 투항시켰다. 이후 강희 19년(1680년)에 광서순무에 임명되었는데, 재임 기간 동안 유망하는 백성을 초무하여 그들을 옛 생업으로 돌아가게 하였고, 또한 학교를 보수하여 문교를 진흥시키는 등 치적을 쌓았다.
17. 새로운 임지로 떠나는 마륵길을 전송하기 위해 거리를 가득 메운 한인漢人을 비판한 내용이다. 만주족 관원이 먹고 마실 것을 해결해주었다고 하여 쉽게 그를 떠받드는 것은, 절개와 도덕성을 상실한 행동이라고 지적한 것이다.
18. 이문(1609~1647)은 자는 서장舒章으로, 명말청초의 시인이다. 청군이 입관入關했을 때 경성에 있다가 청에 의해 구금되었고, 이후 내각중서사인內閣中書捨人에 제수되었다. 이후 청조에서 관직을 역임하였다. 여기서 여유량은 청의 입장을 대변해 글을 지었던 이문에 대해, 청에 동조한 한인 아첨배로 규정하고 비판한 것이다.

사람이고 갑신년(1644년) 이후에 북막北幕(청조)에 들어갔다. 「사도린[20]에게 보내는 글與史道鄰書」과 「강남에 내리는 조서下江南詔」는 모두 그가 지은 것이다. 그가 지은 문장 중에 '천지사방[六合]이 통일되고 삼태성三台星[泰階]이 안정되어, 예악禮樂이 일어나고 전란이 그쳤다'라는 구절이 있으니, 사람들이 이 글을 돌려보면서 비웃었다"라고 하였다.

또 "심천이沈天彝는 그의 누이를 위해 정절을 정표旌表받도록 신청하려다가 머뭇거리면서 말하기를, 그 부친 심기차沈棄車 선생이 관리에게 정표를 신청하지 말라는 유명遺命을 남기셨다고 하였다. 나는 '당신 부친은 식견이 높으니 그의 유명은 마땅히 존중되어야 합니다'고 하였다. 심기차 선생은 변고를 당한(명청 교체) 후 10여 년 동안 대문을 닫아걸고 손님을 만나지 않으면서 [변발을 하지 않고] 머리카락을 온전히 기르셨다. [그런데] 심천이가 갑자기 술을 먹여 취하게 하고서 그 머리카락을 다 잘랐으니, 깨어난 후 그저 대성통곡하실 뿐이었다. [심기차 선생의] 저술은 거의 들보에 닿을 정도로 쌓여 있었는데, 심천이는 그것을 전부 불태웠다. 그중에 [청을] 비방하는 내용이 있어 자신이 연루될 것을 두려워하였기 때문이다. 아! 이 역시 괴이한 일이다"라고 하였다. 또 친구를 위한 제문祭文에는 "사문斯文이 장차 망하려 하니 하늘의 뜻을 거스르는 자는 죽어야 하는데, 나는 하늘의 뜻을 거스르고도 나중에나 죽을 수 있겠구나" 등의 말을 하였다.

이러한 말들은 그가 교화를 방해하고 신하로 복종하지 않으면서 대담하게도[明目張膽][21] 우리 조정을 가리켜 [정통正統이 아닌] 윤통閏統이라 하여,

● ● ●

19. 상해 송강구松江區의 옛 명칭이다.

20. 사가법史可法(1602~1645)을 말한다. 자는 헌지憲之, 호는 도린道隣. 명말 청에 대항한 명장이다. 이자성의 난으로 명의 마지막 황제인 숭정제가 자살하자 복왕福王을 세워 명나라의 부흥을 꾀하였으나, 이루지 못하고 청군에 붙잡혀 죽임을 당했다.

21. 눈을 부릅뜨고 담력을 크게 하여 악한 세력에 공개적으로 투쟁한다는 의미이다. 『진서晉書』 권98 「왕돈전王敦傳」에 "오늘의 일은 명목장담明目張膽하여 육군六軍의 우두머리가

걸桀의 개가 요堯에게 짖어댄 것[吠堯][22]에 의지해 자기 잘못을 포장한 것이니, 모두 이런 종류이다. 저 여유량은 본조의 양식을 먹고 본조의 땅을 밟으며 또 몸소 [본조의] 교상膠庠[23] [제생諸生의] 반열에 들어 본조의 은혜를 깊이 입었으면서, 어찌 터럭만큼의 거리낌도 없이 [본조를] 원수처럼 볼 수 있는 것인지, 진정 벌과 개미만도[24] 못한 것인가!

또 [여유량의] 문집에는 "인심이 악하고 야박해짐이 날로 심하여 살인의 풍조가 열렸으니, 일부러 보고 듣기를 피한다 하여도 면하지 못할 듯하다"라고 하였다. 또 일기에는 "오삼계吳三桂[25]가 철번撤藩을 요청한 말에는 울분에 차고 거북한 기운이 가득했다.[26] [반란의 성공 여부에

되어서, 차라리 충신으로 죽을지언정 무뢰하게 살지는 않겠다今日之事, 明目張膽, 為六軍之首, 寧忠臣而死, 不無賴而生矣"라고 하였다.

22. 걸의 개가 요를 보고 짖는다는 말로, 선악을 따지지 않고 맹목적으로 주인에게 충성한다는 뜻이다. 또는 악인의 앞잡이가 선한 사람을 공격한다는 뜻으로도 쓰인다.
23. 주대周代에 태학太學을 '교'라고 하고, 소학小學을 '상'이라고 한 것에서 유래하여, 뒤에는 학교의 뜻으로 쓰였다.
24. 이는 성리학에서 금수에게도 사단 중 일부가 부여되어 있다고 말할 때 흔히 드는 사례 중 하나이다. 범과 이리에게 부자 사이의 仁, 벌과 개미에게서 군신 사이의 義, 승냥이와 수달에게 근본에 보답하는 禮, 물수리에게 부부유별의 智가 일부나마 부여되어 있다고 본다. 가장 영명한 존재인 인간은 이 네 가지 본성을 모두 갖춘 존재다. 미물인 벌과 개미도 군신의 의를 따르는데, 여유량은 금수만도 못하게 그런 '의'를 망각했다는 말이다.
25. 오삼계(1612~1678). 명말 요동총병을 역임하며 산해관에서 청나라의 중원 진출을 막는 임무를 수행했으나 이자성이 난을 일으킨 뒤 항복을 권유하자, 이를 거부하고 청의 군대에 협력하여 함께 이자성의 세력을 제거했다. 1권 주 144 참조.
26. 한인漢人 오삼계·상가희尚可喜·경중명耿仲明은 청의 중국 본토 진출에 적극 협조하였다. 이로 인해 청은 오삼계를 운남雲南의 평서왕平西王으로, 상가희를 광동廣東의 평남왕平南王으로, 경중명의 아들 경계무耿繼茂를 복건福建의 정남왕靖南王으로 봉했고, 이에 따라 이들은 삼번으로 불렸다. 그러나 이후 삼번이 청의 중국 지배체제와 대립하여 위협적인 세력으로 성장하자 청 조정은 이들을 경계하였다. 강희 12년(1673년) 봄 평남왕 상가희가 요동으로 귀로歸老하기를 청하자, 강희제는 이에 편승하여 번을 옮길 것[移藩]을 결정했다. 이에 경계무를 계승하여 정남왕이 된 경정충耿精忠이 번을 철회할 것[撤藩]을 요청하자, 강희제는 이를 그대로 윤허하였다. 이러한 정세의 압박에 오삼계도 조정에 가서 철번을

대해] 오삼계는 나이 들어 걱정할 것이 없지만, 그 부하들은 안심하지 못하는 것 같다"고 하였다. 또 "[오삼계는] 운남[滇中]에서 갑인甲寅년(1674년) 1월 1일[元日] 인시寅時에 즉위하여, 사주四柱 모두 인寅을 취하였다.[27] 지금 살펴보니, 그때에 바로 저쪽[彼中, 淸](청)에는 일식日蝕이 있었다고 한다"라고 하였다. 또 "동윤도董允瑫가 그의 신작을 냈는데 곧 「평량을 평정한 일에 대한 찬가平平涼頌」[28]이다. 나는 보지도 않고 '먼저 제목부터 고쳐서, [평정이라는] 첫 글자는 지우고 '찬가[頌]'는 '탄식[歎]'으로 고쳐라'라고 말했다"라고 하였다. 또 "오삼계가 죽은 뒤 오나라[吳國]의 귀족 중 어떤 자가 [오삼계를 계승해] 즉위했다는 말을 듣고, 청에서 사람을 보내 화의하여 운남과 귀주를 할양하고 휴전하였다"라고 하였다. 또 "복건의 난[閩亂][29]은 범승모范承謨[30]가 일으켰다고 들었는데, 범승모 역시 복건에서 죽었다"고 하였다. 또 여유량의 행장에는 "아침 일찍 일어나고 밤늦게 자며 종일토록 힘쓰고 힘썼다[乾乾]" 등의 말이 있었다.

무릇 "넓은 하늘 아래 왕의 땅 아닌 곳은 없고, 땅의 물가를 따라 왕의 신하 아닌 자는 없다."(『시』, 「북산北山」) 여유량은 우리 왕조에서

청하였으나, 이는 본심이 아니었다. 조정이 그를 위로하기를 바랐지만, 강희제는 오삼계의 진의를 잘 알면서도 철번을 윤허하였을 뿐 아니라 이를 강력하게 진행하였다. 11월 오삼계는 운남순무 주국치朱國治를 주살하고 '명을 일으키고 오랑캐를 토벌하자[興明討虜]'며 반란을 일으켰다. 이후 1674년에는 경정충이, 1676년에는 상가희의 아들 상지신尙之信이 반란에 호응하여, 이를 '삼번의 난'이라 한다.

27. 1674년 음력 1월 1일은 병인월丙寅月 병인일丙寅日이었다. 따라서 갑인년 병인월 병인일 인시가 되므로 "사주 모두 인을 취하였다"고 한 것이다.

28. 평량平涼은 감숙성甘肅省 지급시地級市를 말한다. 송頌은 『시詩』에서 비롯된 한문 문체 중 하나로, 후대에는 황제의 성덕을 칭송하는 시를 가리킨다.

29. 민閩은 복건성 지역을 말한다. 복건의 난이라는 것은, 삼번의 난 중 복건의 경정충이 일으킨 난을 가리킨다.

30. 범승모(1635~1676). 자는 근공覲公, 호는 나산螺山이며, 범문정范文程의 둘째 아들이다. 복건총독으로 있을 때 경정충이 반란을 일으키자 필사적으로 반항하여 토굴 속에서 문을 잠그고 3년여를 지냈으나, 계속 핍박을 받아 자결했다.

은덕을 입고 밭 갈며 살아 그 자신과 집안이 존재하고 그 자손을 수십 년 동안 양육하였다. 그런데도 대일통大一統의 의리를 알지 못하고, 평소에 우리 조정에 대해 말할 때 모두 자기 멋대로 지칭하여 '청淸', '북北', '연燕', '저쪽[彼中]'으로 불렀다. 심지어 [본조와] 역적 번왕 오삼계에 대해 연이어 쓴 부분에 이르러서는 '청淸', '가서 화의하다[往講]'라고 하여, 마치 본조가 역적 번왕에 대해 이웃한 적국敵國으로 대우한 것처럼 하였으니, 어찌 그토록 패란함이 심한 것인가! 또 오삼계·경정충耿精忠[31]은 곧 반역한 도적놈이라 사람마다 잡아 죽이려 했는데, 여유량은 그들이 군사를 일으켜 반역[犯順]한 것에 대해 흔쾌히 기뻐하며 오직 그들이 성공하지 못할까 염려하였고, 본조가 강역을 회복한 것에 대해서는 창연히 실망한 듯 기색을 바꾸어 탄식하였다. 충신(범승모)이 국난에 목숨을 바친 것에 대해서는 그가 잘못한 것이라며 욕보이고, 또 그의 죽음을 듣고서 시원하게 여겼다. 강상綱常[32]이 뒤바뀌는 것은 돌아보지 않으면서 오직 포악한 도적을 돕고 맞이하는 것을 기쁨으로 삼고, 생민이 도탄에 빠지는 것은 돌아보지 않으면서 오직 전쟁의 재앙이 계속되는 것을 다행으로 여겼으니, 어찌 여유량이 마음에 두고 생각하는 것이 잔인하고 흉포하기가 이토록 극렬하기에 이른 것인가? 또 "힘쓰고 힘써 저녁까지도 두려워한다(『역』, 「건괘乾卦」)"[33]는 것은 『역경』의 주석 모두 인군人君의 일로 여겼는데, 그의 자손들은 공공연히 이 구절을 여유량에 대한 평에 붙였으니, 더욱 방자하고 망령되지 않은가!

또 [여유량은] "영력제永曆帝[34]가 사로잡혔을 때 만滿·한漢 병사들 모두

● ● ●

31. 경정충(1644~1682)은 청초의 무장이다. 복건의 번왕인 정남왕 경계무의 장남으로, 아버지를 계승해 정남왕이 되었고, 오삼계·상지신과 삼번의 난을 일으켰다. 그러나 청군의 반격을 받아 1676년에 항복, 1681년에 처형되었다.

32. 삼강三綱과 오상五常으로, 사람이 지켜야 할 도리를 말한다. 1권 주 236 참조.

33. 『역』「乾卦」 구삼九三 효爻에 "군자가 종일토록 힘쓰고 힘써 저녁까지도 두려워하면 위태로우나 허물이 없으리라君子終日乾乾, 夕惕若, 厲, 无咎"라고 하였다.

그를 사모하였다. 그가 말을 멈춰 세웠다가 앞으로 가며 채찍 끝으로 동쪽을 가리키자 동쪽의 만·한 병사들이 모두 무릎을 꿇었고, 서쪽을 가리키자 서쪽의 만·한 병사들도 모두 무릎을 꿇었다. 영력제를 시해한 날에는 천지가 캄캄해지고 흙비가 내리며 해와 달이 빛을 잃었고, 100리 안의 관장무關壯繆35 사당이 모두 벼락을 맞았다"는 등의 말을 하였다.

위주僞主 영력永曆 주유랑朱由榔에 대해 살펴보면, 본래 유구 가운데에서 제멋대로 즉위하였고, 운남·귀주·광서 등지에서 그의 무리들은 자기들끼리 서로 치고받고 싸워 백성들에게 화를 끼쳤으며, 뒤에는 패하여 미얀마緬甸로 도피하였다. 순치 18년(1661년)에 정서장군定西將軍 애성아愛星阿 등이 군대를 거느리고 추격하여 미얀마에 이르러서, 먼저 사람을 보내 미얀마 추장에게 상유를 전하였는데, '주유랑을 잡아 보낼 것을 명한다. 그렇지 않으면 군대가 성 밑에 임할 것이니, 후회해도 소용없을 것이다'라는 내용이었다. 대군大軍이 이어서 성 밑에 이르자 미얀마 사람들은 두려움에 떨다가 마침내 주유랑을 잡아 군대 앞에 바쳤고, 위후僞侯 왕유공王維恭36 등 100여 명을 죽였으니, 이에 주유랑의 권속眷屬을 전부

34. 영력제(재위 1646~1662)는 남명의 마지막 황제로, 이름은 주유랑이다. 명 만력제萬曆帝(신종)의 손자이고, 계왕桂王 주상영朱常瀛의 아들이다. 1644년 명이 멸망하자 잔존 세력들은 그해 6월에 남경에서 숭정제의 사촌인 주유숭朱由崧을 홍광제弘光帝로 옹립해 남명 정권을 세웠다. 하지만 1645년 남경이 청군에게 함락되고 홍광제도 포로가 되자, 명 왕실의 종친인 당왕唐王 주율건朱聿鍵을 남명의 제2대 황제인 융무제隆武帝로 옹립했다. 그러나 1646년 복주가 함락되면서 융무제도 죽자, 그해 계왕 주유랑이 옹립되었다. 이에 광동에서 즉위하고 영력이라 건원하였다. 그러나 청군의 공격을 받고 광서의 오주梧州, 평락平樂, 계림桂林을 거쳐 다시 호남의 무강武岡으로 도피하였다. 이후 1661년 미얀마로 피신하였으나 오삼계가 미얀마로 추격해 왔고, 미얀마 왕이 붙잡아 오삼계에게 넘겼다. 1662년 운남 곤명에서 살해되었다.

35. 관우關羽를 말한다. '장무'는 송나라 고종이 추증한 봉호이다.

36. 1646년에 영력제가 즉위하자 왕유공의 누이가 황후로 책립되었다. 이에 따라 그는 화정백華亭伯에 봉해졌고, 이후 1651년에는 후작侯爵을 받고 전군도독부前軍都督府를 담당하였다. 1662년 미얀마에서 살해되었다.

잡아 귀환했던 것이다.

이러한 위주 영력의 실제 행적은 곧 중외 사람들이 다 아는 바다. 주유랑은 곤궁하고 돌아갈 곳이 없어 우리 왕조의 만·한 대군이 함께 사로잡은 것인데, 어찌 도적을 사로잡은 사람들이 도리어 전진하는 그의 말 앞에 무릎을 꿇는 도리가 있겠는가? 당시의 한인漢人 병사라도 수치스럽게 여겨 행하지 않았을 일인데, 하물며 만인滿人이겠는가! 이러한 헛소리들은 황당하고 비루하며 없는 일을 만들어낸 것이라서, 어디로부터 온 것인지 알 수가 없다. [영력을 시해한 날에] 관장무의 사당이 모두 벼락을 맞았다는 말에 이르러서는 더욱 황당하고 허황되기 짝이 없다. 주유랑의 죽음은 실로 상천께서 죽이기로 결정하신 것이지, 어찌 인력으로 강행할 수 있는 것이겠는가? [또] 관성제군關聖帝君(관우)과 뇌신雷神은 모두 하늘의 명령을 받드는 정신正神이니, 어떻게 모든 관장무의 사당이 다 벼락을 맞는 일이 있겠는가? 이치상으로도 매우 맞지 않는 일이다.

또 본조는 군대를 일으킨 이래 일마다 모두 상천께서 보살피고 돕는 은혜, 그리고 모든 신들이 지키고 보호하는 은덕을 입었다. 예컨대 우리 군대가 영흥永興[37]을 보위할 때 사졸이 1천 명에 불과하였는데, 적군은 대군[重兵]이 공격을 해와 사세가 매우 위급하였다. [이때] 진무대제眞武大帝[38]가 모습을 드러내고 신병神兵이 바위 골짜기를 가득 메우는 은혜를 입었으니, 사나운 적군이 두려워하며 넋을 잃어 무리들이 마침내 도망하고 흩어졌다. 이에 대해서는 그 일을 상세히 기록한 어제비문御製碑文이 남아 있다. 지난번 운남성雲南城을 회복할 때에도 금마金馬가 날아오르는 길조가 있고서 역적들이 이날 평정되었다. 이는 모두 기록에 보이니, 만인이 다 목도한 일이고 천하가 다 아는 바다. 그러나 이것은 한두 가지 일을

37. 오늘날의 호남성 침주시 영흥현을 말한다.

38. 현천상제玄天上帝, 현무대제玄武大帝 등으로도 불린다. 북방의 신으로, 명나라 이후로 중국 민간 신앙에서 중요한 위치를 차지하며, 도교에서도 중요하게 신봉된다.

예로 들어 말한 것에 불과할 뿐 그 외에도 일일이 열거할 수 없을 정도로 많은데, 여유량만 홀로 이를 듣지 못한 것인가? 종합하면 역적 여유량은 본조에 응당 징조가 맞아떨어진 경험이 있는 것에 대해서는 대부분 은닉하여 서술하지 않았고, 오로지 요사한 거짓을 조작하여 그 사적인 분을 풀고자 하였다. [그러나] 그의 망령되고 허황된 거짓 기량으로 하늘을 거스를 수 있겠는가?

또 [여유량의] 문집에는 "오늘날의 곤궁함은 희황羲皇[39] 이래로 극히 드물게 보이는 것이다"는 등의 말을 하였다. 저 명말 때는 조정이 실정하여 탐학이 공공연히 행해졌고, 세금을 부정하고 과도하게 거두어 백성들이 살아갈 방도가 없었다. 심지어 유구가 제멋대로 악독하게 굴어 강토[疆埸]가 날로 긴박해졌는데도 매년 군량 수백만이 다 민력民力에서 나왔으니, 곧 백성들이 지극히 곤궁한 때였던 것이다. [그때] 우리 왕조가 유구의 대단한 기세를 잠재우고 백성들의 생활을 안정시켰으니, 이에 명대의 곤궁한 백성이 모두 다시 살아나는 경사를 누렸다. 여유량은 어찌 터럭만큼의 견문도 없는 것인지, 아니면 양심을 잃고 본질을 호도하여 그 말을 뒤집어서 오늘날의 백성들이 곤궁하다고 바꿔 말했던 것인가? 하물며 우리 성조황제에 이르러서는 백성[黎元]을 사랑으로 길러 해내海內(중국)가 성대하고 넉넉해져, 어린아이부터 백발노인까지 전란을 겪지 않았고, 조세를 경감蠲減하는 정책을 행하셨으니, [그의 선정은] 역사에 다 기록할 수 없을 정도였다. 백성들이 무슨 연유로 곤궁하여, 심지어 '희황 이래로 극히 드물게 보이는 곤궁함'을 겪었겠는가?

여유량에게 묻고 싶다. 우리 성조황제의 치세 60여 년과 같이, 성인이 도를 오랫동안 행함으로써 교화되고 아름다운 풍속을 이루어[久道化成][40]

• • •

39. 중국 고대 전설상의 제왕인 복희伏羲를 말한다. 3황 5제 중 중국 최고의 제왕으로 치며, 처음으로 수렵, 어로, 목축을 가르쳤다고 한다. 또한 팔괘八卦를 만들어 역易의 시조가 되었다.

백성들의 생활을 안정시키고 원기를 회복하게 하며[休養生息], 물산은 풍부하고 백성은 편안하여 안팎으로 나라가 태평하고 뭇 백성들이 생업을 즐겨 행한 때는, 곧 희황 이래로 사책史冊에 기록된 것이 손가락을 꼽아 세어볼 정도이다. 상천의 보살핌과 도움을 입음이 우리 왕조의 성대함에 비할 수 있는 나라가 과연 많을 수 있겠는가? 그런데 도리어 '희황 이래로 없었던 곤궁함'이라고 말하였으니, 너무 심하지 않은가? 그러면서도 예컨대 여유량은 반역적인 생각[不逞之心]을 품고 움직일 때마다 '만금萬金으로 협객과 교분을 맺겠다'고 하면서 우리 왕조의 시문時文[41]을 간행해 매매하여 이익을 도모함으로써 치부致富한 것이 헤아릴 수 없을 정도였다. 그의 일기에 기록된 것을 보면, 쌀과 소금같이 자질구레한 일들로 계산이 똥거름에까지 미치고 있어, 쉬지 않고 재물을 탐하는 마음으로 하루가 부족할 정도였는데, 오히려 당시를 곤궁하다고 말할 수 있는 것인가?

또 [여유량의] 일기에는 "4월 말에 경성京城 안에 이상한 바람이 3일 동안 불었다. 그 색깔은 매우 붉어 사람들의 얼굴이 모두 붉게 되었다"라고 하였다. 또 "석문石門 진언교鎭堰橋 아래를 흐르는 강물이 홀연히 2장丈쯤 솟아오르자, 배 안에 있던 갈대 자리가 날아가 남고교南高橋에 이르렀다가 다시 원래의 배 안으로 돌아왔다"고 하였다. 또 "사발 같은 큰 별 뒤로 작은 별이 따라오는데 마치 혜성 같았다"고 하였다. 또 "12월 29일 밤에 비가 매우 많이 내리고 엄청난 번개가 번쩍거리며 이어서 천둥이 쳤는데 그 소리가 크게 울리고 오래 갔으니, 내년에는 어떤 운수가 일어날지 모르겠다"라고 하였다. 또 "초 5일 오후에 햇빛이 뒤엉켜 요동쳤는데, 검은 태양과 싸우는 모습 같았다"고 하였다. 또 "세 개의 태양이 떴는데, 한 태양 옆으로 흰색에 많이 흔들리지 않는 좀 작은 태양 하나가 있고,

40. '久道化成'은 『역』 「恒卦」 단전彖傳에 "성인이 도를 오랫동안 행하여 천하가 교화되어 아름다운 풍속을 이룬다聖人久於其道而天下化成"라고 한 데서 나온 말이다.

41. 과거에 응시할 때 사용하는 문체의 통칭이다.

흰색 태양 옆으로 또 붉은색에 많이 흔들리는 작은 태양 하나가 있었다"라고 하였다.

또 "하남 겹현郟縣[42]에 봉황이 나타나 온갖 새들이 며칠 동안 조회朝會하였는데, 길이가 1장쯤 되는 붉은 새 두 마리가 나타나 그 몸으로 봉황을 가렸다. 봉황의 몸은 오색찬란하고 울음소리는 소소簫韶[43] 같았다. 그 읍邑의 사람들이 괴이하게 여겨 소를 몰고 와서 주술을 통해 악한 기운을 누르려 하였는데, 소들이 전부 벌벌 떨며 앞으로 나아가지 않았다. 길에는 죽은 새가 매우 많았고, 또 죽은 금빛 잉어들이 땅 위에 난잡하게 널려 있었다. 당시에 나는 「봉황벼루에 대한 명鳳硯銘」을 지어 '덕이 아직 쇠하지 않았다면 너는 아마 오지 않았을 것이다. 너의 훌륭함은 도를 노래하는 데 있으니 반드시 성인이 탄생하리라'고 하고 있었는데, 마침 그런 이야기를 들었다. 또 하나의 기이한 일이다"라는 등의 말을 하였다.

이러한 것들은 터럭만큼의 근거도 없이, 터무니없는 일을 망령되이 꾸며낸 기록이 매우 많다. 모두 그의 반역적인 생각 가운데 있는, 재앙을 좋아하는 마음으로 말미암아, 오직 망령되고 허황된 말을 꾸며내어 이를 보고 들은 사람들의 마음을 움직이기를 일삼고, 그 황당함과 불경함은 모두 상관하지 않았던 것이다. 무릇 재이災異는 또한 옛날에도 항상 있었던 바이니, 상천께서 상象을 나타내심은 원래 인군을 경계시켜 그가 반성하고 덕에 나아가도록 하신 것이지, 실재하지도 않은 일로 거울을 삼게 하신 적은 없었다. 이와 같은 여유량의 기록은 하나하나 모두 거짓이고 천지간에 없던 일이니, 어찌 미래에 대한 경계를 보인 것이겠는가? 만일 근거 없는 허황된 말을 후세에게 전한다면, 어떤 이들은 이를 실제로 있었던 일로 믿어서, 틀림없이 이전의 태평성세에도 이와 같은 비상하고 기괴한

42. 오늘날의 하남성 평정산시平頂山市 겹현郟縣을 말한다.

43. 순舜이 지은 음악을 총칭하는 말이다. 『서』 「익직益稷」에 "소소簫韶를 아홉 악장으로 연주하자 봉황이 와서 춤추었다簫韶九成, 鳳凰來儀"라고 하였다.

재이가 있었다 여기고, 혹시라도 일월성신日月星辰 및 홍수, 가뭄의 변고를 만났을 때에 반드시 가볍고 소홀하게 넘겨 치란과는 무관하다 생각하고 공연히 마음에 두지 않을 것이다. 그것은 후세의 인군이 태만하도록 인도하는 것이니, 그 죄는 이루 다 헤아릴 수 없다.

또 [여유량의] 일기에는 "강희는 매우 인색하였다. 오중吳中[44]의 고운정顧雲程이라는 자가 초상화를 매우 정교하게 그리자, 궁정에서만 그리도록 하고 공후公侯의 집에 두루 다니는 것은 허락하지 않았다. 하루는 궁정에 들어갈 때 서두르다가 헌 옷을 입었는데, 강희는 '이것은 은자銀子를 원하는 것이다'라고 하였다. 그를 한 왕자에게 추천하여 왕자가 원보元寶 200냥과 비단을 보내자 강희가 그것들을 받아 두었다. 출발할 때가 되어 인사를 하니, 강희는 단지 24냥만을 줄 뿐이었다" 등의 말을 하였다.

그저 어찌 이런 일이 있었겠는가 하고 넘길 문제가 아니니, 터무니없고 패란하기가 어찌 이토록 극렬하기에 이른 것인가! 여유량은 이런 말들로 성덕聖德을 헐뜯었다. 저 한소후韓昭侯[45]는 해진 바지를 간직하면서 "공功이 있는 자를 기다리려 한다"라고 하였는데, 역사서에 대대로 전해지며 미담으로 여겼다. 지금 일개 초상화를 그리는 사람에 대해 성조인황제께서 가벼이 여기지 않으시고 후하게 하사하셨으니, 또한 상을 내림에 있어 신중하신 성주聖主의 성대한 덕인 것이다. 그런데 여유량은 이런 뜬소문을 꾸며내어 재물을 아낀다고 험담하는가? 성조인황제의 재위 61년 동안 홍수와 가뭄에 진휼한 것을 제외하고도, 특별한 은혜로 세금을 면제해준 것이 수백만 냥에 못하지 않으니, 이는 천하의 신민들이 다

● ● ●

44. 오늘날의 강소성 소주시 오중구를 말한다.

45. 전국시대 한韓나라의 제후였던 소후를 말한다. 소후가 해진 바지를 잘 간수하라고 하자, 시자侍者가 "주변 사람에게나 주시지 간수하려 하십니까?"라고 물었는데, 그는 "내가 들으니, 현명한 군주는 찌푸리는 것 하나, 웃는 것 하나도 아낀다고 한다. 하물며 바지에 있어서랴! 두었다가 공功이 있는 자를 기다리겠다"라고 하였다는 고사가 있다.

아는 바다. 어찌 인색한 군주가 할 수 있는 것이겠는가? 여유량만 홀로 귀와 눈이 없는 것인가? 마음을 잔인하게 하고 도리를 해치는 것이 극에 달했다고 이를 만하다. 또 여유량은 의리로는 신민에 속하면서도 '강희'라고 참칭[僭稱]하였으니, 그 패역무도함이 어찌 그리 심한 것인가? 곧 이 몇 건으로도 미쳐 날뛰고 패란하여 이미 막말과 거역의 죄가 극에 달하였는데, 하물며 그 외의 매우 심한 언사들은 더욱 사람을 가슴 아프고 골치를 앓게 하기에 족하니, 한 하늘 아래 같이 살 수 없는 것이다.

저 여유량은 인문人文의 고장 절강성[浙省]에서 태어나 글 읽고 학문하여, 궁벽한 산야에서 태어나 사리에 어둡고 완고하며 무지한 증정과는 애초부터 비교할 바가 아니었다. 또 증정의 험담은 단지 짐의 대에 미쳤으나, 여유량은 성조황고의 성대한 덕에까지 거슬러 올라가 헐뜯었다. 증정의 비방은 유언비어를 곧이들은 데서 말미암은 것이나, 여유량은 스스로 가슴속에서 우러나와 요망한 말을 조작하였다. 더구나 증정이 잘못 고집하는 중국과 이적에 대한 견해는 마음속에서 의심을 망령되이 가져 일으킨 것인데, 만약 여유량의 책을 읽지 않고 여유량이 세차게 일으킨 의론議論을 보지 않았다면, 마음이 [의심 없이] 흡족하였을 것이다. 또한 반드시 거리끼는 바가 있어, 감히 그러한 문사文辭를 보이지도 못했을 것이다. 이렇게 여유량은 죄가 크고 악이 극에 달하여, 진실로 증정과 비교하면 더욱 배나 심한 자이다.

짐은 지난번에 절강성에 대해 이르기를, 풍속이 경박하고 인심이 불령不逞[46]하다고 하였다. 왕경기[47]·사사정[48] 등의 부류가 모두 비방하고 패역하였다가 그 죄를 자복하였으니 다 여유량이 남긴 해악인 것이다. 심지어 민간의 백성들까지도 말을 만들고 일을 꾸미기를 좋아한다. 예를 들어

• • •

46. 원한이나 불평불만을 품고 국가의 구속에서 벗어나 제 마음대로 행동한다는 말이다.
47. 왕경기(1672~1726). 자는 무이, 호는 성당. 1권 주 174 참조.
48. 사사정(?~1727). 자는 윤목, 호는 횡포. 절강성 해녕 사람. 1권 주 175 참조.

옹정 4년(1726년) 중에는 해녕海寧[49]과 평호平湖[50]에서 성문을 닫아걸고 [백성들을] 도륙한다는 소문이 돌아, 이때 놀라고 미혹된 백성들이 서로 부추기며 도피하고 떠돌아다닌 일이 있었다. 이는 모두 여유량 한 사람이 앞에서 창도倡導하였기 때문에, 온 지방 사람들이 바람 부는 쪽으로 기울어지듯 따랐던 것이다. 대개 절강의 사인들은 여유량이 제멋대로 미친개 짖는 소리를 해대면서도 앉은 자리에서 대단한 명성을 얻고 겸하여 많은 재물을 모으며, 일찍이 티끌만큼의 환난도 그의 몸에 얽힌 적이 없었던 것을 늘 보아왔다. 이 때문에 서로 받들어 따르고 흠모하여 본받았으니, 대부분은 우롱당하고도 몰랐던 것이다. 심지어는 지방 관리까지 그의 유명세가 판을 치고 그를 따르는 무리가 많아지는 것을 두려워하여, 모두 뜻을 보태고 힘써 우대하며 예우하고 법식을 조심함으로써 유학자를 존중한다는 명예를 얻고자 하였다. 예를 들어 최근에는 대신 중 공정하고 강직한 사람이라는 총독 이위李衛 역시, 부임했을 때 관례에 따라 [여유량의] 사당에 편액을 증정하지 않을 수 없었으니, 하물며 다른 사람은 어떠했겠는가! 이렇게 그는 인심을 빠져들게 하고, 세속을 흐려 어지럽게 하였으니, 해악이 이미 말로 다 할 수 없는 것이다.

근래 몇 년 동안 짐은 절강성의 인심과 풍속이 해로운 것에 근심이 매우 많아, 인으로 기르고 의로 바로잡기를 아침저녁으로 계획하고, 교화하고 정돈할 방법을 지극히 고심하여, 최근에야 비로소 점점 변화시켜 날로 정도政道에 돌아오도록 하고 있다. 만약 조금이라도 소홀히 하여 신속하게 정돈하지 않는다면, 여유량의 사설이 백성들을 미혹하기가, 틀림없이 인심에 아교를 꽉 채운 것처럼 굳어져 떼어낼 수 없기에 이를 것이다. 그래서 천지간에 당연한 이치[天經地義][51]가 되는 큰 법도[大閑]가

49. 지금의 절강성 해녕시海寧市를 말한다.
50. 지금의 절강성 평호시平湖市를 말한다.
51. 천지간에 당연한 이치이자 변할 수 없는 법도라는 뜻으로, 삼강오상과 같은 예를

사라져버려, 아마 모든 사람들로 하여금 아버지도 군주도 모르는[無父無君]52 인간이 되게 할 것이니, 여유량이 절강성에 재앙이 된 것이 어느 정도에서 저지될지 모를 일이다. 그런데 지금 하늘의 뜻[天道]이 매우 분명하시어, 역적의 악이 가득 찬 이때에 그 간사함과 음험함을 전부 드러나게 하셨으니, 그의 죄를 제대로 처벌하지 않는다면 세교世教를 유지하고 국법을 밝히는 것을 용납하지 않으실 것이다.

또 여유량은 성리학[理學]에 근거하여 움직인다고 자처하면서, 자기 자신이 주돈이周敦頤53, 정호程顥54·정이程頤55, 장재張載56, 주희朱熹57의 도통道統을 계승했다고 말하였다. 저 주돈이, 정호·정이, 장재, 주희는 그 시대의 대학자[大儒]인데, 어찌 아버지도 군주도 모르는 것으로서 그 도道로 삼았겠으며, 난신적자를 그 학자로 삼았겠는가? 이런 말은 그가 성유聖儒의 가르침을 업신여기고 사인의 마음을 무너뜨리는 것이니, 진실로 명교名教

● ● ●

말한다. 1권 주 27 '천경지의' 항 참조.

52. 아버지도 군주도 없다는 뜻으로, 어버이도 군주도 모르는 난신적자를 말한다.

53. 주돈이(1017~1073). 호는 염계, 호남성 도현 사람. 북송대 신유학 혹은 성리학의 성립기에 활동한 인물. 1권 주 245 '주자' 항 참조.

54. 정호(1032~1085). 자는 백순伯淳, 호는 명도明道이며, 하남성 낙양 사람이다. 북송 성리학자로, 주돈이에게 배웠고, 아우 정이와 함께 이정으로 불린다. 이기일원론理氣一元論 및 성즉이설性則理說을 주창하였다. 그의 사상은 동생 정이를 거쳐 주자에게 큰 영향을 주어 송나라 새 유학의 기초가 되었고, 정주학程朱學의 중핵을 이루었다.

55. 정이(1033~1107). 자는 정숙正叔이고, 호는 이천伊川이며, 하남성 낙양 사람이다. 정호의 아우이고, 세칭 이천선생伊川先生으로 불린다. 북송 성리학자로, 정호와 함께 주돈이에게 배웠다. 그는 『역』에 대한 연구가 특히 깊었고, 이기이원론理氣二元論 철학을 수립하여 큰 업적을 남겼다.

56. 장재(1020~1077). 자는 자후子厚이고, 호는 횡거橫渠이며, 섬서성 미현 사람이다. 북송 성리학자로, 그의 설은 예를 숭상하고 역으로서 종宗을, 중용中庸으로서 체體를 삼았으며, 우주의 본체를 태허太虛라고 하였다.

57. 주희(1130~1200). 자는 원회元晦·중회仲晦, 호는 회암晦庵·회옹晦翁·운곡산인雲谷山人 등이 있으며, 복건성 우계에서 출생했다. 선조는 대대로 안휘성의 휘주무원徽州婺源의 호족으로, 아버지 주송은 관직에 있다가 당시의 재상 진회秦檜와의 의견 충돌로 퇴직하고 우계에 우거하였다. 남송 성리학자로, 성리학을 집대성하였다.

에 있어 대역죄의 괴수인 것이다. 그러나 용렬하고 우매한 이들은 그가 마음속에 품고 있는 것을 간파하지 못하여, 천지간에 당연한 이치를 알지 못하는 일개 비류에 대해, 오히려 다 함께 도학道學의 대가라고 추종하니, 사문斯文이 이 땅에서 사라진 것이다. 즉 여유량이 직접 지은 글에도 "하늘의 뜻을 거스르는 자는 죽어야 한다"고 하였고, 또 "나는 하늘의 뜻을 거스르고도 나중에나 죽을 수 있겠구나"라고 하였다. 하늘의 뜻을 거스르는 죄가 크다는 것을 분명히 알면서, 굳이 거리낌 없이 그 길을 밟아 죽더라도 뉘우치려 하지 않았으니, 고금 이래로 천지간에 어그러지고 난폭한 기운이 어찌 여유량에게만 유독 부여되었는지 모르겠다.

짐은 즉위한 이후 실로 여유량이 어떤 저술을 했는지 몰랐다. 그러나 그의 악이 찰 대로 가득 차 사람과 신이 모두 분개하고 천지가 용납하지 않았기에, 증정이 총독 악종기岳鍾琪[58]에게 서신을 올리는 사건을 일으켜 우여곡절이 폭로됨으로써 여유량의 흉악함이 드러나기에 이르렀다. 그리고 여유량의 아들 여보중呂葆中과 같은 자는 일찍이 과거에 급제했을 때 정갑鼎甲[59]에 뽑히는 은혜를 입어 벼슬이 한림원[淸華]에 반열되었고, 그 나머지 자손들도 상서庠序[60]에 많이 진학하였다. 그런데도 [여유량의 글을 새긴] 목판과 저서를 즉시 불태워 그 흔적을 없애지 않았다. 또 여보중은 이미 자신이 벼슬자리를 차지하고 있으면서도 오히려 대를 이어 악을 계승하면서 마음과 생각을 씻어내지 않았다. 이전에 일념화상一念和尙[61]이 모반한 사안에서 그 도당으로 여보중이 연루되었는데, 당시에

● ● ●

58. 악종기(1686~1754). 자는 동미, 호는 용재이며, 사천성 성도 사람이다. 북송 말기의 전설적인 무장 악비 장군의 21세손이다. 1권 주 32 참조.

59. 과거시험 합격자 중 가장 우수한 세 사람으로, 즉 장원狀元, 방안榜眼, 탐화探花를 말한다.

60. 향교鄕校를 주周나라에서는 '상庠', 상商나라에서는 '서序'라고 부른 데서 유래하여, 뒤에는 학교의 뜻으로 쓰였다.

61. 일념화상(?~1708). 강소성 소주 사람. 강희 연간에 반청복명을 내세우며 청에 저항하였다.

반역의 흔적이 이미 드러났지만, 성조황제의 하늘과 같은 인애를 입어 신문 당할 것을 면하였다. 그러나 여보중은 결국 두려움에 떨다 죽었다.

일반적인 도리로 논하면, 여보중의 형제와 자손들은 이와 같이 위태롭고 위기가 되는 상황에서, 성조황제의 높고 넓은 은혜를 입었으니, 스스로 마땅히 감격하고 뉘우쳐 한마음으로 이전의 잘못을 덮을 것을 생각해 죽을 죄에서 벗어났어야 했다. 그런데 완고하고 흉악한 습성이 오래되어 천성처럼 굳어져[習與性成],62 또다시 유작[遺編]을 간직해 상자에 깊이 감추었을 줄 어찌 짐작이나 했겠는가? 이는 본디 여유량이 역란을 그 가풍으로 삼았기 때문이다. 그러므로 여보중 등이 도리에 어긋나고 우매한 짓을 하면서도 경계하고 삼갈 줄 몰랐던 것이다. 그러나 실로 곧 하늘의 뜻[天道]은 매우 분명하시어 조금의 숨김도 용납하지 않으시니, 마치 귀신이 몰아낸 것처럼 역적의 음모가 오늘날에 철저히 드러나, 역적의 남은 독이 천벌의 그물망을 빠져나가지 못하도록 하셨다.

이전에 증정의 역서에 대해 짐이 일일이 변론했던 까닭은, 짐이 즉위한 이후 외부의 역당이 매우 많고 자연히 헛소문이 퍼져, 사람들의 심지心志를 미혹하고 어지럽힌다는 것을 잘 알고 있었기 때문이다. 그가 험담한 것은 오직 짐 한 몸이니, 짐이 생각대로 홀로 판정하여 결론지을 수 있었다. [그러나] 만약 죄가 크고 악이 극에 달한 여유량처럼 하늘에 계신 영靈인 성조聖祖께 죄를 얻은 것이라면, 지극히 깊고 중한 일이다. 곧 온 천하의 필부와 어린아이까지, 적어도 한 줄기의 양심이 있는 사람이 이를 안다면, 또한 이를 갈고 털을 세우지 않을 자가 없으며, 그와 더불어 하늘을 이고 땅을 밟으려 하지 않을 것이다. 이는 또한 짐의 신하가 된 자의 정리情理의 당연한 바이다.

1권 주 12 참조.

62. 습관이 오래되면 천성처럼 이루어진다는 말로 『서』「태갑太甲 상上」에 "이 의롭지 못함은 습관이 천성과 더불어 이루어졌기 때문이다玆乃不義, 習與性成"라고 하였다.

이에 특별히 유지를 내려 여러 가지를 대략적으로 선시宣示하니, 역적 여유량 및 그 자손, 형제, 조카에 대해서 응당 어느 법률에 따라 치죄해야 하는지 구경, 한림 및 첨사, 과도科道에 보여 회의하게 하고, 직성直省의 총독 및 순무, 제독, 양사兩司는 공정하게 각기 의견을 표명하고 상세히 심사하여 결정해 상주하라.

항혁록 등에게 여유량에 관한 사안에 대해 증정·장희·유지형劉之珩 등을 조사하라는 상유가 내려옴에 따라, 증정 등이 올린 두 건의 진술서

1. 증정의 진술: 여유량의 사상을 믿어 중죄를 범하게 된 이유와 여유량에 대한 비판

증정의 진술

하늘을 뒤덮는 중죄를 범한 저는 초楚(호남)의 땅 변두리에서 태어나 몸은 대도시에 이른 적이 없고, 눈은 문인文人을 만나본 적이 없으며, 견문은 고루하고 가슴속에 품은 생각은 더욱 좁아서, 단지 옛것과 의리를 좋아하는 진부한 마음 한 점만을 가슴에 품은 채 간직하고 있었습니다. 그런데 여유량의 문평文評이 세상에 성행하여, 과거를 보는 문장가들은 대부분 그가 논한 문장을 표준이 되는 방식[程法]으로 삼았고, 그가 말한 의리를 규정된 의리[定義]로 여겼습니다. 또 그가 본조를 험담한 부분은, 『춘추』 의리로 거짓 핑계를 대어 그 논설을 공자孔子의 입에서 나온 말에 의지하였기 때문에 어리석은 사람이 그 내용을 믿지 않을 수 없습니다.

하늘을 뒤덮는 중죄를 범한 저는, 본조가 정통을 얻은 내력과 열성列聖께서 서로 계승하신 공덕에 대해 마음으로 비록 알지 못하였지만, 성조황제[63]의 시대에 태어나 성조황제의 은택을 입었고, 조부祖父 세대로부터 전쟁의 소요를 겪지 않고 가혹한 정치의 고통도 없었으며, 잘 쉬고 건강하게 살며[休養生息] 즐겁고 유익하여 대체로 편안히 생업에 종사하고 순순히 교화를 따랐으니, 흉중에 원래 이러한 설이 없었습니다. 그렇지만 여유량이 문득 이러한 의리를 일으킨 것이 놀랍고 또 그 설이 공자에게서 나온 것이라 생각하니, 하늘을 뒤덮는 중죄를 범한 제가 비록 여유량이 어떤 사람인지는 몰라도, 어찌 공자를 믿지 않겠습니까? 또 천루淺陋하고 무지하여 마음속에서 실로 여기에서 벗어날 만한 의리를 별도로 찾아 내놓지 못하고, 글 읽는 사인은 매사에 공자로서 법을 삼지 않으면 안 되는 것이라고 망령되게도 혼자 짐작했습니다. 어찌 눈앞에 있는 이런 큰 명분과 의리에 온전히 조응하지 않고 결국 공자의 『춘추』 한 권을 통째로 무시해버리는 짓을 할 수 있었겠습니까? 이런 의심스러운 생각을 품은 까닭에 몸소 대역 사상에 빠져 구원하지 못하였습니다. 곧 오늘에 이르러 생각해보니, 당시에 여기에서 벗어날 만한 의리를 별도로 찾아 내놓지 못한 이유는, 단지 본조가 흥기한 근원과 열성께서 계승한 공적에 대해 마음으로 알지 못하여, 『춘추』 한 권에 생각이 매였기 때문이었습니다. 만약 이 두 가지 원인을 알았더라면, 본조는 명분이 정당하고 논리가 이치에 부합하여[名正言順][64] 대의가 우뚝 솟았으니, 『춘추』에서 배척한 어떤 일이나 관중管仲이 양이攘夷했다는 것과 관련하여 무슨 상관이 있느냐 했을 것이지, 또 어찌 여유량의 설에 구애되었겠습니까?

● ● ●

63. 청의 4대 황제 강희제. 1권 주 30 참조.

64. '名正言順'은 『논어』에서 유래한 것이다. 「자로子路」에서 "이름이 바르게 되지 않으면 말이 순조롭지 못하고, 말이 순조롭지 못하면 일은 성취될 수 없다名不正, 則言不順, 言不順, 則事不成"라고 하였다. 자로가 공자에게 정치를 함에 무엇을 우선해야 하는지 묻자, 공자가 "반드시 이름을 바로 잡아야만 한다必也正名乎"라고 하면서, 이상의 말을 한 것이다. 1권 주 132 참조.

하늘을 뒤덮는 중죄를 범한 제가 오늘 여유량에 대해 이를 갈며 매우 원망하는 이유는, 그가 명말 끝자락에 태어나 몸소 강소·절강 인문의 고장에서 살았으니 본조의 공적에 대해 어찌 몰랐겠으며, 그의 총명한 재능과 품성을 가지고 본조의 이처럼 우뚝한 대의를 어찌 보지 못했겠느냐 하는 것입니다. 이미 유림儒林에 몸을 담았다면 응당 진작부터 이러한 의리를 천하에 표명하여, 천하의 독서인[讀書士子]으로 하여금 본조의 위대한 공과 덕 그리고 명분은 정당하고 논리는 이치에 부합하는 것을 분명히 깨달아 존경하고 친애하게 하여서, 공자의 『춘추』에 있는 말씀을 의심하는 데에는 이르지 말도록 해야 했습니다. 이것이 바로 여유량 본인의 정의正義인데, 어찌 도리어 이 바르고 위대한 의리를 은폐하여 드러내 보이지 않고, 끝내 『춘추』의 의리를 어물쩍 끌어다가 본조를 가로막은 것인지 모르겠습니다. 이미 경문의 뜻을 배반한 데다가 본인의 의도 거슬렀으며, 또 사림士林에 뜬소문을 퍼뜨려 국가에 누를 끼쳤던 것입니다.

오늘날의 사인[士子]들은 과거시험의 문장에 힘써 그의 논설을 잘 아니, 마음속이 이미 그 악으로 물들지 않은 사람이 없습니다. 단지 아는 바에 얕고 깊음이 있기 때문에 병을 얻은 것에도 정도의 차이가 있을 뿐, 탁월한 식견으로 여유량의 설이 잘못된 것을 알아보고 [거기에서] 벗어나 『춘추』 한 권의 의리를 깨달아서, 본조에 대해 조금의 거리낌도 없는 자를 찾는다면, 실로 이런 자는 적을 것입니다. 아마도 사람들은 설령 본조의 융성한 공덕과 성대한 치업이 멀리 한·당을 능가하여 직접 삼대(하·상·주)를 계승했다는 것과 성인聖人의 출생에는 원래 동서 구분이 없다는 것을 깨닫게 될지라도, 결국 여유량의 설을 버리지 못하고 그 설이 『춘추』 한 권의 요지라는 생각을 굳게 품어, 말할 때 본조를 헐뜯는 말을 하지 않으면 성인의 뜻에 맞지 않는다고 여길 것이니, 결국 공자가 『춘추』를 잘못 지었다고 비방하는 셈이 될 것입니다. 이 하늘을 뒤덮는 중죄를 범한 제가 전에 장사長沙[65]에서 두 차례 직접 진술했던 내용은,

이런 의미를 밝힌 것이었습니다.

오늘에 이르러 생각해보니, 실로 황천께서 우리 왕조를 보살피고 도우셨습니다. 우리 왕조의 의리와 명분이 바른데도 오랫동안 [여유량의] 패역한 논설이 사서인士庶人의 마음속에 감추어져 있었기 때문에, [황천께서] 하늘을 뒤덮는 중죄를 범한 저의 입을 빌려 우여곡절 끝에 이 의를 드러내시어, 천하만세의 사람들로 하여금 다 함께 존경하고 친애하게 하여 우리 왕조의 성덕과 신공에 터럭만큼의 오점도 남기지 않게 하셨음을 알겠습니다. 그러므로 반드시 하늘을 뒤덮는 중죄를 범한 저처럼 직접 경험해보아야만 이런 의미를 깨달을 수 있는 것입니다. 이전에 착오에 빠졌던 것은 실로 무지로 말미암아 여유량의 설을 지나치게 믿었던 탓입니다.

이제 성유로 지적해주심을 입어 다시 그의 황당하고 비루하며 없는 일을 만들어내는 논설에 대해 생각해보고, 아울러 여유량이 살았던 시기와 지역, 그의 학문과 심술心術에 대해 상고해보니, 그가 몰라서 잘못 판단한 것이 아니라 실로 헐뜯으려는 의도가 있어서 그랬다는 것을 알겠습니다. [여유량은] 이 때문에 본조에서 실제로 있었던, 징조가 맞아떨어진 경험 일체에 대해서는 대체로 숨겨 기록하지 않았고, 오직 망령되고 허황된 말을 꾸며내어 이를 보고 들은 사람들의 마음을 미혹하기를 일삼았습니다. 본조의 양식을 먹고 본조의 땅을 밟으며 [본조의] 은덕을 입어 밭 갈고 살아 그 자신과 집안이 존재하고 그 자손을 수십 년 동안 양육한 것을 전혀 깨닫지 못하고, 황은에 마땅히 보답해야 하건만 끝내 거리낌 없이 원수처럼 대했던 것입니다. 지금 그의 논설을 보면, 전부 거짓말하고 아첨하는 입으로 그 포악하고 흉악한 습성을 발휘하고, 또

65. 증정의 고향인 영흥현 보담 마을이 소속된 호남성의 성도이다. 증정은 고향에서 체포된 후 처음 장사로 압송되었다.

교묘히 간사함을 숨긴 채 성현의 말씀에 가탁假托하여 '성리학의 대학자[理學大儒]'라는 명성을 도적질함으로써 세상을 속이고 사람들을 미혹했습니다. 예로부터 난신적자, 남을 해칠 마음을 품은 자, 사인을 유혹해 변질시킨 자, 양민을 모해한 자 중에 여유량만큼 통한痛恨스러움이 심한 자는 없었습니다.

그러나 하늘을 뒤덮는 중죄를 범한 저는, 여유량의 패역한 논설을 과신하고 뜬소문을 곧이들어서 몸이 극악한 대죄에 빠진 이후 밤마다 아무리 생각을 해보아도, 제 마음에 비록 악은 없지만 죄는 실로 벗어나기 어렵겠다 싶었습니다. 곧 제 판단으로도, 빠져나갈 길은 보이지 않았던 것입니다. 더구나 성천자聖天子께서는 하루에 살펴야 할 수많은 일[一日萬機]이 있으신데, 심장과 간을 밝게 비춰 백성된 저의 괴로움을 통찰하시어, [제가] 무지로 인해 틀린 말을 곧이들었을 뿐이지 본심에는 악이 없다는 것을 알아보시고 신중히 심의하실 줄은 몰랐습니다. 이 때문에 황상의 하늘과 같은 인애로 죄를 너그럽게 용서해주신다는 성지[旨]가 반포되는 은혜를 누차 입어, 저 스스로의 마음속에서 황은을 깨달아 알면서도, 아무리 [황상께서] 호생지덕好生之德[66]을 갖추셨을지라도 저 자신의 죄과罪過가 중대하기 때문에 살길을 얻어 풀려나기는 어려울 것이라 여겼습니다.

지금 여유량의 죄상을 판단하신 성유를 받아, 하늘을 뒤덮는 중죄를 범한 저의 죄상과 다시 비교해보니, 지금 하늘을 뒤덮는 중죄를 범한 저로서는 단지 두려워 떨며 생사에 대해 명령 내리시기를 기다릴 뿐입니다. 또 어찌 감히 입을 놀려 다른 사람이 범한 죄의 대소를 따져, 자기 죄악의 경중에 대해 호소하겠습니까? 다만 요·순[과 같은 황상]께서 위에 계시어 백성된 저의 괴로움에 통달하지 않으심이 없는 성유를 반포하셔서 솔직히 진술해 상주하는 것을 허락해주셨으니, 오늘 진술하

66. 생명을 아끼는 덕을 말한다. 3권 주 12 참조.

는 바는 모두 유지에 포함되어 두루 알려진 내용이기도 하므로, 감히 죽음을 무릅쓰고 솔직히 진술합니다. 더욱이 하늘을 뒤덮는 중죄를 범한 제가 이와 같이 극악한 중죄를 저질렀음에도 오히려 직접 진술하고 해명하도록 허용해주신 것이니, 우리 황상의 뜻[宸衷]은 청허하고 광대하여 바로 우주와 같아, 단지 예로부터의 성군들 중 으뜸일 뿐만이 아님을 깨달았습니다. 그렇다면 이런 일은 역시 예로부터 없던 기이한 은전에 속하는 것이니, 하늘을 뒤덮는 중죄를 범한 제가 이런 좋은 기회를 만나, 어찌 감히 숨기고 왜곡하여 그 전말을 솔직하게 진술하지 않을 수 있겠습니까? 그러므로 여유량의 저술에 기록된 것을 생각해보니, 이는 마음이 악한데도 선에 가탁假托하여 그 악을 가렸던 것이고, 하늘을 뒤덮는 중죄를 범한 제가 광패하게 서신을 올리는 사건을 일으킨 것은, 본래 이 악을 몰라 그 의도가 선하다고 여겨 저 자신이 악에 빠졌던 것입니다.

여유량은 명말 끝자락에 태어나 강소·절강성에 살면서 글 읽고 학문하였는데, 무슨 일로 깨닫지 못하고 무슨 도리로 익히지 못한 것인지 모르겠습니다. 본조의 공덕은 당연히 귀로 듣고 눈으로 보아 몸에 익숙할 텐데 말입니다. 어찌 하늘을 뒤덮는 중죄를 범한 제가 뒤늦게 태어나 궁벽한 시골에 거처하며 마음이 어둡고 자질이 노둔해, 다른 일만 모르는 것이 아니라, 유적 이자성의 이름조차 알지 못했던 것과 같겠습니까? 만약 일찍이 여유량만큼 지식을 가지고 있었다면, 단지 이런 광패한 행위를 하려고 하지 않았을 뿐 아니라, 또한 오래전부터 우리 조정의 공덕을 드러내어 말과 글로 알리고 사림에 전하여, 천하로 하여금 모두 군주와 어버이의 의리를 깨닫게 하였을 것입니다. 또 어찌 하늘을 뒤덮는 중죄를 범한 제가 광패한 행위를 하기에 이르겠습니까? 대개 본조에서 태어났으면, 본조의 공적을 모아 기록하고 본조의 도덕과 인의를 천명하는 것이 바로 학사學士의 본분 안에서 당연히 해야 할 일이니, 예로부터 유자라면 반드시 앞장서서 행했던 일입니다. 여유량은 무슨 수로 이를 행하지 않고, 도리어 험담하는 것을 일삼았는지 모르겠습니다. 이제 성유로 "저 여유량은 인문의 고장 절강성에서 태어나 글 읽고 학문하여, 궁벽한 산야에서 태어나 사리에 어둡고 완고하며 무지한 증정과는 애초부터 비교할 바가 아니었다"라고 지적해주셨으니, 이는 참으로 [황상의] 덕이 천지와 같고 영명하심이 일월과 나란한, 지극히 공정하고 지극히 밝은 지당하신 말씀입니다.

또 여유량의 본심은 성조의 거룩함[聖]을 바라지 않았던 것이니, 거룩하지 못하다는 말을 거짓으로 꾸며내어 그 거룩함을 무고하였지만, 하늘을 뒤덮는 중죄를 범한 저의 본심은 황상의 거룩함을 알지 못했던 것이니, 문득 거룩하지 못하다는 말을 듣고 마침내 잘못 믿어 과연 거룩하지 못한 것이 맞다고 여겼습니다. 기실 성조를 비방한 것은 그 죄가 본디 죽음으로도 용서받지 못하는 것인데, 황상을 험담하였다고 해서 어찌 용서받고 홀로 살아남는 법이 있겠습니까? [제가 여유량과] 다른 점은 단지 산야의 어리석은 백성이 되어 성덕의 높고 두터움을 알지 못했다는 것뿐입니다. 결국 간사한 무리들이 유언비어를 퍼뜨려 민간을 미혹시킨 것이지만, 귀로 들은 말이 어찌 성조황제께서 재위 60여 년간 깊은 인애와 후한 은택을 내리시어 [백성들의] 살과 골수에 스며든 것만 하겠습니까? 비록 어린아이와 백발노인이라 할지라도 모두 깊이 아는 바인데, 하물며 몸소 교상膠庠 [제생의] 반열에 들은 지 십여 년인 여유량은 어떻겠습니까! 황상께서는 성조를 하늘처럼 보시고 자신의 덕은 모두 잊으신 채, 이제 성유로 "증정의 험담은 짐의 대에 미쳤으나, 여유량은 성조황고의 성대한 덕에까지 거슬러 올라가 헐뜯었다"라고 지적해주셨으니, 이는 또한 [황상의] 덕이 천지와 같고 영명하심이 일월과 나란하여 지극히 공정하고 밝으실 뿐 아니라, 우리 황상의 평소 지극히 인자하고 효성스러운 깊은 속마음을 나타내신 것입니다.

또 하늘을 뒤덮는 중죄를 범한 제가 광패한 행위를 한 것은, 심중에 본래는 선입견이 없었지만, 여유량의 패역한 논설에 더하여 뜬소문까지 들었고, 하늘을 뒤덮는 중죄를 범한 제 주변 지역에 또 우연히 흉년[歉收]이 들었으며, 게다가 평소에 우리 황상의 성덕의 만분의 일도 깨닫지 못했었기 때문입니다. 당시에는 저 자신의 도의道義가 [저를] 재촉하는 데다가 눈앞의 형세도 긴박하다고 느꼈는데, 마치 귀신이 거기에 있어 사람을 몰아대며 동요하게 만들어 멈추지 못하게 하는 것 같았습니다. 이 때문에 이익과 손해를 따지지 않고 성공과 실패도 살피지 않은 채, 망령되고 어리석게 이런 광패하고 역란한 일을 일으켰던 것입니다. 여유량의 경우는, 도가 있음을 분명히 알면서 그 도를 모르는 것처럼 하였고, 덕이 있음을 분명히 듣고서 그 덕을 듣지 못한 것처럼 하였습니다. 그가 세운 논설을 살펴보면, 남의 재앙을 보고 기뻐하는 마음이 다분하고, 터럭만큼도 백성을 근심하고 나라를 사랑하는 생각이 없었습니다. 이에 여유량의 헐뜯음은 홀로 자기 뜻에서 나온 것이고, 하늘을 뒤덮는 중죄를 범한 저의 광패함은 전적으로 남이 시키는 것에 기댔던 것입니다. 이제 성유로 "증정의 비방은 유언비어를 곧이들은 데서 말미암은 것이나, 여유량은 스스로 가슴속에서 우러나와 요망한 말을 조작하였다"라고 지적해주셨으니, 이는 참으로 [황상의] 덕이 천지와 같고 영명하심이 일월과 나란한, 지극히 공정하고 밝은 지당하신 말씀입니다.

안과 밖[中外]의 구분에 이르러서는, 하늘을 뒤덮는 중죄를 범한 제가 비록 이전에 그 설을 들었을 때 기실 그렇지 않다는 것을 마음으로 알기는 했지만, 배움이 얕고 무지하며 견문이 넓지 못하여 사상과 의리를 내놓지 못하고 분석도 하지 못하니 어쩔 수 없지 않았겠습니까? 또 한편으로 여유량의 의론을 거듭 세밀히 살펴보면, 바로 이 [안과 밖의 구분을] 가리켜 오늘날의 첫 번째 대의라면서 독서인이 반드시 지켜야 할 바라고 하였습니다. [그러니] 본조가 정통을 얻었고 열성께서 구제하신

공이 모두 천고에 보기 드문 바이므로, 『춘추』에서 배척하고 관중이 양이했다는 의義의 사례들과는 다를 뿐만 아니라, 오늘날과 옛날의 상황을 비교하면 전혀 상관이 없어 마치 추위와 더위, 낮과 밤이 상반되는 것과 같다는 것을 어찌 알았겠습니까? 이제 성유로 "증정이 고집하는 중국과 이적에 대한 견해는 마음속에서 의심을 망령되이 일으킨 것이지만, 만약 여유량의 책을 읽지 않고 여유량이 세차게 일으킨 의론을 보지 않았다면, 마음이 [의심 없이] 흡족하였을 것이다. 또한 반드시 거리끼는 바가 있어, 감히 그러한 문사를 보이지도 않았을 것이다"라고 지적해주셨으니, 이는 참으로 폐와 간을 꿰뚫어 보시는 것이라서, 백성된 저의 사정은 조금도 숨길 수가 없습니다.

모든 황상의 판단[乾斷]은 진실로 대순大舜의 지혜를 갖추지 않고서는 이렇게까지 밝게 살피실 수 없고, 또한 제요帝堯의 인애를 채우지 않고서는 이와 같이 신중하게 심의하실 수 없는 것입니다. 인자함과 지혜가 서로 융합하고 거룩함[聖]과 신령함[神]이 아울러 이르렀으니, 어찌 듣는 자가 탁자를 치고 경탄하면서, 천고의 성명聖明한 군주도 이르지 못할 바라고 생각하지 않을 수 있겠습니까? 하늘을 뒤덮는 중죄를 범한 저는 이번 생애에 진실로 영광을 얻은 것이니, 죽는다 한들 무엇을 한스럽게 여기겠습니까? 더구나 지난날 은혜롭게 성지를 내려주심에 있어 열 번 중 아홉 번은 죽이지 않겠다고 하셨으니, 이미 밝고 지혜로운 덕에 감동해 은밀한 사정을 밝혔는데, 또다시 중죄를 너그럽게 용서해주신다는 높고 두터운 은혜를 입었습니다. 이렇게 신성한 천자께서 위에 계신 것을 삼가 마주하여 끝내 어떤 말로 찬양할지라도 견줄 수 없으니, 다만 존경하기를 천지를 대하듯이 하고 친애하기를 부모를 대하듯이 할 따름입니다. 다시 무슨 말씀을 드릴 수 있겠습니까?

2. 유지형 등의 공동 진술: 여유량에 대한 비판

유지형·차정풍車鼎豐·차정분車鼎賁·초중익譙中翼·손용극孫用克 즉 손학안孫學顔·진입안陳立安·조각曹珏·료이 즉 경숙·장효선張孝先·장감張勘 즉 실안實安·장신화張新華·장조張照·장희의 공동 진술

삼가 생각건대, 본조는 성인에서 성인으로 이어졌으니, 쌓은 공적이 두터워 후세에게 전하는 은택도 넓었습니다[積厚流光].[67] 태조고황제[68]께서는 뛰어난 무용[神武]으로 떨쳐 일어나 동북東北에서 나라를 세우셨습니다. 태종문황제[69]께서는 의로운 군대를 일으켜 도적들의 난리를 제압해 망한 명을 위해 설욕하며 생민을 물에 빠지고 불에 타는 고통에서 구제하셨으므로 천하가 예물[筐篚][70]을 가지고 앞다투어 맞이해 한마음으로 편안한 자리[衽席]에 올렸습니다. 세조장황제[71]께서는 천명에 응하고 민의에 순종하여 [북경에] 들어가 황위[大寶][72]에 올라 [중국을] 대일통[大一統]하는 성대함을 보이셨으니, 비록 은·주 시대라 하더라도 여기에는 미치지 못할

● ● ●

67. 쌓은 공업이 매우 두터워, 후세에 전하는 은덕이 넓다는 말이다. 광光 자는 광廣 자와 통한다. 『순자』「예론」에 "그러므로 천하를 가진 자는 7대의 조상을 제사 지내고, 한 나라를 가진 자는 5대의 조상을 제사 지내며, 5승乘의 땅을 가진 자는 3대 조상의 제사를 지내고, 3승의 땅을 가진 자는 2대 조상의 제사를 지내며, 자기 손으로 먹고사는 자는 종묘를 세울 수 없다. 공적이 두터운 자는 후세에 전하는 은택이 넓고, 공적이 얇은 자는 후세에 전하는 은택이 좁은 것을 구별하기 위한 것이다故有天下者事七世, 有一國者事五世, 有五乘之地者事三世, 有三乘之地者事二世, 持手而食者不得立宗廟, 所以別積厚者流澤廣, 積薄者流澤狹也"라고 하였다.
68. 청의 초대 황제. 1권 주 130 참조.
69. 청의 2대 황제. 1권 주 131 참조.
70. 광주리에 담은 채단綵段이라는 뜻으로, 예물을 말한다. 광筐은 사각형 광주리이고, 비篚는 원형 광주리이다.
71. 청의 3대 황제. 1권 주 135 참조.
72. 『역』「계사繫辭 하下」에 "성인의 대보를 위位라 한다聖人之大寶曰位"라고 한 것에서, 이후 제위帝位를 의미하게 되었다.

것입니다. 우리 성조인황제께서 제통帝統을 계승하여 건도乾道를 받들기에 이르러서는, 교화가 드러나고 덕이 성대하여, 모든 혈기 있는 사람 치고 존경하고 친애하지 않은 자가 없었습니다.

이에 절강성의 여유량이라는 자가 그의 작은 재주를 믿고서 세상을 속여 허명을 도둑질하고, [시문時文의] 선정을 빙자해 명성을 날려서 서적을 간행해 이득을 노릴 것이라고는 생각하지도 못했습니다. 마침 태평성대[昭代]의 문풍文風을 숭상하는 융성한 기회를 만나 [여유량이 간행한 책이] 천하[宇內]에 유행할 수 있었고, 한때 과거를 준비하는 자들에게 전수되어, 마침내 많은 이들이 팔고문[八股][73]의 금과옥조이자 강장講章[74]의 종장宗匠으로 받들었습니다. 유지형劉之珩을 비롯한 저희들은 비루하고 우둔하여 평소에 그 사람됨의 실체를 깨닫지 못했고, 단지 그 현행 선각본의 일부만을 보고는 논평한 글과 경전 해설에서 필설筆舌이 신랄하고 예리하기에 사람들을 따라 찬양하고 탄복한 일이 있습니다.

지금 여유량이 초록抄錄하여 숨겨둔 잔고殘稿를 보니, 가지가지 패역하고 모두 대역무도한 말들이며, 심지어는 경솔하고 방자한 험담이 성조께로 거슬러 올라가, 참으로 신하로서 감히 눈에 담을 수 없고 차마 입으로 말할 수 없는 지경입니다. 그리고 그의 평소 흉악함이 본성처럼 굳어져 비할 바 없이 비뚤어지고 멋대로 억측하며 지껄여 사심私心으로 교화를 방해한 것에 비로소 경악하였습니다. 바로 난신적자 중에 으뜸으로서

73. 명·청 때 과거시험에 쓰였던 문체이다. 경서의 구句·절節·단段을 뽑아 주제로 하고, 그 뜻을 부연하여 문장을 짓는 것인데, 고정된 격식을 따라 구성해야 했다. 그 구성은 제목의 의미를 말하는 파제破題, 이에 대해 부연설명을 하는 승제承題, 한 편의 대강을 강론하는 기강起講, 본론으로 들어가는 입수入手, 본론의 근거를 제시하는 기고起股, 본론의 핵심을 서술하는 중고中股, 미진한 부분을 보충하는 후고後股, 결론에 해당되는 속고束股의 여덟 부분으로 이루어졌다. 여기서 기고·중고·후고·속고의 '고'는 대구對句로 글을 짓는 것이기 때문에, 모두 여덟 개의 대구를 이루어 이를 흔히 팔고라고 하였다.

74. 시관試官이 경서經書의 한 장章을 지정하면, 이를 외우고 그 뜻을 논하는 것을 말한다.

죄가 크고 악이 극에 달하였으니, 왕법王法에 결단코 용납하지 못할 자입니다.

여유량은 몸소 성조대에 제생이 되었으면서 이전 왕조의 잔존 세력에 잘못 붙어, [본조의] 땅을 밟고 그 소산을 먹은 지 이미 수십 년이 된 것을 없던 일처럼 여기고, 도리어 전혀 근거가 없는 일을 터럭만큼의 거리낌도 없이 말하고 공공연히 문장으로 썼습니다. 그의 말을 살펴보면 거의 걸桀의 개가 되기를 자처하였는데, 그 실상을 파고들면 이미 벌과 개미만 못하니, 어찌 그 패역함이 이 지경에 이른 것인지 모르겠습니다. 그런데 그가 죽은 뒤에 장자長子 여보중은 곧 진사進士에 합격하여 한림원[淸班]에 들어갔고, 그 나머지 자손들 역시 다수가 교서膠序[75] [제생의] 반열에 들었으니, 곧 오늘날에 근거하여 논하면 국가의 은택이 여씨가문을 윤택하게 하고 잘 길러줌이 매우 깊고 두텁다고 하겠습니다. 그러나 여유량이 광포하고 방자하게 배반한 것을 돌이켜 생각하면, 생각할수록 한스럽고 그 죄가 더욱 명백해지니, 여러 겁劫을 지낸다 해도 벗어나기 어려운 죄인 것입니다. 이에 충신과 의사義士라면 진실로 정의로서 주륙하기를 하늘[上方]에 청할 것이고, 필부와 어린아이라도 다만 한 줄기의 양심이 있는 사람이라면 역시 통한痛恨하여 머리털이 치솟지 않을 리가 없을 것입니다. 곧 그의 시문에도 이미 스스로 '하늘의 뜻을 거슬렀다'고 하였으므로 그의 수명은 길지 못해야 마땅하니, 진작에 서둘러 저승의 처단을 받은 것입니다.[冥誅][76]

삼가 생각건대, 여유량이 이미 죽었으므로 남아 있는 감춰진 원고는

● ● ●

75. 상대商代에는 학교를 '서序'라 하였고, 주대周代에는 '교膠'라 하여, 후대에 학교의 통칭으로 쓰였다.

76. '명주冥誅'란 음간陰間에서 처벌을 받는 것을 말하고, '음간'은 민간 신앙에서 인간이 죽은 뒤 혼령이 이르는 곳, 즉 저승을 뜻한다. 황제가 직접 처형해 주살한 것이 아니라, 귀신이 알아서 잡아가, 그의 흉악함에 천벌을 내렸다는 의미이다. 1권 주 90, 3권 주 93 참조.

그 자손들이 곧 신속하게 불태워 버렸어야 했는데, 도리어 태워야 할 것을 태우지 않아 쪽지와 짧은 글들이 남아 마침내 숨길 수 없는 지경에 이르렀으니, 어찌 상천께서 성조를 깊이 사랑하시고 또 우리 효성스러운 황상을 직접 가호하시고자[顯佑][77] 묵묵히 이것을 드러내시어, 그 죄상을 폭로하신 것이 아니겠습니까? 이로부터 천하의 사민士民이 다행히 그가 윤리를 배반하고 하늘의 뜻을 거슬렀음을 깨달아 모두 그릇됨과 올바름의 구별을 깨우치게 되었으니, 마치 긴 잠에서 갑자기 깨어난 것 같습니다. 하늘의 이치는 명백하여 광패한 자가 오래 속일 수 없고, 하늘의 그물은 광대하여 반역한 자가 끝내 벗어날 수 없습니다. 유지형을 비롯한 저희들은 함께 황상의 인애仁愛를 입어 대의를 거칠게나마 알게 되었으므로 이런 간사한 일을 목도하여 불공대천의 분노를 견딜 수 없습니다. 삼가 아룁니다.

77. 현우顯佑는 신령이 모습을 직접 드러내거나 신통력을 발휘하여 보호하고 도와주는 것을 말한다.

상유: 청조의 재이 등을 기록한 엄홍규의 글에 대한 옹정제의 반론

상유

절강의 역적 여유량은 흉악하고 교화를 방해하며 방자하게 비방하여 패역함이 극에 달하였다. 또한 그 역도 엄홍규嚴鴻逵라는 자는 광포하고 포악하며 [여유량과] 기질이 맞고 서로 통하여 의견이 합치되었으니, 실로 여유량의 보좌가 되어 추앙하고 본받았으며, 여유량이 남긴 글의 요지를 상세히 서술하였다. 또 이를 따라 확장하고 발양하여 거기에 덧붙이고 보탰는데, 그 언사는 여유량에 비해 더욱 심한 데가 있었다. 저 여유량은 본조의 제생으로서 전조前朝인 명나라 의빈의 먼 후손이라는 것을 끌어다 붙여 근거 없이 은혜를 원수로 갚고[反噬][78] 울분을 토하며 미쳐 날뛰었으니, 이미 예로부터의 난신적자 중에서도 보기 드문 바에

78. 반서反噬는 기르던 짐승이 은혜를 잊고 도리어 주인을 문다는 뜻으로, 은혜를 베풀어준 사람을 도리어 해치는 것을 비유하는 말이다.

속한다. 엄홍규로 말하면, 지금의 세상에 태어나 지금을 살고 있는 사람으로서 그의 할아버지 때부터 이미 본조에 편입된 백성이 되어 [본조의] 땅을 밟고 그 소산을 먹으며 [본조의] 하늘을 이고 땅을 밟았으니, 엄홍규가 명대에 대해 어찌 옛 군주 옛 나라라는 생각이 있겠는가? 그리고 우리 왕조에서 실로 삶을 이루어주고 인재를 육성하는 은택을 입었으니, 무슨 이유로 그가 분개하고 추억하며 또한 감히 분수도 모르고 남의 흉내를 내어[效颦][79] 미친개 짖는 소리를 해대는 것인가? 이제 엄홍규가 한 말 중에 명백하게 패역한 것을 뽑아 모두 선시宣示하니, 부디 중외의 신민들이 엄홍규가 의리를 배반하고 하늘의 뜻을 거슬렀으며 무부무군無父無君의 죄를 지어 천지간에 피할 곳이 없다는 것을 알기 바란다.

엄홍규의 일기에는 "색륜索倫[80] 지방에서 정월 초 3일에 땅이 갈라졌는데 가로 5리, 세로 3리였다. 처음에는 돌덩이가 날아가고 나중에는 불을 뿜어, 인근 30리 이내의 주민들이 모두 도피하였다"라는 내용이 있다. [당시 이 일에 대한 성조의] 성지에는 "이런 기이한 일들은 예로부터 매우 많았다. 하물며 구외口外[81]에서 일어났으니 어찌 이상하다 하겠는가?"라는 말씀이 있었다. [엄홍규의 일기에는] 또 "서徐 씨 성을 쓰는 자가 연燕(하북 일대) 땅에 살았는데 [그 집에는] 미친 하녀가 있었다. [그 하녀가] 어느 날 밤에 [꿈에서] 보기를, 귀인 세 사람이 당상堂上에 앉아 있다가 갑자기 [명의] 주삼태자朱三太子[82]가 왔다는 보고를 받았다. 세 사람

79. 효빈效颦은 남의 결점을 장점인 줄 알고 따라 하여 더욱 나빠진다, 또는 맥락도 모르고 흉내 낸다는 말이다. 춘추시대 월의 미인 서시가 병이 있어 얼굴을 찡그리니 그 모습이 더욱 아름다우므로, 이웃집 추녀 동시가 그를 본받아 찡그리니 모두 보고 도망갔다는 것에서 유래하였다.

80. 흑룡강성 눈강 유역을 말한다.

81. 만리장성의 북쪽 지역을 가리키며, '구북口北'이라고도 한다.

82. 명의 마지막 황제인 숭정제의 다섯째 아들 주자환에 대해 민간에서 부른 호칭이다. 청초에 많은 사람들이 주삼태자로 자칭하며 반란을 일으켰다. 1권 주 11 참조.

은 계단을 내려가 그를 맞이하였다. 그 사람(주삼태자)을 보니, 온몸에 핏자국이 있고, 그는 세 사람을 향해 화를 내며 흑수黑水 세 갈래[三道]를 요구하였다. 세 사람은 처음에는 허락하지 않았지만, 그가 완고하게 요구하자 결국 허락하여 모일某日에 물을 내보내기로 약속하였고, 비로소 [주삼태자가] 떠나갔다. 꿈에서 깨어 이를 말한 지 며칠 후에 열하熱河[83]에서 홍수가 크게 나 만주인 2만여 명이 익사하였다. 그날을 따져보니, 이 하녀가 꿈에서 들은 날이었다"라고 하였다. 또 "양강총독[江督] 소목포邵穆布[84]는 죽을 때가 되어 마치 뭔가 보이는 것이 있는 것처럼 '척재선생惕齋先生이여, 나와는 무관합니다'라고 외치고 한 달여 만에 죽었다. 그런데 이 일이 일어난 때에 그의 관아에 있던 어떤 사람은 이와 같은 그의 죽음에 관한 장면을 보았던 듯하다"라고 하였다.

또 "16일 밤에 월식이 있었는데, 그때 많은 별들이 흔들려 움직이는 것을 보았다. 별들 하나하나가 마치 떨어지려고 하는 형상이었으며, 또 어떤 별은 날아가고 어떤 별은 달려가며 떼를 지어 동쪽을 향해 갔다"라고 하였다. 또 "지난해 7월 초 4일에 성변星變이 있었는데 한 흠천감欽天監 관원이 말하기를 '이 별은 천패원天沛垣에서 나와 천시원天市垣[85]으로 들어갔습니다. 해당 영역은 오월吳越(강소·절강 일대)에 속하니, 몇 년 내에 오월 지역 시정市井에서 병란이 일어날 것입니다. 그 색이 흰 것은 국상을 예지하는 것입니다'라고 하였다. 올해에 그 후자는 이미

● ● ●

83. 하북성 동북부를 흐르는 난하灤河의 지류로, 오늘날의 하북성 승덕시를 흐른다. 본래 이름은 무열하武烈河이다. '열하'라는 명칭은 승덕시 중심 북쪽에 위치한 열하행궁熱河行宮 내에 있는 온천에서 흘러나오는 온수가 유입되어 수온이 오르는 것에서 붙여진 것이다.

84. 청조의 관원으로 1706년 12월 31일부터 1709년 12월 25일까지 양강총독을 역임하였다. 양강총독은 청조의 가장 높은 등급의 봉강대신封疆大臣 중 하나로, 강소·안휘·강서 3성의 군민軍民과 정무를 총괄하였다.

85. 동양 천문학상 별자리의 세 구획을 삼원三垣이라 하였는데, 자미원·태미원과 함께 삼원의 하나를 차지하는 별자리이다. 그 위치는 제성帝星이 임하는 곳으로 여겨졌다.

들어맞았다"라고 하였다.

또 "내가 쓰는 육합일통모六合一統帽는 사방평정건四方平定巾을 본뜬 것인데, 요즈음 사인들 중 따라 하는 이들이 점점 많아지고 있다. 곧 『일지록日知錄』[86]을 찾아보고서 이전 왕조에 이미 이런 명칭이 있었고 또한 [명] 태조太祖께서 만들어 '육합일통'이라고 말씀하셨다는 것을 알았다"라고 하였다. 또 "연의 땅 인가에는 대문 앞에 모두 대자석[土硃][87]으로 표시가 그려져 있는데, [그 모양은] 사각형, 원형, 점, 가위표 등으로 일치하지 않았고, 어떤 곳은 표시 안에 글자가 쓰여 있기도 하였다"라고 하였다. 또 "서효선徐孝先은 평생 직령直領[88]을 입고 효두건孝頭巾을 썼는데, 선황제先皇帝(명의 마지막 황제)를 위해 상복을 입은 것이라고 말하였다"라고 하였다. 또 "요즈음에는 수탉이 알을 낳고, 암탉이 변하여 수탉이 되는 일이 있다. 또 개가 뱀을 낳고, 자라가 태胎에서 나오는 일도 있다"라고 하였다. 또 "연시練市에 [성은] 심沈 씨이고 [자는] 개생開生이며 이름은 륜倫이라는 사람이 있는데, 머리카락을 깎지 않고 흰옷과 관을 쓰고서 평생 살았다"라고 하였다. 또 "하남河南에서 개구리가 사람을 잡아먹는 이변이 있었다. 기이하도다!"라고 하였다.

이 모든 황당한 반역의 말들은 강희 55년(1716년)부터 옹정 6년(1728년)까지 기록된 것으로, 이외에도 일일이 열거할 수 없을 정도로 많다. [그러나] 그중 오직 색륜 지방에서 돌덩이가 쌓이고 불을 뿜은 것만이

86. 명말청초의 사상가 고염무顧炎武(1613~1682)의 저서이다. 총 32권으로 구성되어 있는데, 구체적으로 1~7권은 경전, 8~12권은 정치, 13권은 풍속, 14권은 예제, 16~17권은 과거, 18~21권은 문학과 예술, 22~24권은 명의, 25권은 고사, 26권은 역사, 27권은 해석, 28권은 잡사, 29권은 병사, 30권은 천문, 31권은 지리, 32권은 잡고로 되어 있다.

87. 대자석은 적철광의 하나로, 광택이 없고 어두운 붉은색이며 잘 부서져 흙과 같은 성질을 가지고 있다. 산서성의 대현에서 많이 나므로 대자석이라 불리며 물감, 연마재, 약용으로 쓰인다.

88. 옷깃이 곧은 데서 나온 명칭으로, 직령으로 된 포袍를 그대로 직령이라 한다.

실제로 있었던 일이다. 이는 대개 그 땅의 기氣와 맥脈이 그러하여, 전에도 이런 일이 이미 여러 차례 있었고, 지금은 서로 같은 아홉 개의 돌무더기[九山]가 남아 증명하고 있다. 이 돌무더기는 그 지역에서 대대로 전해지는 얘기에 따르면 땅속에서 솟아 나온 것으로, 연대가 이미 오래되어 고증할 수는 없지만, 이것 때문에 그 지명이 구돈九墪이며 새로 나온 돌무더기를 포함해 모두 열 개가 있다고 한다. 그 주변 원근의 산 정상에서도 맹렬한 화염이 뿜어져 나왔으니, 이는 성조황제께서 잘 아시는 일이기 때문에 '예전부터 매우 많았다'는 유지가 있었던 것이다. 그럼에도 엄홍규는 이 일을 가지고 비방하는 것인가?

열하에서 홍수가 발생하게 된 일은 구외에 중첩되어 이어진 산들 때문이다. 5~6월 사이에 큰비가 때를 기다렸다가 내리면, 대체로 [중첩된 산의] 계곡들이 모두 범람하여 여행객들은 잠시 길이 막혀 지체하게 되지만, 비가 그치면 1~2시진時辰[89]이 지나 바로 물이 빠진다. 열하는 겹겹의 산들이 에워싸고 그 가운데 오직 한 줄기의 강이 흘러, 매번 강우량이 좀 많을 때마다 여러 산의 물이 모두 여기로 흘러나오니, 이 때문에 종종 제방을 무너뜨리는 일이 일어난다. 강희 48년(1709년) 6월에는 큰비가 밤낮으로 계속 내렸는데, 그때 부근의 행궁行宮[90] 일대는 지대가 높은 언덕이라서 단지 건너편 산기슭 아래만 물에 잠겼을 뿐이었다. 그 지역에 오래 산 백성들은 사실 자주 보는 것이라 이상하게 생각하지 않았고, [성조를] 호종한 관병들 역시 다들 비가 그치면 물이 곧 빠진다는 것을 알고 있어서 모두 안정되어 옮겨가지 않았다. 다만 장인匠人[91] 등

89. 하루를 12로 나눈 시간의 단위로, 한 시진은 두 시간에 해당한다.

90. 오늘날의 하북성 승덕시 중심 북쪽, 열하 서안 일대의 좁고 길쭉한 골짜기에 위치한 여름 별궁을 말한다. 청대에 황제의 여름철 피서 및 정무 처리를 위한 장소로 쓰였으며, 강희 42년(1703년)에 처음 짓기 시작해 강희·옹정·건륭 연간에 점점 확대되어 89년 만에 완성되었다. 오늘날에는 '승덕피서산장承德避暑山莊', '승덕이궁承德離宮', '열하행궁熱河行宮' 등으로 부른다.

타향에서 와 머물게 된 사람들은 평생 동안 본 적 없는 일이라 놀라고 당황하며 미혹되었다. 어떤 어리석은 사람은 나무를 엮어 뗏목을 만들었는데, 생각으로는 물살을 타고 건널 수 있을 줄 알았지만, 결국 나무 뗏목이 돌에 부딪혀 산산조각 나서 물에 빠진 자가 몇 명 되기에[數人][92] 이르렀다. 또 성조인황제의 어용御用 우물이 강 건너편 산기슭에 있는데, 우물을 지키는 관병들이 법도를 엄격히 지켜 홍수가 나도 감히 반걸음도 이동할 엄두를 내지 못해, 또한 물에 빠진 자가 2~3명에 이르렀다. 당시에 짐이 [황자들 중] 순서가 되어 황제께 문안을 드렸는데[恭請聖安], 수종관원 2~3백 명의 주둔지가 곧 홍수가 난 곳이었지만, 단속이 엄정하여 경거망동하는 사람이 한 명도 없었고, 물이 빠지기에 이르렀을 때 모두 안전하고 탈이 없었으며, 물에 빠진 자가 한 사람도 없었다.

그런데도 엄홍규는 익사한 만인이 2만여 명이라고 하였으니, 어찌 그 망령되고 허황됨이 이토록 극렬하기에 이른 것인가? 강소·절강 등지에서는 항상 산에서의 홍수가 갑자기 발생해 교룡을 일으키는 일[起蛟之事][93]에까지 미쳐 걸핏하면 촌락의 수백 가구를 침수시키는데, 엄홍규는 어찌 이를 듣지 못했는가? 어찌 유독 열하에서 홍수가 일어난 것만을 재이災異로 여기는 것인가? 또한 열하 지역은 각지의 무역하는 사람들이 다 모이고, 고용된 직공[傭工]으로서 일하는 자들은 대부분 산동·산서 백성들인데, 엄홍규는 유독 만주인만 익사했다고 말했으니 그럴 리가 있겠는가? 더구나 꿈과 환상에 기대어 주삼태자가 흑수를 요구했다는 등의 말을 조작한 것은 엄홍규가 무슨 마음으로 그런 것인지 모르겠다.

● ● ●

91. 목수나 미장이 등 손재주를 가지고 여러 가지 물건을 만들거나 건축 등의 일을 업으로 삼는 사람들을 말한다.

92. 2~3명에서 5~6명 사이의 인원을 말한다.

93. 교룡蛟龍은 고대 전설 속의 동물로, 용의 한 종류이다. 뱀과 비슷한 몸에 비늘과 사지가 있고, 깊은 물 속에 살아 홍수를 일으킨다고 한다. 즉 '교룡을 일으키는 일'이라는 것은 깊은 물 속에 있는 교룡을 일으켜 홍수를 더욱 크게 키운다는 뜻으로 해석된다.

이제까지 비방하고 원망한 말들은 대부분 걸의 개가 요를 보고 짖어대는 말이니, [주인에 대한 충성으로] 그 주인이 아닌 이에게 짖어댄 것이라 스스로는 그 죄로부터 자유로울 것이다. 그러나 엄홍규는 오늘날의 세상에 태어나 오늘날의 백성이 되었으며, 명대가 멸망한 지는 이미 오래고 우리 왕조가 새 나라를 건립한[定鼎][94] 지는 백 년이 넘었으니, 천시天時로 살피고 인사人事로 헤아려보아도 명의 태조와 숭정제崇禎帝[95] 그리고 거짓 주삼태자朱三太子까지 엄홍규의 주인이 아님은 명백하다. 그렇다면 어찌 아득히 멀어 서로 관계가 없는, 주인도 아닌 이에게 마음을 맡기고, 오히려 요[神堯]같은 주인에게는 짖어댄 것인가? 또한 헛소문을 지어내고 화란을 일으키기 좋아하여 태평하고 평온한 때에 다툼과 소요를 일으키려는 바람을 가지고, 성조의 융성한 덕과 현저한 교화를 공공연히 모독하며, 오늘날 백성이 안락하고 물산이 풍성한 것을 조석으로 저주하였다. [엄홍규의] 가지가지 이성을 잃고 미쳐 날뛰는 짓은 모두 여유량이 내뱉은 보잘것없는 말[唾餘][96]을 주워 담아 더욱 허황되고 망령된 말을 덧붙인 것이니, 어찌 흉학兇虐함이 본성처럼 굳어져 만 번 죽고도 남을 역적이 아니겠는가?

또한 그는 이미 제 스스로의 저술로 요망한 말을 지어내고서, 또 겉으로는 옛날의 준칙에 얽매여 삼가고 조심하는 태도를 보여 그 간악함을 감추었으니, 절강의 경박한 사인들이 그의 허명에 미혹되었고, 조정 신료가 『명사明史』 찬수에 그를 천거하는 일이 있기에 이르렀다. 그는 이에 스스로 자랑하고 의기양양하며 거만하고 과격하였다. 엄홍규의

● ● ●

94. 새로 나라를 세워 도읍을 정한다는 말이다. 하夏나라의 우禹가 구주九州의 금속을 모아 아홉 개의 솥[鼎]을 만들어 왕위 계승의 보배로운 상징으로 삼았는데, 후에 주周의 성왕成王이 이를 옮겨 도읍으로 정한 데서 유래하였다.

95. 명의 16대이자 마지막 황제 주유검(재위 1628~1644)을 가리킨다. 1권 주 223 참조.

96. 남이 뱉은 침의 나머지라는 말로, 다른 사람의 보잘것없는 의견이나 말을 비유한 것이다.

일기에는 "자字가 병의炳儀인 사람으로부터 전달받은 글에는, 거듭 수도로 올라오라고[勸駕][97] 부탁하면서 '요·순 같은 황제께서 위에 계시니 단지 고상하게 은거하기를 일삼아서는 안 됩니다'는 말이 있었다. 나는 웃으면서 '요·순이 위에 계시는데 설마 소보巢父와 허유許由[98]는 그냥 놔둘 수 없단 말인가?'라고 생각하였다"라고 하였다. 또 "총헌總憲[99]이 다시 직접 상주하기를, '역재易齋에게 분부하셔서 유회惟懷로 하여금 서신을 보내 수도로 불러올리도록 하셔야 상황상 사양하지 못할 것입니다' 등의 말을 하였다지만, 내 뜻은 내가 정하니 마땅히 죽을지언정 이 일은 거부할 것이다"라고 하였다. 그가 큰소리치고 업신여긴 것이 이미 이와 같다. 게다가 일기에 또한 "형주衡州 사람으로 [이름은] 장희이고 자는 경경敬卿인 자가 와서, 그의 스승 증정은 영흥현 사람으로 거기에서 강학講學하는데, 배우는 자들이 포담선생蒲潭先生이라 부르며, 이전에 [여유량의]『사서강의四書講義』를 읽고 비로소 제생의 지위를 버렸다고 말하였다"고 하였다. 또 "경경(장희)이 강녕江寧(남경)에 가고자 하기에, 자가 쌍정雙亭인 자에게 서신을 써주고 다시 자가 동지冬之인 자에게 부치도록 했다"라고 하였다.

짐이 특지特旨로『명사』찬수에 대해 명하여 산림에 은거하고 있는 사인을 두루 찾아 구하라고 하였기에, 조정 신료들의 천거가 그에게까지 미친 것이었다. 그런데 망령되게 소보와 허유가 귀를 씻은 일[100]을 끌어다

● ● ●

97. 거가車駕를 보내 덕행 있는 사람을 권하여 수도로 불러올리는 일을 말한다.

98. '소유'는 소보와 허유의 합칭이다. 요가 왕위를 물려주는 것도 뿌리친 채 기산의 아래 영수의 북쪽에서 숨어 살았다.

99. 명청대 도찰원都察院의 장관인 좌도어사左都御史의 별칭이다. 도찰원은 관리에 대한 감찰과 탄핵 등을 담당하는 관서로, 이전 시대의 어사대御史臺에 해당되며, 총헌이라는 명칭은 어사대의 고칭이 '헌대憲臺'였던 데서 유래하였다. 도찰원은 형부刑部·대리시大理寺와 함께 삼법사로 불렸고, 중대한 사안이 발생하면 삼법사에서 모여 심리하였는데, 이를 '삼사회심三司會審'이라고 한다.

100. 허유와 소보가 기산 영수에 숨어 살았는데, 요가 왕위를 맡기려 하자 허유가 이를 거절하고서 더러운 말을 들었다며 귀를 씻었다. 또 이 말을 들은 소보는 "그대가

붙여, 마침내 죽을힘을 다해 거부하여 조정을 어린애 장난처럼 보고, [짐의] 소환을 쓸데없는 일[弁髦][101]로 여겼다. 그리고 역적 증정 등 반란하고 패악한 무리들에게 서신으로 안부를 전하고 보잘것없이 서로 통하여, 수천 리 밖에서도 호흡이 맞아 친밀하기가 친형제 같고, 이리저리 다니며 당류黨類를 끌어모아 천지간의 도리에 어긋나는 일[不軌]을 드러내놓고 도모하고, 방자한 생각을 하고 제멋대로 다니면서 강상綱常을 문란케 하고 세속을 놀라게 하였으니, 흉악하고 교활함이 이토록 극렬하기에 이르렀던 자는 없었다. 이와 같이 패역하고 반란한 사람이 민심을 현혹하여 후세에 화를 끼치는 것은 왕법에 용납할 수 없는 것이고, 신과 사람이 모두 증오하는 바다. 또 [엄홍규는] 성조황제께 죄를 얻었고, 여유량과 더불어 당을 지어 악을 행하며 서로 도왔으니, 그 죄는 죽음으로도 용서받지 못하는 것이다. 엄홍규는 응당 어떻게 치죄해야 할지, 구경, 한림 및 첨사, 과도에 보여 회동하여 속히 의논해 상주하게 하라.

● ● ●

만약 높은 산 깊은 골에 살면서 세상과 통하지 않았다면 누가 그대를 알아볼 수 있겠는가?"라고 하면서, 귀를 씻은 더러운 물을 자기 소에게 먹일 수 없다며 소를 끌고 상류로 올라가서 물을 먹였다는 전설을 말한다.

101. 변모弁髦는 쓸데없는 물건을 비유적으로 이르는 말이다. '변'은 관례 때 한 번만 사용하는 것이고, '모'는 동자의 더펄머리로 역시 관례 후에는 소용없어지는 데에서 나온 표현이다.

상유: 「귀인설」을 첨부하는 이유

상유

증정은 패란하고 흉악하며, 터무니없는 거짓말로 [사람들을] 현혹시켰으니, 이제까지 교활하고 간악하며 광포하고 방자한 무리들 중 그에 비할 자는 없었다. 당연히 본성이 보통 사람들과는 달라 교화하고 가르칠 수 없을 줄 알았지만, 의외로 지금은 뉘우치고 깨달아 이전에 사설邪說과 유언비어에 현혹되었던 것을 매우 괴로워하며 머리를 조아리고 역력히 자백하여, 스스로 "과거에는 짐승이었다가 지금은 바뀌어 사람이 되었습니다" 등의 말을 하였다. 천지는 광대하여 별별 일이 다 있고, 만물 또한 교화하고 가르칠 수 없는 것은 없다는 것을 볼 수 있었다. 성인聖人(공자)께서는 "믿음이 돼지와 물고기에게도 미친다信及豚魚"[102](『역』, 「중부괘

102. 『역』에서 유래한 말로, 지극한 믿음은 돼지나 물고기 같은 미물까지도 감동시킨다는 뜻이다. 2권 주 9 참조.

中孚卦」 단전彖傳)라는 말씀을 하셨다. 지금 증정은 돼지와 물고기만도 못한 존재이지만 또한 죄를 뉘우치고 마음을 바르게 고쳐먹음[悛改]이 이와 같은 것이다. 그가 「귀인설歸仁說」 한 편을 지어 상주하기를 "이 몸이 만약 살아남는다면 원하건대 직접 설교하여서 어리석고 완악한 이들을 교화하여 인도하고 싶습니다. 혹시 살 수 없다면 이 한 편을 남기니, 혹 흉악한 무리들로 하여금 또한 그 패역한 생각을 없애게 할 수 있을 것입니다"라고 하였다. 사람은 지혜롭거나 어리석거나 현명하거나 불초하거나에 관계없이 감화시킬 수 없는 사람은 없다는 것을 볼 수 있었다. 그러므로 증정의 「귀인설」을 모든 진술[供詞]의 뒤에 덧붙이는 것이지, 그가 공덕을 칭송하고 아첨한 것 때문에 두는 것은 아니다.

증정의 귀인설歸仁說

성인이 나심은 일반적인 일이 아니므로 그 출생에는 일정한 지역도 없고 일정한 기준도 없다. 그러나 그 덕업德業의 광채는 천지사방[上下四方]에 두루 미치고 심사心思의 작용은 사해만세四海萬世에 두루 통한다. 이에 모든 면에서 전고前古를 초월하지만, 아울러 수백 년 혹은 수천 년 안에 나온 적이 있는 것은 아니다. 옛사람은 말하기를 "비상非常한 것은 보통사람이 탁월하게 여기는 것이다非常者, 常人之所異"[103](『사기』, 열전 「사마상여司馬相如」)라고 하였다. 삼가 생각건대, 보통사람이 아닐 뿐만 아니라 세속을 놀라게 할 만큼 총명하여 견줄 이가 없고, 재주와 지혜가 출중하여 자신의 지혜를 다하면 중론을 복종시키기에 충분하며, 자기 저술을 과시해 장차 먼 변경에까지 미칠 수 있을지라도, 성인의 나심과 성인의 덕업의 광채 및 심사의 작용이 전고보다 월등히 뛰어난 것을 충분히 알지 못한다면,

103. 원문은 "대개 세상에는 반드시 비상한 사람이 있은 후에 비상한 일이 있고, 비상한 일이 있은 후에 비상한 공功이 있다. 비상한 것은 본디 보통사람이 탁월하게 여기는 것이다蓋世必有非常之人, 然後有非常之事, 有非常之事, 然後有非常之功. 非常者, 固常人之所異也"라고 하였다.

역시 지극히 어리석은 보통사람이자 제 분수에 만족하지 못하는 보통사람일 뿐이다.

대개 하늘이 성인을 내심은 그 기운을 축적함이 지극히 두터워 그 덕을 갖춤도 지극히 성대하다. 우주宇宙의 입장에서 말하면, 반드시 천지가 조화되고 이것이 축적된 지 오래되어 수백 년은 온축되어야 비로소 성인 한 분을 낳는다. 또 수천 년이 온축되어야 비로소 대성인大聖人 한 분을 낳으니 보통 있는 일이 아니다. 한 가문의 입장에서 말하면, 반드시 조종祖宗의 공덕이 누적된 지 오래되어 수십 년에 이르고 또 수백 년에 이르러야 비로소 성자聖子·성손聖孫을 낳고, 아울러 [수천 년에 이르러야] 대성자大聖子·대성손大聖孫을 낳는다. 이는 또한 성조聖祖와 성종聖宗이 마땅히 받아야 할 몫이다. 그러니 [이런 가문을] 아래에서 우러러보는 것도 세상에 보통 있는 일은 아니다. 경작하기 전의 땅에 비유하면, 생기生氣가 빽빽하게 쌓인 지 오래되었을 때 한번 땅을 갈고 씨를 뿌리면 수확량이 반드시 몇 배에 이르게 되는 것과 같다. 좋은 곡식이 어찌 지역을 택해 나겠으며, 천지가 좋은 곡식에 대해 또한 어찌 지역을 택해 나게 하여, 다른 식물과 아주 다르게 하겠는가? 기린과 봉황이 다 중원[中土]에서 날 필요는 없으니, 뛰어난 진미珍味와 큰 조개가 언제 갯벌(바다의 변두리)에서 나지 않은 적이 있었는가? 다 같이 이 하늘 이 땅 가운데 존재하고 함께 거대하게 배태되었으니, 어떤 것은 좌로 어떤 것은 우로 누가 강계疆界를 나눌 것이며, 어찌 갈라서 둘로 할 수 있겠는가? 따라서 중국이 성인을 내는 것에 있어 이미 기력을 다했기 때문에, 순환하여 원지遠地에서 낸 것이 또한 무슨 의심할 거리가 되겠는가?

게다가 도가 천하에 존재함은 다하여 없어지는 법도 없고 정해진 형상도 없으며, 오늘과 내일이 다르고 이곳과 저곳이 각기 다르니, 본래 매우 변화무쌍하여 사람들이 규칙[格式]을 정해 추측해 내는 것을 용납하지 않는다. [그러므로] 글을 읽어 도를 아는 사람은 때에 따라 알맞은 조치를 취하고, 장소에 따라 중정中正한 것을 택하는 것을 귀하게 여기는 것이다. 바로 그 변화에 대응하는 심오한 이치로 우리의 권도權度를 다하고 정밀히 판단하여, 우리가 고대인[古人]과 같이 하는 바를 취해 달라진 것을 검토하고, 다시 우리가 처한 바의 다름을 같은 곳으로 귀착시켜야 한다. 그런 후에야 고대인이 경전을 저술하여 훈계를 내린 뜻에 합하게 되고, 그런 후에야 사람마다 경전을 궁구窮究하여 이치를 밝히게 됨으로써 의義의 대용大用을 안정시켜 무궁하게 되는 것이다. 그렇기는 하지만, 이 의라는 것은 [비유하자면] 과거에는 맹인이 쟁반을 두드리고 피리를 만져본 후 이를 태양으로 착각하고서[104] 다른 맹인에게 말해주고, 무릉도원[桃源][105]이나 술에 취해 본 별천지[醉鄕][106]를 허황되게 쫓아다닌 것이었다. 만약 폭풍 속 천둥의 진동으로 인한 떨림이나 대장간에서 주조할 때 나오는 열기를 경험하지 않는다면, 고개를 돌리고 눈을 뜨지 못할 것이니, 운무를 걷어내야만 하늘과 태양을 보는 것이다. 대개 사람[生人]은 매우 미혹하니, 지금에 이르러서야 큰 깨달음을 얻은 것도 매우 다행이다.

삼가 생각건대, 우리 왕조는 명말의 혼란한 때에 명의 황위를 옮겨 받아 동토東土로부터 와서 구란寇亂을 쓸어버리고 제하諸夏에 군림하여

• • •

104. 소식蘇軾의 「일유日喩」에서 유래된 말로, 그 내용은 다음과 같다. "태어나면서부터 맹인인 자가 태양을 알지 못하여 눈 있는 자에게 물었다. 어떤 이가 '태양의 형상은 구리 쟁반 같다'고 대답하자, 쟁반을 두드려서 그 소리를 기억했다가 후일에 종소리를 듣고 태양이라고 생각했다. 또 어떤 이는 '태양의 빛은 촛불 같다'고 대답하였는데, 초를 만져 그 모양을 기억했다가 후일에 피리를 만져보고 태양이라고 생각했다生而眇者不識日, 問之有目者. 或告之曰, '日之狀如銅槃', 扣槃而得其聲, 他日聞鍾以爲日也. 或告之曰, '日之光如燭', 捫燭而得其形, 他日揣籥以爲日也"라는 것이다. 즉 단편적인 지식에 근거하여 함부로 추측하는 것을 뜻한다.

105. 도연명陶淵明의 「도화원기桃花源記」에 나오는 '무릉도원武陵桃源'을 말한다. 진晉나라 때 무릉의 어부가 복사꽃을 따라 물길을 거슬러 올라가 진나라의 난리를 피해 숨어 사는 사람들을 만난 곳으로, 절경 속에서 세상의 변화와 세월의 흐름을 잊고 살아가는 환상적인 공간으로 묘사되어 있다.

106. 당唐 왕적王績의 「취향기醉鄕記」에 보이는, 술에 취했을 때 온갖 걱정을 잊는 별천지이자 이상적인 공간을 말한다.

위무하며 통일하여 바깥이 없도록[無外][107] 하였다. 지극한 덕과 깊은 인으로 사해를 적시고 크고도 빼어난 공렬功烈로 천지[兩儀]를 빛내니, 생민이 있은 이래로 이처럼 번성한 시대는 없었다. 대체로 세상 사람들의 지혜는 성인의 탄생 및 천지가 성인을 내는 것이 이따금씩 있는 비상한 일이라는 것을 알기에는 부족하며, 동토는 중화 문명이 아닌 곳이라는 잘못된 생각을 하고, 아울러 열조가 덕을 서로 계승해 모두 성인이 되셨다는 것도 알지 못한다. 이에 [여유량은] 『춘추春秋』 대의大義 및 공자孔子가 관중管仲의 인仁을 인정하여 하신 여러 말씀을 제멋대로 끌어다 쓰고 이를 사례로 들어 스스로 맹세하였던 것이다. 심지어 근년에는 [나 증정과 같이] 여유량이 말한 패역한 논설에 현혹되어 이전에 [본조로부터] 인으로 양육되는 깊은 은혜를 입었다는 것을 잊은 채, 감히 방자하게 험담하고 비방하는 경우도 있고, 사사로이 논설과 문사에 드러내어 보이는 경우 또한 간혹 있다. 그 명분은 대의를 바로잡으려 한다는 것이나 실상은 도리어 사람의 대의에 위배되는 것이라는 점을 모르고, 말로는 도를 밝히겠다고 하지만 결국은 당연한 상도常道에 대단히 어둡다는 것을 모른다. 이미 혼미하고 착란錯亂하여 자신을 그르치고 또 자기를 패역한 데에 빠뜨려 당대에 죄를 짓고 후대에 비웃음을 받게 되는 것이다. 이는 일찍이 나 자신이 경험한 것이니, 천하에 학문에 뜻을 두고서 변화의 도를 몰라 한갓 여유량의 설에 빠졌던 자로서 안색을 바꾸고 알리지 않을 수 없다.

무릇 천지간의 두 기운[二氣, 음양]과 오행五行의 정수는 모이고 흩어짐으로 말미암아 날마다 흘러가고 확대되며 또 변동하여 구속받지 않고 순환하여 일정함이 없다. 당唐(요)·우虞(순)·삼대(하·상·주)의 시대에는 중원[中土]이 본래 협소하여 오복五服[108]의 땅뿐이었고, 형荊·초楚·오吳·월越은 이미 변방

● ● ●

107. 왕은 천하를 집으로 삼으므로 바깥 즉 외방外方이 없다는 말이다.

108. 왕기王畿를 중심으로 에워싼 공간을 각기 5백 리씩 순차적으로 나눈, 다섯 등급의 지역을 말한다. 상고에는 전복甸服·후복侯服·수복綏服·요복要服·황복荒服을 뜻하고, 주대周

만복蠻服[109]으로 취급되었으며, 그밖에 월粵(광동, 광서)·민閩(복건)·고전古滇(운남)·파촉巴蜀(사천)은 봉토로 세워 공부貢賦를 통하게 하였으니 아직 중국에 속하지 않았다. 그러나 세운世運의 승강升降을 따져보면 반드시 치통治統에 따라 변화했다. 그리고 치통의 변화를 헤아려보면 또한 반드시 도통道統을 근거로 했다. 당·우·삼대의 성세에서, 제왕의 통치를 계승한 군주 중 첫 번째가 대순大舜이요, 지극한 덕으로 예찬되는 군주 중 마지막은 문왕文王이다. 맹자는 말하기를 "순은 제풍에서 태어났으니 동이 사람이다. 문왕은 기주에서 태어났으니 서이 사람이다舜生於諸馮, 東夷之人也. 文王生於岐周, 西夷之人也"(『맹자』, 「이루하」)라고 하였다. 이 당·우·삼대 시대의 성인이 이미 중원에서 다 나지는 않았던 것이다.

진秦부터 오대[五季][110]에 이르기까지 1,500여 년 동안은 이제二帝(요·순), 삼왕三王(우·탕왕·무왕),[111] 주공周公·공자의 도가 사람들에게 알려지지 않고 꽉 막혀서 밝아지지 않으며 행해지지 않았다. 송에 이르러 천운天運이 비로소 돌아와, 그 도가 비록 위에서는 여전히 행해지지 않았지만, 실로 아래에서는 밝아졌다. 그런데 도통을 연 것은 염계濂溪 주자周子(주돈이周敦頤)에 의해 시작되었고, 집대성한 것은 자양서원紫陽書院의 주자朱子(주희朱熹)에 의해 성대해졌다. 주돈이는 호남湖南 영주永州에서 태어나 강서江西로 이주했고, 주희는 강남江南 휘주徽州에서 태어나 복건福建에서 수학하였다. 지금 상고하건대, 호남은 곧 초楚 지역이고 영주는 지경地境이 양광兩廣(광동, 광서)의 경계에 있으며, 강남[의 강]은 곧 오吳 지역의 강이고 휘주는 사실 동쪽으로 민閩 지역과 상접하였다. 강서는 곧 옛날 삼묘三苗[112]의

● ● ●

代에는 후복侯服·전복甸服·남복男服·채복采服·위복衛服을 뜻한다.

109. 오복의 땅 밖에 있는 제6복으로 이복夷服이라고도 한다. 즉 오랑캐의 땅을 말한다.

110. 당 멸망 후 송 건국 전까지 화북 지역을 중심으로 5개의 강대국이 순차적으로 흥망했던 시기를 말한다. 다섯 국가는 후량後梁, 후당後唐, 후진後晉, 후한後漢, 후주後周이다.

111. 하·상·주의 3대의 성군을 가리킨다. 하나라는 우, 상나라는 탕왕을 뜻하는데, 주나라의 경우에는 무왕 혹은 문왕을 뜻한다.

땅이고 복건은 원래 팔민八閩[113]의 구역에 속한다. 이를 통해 보면 성인의 탄생은 [특정] 지역으로서 한정 짓지 않는다는 것을 분명하게 알 수 있다.

게다가 『춘추』가 오와 초를 배척하여 이적으로 삼았던 것은, 그 '시대'를 따라 지역을 따진 것이었다. 생각건대, 그 일의 자취는 오늘날과 더불어 사각형과 원형의 형태가 서로 맞지 않는 것과 같은 격일 뿐 아니라, 추위와 더위, 낮과 밤이 상반되는 것처럼 전혀 관계가 없다. 대개 풍기風氣가 열리는 것은 점진적으로 나타나니, 천지가 있은 이래로 문운文運은 주周에 이르러 극성기를 이루었고, 문왕·무왕·주공은 세덕世德이 두터워 탄생한 성인으로서 예악禮樂을 제작함에 있어 또한 옛일을 살펴 극히 정밀하게 하였다. 그러므로 주대에는 [예악제도를] 밝게 갖추어 찬란하고 명성과 문물이 융성하였으니, 후대인 한·당이 미칠 수 있는 바가 아닐 뿐 아니라 사실 전대인 당唐·우虞도 견줄 수 있는 바가 아니었다. 이 때문에 성인聖人(공자)이 찬하기를 "찬란하다. 문이여! 나는 주나라를 따르겠다郁郁乎, 文哉! 吾從周"(『논어』, 「팔일」)라고 한 것이다. 『춘추』라는 책이 비록 [주周] 평왕平王이 동천東遷한 이후에 정교政教가 행해지지 않고 왕도정치의 흔적이 사라진 것으로 인해 지은 것이지만, 당시의 노魯·위衛·제齊·진晉 등 여러 나라는 문왕·무왕의 시대에서 오래 지나지 않았으므로 고가故家와 유속遺俗, 유풍流風과 선정善政이 여전히 온화하게 옛 성주成周

112. 묘민苗民 혹은 유묘有苗라고도 하며, 중국 요순시대에 강江·회淮·형주荊州에 거주하던 종족을 말한다. 오랑캐로 취급되었고, 공공共工·환도驩兜·곤鯀과 더불어 '사흉四凶'으로 칭해졌다.

113. 복건은 민閩, 칠민七閩, 팔민八閩 등으로 불린다. 상고시대에는 월족越族의 민월부락閩越部落에 속하였고, 주周나라 때는 칠민, 춘추시대 이후에는 민월국閩越國이 있었다. 팔민이라는 별칭은 북송北宋 때 복건로의 행정구획을 복주福州, 건주建州, 천주泉州, 장주漳州, 정주汀州, 남검南劍 등 6개 주와 소무邵武 및 흥화興化 등 2개 군軍으로 하여 총 8개의 동급 행정기구를 두면서 생긴 것이다.

때의 모습대로 남아 있었다. 그러나 오·초·산융山戎은 언어가 달라 시詩·서書가 통하지 않고 예·의의 풍습도 모르면서 제멋대로 왕을 참칭하고 중원[夏]을 침범하는 악을 저질러 중화 문명을 통치하고자 무릅썼으니, 이것이 성인이 매우 미워하여 배척하신 까닭이다.

기실 성인의 마음은 곧 하늘의 마음[天心]이니, 마땅히 배척해야 할 것을 배척한 것이지, 애초에 오·초를 외지로 삼을 의도가 있었던 적도 없었고, 또 제하를 높게 평가해 내지를 중시하고 외지를 경시할 뜻을 세운 적도 없었던 것이다. 가령 제하이면서 그 일정한 법도[常度]를 삼가지 않는다면 이를 폄하하고 물리치는 것이 또한 오·초에 대한 것보다 심했을 것이다. 그러므로 선유先儒가 그 뜻을 취해 "이적이면서 중국[의 예악제도]에 나아가면 중국이고, 중국이면서 이적처럼 행동하면 이적이다"(한유韓愈)라고 한 것이다. 이 『춘추』라는 책이 중화와 이적을 구분한 기준은 예의의 유무에 있는 것이지, 지역의 원근에 있는 것이 아니다. 그 마음은 실로 지극히 공평하여 원래 사람이 스스로 처신을 어떻게 하는가를 엿본 것일 뿐이다. 하물며 오늘날은 또 상황이 [춘추시대와는] 다르고 대부분은 상반되는데, 어째서[지역으로 화이를 구분하려 하는 것]인가?

고대에는 치통과 도통이 합일되어 천명[天定]에 순종하였는데, 포악한 진秦, 진시황의 변란 이후에는 비록 한·당·송이라는 융성한 왕조를 거치기는 했지만, 오히려 허공에 집 짓는 격을 면하지 못하여 성인의 만분의 일도 못 되었다. 명 말의 시대에는 더욱이 군주는 게으르고 신하는 사치하며 각종 제도가 문란해져, 안으로는 환관이 권력을 휘두르고 국정을 장악하였으며, 밖으로는 번왕[藩封]이 방자하게 굴고 하늘이 내린 만물을 사납게 멸하였다. 관리들은 탐오하여 멋대로 탈취하며 가혹하게 세금을 거두었으니, 예외적인 곳은 없었다. 황음, 교만, 사치가 세가대족世家大族에게 관습이 되어 극에 달한 것에 더하여 문덕文德이 다 무너져 먼 곳의 사람들[遠人]이 복종하지 않았으니, 몽고나 외번 등 각처가 모두 강적이 되어 변경에서의 경보가 수시로 들려와 응대할 겨를이 없을 정도여서 원기가 다 상하였다. 즉 오대五代를 전후하여 쇠퇴함이 극에 달했던 시대에도 이보다 심하지는 않았던 것이다. 마침내 유적이 사방에서 봉기하여 참살과 약탈을 행하자, 그 해악이 끓는 물과 타는 불을 넘어서게 되었다. 무릇 유적이 지나간 부·군·주·현은 시정과 촌락에 미치기까지 모두 기와 한 조각도 보존하지 못하였으니, 눈으로 보기에 참혹하고 마음을 상함이 생민이 있은 이래로 이처럼 심한 난리는 없었다. [그런데] 논자들은 이러한 지경을 생각하지 않고 망령되게 삼대와 춘추시대의 융성함을 끌어다 사례로 들어 견주었으니, 어찌 그리도 사리에 어긋나고 오류를 범하는 것이 심한가?

더욱이 본조의 태조太祖께서 동해東海에서 나라를 처음 세우셨을 때에는 덕으로 행하고 인으로 근본을 삼으셨을 뿐, 명의 천하를 취할 마음은 없으셨다. 태종황제 때에 이르러 정치와 교화가 잘 이루어져 인한 명성[聲聞]이 해내 사방에 전파되었으니, 이때에 일찍이 군대의 대오를 정돈해 산해관 안으로 들어가[入關] 지방을 둘러보셨고, 곧바로 산동山東의 임청臨淸에 이르러 경성京城을 둘러보셨으며, 남원南苑에서 마음껏 사냥하시면서, 명나라가 원한을 풀고 전쟁을 중지하여 백성을 편안하게 하기를 기대하셨다. 그러나 명의 군신은 끝내 내버려 두고 묻지 않았고, 이로 말미암아 군대를 거두어 동쪽으로 돌아가셨는데, 명은 화살 하나 쏘아 보낼 수조차 없었다.[114] 당시에 만약 천하를 얻으려는 마음이 터럭만큼이라도 있으셨다면 명을 취하는 것은 곧 손바닥을 뒤집듯 쉬웠는데, 또 어찌하여 유적이 경성을 함락시키고 민제愍帝[115]가 목숨을 버리는 국난이 일어나 명의 국운

114. 一矢加遺. 화살 하나를 상대 쪽에 보탠다는 것, 전쟁한다는 의미라 하겠다. 『春秋左傳』에서 차용한 표현이다. 1권 주 230 참조.

115. 명의 16대이자 마지막 황제인 숭정제로서 휘는 주유검朱由檢이다. 1권 주 223, 4권 주 95 '숭정제' 항 참조.

이 이미 끊어지고 명의 황위가 옮겨져, 유구들의 동란을 제거해달라고 요청하기를 기다린 후에야 군대를 일으키고 장수들에게 명하셨겠는가? 바로 이런 하나의 행위는, 무왕武王이 맹진孟津에서 크게 회맹하고 상商나라의 정사를 살펴봄으로써 주紂왕이 악을 후회하고 고치기를 바랐던 것보다, 심사心事가 더욱 광명정대光明正大하시고 겉과 속에 유감이 없으신 것이었다.

더욱이 산해관을 들어가 일전을 치러 이자성李自成의 20만 대군에게 승리를 거둔 것은 마른 나뭇가지를 꺾는 듯이 쉬운 일이었다. [저들이] 멀리서 기세를 보자마자 달아나는 바람에 [아군이] 휩쓸고 지나가 먼 거리를 신속하게 진군하여, 해내의 땅에서 [저들을] 일소하고 억만 생령을 물에 빠지고 불에 타는 고통 속에서 구원했던 것이다. 당시에 천하 사람들이 우리 왕조에 의지한 것이, 심연深淵에서 빠져나온 듯하고 부모를 본 듯하였다. 이로 말미암아 세조장황제가 정사를 시행하고 인을 베풀어[發政施仁] 천하에 군림하여 위무하시자 천하가 감사하며 받들었으니, 단지 명의 군신 입장에서 [본조가 대신] 치욕을 설욕하고 복수한 것에 대해 은혜를 갚으려[銜結] 해도 갚을 길이 없을 뿐 아니라, 또한 크게는 우리 억만 생령이 죽음에서 벗어나 생육하게 된 것이므로, [본조의] 위대한 덕과 깊은 은혜는 바로 천지와 동류同流인 것이다.

이를 통해 보건대, 옛날 탕왕과 무왕은 [각각] 하와 상의 제후였으니, 비록 인으로써 흥기했을지라도 군신이라는 개별적인 인륜에서는 오히려 자유로울 수도, 유감이 없을 수도 없었다. 그렇기 때문에 그 당시 성탕成湯(탕왕)은 부끄러운 마음[慚德]을 면하지 못했고,[116] 무경武庚은 은殷을 가지고 배반함을 면하지 못했던 것이다.[117] 어찌 우리 왕조가 천하를 소유함이

116. 상商의 탕왕은 그의 군주였던 하의 걸왕을 정벌하고 나라를 세웠다. 『서』「중훼지고仲虺之誥」에는 "성탕이 걸을 남소로 쫓아내고 부끄러운 마음이 있어 말하기를 '나는 후세에 나를 구실로 삼을까 두렵다成湯放桀于南巢, 惟有慙德, 曰'予恐來世, 以台爲口實'"고 하였다.

117. 무경은 상商의 마지막 왕인 주왕의 아들이다. 주周 무왕武王은 주왕紂王을 정벌하고

유적 이자성의 손에서 얻어, 상·주가 정통을 얻은 것에 견주어 더욱 명분이 정당하고 말이 사리에 맞으며, 명의 신료와 한인들이 당시에 모두 기꺼이 힘을 보태고 목숨을 바쳤던 것만 하겠는가?

이 춘추시대의 오와 초는 이적의 마음을 가지고 이적의 행위를 일삼았고, 제하의 예악과 문명의 정치를 멸시했으며, [제하에] 와서 참람되게 질서를 어지럽혔다. 우리 왕조는 인의의 마음을 가지고 인의의 정치를 행하며, 중국의 생령이 도탄에 빠진 것을 차마 보지 못하여, [중국에] 와서 어루만져 편안하게 하였다. 하나는 지극히 잘 다스려지던 시대를 어지럽게 하였고, 하나는 지극히 어지러운 시대를 잘 다스려지게 하였으니, 이른바 사각형과 원형의 형태가 서로 맞지 않는 것과 같은 격일 뿐 아니라, 결국 추위와 더위, 낮과 밤이 상반되는 것처럼 전혀 관계가 없는 것이다. 가령 성인(공자)께서 오늘날 계셨더라면 그가 지은 『춘추』는 이 때문에 우리 왕조에 대해 매우 칭찬할 것이니, 얼마나 깊고 절실하게 드러내어 밝혀주실지 알만하다.

대개 성인은 하늘과 덕이 합일되니, 하늘이 광대하여 바깥이 없듯이 성인의 마음도 바깥이 없다. 단지 터럭만큼이라도 바깥이 있는 마음을 가진다면 천심天心에 합일될 수 없으니, 또 어찌 성인이라 할 수 있겠는가? 이 때문에 성인이 일을 판단함은 지극히 겸허하고 지극히 공평하여 흉중에 터럭만큼도 선입견으로 뜻을 정함이 없으니, 원래 하늘을 보고 백성을 보아 뜻을 정하는 것이다. 그리고 하늘은 백성에 대하여 실로 일정한 친애함[常親]이란 것이 없고 오직 덕에 따라 친애하신다. 오늘날 우리 왕조는 한 발의 화살도 쏘지 않고 한 사람도 해치지 않고서, 오래지

● ● ●

무경을 세워 상의 도읍이었던 은의 유민들을 다스리게 하였다. 그리고 관숙, 채숙, 곽숙에게 이를 감독하게 하였다. 그런데 무왕이 죽고 성왕成王이 어린 나이로 즉위하여 주공周公이 섭정을 하자, 무경과 관숙, 채숙, 곽숙이 연합하여 반란을 일으켰고, 주공이 그들을 토벌하였다. 1권 주 97, 주 234 참조.

않아 제업帝業을 이루었다. 지금에 이르러 영토의 광대함은 하늘과 같이 크고, 누린 세월의 영구함은 하늘과 같이 오래되었다. 대대로 계승하여 성인을 두텁게 낳아, 멀어질수록 점점 광대해지고 오래될수록 더욱 빛을 발하며, 사해가 태평하고 만국이 다 안녕하니, 이것이 어찌 인력으로 할 수 있는 일이겠는가? 곧 백성 가운데 덕을 입은 자들이 두터워 황천의 돌보심이 깊으니, 이 때문에 여기에 이른 것이다. 성인이 또한 무슨 일로 하늘을 어기고 백성을 배척하여 이쪽저쪽의 사이를 두겠는가?

그러므로 『춘추』의 취지는 화이의 분별을 삼가는 것에 있다고 해야 옳으니, 만약 『춘추』의 사례들을 끌어다 우리 왕조의 성대함을 배척한다면, 성인(공자)이 경서를 지은 뜻을 속이는 것이므로 매우 잘못된 것이다. 성인이 관중의 인을 인정한 것에 있어서도 그 이유가 오와 초를 배척하는 데에 있었다고 해야 옳으니, 만약 망령되게 오·초를 가지고 오늘날에 대한 증거로 삼는다면, 이는 시비가 전도된 것이자 도와 의를 해치는 것이므로 매우 잘못된 것이다. 이 『춘추』는 단지 우리 왕조에 장애가 되지 않을 뿐 아니라, 우리 왕조는 결국 성인의 마음에 깊이 부합하여 『춘추』의 취지를 크게 빛냈음이 분명하다.

대개 우리 왕조는 태조고황제께서 신성한 무예로 세상을 뒤덮어 제업의 기초를 개창하신 이래로, 태종문황제께서 제위를 계승하는[繼體] 임무를 넓혀 제국을 통일하셨고, 세조장황제께서 통치의 근본을 세워 법을 안정시키고 중외에 군림하여 위무하셨으며, 성조인황제께서 성덕과 신령스러운 공적을 해내와 해외에 두루 미치셨다. 성인이 도를 오랫동안 행하여 교화되고 아름다운 풍속을 이루어 살갗에 젖고 골수에 사무쳐서 더욱 전고前古를 초월하고 그 업적이 만세에 드높게 되었으니, 황천의 지극히도 돈독한 사랑은 삼대 이후의 왕조가 미칠 수 있는 바가 아님을 알 수 있다. 곧 우·하·상·주 등 천운이 처음 열려 크게 화합하고 극히 융성했던 시기로 거슬러 올라가더라도, 지금처럼 성인에서 성인으로 [제위를] 계승하여 끊임없이 이어진 성대한 시대는 드문 것이다.

게다가 지금의 우리 황제[當今皇帝]께서는 더욱 '거룩하고 신묘하며 문과 무의 덕을 모두 구비하여[聖神文武]'[118] 시기에 맞게 변화하시고, '천지의 조화를 틀에 넣듯 제한하여 [중도中道에] 지나치지 않게 하고 만물을 곡진히 이루어 빠뜨리지 않으시며'[119], 전대의 공렬功烈을 진작시키시니, 성조인황제보다 더 광채가 나는 분이시다! 그러므로 그 정치 및 교화의 공효功效가 천지에 분명히 빛나, 예악을 말끔히 정비하는 성대함이 이미 지극함에 이르렀고, 그 효험 역시 벌써 태평성세[海晏河清]에 이르렀다. 다만 지덕至德은 심오하고 은미하며 성학聖學은 높고도 깊어, 산기슭과 바닷가처럼 멀고 외진 곳에서는 간혹 그 위대함을 듣지 못한 자도 있다. 사실 [이는] 이전 번왕 시절에 아무도 모르게 실력을 키우고 아무런 욕심 없이 경서를 연구하며 도를 음미함으로써 자기의 고유한 본성과 맡은 직분을 다하셨을 뿐, 사람들에게 명성과 광채를 조금도 드러낸 적이 없으셨기 때문이다. 따라서 황상의 덕[龍德]이 중정하심에 대해, 단지 천하의 백성들이 알 수 있는 바가 아니었을 뿐 아니라 조정에 있는 신하들조차 알 수 있는 바가 아니었다.

오직 우리 성조인황제만이 하늘이 내려주신 총명함과 근본적인 부자간의 친애에 따라, 그리고 성인이 성인을 알아보는 법이므로, [번왕시절 우리 황제의] 인품이 귀중貴重하고 [내면에] 온축된 것이 아름답고 넉넉하여, 총명예지聰明睿智로 군림할 만한[120] 것을 진작 알아보셨다. 그러나 또한

• • •

118. '聖神文武'는 『서』「대우모」에서 익益이 요堯의 덕을 칭송하여 "거룩하고 신묘하며 문과 무의 덕을 모두 구비하셨다乃聖乃神, 乃武乃文"라고 말한 데서 나온 말이다.

119. 『역』「계사전 상」에 역易의 도리를 알려준 성인을 찬미하여 "천지의 조화를 틀에 넣듯 제한하여 중도中道에 지나치지 않게 하고, 만물을 곡진히 이루어 빠뜨리지 않으며, 주야의 도를 겸하여 알았다. 그러므로 신神은 일정한 방소가 없고, 역易은 일정한 체體가 없는 것이다範圍天地之化而不過, 曲成萬物而不遺, 通乎晝夜之道而知. 故神无方而易无體"라고 하였다.

이것을 마음에만 두시고, 사람들에게 퍼뜨리고자 하지 않으셨다. 다만 [성조인황제의] 성궁聖躬이 편치 않고 점점 악화되기에 이르자 남교南郊에서의 대례大禮를 맡기셨는데, 사람들이 비로소 우리 황상의 지덕은 하늘이 내린 천성이고, 성학은 그 천성과 잘 어우러져, 오랫동안 성조황제께서 깊이 아끼신 바였음을 알게 된 것이다. 여기에서 성조황제의 도를 헤아리심과 의에 정밀하심을 더욱 엿볼 수 있다. [제위를] 자식에게 전하되 현자賢者에게 전하시어, 이제(요·순)와 삼왕(우·탕왕·무왕)을 아우르고[121] 중도中道에 부합하게 하셨으니, 모든 군주를 능가하여 걸출하신 것이다.

이런 까닭에 우리 황상께서 즉위[御極] 초에 행하신 모든 정치는, 그 높고 두터움이 어디에서 유래되었는지 천하 사람들 모두 우러러 헤아릴 수가 없었다. 게다가 아기나·새사흑 등이 간사한 꾀를 오래도록 품고 외부에 유언비어를 퍼뜨려 [황상의] 성덕盛德과 지선至善이 궁벽한 시골과 먼 산골에는 신속히 두루 들릴 수 없기에 이르렀으니, 이 역시 사리事理의 필연인 것이다. 어찌 우리 황상의 속마음이 지극히 인하고, 천성이 지극히 효성스러우며, 생각이 지극히 진실하고, 자신을 수양함이 지극히 삼가서, 덕을 이룸이 매우 숙련되고, 학문이 심오하며, 경력이 세밀하고, 일 처리가 정밀하여, 또한 하나의 이치로 혼연하며 두루 응대하고 곡진히 감당하시는[122] 줄을 알았으랴!

---

120. '聰明睿智'란 듣지 못하는 것이 없고[聰], 보지 못하는 것이 없으며[明], 통하지 못하는 것이 없고[睿], 알지 못하는 것이 없다[智]는 뜻으로, 생이지지生而知之 즉 성인聖人의 자질을 말한다. 『중용』 제31장에는 "오직 천하의 지극한 성인이어야 총명예지로 군림할 수 있다唯天下至聖, 爲能聰明睿智, 足以有臨也"고 하였다.

121. 『한서漢書』 권77 「개관요전蓋寬饒傳」에 "오제는 관천하官天下를 하였고, 삼왕은 가천하家天下를 하였다. 가家는 자식에게 전하는 것이고, 관官은 현자에게 전하는 것이다五帝官天下, 三王家天下. 家以傳子, 官以傳賢"라고 하였다. 따라서 자식이자 현자인 황상에게 제위를 넘겨준 성조황제는 관천하와 가천하를 아울렀다는 의미이다.

122. '一理渾然, 泛應曲當'은 『논어』의 주註에서 유래한 것이다. 『논어』 「이인」에서 공자는

대략적인 정치와 형벌의 시행을 예로 들어 덕과 예의 측면에서 보면, 이미 그 정밀함을 지극하게 하여 알지 못하는 것이 한 군데도 없으셨고, 또 그 마땅함을 지극하게 하여 온당하게 처리하지 않은 일이 한 가지도 없으셨다. 신명하기로 말하면 다 지혜롭고, 교화하여 제재함으로 말하면 다 [음양의] 변화에 따랐으며, [도덕을] 널리 시행함으로 말하면 다 두루 통하게 하셨으니,[123] 깊은 인과 큰 덕이 하늘에 닿고 땅에 서렸다. 그 귀결을 궁구하면 모두 상황[物]에 따르고 맡겨, 애초에 어떤 일에 앞서 터럭만큼의 선입견도 가진 적이 없으셨다. 이런 까닭으로 몸은 비록 지극히 힘들고 고되더라도 일시 일각도 천하의 백성들[蒼生]을 사랑하고 보살피기를 일삼지 않은 적이 없으셨다. 무릇 이 백성들을 이롭게 하고 구제할 수 있는 것에 대해서는 생각이 이르지 않음이 없으셨고, 생각이 이르면 시행하지 않음이 없으셨으며, 시행하면 결실을 맺지 못함이 없으셨다. 아침부터 저녁까지 하루에 처리해야 하는 여러 가지 중요한 정무에 대해, 눈은 보기를 멈추지 않고 손은 비답하기를 멈추지 않아 편안히 거처할 겨를이 없으셨지만, 마음은 실로 지극히 안정되고 편안하셨다. 항상 밝은 거울 같고 정지한 물 같아서 만물이 그 앞을 지나가면 아름다움과 추함이 자연스럽게 반드시 드러나, 숨기는 것을 용납하지 않으셨다. 이제 넓고도 커 명명하기 어려운 가운데에서, 좁은 소견이 미친 바대로 대략 그 만분의 일이라도 제시해보고자 한다.

● ● ●

증자에게 "삼아! 우리의 도는 한 가지 이치로써 만 가지 일을 꿰뚫고 있다參乎, 吾道一以貫之" 라고 하였는데, 이에 대한 주희의 주에 "성인의 마음은 혼연히 한 가지 이치이며 두루 응대하고 곡진히 감당하여 쓰임이 각기 다르다聖人之心, 渾然一理而泛應曲當, 用各不同"고 하였다.

123. '化裁盡變, 推行盡通'은 『역』에서 유래한 것이다. 『역』 「계사전 상」에 "그러므로 형이상은 도道라 이르고, 형이하는 기器라 이르며, 화하여 제재함은 변變이라 이르고, 미루어 행함은 통通이라 이르며, 들어 천하의 백성에게 둠은 사업事業이라 이른다是故形而上者謂之道, 形而下者謂之器, 化而裁之謂之變, 推而行之謂之通, 擧而措之天下之民謂之事業"고 하였다. 3권 주 75 참조

영명한 제왕[明王]이 천도를 받들면 대의는 하늘의 진리[天經]를 근본으로 하겠지만, 이제와 삼왕이 창화唱和하신 이후로 후대의 군주들은 모두 국가행정으로 통치하고, 생사여탈권을 가지며, 모든 권력을 자기 것으로 하여, 끝내 군주[大君] 위에는 하늘이 있고 이를 어겨서는 안 된다는 것을 알지 못했다. [그러나] 우리 황상께서는 항상 백성의 뜻을 따라 생각하시고, 이곳저곳 하늘의 뜻을 체득하여 나아갈 바를 정하셨다. 무릇 하늘이 좋아하는 것은 하늘의 마음을 체득하여 좋아하셨고, 하늘이 미워하는 것은 하늘의 마음을 체득하여 미워하셨으며, 하늘이 행하고자 하는 것과 멈추고자 하는 것은 하늘의 마음을 체득하여 행하고 멈추셨다.

이처럼 하늘의 마음을 체득하여 백성을 보살핌으로 말미암아, 먹을 것이 백성에게는 하늘이고, 농사가 곧 먹을 것의 근본이므로, 각자가 본업에 힘써 농사[南畝]에 힘을 다하도록 권면해야 하며, 이익을 탐해 농사라는 대업을 무너뜨려서도 안 되고, 장사를 추구해[逐末] 농사의 어려움을 잊어서도 안 된다는 것을 아셨다. 매년 몸소 적전藉田을 갈아 농사를 중시하시고, 숙련된 농부 중 근면하고 소박하며 허물이 없는 자를 각 주현에서 해마다 한 명씩 선발해 품계를 부여하게 함으로써 격려함을 보이셨다. 그리고 농업의 시조인 신농神農에 대해서도 역시 천고에 없던 예전禮典을 마련하여 단壇을 설치하고 제사를 받들어 그 공에 보답하셨다. 우연히 어느 지역의 가뭄이나 장마에 대해 들으시면, 곧 딱하게 여기고 근심하여 감선減膳하시고 정성을 다해 백성을 위해 기도하셨다. [이처럼] 세상일을 다스리고 살피는 데에 오로지 힘쓰셨으니, 이로써 천심을 감동시켜 마침내는 비를 빌면 비가 내리고 하늘이 개기를 빌면 개기에 이르렀다. [그럼에도] 오히려 여기에 만족하지 않으시어, 조세를 감면하는 은전을 베푸는 조서가 반포되지 않은 해가 없었고, 재해를 구휼하는 은택이 미치지 않은 곳이 없었다. 심지어 강남·강서·절강 같은 지역은, 정당하게 부가되는 60여만 냥의 부세에 대해 모두 은혜를 내려 영구히 면제하셨으니, [황상의] 깊은 인과 두터운 은덕은 하늘의 망극한 은혜와 더불어 영원히 사라지지 않을 것이다.

[우리 황상께서는] 식량을 거둬 운반하고 저장하며, 도살을 금지하고 검소함을 숭상함으로써 백성들의 식량 부족을 예방하셨다. 더불어 강을 파내어 흐름을 통하게 하고 토사가 쌓인 것을 열어 터주며 지세를 살펴 개간함으로써 백성들의 생활 기반을 개선하셨다. [또] 백성들의 교통을 통하게 하여 백성들의 양식을 조달하셨으니, 이르지 못하는 곳이 없고 마련하지 못하는 법이 없다고 말할 만하였다. 그런 극진한 위무를 천지사방의 광활한 지역으로 확대하시니, 비록 지극히 궁벽한 곳일지라도 역시 단 한 사람도 의지할 곳을 잃는 상황에 이르지 않았다. 서쪽 변경에 안착시킨 백성들에게도 후한 은사를 아끼지 않으셔서, 그들이 먹고 입음도 은택을 입게 하셨다. 운남이나 귀주 등의 성에 사는 변경 토착 주민들의 경우에는 본래 토사土司[124]의 억압을 받았는데, [토사가 주민들을] 마음대로 괴롭히는 것을 금하고 할당된 세금을 면제하셨다. 노인에게는 향촌에서 봉양 비용을 지급하게 하고, 의지할 데 없고 가난한 사람에게는 사용할 돈과 곡식을 받을 수 있게 하는 등, 실질적인 혜택을 누릴 수 있게 하는 유지를 힘써 내리시고, 근심하고 딱하게 여기며 마음 아파하고 슬퍼하심으로, 은혜가 행인과 걸인 등 미천한 이들에게 곧바로 내려갔다. 이로써 백성들[元元]을 자식처럼 사랑하고 포용하며 다 보살펴, 크든 작든 높든 낮든 멀든 가깝든 한 몸으로 여긴 후에야 만족하고자 하셨다.

[우리 황상께서는] 하늘의 마음을 체득하여 백성을 사랑하시어, 관리를 감찰할 때는 그 밝은 지혜를 다하지 않은 적이 없으셨고, 탐관오리를 징벌할 때는 정해진 법을 따르지 않은 적이 없으셨다. 정당하지 않은

● ● ●

124. 중국 서부 및 서남부의 소수민족 거주 지구에 두었던 일종의 지방관이다. 이들 변경 지역에는 당·송대까지 중앙의 정치 권력이 미치지 않았고, 원대부터는 그 지역 출신을 토사로 두어 관리하였다.

재물을 탐해 법을 어긴 관리는 나라를 좀먹고 백성을 해쳐 죄악이 지극히 크므로, 엄한 법[重典]을 세워야 또한 그 죄를 은폐하지 못한다고 여기셨다. 다만 가르치지 않고 죽이는 것은 차마 못 할 일이기 때문에, 그 죽을죄가 우연히 행한 것일 경우에는 너그럽게 용서하고 그 가산家産을 몰수하여 공무상 포상의 용도로 비축하셨다. 대개 국법을 밝히고 탐관오리를 징벌하는 까닭은, 아울러 다음에 관리가 될 사람들로 하여금 정당하지 못한 재물을 탐해 얻은 것은 자기 배를 채워줄 수 없으므로 이득은 없고 해만 된다는 것을 알아, 스스로 전철을 밟아 법에 걸리려 하지 않게끔 하기 위한 것이기 때문이다. 또 혹은 그가 소유한 재물로 결손액을 보충하여 그 죄를 면제받게 하셨으니, 이것이 모두 악을 벌하는 범위 내에서 관용과 인자한 뜻을 은근하게 베푸신 것으로, [황상께서는] 원래 지나치게 각박한 분이 아니시다.

다른 사람의 속마음[心術]을 헤아리는 일은 은미隱微하고 애매모호한 것이라 매우 하기 어렵지만, [황상의] 밝은 지혜는 정미精微한 것을 판별하고 분석하여, 공적인 일에 사익私益이 포함되거나 사적인 일에 공익公益이 포함되면 더욱 실이 단춧구멍을 꿰뚫듯이 터럭까지도 분명히 아셨다. 그렇더라도 이에 대해 자신하지는 않으셔서 반드시 광범위하게 조사하셨으니, 묻기를 좋아하고 살피기를 좋아하는 이점과 양 끝을 잡아 중中을 쓰는 자질을 갖추셨다.[125] 또한 인재를 발탁해 쓰실 때는 생민을 위해 오랫동안 평안하고 장구하게 다스려질 계책을 생각하고자 하셨다. 그러므로 모든 정령政令이 시행되는 바에 있어, 잘 다스려질수록 더욱 잘

125. 『중용』을 인용한 표현이다. 즉 『중용』 제6장에 "공자께서 말씀하셨다. '순舜은 큰 지혜를 가지신 분이시다. 순은 묻기를 좋아하시고 비근한 말을 살피기 좋아하시되, 악을 숨겨주고 선을 드러내시며, 두 끝을 잡으시어 그 중中을 백성에게 쓰시니, 그 때문에 순이 되신 것이다子曰, '舜其大知也與. 舜好問而好察邇言, 隱惡而揚善, 執其兩端, 用其中於民, 其斯以爲舜乎'"라고 하였다.

다스려지기를 구하고, 안정될수록 더욱 안정되기를 도모하여 딱 알맞고[適中] 온당함을 얻어 수천, 수백 년 동안 무너지지 않는 좋은 계책을 세우고자 힘쓰셨으며, 이로써 풍속을 바꾸고 묵묵히 교화하여 백성들로 하여금 날마다 선善으로 옮겨가게 하고자 하셨다. 그러면서도 자신이 그토록 백성을 사랑하고 있음을 의식하지 못하셨으니, 이보다 더 어찌 무아지경에 빠질 수 있겠는가?

[우리 황상께서는] 하늘의 마음을 체득하여 백성의 목숨이 달린 문제에 대해 신중하게 심의하시어[欽恤],[126] 엄격하고 공정한 형벌은 본래 교화를 보조하기 위한 것이고 군주의 덕은 생명을 아끼는 것[好生]을 목적으로 한다고 하셨으니, 법은 정해져 있는 것이지만, 마음은 관용과 인애에 근본하신 것이다. 『서』에 "과오로 지은 죄를 용서함에는 [용서 못 할] 큰 죄라는 것이 없으셨고, 고의로 지은 죄를 형벌함에는 [벌하지 못할] 작은 죄라는 것이 없으셨다宥過無大, 刑故無小"(「대우모」)라고 하였다. 이는 법도[權衡]의 취지를 헤아려 호생지덕을 확대하기 위함이니, [황상께서] 부득이하게 형벌을 사용하신 경우가 있다면, 단지 국법을 시행하여 형벌을 통해 형벌을 없애기를 바라셨던 것일 뿐이다.[127] 그러므로 조례를 개정할 때마다 반드시 여러 번 반복해 경계시키면서[三令五申],[128] 백성들이 무지하여 죄에 빠지는데도 교화시키지 않고 죽이는 것을 오로지 염려하셨다. 늘 측은지심을 깊이 품어, 관사에서 심문을 담당하는[承審] 데에 있어서

126. 옥사를 다스릴 때 양형을 신중하게 심의하는 것을 말한다. 『서』「순전舜典」에는 "삼가고 또 삼가, 형벌을 불쌍히 여기는 마음으로 하셨다欽哉欽哉, 惟刑之恤哉"라고 하였다.

127. 형벌의 목적은 형벌을 하지 않아도 되게 하는 데에 있다는 뜻이다. 『서』「군진君陳」에 "형벌을 하여 형벌이 그칠 수 있으면, 이에 형벌하라辟以止辟, 乃辟" 하였고, 그에 대한 채침蔡沈의 주석서인 『서경집전書經集傳』에서는 "형벌은 형벌이 없어지기를 기약하는 것이니, 형벌하여 형벌을 그칠 수 있는 경우라야 이에 형벌하는 것이다刑期無刑, 刑而可以止刑者, 乃刑之"라고 하였다.

128. 세 번 호령하고 다섯 번 거듭 일러준다는 말로, 여러 번 되풀이하여 경고한다는 뜻이다.

는 형벌을 남용해 주리를 트는 고문[夾訊]이 있는 것을 경계하셨고, 사형집행 여부를 심사해[秋審] 결정함에 있어서는 [심사 결과를 보고하는] 글을 갖춰 상주할 때 [이에 앞서] 세 번의 심리[三覆][129]를 행하라고 성유를 내리셨다. 단지 한 줄이라도 살릴 만한 내용이 있으면 사정에 따르셨으니, 차라리 인에 지나치더라도, 의에만 치우치시지는 않으셨다.[130] 두 번 세 번 반복해 비답을 내리는 것을 마다하지 않으셨고, 매년 여러 차례에 걸쳐 특별히 생명을 구해주는[生全] 은혜를 베푸셨다. 실로 모든 경우에 천리의 지극한 공정함에 의거하고 인정의 지극한 평안함에 부합하셨으니, 관대하지만 합당한 것이었지 법을 폐한 것은 아니었다.

그러나 또한 간혹 엄격해야 할 때는 또 엄격하게 하셔서, 저 지극히 바르고 공평한 원칙에 순응하셨다. 아기나와 새사흑 같은 경우에는, 간계를 품고 당여黨與를 심어 도리에 어긋나는 일을 도모하였기에 이미 지난날에 성조황제께서 내치고 절연하셨는데, 그럼에도 군부君父의 마음을 몸소 깨달아 통렬히 스스로 회개할 줄 모르고, 끝내 다시 죄를 저지르고도 뉘우치지 않았다. 생각건대 그 죄과는 실로 주周의 관숙, 채숙과 같았다.[131] 우리 황상께서는 매우 공정하고 사심이 없는[無我] 마음에 바탕을 두고 중용에 입각해 도를 헤아리셨는데, 사안이 국가 사직과 생민의 엄중한 문제와 관련되었기 때문에, 그 죄상을 열거하기를 마다하지 않고 대의에 따라 그들을 멸하신 것이다. 이는 또한 사흉四凶[132]에 대해 요堯

● ● ●

129. 사형에 해당되는 죄인에게 억울함이 없도록 하기 위해 세 번 심리하는 것을 말한다. 1차 심리는 초복, 2차 심리는 재복, 3차 심리는 삼복이라 하였다.

130. 죄를 다스릴 때 仁, 즉 관용과 자비에 입각해 처결하는 쪽을 택했지, 엄격하게 법에 합당한 형벌(즉, 義)에 따라 집행할 것을 고집하지 않았다는 의미이다.

131. 관숙과 채숙은 형제를 배반하고 반역한 인물이다. 1권 주 97, 234, 4권 주 117 참조.

132. 공공共工, 환도驩兜, 삼묘三苗, 곤鯀을 가리킨다. 『서』 「순전」에 "공공을 유주에 유배보내고, 환도를 숭산으로 추방하고, 삼묘를 삼위로 몰아내고, 곤을 우산에 가두어 네 사람을 벌하니 천하가 다 복종하였다流共工于幽洲, 放驩兜于崇山, 竄三苗于三危, 殛鯀于羽山, 四罪而天下咸服"라고 하였다.

시대에는 반드시 용서할 만한 이유가 있었기 때문에 요가 그들을 용서하였고, 순舜 시대에는 반드시 남겨둘 수 없는 이유가 있었기 때문에 순이 그들을 제거하였던 것과 같다. 요와 순이 무엇을 마음에 두었겠는가? 모두 저들이 스스로 무엇을 취하였는가에 근거하였을 뿐이다. 그러므로 황상의 오늘날의 의義가 바로 성조황제 당시의 인仁이고, 황상의 오늘날의 인이 바로 성조황제 당시의 의인 것이다. 도는 둘이 아니므로 모든 것은 하나의 중中으로 귀착되니, 때에 따라 알맞게 하여 공평하게 할 뿐이다. 황상의 말씀은 찬란히 빛나 이러한 이치를 거듭 분석하여 이미 지극한 경지에 도달하셨고, 심사心事 역시 곧 일월과 함께 천고에 빛나셨다. 무릇 깨끗하고 밝게 만물에 대응하는 하늘에는 본래 터럭만큼의 선입견이나 사사로운 생각이 전혀 그 안에 끼어들지 못하므로, 관대하게 처분하든 엄격하게 처분하든 어떻게 하더라도 도의 지당함 아닌 것이 없으며 이처럼 변하지 않는 것이다.

[우리 황상께서는] 하늘의 마음을 체득하여 백성을 위하시어 사인을 선발할 때는 3년마다 과거시험을 치르는 것 외에 현량하고 방정한 자를 천거하라는 은혜로운 조유詔諭를 내리셨고, 각 성과 주현에는 효도하고 우애가 있으며 단정하면서도 재주는 일을 처리할 만하고 문장 역시 볼 만한 자를 두루 찾아 매년 각기 한 명씩을 천거하라는 조유를 내리셨다. [또] 공생貢生[133]을 선발할 때는 고시考試의 석차에 구애받지 말고 경학에 밝고 행실을 삼가는 자를 힘써 취하라는 조유를 내리셨고, 만한滿漢 내외內外 문무文武 신하들 중 계책과 업적과 지조를 갖춘 자가 있으면 각기 한 명씩 천거하라는 조유를 내리셨다. [또] 중외의 여러 신하들 중 주사主事 이상의 재경在京 관리와 지현知縣 이상의 경외[在外] 관리에게는 각기 아는

133. 부·주·현의 생원(수재秀才) 중에서 성적이나 신분이 우월함으로 인해 뽑혀 수도의 국자감에 진학한 사람을 가리킨다.

거인擧人,[134] 공생貢生, 생원生員[135]이나 산림에 은거하는 사인을 천거하여 해당 부部에 보내 접견하게 하라는 조유를 내리셨다. 그리고 각 성과 주현에서 학풍과 교육이 매우 우수한 학교에 대해서는, 승격시켜 지원금을 증액하고 입학 정원을 늘리라는 조유를 내리셨으니, 향시鄕試[136]에 합격한 각 수 또한 이에 따라 증가하였다. 널리 인재를 구하고 찾는 일에 날마다 힘쓰시며, 뛰어난 인재를 얻어 정사를 처리하고 백성을 다스리는 관료로 선발하고자 하신 것이다. 그러면서도 오히려 인재를 얻기 어려움을 걱정하셔서, 탁월한 인재는 분발하게 하려 힘쓰셨고 은거하는 인재는 반드시 발탁하려고 하셨다. 이런 까닭에 호남湖南 등의 성에 대해서는 과장을 나누라는 성지를 특별히 내리셨던 것이다. 사인들 중 빈한하지만 뜻있는 자를 딱하게 여기셔서, 이후로 멀고 험한 곳을 등한히 하지 않으셨으니, 모두가 마침내 국가의 영광을 보고자 하는 염원을[137] 이룰 수 있었다.

[우리 황상께서는] 하늘의 마음을 체득하여 백성을 위하시어 스승을 존경하고 도를 중시하셨으니, 지성선사至聖先師(공자)를 그 5대조까지 추봉하시고, 성인(공자) 공경하기를 군주와 부모를 섬기듯이 하시어 ['구丘(공자의 이름)'를] 피휘避諱해 '구邱'로 쓰셨으며,[138] 벽옹에 친림하는[臨雍][139]

● ● ●

134. 성에서 실시하는 향시의 합격생을 말한다.

135. 부·주·현의 학교에 입학한 학생을 말한다. 수재 또는 제생이라고도 한다. 1권 주 255 참조.

136. 세과의 성적이 우수한 사람이 응시할 수 있는, 각 성에서 실시하는 과거시험.

137. 『역』 「관괘」 육사六四 효爻에 "나라의 빛남을 봄이니 왕에게 손님이 되는 것이 이롭다觀國之光, 利用賓於王"고 하였다. '나라의 빛남을 본다'는 것은 도성에 나가 문물의 아름다움을 구경하는 것이고, '왕에게 손님이 된다'는 것은 현명하고 덕 있는 사람이 군주로부터 대우받는 것이다. 통상 인재가 과거에 응시하는 상황 등을 표현할 때 쓰는 말이다.

138. 옹정제는 '구丘'를 피휘하기 위해 새로 글자를 만들어 '구邱'로 쓰도록 하였다. 그리하여 이전까지 '丘'로 쓰던 성씨는 모두 '邱'로 바꾸게 되었다.

139. 천자가 학궁에 친림하는 일을 말한다. '옹雍'은 곧 벽옹辟雍으로 태학太學을 말한다.

예전[大典]을 중시하셔서 [벽옹에 간다는 말을 할 때] '행幸, 거둥하다'을 고쳐 '예詣, 나아가다'로 쓰셨고, [공자가] 탄생한 날에는 재계하고 도살을 금지하는 것을 정례定例로 삼으셨다. 또 절개와 의리를 지킨 이들을 정표旌表하시고, 사우祠宇를 높이 세우시며, 선행을 장려하시고, 사심 없는 공정함으로 실상을 살피시니, 군민軍民이 일체되어 [교화가] 곧바로 빈천한 필부필부에게까지 미쳤다. 명성을 떨침이 이보다 더 어찌 고원高遠할 수 있겠는가!

[우리 황상께서는] 하늘의 마음을 체득하여 백성을 위하시어 대신大臣을 예우함에는 자리를 내어주고 함께 차를 마시며 담소를 나누는 예를 행하셨고, 신하들을 배려함에는 상뢰賞賚를 넉넉히 하셨다. 상하는 나누어 질지라도 군신은 한 몸이니, 심지어 음식과 같은 경미한 것에 있어서도 정이 지극하여 반드시 사여하셨고, 기용器用과 복물服物 등 작은 것에 있어서도 비록 멀리 있는 신하에게도 항상 반사頒賜하셨다. 군신의 관계는 서로 진실해야 하므로 신하의 은미한 일에 있어서도 통촉洞燭[140]하고 훈계하며 개도하지 않음이 없으셨다. [황상의] 높은 은혜는 천지가 만물을 양성하는[鈞陶]것과 같아, 부모가 어린 자식을 교육하는 것보다 나았으며, 지극히 중정中正하시어 언제나 공무[吏治]와 군정[戎政], 세상 돌아가는 사정과 백성의 괴로움[民隱]이 각기 합당하게 처리될 수 있도록 유념하셨다.

[우리 황상께서는] 하늘의 마음을 체득하여 백성을 위하시어 국가의 존망과 흥폐에 있어서는 '천하를 한 집안으로 삼는다[天下爲一家]'[141]는 뜻에 합하여 전대에 대해서도 바깥이 없으셨으니, 전례를 크게 확대하여 명 황제의 후손을 후작侯爵에 봉하셨다. 고대의 인자하고 너그러우며 명성이

● ● ●

140. 윗사람이 아랫사람의 사정이나 형편 등을 깊이 헤아려 살펴준다는 말이다.

141. 『예기』를 인용한 말이다. 「예운禮運」에 "그러므로 성인이 천하를 한 집안으로 삼고 중국을 한 몸으로 삼을 수 있는 것은 억측하여 하는 것이 아니라 반드시 그 정情을 알고, 그 의義를 열며, 그 이로움을 밝히고, 그 해로움에 통달한 연후에 그렇게 할 수 있는 것이다故聖人耐以天下爲一家, 以中國爲一人者, 非意之也, 必知其情, 辟於其義, 明於其利, 達於其患, 然後能爲之"라고 하였다.

높은 군주를 살펴보더라도, 지금까지 이처럼 크게 베푼 이는 없었다.

[우리 황상께서는] 하늘의 마음을 체득하여 백성을 위하시어 정성을 다해 정치에 힘쓰셨으니, 천덕의 강함[天德之剛][142]으로 '공경[敬]' 한 글자에 순종하셨고 종일토록 부지런히 하늘의 굳센 운행을 본받으셨다[法天行健].[143] 언제든 그 정성을 다하지 않은 적이 없었고, 어디든 그 세심함을 다하지 않은 곳이 없었으며, 넓게 보고 두루 살펴 시기에 맞춰 변화에 대응하셨으니, 절도에 맞지 않거나 옳은 데에 부합하지 않는 것이 단 한 가지도 없으셨다. 집중한 정신과 섬세한 마음은 궁극에 이르러, 신하들의 상주문[奏章]에 어떤 뜻이 온당치 않거나 어떤 글자가 어긋난 것을 몇 차례 조정 신료의 검열을 거치면서도 발견하지 못한 경우가 우연히 있을 때, [황상의] 밝은 지혜를 한 번만 거치면 반드시 지적되었다. 반복하여 훈계하기를 게을리하지 않으시고, 아침부터 저녁까지 전실殿室에 꼼짝 않고 앉아 계셔서, '확 트여 매우 공정하여 만물이 오면 순순히 응하셨으니'(『근사록近思錄』, 「위학」), 제요帝堯의 공경과 밝음[欽明][144] 및 대순大舜의 공손함[恭己][145]이 아니면 이처럼 공경을 돈독히 하는[篤恭][146] 경지에 이르기

142. 『역』 「건괘」의 상전象傳에 "하늘의 운행이 굳세니 군자는 그것으로써 본받아 스스로 강하기를 그치지 않는다天行健, 君子以自彊不息"고 한 것에 대해 주희의 『주역본의』에서는 "군자가 이를 본받아 인욕人慾으로써 천덕天德의 강함을 해치지 않으면 스스로 힘쓰고 쉬지 않을 것이다君子法之, 不以人欲害其天德之剛, 則自强而不息矣"라고 하였다.

143. 자신의 임무에 힘써 쉬지 않고 노력함을 이르는 말이다. 『역』 「건괘」의 상전의 "하늘의 운행이 굳세니 군자는 그것으로써 본받아 스스로 강하기를 그치지 않는다天行健, 君子以自彊不息"에서 온 것이다.

144. '흠명欽明'은 공경하고 밝다는 뜻으로 요堯의 덕을 형용한 말이다. 『서』 「요전」에 "옛 요의 덕을 살펴보니, 방훈이라 하고, 공경하고 밝고 문채롭고 생각함이 편안하고 편안하시며 진실로 공손하고 잘 사양하시어, 광채가 사방에 미쳐 드러나고 천지에 이르셨다曰若稽古帝堯, 曰放勳, 欽明文思安安, 允恭克讓, 光被四表, 格于上下"라고 하였다.

145. '공기恭己'는 몸을 공손히 한다는 뜻으로, 공자가 순舜의 덕으로 설명한 말이다. 『논어』 「위령공」에 "공자께서 말씀하셨다. '저절로 다스린 이는 순舜이실 것이다. 무엇을 하셨는가? 몸을 공손히 하고 바르게 남면하셨을 뿐이다子曰, '無爲而治者, 其舜也與. 夫何爲哉? 恭己

어려울 것이다.

[우리 황상께서는] 하늘의 마음을 체득하여 백성을 위하시어 교훈을 내리고 가르침을 세우셨으니, 황극皇極을 드러내는 말씀은[147] 장강長江, 황하[大河]보다 도도하고 웅대하여 자유자재로 주위를 두르고 굽이치며 갈라질수록 더욱 정교하고, 실로 행하시는 바마다 인위적으로 하는 것이 없으시므로 천리의 대중지정大中至正[148]에 부합하셨다. 참으로 황상의 뜻은 허명하고 광대하여 밝게 융화하고 환하게 통하니, 바다가 모든 물을 받아주고 하늘이 모든 것을 덮어주듯 내외에 간격이 없고 천리의 공정함과 하나 되어 터럭만큼의 사사로운 인욕도 없으셨다. 그러므로 문장으로 드러난 것마다 이기理氣가 충만하여 천지를 다스릴 훌륭한 저작著作이니, 이전삼모二典三謨[149]와 더불어 길이 남을 것이다. 예로부터 성명聖明한 군주들이 이전삼모에 드러나 있고 사책史冊에 기록되어 있으며 조서를 통해 전해지고 있지만, 그 정밀한 사고와 신묘한 힘을, 이처럼 심후하고도 지극하게 하늘이 부여하신 이는 없었다. 지극하기에 하늘의 마음을 체득하여 깊이 백성을 위하는 경지에 이르신 것이니, 저술하실 때조차도 마음이 밝게 신령과 융합하여 도통道統·치통治統·심법心法·성학聖學이 하나

• • •

正南面而已矣'"라고 하였다.

146. '독공篤恭' 즉 공경을 돈독히 한다는 것은 겉으로 드러나지 않게 공경한다는 말이다. 『중용』 제33장에 "군자가 공경을 돈독히 하여 천하가 평안해지는 것이다君子篤恭而天下平" 라고 하였다.

147. '황극을 드러내는 말[皇極之敷言]'이라는 것은 『서』「홍범洪範」에서 황극 즉 군주의 법칙 혹은 표준에 대해 여러 가지로 설명한 말을 가리킨다. 「홍범」에서는 "황극을 표현한 말은 천하의 불변의 이치고 가르침이니, 상제의 가르침이다曰皇極之敷言, 是彝是訓, 于帝其訓"라고 하여, 이는 단지 군주의 가르침이 아니라 하늘의 가르침이라고 강조하였다.

148. 불편부당하여 지극히 공정한 덕을 말한다.

149. '이전삼모'는 『서』의 편명을 말하는 것으로, 이전은 「요전」·「순전」을, 삼모는 「대우모」·「고요모」·「익직」을 가리킨다. 요·순과 같은 고대 성군의 훌륭한 정치에 대해 말할 때 인용된다. 3권 주 79 참조.

의 기운으로 이어져 있는 것이다.

진실로 성조황제는 덕이 건곤에 합하셨고 공은 위육位育[150]을 확장시켜, 생민이 전개할 수 없었던 대업을 이루어내셨으니, 깊고도 두터운 인애와 은택이 다른 모든 군주를 뛰어넘어 홀로 탁월하시기에, 황천께서 돈독하게 사랑하는 자식이 되셨다. 이에 성조황제의 마음은 곧 천심이요, 성조황제의 덕은 곧 천덕天德이었다. 그러므로 [황상께서는] 모든 정치에 있어 전장제도를 본받을 때 대부분 성조황제를 기준으로 삼으셨다. 그러나 또한 그 도를 배운 것일 뿐, 그 방법에 얽매이지는 않으셨다. 그 가운데 시세와 지역에 따라 올바름이 달라지고 손익損益에서 방법이 달라져 마땅히 변경해야만 하는 경우가 있으면, 성조의 마음을 헤아리고 하늘의 마음을 받들어 백성을 위해 다시 결정하지 않았던 적이 없으셨다. 실로 뜻을 계승하고 사업을 이음에 있어 성조와 어긋남이 없으셨으니, 대효大孝란 순박하고 독실한 것으로, 이르지 않는 곳이 없기 때문이다.

성조황제께서 승하하셨을[賓天] 때 [황상은] 슬피 부르짖고 통렬히 사모하셨으며, 상례喪禮와 상제喪制를 극진히 하여 3년을 하루처럼 보내셨다. 이어 효공인황후孝恭仁皇后[151]께서 승하하시자 복상을 겸하는 일에 게을리 하지 않았고, 비통한 마음으로 오랜 시간을 더욱 사무치게 보내셨다. 재계하고 별도로 거처하면서 추모하는 동안에는 효도하려는 생각이 미치면 효도를 중시하는 정령을 반포하셨고, 휘호徽號를 논하면서는 만세 사람의 마음에 합치되게 하셨으며, 배천配天[152]의 전례典禮에서는 역대 군왕을 융숭히 배향한 일 가운데 으뜸이 되셨다. 아침저녁으로 [신주神主에]

● ● ●

150. 위육은 천지가 제자리를 잡고 만물이 잘 길러진다는 뜻으로, 『중용』 제1장에 "중화中和를 지극히 하면 천지가 제자리를 잡고 만물이 잘 길러질 것이다致中和, 天地位焉, 萬物育焉"에서 나온 말이다.

151. 강희제의 추존 황후이자 서후로, 옹정제의 생모. 3권 주 58 참조.

152. 제왕帝王이 하늘에 제사를 지낼 때 선조를 함께 제사 지내는 것을 말한다. 제왕은 천명에 의해 하늘이 내린 것이라는 사상에 따른 것이다.

참배하고, 초하루와 보름에 제향을 올리며, 산릉山陵을 바라보면서 경의를 표하고, 묘침廟寢을 우러러보며 공경히 고하여, 한시도 애도와 공경을 하지 않은 적이 없으셨고, 단 하나의 일도 절차와 마음을 극진히 하지 않은 적이 없으셨다. 이것이 비록 한정된 기간 동안의 일이기는 하지만, 지극한 애정에서 발현되고 지극한 본성으로 말미암아 마땅히 할 도리를 자신도 모르는 사이에 하셨던 것이다. 본래 백성에게 의도하는 바도 없었고, 하늘이 비추어 보기를 바란 것도 아니었지만, 하늘과 인간은 하나의 이치[理]를 공유하고 가정과 국가는 서로 통하므로, 이쪽에서 자극시키면 저쪽에서는 감응하게 되고 윗사람이 행하면 아랫사람은 본받게 되니, 황제께서 하시는 일 중에 하늘을 계승해 원칙[極]을 세우는 것 아닌 일이 없는 것이다. 백성을 위해 원칙을 세우시는 [황상의] 위대함이 어찌 단지 우리 황상이 성조께 대하신 인애, 효성, 정성, 공경의 지극함에 국한되겠는가?

이 모든 것들은 내가 직접 [황상의] 덕화를 입은 후에 몸소 황상[天日之光]을 가까이 모시고 느낀 좁은 소견이 미친 것으로, [황상이 행하신 일의] 백천만 분의 일일 뿐이다. [황상의] 광대한 정신은 드넓고 성실하여, 생각할 수는 있으나 말로 다 표현할 수는 없으니, 오늘날 나의 식견이 부족하여 알 수 없는 것일 뿐 아니라, 또한 사람이 전할 수 없는 것이기도 하다. 대개 성聖은 본래 알 수 없고, 지덕至德은 더욱이 말로 명명하는 것이 쉽지 않기 때문이다. 이것이 하늘과 인간이 서로 신뢰하여 최근 몇 년 동안 아름다운 징조가 아울러 드러나고 상서로운 일이 누차 나타나며, 화기[太和]가 두루 미쳐 백성은 평안하고 물산은 풍부하여, 사해가 함께 즐거워하고 이롭게 여기는 경지에 오르고, 만백성과 함께 나라가 태평한 복을 누리게 된 이유이다. 진실로 우리 황상의 도덕은 이미 이제, 삼왕과 합치되셨으니, 다스림의 효과가 마땅히 우·하·상·주와 더불어 나란히 융성하다는 것에 의심의 여지가 없다.

나 증정은 초의 땅 변두리 궁벽한 산야에서 나고 자라 발자취가 대도시에 이른 적이 없었고, 평생 단 한 명의 유명인사도 만나본 적이 없었다. 게다가 어린 시절에 부친을 잃고 고아가 되어 아무 데도 의지할 곳 없는 외로운 처지였으니[形單影隻],[153] 마음이 극히 좁고 견문이 극히 비루하였다. [우리 왕조의] 열조께서 대대로 이어온 성덕과 신공에 대해 몰랐을 뿐 아니라, 우리 왕조가 정통을 얻은 중대한 일에 대해서도 들은 적이 없었고, 한갓 완고하고 편협한 견해를 가지고 그저 옛것을 좋아하여 변통할 줄 모르는 버릇을 고질병으로 가지고 있었다. 젊었을 때 과거 준비에 힘써 팔고문을 찾아보다가 여유량의 문평을 읽게 되었는데, 망령되게도 그의 의론이 호쾌한 것을 좋아하면서 그의 기상이 난폭한 것은 살피지 못하였고, 그의 의견이 사이사이 내 생각과 합치되는 것을 탐하면서 그의 발언과 입론이 지독한 것은 알지 못하였다. 그러나 실로 대부분이 도의에 크게 위배되는 내용이었다. 또 이전에는 그 간행이 많이 된 것에 대해 공이 있다고 여길 줄만 알았지, 기실 많이 간행함으로써 이익만 노리는 계책을 은밀히 도모하려 했음은 알지 못했고, 그 내세운 의견이 고상한 것에 대해 덕이 있다고 여길 줄만 알았지, 그 이유가 고상한 논설을 말함으로써 세상을 속이고 명성을 도적질하는 술수를 부리는 것이었음은 알지 못했다. 제대로 알지 못함으로 말미암아 그릇되게 좋아했고, 그릇되게 좋아함으로 말미암아 잘못 믿다가, 하루하루 심해져 어느새 그 설에 빠져 실로 심각하게 된 것이다.

최근 몇 년간은 그의 잡문과 남은 시까지 읽었는데, 심지어는 『춘추』의 화이 구분이 군신 간의 의리를 크게 넘어선다면서, 오늘날은 사람이 있어도 [이적의 통치를 받으므로] 실은 없는 것과 같고, 왕조가 있어도

---

153. 형체가 하나이므로 그림자도 하나라는 뜻으로, 의지할 곳도 도움을 받을 곳도 없이 몹시 외롭고 고독한 처지를 이르는 말이다.

[이적의 왕조이므로] 실은 없는 것과 같으며, 이것이 『통감강목通鑑綱目』[154] 범례凡例에서 다 밝히지 못한 은미한 뜻이라고 말하기도 하였다. 처음에 들었을 때는 의심스럽지 않은 것이 없었는데, 시간이 지나니 믿지 않을 수 없었다. 아마도 그 생각이 공자의 『춘추』를 빙자하였고 사례도 주자의 『통감강목』에서 몰래 가져다 붙였기 때문에, 이로 인해 망령된 생각에 빠지게 된 듯하다. 군신 관계는 인륜의 첫 번째 항목이고, 이는 하늘이 내린 것에 근본하며, 사람의 본성이 낳은 것으로 말미암는다. 사람이 군주를 생각하는 것은 자식이 아버지를 생각하는 것과 같으니, 천하에 아버지는 거처를 잃었는데 자식은 태연히 홀로 편할 수 있다는 말은 들어본 적이 없다. 글을 읽는 것은 도리를 잘 아는 것이 중대한 문제인데, 내가 사림을 욕보이고 무슨 일을 저지른 것인가? 또 어찌 감히 나 한 몸의 생사와 이해를 중히 여기고 나 자신의 대의를 저버린 채 돌아보지 않는 지경에 이른 것인가?

게다가 우리 황상은 성덕이 고원하시지만, 등극 초년에는 그 충만한 덕이 아직 해내에 두루 퍼지기 전이었기 때문에, 이전에 간사한 무리들이 유언비어를 퍼뜨렸던 것으로 인한 뜬소문이 가득했었다. 이때 [나는] 광패함이 마음을 병들게 하는 것을 깨닫지 못하고 천지의 대의를 까맣게 잊어버려, 마치 물에 빠지고 불에 타는 것보다도 심하게 나 자신의 도의가 궁핍해져 있는 것 같았다. 이에 감히 뜻을 정하여 나라 안을 두루 찾아다니면서 총명예지聰明睿智[155]하여 그 본성을 다할 수 있는 자를 얻어 생민이

154. 주희가 지은 중국의 역사서로, 사마광司馬光의 『자치통감自治通鑑』을 바탕으로 강목綱目을 만든 책이다. 그 내용은 역사적 사실의 기술보다 의리義理를 중히 여기고, 역사의 정통과 비정통을 구분하였다. 예를 들면 삼국시대의 촉은 정통, 위는 비정통으로 보았다. 한편 주희는 '강綱' 즉 대요大要만을 썼고, '목目' 즉 세목細目은 그의 문인文人 조사연趙師淵 등이 작성하였다. 『자치통감강목資治通鑑綱目』 또는 『강목綱目』이라고도 하며 총 59권이다.

155. 듣지 못하는 것이 없고, 보지 못하는 것이 없으며, 통하지 못하는 것이 없고, 알지

의지할 바로 삼고자 하였다. 마침내 풍문으로 전해지는 비방의 말에 의거하여 매우 방자하고 패역하며 망령되게도, 무턱대고 섬서총독 악공岳公[156]에게 서신을 올렸고, 바로 사건이 일어나는 계기가 되어 관아에 잡혀 신문을 받았으나, 오히려 여유량의 어그러진 논설을 마음에 굳게 간직하고 도리의 당연함으로 여겨, 죽더라도 아깝지 않았다. 또 [나는] 강상명교綱常名教에 비추어 그 정당성을 얻었고 더욱이 글을 읽는 사인이 즐거워하는 바는 나아가고 회피하지 않는 것이라고 망령되게 말하였다.

그런데 뜻밖에도 신문을 맡은 대인이 유지를 받들어 준행할 때, [내가] 비루하고 무지하여 뜬소문과 사설에 현혹되었음을 미리 알아차려서, [내가] 비방한 내용을 조목조목 따져 하나하나 분석해 보여주고, 우리 왕조가 정통을 얻은 업적을 거듭 상세히 말해주었다. 아울러 우리 황상의 위대한 문덕과 온 힘을 다하여 정치에 힘쓰심, 꾸준히 백성을 위하심, 근심하며 부지런히 힘쓰기를 게을리 하지 않으시는 애쓰심에 대해서 두루 설명해주었다. 삼가 듣고 나니, 홀연히 맥이 빠져 마치 꿈에서 막 깬 듯하였다. 본래 믿을 만하고 의심할 것이 없는 것 같긴 하였지만, 거듭 자세히 음미해보니, 황상의 명성이 전파된 곳은 실로 어디든지 삼왕의 지극한 조예와 이제의 성대한 덕이 미치지 않은 곳이 없었다. 수천 년 동안 꿈에서도 이르지 못한 경지인데, 어찌 오늘날 이렇게 성대한 시기를 삼가 맞이할 줄 생각이나 했겠는가? 또한 의심할 만하고 믿기 어려운 듯하였다.

그 후 얼마 되지 않아 [황상의] 은혜로 특별히 내려진 성유 한 장이 장사(호남성 성도)에서 반포되었는데, 사안을 분석하여 선시하신 바가 지극히 상세하고 분명하여 큰 덕과 순수한 행실을 깨우쳐 주시니, 마치

못하는 것이 없다는 뜻으로 생이지지生而知之, 즉 성인의 자질을 말한다.

156. 악종기를 말함. 1권 주 32 '악종기' 항 참조.

일월이 하늘을 지나고 강하가 땅을 흐르는 것처럼 명백하여 숨겨지지 않는 것이었다. 이전에 대인에게 들은 것과 비교하면, 온축된 덕과 도가 깊고도 넓게 갖추어져 완미할수록 더욱 무궁무진함을 느꼈다. 또 호남으로부터 경성까지 이르는 도중에서 본 바는, 바람은 맑고 햇살은 온화하며 문명은 찬란하고 백성은 평안하며 물산은 풍부하여, 화목하고 태평하게 잘 다스려져[熙皞][157] 있었으니, 나도 모르는 사이에 마음이 취하고 정신이 옮겨가 가만히 멀리 삼대를 생각하고 아득히 당·우까지 품어보았다.

곧바로 경성에 도착하여, 또 최근 몇 년간 내외 신하들에게 반포된 성유 몇 가지를 삼가 읽어보았는데, 광대하고 심오하며 순수하면서도 지극히 정밀하였다. 대개 『서』의 「은반殷盤」과 「주고周誥」[158] 이후로 오랫동안 이렇게 성대한 덕과 지극한 선이 철저하게 발휘되어 이런 지극한 경지에 이른 글이 있다는 말을 들어본 적이 없었다. 이로 말미암아 우리 황상의 덕스러운 도량이 하늘 같음을 돌이켜 생각하니, 땅강아지나 개미처럼 미미한 내가 황제[九五]의 존귀함을 범한 것은 만 번 죽어도 허물을 덮기에 부족함을 스스로 헤아리게 되었다. 그러나 우리 황상께서는 끝내 마음을 태연하게 하시고 실오라기나 터럭만큼도 노하지 않으시며, [내가] 경성에 도착했을 때 감옥에서 석방하여 크고 넓은 집에 머물게 하시고, 풍족한 음식을 내려주신 데다가 좋은 의복까지 하사하시며, 더우면 더위를 먹을까 걱정하시고 추우면 동상에 걸릴까 근심하셨다. 천고의 인자하고 은혜로운 군주께서 특별한 은혜와 후한 혜택을 쏟아부어 주셨으니,

• • •

157. 희희호호熙熙皞皞의 줄임말로, 화락和樂하고 자득自得한 모양을 표현하는 말이며, 태평성대에 대한 묘사로 쓰인다. 『노자』 제20장에 "뭇사람들 희희하여 큰 잔칫상을 받은 듯하고 봄날 누대에 오른 듯하다衆人熙熙, 如享太牢, 如登春臺"고 하였고, 『맹자』 「진심상」에 "성군의 백성들은 호호하다王者之民, 皞皞如也"라고 하였다.

158. 은반은 『서』에서 은나라의 정사를 기록한 「반경」 편을 가리키고, 주고는 주나라의 정사와 관련된 「대고」·「강고」·「주고」·「소고」·「낙고」 등의 편을 가리킨다. 1권 주 26 참조.

보통은 있을 수 없는 예외적인 일이었다. 옥사獄事를 심리하고 신문함에 이르러서는 또 형벌을 쓰지 않으시고 순전히 [황상의] 지극한 정성과 덕으로 감응을 일으키고 묵묵히 교화하셨으니, 백성된 나로 하여금 바르게 되려고 애쓰지 않아도 바르게 되어, 마침내 자신도 모르는 사이에 그렇게 되게 하셨다. 이에 실로 [황상의] 성덕과 광명은 완전하여 터럭만큼이라도 하자나 누락된 것이 없고, 이전에 들었던 뜬소문은 그에 부합하는 사건도 근거도 없을 뿐만 아니라, [소문과 실제는] 높은 하늘과 깊은 못이 현격히 나누어지고 남과 북이 정반대를 가리키는 것과 다를 바 없다는 것을 믿을 수 있었다.

게다가 한편으로는 여유량 집에 보관된 일기 여러 편을 읽어보았는데, 그가 우리 왕조를 험담한 것이 모두 근거 없는 날조이고 의도적인 비방이어서, 실로 사심 없이 도리를 강론한 것은 아니라는 점이 언사에 드러났다. 그제야 그의 마음가짐이 험악했던 데다 교묘히 술수를 썼다는 것을 알게 되었다. 평소에 『춘추』의 여러 의리를 우리 왕조와 연관시켜 말한 것은, 성현의 말씀을 빌려 제목으로 삼고서 제멋대로 거리낌 없이 사견을 늘어놓은 것에 지나지 않았던 것이다. 더욱이 『춘추』의 정의는 오늘날과는 서로 맞지 않으니, 추위와 더위, 낮과 밤처럼 정반대인 것이다!

나 증정은 생각이 여기에 미치자 심연에 빠진 것 같았고, 천지가 비록 클지라도 [나를] 용납할 곳은 없다는 것을 깨달아 땅에 엎드려 울부짖었다. 그러나 가슴 아프게 후회한들 무슨 소용이 있겠는가? 지난 수십 년을 자책하노라. 그동안 힘들여 독서하고 마음과 행실을 갈고 닦으며 인륜과 의리를 돈독히 하고자 했던 것은, 출사하든 은거하든 처지에 따라 나 자신의 떳떳한 본성을 다하여 명교名教를 욕되게 하지 않음으로써, 조정이 배양한 뜻에 우러러 부응하고, 우리 부모가 길러준 은혜에 보답할 수 있기를 바라서였다. 그런데 지금 하루아침에 몸소 큰 악에 빠지고 죄가 하늘을 뒤덮어, 성인의 시대에 태어났어도 결국 성인을 본받는 백성이 되지 못하였으니, 무슨 낯으로 세상을 살 것이며 무슨 면목으로 사람들을 보겠는가? [나의] 이러한 죄업은 어디에서 비롯된 것이며, 어디에 속전贖錢을 내고 보상해야 할까? 이 때문에 간사한 무리들의 비방과 [여유량의] 패역한 논설이 생민을 해하는 것에 대해 이를 갈며 원망하지 않을 수 없게 되었으니, 소소한 일이 아니기 때문이다.

이에 나 자신의 의를 돌이켜 살피건대, 이전에 맹랑하게 [악 종독에게] 서신을 올렸던 것은, 심중이 무지하여 유언비어와 어그러진 논설에 현혹되어서, 지금 시대를 위한 군주를 구하고자 하는 생각 때문이었다. [그러나] 지금 우리 왕조는 이미 이처럼 정통을 얻었고, 그 공덕을 거슬러 올라가 도의를 헤아리면 상·주·한·당에 버금간다고 말하는 것도 흡족하지 않을 정도이다. 그리고 우리 황상께서는 또 이처럼 도덕이 완비되어 천고의 세월을 초월하셨다. 비록 공자와 맹자 같은 성인이 춘추전국시대에 계셨지만, 그 성인들이 허둥지둥 다급하게 쉴 겨를 없이 뛰어다니면서 군주를 도道로 이끌며 요·순의 경지에 이르게 하고자 했던 까닭은, 역시 차마 생민의 고통을 두고 볼 수 없어 현명하고 성철聖哲한 군주를 찾아 정치를 주관하게 하려 한 것일 뿐이었다. 그러나 오늘날은 요·순과 같은 군주가 위에 현존하시니, 실로 옛날에 없었던 융성한 시기이자 생민의 한이 없는 복과 경사인 것이다. 이러한 시대에 살게 되면 초목처럼 무지한 존재도 오히려 영화를 입어 감화될 텐데, 하물며 몸에 혈기가 흐르는 인간은 어떻겠는가!

내가 염려하는 것은 [나의] 죄악이 크고 극에 달하여, 비록 스스로 후회하고 자책하는 진심과 스스로 뉘우치고 허물을 고치는 행실로 심장을 가르고 간에 스미는 정성을 보인다 할지라도, 또한 때가 늦어 과거의 잘못을 갚기에 부족할까 하는 것이니, 그 만분의 일이라도 황상께서 살펴주시기를 우러러 바란다. 이에 애통해하고 슬퍼할 뿐 어찌 또 쓸데없는 군더더기 말을 덧붙여 구실을 삼을 수 있겠는가? 오늘 충심으로 기뻐하고 성심을 다해 순종하는 것은, 마치 무지한 어린아이가 어떤 사람이 속임수를 써서 숨겨버린 아버지를 찾아다니다가, 얼마 안 되어 때마침 아버지를 만나고, 아버지를 만나 서로 기뻐하며 아버지를 따르는 것과 같다. 비록 운이 좋아 뜻밖에도 꿈에서라도 상상하지 못하던 일이 일어난 덕분이지만, 실로 곧 나 자신의 정의인 것이다. 이전에는 틀린 말을 곧이듣고 잘못 믿어 무턱대고 나라 안을 두루 찾아다니며 총명예지한 성인을 얻어서 그가 성인의 본성을 다해 생민에게 마음의 주인이 되어주어, 이름은 어긋날지라도 실상은 합치될 수 있기를 바랐으니, 원래 그 한 가지 생각에서 출발했던 것이다. 다만 전에는 미혹되었고 후에는 깨달은 것이며, 어제는 그릇되었고 오늘은 옳은 것일 뿐이다. 천지간에 당연한 이치는 본래 없어지지 않는 것이고, [황상의] 덕이 성대하여 만물이 교화됨은 더욱이 그렇게 하려 하지 않아도 그렇게 되는 지극한 성정性情에서 나온 것이니, 그것이 어찌하려 한다고 되는 것이겠는가!

무릇 우리 황상의 도가 이처럼 완전하고 덕이 이처럼 완비되어 치우침이 없는 가운데에서 다스림을 행하실 뿐 아니라, 바깥이 없이 하나로 통일시킨 영토 아래에서 복종을 받으시니, 용이 동해에 잠겨 아직 날아오르기 전일지라도 그 명성과 교화를 들었다면 또한 마땅히 귀의하여 복종했을 것이다. 단지 지금 너그럽고 인자하게 [나를] 죽이지 않으셔서 복종하는 것이 아니라, 법률로 따져 죄를 다스려 엄한 법으로 나를 극형에 처한다 할지라도 마땅히 열복할 것이다. 생사의 일은 가볍고 도의의 일은 무거우니, 의의 측면에서 살핀다면 살려둘 수 없는 바가 있기 때문이다. 나 증정이 비록 지극히 어리석고 불초할지라도 어찌 감히 이전에 무지하여 막대한 죄를 범하고는 이후에 그것을 감추고 구차히 살면서 생민의 대의를 무너뜨려 죄 위에 죄를 더할 수 있겠는가? 그러므로 오늘 마음을 다해 순복順服하는 것은 살기를 탐해서가 아니라 나 자신이 본래 지킬 만한 의가 없기 때문이며, 황상께서 너그럽고 인자하게 죽이지 않으심은 실로 법을 폐하는 것이 아니라 죄의 실상을 살펴 헤아려줄 만한 진정이 있기 때문이다.

다만 덕이 요·순 같지 않다면, 이처럼 밝게 살펴 실정을 알아낼 수 없고, 곧 이처럼 밝게 살펴 실정을 알아낼 수 있더라도 반드시 이 정도로 매우 공정하고 사심이 전혀 없을 수는 없는 일이다. 밝게 살펴 실정을 알아내는 것은 '성聖'이요, 매우 공정하여 사심이 전혀 없는 것은 '인仁'이다. 일거에 '인'과 '성'을 다 이루셨으니, 이는 한·당 이후의 현군賢君과 영주英主는 절대 도달할 수 없는 경지이며, 반드시 오직 당·우·삼대의 성군과 철후로부터 넘겨받아야만 하는 것이다. 더욱이 지금은 오히려 몇몇 성세에도 마련되지 않았던 법령과 생민이 받아본 적 없던 특별한 은혜가 있으므로, 백성들로 하여금 감격하여 우러러 받들게 할 만한 일이 무궁하다! 이상은 나 증정이 지금 단지 말로 전해 들은 것뿐 아니라, 우리 황상의 큰 덕이 하늘과 같은 것을 바로 나 자신이 경험하고, 우리 황상의 '성'이 요·순과 나란함을 직접 보았기 때문에 하는 말이다.

무릇 나라를 다스림은 명분을 바르게 하는 것[正名]이 우선이니, 명분이 바르지 않으면 그 폐단은 예악이 일어나지 못하는 데에 이른다. [또한] 학문을 함은 의리를 바로잡는 것[定義]이 중대하니, 의리가 바로잡히지 않으면 그 폐단은 사람이 나아가고 물러날 근거가 없어지는 데에 이른다. 지금은 우리 왕조가 정통을 얻음이 이와 같이 정정당당하여 지난 3천여 년 동안 견줄 만한 왕조가 없고, 열조·열성의 공덕도 아울러 한·당 이후의 현군이 견줄 수 있는 바가 아니다. 그러나 [오늘날의] 글 읽고 도를 지향하는 사인들 중에서, 터럭만큼의 기력을 내어 그 바르고 웅대한 명분과 의리를 드러내어 밝히고, 그 광원한 공덕을 분명히 설명하여, 천하 후세로 하여금 공공연히 보고 듣게 함으로써 덕을 먹고 공을 입은 위대함에 보답하고 스스로 자신의 직분을 다하여 마음속에 부끄러움이 없게끔 하는 사람이 있다는 말을 들어본 적이 없다. 도리어 분한 마음을 품고 증오하며 덕을 헐뜯기를 원수처럼 하고, 어그러진 논변을 만들어내어 터무니없는 거짓말로 망령된 논설을 펴 이리저리 떠들어댐으로써 그 실상을 덮어 가리니, 더욱 심각하다.

결국 흉중에 정견定見이 없는 산골의 후배 사인들로 하여금 단지 고담준론이나 즐기면서, 신성한 출생은 언제나 일정한 지역에 국한되지 않는다는 점을 살피지 못하게 하여, 마침내 스스로 패역한 설에 현혹되어 돌아올 줄 모르게 만드는 것이다. 게다가 산림의 청렴하고 신중한 사인들은 그 내막을 헤아리지 못하고, 더욱이 도를 제대로 알지 못하며 의를 분별하는 것에도 정밀하지 못하니, 도의 변화에는 일정한 방침이 없다는 것과 의리를 밝혀주는 사례들의 가치는 각기 다르다는 것을 알지 못한다. [이 때문에] 눈앞에 이러한 명분과 의리가 있다는 것을 한번 들은 뒤에는, 물러나면 당대에 죄를 얻을까 두려워하고 나아가면 또한 성현에게 미움을 받을까 염려하여, 갈림길을 배회하다가 진퇴양난에 빠지게 되는 것이다. 이러한 것이 오래되면 세속을 떠나 은거하는 길로 가서 세상을 경시하고 자기 멋대로 사는 습관 속에 자신을 내버리지 않을 수 없으니, 그것이 도리를 해하고 의를 어그러뜨려 하늘에 죄를 얻는 것임을 어찌 이루 다 말할 수 있겠는가!

무릇 사람이라면 귀로 듣고 눈으로 보며 마음으로 생각하는 것들이 동일하니, 매우 양심 없는 사람이 아니고서는 결단코 덕을 입고서 덕을 드러내지 않거나, 공功을 입고서 끝내 그 공을 잊어버리거나, 성인의 시대에 태어나서 성인의 백성이 되기를 원하지 않는 경우는 없다. 오늘날 종종 도리에 어긋남이 이와 같은 것은, 대개 명분과 의리가 마음에 분명하지 못하고, 마음이 쏠리는 것이 어떤 까닭으로 정해진 것인지 알지 못하기 때문이다. 그 근본을 미루어보면, 모두 전에 있었던 여유량의 어그러진 논설을 [성현의 말씀을 빌린] 제목만 보고 오해하여 거기에서 생각을 진작시켰기 때문이다. 나 증정은 지극히 어리석고 불초하여 그 설을 가장 깊이 믿었고 그 화를 가장 크게 받았으니, 이 때문에 하늘을 뒤덮는 죄를 범하게 된 것이다. 다행히 천자께서 '인'하시고 '성'하시어 백성된 나의 괴로움을 이해해주시고 가엾게 여겨주시며 무지함을 세세히 양찰해 주셔서, 거의 죽게 된 목숨을 남겨 구차한 세월을 이어갈 수 있게 하셨다. 그래도 여유량에 대한 믿음이 깊었기 때문에 그 가운데에서 상세한 실정을 다 알고, 또한 여유량으로 인한 화를 크게 받았기 때문에 그 가운데에서 이로움과 해로움을 보다 절실하게 말할 수 있었다. 이에 감히 [나의] 고루함을 잊고, 본조가 정통을 얻어 상·주에 비견되며 황상의 덕이 위로 요·순과 나란하다는 것을 널리 알린 것이다.

엎드려 바라건대, 침잠하여 학문을 하는 사인들이 우물 안 개구리의 소견을 버리고 밝고 넓은 길에서 서로 보았으면 한다. 만물을 덮는 하늘과 만물을 싣는 땅의 광대함은 원래 한계가 없고, 신성한 군주의 사랑은 기운이 흘러갈수록 더욱 멀리까지 미침을 알아야 한다. 하늘이 친애하고 백성이 품는 것 또한 오직 그 덕과 인에 달린 것이다. 그리고 애초에 구주九州라는 틀이 정해진 것이 아니니, 중외라는 말의 의미도 마찬가지다. 방훈放勳(요)과 중화重華(순)는 제위를 이었으나 오히려 두 대로 나뉘었고, 문왕의 계책과 무왕의 업적[文謨武烈][159]은 덕을 성대하게 하였으나 겨우 두 군주만이 추앙받을 뿐이었다. 그러나 우리 왕조는 제왕帝王의 융성함이 지극하고, 겸하여 저술의 온전함도 누적되었으니, 치통治統과 도통道統이 돌아온 것이 분명하다. 요·순은 성인[生安][160]으로서 위에 계셨고, 공자는 성인으로서 아래에서 더욱 옛것을 좋아하고 민첩하게 구하였으나, 공功이 한 시대에 머물렀고 만대를 겸하지는 못하였다. 그러나 황상은 요·순의 군도君道에 더하여 공자의 사도師道까지 갖추신 데다가 하늘이 신묘하고

● ● ●

159. 『서』를 인용한 말이다. 「군아君牙」에 "크게 드러났구나, 문왕의 계책이여. 크게 이었도다, 무왕의 업적이여丕顯哉, 文王謨. 丕承哉, 武王烈"라고 하였다.

160. 생안生安은 '生知安行'의 줄임말로, 나면서부터 알아 쉽게 행한다는 뜻이다. 이는 성인聖人의 덕목이기 때문에 성인을 가리키는 용어로도 쓰인다.

기이한 능력을 부여하셔서 조칙이 곧 『서』 「요전」 및 「순전」에 필적하셨다. 그러므로 힘껏 마음과 정성을 다해 열복하며 받들어야 할 것이다.

아, 성대하도다! [사람들은] 기린과 봉황은 좋아하여 먼저 보고자 하고, 뛰어난 진미와 큰 조개는 영화롭게 여겨 한 번만이라도 보기를 바란다. 오늘날에는 '성'하시고 '인'하신 천자께서 위에 계시어 비범한 운명에 순응하시고, 비범한 재덕을 갖추시며, 비범한 공훈을 이루시니, '해와 달이 비추는 곳과 서리와 이슬이 내리는 곳에 사는 모든 혈기 있는 사람 치고 존경하고 친애하지 않는 자가 없다.'(『중용』, 제31장) 그런데 오히려 안과 밖을 가지고 의심하니, 이는 천지가 본래 지극히 커서 바깥이 없는데도 사람이 스스로 바깥이 있다고 생각하는 격이다. 바로 요·순의 통치가 구주를 넘지 않아 사람들이 마침내 구주의 바깥에 다시 구주가 있을 리 없다고 생각하여, [전국시대에] 추연鄒衍[161]이 논한 바를 황당하다고 의심했던 것과 같으니, 어찌 어그러진 것이 아니겠는가?

옛적에 익益이 요堯를 찬하여 "거룩하고 신묘하며 무와 문의 덕을 모두 구비하셨다乃聖乃神, 乃武乃文"(『서』, 「대우모」)라고 하였는데, 해설하는 자들은 요의 제운帝運이 광대하기 때문에 변화를 측량할 수 없고 [그 덕을] 다 형용할 수 없는 것이라고 여겼다. 내가 일찍이 [이 글의 앞부분에서] '황상께서는 거룩하고 신묘하며 문과 무의 덕을 모두 구비하셨다[聖神文武]'고 말한 것은 인자함과 효성, 정성과 공경이 지극하심으로 말미암았던 것인데, 인자함과 효성, 공경이 지극한 것은 또한 정성이 지극한 것 하나를 근본으로 한다. 이 때문에 천지의 도량에 합할 수 있고, 천지의 운명에 부합할 수 있는 것이니, 원근과 내외를 가리지 않고 하나의 원천[一元]으로 '거룩하고 신묘하며 문과 무의 덕을 모두 구비하는' 극진한 의를 아우를

---

161. 전국시대 제나라의 음양가 학자이다. 그는 중국을 적현신주赤縣神州라고 하였고, 중국 밖에는 적현신주와 같은 것이 9개 있다면서 이를 구주九州라고 하였다. 또 구주의 바깥은 바다로 둘러싸여 있으니, 이를 영해瀛海라고 한다고 하였다.

수 있는 것이다. 맹자는 "지성이면 감동시키지 못하는 것이 없다至誠不動者, 未之有"(『맹자』, 「이루상」)라고 하였고, 『서』에는 "온갖 짐승들이 모두 따라서 춤을 추었다百獸率舞"(『서』, 「익직」)라고 하였으며, 『역』에는 "믿음이 돼지와 물고기에게까지 미친 것이다信及豚魚"(『역』, 「중부」)라고 하였다. 지금 윗사람은 정성이 지극한데 아래에서 정성으로 감응하지 않는다면, 이는 거의 짐승과 곤충만도 못한 것이다. 어찌 차마 그럴 수 있는가, 어찌 감히!

이제부터 모든 신민된 자는, 천지는 한계가 없고 성인의 출생에는 안과 밖中外이 없다는 것을 더욱 깨달아야 한다. 군주와 신하라는 인륜의 대원칙은 반드시 회피해서는 안 되고, 땅에서 나는 곡식이라는 깊은 은혜는 결코 저버려서는 안 된다. 『춘추』에 보이는 의의 사례들은 그 시대를 따라 지역을 따진 것이니, [오늘날과는] 하늘과 땅만큼 현격한 차이가 있다. 그러니 여유량의 패역한 논설은 반드시 없애버려야만 오늘날의 정의가 영구히 귀착될 수 있는 것이다. 모든 사람이 열복하고 애대愛戴하는 정성을 다하고 곳곳에서 효자와 충신의 본분을 지켜, 각자 그 인륜을 중히 여김으로써 천리의 공명정대함을 온전히 갖추어 우리의 고유한 본성을 회복해야 한다. 항상 나 증정이 지극히 어리석고 불초하여 틀린 말을 곧이듣고 경솔하게 현혹되었던 것을 경계로 삼아라. 사해가 교화를 함께하고 구주에서 덕을 일치시켜 각기 도가 있는 세상에서 편안하고 오래도록 끝없는 복을 누린다면, 성세의 백성으로서 헛되지 않은 것이며 인생의 큰 행복이 되는 것이다. 이것이 내가 하려는 말이다.

| 옮긴이 후기 |

도광양회韜光養晦. 빛을 감추고 어둠 속에서 기른다, 칼을 품고 때를 기다린다는 정도의 뜻이다. 옹정제나 증정에 대한 얘기는 아니다. 저 성어의 두 글자를 딴 '도양'연구회가 이 책의 역자들이 속한 모임의 명칭이라 언급해봤다. 무슨 원한(억울함)에 사무친 것도, 역자들에게 숨길 만한 광채가 있는 것도 아니다. 그런데도 다소 중2병스러운 작명을 택한 것은 모임 성원을 우리로 묶는 번역 행위가 결국 고전이 지닌 빛을 어둠 속에서 품고 길러내는 일이기 때문이며, 또한 바로 그 과정이 각자를 성장시키는 공부의 기본이라고 생각했기 때문이다.

『주례주소周禮注疏』 번역을 중심에 두고 10년 넘게 이어진 연구모임 구성원 일부가 『대의각미록』의 번역에 뛰어든 것은 순전히 우연이었다. 번역 모임 뒤풀이 자리에서 모임의 객원 붕우이자 중국 근대사 연구자인 김택경 선생에게 그 책의 중요성에 대해 듣고 곧바로 의기투합해 실행을 결정했다. 그 주제에 대한 관심도 관심이고, 『주례주소』 전체를 번역해 내놓는다는 공동 목표는 굉장히 긴 호흡이 필요한 일이기에, 그 일을 중심에 두되, 가급적 단기간에 결과물을 하나라도 선보이면서 모임에 활력을 불어넣자는 의도에서였다.

2017년 6월 중순쯤에 얘기를 나누고, <도서출판b>의 기획위원인 이성민 선생님에게 연락하고 6월 29일 출판사를 찾아갔다. 시작은 일사천리였다. 그런데 구성원이 마음먹고 하면 1~2년 안에는 출간할 수 있으리라 생각하고 시작한 일이 거의 4년 만에 끝을 보게 되었다. 소장 학자들의 의욕이 앞섰을 뿐, 작업을 분담한 4인 모두 각자 학위과정과 생계에 이리저리 흔들리면서 2년을 보낸 탓이다. 출판사와 약속했던 첫 마음에 부끄러움을 느끼지 않을 수 없었던 2019년부터 서로 독려하며 작업을 진척시키기 시작했다. 번역은 더디게 진행되었다. 모두 유학 경전을 기본에 둔 전공자들이지만 명말청초에 대한 전문적 역사 지식을 가진 이는 없었고, 당대 문체에 역자들의 눈이 적응되기까지 시간이 필요했다. 공역 스타일과 번역 지침을 결정하기까지의 기간도 길어졌다. 여러모로 구차하다. 각자의 생업 가운데 텍스트에 대한 호기심과 의욕을 유지하면서 함께 완성했다는 것 정도가 위안이다. 1권은 이형준, 2권은 최동철, 3권은 이형준과 김준현, 4권은 박윤미가 맡았다. 교차 교정을 거치면서 초고를 대대적으로 뒤엎고, 담당 역자의 두 차례 교정과정을 통해 최종 결과물을 내놓는다.

『대의각미록』과 함께 했던 시간이 역자들에게 많은 공부가 되었다는 점만은 분명하다. 한 글자도 빠트릴 수 없는 완역 과정은 마땅히 넘어서야 할 어려움을 회피하는 잔꾀를 허락하지 않았다. 역자들은 번역과정에서, 원문에 대한 충실(직역)이라는 명목으로 원문에 대한 명확한 이해력의 결여를 숨기거나, 의미전달(의역)이라는 명목으로 원문을 잔재주로 얼버무리고 넘어가는 번역의 병폐를 피하려고 노력했다. 번역에 대해 비평할 수 있는 위치에서는 잘 보였던 문제를 정작 우리가 얼마나 극복했는지 모르겠다. 과제에 충실히 맞서고자 했으나, 시공간을 잇는 작업이 얼마나 성공적이었는지는 별개의 문제다. 책임은 역자들의 몫이고, 평가는 전적으로 독자의 몫이다. 독자들의 심판을 기다릴 뿐이다.

『대의각미록』은 역사 드라마 소재에 디테일을 더해줄 수 있는 문화 콘텐츠로 활용하는 방식부터, 한 시대 속에 놓인 인간을 이해하는 미시사의 자료, '중화'라는 중국국가의 정체성 문제를 둘러싼 거시 담론에 이르기까지 굉장히 다양한 맥락에서 읽을 수 있는 사료다. 또한 그것은 단순히 중국의 문제가 아니라, 조선의 소중화주의 노선을 둘러싼 논란과도 깊이 관련되어 있다. 다양한 독자를 상정했기에 번역문을 한국어 문법에 어울리게 만들면서도, 그 과정에서 원문의 중요한 개념어의 정보값이 모호해지지 않도록 원문을 살릴 수 있는 것은 최대한 살렸다. 국어사전을 뒤적거리면 이해할 수 있는 원문의 한자 어휘는 낯선 것이라도 그대로 살려두었고, 원문의 경전 인용, 사건이나 인물 그리고 설명이 필요한 개념에 대해서는 최대한 충실한 각주를 달았으며, 원문의 뉘앙스나 논리 전개 맥락을 살리기 위해 한문의 허사에 관심을 기울이며 번역을 진행했다. 문제적인 인간과 시대를 담은 300여 년 전의 기록에 관해, 역자 중 한 사람이 보았던 의미를 감히 <해제>라고 정돈해보았지만, 『대의각미록』 자체가 지닌 복잡한 색채를 특정한 독자의 관점에서 해석한 하나의 독법일 뿐이다. 그것이 이를 처음 접하거나 주제에 익숙하지 않은 독자의 이해에 조금이나마 보탬이 되길 바란다. 관련 전공자들의 비판을 통해서는 역자가 더 배울 수 있는 계기가 되었으면 한다. 이 책의 주인공이라 할 만한 인물들, 옹정제, 증정, 여유량 등이 그 시대에 얽히면서 제각기 품었을 억울함이 시공간을 달리하는 사람들에게 다양하게 풀렸으면 좋겠다.

한국연구재단 같은 국가기구의 학술지원을 통한 고전 번역만이 당연한 것처럼 된 것이 현재 학계의 이상한 현실이다. 이런 상황에서는 출판사의 입장에서도 그런 방식의 출간이 편하고 안전한 길이다. 그럼에도 불구하고, 학문세계에서 아직 어떤 것도 입증하지 못한 역자들에게 출간을 위한 정신적·물질적 투자를 아끼지 않은 도서출판b의 조기조 사장님께 감사의 말씀을 전한다. 『대의각미록』이 잘 팔리는 상품이 되었으면 한다. 적어도 손해를 끼치지 않는 상품이 되었으면 좋겠다. 투박한 원고를 이렇게 멋진 책으로 점화點化시켜 주신 신동완 선생님과 김장미 선생님께 감사드린다. 좋은 편집자가 책의 완성도에 얼마나 중요한 역할을 하는지 몸소 느낄 수 있었다. 이 책에 대한 번역의 불씨를 제공해준 김택경 선생, 그리고 훌륭한 출판사와의 접점을 만들어주신 이성민 선생님과 조영일 선생님, 해제의 논리가 지닌 문제점을 지적해준 남경한 선생을 비롯한 도양연구회 구성원에게도 감사드린다. 무엇보다, 역자들의 연로한 부모님들과 스승들께 감사하다는 말씀을 꼭 드리고 싶다.

2021년 4월

역자들을 대표하여 이형준 씀.

■ 지은이

옹정제(擁正帝, 1678~1735) 청조의 5대 황제. 성은 애신각라愛新覺羅, 이름은 윤진胤禛이다. 묘호는 세종世宗, 시호는 헌제憲帝이다. 격렬한 황위투쟁 과정을 거쳐, 40대 중반에 즉위하여 13년간(1722~1735) 통치했다. 강희제 시대의 안정을 확고하게 만들고, 건륭제 시대의 성세를 가능케 한 기반을 마련했다.

■ 옮긴이

이형준 도양연구회에서『주례주소周禮注疏』를 번역하고 있다. 연세대 정치학과에서 박사과정을 수료했다. 태동고전연구소(지곡서당)에서 한학을 수학했다. 옮긴 책으로는『선善의 역정』등이 있으며, 논문으로는「묵가 정치철학 체계의 근본개념 연구」,「유길준의 자연과 국가: 주자학적 관점의 굴절」등이 있다.

최동철 도양연구회. 태동고전연구소를 수료했다. 성균관대 한문학과 석사 수료 후, 퇴계 정본화 사업 등에 참여했고,『창주록』과『단구록』등을 공역하였다. 현재 화서학파와 관련된 간찰을 번역하고 있다.

박윤미 도양연구회. 숙명여대 사학과에서 박사학위를 취득했다. 태동고전연구소에서 한학을 수학하고 현재 연세대 국학연구원 연구교수로 재직 중이다. 논문은「高麗前期 外交儀禮 硏究」외에「12세기 전반기의 국제정세와 고려–금 관계 정립」,「金代 賓禮를 통해 본 宋·高麗·夏의 국제 지위」등이 있다.

김준현 도양연구회. 서울대 법과대학에서 박사과정을 수료했다. 태동고전연구소에서 수학했고, 국사편찬위원회 사료 연수과정을 수료했다. 논문은「『至正條格』鹽法 연구」,「『주례』의 저작 시기 및 저자에 대한 시론」이 있다.

대의각미록

초판 1쇄 발행 | 2021년 6월 22일

지은이 옹정제
옮긴이 이형준+최동철+박윤미+김준현
펴낸이 조기조
펴낸곳 도서출판 b | 등록 2003년 2월 24일 제2006-000054호
주　소 08772 서울특별시 관악구 난곡로 288 남진빌딩 302호
전　화 02-6293-7070(대) | 팩시밀리 02-6293-8080
이메일 bbooks@naver.com | 홈페이지 b-book.co.kr

ISBN 979-11-89898-52-6 03340
값 24,000원